J. von Staudingers
Kommentar zum Bürgerlichen Gesetzbuch
mit Einführungsgesetz und Nebengesetzen
Buch 2 · Recht der Schuldverhältnisse
§§ 312–312m
(Grundsätze bei Verbraucherverträgen und
besondere Vertriebsformen)

Kommentatorinnen und Kommentatoren

Dr. Christoph Althammer
Professor an der Universität Regensburg

Dr. Georg Annuß, LL.M.
Rechtsanwalt in München, Außerplanmäßiger Professor an der Universität Regensburg

Dr. Christian Armbrüster
Professor an der Freien Universität Berlin, Richter am Kammergericht a. D.

Dr. Arnd Arnold
Professor an der Universität Trier, Dipl.-Volksw.

Dr. Markus Artz
Professor an der Universität Bielefeld

Dr. Martin Avenarius
Professor an der Universität zu Köln

Dr. Ivo Bach
Professor an der Universität Göttingen

Dr. Christian Baldus
Professor an der Universität Heidelberg

Dr. Wolfgang Baumann
Rechtsanwalt und Notar a. D. in Wuppertal, Professor an der Bergischen Universität Wuppertal

Dr. Winfried Bausback
Professor a. D. an der Bergischen Universität Wuppertal, bayerischer Staatsminister der Justiz a. D., Mitglied des Bayerischen Landtags

Dr. Roland Michael Beckmann
Professor an der Universität des Saarlandes, Saarbrücken

Dr. Andreas Bergmann
Professor an der Fernuniversität in Hagen

Dr. Falk Bernau
Richter am Bundesgerichtshof, Karlsruhe

Dr. Martin Bialluch, LL.M.
Rechtsanwalt in Hamburg

Dr. Marcus Bieder
Professor an der Universität Osnabrück

Dr. Werner Bienwald †
Professor an der Evangelischen Fachhochschule Hannover, Rechtsanwalt in Oldenburg

Dr. Tom Billing
Rechtsanwalt in Berlin

Dr. Eike Bleckwenn
Rechtsanwalt in Hannover

Dr. Reinhard Bork
Professor an der Universität Hamburg

Dr. Wolfgang Breyer
Rechtsanwalt in Stuttgart

Dr. Jan Busche
Professor an der Universität Düsseldorf

Dr. Georg Caspers
Professor an der Universität Erlangen-Nürnberg

Dr. Dr. h. c. Tiziana Chiusi
Professorin an der Universität des Saarlandes, Saarbrücken

Dr. Michael Coester, LL.M.
Professor an der Universität München

Dr. Dr. h. c. Dagmar Coester-Waltjen, LL.M.
Professorin an der Universität Göttingen

Dr. Johanna Croon-Gestefeld, LL.M.
Professorin an der Universität Lüneburg

Dr. Thomas Diehn, LL.M.
Notar in Hamburg, Lehrbeauftragter an der Universität Hamburg

Dr. Katrin Dobler
Richterin am Oberlandesgericht Stuttgart

Dr. Heinrich Dörner
Professor an der Universität Münster

Dr. Werner Dürbeck
Vorsitzender Richter am Oberlandesgericht Frankfurt a. M.

Dr. Anatol Dutta, M. Jur.
Professor an der Universität München

Dr. Christina Eberl-Borges
Professorin an der Universität Mainz

Dr. Dres. h. c. Werner F. Ebke, LL.M.
Professor an der Universität Heidelberg

Dr. Jan Eickelberg, LL.M. †
Professor an der Hochschule für Wirtschaft und Recht, Berlin

Jost Emmerich
Richter am Oberlandesgericht München

Dr. Volker Emmerich
Professor an der Universität Bayreuth, Richter am Oberlandesgericht Nürnberg a. D.

Dr. Cornelia Feldmann
Rechtsanwältin in Freiburg i. Br.

Dr. Matthias Fervers
Professor an der Universität Kiel

Dr. Timo Fest, LL.M.
Professor an der Universität zu Kiel

Dr. Karl-Heinz Fezer
Professor em. an der Universität Konstanz, Honorarprofessor an der Universität Leipzig, Richter am Oberlandesgericht Stuttgart a. D.

Dr. Philipp S. Fischinger, LL.M.
Professor an der Universität Mannheim

Dr. Holger Fleischer
Direktor am Max-Planck-Institut für ausländisches und internationales Privatrecht in Hamburg, Professor an der Bucerius Law School, Hamburg

Dr. Robert Freitag, Maître en droit
Professor an der Universität Erlangen-Nürnberg

Dr. Jörg Fritzsche
Professor an der Universität Regensburg

Dr. Tobias Fröschle
Professor an der Universität Siegen

Dr. Susanne Lilian Gössl, LL.M.
Professorin an der Universität Bonn

Dr. Beate Gsell, Maître en droit
Professorin an der Universität München, Richterin am Oberlandesgericht München

Dr. Thomas Gutmann, M. A.
Professor an der Universität Münster

Dr. Martin Gutzeit
Professor an der Universität Gießen

Dr. Martin Häublein
Professor an der Universität Innsbruck

Dr. Johannes Hager
Professor an der Universität München

Dr. Felix Hartmann, LL.M.
Professor an der Freien Universität Berlin

Dr. Wolfgang Hau
Professor an der Universität München, Richter am Oberlandesgericht München

Dr. Rainer Hausmann
Professor an der Universität Konstanz

Dr. Stefan Heilmann
Vorsitzender Richter am Oberlandesgericht Frankfurt, Honorarprofessor an der Frankfurt University of Applied Sciences

Dr. Jan von Hein
Professor an der Universität Freiburg i. Br.

Dr. Jörn Heinemann
Notar in Neumarkt i.d. Opf.

Dr. Christian Heinze
Professor an der Universität Heidelberg

Dr. Stefan Heinze
Notar in Köln

Dr. Tobias Helms
Professor an der Universität Marburg

Silas Hengstberger, LL.B.
Wiss. Mitarbeiter an der Universität Mannheim

Dr. Dr. h. c. mult. Dieter Henrich
Professor an der Universität Regensburg

Dr. Carsten Herresthal, LL.M.
Professor an der Universität Regensburg

Christian Hertel, LL.M.
Notar in Weilheim i. OB.

Dr. Stephanie Herzog
Fachanwältin für Erbrecht in Würselen

Joseph Hönle
Notar in München

Dr. Ulrich Hönle
Notar in Waldmünchen

Dr. Clemens Höpfner
Professor an der Universität Münster

Dr. Bernd von Hoffmann †
Professor an der Universität Trier

Dr. Rainer Hüttemann
Professor an der Universität Bonn

Dr. Martin Illmer, M. Jur.
Richter am Landgericht Hamburg, Privatdozent an der Bucerius Law School

Dr. Florian Jacoby
Professor an der Universität Bielefeld

Dr. Ulrich von Jeinsen
Rechtsanwalt und Notar in Hannover, Honorarprofessor an der Universität Hannover

Dr. Dagmar Kaiser †
Professorin an der Universität Mainz

Dr. Bernd Kannowski
Professor an der Universität Bayreuth

Dr. Christoph A. Kern, LL.M.
Professor an der Universität Heidelberg

Dr. Christian Kesseler
Notar in Düren, Honorarprofessor an der Universität Trier

Dr. Walter Klein
Rechtsanwalt in Köln

Dr. Fabian Klinck
Professor an der Universität Bochum

Dr. Frank Klinkhammer
Richter am Bundesgerichtshof, Karlsruhe, Honorarprofessor an der Universität Marburg

Dr. Steffen Klumpp †
Professor an der Universität Erlangen-Nürnberg

Dr. Jürgen Kohler
Professor an der Universität Greifswald

Dr. Sebastian Kolbe
Professor an der Universität Bremen

Dr. Stefan Koos
Professor an der Universität der Bundeswehr München

Dr. Rüdiger Krause
Professor an der Universität Göttingen

Dr. Lena Kunz, LL.M.
Akad. Mitarbeiterin an der Universität Heidelberg

Dr. Steffen Kurth, LL.M.
Rechtsanwalt in Bielefeld

Dr. Clemens Latzel
Privatdozent an der Universität München

Dr. Arnold Lehmann-Richter
Professor an der Hochschule für Wirtschaft und Recht Berlin

Dr. Saskia Lettmaier, B.A., LL.M.
Professorin an der Universität zu Kiel, Richterin am Schleswig-Holsteinischen Oberlandesgericht in Schleswig

Stefan Leupertz
Richter a. D. am Bundesgerichtshof, Honorarprofessor an der TU Dortmund

Dr. Johannes Liebrecht
Professor an der Universität Zürich

Dr. Jan Lieder, LL.M.
Professor an der Universität Freiburg i. Br., Richter am Schleswig-Holsteinischen Oberlandesgericht

Dr. Dimitrios Linardatos
Professor an der Universität des Saarlandes, Saarbrücken

Dr. Martin Löhnig
Professor an der Universität Regensburg

Dr. Dirk Looschelders
Professor an der Universität Düsseldorf

Dr. Stephan Lorenz
Professor an der Universität München

Dr. Sigrid Lorz
Professorin an der Universität Greifswald

Dr. Katharina Lugani
Professorin an der Universität Düsseldorf

Dr. Tobias Lutzi, LL.M., M. Jur.
Professor an der Universität Augsburg

Dr. Gerald Mäsch
Professor an der Universität Münster, Richter am Oberlandesgericht Hamm a.D.

Dr. Robert Magnus
Professor an der Universität Bayreuth

Dr. Ulrich Magnus
Professor an der Universität Hamburg, Affiliate des MPI für ausländisches und internationales Privatrecht, Hamburg, Richter am Hanseatischen Oberlandesgericht zu Hamburg a. D.

Dr. Mark Makowsky
Professor an der Universität Mannheim

Dr. Peter Mankowski †
Professor an der Universität Hamburg

Dr. Dr. h. c. Heinz-Peter Mansel
Professor an der Universität zu Köln

Dr. Peter Marburger †
Professor an der Universität Trier

Dr. Wolfgang Marotzke
Professor an der Universität Tübingen

Dr. Sebastian A. E. Martens
Professor an der Universität Passau

Dr. Dr. Dr. h. c. mult. Michael Martinek, M.C.J.
Professor an der Universität des Saarlandes, Saarbrücken, Honorarprofessor an der Universität Johannesburg, Südafrika

Dr. Annemarie Matusche-Beckmann
Professorin an und Vizepräsidentin der Universität des Saarlandes, Saarbrücken, Stellv. Richterin am Verfassungsgerichtshof des Saarlandes

Dr. Felix Maultzsch, LL.M.
Professor an der Universität Frankfurt a. M.

Dr. Patrick Meier
Notar in Bischofsheim i.d. Rhön, Privatdozent an der Universität Würzburg

Dr. Dr. Detlef Merten
Professor an der Deutschen Universität für Verwaltungswissenschaften Speyer

Dr. Tanja Mešina
Staatsanwältin, Stuttgart

Dr. Rudolf Meyer-Pritzl
Professor an der Universität zu Kiel, Richter am Schleswig-Holsteinischen Oberlandesgericht in Schleswig

Dr. Morten Mittelstädt
Notar in Hamburg

Dr. Oliver Moufang
Rechtsanwalt in Frankfurt a.M., Honorarprofessor an der Hochschule Wiesbaden

Dr. Peter O. Mülbert
Professor an der Universität Mainz

Dr. Hans-Heinrich Nöll
Rechtsanwalt in Hamburg

Dr. Jürgen Oechsler
Professor an der Universität Mainz

Dr. Hartmut Oetker
Professor an der Universität zu Kiel, Richter am Thüringer Oberlandesgericht in Jena a. D.

Wolfgang Olshausen
Notar a. D. in Rain am Lech

Dr. Dirk Olzen
Professor an der Universität Düsseldorf

Dr. Sebastian Omlor, LL.M., LL.M.
Professor an der Universität Marburg

Dr. Gerhard Otte
Professor an der Universität Bielefeld

Dr. Frank Peters †
Professor an der Universität Hamburg, Richter am Hanseatischen Oberlandesgericht zu Hamburg a. D.

Dr. Christian Picker
Professor an der Universität Tübingen

Dr. Andreas Piekenbrock
Professor an der Universität Heidelberg

Dr. Jörg Pirrung †
Richter am Gericht erster Instanz der Europäischen Gemeinschaften i. R., Honorarprofessor an der Universität Trier

Dr. Paul Popescu
Rechtsanwalt in Köln

Dr. Maximilian Freiherr von Proff zu Irnich
Notar in Köln

Dr. Lukas Rademacher M. Jur.
Professor an der Universität zu Kiel

Dr. Thomas Raff
Notar in Ludwigshafen

Dr. Manfred Rapp †
Notar a. D., Landsberg am Lech

Dr. Dr. h.c. Thomas Rauscher
Professor an der Universität Leipzig, Professor h.c. an der Eötvös Loránd Universität Budapest, Dipl.Math.

Dr. Peter Rawert, LL.M.
Notar in Hamburg, Honorarprofessor an der Universität Kiel

Dr. Wolfgang Reetz
Notar in Köln

Eckhard Rehme
Vorsitzender Richter am Oberlandesgericht Oldenburg i. R.

Dr. Moritz Renner
Professor an der Universität Mannheim

Dr. Tilman Repgen
Professor an der Universität Hamburg

Dr. Philipp Reuß, M. Jur.
Professor an der Universität Göttingen

Dr. Christoph Reymann, LL.M. Eur.
Notar in Landsberg am Lech, Professor an der Privaten Universität Liechtenstein

Dr. Reinhard Richardi
Professor an der Universität Regensburg, Präsident a. D. des Kirchlichen Arbeitsgerichtshofs der Deutschen Bischofskonferenz, Bonn

Dr. Volker Rieble
Professor an der Universität München, Direktor des Zentrums für Arbeitsbeziehungen und Arbeitsrecht

Dr. Daniel Rodi
Akad. Rat a. Z. an der Universität Heidelberg

Dr. Christian Rolfs
Professor an der Universität zu Köln

Dr. Dr. h. c. Herbert Roth
Professor an der Universität Regensburg

Dr. Ludwig Salgo
Apl. Professor an der Universität Frankfurt a. M.

Dr. Adam Sagan, M. Jur.
Professor an der Universität Bayreuth

Dr. Anne Sanders
Professorin an der Universität Bielefeld

Dr. Daniel Schäuble
Notar in Waldshut-Tiengen

Dr. Renate Schaub, LL.M.
Professorin an der Universität Bochum

Dr. Martin Josef Schermaier
Professor an der Universität Bonn

Dr. Gottfried Schiemann
Professor an der Universität Tübingen

Dr. Eberhard Schilken
Professor an der Universität Bonn

Dr. Martin Schmidt-Kessel
Professor an der Universität Bayreuth

Ulf Schönenberg-Wessel
Notar und Rechtsanwalt in Kiel

Dr. Günther Schotten
Notar a. D. in Köln, Honorarprofessor an der Universität Bielefeld

Dr. Andrea Schulz
Bundesministerium der Justiz und für Verbraucherschutz

Dr. Holger Schulz
Direktor des Amtsgerichts Meldorf

Dr. Roland Schwarze
Professor an der Universität Hannover

Dr. Andreas Schwennicke
Rechtsanwalt und Notar a. D. in Berlin

Dr. Stephan Serr
Notar in Ochsenfurt

Dr. Reinhard Singer
Professor an der Humboldt-Universität Berlin, Richter am Oberlandesgericht Rostock a. D.

Dr. Stephanie Sittmann-Haury, M.M.
Wiss. Mitarbeiterin an der Universität Mainz

Dr. Dr. h. c. Ulrich Spellenberg
Professor an der Universität Bayreuth

Dr. Ansgar Staudinger
Professor an der Universität Bielefeld

Dr. Björn Steinrötter
Professor an der Universität Potsdam

Dr. Malte Stieper
Professor an der Universität Halle-Wittenberg

Dr. Markus Stoffels
Professor an der Universität Heidelberg

Dr. Michael Stürner, M. Jur.
Professor an der Universität Konstanz, Richter am Oberlandesgericht Karlsruhe

Dr. Felipe Temming, LL.M.
Professor an der Universität Hannover

Burkhard Thiele
Präsident des Oberlandesgerichts Rostock a. D., Präsident des Landesverfassungsgerichts Mecklenburg-Vorpommern a. D.

Dr. Christoph Thole
Professor an der Universität zu Köln

Dr. Karsten Thorn
Professor an der Bucerius Law School, Hamburg

Dr. Gregor Thüsing, LL.M.
Professor an der Universität Bonn

Dr. Madeleine Tolani, LL.M.
Professorin an der Hochschule Wismar

Dr. Barbara Veit
Professorin an der Universität Göttingen

Dr. Bea Verschraegen, LL.M., M.E.M.
Professorin an der Universität Wien, adjunct professor an der Universität Macao

Dr. Klaus Vieweg
Professor an der Universität Erlangen-Nürnberg

Dr. A. Olrik Vogel
Rechtsanwalt in München

Dr. Markus Voltz
Notar in Offenburg

Dr. Reinhard Voppel
Rechtsanwalt in Köln

Dr. Rolf Wagner
Professor an der Universität Potsdam, Ministerialrat im Bundesjustizministerium

Dr. Christoph Andreas Weber
Privatdozent an der Universität München

Dr. Johannes Weber, LL.M.
Notarassessor, Geschäftsführer des Deutschen Notarinstituts, Würzburg

Gerd Weinreich
Vorsitzender Richter am Oberlandesgericht Oldenburg a. D., Rechtsanwalt in Oldenburg

Dr. Matthias Wendland, LL.M.
Professor an der Universität Oldenburg

Dr. Domenik H. Wendt, LL.M.
Professor an der Frankfurt University of Applied Sciences

Dr. Olaf Werner
Professor an der Universität Jena, Richter am Thüringer Oberlandesgericht Jena a. D.

Dr. Denise Wiedemann, LL.M.
Wiss. Referentin am Max-Planck-Institut für ausländisches und internationales Privatrecht, Hamburg

Dr. Daniel Wiegand, LL.M.
Rechtsanwalt in München

Dr. Wolfgang Wiegand
Professor an der Universität Bern

Dr. Peter Winkler von Mohrenfels †
Professor an der Universität Rostock, Richter am Oberlandesgericht Rostock a. D.

Dr. Felix Wobst
Notar in Gerolzhofen

Heinz Wöstmann
Richter am Bundesgerichtshof, Karlsruhe

Dr. Luitpold Graf Wolffskeel von Reichenberg
Notar in Bamberg

Dr. Hans Wolfsteiner †
Notar a. D., Rechtsanwalt in München

Dagmar Zorn
Dipl.-Rechtspflegerin, Großbeeren

Redaktorinnen und Redaktoren

Dr. Christian Baldus

Dr. Dr. h. c. mult. Christian von Bar, FBA

Dr. Tobias Fröschle

Dr. Hans Christoph Grigoleit

Dr. Johannes Hager

Dr. Dr. h. c. mult. Dieter Henrich

Dr. Carsten Herresthal, LL.M.

Sebastian Herrler

Dr. Dr. h. c. Manfred Löwisch

Dr. Robert Magnus

Dr. Ulrich Magnus

Dr. Heinz-Peter Mansel

Dr. Peter O. Mülbert

Dr. Gerhard Otte

Dr. Thomas Raff

Dr. Peter Rawert, LL.M.

Dr. Volker Rieble

Dr. Christian Rolfs

Dr. Dr. h. c. Herbert Roth

Dr. Markus Stoffels

Dr. Barbara Veit

Dr. Wolfgang Wiegand

J. von Staudingers
Kommentar zum Bürgerlichen Gesetzbuch mit Einführungsgesetz und Nebengesetzen

Buch 2
Recht der Schuldverhältnisse
§§ 312–312m
(Grundsätze bei Verbraucherverträgen und besondere Vertriebsformen)

Neubearbeitung 2024
von
Gregor Thüsing

Redaktor
Carsten Herresthal

ottoschmidt – De Gruyter · Berlin

Die Kommentatorinnen und Kommentatoren

Neubearbeitung 2024
§§ 312, 312a–m: Gregor Thüsing

Neubearbeitung 2019
§§ 312, 312a–k: Gregor Thüsing

Neubearbeitung 2013
§§ 312, 312a–k: Gregor Thüsing

Neubearbeitung 2005
§§ 312, 312a–f: Gregor Thüsing

Sachregister

Stefanie Hörpel,
Bad Honnef

Zitierweise

Staudinger/Thüsing (2024) Vorbem 1 zu §§ 312, 312a
Staudinger/Thüsing (2024) § 312 Rn 1

Zitiert wird nach Paragraph bzw Artikel und Randnummer.

Hinweise

Der **Staudinger ist online auf juris** abrufbar. Nähere Angaben dazu sowie das Abkürzungsverzeichnis finden Sie auf www.staudinger-bgb.de.

Der **Stand der Bearbeitung** ist Juni 2024.

Am Ende eines jeden Bandes befindet sich eine Übersicht über den aktuellen Stand des Gesamtwerks Staudinger.

Die Deutsche Nationalbibliothek verzeichnet diese Publikation in der Deutschen Nationalbibliografie; detaillierte bibliografische Daten sind im Internet über http://dnb.dnb.de abrufbar.

ISBN 978-3-8059-1384-3

Satz: jürgen ullrich typosatz, Nördlingen.

Umschlaggestaltung: Bib Wies, München.

♾ Gedruckt auf säurefreiem Papier, das die DIN ISO 9706 über Haltbarkeit erfüllt.

Inhaltsübersicht

* Zitiert wird nicht nach Seiten, sondern nach Paragraph bzw Artikel und Randnummer; siehe dazu auch Zitiervorschlag.

Allgemeines Schrifttum

Das Sonderschrifttum ist zu Beginn der einzelnen Kommentierungen bzw in Fußnoten innerhalb der Kommentierung aufgeführt.

1. Kommentare

BAUMBACH/LAUTERBACH/ALBERS/HARTMANN, Kommentar zur ZPO (77. Aufl 2019)
BAUMBACH/HOPT, Handelsgesetzbuch (43. Aufl 2024)
BAUMBACH/HUECK, GmbH-Gesetz (23. Aufl 2022)
BRÖNNECKE/FÖHLISCH/TONNER, Das neue Schuldrecht (2022)
DAUNER-LIEB/LANGEN, BGB – Schuldrecht (4. Aufl 2021)
DORNBUSCH/FISCHERMEIER/LÖWISCH, Fachanwaltskommentar Arbeitsrecht (9. Aufl 2019)
EBENROTH/JOOST/BOUJONG, HGB-Kommentar (5. Aufl 2024)
EMMERICH/HABERSACK, Aktien- und GmbH-Konzernrecht (10. Aufl 2022)
Erfurter Kommentar zum Arbeitsrecht (24. Aufl 2024)
ERMAN, Bürgerliches Gesetzbuch, Band 1 (17. Aufl 2023)
GRÜNEBERG, Kommentar zum BGB (83. Aufl 2024)
HAU/POSECK, Beck'scher Online-Kommentar BGB (70. Ed 2024)
HENSSLER/WILLEMSEN/KALB, Arbeitsrecht Kommentar (11. Aufl 2024)
JUNKER/BECKMANN/RÜSSMANN, juris Praxis-Kommentar BGB, Band 2: Schuldrecht (10. Aufl 2023)
HÜFFER/KOCH, Aktiengesetz (18. Aufl 2024)
JAUERNIG/BERGER/BUDZIKIEWICZ/MANSEL/STADLER/STÜRNER/TEICHMANN, Bürgerliches Gesetzbuch (19. Aufl 2023)
Münchener Kommentar zum BGB (9. Aufl 2022); zitiert: MünchKomm/BEARBEITER
Münchener Kommentar zur ZPO (6. Aufl 2020); zitiert: MünchKomm-ZPO/BEARBEITER
OERTMANN, Bürgerliches Gesetzbuch, Recht der Schuldverhältnisse (5. Aufl 1928)
PLANCK, Kommentar zum Bürgerlichen Gesetzbuch (4. Aufl 2021)
PRÜTTING/WEGEN/WEINREICH, Kommentar zum BGB (17. Aufl 2022)
Reichsgerichtsrätekommentar zum BGB (12. Aufl 1974 ff)
ROTH/ALTMEPPEN, GmbHG (11. Aufl 2023)
SCHULZE u.a., Bürgerliches Gesetzbuch Handkommentar (12. Aufl 2024); zitiert: Hk-BGB/BEARBEITER
SPINDLER/SCHUSTER, Recht der elektronischen Medien (4. Aufl 2019)
STEIN/JONAS, Kommentar zur ZPO (23. Aufl 2014 ff)
THOMAS/PUTZO, Kommentar zur ZPO (45. Aufl 2024)
ZÖLLER, Kommentar zur ZPO (35. Aufl 2024).

2. Lehrbücher

BAUR/STÜRNER, Sachenrecht (19. Aufl 2024)
BROX/WALKER, Allgemeines Schuldrecht (48. Aufl 2024)
ENNECCERUS/LEHMANN, Lehrbuch des Bürgerlichen Rechts (15. Aufl 1959)
FIKENTSCHER/HEINEMANN, Schuldrecht (12. Aufl 2022)
GERNHUBER (Hrsg), Handbuch des Schuldrechts in Einzeldarstellungen; Bd V: SELB, Mehrheiten von Gläubigern und Schuldnern (1984)
GRUNEWALD, Gesellschaftsrecht (12. Aufl 2023)
HECK, Grundriß des Schuldrechts (1929; unveränderter Nachdruck 1958)
HIRSCH, Schuldrecht Allgemeiner Teil (11. Aufl 2018)
LARENZ, Schuldrecht Band 1 (14. Aufl 1987)
LARENZ/CANARIS, Schuldrecht Besonderer Teil Band 2 (13. Aufl 1994)
LOOSCHELDERS, Schuldrecht Allgemeiner Teil (22. Aufl 2024)
MEDICUS/LORENZ, Schuldrecht I Allgemeiner Teil (22. Aufl 2021)

MEDICUS/PETERSEN, Bürgerliches Recht (29. Aufl 2023)
MUSIELAK/VOIT, Kommentar zur Zivilprozessordnung (21. Aufl 2024)
NEUNER, Allgemeiner Teil des BGB (13. Aufl 2023)
PRÜTTING, Sachenrecht (38. Aufl 2024)
ROSENBERG/SCHWAB/GOTTWALD, Zivilprozessrecht (18. Aufl 2018)
SCHELLHAMMER, Schuldrecht nach Anspruchsgrundlagen, samt BGB Allgemeiner Teil (11. Aufl 2021)
SCHLECHTRIEM/SCHMIDT-KESSEL, Schuldrecht Allgemeiner Teil (6. Aufl 2005)
SCHMIDT, Handelsrecht (6. Aufl 2014)
ders, Gesellschaftsrecht (4. Aufl 2002)
WESTERMANN/GURSKY/EICKMANN, Sachenrecht (8. Aufl 2011)
WÖRLEN/METZLER-MÜLLER, Schuldrecht AT (15. Aufl 2023)
E WOLF, Lehrbuch des Schuldrechts, Erster Band: Allgemeiner Teil (1978).

Untertitel 2
Grundsätze bei Verbraucherverträgen und besondere Vertriebsformen
Kapitel 1
Anwendungsbereich und Grundsätze bei Verbraucherverträgen

Vorbem zu §§ 312, 312a

Schrifttum zur Umsetzung der Verbraucherrechterichtlinie

Arnold, Rechtswahl und Verbraucherschutz im internationalen Vertragsrecht bei Auslandsreisen und „Kundenschleusung", IPRax 2016, 567

Artz/Brinkmann/Ludwigkeit, Besondere Vertriebsformen nach neuem Recht – Voraussetzungen und Rechtsfolgen des Widerrufs, jM 2014, 222

Bauer/Arnold/Zeh, Widerruf von Arbeits- und Aufhebungsverträgen – Wirklich alles neu?, NZA 2016, 449

Bierekoven/Crone, Umsetzung der Verbraucherrechterichtlinie, MMR 2013, 687

Bittner, Gesetz zur Umsetzung der Verbraucherrechterichtlinie: Informationspflichten und Widerrufsrecht im Direktvertrieb, ZVertriebsR 2014, 3

Brinkmann/Ludwigkeit, Die Neuerungen des situativen Anwendungsbereichs besonderer Vertriebsformen, NJW 2014, 3270

Brönneke/Schmidt, Der Anwendungsbereich der Vorschriften über die besonderen Vertriebsformen nach Umsetzung der Verbraucherrechterichtlinie, VuR 2014, 3

Bülow/Artz, Verbraucherprivatrecht (5. Aufl 2016)

Clausnitzer/Delfs, Die EU-Verbraucherrechterichtlinie – Praxisfragen und Antworten der Leitlinien der Europäischen Kommission (Teil 1), ZVertriebsR 2014, 343

Crone, Umsetzung der Verbraucherrechterichtlinie, MMR 2013, 687

Dauner-Lieb/Langen, BGB Schuldrecht, Band 2/1 (4. Aufl 2021)

Dittert/Münch, Widerrufsrecht jetzt auch bei Maklerverträgen, Grundeigentum 2014, 920

Ehmann/Forster, Umsetzung der Verbraucherrechterichtlinie – Teil 1: Der neue „allgemeine Teil" des Verbraucherschutzrechts, GWR 2014, 163

Erman, BGB Kommentar (17. Aufl 2023)

Fischinger/Werthmüller, Der Aufhebungsvertrag im Irish Pub, NZA 2016, 193

Förster, Die Umsetzung der Verbraucherrechterichtlinie in §§ 312 ff BGB, JA 2014, 721, 801

Friesen, Der Verbraucher und sein Teppich – Altbekanntes im Gewand des reformierten Verbraucherschutzrechts, VuR 2016, 174

Glöckner, Die Folgen der Verbraucherrechterichtlinie und ihrer Umsetzung für Bauverträge, BauR 2014, 411

Grüneberg, Bürgerliches Gesetzbuch (83. Aufl 2024)

Hau/Poseck, Beck'scher Online-Kommentar, BGB (68. Ed 2023)

Heinig, Verbraucherschutz – Schwerpunkte der EU-Verbraucherrechte-Richtlinie, MDR 2012, 323

Hoeren/Föhlisch, Ausgewählte Praxisprobleme des Gesetzes zur Umsetzung der Verbraucherrechterichtlinie, CR 2014, 211

Hohlweger/Ehmann, Umsetzung der Verbraucherrechterichtlinie – Teil 2: Das neue Widerrufsrecht, GWR 2014, 211

Jauernig, Bürgerliches Gesetzbuch (19. Aufl 2023)

KAMANABROU, Eindeutig kein Widerrufsrecht bei Aufhebungsverträgen am Arbeitsplatz?, NZA 2016, 919
KOCH, Verbraucherrecht = brauchbares Recht? Ausgewählte Aspekte nach Umsetzung der Verbraucherrechterichtlinie, GPW 2014, 128
KROPF, § 312a Abs 3 BGB nF – eine Vorschrift ohne Anwendungsbereich bei Verträgen über Finanzdienstleistungen, BKR 2014, 309
LASKAWY/LOMB, Kein Verbraucherwiderruf von arbeitsrechtlichen Aufhebungsverträgen, DB 2018, 965
LEMBKE, Verbraucherrechtliches Widerrufsrecht des Arbeitnehmers bei Auflösungsvereinbarungen?, BB 2016, 3125
LINDNER, Der Widerruf einer Modernisierungsvereinbarung und dessen Folgen bei einer in der Wohnung des Mieters oder außerhalb der Geschäftsräume des Vermieters/Verwalters abgeschlossenen Vereinbarung, Kurzreferat, ZMR 2018, 190
vLOEWENICH, § 312 Abs 1 und von Verbrauchern gestellte Bürgschaften sowie andere von Verbrauchern gestellte Sicherheiten, WM 2015, 113
MAUME, Der umgekehrte Verbrauchervertrag, NJW 2016, 1041
MAYER, Das Gesetz zur Umsetzung der Verbraucherrechterichtlinie, NJW 2014, 364
MEDIGER, Das neue (?) Widerrufsrecht des Mieters, NZM 2015, 185
MEIER, Sind Bürgschaften wieder unwiderruflich?, ZIP 2015, 1156
MESCH, Verbraucherschutz bei Wohnungsmaklerverträgen, VuR 2015, 251
MÖLLER, Die Umsetzung der Verbraucherrechterichtlinie im deutschen Recht, BB 2014, 1411
Münchener Kommentar zum Bürgerlichen Gesetzbuch, Band 2 Schuldrecht – Allgemeiner Teil (9. Aufl 2022)
Münchener Kommentar zum Bürgerlichen Gesetzbuch, Band 13, Einführungsgesetz zum Bürgerlichen Gesetzbuch (8. Aufl 2021)
RAUE, Verbraucherschutz bei besonderen Vertriebsformen nach Umsetzung der Verbraucherrechterichtlinie, JURA 2015, 326
REHBERG, Online-Partnervermittlungen – Probleme in der Praxis, VuR 2014, 407
RODI, Der neue § 312a Abs 3 S 1 BGB – das Ende des erhöhten Beförderungsentgelts?, VuR 2015, 14
ROLFS/MÖLLER, Widerrufsrechte im Wohnraummietrecht, NJW 2017, 3275
SCHOMBURG, Mehr Verbraucherschutz bei Kosten für Nebenleistungen – Die Regelungen des neuen § 312a Abs 2 bis 6 BGB, VuR 2014, 18
SCHULZE/DÖRNER/EBERT/HOEREN/KEMPER/SAENGER/SCHREIBER/SCHULTE-NÖLKE/STAUDINGER, Bürgerliches Gesetzbuch Handkommentar (9. Aufl 2016)
SCHULZE/KITTEL/PFEFFER, Widerrufsrecht des Arbeitnehmers bei Auflösungsvereinbarungen, ArbRAktuell 2017, 105
SCHULZE, Handkommentar BGB (11. Aufl 2021)
SCHWAB/GIESEMANN, Die Verbraucherrechte-Richtlinie: Ein wichtiger Schritt zur Vollharmonisierung im Binnenmarkt, EuZW 2012, 253
SCHWAB/HROMEK, Alte Streitstände im neuen Verbraucherprivatrecht, JZ 2015, 271
SORGENFREI, Neue Anforderungen an die Umsetzung verbraucherschützender Richtlinien, GPR 2013, 242
SPINDLER/SCHUSTER, Recht der elektronischen Medien, Kommentar (3. Aufl 2015)
STÜRNER, Grundstrukturen des Verbrauchervertrags im BGB, JURA 2015, 30
THÜSING, Arbeitsverträge, in: vWESTPHALEN/THÜSING, Vertragsrecht und AGB-Klauselwerke (41. Aufl 2018)
WENDEHORST, Das neue Gesetz zur Umsetzung der Verbraucherrechterichtlinie, NJW 2014, 577
WENDELSTEIN/ZANDER, Das neue Verbraucherrecht nach der Umsetzung der Verbraucherrechterichtlinie, JURA 2014, 1191.

Älteres Schrifttum

ARMBRÜSTER, Rückabwicklung von Fondsbeteiligungen – deutsches Gesellschaftsrecht modifiziert europäisches Verbraucherschutzrecht (EuGH, EuZW 2010, 382 – Friz), EuZW 2010, 614
BECKER, Generelle Freistellung vom Vertrag aus culpa in contrahendo beim Haustürgeschäft, AnwBl 1984, 531
BÖNNEKE, Abwicklungsprobleme beim Widerruf von Fernabsatzgeschäften, MMR 2004, 127
BUCHMANN, Anmerkung zum Urteil des BGH

vom 1. 12. 2010 (VIII ZR 82/10, K&R 2011, 185) – Berufung auf die Muster-Widerrufsbelehrung, K&R 2011, 186
Bülow/Artz, Fernabsatzverträge und Strukturen eines Verbraucherprivatrechts im BGB, NJW 2000, 2049
Däubler, Die Auswirkung der Schuldrechtsmodernisierung auf das Arbeitsrecht, NZA 2001, 1329
Derleder, Zum Widerrufsrecht nach BGB § 312 Abs 1 S 1, EWiR 2006, 195
ders, Zum Wertersatzanspruch nach Widerruf des in einer Haustürsituation abgeschlossenen Partnervermittlungsvertrags, EWiR 2010, 349
Dieckmann, Zum Vorliegen einer Haustürsituation, EWiR 2009, 307
Edelmann, Die Haftung der Banken bei der Finanzierung von Fondsbeteiligungen im Bereich der HWiG – Die Auswirkungen des BGH-Urteils vom 2. 7. 2001 – II ZR 304/00, 2001, 1775, DB 2001, 2434
Ehricke, Die Einbeziehung des Immobilienkaufs in die Folgen eines Widerrufs des Darlehensgeschäfts nach der Richtlinie 85/577/EWG, ZIP 2004, 1025
Ensthaler/Kluge, „FRIZ" – Das Ende der Schuldverschreibung?, BB 2010, 2835
vFalkenstein, Die Bekämpfung unlauterer Geschäftspraktiken durch Verbraucherverbände (1977)
Fiebig, Der Arbeitnehmer als Verbraucher, DB 2002, 1608
Fischer, Richtlinienwidrigkeit des § 357 Abs 3 BGB bei Fernabsatzverträgen? Zugleich eine kritische Betrachtung der Rechtsfolgen verbraucherschützender Widerrufsrechte, K&R 2004, 223
ders, „Heininger" geht in die Verlängerung – oder: das „Wunder von Bochum" (?), VuR 2004, 8
Fischer/Machunsky, Haustürwiderrufsgesetz-Kommentar (2. Aufl 1995)
Fischer/Miedl, § 312 BGB und seine richtlinienkonforme Auslegung, EuZW 2009, 526
Franz, Aufhebungs- und Änderungsverträge als Verträge über eine entgeltliche Leistung iS des § 312 BGB, JuS 2007, 14
ders, Aufhebungsvertrag und Widerrufsrecht nach §§ 312, 355 BGB: nicht nur eine Frage des Arbeitsrechts!, JR 2007, 89
U Franz, Zu den Anforderungen an eine Widerrufsbelehrung, EWiR 2007, 455
Franzen, „Heininger" und die Folgen: ein Lehrstück zum Gemeinschaftsprivatrecht, JZ 2003, 321
ders, Privatrechtsangleichung durch die EG (1999)
Fuchs, Das Fernabsatzgesetz im neuen System des Verbraucherschutzes, ZIP 2000, 1273
Gallois, Die Anwendung des Haustürwiderrufsgesetzes auf den Vertrieb von Bauherren- und Erwerbsmodellen, BB 1990, 2062
Gilles, Das Gesetz über den Widerruf von Haustürgeschäften und ähnlichen Geschäften, NJW 1986, 1131
ders, Das Recht des Direktmarketing, Kundenwerbung und Verträge außerhalb von Geschäftsräumen (1982)
Gottwald, Die Haftung für culpa in contrahendo, JuS 1982, 877
Gsell, Zu den Anforderungen an die Widerrufsbelehrung beim Haustürgeschäft, EWiR 2007, 265
Gutzeit, Zur Problematik des Widerrufs eines Partnervermittlungsvertrags nach Haustürgeschäft – Anmerkung zum BGH-Urteil vom 15. 4. 2010 (III ZR 218/09; NJW 2010, 2868), NJW 2010, 2872
Habersack, Haustürgeschäfterichtlinie und Realkreditverträge, WM 2000, 981
ders, Widerruf notariell beurkundeter Willenserklärungen?, Überlegungen zum Anwendungsbereich des § 1 Abs 2 Nr 3 HWiG, ZIP 2001, 353
ders, Zum Widerruf von an der Haustür abgeschlossenen Realkreditverträgen, JZ 2006, 91
Hadding/Häuser, Die zivilrechtliche Reichweite des Verbots der Vermittlung und des Abschlusses von Darlehensverträgen im Reisegewerbe, WM 1984, 1413
Hahn/Brockmann, Der Einwendungsdurchgriff auf dem Weg zu einem wirksamen Verbraucherschutzrecht? – zugleich ein Beitrag zu BGH, Urt v 21. 7. 2003 – II ZR 387/02 – und BGH, Urt v 23. 9. 2003 – XI ZR 135/02, VuR 2004, 173
dies, Das Haustürwiderrufsrecht bei finanzierten Immobilienanlagen auf dem Weg zu einem wirksamen Verbraucherschutzrecht?, VuR 2004, 207
Hattenhauer, Scheingeschäft und Einwendungsdurchgriff beim finanzierten Grundstücks-

kauf – OLG Koblenz, NJW-RR 2002, 194, JuS 2002, 1162

Herbert/Oberrath, Rechtsprobleme des Nichtvollzugs eines abgeschlossenen Arbeitsvertrags, NZA 2004, 121

Hopt, Die Nichtigkeit von Darlehensverträgen bei Abschluss oder Vermittlung im Reisegewerbe, NJW 1985, 1665

Hümmerich/Holthausen, Der Arbeitnehmer als Verbraucher, NZA 2002, 173

Huff, Haustürwiderrufsgesetz und Freizeitveranstaltung – ein erster Überblick, VuR 1988, 306

Huhs, Vereinbarkeit der Ausnahme für Versicherungsverträge von der Geltung des Gesetzes über den Widerruf von Haustürgeschäften und ähnlichen Geschäften mit Art 3 GG, VuR 1987, 74

Käseberg/Richter, Haustürwiderrufsrichtlinie und Schrottimmobilien – Das Urteil in Sachen Schulte und Crailsheimer Volksbank, EuZW 2006, 46

Kannowski, Schuldversprechen und Schuldanerkenntnis (§§ 780, 781 BGB) als Haustürgeschäfte, VuR 2009, 408

Kipp, Über Doppelwirkungen im Recht, in: FG vMartitz (1911) 211

Knauth, Die Bedeutung des Gesetzes über den Widerruf von Haustürgeschäften und ähnlichen Geschäften für die Kreditwirtschaft, WM 1987, 517

ders, Das Gesetz über den Widerruf von Haustürgeschäften und ähnlichen Geschäften, WM 1986, 509

Knöfel, Auf dem Weg zu einem neuen Schuldrecht für den Fernabsatz von Finanzdienstleistungen, ZGS 2004, 182

Krebs, Verbraucher, Unternehmer oder Zivilpersonen, DB 2002, 517

Kresse/Springer, Verbraucherausstellungen – Freizeitveranstaltungen iSd Haustürwiderrufsgesetzes?, WRP 2000, 479

Kulke, Der Gesetzesentwurf der Bundesregierung zur Umsetzung der Verbraucherkreditrichtlinie, des zivilrechtlichen Teils der Zahlungsdiensterichtlinie sowie zur Neuordnung der Vorschriften über das Widerrufs- und Rückgaberecht – Teil 1, VuR 2009, 12

Lederer, Das Verbraucherleitbild im Internet, NJOZ 2011, 1833

Leder/Morgenroth, Die Vertragsstrafe im Formulararbeitsvertrag, NZA 2002, 952

Lembke, Das „Aus“ für das Widerrufsrecht des Arbeitnehmers bei arbeitsrechtlichen Aufhebungs- und Abwicklungsverträgen, NJW 2004, 2941

Lettl, Haustürgeschäft (§ 312 I 1 BGB) und Fernabsatzvertrag (§ 312d I 1 BGB), JA 2010, 694

ders, Die wirksame Ausübung eines Widerrufsrechts nach §§ 312 ff BGB und dessen Rechtsfolgen (§§ 355, 357 BGB), JA 2011, 9

Lütcke, Fernabsatzrecht – Kommentar (2002)

Madaus, Die persönliche Mithaftung des Verbrauchers bei Haustürgeschäften und Kreditverträgen – Die Entscheidung des BGH vom 2. 5. 2007 – XII ZR 109/04 (LG Frankfurt/Oder), NJW 2007, 2110, BKR 2008, 54

Maier, Beschränkungen des Haustürwiderrufs in der aktuellen Rechtsprechung, VuR 2008, 401

Mankowski, Beseitigungsrechte, Anfechtung, Widerruf und verwandte Institute (Habil Tübingen 2003)

ders, Zur Neuregelung der Widerrufsfrist bei Fehlen einer Belehrung im Verbraucherschutzrecht, JZ 2001, 745

ders, § 312 BGB 1/03, Kurzkommentar zu ArbG Frankfurt/O, Urteil v 29. 5. 2002 – 6 Ca 500/02, EWiR 2003, 15

Martis, Aktuelle Entwicklungen im Recht der Haustürgeschäfte, MDR 2003, 961

Martis/Meinhof, Voraussetzungen des Widerrufs nach § 355 BGB, MDR 2004, 4

Maume, Fondsbeitritt an der Haustür und Widerruf – droht neuer Ärger?, VuR 2012, 87

Meller-Hannich, Haustürgeschäft, Immobilienkauf, Kreditvertrag und der enttäuschte Anleger – die Grenzen der richtlinienkonformen Auslegung und die Grenzen der Auslegung von Richtlinien, WM 2005, 1157

Merk, Geschäfte an der Haustür, in: Chiotellis/Fikentscher, Rechtstatsachenforschung (1985) 329

Micklitz, Gemeinschaftsrechtliche Vorgaben für ein Verbrauchervertriebsrecht oder für eine Regelung der Vertragsschlussmodalitäten?, in: Hk-BGB/Schulte-Nölke, Die Schuldrechts-

reform vor dem Hintergrund des Gemeinschaftsrechts (2001)
MICKLITZ/TONNER, Vertriebsrecht, Haustür-, Fernabsatzgeschäfte und elektronischer Geschäftsverkehr, Handkommentar (2002)
MÖRSDORF, Überrumpelungsschutz gegen vertragsnahe Dritte? Der Anspruch des nicht über sein Haustürwiderrufsrecht belehrten Immobilienerwerbers auf Schadensersatz, ZIP 2012, 845
MORGENROTH, Die Umsetzung der Verbrauchsgüterkaufsrichtlinie 1999/44/EG in Spanien, RIW 2003, 837
MÜLLER/STRASSBURGER, Anwendbarkeit des Widerrufsrechts nach §§ 312, 355 BGB auf Entgeltumwandlungsvereinbarungen, BetrAV 2004, 239
RECHMANN, Die richtlinienkonforme Auslegung (1994)
REINICKE/TIEDTKE, Kaufrecht (8. Aufl 2009)
REITHER/METHNER, Staatshaftung wegen europarechtswidriger Widerrufsregelung, VuR 2004, 52
REUTER, Integration des Verbraucherschutzrechts in das BGB, in: ECKERT/DELBRÜCK, Reform des deutschen Schuldrechts (2003)
RIEHM, Aktuelle Fälle zum Bürgschaftsrecht, JuS 2000, 138
RÖRIG, Zu den Aufklärungspflichten der Bank bei Finanzierung eines Bauherrnmodells, zur Zurechnung der „Haustürsituation", zu verbundenen Geschäften und europarechtlichen Fragen, ZIP 2003, 26
SCHÄFER, Haustürwiderruf und fehlerhafte Gesellschaft – Besprechung des Urteils BGH NJW 2010, 3096 „FRIZ II", ZGR 2011, 352
SCHAFFELHUBER, Das Schicksal des Haustürwiderrufsrechts bei vor dem 1. Januar 2002 entstandenen Schuldverhältnissen – intertemporale und materiellrechtliche Anwendungsprobleme des § 355 Abs 3 BGB, WM 2005, 765
SCHANBACHER, Zur Frage der Anwendbarkeit des Haustürwiderrufsgesetzes auf Bürgschaften, NJW 1991, 3263
SCHMIDT/RÄNTSCH, Die aktuelle Rechtslage bei sog Schrottimmobilien, MDR 2005, 6
TEPPER, Einige Bemerkungen zur Wirksamkeit von Hautürgeschäften im Kreditgewerbe, JR 1990, 356
TESKE, Das neue Gesetz über den Widerruf von Haustürgeschäften und ähnlichen Geschäften, ZIP 1986, 624
ders, Verbraucherschutz beim Abschluß von Versicherungsverträgen an der Haustür, ZRP 1990, 412
ders, Versandhandel, in: vWESTPHALEN, Vertragsrecht und AGB-Klauselwerke (2003)
THÜSING/LEDER, Neues zur Inhaltskontrolle von Formulararbeitsverträgen, BB 2004, 42
TIEDTKE, Rechtsprechung des BGH auf dem Gebiet des Bürgschaftsrechts seit 1997, NJW 2001, 1015
TONNER, Die Umsetzung der Verbraucherrechterichtlinie – Auswirkungen der Vollharmonisierung, VuR 2014, 23
UNGERBIELER, Zur Nichtigkeit von Darlehensverträgen wegen Verstoßes gegen § 56 I 1 Nr 6 GewO, NJW 1980, 565
VOWINKEL, Unanwendbarkeit des § 312 BGB nF (Widerrufsrecht bei Haustürgeschäften) auf die Bürgschaft, DB 2002, 1362
WEGE, Gerichtsfeste Widerrufsbelehrung bei Haustürgeschäften: trotz Musters des Bundesjustizministeriums eine Herausforderung, BB 2007, 1012
WEILER, Die Zurechnung einer drittverursachten Haustürsituation, BB 2003, 1397
WENZEL, Keine Anwendung des Haustürwiderrufgesetzes auf Bürgschaften, NJW 1993, 2781
WITT, Zur Ursächlichkeit der Haustürsituation für den Vertragsschluss, LMK 2009, 288211
ZERRES, Bedeutung der Verbraucherschützenden Umgehungsverbote am Beispiel der „Haustürgeschäfte", MDR 2004, 1334.

Systematische Übersicht

Alphabetische Übersicht

I. Allgemeines

Die in den §§ 312 ff BGB normierten Grundsätze bei Verbraucherverträgen und besonderen Vertriebsformen wurden infolge der Umsetzung der Verbraucherrechterichtlinie (Richtlinie 2011/83/EU des Europäischen Parlaments und des Rates über die Rechte der Verbraucher, EurABl L 304 vom 22. 11. 2011, S 64; abgedruckt unter Rn 37) zum 13. 6. 2014 grundlegend neu geregelt. Dies betrifft sowohl den Inhalt als auch die Struktur der Regelungen. Zu den wesentlichen Gegenständen dieser Neuerungen gehören die Aufstellung allgemeiner Pflichten für grundsätzlich alle Verbraucherverträge sowie die Angleichung der Rechte und Pflichten bei außerhalb von Geschäftsräumen geschlossenen Verträgen und Fernabsatzverträgen (vgl Erman/Koch Vor § 312 Rn 16). Werden Verträge im Rahmen einer dieser besonderen Vertriebsformen geschlossen, geht das Gesetz davon aus, dass sich der Kunde typischerweise in einer unterlegenen Situation befunden hat und gewährt ihm deshalb ein Widerrufsrecht, während den Unternehmer etwa Informationspflichten treffen. Auf eine tatsächliche Schutzbedürftigkeit kommt es dabei nicht an (Dauner-Lieb/Langen/Ring Vor §§ 312 ff Rn 12 f; Grüneberg/Grüneberg Vor § 312 Rn 1; dazu kritisch Hk-BGB/Schulte-Nölke Vor §§ 312–312k Rn 1). Das Gesetz für faire Verbraucherverträge vom 10. 8. 2021 (BGBl 2021 I 3433) hat zu einer partiellen Neuanordnung der Vorschriften geführt und den § 312k BGB eingeführt. § 312l BGB ist im Rahmen der Umsetzung der Richtlinie 2019/2161/EU eingeführt worden. In der Literatur werden die §§ 312 ff BGB gemeinsam mit den §§ 13, 14 BGB auch als „Allgemeiner Teil des deutschen Verbraucherrechts" bezeichnet (Dauner-Lieb/Langen/Ring Vor §§ 312 ff Rn 8; Hk-BGB/Schulte-Nölke Vor §§ 312–312k Rn 1). 1

In zeitlicher Hinsicht gelten die neuen Regeln für Schuldverhältnisse, die ab dem 13. 6. 2014 entstanden sind. Für davor entstandene Schuldverhältnisse gilt das alte Recht zunächst gem Art 229 § 323 Abs 1 EGBGB weiter – mit Ausnahme jedoch des sog „ewigen Widerrufsrechts", welches gem Art 229 § 32 Abs 2, 3 EGBGB spätestens am 27. 6. 2015 erloschen ist (Dauner-Lieb/Langen/Ring Vor §§ 312 ff Rn 7; Hk-BGB/Schulte-Nölke Vor §§ 312–312k Rn 3). 2

II. Regelungsgegenstand

Die §§ 312 ff BGB sind Teil des Verbraucherschutzrechts im BGB. Sie dienen dem **Schutz des Verbrauchers** beim Geschäftsabschluss **im Rahmen besonderer Vertriebsformen**. Das Allgemeine Schuldrecht des BGB enthält damit eine Zusammenfassung der Regeln über außerhalb eines Ladengeschäfts – auch an der Haustür, im elektronischen Geschäftsverkehr oder sonst im Fernabsatzhandel – abgeschlossene oder angebahnte Verträge. Sie sind im Zusammenhang mit der allgemeinen Rechtsgeschäftslehre, insbesondere des Vertragsrechts, und diesbezüglich verbraucherschützenden Verbraucherschutzregelungen – insbesondere des BGB – anzuwenden. 3

1. Verbrauchergeschäfte

Dem Regelungsbereich der §§ 312 ff BGB unterfallen **Geschäfte zwischen Verbrauchern und Unternehmern**. Gem § 312 Abs 1 BGB ist dabei auf die Legaldefinition des Verbrauchervertrags in § 310 Abs 3 BGB zurückzugreifen. 4

a) Verbraucher

5 Verbraucher ist nach § 13 BGB jede natürliche Person, die ein Rechtsgeschäft zu Zwecken abschließt, die überwiegend weder ihrer gewerblichen noch ihrer selbständigen beruflichen Tätigkeit zugerechnet werden können. Das Kriterium „überwiegend" wurde im Zuge der Umsetzung der VerbrRRL in den Gesetzeswortlaut aufgenommen, um Erwägungsgrund 17 Genüge zu tun, wodurch eine Klarstellung im Hinblick auf sog Dual-use-Verträge getroffen wurde (BT-Drucks 17/13951, 61; Grüneberg/Ellenberger § 13 Rn 1). Auch im Übrigen geht der Verbraucherbegriff auf den europäischen Gesetzgeber zurück, der den Verbraucher in den Richtlinien 85/577/EG vom 20. 12. 1985 betreffend den Verbraucherschutz im Falle von außerhalb von Geschäftsräumen geschlossenen Verträgen (Abl EG Nr L 372, S 31), 87/102/EWG vom 22. 12. 1986 zur Angleichung der Rechts- und Verwaltungsvorschriften der Mitgliedstaaten über den Verbraucherkredit (Abl EG Nr 42, S 48, aufgehoben durch Richtlinie 2008/48/EG, ABl L 133 S 66), 94/47/EG vom 26. 10. 1994 zum Schutz der Erwerber im Hinblick auf bestimmte Aspekte von Verträgen über den Erwerb von Teilnutzungsrechten an Immobilien (ABl EG Nr L 280, S 82, aufgehoben durch Richtlinie 2008/122/EG, ABl L 33, S 10) und 97/7/EG vom 20. 5. 1997 über den Verbraucherschutz bei Vertragsabschlüssen im Fernabsatz (ABl EG Nr L 144, S 19, aufgehoben durch 2011/83/EU, ABl L 304, S 64) definiert hat. Der deutsche Gesetzgeber hat den Verbraucherbegriff in § 13 BGB überobligatorisch weit ausgestaltet, indem ihm auch natürliche Personen in Ausübung einer unselbständigen beruflichen Tätigkeit unterfallen. Die EG-Richtlinie über den Fernabsatz von Finanzdienstleistungen 2002/65/EG an Verbraucher hat die Definition des Verbraucherbegriffs der vorangehenden Verbraucherschutzrichtlinien übernommen (Art 2 Buchst d der Richtlinie) und zwingt den deutschen Gesetzgeber daher nicht zu einer Einschränkung des weiten Verbraucherbegriffs in § 13 BGB (Härting/Schirmbacher CR 2002, 809, 810). Der Gesetzgeber hatte sich deshalb für die Beibehaltung des bisherigen Verbraucherbegriffs entschieden (BT-Drucks 15/2946). Auch die VerbrRRL lässt nach Erwägungsgrund 13 zu, dass die Mitgliedstaaten die Anwendung der Richtlinie auf Personen ausdehnen, die keine „Verbraucher" im Sinne der Richtlinie sind (sa Grüneberg/Ellenberger § 13 Rn 3 mwNw; eingehend zum Verbraucherbegriff Staudinger/Fritzsche [2024] § 13 Rn 46 ff).

b) Unternehmer

6 Unternehmer ist gem § 14 Abs 1 BGB eine natürliche oder juristische Person oder eine rechtsfähige Personengesellschaft, die bei Abschluss eines Rechtsgeschäfts in Ausübung ihrer gewerblichen oder selbständigen beruflichen Tätigkeit handelt. Der Umfang der Tätigkeit ist nicht entscheidend (BeckOK-BGB/Martens § 14 Rn 38 mwNw). Natürliche Personen können danach also nicht nur Verbraucher, sondern auch Unternehmer sein. Dagegen können juristische Personen nicht Verbraucher, aber Unternehmer sein. Es kann sich um juristische Personen des Privatrechts (Gesellschaften mit beschränkter Haftung, Aktiengesellschaften, Vereine und Stiftungen) oder des öffentlichen Rechts (Körperschaften, Anstalten und Stiftungen des öffentlichen Rechts) handeln. Geschäfte im Zuge der Aufnahme einer gewerblichen oder beruflichen Tätigkeit, der sog Existenzgründung, werden als Unternehmerhandeln betrachtet (BGH NJW 2005, 1273; Rohlfing MDR 2008, 304). Andersherum liegt Verbraucher-, kein Unternehmerhandeln vor, wenn ein Geschäft die Entscheidung über die Existenzgründung erst vorbereiten soll (BGH MDR 2008, 13; Rohlfing MDR 2008, 304; Einzelheiten s Staudinger/Fritzsche [2024] § 14 Rn 88).

2. Systematik

Zunächst wird in § 312 BGB der Anwendungsbereich der §§ 312–312h BGB festgelegt, § 312a BGB stellt zudem allgemeine Pflichten und Grundsätze bei Verbraucherverträgen auf. Während im alten Recht das Widerrufsrecht bei Haustürgeschäften in § 312 aF (bis 12. 6. 2014) und die Rechte und Pflichten bei Fernabsatzverträgen davon getrennt in den §§ 312b–312f aF (bis 12. 6. 2014) geregelt waren, hat in der Neuregelung eine weitgehende Angleichung der unterschiedlichen besonderen Vertriebsformen stattgefunden: Zwar werden die Begriffe außerhalb von Geschäftsräumen geschlossene Verträge (§ 312b BGB) und Fernabsatzverträge (§ 312c BGB) nach wie vor separat normiert, jedoch sind für bei Vertriebsarten die Informationspflichten in den §§ 312d, 312e BGB, Vorgaben für Abschriften und Bestätigungen in § 312f BGB, die Kündigung und die Vollmacht zur Kündigung gemeinsam und weitgehend parallel geregelt. **7**

Ebenfalls einheitlich für Fernabsatzverträge und außerhalb von Geschäftsräumen geschlossene Verträge geregelt befindet sich in § 312g BGB mit dem Widerrufsrecht das Herzstück des Untertitels. Diese Norm regelt jedoch nur das grundsätzliche Bestehen des Widerrufsrechts sowie dessen Ausnahmen. Die näheren Umstände und formellen Voraussetzungen der Ausübung des Widerrufsrechts finden sich dagegen in den §§ 355 ff BGB (vgl Erman/Koch Vor § 312 Rn 17). Noch einmal davon getrennt in Kapitel 3 des Untertitels finden sich mit den §§ 312i bis 312l BGB Vorschriften für Verträge im elektronischen Geschäftsverkehr und Betreiber von Online-Marktplätzen. Schließlich ordnet § 312m BGB für den gesamten Untertitel die Unabdingbarkeit zu Lasten des Verbrauchers sowie die Tragung der Beweislast für die Erfüllung der in diesem Untertitel geregelten Informationspflichten durch den Unternehmer an. **8**

III. Europarechtliche Vorgaben

1. Die Verbraucherrechterichtlinie als Maßstab richtlinienkonformer Auslegung

Am 25. 10. 2011 ist die Richtlinie 2011/83/EU des Europäischen Parlaments und des Rates über die Rechte der Verbraucher verkündet worden (ABl L 304 vom 22. 11. 2011, S 64; abgedruckt unter Rn 37). Sie trat am 12. 12. 2011 in Kraft. Nach Art 28 RL 2011/83/EU waren die Richtlinienvorgaben innerhalb einer zweijährigen Umsetzungsfrist für die Mitgliedstaaten bis spätestens zum 13. 12. 2013 umzusetzen. **9**

Vorangegangen war der Richtlinie eine Mitteilung der Kommission vom Oktober 2004, in der diese die fortlaufende Evaluierung der verbraucherschützenden Richtlinien angeordnet hat – darunter die Richtlinie 85/577/EWG zu außerhalb von Geschäftsräumen geschlossenen Verträgen (KOM 2004, 651 endg 3 f). Damit sollte überprüft werden, ob deren Ziele, namentlich ein hohes Verbraucherschutzniveau, der Abbau von Binnenmarktschranken sowie eine Vereinfachung und Mindestharmonisierung der Rechtsvorschriften, erreicht wurden. Eine Zusammenfassung der Evaluationsergebnisse veröffentlichte die Kommission mit dem Grünbuch über die Überprüfung des gemeinschaftlichen Besitzstands im Verbraucherschutz („Verbraucher-Acquis", KOM 2006, 744 endg). **10**

11 Auf dessen Grundlage wurde die Verbraucherrechterichtlinie erarbeitet, deren Entwurf die Kommission am 8. 10. 2008 vorlegte (KOM 2008, S 614 endg). Darin wurde das bisher geltende **Prinzip der Mindestharmonisierung aufgegeben**. Stattdessen sollten die Richtlinie 85/577/EWG über außerhalb von Geschäftsräumen geschlossene Verträge, die Richtlinie 93/13/EWG über missbräuchliche Klauseln in Verbraucherverträgen, die Richtlinie 97/7/EG über Vertragsabschlüsse im Fernabsatz sowie die Richtlinie 1999/44/EG über den Verbrauchsgüterkauf und Garantien für Verbrauchsgüter zu einem horizontalen Rechtsinstrument mit dem Anspruch vollständiger Harmonisierung zusammengeführt werden. Hiernach dürften die Mitgliedstaaten keine von der Richtlinie abweichenden Rechtsvorschriften beibehalten oder einführen (KOM 2008 S 614, endg S 3). Der Versuch einer derart weitgehenden Regelung konnte sich im weiteren Verfahren nicht durchsetzen.

12 Der Ministerrat verabschiedete, nach vorheriger Annahme durch das Parlament am 23. 6. 2011, am 25. 10. 2011, unter Verweis auf die Gemeinschaftskompetenzen zur Verwirklichung des Binnenmarktes und eines wirksamen Verbraucherschutzes, Art 169 Abs 1 AEUV, 169 Abs 2 lit a und 26 Abs 2 AEUV, die Richtlinie über die Rechte der Verbraucher (RL 2011/83/EU ErwägGr 3 f). Dabei sollten gleichermaßen Verbraucher und Unternehmer von den vereinheitlichten Vorschriften profitieren, sodass das Potenzial des binnenmarktweiten Versandhandels und Direktvertriebs stärker ausgeschöpft werden kann (RL 2011/83/EU ErwägGr 5).

13 Anders als zunächst vorgesehen hebt die Verbraucherrechterichtlinie (VerbrRRL) nur die Haustürwiderrufs- und die Fernabsatzrichtlinien auf und führt zu einer **Vollharmonisierung** beider Regelungskomplexe hinsichtlich Informationspflichten und Widerrufsrecht. Die Richtlinie über fernabsatzrechtlich vertriebene Finanzdienstleistungen hingegen bleibt unberührt (ErwägGr 32). Genauere Angaben zu Anwendungsbereich und Reichweite finden sich unter Art 3 der VerbrRRL. Das in Art 4 VerbrRRL enthaltene Prinzip der Vollharmonisierung verbietet es den Mitgliedstaaten, sowohl von den Bestimmungen der Richtlinie abweichende innerstaatliche Rechtsvorschriften aufrecht zu erhalten, als auch neu zu erlassen, wovon neben dem Zurückbleiben hinter dem in der VerbrRRL vorgesehenen Verbraucherschutzniveau auch ein Darüberhinausschießen erfasst wird. Dies hat auch Auswirkungen auf die **Pflicht zur Vorlage zur Vorabentscheidung** vor dem EuGH. Diese besteht nunmehr – soweit gemeinschaftsrechtliche Vorgaben betroffen sind – auch in den Fällen, in denen keine Nachteile für den Verbraucher entstehen (Hk-BGB/Schulte-Nölke Vor §§ 312–312k Rn 2; Dauner-Lieb/Langen/Ring Vor §§ 312 ff Rn 11).

2. Der Grundsatz richtlinienkonformer Auslegung

14 Die gesetzlichen Regelungen des aufgrund von EU-Richtlinien harmonisierten deutschen Rechts sind zur Sicherung der Umsetzung der verbindlichen europäischen Richtlinienvorgaben richtlinienkonform auszulegen. Dies folgt aus dem Grundsatz der loyalen Zusammenarbeit von Union und Mitgliedstaaten; gem Art 4 Abs 3 EUV in Verbindung mit Art 288 Abs 3 AEUV sind die Gerichte danach als Träger öffentlicher Gewalt verpflichtet, die geeigneten und notwendigen Maßnahmen zur Erreichung der Richtlinienziele zu treffen. Dieser Grundsatz wird von der deutschen Rechtsprechung auch so praktiziert und ebenfalls vom deutschen Schrifttum anerkannt, wenn auch die dogmatische Grundlage und der methodische Ansatz hin-

sichtlich der Art der Auslegung sowie die Reichweite der Auslegung der nationalen Vorschriften noch immer nicht geklärt ist (hierzu Brechmann, Die richtlinienkonforme Auslegung; Franzen, Privatrechtsangleichung durch die EG; s auch Calliess/Ruffert Art 288 AEUV Rn 77 ff mwNw). Das Erfordernis einer unionsrechtskonformen Auslegung umfasst jedenfalls auch die Verpflichtung der nationalen Gerichte, eine gefestigte Rechtsprechung gegebenenfalls abzuändern, wenn sie auf einer Auslegung des nationalen Rechts beruht, die mit den Zielen einer Richtlinie unvereinbar ist (EuGH 11. 9. 2018 – C-68/17 IR v JQ Rn 64, NZA 2018, 1187).

IV. Verhältnis der §§ 312 ff BGB zu anderen zivilrechtlichen Rechtsbehelfen

Durch den in §§ 312 ff BGB manifestierten Verbraucherschutz werden die daneben **15**
bestehenden Vorschriften des BGB regelmäßig **nicht verdrängt**. Somit kann der Verbraucher grundsätzlich wählen, ob er sich zur Lösung vom ungewollten Vertrag auf das Widerrufsrecht beruft oder einen der allgemeinen Rechtsbehelfe des BGB geltend macht (so schon zu § 312 aF [bis 12. 6. 2014] MünchKommBGB/Masuch [6. Aufl 2012] § 312 aF Rn 83). Der Widerruf des Vertrags ist für den Verbraucher meist günstiger, sodass ein Vertragsauflösungsverlangen des Verbrauchers regelmäßig als verbraucherschutzrechtlicher Widerruf auszulegen ist („Kundenmeistbegünstigungstheorie" nach Gilles NJW 1986, 1131, 1146; Fischer/Machunsky [2. Aufl 1995] Vor § 1 HWiG Rn 56; MünchKommBGB/Fritsche § 355 Rn 33 f). Ist ausdrücklich eine Anfechtung erklärt, so kann sie unter den Voraussetzungen des § 140 BGB in einen Widerruf umgedeutet werden (Fischer/Machunsky [2. Aufl 1995] Vor § 1 HWiG Rn 58).

1. Sittenwidrigkeit gem § 138 BGB

Besondere Sittenwidrigkeitsgründe iSd § 138 BGB mit Nichtigkeitsfolge ergeben sich **16**
nicht schon aus der besonderen Vertragsschlusssituation, sonst hätte es des speziellen Widerrufsrechts nicht bedurft, wie der BGH bereits zum alten Verbraucherwiderrufsrecht entschieden hat (BGH NJW 1988, 1373; OLG Frankfurt NJW-RR 1988, 51). Es erfordert daher **besondere Umstände**, um eine Nichtigkeit nach § 138 BGB herbeizuführen. Dies ist nach dem BGH insb bei sog Ansparverträgen der Fall, dh solchen Verträgen, bei denen der Verbraucher für ihn ungünstige, seine Bedürfnisse und finanziellen Möglichkeiten überschreitende Erwerbsgeschäfte tätigt, sofern konkret die Ausnutzung der Unerfahrenheit und Unterlegenheit des Verbrauchers nachweisbar ist. Nach Auffassung des BGH (BGH NJW 1988, 1373, 1378) soll die Situation des § 1 Abs 1 HWiG aF (bis 31. 12. 2001, später § 312 Abs 1 aF [bis 12. 6. 2014], vgl jetzt auch § 312b BGB) als Indiz für eine Sittenwidrigkeit des ganzen Vertrags sprechen. § 138 BGB stellt auf die Gesamtumstände, also auch auf diejenigen, die zum Vertragsschluss geführt haben, ab. Da jedoch nur die Ausnutzung der Machtposition, nicht aber deren Bestehen, aufgrund Überrumpelung und Überraschung in intellektueller Überlegenheit zur Unwirksamkeit des Geschäfts führen kann, muss der konkrete Vertragsschluss im **Einzelfall** überprüft und bewertet werden. Die Verhandlungssituation bei besonderen Vertriebsformen soll nach dem Willen des Gesetzgebers eben nicht schon die Nichtigkeit bedeuten, sondern nur zum Widerruf berechtigen. Die besonderen Vertriebsformen sollen ein Widerrufsrecht ohne Prüfung des Einzelfalls begründen, weil keine Vermutung oder grundsätzliche Annahme einer Sittenwidrigkeit besteht. Anstatt automatisch Nichtigkeit anzunehmen, erhält der Verbraucher ein Widerrufsrecht, und zwar wegen der fehlenden Überlegungs- und Abwägungsmöglichkeit des Verbrau-

chers, nicht schon allein wegen der unterstellten Machtposition des Unternehmers. Das Gesetz schafft mit der Möglichkeit des Widerrufs einen Ausgleich für die sonst vor Vertragsschluss bestehende Bedenkzeit. Diese wird nach dem Abschluss des Vertrags nachgeholt und damit der Mangel ausgeglichen, sodass die Ausnutzung der Machtposition des Unternehmers nicht mehr relevant ist. Verzichtet der Verbraucher auf den Widerruf, kann von einer kausalen Ausnutzung der besonderen Position nicht mehr die Rede sein. Die anschließende Überlegungsfrist beseitigt eine eventuelle auf der besonderen Situation beruhende Machtausnutzung, sodass weder von einer Sittenwidrigkeit allein schon durch die Situation der besonderen Vertriebsformen noch von einem diesbezüglichen Indiz gesprochen werden kann.

2. Gesetzeswidrigkeit gem § 134 BGB

17 Die Nichtigkeitsfolge des § 134 BGB wird durch den **Verstoß gegen ein Verbotsgesetz** herbeigeführt. Bis zum Inkrafttreten des HWiG hat die Rechtsprechung die im Reisegewerbe ohne vorherige Vertreterbestellung abgeschlossenen Darlehensverträge als Verstoß gegen **§ 56 Abs 1 Nr 6 GewO** angesehen und über § 134 BGB für nichtig erklärt (BGHZ 71, 358, 360 ff; BGHZ 93, 264 = NJW 1978, 1970 = LM § 134 BGB Nr 84; BGH WM 1978, 1154; NJW 1991, 923 = LM § 55 GewO = WM 1991, 313; NJW 1992, 425, 426 = LM § 134 BGB Nr 136 = WM 1992, 8, 9; NJW 1992, 2560, 2561; ebenso Hadding/Hauser WM 1984, 1413; Hopt NJW 1985, 1665; Teske ZIP 1986, 624, 649; Ungerbieler NJW 1980, 565), insbesondere wenn der Darlehensnehmer geschäftlich unerfahren und geistig unterlegen war. Da § 56 Abs 1 Nr 6 GewO seit dem 1. 1. 1991 nur noch die entgeltliche Darlehensvermittlung erfasst, ist die Anwendung dieser Norm iVm § 134 BGB weitgehend aus tatsächlichen Gründen auf die Zeit vor Inkrafttreten der Änderung beschränkt. § 56 Abs 1 Nr 6 GewO aF sollte wie § 312 aF (bis 12. 6. 2014) den Verbraucher vor Überrumpelung schützen (BGH NJW 1992, 425, 426 = WM 1992, 8).

18 § 56 Abs 1 Nr 6 GewO wurde weiterhin als **Verbotsgesetz** iSd § 134 BGB anerkannt (BGH NJW 1999, 1636 für entgeltliche Darlehensvermittlungsverträge, in Abgrenzung zu BGH NJW 1996, 926). Das ist nicht selbstverständlich. Mit den Regelungen über Verträge, die im Fernabsatz oder außerhalb von Geschäftsräumen geschlossen werden, besteht jedoch regelmäßig ein hinreichender Schutz des unerfahrenen Verbrauchers in diesen Fällen. Durch das Widerrufsrecht wird die insofern typische Vertragssituation ausgeglichen. Soweit also die verbraucherschützenden Normen der §§ 312 ff BGB eingreifen, kommt eine Nichtigkeit über § 134 BGB grundsätzlich nicht mehr in Betracht. Ebenso wie bei § 138 BGB (siehe unter Rn 16), führt die Vertragssituation bei Fernabsatzverträgen und außerhalb von Geschäftsräumen geschlossenen Verträgen nicht zur Nichtigkeit, sondern nur zur Widerrufbarkeit des Vertrags. Auch die Rechtsprechung hatte den Weg über § 56 Abs 1 GewO vor allem mangels einer spezialgesetzlichen Regelung eingeschlagen (BGHZ 93, 264, 269; OLG München WM 1991, 523; Knauth WM 1987, 517 ff; s auch Hadding/Häuser WM 1984, 1413, 1419; **aA** Tepper JR 1990, 356, nach dem § 134 iVm § 56 GewO weiter uneingeschränkt anwendbar ist). Nach altem Recht war jedoch bereits anerkannt, dass die Verbotsqualität des § 56 GewO nichts an der Rechtslage ändern sollte, dass ein Verstoß gegen diese Norm die Nichtigkeit nach § 134 BGB nach sich zog, wenn das Widerrufsrecht nach § 312 Abs 1 aF (bis 12. 6. 2014) nicht eingriff. Insbesondere also, wenn bei Haustürgeschäften § 312 aF (bis 12. 6. 2014) nicht zum Widerrufsrecht führte, sollte die Nichtigkeit des § 134 BGB eingreifen (BGH WM 1992, 8 = NJW 1992, 2560, 2561), denn das Widerrufsrecht kann nur

vorgehen, wenn hierdurch der Schutz des Verbrauchers gewährleistet und verwirklicht werden kann, nicht aber, wenn das Widerrufsrecht aus zeitlichen oder sachlichen Gründen nicht eingreift. Anders als bei Darlehensverträgen, die in der Regel über einen längeren Zeitraum abgewickelt werden und damit mehr Zeit für einen Widerruf bei fehlender Widerrufsbelehrung lassen, wird die Leistung des Darlehensvermittlungsvertrages mit Zahlung der Provision erfüllt. Weil das Widerrufsrecht schnell erlischt, ist daher der Rechtsprechung zuzustimmen, dass entgeltliche Darlehensvermittlungsverträge im Reisegewerbe nichtig nach § 134 BGB sind (BGH NJW 1999, 1636).

3. Anfechtung gem §§ 119 ff, 142 BGB

Die Anfechtung nach §§ 119 ff, 142 BGB erlangt bei den besonderen Vertriebsformen keine besondere praktische Bedeutung. Liegen Anfechtungsgründe der §§ 119, 123 BGB vor, können Verbraucher und Unternehmer die entsprechenden Verträge neben einem Widerruf nach § 312g BGB – auch während der Widerrufsfrist – außerdem anfechten (MünchKommBGB/Wendehorst § 312g Rn 69). Nach der Kipp'schen Lehre von den Doppelwirkungen im Recht können auch schwebend unwirksame und selbst nichtige Verträge zulässigerweise angefochten werden (Kipp, in: FG vMartitz 211 ff, 224 ff; MünchKommBGB/Masuch [6. Aufl 2012] § 312 Rn 86). **19**

Neben dem Widerrufsrecht des § 312g BGB wird der Verbraucher – vor allem, wenn er Zweifel hat, ob sein Widerruf rechtzeitig erfolgt ist – eine Anfechtung wegen arglistiger Täuschung nach § 123 BGB in Erwägung ziehen. Wegen der Schadensersatzpflicht aus **§ 122 BGB** wird er von einer Anfechtung nach § 119 BGB dagegen regelmäßig absehen (Fischer/Machunsky [2. Aufl 1995] Vor § 1 HWiG Rn 61; vgl auch die Kommentierung zu § 312g Rn 13; ausführlich zum Schadensersatz nach § 122 BGB Staudinger/Singer [2021] § 122 Rn 12 ff). **20**

Die **unterlassene ordnungsgemäße Belehrung** über das Widerrufsrecht ist nicht für den Vertragsschluss kausal. Der Verbraucher hätte den Vertrag auch bei ordnungsgemäßer Belehrung typischerweise geschlossen. Die unterlassene ordnungsgemäße Belehrung gibt bereits kein Anfechtungsrecht, stellt insbesondere keinen relevanten Täuschungstatbestand nach § 123 BGB dar (MünchKommBGB/Masuch [6. Aufl 2012] § 312 aF Rn 87). Auch in der Haustürsituation des § 312 Abs 1 aF (bis 12. 6. 2014) selbst wurde grundsätzlich kein Anfechtungsgrund iSd § 123 BGB gesehen, sodass der konkrete Einzelfall – wie auch bei sonstigen Verträgen – im Hinblick auf die Voraussetzungen der §§ 119 ff BGB geprüft werden musste. Aufklärungspflichten des Unternehmers gegenüber dem Verbraucher – insbesondere aus der mit einem Haustürgeschäft typischerweise verbundenen Überraschungssituation –, deren Verletzung den Täuschungstatbestand des § 123 BGB erfüllen könnten, ließen sich regelmäßig nicht herleiten (Fischer/Machunsky [2. Aufl 1995] Vor § 1 HWiG Rn 62; MünchKommBGB/Masuch [6. Aufl 2012] § 312 aF Rn 87). Diesen Weg weiter zu beschreiten erübrigt sich ohnedies, da der Verbraucher durch Ausübung seines Widerrufsrechts in die Lage versetzt wird, sich noch nach dem Vertragsschluss die erforderlichen Informationen über den Vertragsgegenstand zu verschaffen und durch eine nachträgliche Frist des Widerrufs zu entscheiden, ob er an den Vertrag weiter gebunden bleiben oder diesen widerrufen will. Diese Argumentation lässt sich auch auf das novellierte Verbraucherschutzrecht übertragen. **21**

4. Gewährleistungsvorschriften

22 Da § 312g BGB unabhängig von einer Vertragswidrigkeit des Vertragsgegenstandes ein willkürliches Widerrufsrecht gewährt, bestehen bei vertragswidriger Lieferung zudem Ansprüche aus den Gewährleistungsvorschriften (uU iVm mit den Rechtsbehelfen des allgemeinen Schuldrechts).

5. Culpa in contrahendo gem §§ 311 Abs 2, 241 Abs 2 BGB

23 Sofern dem Verbraucher im Rahmen der besonderen Vertriebsformen der Vertrag aufgedrängt, er überrumpelt wird, verletzt der Unternehmer seine vorvertragliche **Pflicht zur Rücksichtnahme** auf den Verbraucher. Vor Geltung des HWiG wurde daher versucht, über die Grundsätze der culpa in contrahendo im Wege der Naturalherstellung eine Lösung vom Vertrag zu begründen (so LG Landau MDR 1974, 41; Gottwald JuS 1982, 877, 882 mwNw; dagegen Becker AnwBl 1984, 531). Da die spezialgesetzliche Regelung vorgeht, ist dieser Ansatz, für die Fälle, die das Verbraucherwiderrufsrecht erfasst, nicht mehr zulässig (Gottwald JuS 1982, 877, 882 zu § 1 HWiG aF). Eine Heranziehung der Grundsätze der culpa in contrahendo kommt jedoch – seit Erhebung der Widerrufsbelehrung zu einer echten Rechtspflicht – im Fall der Nichtbelehrung und des Weiteren für Pflichtverletzungen, die über die besondere Vertragssituation hinausgehen und wie bei anderen Verträgen eine solche Haftung begründen, dh bei Verletzung der allgemeinen Aufklärungspflichten, in Betracht (BGH NJW 1982, 1457; MünchKommBGB/Wendehorst § 312d Rn 155; vgl auch Kommentierung zu § 312d Rn 151).

V. Verhältnis der §§ 312 ff BGB zu anderen Rechtsbereichen

24 Das Recht der besonderen Vertriebsformen weist Berührungspunkte zu anderen Rechtsbereichen auf, die den Vertragsschluss außerhalb von Ladengeschäften regeln. Dies sind insbesondere das Gewerbe- und das Wettbewerbsrecht.

1. Gewerberecht

25 Regelungen über den Geschäftsabschluss außerhalb des stationären Geschäftsbetriebs enthält die Gewerbeordnung. In den §§ 55 ff GewO finden sich mehrere Sondervorschriften über das **Reisegewerbe**. Dies sind solche gewerblichen Tätigkeiten, die der Gewerbetreibende gem § 55 Abs 1 GewO ohne vorhergehende Bestellung des Kunden entweder außerhalb seiner gewerblichen Niederlassung oder ohne eine solche zu haben ausübt. Für das Betreiben eines Reisegewerbes ist grundsätzlich die Erlaubnis, dh die Erteilung einer Reisegewerbekarte erforderlich (§ 55 Abs 2 GewO). Die Reisegewerbekarte ist unbefristet. Die §§ 55a und 55b GewO enthalten einen umfangreichen Katalog reisegewerbekartenfreier Tätigkeiten. Im Reisegewerbe sind nach § 56 GewO bestimmte Tätigkeiten, wie der Vertrieb und das Feilbieten und der Ankauf von bestimmten Waren grundsätzlich verboten. Hierunter fallen insbesondere Gifte und gifthaltige Waren, medizinische Waren, Wertpapiere, Edelmetalle und Edelsteine sowie alkoholische Getränke und die für den Darlehensnehmer entgeltliche Vermittlung von Darlehensgeschäften. Der Abschluss von Darlehensverträgen im Reisegewerbe ist jedoch grundsätzlich zulässig. Es gilt dann das Widerrufsrecht des § 495 Abs 1 BGB. Bei unentgeltlichen Darlehensverträgen besteht ein Widerrufsrecht aus § 514 Abs 2 S 1 BGB.

Das Reisegewerberecht überschneidet sich mit dem Recht der außerhalb von Geschäftsräumen geschlossenen Verträge aufgrund des in weiten Teilen **übereinstimmenden Regelungsbereichs und Regelungszwecks** des Verbraucherschutzes (MünchKommBGB/Wendehorst § 312b Rn 58). Daher war das Reisegewerberecht auch Vorbild für die Regelung der Vorschriften über Haustürgeschäfte. Eine unmittelbare Konkurrenz der Reisegewerberechtsvorschriften zu den §§ 312 ff BGB ist indes ausgeschlossen, da sich die §§ 55 ff GewO lediglich als Gewerbeaufsichtsrecht an den Gewerbetreibenden wenden und keine zivilrechtlichen Sanktionen vorsehen. Ein Verstoß gegen die §§ 55 ff GewO kann jedoch die Nichtigkeitsfolge des § 134 BGB nach sich ziehen. Ein Verstoß gegen § 56 GewO kann einen Verstoß gegen ein Verbotsgesetz iSv § 134 BGB darstellen. Da § 56 Abs 1 Nr 6 GewO seit 1991 nur noch die entgeltliche Darlehensvermittlung erfasst, war aus tatsächlichen Gründen die Anwendung dieser Norm iVm § 134 BGB weitgehend auf die Zeit vor Inkrafttreten der Änderung beschränkt (siehe hierzu oben unter Gesetzeswidrigkeit Rn 17 f). 26

2. Wettbewerbsrecht

Das UWG schützt neben den Interessen des Mitbewerbers auch die der Allgemeinheit und damit auch die des Verbrauchers, an den sich die Werbung richtet (BGHZ 54, 180, 190; BGH NJW 1972, 293). Verstöße gegen das verbraucherschützende Aufklärungsgebot und ein überrumpelndes bzw überraschendes Verhalten gegenüber dem Verbraucher können daher im Einzelfall als wettbewerbswidrige Handlung geahndet werden (dazu OLG Köln NJW 1987, 1205, 1206; BGH NJW 2002, 3396). Als grundsätzlich wettbewerbswidrig nach § 3 UWG wird die **unaufgeforderte Telefonwerbung** und das **gezielte Ansprechen von Passanten** bewertet (MünchKommBGB/Wendehorst § 312b Rn 60). Fehlt es jedoch an diesen Negativmerkmalen, greift das UWG nicht ein; allein das Vorliegen eines Vertragsschlusses im Fernabsatz oder außerhalb von Geschäftsräumen ist nicht wettbewerbswidrig. Das Verbraucherschutzrecht erfasst die abstrakte Gefahr, das UWG hingegen die konkrete Verwirklichung einer solchen (BT-Drucks 10/2876, S 7), sodass der Einzelfall ohne Einwirkung des Verbraucherschutzrechts nach dem UWG zu beurteilen ist (Beispiele bei Fischer/Machunsky [2. Aufl 1995] Vor § 1 HWiG Rn 100 ff). Zudem führt ein Verstoß gegen die Vorschriften des Wettbewerbsrechts nicht zwangsläufig zur Unwirksamkeit des Vertrages (hM BGH NJW 1952, 1076; OLG Frankfurt GRUR 1978, 720; LG Trier NJW 1974, 151; Köhler/Bornkamm/Feddersen/Köhler § 7 UWG Rn 40). 27

VI. Internationaler Anwendungsbereich

Die §§ 312 ff BGB enthalten selbst keine Regelung für internationale Sachverhalte, also Fälle mit Auslandsberührung. Nach dem Erwägungsgrund 10 VerbrRRL lässt die Richtlinie die Rom-I-Verordnung unberührt. Das Widerrufsrecht bei besonderen Vertriebsformen findet daher in diesen Fällen nach international privatrechtlichen Grundsätzen Anwendung. Für Verträge, die nach dem Inkrafttreten der Rom-I-Verordnung zum 17. 12. 2009 datiert sind, ist daher Art 6 Rom-I-VO zu prüfen. Bisher galt: Nach Art 27 Abs 1 EGBGB konnten die Parteien das für ein Schuldverhältnis maßgebliche Recht nach dem **Grundsatz der freien Rechtswahl** selbst bestimmen (vgl ausführlich zur Rechtslage bis zum 17. 12. 2009 Staudinger/Thüsing [2005] Vorbem 46 zu §§ 312b–i). Für alle **nach dem 17. 12. 2009 geschlossenen Verträge** gelten die Vorschriften der Rom-I-VO, Art 28 Rom-I-VO. Neben der Rechtswahl nach Art 3 Rom-I-VO, die durch Art 6 Abs 2 28

Rom-I-VO zum Schutz vor Missbrauch eingeschränkt wird, finden auch die allgemeinen Regeln für Verbraucherverträge Anwendung. Dabei ist insbesondere an das Vertragsstatut in Art 6 Abs 1 Rom-I-VO zu denken. Während Art 6 Rom-I-VO die Durchsetzung der verbraucherrechtlichen Vorschriften im europäischen Binnenmarkt sichert, verhindert der nach wie vor anwendbare Art 46b EGBGB (ehemals Art 29a EGBGB), dass das durch Richtlinien angeglichene europäische Verbraucherrecht durch die Vereinbarung drittstaatlichen Rechts verdrängt wird (MünchKommBGB/Martiny Art 46b EGBGB Rn 2, ausführlich zur schwierigen Abgrenzung dort unter Rn 1 ff).

1. Internationales Privatrecht nach der Rom-I-Verordnung

a) Zwingendes Recht bei Verbraucherverträgen nach Art 6 Rom-I-VO

29 Verbraucherverträge werden entsprechend Art 6 Abs 1 Rom-I-VO nach den Normen des Staates bewertet, in dem der Verbraucher seinen gewöhnlichen Aufenthalt hat, sofern auch der Unternehmer seine berufliche oder gewerbliche Tätigkeit dort ausübt oder zumindest seine Tätigkeit auf irgendeine Weise auch auf diesen Staat ausgerichtet hat (siehe hierzu Staudinger/Magnus [2021] Art 6 Rom I-VO Rn 106 ff). Ist dieser Staat Deutschland, gelten die Vorschriften der §§ 312 ff BGB iVm §§ 355 ff BGB. Die Möglichkeit der Rechtswahl ist nach der Neuregelung nicht ausgeschlossen, aber eingeschränkt, Art 6 Abs 2 Rom-I-VO.

b) Rechtswahl, Art 6 Abs 2 iVm Art 3 Rom-I-VO

30 Unternehmer und Verbraucher können das anzuwendende Statut wählen, Art 6 Abs 2 Rom-I-VO. Die Vorschrift schränkt diese Möglichkeit zum Schutz des Verbrauchers jedoch zugleich ein: die Rechtswahl darf nicht dazu führen, dass die verbraucherschützenden Normen des nach Abs 1 anzuwendenden Statuts umgangen werden (Umgehungsverbot). Die entsprechenden Voraussetzungen von Art 6 Abs 2 S 2 Rom-I-VO liegen etwa dann vor, wenn ein deutscher Reiseveranstalter einer Pauschalreise in die Türkei gezielt und in Absprache mit einem türkischen Teppichgeschäft diesem programmgemäß die Reiseteilnehmer zu einer Verkaufsveranstaltung zuführt, aus der sich nach deutschem Recht ein Widerrufsrecht ergibt und der sich die Reiseteilnehmer nicht ohne Weiteres entziehen können (sog „Kundenschleusung") (OLG Stuttgart 18. 5. 2015 – 5 U 147/14; dazu Arnold IPRax 2016, 567; s zu einer parallelen Konstellation auch AG Würzburg 2. 10. 2014 – 16 C 207/13, NJW-RR 2015, 1149, ausführlich besprochen bei Friesen VuR 2016, 174). Für die Rechtswahl gilt Art 3 Rom-I-VO. Die Vereinbarung über die Rechtswahl muss dabei nach den Art 3 Abs 2, 11 Abs 1 Rom-I-VO grundsätzlich der Form des gewählten Rechts entsprechen.

2. Anwendung auf weitere Auslandssachverhalte?

31 Schwieriger zu beurteilen ist, ob der internationale Anwendungsbereich des deutschen Widerrufsrechts aus Verbraucherschutzgesichtspunkten auf weitere ausländische Sachverhalte anzuwenden ist.

32 Lange umstritten war insbesondere, ob in den Fällen, in denen ein Inlandsbezug der Vertragsanbahnung fehlt, eine **analoge Anwendung von Art 29 Abs 1, 2 EGBGB**, in Betracht kommt. Diese Konstellation war in den sog **Gran-Canaria-Fällen** gegeben, in denen die Verbraucher erstmals im Ausland angesprochen wurden, wobei die Reise selbst nicht von dem Unternehmer mit dem Ziel herbeigeführt wurde, die Verbrau-

cher zum Vertragsschluss zu bewegen. In diesen Fällen ausländischer Vertragsanbahnung sprachen sich Instanzgerichte zunächst für eine analoge Anwendung aus (OLG Stuttgart NJW-RR 1990, 1081, 1083; LG Hamburg NJW-RR 1990, 1083, 1084; LG Konstanz NJW-RR 1992, 1332, 1333). Es handelte sich zum Teil um Sachverhalte, in denen die Gerichte zu dem Ergebnis kamen, dass nicht nur die Vertragsdurchführung in Deutschland erfolgte, sondern auch der endgültige Vertragsschluss erst in Deutschland zustande gekommen sei (OLG Stuttgart NJW-RR 1990, 1081, 1082; LG Hamburg NJW-RR 1990, 695, 696). Der BGH (BGHZ 135, 124, 135 = NJW 1997, 1697) hat eine analoge Anwendung des Art 29 Abs 1, 2 EGBGB jedoch für alle diejenigen Fälle abgelehnt, in denen der in Art 29 Abs 1 Nr 1–3 EGBGB geforderte Inlandsbezug fehlte (siehe zur Diskussion im Einzelnen Staudinger/Thüsing [2005] Vorbem 59 ff zu §§ 312, 312a).

Seit der Neuregelung der international privatrechtlichen Behandlung der Verbraucherverträge durch die Rom-I-Verordnung, hier Art 6 Rom-I-VO, kommt es auf das Vorliegen einer der Vertragsanbahnungssituationen aus Art 29 Abs 1 nicht mehr an; der Streit ist mit reformierter Rechtslage hinfällig (zur Möglichkeit der Anwendung des Haustürrecht auf Auslandssachverhalte nach alter Rechtslage siehe Staudinger/Thüsing [2005] Vorbem 59 ff zu §§ 312, 312a). **33**

3. Internationaler Geltungsbereich/Völkerrechtliche Vorgaben

a) Wiener UN-Übereinkommen über Verträge über den internationalen Warenkauf (CISG)

34 Der Anwendungsbereich des **CISG-Übereinkommens** erfasst Kaufverträge über Waren zwischen Parteien, die ihre Niederlassung in verschiedenen Staaten haben. Da das Übereinkommen mit der Veröffentlichung im Bundesgesetzblatt (BGBl 1989 II 588, berichtigt BGBl II 1990 II 1699) gem Art 59 Abs 2 GG unmittelbarer Bestandteil des Bundesrechts geworden ist, verdrängen die in dem Übereinkommen enthaltenen Kollisionsregelungen gem Art 25 Abs 1 Abs 1 Rom-I-VO grundsätzlich die Vorgaben der Rom-I-VO. Die in dem Übereinkommen enthaltenen Sachnormen verdrängen dann innerhalb ihres Anwendungsbereichs die nationalen Sachnormen. Dies hat freilich keine allzu weitreichenden Auswirkungen auf das Recht der besonderen Vertriebsformen. Zunächst gilt das CISG-Übereinkommen nur für Kaufverträge, sodass die sonstigen ebenfalls von §§ 312 ff BGB erfassten Verträge hiervon nicht erfasst werden. Aber auch das nationale Recht über Kaufverträge bleibt weitestgehend zu beachten: Art 2 lit a CISG-Übereinkommen erklärt die Regelungen des Übereinkommens im Bereich des Verbrauchsgüterkaufs für nicht anwendbar, wenn der Verkäufer vor oder bei Vertragsschluss weder wusste noch wissen musste, dass die Ware für den Gebrauch in der Familie oder im Haushalt gekauft wurde. Auch in diesem Bereich werden daher weder die Sachnormen der §§ 312 ff BGB noch deren Kollisionsregeln – die Vorschriften setzen stets eine Rechtsbeziehung zwischen Verbraucher und Unternehmer voraus – durch die Regelungen des CISG-Übereinkommens verdrängt. Dieses Ergebnis entspricht dem rechtspolitischen Hintergrund des Art 2 lit a CISG, der den Zweck verfolgt, den Vorrang nationalen Verbraucherschutzrechts zu respektieren und Konflikte zwischen diesem Recht und der Konvention von vornherein auszuschließen (vgl hierzu Staudinger/Magnus [2018] Art 2 CISG Rn 29).

b) Übereinkommen über den Beförderungsvertrag im internationalen Straßengüterverkehr (CMR)

35 Auch das **CMR-Abkommen** ist mit der Veröffentlichung im Bundesgesetzblatt (BGBl 1961 II 1119) unmittelbar geltendes Bundesrecht geworden und enthält Sachnormen, die im Rahmen ihres Anwendungsbereichs das nationale Recht verdrängen. Gem Art 1 Abs 1 CMR-Abkommen gilt das Regelwerk für Verträge über die entgeltliche Beförderung von Gütern auf der Straße mittels Fahrzeugen, wenn der Ort der Übernahme des Gutes und der für die Ablieferung vorgesehene Ort in zwei verschiedenen Staaten liegen. Solche Verträge können auch im Rahmen der besonderen Vertriebsformen, insbesondere als Fernabsatzverträge geschlossen werden. Diese können auch Dienstleistungen zum Inhalt haben (vgl dazu Kommentierung § 312 Rn 3). Der Begriff der Dienstleistung ist hierbei im europäischen Sinne weit auszulegen und umfasst auch Werk- und Werklieferungsverträge. Überschneidungen zwischen dem Recht der besonderen Vertriebsformen und dem CMR-Abkommen können sich jedoch nur ergeben, wenn der Vertrag zwischen einem Unternehmer und einem Verbraucher geschlossen wird. Bei der Beförderung von Gütern auf der Straße verringert sich die Schnittmenge noch durch die Ausnahmen in § 312 Abs 2 Nr 8 BGB und § 312g Abs 2 Nr 9 BGB. Für Verträge über die Lieferung von Lebensmitteln, Getränken oder sonstigen Haushaltsgegenständen des täglichen Bedarfs, die von Unternehmern im Rahmen häufiger und regelmäßiger Fahrten geliefert werden gilt demnach nur der Minimalanwendungsbereich der §§ 312 ff BGB. Ferner steht dem Verbraucher bei Verträgen über die Erbringung von Dienstleistungen in den Bereichen Beherbergung zu anderen Zwecken als zu Wohnzwecken, Beförderung von Waren, Kraftfahrzeugvermietung, Beförderung von Speisen und Getränken, wenn sich der Unternehmer verpflichtet, die Dienstleistungen innerhalb eines genau angegebenen Zeitraumes zu erbringen gem § 312g Abs 2 Nr 9 BGB kein Widerrufsrecht zu. Außerhalb dieses Bereichs werden die Vorgaben der §§ 312 ff BGB jedoch ohnehin von den Regelungen des CMR-Abkommens – die ua Abschluss und Ausführung des Beförderungsvertrages und die Haftung des Frachtführers betreffen – verdrängt.

VII. Ausländisches Recht

36 Soweit nach den unter Rn 31 ff dargelegten Ausführungen ausländisches Recht zur Anwendung kommt, ist zu beachten, dass zahlreiche Länder den §§ 312 ff BGB entsprechende Regelungen erlassen haben und ein weitgehend **gleichwertiger Verbraucherschutz** mit Widerrufsrecht gilt, insbesondere in den Mitgliedstaaten der EU aufgrund der Umsetzung der Verbraucherrechterichtlinie vom 25. 10. 2011.

VIII. Richtlinie 2011/83/EU

37 Richtlinie 2011/83/EU des europäischen Parlaments und des Rates vom 25. 10. 2011 über die Rechte der Verbraucher, zur Abänderung der Richtlinie 93/13/EWG des Rates und der Richtlinie 1999/44/EG des Europäischen Parlaments und des Rates sowie zur Aufhebung der Richtlinie 85/577/EWG des Rates und der Richtlinie 97/7/EG (2011/83/EU)

DAS EUROPÄISCHE PARLAMENT UND DER RAT DER EUROPÄISCHEN UNION – gestützt auf den Vertrag über die Arbeitsweise der Europäischen Union, insbesondere auf Artikel 114, auf Vorschlag der Europäischen Kommission, nach Stellungnahme des Europäischen Wirtschafts-

und Sozialausschusses, nach Stellungnahme des Ausschusses der Regionen, gemäß dem ordentlichen Gesetzgebungsverfahren, in Erwägung nachstehender Gründe:

(1) In der Richtlinie 85/577/EWG des Rates vom 20. Dezember 1985 betreffend den Verbraucherschutz im Falle von außerhalb von Geschäftsräumen geschlossenen Verträgen und der Richtlinie 97/7/EG des Europäischen Parlaments und des Rates vom 20. Mai 1997 über den Verbraucherschutz bei Vertragsabschlüssen im Fernabsatz sind eine Reihe von vertraglichen Rechten der Verbraucher verankert.

(2) Diese Richtlinien wurden im Lichte der gesammelten Erfahrungen im Hinblick darauf überprüft, ob die geltenden Rechtsvorschriften durch Beseitigung von Unstimmigkeiten und Regelungslücken vereinfacht und aktualisiert werden können. Diese Überprüfung hat ergeben, dass es sinnvoll ist, die beiden genannten Richtlinien durch eine einzige Richtlinie zu ersetzen. Daher sollten in dieser Richtlinie allgemeine Vorschriften für die gemeinsamen Aspekte von Fernabsatz- und außerhalb von Geschäftsräumen geschlossenen Verträgen festgelegt werden; dabei sollte der den älteren Richtlinien zugrunde liegende Mindestharmonisierungsansatz aufgegeben werden, wobei dennoch den Mitgliedstaaten gestattet werden sollte, innerstaatliche Rechtsvorschriften in Bezug auf bestimmte Aspekte beizubehalten oder einzuführen.

(3) Artikel 169 Absatz 1 und Artikel 169 Absatz 2 Buchstabe a des Vertrags über die Arbeitsweise der Europäischen Union (AEUV) sehen vor, dass die Union durch Maßnahmen, die sie nach Artikel 114 erlässt, einen Beitrag zur Gewährleistung eines hohen Verbraucherschutzniveaus leistet.

(4) Gemäß Artikel 26 Absatz 2 AEUV umfasst der Binnenmarkt einen Raum ohne Binnengrenzen, in dem der freie Verkehr von Waren und Dienstleistungen sowie die Niederlassungsfreiheit gewährleistet sind. Die Harmonisierung bestimmter Aspekte von im Fernabsatz und außerhalb von Geschäftsräumen geschlossenen Verbraucherverträgen ist unabdingbar, wenn ein echter Binnenmarkt für Verbraucher gefördert werden soll, in dem ein möglichst ausgewogenes Verhältnis zwischen einem hohen Verbraucherschutzniveau und der Wettbewerbsfähigkeit der Unternehmen bei gleichzeitiger Wahrung des Subsidiaritätsprinzips gewährleistet ist.

(5) Das grenzüberschreitende Potenzial des Versandhandels, das zu den wichtigsten greifbaren Ergebnissen des Binnenmarkts gehören sollte, wird nicht in vollem Umfang ausgeschöpft. Im Vergleich zu dem erheblichen Wachstum, das in den letzten Jahren im inländischen Versandhandel verzeichnet werden konnte, gab es im grenzüberschreitenden Versandhandel nur ein geringes Wachstum. Diese Diskrepanz zeigt sich besonders deutlich beim Internethandel, bei dem das weitere Wachstumspotenzial groß ist. Das grenzüberschreitende Potenzial von Verträgen, die außerhalb von Geschäftsräumen abgeschlossen werden (Direktvertrieb) wird durch eine Reihe von Faktoren eingeschränkt, darunter auch unterschiedliche Verbraucherschutzvorschriften der Mitgliedstaaten, an die sich die Wirtschaft halten muss. Im Vergleich zum Wachstum des inländischen Direktvertriebs in den letzten Jahren, vor allem im Dienstleistungssektor (z.B. in der Versorgungswirtschaft), hat die Zahl der Verbraucher, die solche Kanäle grenzüberschreitend zum Einkauf nutzen, nicht zugenommen. Angesichts der besseren Geschäftsmöglichkeiten, die sich in vielen Mitgliedstaaten bieten, sollten kleine und mittlere Unternehmen (auch einzelne Unternehmer) oder Vertreter von Unternehmen, die im Direktvertrieb tätig sind, in stärkerem Maße bereit sein, in anderen Mitgliedstaaten, insbesondere in Grenzregionen, nach neuen Geschäftsmöglichkeiten Ausschau zu halten. Deshalb dürfte die vollständige Harmonisierung der Verbraucherinformation und des Widerrufsrechts in Verträgen, die im Fernabsatz oder außerhalb von Geschäftsräumen geschlossen werden, zu einem hohen Verbraucherschutzniveau und zum besseren Funktionieren des Binnenmarkts für Geschäfte zwischen Unternehmen und Verbrauchern beitragen.

(6) Bestimmte Unterschiede schaffen erhebliche Hindernisse für den Binnenmarkt, von denen die Unternehmer und die Verbraucher betroffen sind. Aufgrund dieser Unterschiede müssen Unternehmer, die ihre Waren oder Dienstleistungen grenzüberschreitend anbieten wollen, höhere Kosten für die Einhaltung der Rechtsvorschriften aufwenden. Die unangemessene Rechtszersplitterung untergräbt auch das Vertrauen der Verbraucher in den Binnenmarkt.

(7) Die vollständige Harmonisierung einiger wesentlicher Aspekte der einschlägigen Regelungen sollte die Rechtssicherheit für Verbraucher wie Unternehmer erheblich erhöhen. Sowohl die Verbraucher als auch die Unternehmer sollten sich auf einen einheitlichen Rechtsrahmen stützen können, der auf eindeutig definierten Rechtskonzepten basiert und bestimmte Aspekte von Verträgen zwischen Unternehmen und Verbrauchern unionsweit regelt. Durch eine solche Harmonisierung sollte es zur Beseitigung der sich aus der Rechtszersplitterung ergebenden Hindernisse und zur Vollendung des Binnenmarkts auf diesem Gebiet kommen. Die betreffenden Hindernisse lassen sich nur durch die Einführung einheitlicher Rechtsvorschriften auf Unionsebene abbauen. Darüber hinaus sollten die Verbraucher in den Genuss eines hohen, einheitlichen Verbraucherschutzniveaus in der gesamten Union kommen.

(8) Die zu harmonisierenden Aspekte der Regelungen sollten nur Verträge zwischen Unternehmern und Verbrauchern betreffen. Deshalb sollte diese Richtlinie die innerstaatlichen Rechtsvorschriften über Arbeitsverträge und Verträge auf dem Gebiet des Erb-, Familien- und Gesellschaftsrechts unberührt lassen.

(9) Diese Richtlinie enthält Bestimmungen über Informationen, die bei Fernabsatzverträgen, außerhalb von Geschäftsräumen geschlossenen Verträgen sowie anderen Verträgen als Fernabsatzverträgen und außerhalb von Geschäftsräumen geschlossenen Verträgen bereitgestellt werden müssen. Diese Richtlinie regelt auch das Widerrufsrecht bei Verträgen, die im Fernabsatz oder außerhalb von Geschäftsräumen abgeschlossen werden, und harmonisiert bestimmte Vorschriften in Bezug auf die Erfüllung und einige andere Aspekte von Verträgen zwischen Unternehmen und Verbrauchern.

(10) Diese Richtlinie sollte die Verordnung (EG) Nr 593/2008 des Europäischen Parlaments und des Rates vom 17. Juni 2008 über das auf vertragliche Schuldverhältnisse anzuwendende Recht (Rom I) (6) unberührt lassen.

(11) Diese Richtlinie sollte die Vorschriften der Union zu spezifischen Bereichen, beispielsweise Humanarzneimittel, Medizinprodukte, Datenschutz bei der elektronischen Kommunikation, Patientenrechte in der grenzüberschreitenden Gesundheitsversorgung, Lebensmittelkennzeichnung und Elektrizitäts- und Erdgasbinnenmarkt, unberührt lassen.

(12) Die in dieser Richtlinie vorgesehenen Informationspflichten sollten die Informationspflichten nach der Richtlinie 2006/123/EG des Europäischen Parlaments und des Rates vom 12. Dezember 2006 über Dienstleistungen im Binnenmarkt (7) und nach der Richtlinie 2000/31/EG des Europäischen Parlaments und des Rates vom 8. Juni 2000 über bestimmte rechtliche Aspekte der Dienste der Informationsgesellschaft, insbesondere des elektronischen Geschäftsverkehrs, im Binnenmarkt („Richtlinie über den elektronischen Geschäftsverkehr") (8) ergänzen. Die Mitgliedstaaten sollten weiterhin die Möglichkeit haben, den in ihrem Hoheitsgebiet niedergelassenen Dienstleistungserbringern zusätzliche Informationspflichten aufzuerlegen.

(13) Die Mitgliedstaaten sollten im Einklang mit dem Unionsrecht weiterhin befugt sein, diese Richtlinie auf Bereiche anzuwenden, die nicht in deren Anwendungsbereich fallen. Die Mitgliedstaaten

können daher den Bestimmungen oder einigen Bestimmungen dieser Richtlinie entsprechende nationale Rechtsvorschriften für Verträge, die nicht in den Geltungsbereich dieser Richtlinie fallen, beibehalten oder einführen. So können die Mitgliedstaaten beispielsweise beschließen, die Anwendung dieser Richtlinie auf juristische oder natürliche Personen auszudehnen, die keine „Verbraucher" im Sinne dieser Richtlinie sind, beispielsweise Nichtregierungsorganisationen, neu gegründete oder kleine und mittlere Unternehmen. Desgleichen können Mitgliedstaaten die Vorschriften dieser Richtlinie auf Verträge anwenden, die keine „Fernabsatzverträge" im Sinne dieser Richtlinie sind, etwa weil sie nicht im Rahmen eines für den Fernabsatz organisierten Vertriebs- bzw Dienstleistungssystems abgeschlossen werden. Darüber hinaus können die Mitgliedstaaten auch nationale Rechtsvorschriften zu Themen beibehalten oder einführen, die in dieser Richtlinie nicht speziell behandelt werden, beispielsweise zusätzliche Vorschriften über Kaufverträge, auch im Hinblick auf die Lieferung von Waren oder auf Anforderungen bezüglich der Bereitstellung von Informationen während der Laufzeit eines Vertrags.

(14) Diese Richtlinie sollte das innerstaatliche Vertragsrecht unberührt lassen, soweit vertragsrechtliche Aspekte durch diese Richtlinie nicht geregelt werden. Deshalb sollte diese Richtlinie keine Wirkung auf nationale Rechtsvorschriften haben, die beispielsweise den Abschluss oder die Gültigkeit von Verträgen (zum Beispiel im Fall einer fehlenden Einigung) betreffen. Desgleichen sollte diese Richtlinie nationale Rechtsvorschriften in Bezug auf die allgemeinen vertraglichen Rechtsbehelfe, die Vorschriften des allgemeinen Wirtschaftsrechts (beispielsweise Vorschriften über überhöhte Preise oder Wucherpreise) und die Vorschriften über sittenwidrige Rechtsgeschäfte unberührt lassen.

(15) Durch diese Richtlinie sollten die sprachlichen Anforderungen für Verbraucherverträge nicht harmonisiert werden. Die Mitgliedstaaten können daher sprachliche Anforderungen in Bezug auf die Vertragsinformationen und die Vertragsklauseln in ihrem nationalen Recht beibehalten oder einführen.

(16) Diese Richtlinie sollte die nationalen Rechtsvorschriften über die gesetzliche Vertretung, wie zB die Vorschriften zu der Person, die im Namen des Unternehmers oder auf dessen Rechnung handelt (beispielsweise ein Handelsvertreter oder ein Treuhänder), unberührt lassen. Auf diesem Gebiet sollten die Mitgliedstaaten zuständig bleiben. Diese Richtlinie sollte für alle Unternehmer im öffentlichrechtlichen und im privaten Sektor gelten.

(17) Die Definition des Verbrauchers sollte natürliche Personen, die außerhalb ihrer gewerblichen, geschäftlichen, handwerklichen oder beruflichen Tätigkeit handeln, umfassen. Wird der Vertrag jedoch teilweise für gewerbliche und teilweise für nichtgewerbliche Zwecke abgeschlossen (Verträge mit doppeltem Zweck) und ist der gewerbliche Zweck im Gesamtzusammenhang des Vertrags nicht überwiegend, so sollte diese Person auch als Verbraucher betrachtet werden.

(18) Diese Richtlinie berührt nicht das Recht der Mitgliedstaaten, im Einklang mit dem Unionsrecht festzulegen, welche Leistungen sie als von allgemeinem wirtschaftlichem Interesse erachten, wie diese Dienstleistungen unter Beachtung der Vorschriften über staatliche Beihilfen organisiert und finanziert werden sollten und welchen spezifischen Verpflichtungen sie unterliegen sollten.

(19) „Digitale Inhalte" bezeichnet Daten, die in digitaler Form hergestellt und bereitgestellt werden, wie etwa Computerprogramme, Anwendungen (Apps), Spiele, Musik, Videos oder Texte, unabhängig davon, ob auf sie durch Herunterladen oder Herunterladen in Echtzeit (Streaming), von einem körperlichen Datenträger oder in sonstiger Weise zugegriffen wird. Verträge über die Bereitstellung von digitalen Inhalten sollten in den Geltungsbereich dieser Richtlinie fallen. Werden digitale Inhalte

auf einem körperlichen Datenträger wie einer CD oder einer DVD bereitgestellt, sollten diese als Waren im Sinne dieser Richtlinie betrachtet werden. Vergleichbar mit Verträgen über die Lieferung von Wasser, Gas oder Strom, wenn sie nicht in einem begrenzten Volumen oder in einer bestimmten Menge zum Verkauf angeboten werden, oder über die Lieferung von Fernwärme, sollten Verträge über digitale Inhalte, die nicht auf einem körperlichen Datenträger bereitgestellt werden, für die Zwecke dieser Richtlinie weder als Kaufverträge noch als Dienstleistungsverträge betrachtet werden. Für derartige Verträge sollte der Verbraucher ein Widerrufsrecht haben, es sei denn, er hat während der Widerrufsfrist dem Beginn der Vertragserfüllung zugestimmt und zur Kenntnis genommen, dass er infolgedessen sein Widerrufsrecht verliert. Über die allgemeinen Informationspflichten hinaus sollte der Unternehmer den Verbraucher über die Funktionsweise und – soweit wesentlich – die Interoperabilität digitaler Inhalte informieren. Der Begriff der Funktionsweise sollte sich darauf beziehen, wie digitale Inhalte verwendet werden können, etwa für die Nachverfolgung des Verhaltens des Verbrauchers; er sollte sich auch auf das Vorhandensein bzw Nichtvorhandensein von technischen Beschränkungen wie den Schutz mittels digitaler Rechteverwaltung oder Regionalcodierung beziehen. Der Begriff der wesentlichen Interoperabilität beschreibt die Information in Bezug auf die standardmäßige Umgebung an Hard- und Software, mit der die digitalen Inhalte kompatibel sind, etwa das Betriebssystem, die notwendige Version und bestimmte Eigenschaften der Hardware. Die Kommission sollte prüfen, inwieweit für digitale Inhalte eine weitere Harmonisierung der Bestimmungen erforderlich ist, und gegebenenfalls einen entsprechenden Gesetzgebungsvorschlag vorlegen.

(20) Die Begriffsbestimmung von Fernabsatzverträgen sollte alle Fälle erfassen, in denen ein Vertrag zwischen einem Unternehmer und einem Verbraucher im Rahmen eines für die Lieferung im Fernvertrieb organisierten Verkaufs- oder Dienstleistungserbringungssystems geschlossen wird, wobei bis einschließlich zum Zeitpunkt des Vertragsabschlusses ausschließlich ein oder mehrere Fernkommunikationsmittel verwendet wird/werden (z.B. Bestellung per Post, Internet, Telefon oder Fax). Diese Begriffsbestimmung sollte auch Situationen erfassen, in denen der Verbraucher die Geschäftsräume lediglich zum Zwecke der Information über die Waren oder Dienstleistungen aufsucht und anschließend den Vertrag aus der Ferne verhandelt und abschließt. Im Gegensatz dazu sollte ein Vertrag, der in den Geschäftsräumen eines Unternehmers verhandelt und letztendlich über ein Fernkommunikationsmittel geschlossen wird, nicht als Fernabsatzvertrag gelten. Desgleichen sollte ein Vertrag, der über ein Fernkommunikationsmittel angebahnt und letztendlich in den Geschäftsräumen des Unternehmers geschlossen wird, nicht als Fernabsatzvertrag gelten. Desgleichen sollte der Begriff des Fernabsatzvertrags auch keine Reservierungen eines Verbrauchers über ein Fernkommunikationsmittel im Hinblick auf die Dienstleistung eines Fachmanns, wie beispielsweise im Fall eines Telefonanrufs eines Verbrauchers zur Terminvereinbarung mit einem Friseur, einschließen. Der Begriff eines für die Lieferung im Fernabsatz organisierten Vertriebs- bzw Dienstleistungserbringungssystems sollte von einem Dritten angebotene Fernabsatz- oder Dienstleistungssysteme erfassen, die von Unternehmern verwendet werden, wie etwa eine Online-Plattform. Der Begriff sollte jedoch nicht Fälle erfassen, in denen Webseiten lediglich Informationen über den Unternehmer, seine Waren und/oder Dienstleistungen und seine Kontaktdaten anbieten.

(21) Ein außerhalb von Geschäftsräumen geschlossener Vertrag sollte definiert werden als ein Vertrag, der bei gleichzeitiger körperlicher Anwesenheit des Unternehmers und des Verbrauchers an einem Ort, der nicht zu den Geschäftsräumen des Unternehmers gehört, geschlossen wird, also beispielsweise in der Wohnung oder am Arbeitsplatz des Verbrauchers. Außerhalb von Geschäftsräumen steht der Verbraucher möglicherweise psychisch unter Druck oder ist einem Überraschungsmoment ausgesetzt, wobei es keine Rolle spielt, ob der Verbraucher den Besuch des Unternehmers herbeigeführt hat oder nicht. Die Begriffsbestimmung für außerhalb von Geschäftsräumen geschlossene Verträge sollte auch Situationen einschließen, in denen der Verbraucher außerhalb von Ge-

schäftsräumen persönlich und individuell angesprochen wird, der Vertrag aber unmittelbar danach in den Geschäftsräumen des Unternehmers oder über Fernkommunikationsmittel geschlossen wird. Die Begriffsbestimmung für außerhalb von Geschäftsräumen geschlossene Verträge sollte nicht Situationen umfassen, in denen der Unternehmer zunächst in die Wohnung des Verbrauchers kommt, um ohne jede Verpflichtung des Verbrauchers lediglich Maße aufzunehmen oder eine Schätzung vorzunehmen, und der Vertrag danach erst zu einem späteren Zeitpunkt in den Geschäftsräumen des Unternehmers oder mittels Fernkommunikationsmittel auf der Grundlage der Schätzung des Unternehmers abgeschlossen wird. In diesen Fällen ist nicht davon auszugehen, dass der Vertrag unmittelbar, nachdem der Unternehmer den Verbraucher angesprochen hat, geschlossen worden ist, wenn der Verbraucher Zeit gehabt hatte, vor Vertragsabschluss über die Schätzung des Unternehmers nachzudenken. Käufe während eines vom Unternehmer organisierten Ausflugs, in dessen Verlauf die erworbenen Erzeugnisse beworben und zum Verkauf angeboten werden, sollten als außerhalb von Geschäftsräumen geschlossene Verträge gelten.

(22) Als Geschäftsräume sollten alle Arten von Räumlichkeiten (wie Geschäfte, Stände oder Lastwagen) gelten, an denen der Unternehmer sein Gewerbe ständig oder gewöhnlich ausübt. Markt- und Messestände sollten als Geschäftsräume behandelt werden, wenn sie diese Bedingung erfüllen. Verkaufsstätten, in denen der Unternehmer seine Tätigkeit saisonal ausübt, beispielsweise während der Fremdenverkehrssaison an einem Skiort oder Seebadeort, sollten als Geschäftsräume angesehen werden, wenn der Unternehmer seine Tätigkeit in diesen Geschäftsräumen für gewöhnlich ausübt. Der Öffentlichkeit zugängliche Orte wie Straßen, Einkaufszentren, Strände, Sportanlagen und öffentliche Verkehrsmittel, die der Unternehmer ausnahmsweise für seine Geschäftstätigkeiten nutzt, sowie Privatwohnungen oder Arbeitsplätze sollten nicht als Geschäftsräume gelten. Die Geschäftsräume einer Person, die im Namen oder für Rechnung des Unternehmers gemäß dieser Richtlinie handelt, sollten als Geschäftsräume im Sinne dieser Richtlinie gelten.

(23) Dauerhafte Datenträger sollten es dem Verbraucher ermöglichen, Informationen so lange zu speichern, wie es für den Schutz seiner Interessen in den Beziehungen zum Unternehmer erforderlich ist. Zu diesen dauerhaften Datenträgern sollten insbesondere Papier, USB-Sticks, CD-ROMs, DVDs, Speicherkarten oder die Festplatten von Computern sowie E-Mails gehören.

(24) Bei einer öffentlichen Versteigerung sind Unternehmer und Verbraucher persönlich anwesend oder erhalten die Möglichkeit, bei ihr persönlich anwesend zu sein. Die Waren oder Dienstleistungen werden dem Verbraucher vom Unternehmer im Rahmen eines in einigen Mitgliedstaaten gesetzlich zugelassenen Bieterverfahrens öffentlich zum Kauf angeboten. Die Person, die den Zuschlag erhält, ist zum Erwerb der Waren oder Dienstleistungen verpflichtet. Die Verwendung von Online-Plattformen, die Verbrauchern und Unternehmern zu Versteigerungszwecken zur Verfügung stehen, sollte nicht als öffentliche Versteigerung im Sinne dieser Richtlinie gelten.

(25) Verträge im Zusammenhang mit Fernwärme sollten in den Geltungsbereich dieser Richtlinie fallen, ähnlich wie Verträge über die Lieferung von Wasser, Gas oder Strom. Fernwärme ist in einer zentralen Anlage erzeugte Wärme, unter anderem in Form von Dampf oder Heißwasser, die über ein Rohrleitungs- und Verteilungsnetz einer Vielzahl von Wärmeverbrauchern zu Heizzwecken zugeführt wird.

(26) Verträge über die Übertragung von Immobilien oder von Rechten an Immobilien oder die Begründung oder den Erwerb solcher Immobilien oder Rechte, Verträge über den Bau von neuen Gebäuden oder über erhebliche Umbaumaßnahmen an bestehenden Gebäuden sowie über die Vermietung von Wohnraum sind bereits Gegenstand einer Reihe spezifischer einzelstaatlicher Rechts-

vorschriften. Zu diesen Verträgen gehören beispielsweise der Verkauf noch zu bebauender Liegenschaften und der Mietkauf. Die in dieser Richtlinie enthaltenen Bestimmungen eignen sich nicht für diese Verträge, welche daher vom Geltungsbereich dieser Richtlinie ausgenommen werden sollten. Erhebliche Umbaumaßnahmen sind solche, die dem Bau eines neuen Gebäudes vergleichbar sind, beispielsweise Baumaßnahmen, bei denen nur die Fassade eines alten Gebäudes erhalten bleibt. Dienstleistungsverträge insbesondere im Zusammenhang mit der Errichtung von Anbauten an Gebäude (z.B. dem Anbau einer Garage oder eines Wintergartens) und im Zusammenhang mit der Instandsetzung und Renovierung von Gebäuden, die keine erheblichen Umbauarbeiten darstellen, wie auch Verträge über Dienstleistungen von Immobilienmaklern und über die Vermietung von Räumen für andere als Wohnzwecke sollten unter diese Richtlinie fallen.

(27) Beförderungsdienstleistungen schließen die Beförderung von Personen und die Beförderung von Gütern ein. Die Beförderung von Personen sollte vom Geltungsbereich dieser Richtlinie ausgenommen sein, weil sie bereits im Rahmen anderer Unionsvorschriften geregelt wird, beziehungsweise, was den öffentlichen Verkehr und Taxis betrifft, auf nationaler Ebene geregelt ist. Die in dieser Richtlinie enthaltenen Vorschriften zum Schutz des Verbrauchers gegen überhöhte Entgelte für die Verwendung bestimmter Zahlungsmittel oder gegen versteckte Kosten sollten jedoch auch auf Personenbeförderungsverträge Anwendung finden. In Bezug auf die Beförderung von Gütern und die Vermietung von Kraftfahrzeugen, sofern diese Dienstleistungen darstellen, sollten Verbraucher mit Ausnahme des Widerrufsrechts durch diese Richtlinie geschützt werden.

(28) Um Verwaltungsaufwand für Unternehmer zu vermeiden, können die Mitgliedstaaten beschließen, diese Richtlinie nicht auf Fälle anzuwenden, in denen Waren oder Dienstleistungen von geringem Wert außerhalb von Geschäftsräumen verkauft werden. Der Schwellenbetrag sollte so niedrig festgesetzt werden, dass nur Geschäfte von geringer Bedeutung ausgeschlossen werden. Den Mitgliedstaaten sollte es gestattet sein, diesen Schwellenwert in ihrem nationalen Recht festzusetzen; er darf aber 50 EUR nicht überschreiten. Werden zwei oder mehr Verträge, die in Bezug auf ihren Gegenstand zusammenhängen, vom Verbraucher gleichzeitig geschlossen, so sollten deren Gesamtkosten für diesen Schwellenwert maßgebend sein.

(29) Sozialdienstleistungen haben grundlegend unterschiedliche Merkmale, die in sektorspezifischer Gesetzgebung, zum Teil auf Unionsebene und zum Teil auf einzelstaatlicher Ebene, ihren Niederschlag finden. Zu den Sozialdienstleistungen gehören zum einen Dienstleistungen für besonders benachteiligte oder einkommensschwache Personen sowie Dienstleistungen für Personen und Familien, die bei routinemäßigen Handlungen und alltäglichen Verrichtungen auf Hilfe angewiesen sind, und zum anderen Dienstleistungen für alle Menschen, die in einer besonderen Phase ihres Lebens Hilfe, Unterstützung, Schutz oder Zuspruch benötigen. Zu den Sozialdienstleistungen gehören unter anderem Dienstleistungen für Kinder und Jugendliche, Dienstleistungen zur Unterstützung von Familien, Alleinerziehenden und älteren Menschen sowie Dienstleistungen für Migranten. Sozialdienstleistungen schließen sowohl Dienstleistungen der Kurzzeit- als auch der Langzeitpflege ein, die beispielsweise von häuslichen Pflegediensten, im Rahmen von betreuten Wohnformen und in Wohnheimen oder -stätten („Pflegeheimen") erbracht werden. Zu den Sozialdienstleistungen zählen nicht nur staatliche Sozialdienstleistungen, die auf nationaler, regionaler oder lokaler Ebene durch staatlich beauftragte Dienstleister oder staatlich anerkannte Hilfsorganisationen geleistet werden, sondern auch Sozialdienstleistungen privater Anbieter. Die Bestimmungen dieser Richtlinie eignen sich nicht für Sozialdienstleistungen; diese sollten daher vom Geltungsbereich dieser Richtlinie ausgenommen werden.

(30) Für die Gesundheitsversorgung sind wegen ihrer technischen Komplexität, ihrer Bedeutung als Dienst von allgemeinem Interesse und ihrer weitgehenden öffentlichen Finanzierung besondere Re-

gelungen erforderlich. Die Gesundheitsversorgung ist in der Richtlinie 2011/24/EU des Europäischen Parlaments und des Rates vom 9. März 2011 über die Ausübung der Patientenrechte in der grenzüberschreitenden Gesundheitsversorgung (9) definiert als „Gesundheitsdienstleistungen, die von Angehörigen der Gesundheitsberufe gegenüber Patienten erbracht werden, um deren Gesundheitszustand zu beurteilen, zu erhalten oder wiederherzustellen, einschließlich der Verschreibung, Abgabe und Bereitstellung von Arzneimitteln und Medizinprodukten". Ein Angehöriger der Gesundheitsberufe ist in dieser Richtlinie definiert als ein Arzt, eine Krankenschwester oder ein Krankenpfleger für allgemeine Pflege, ein Zahnarzt, eine Hebamme oder ein Apotheker im Sinne der Richtlinie 2005/36/EG des Europäischen Parlaments und des Rates vom 7. September 2005 über die Anerkennung von Berufsqualifikationen (10) oder eine andere Fachkraft, die im Gesundheitsbereich Tätigkeiten ausübt, die einem reglementierten Beruf im Sinne von Artikel 3 Absatz 1 Buchstabe a der Richtlinie 2005/36/EG vorbehalten sind, oder eine Person, die nach den Rechtsvorschriften des Behandlungsmitgliedstaats als Angehöriger der Gesundheitsberufe gilt. Die Bestimmungen dieser Richtlinie eignen sich nicht für die Gesundheitsversorgung; diese sollte daher vom Geltungsbereich dieser Richtlinie ausgenommen werden.

(31) Glücksspiele sollten vom Geltungsbereich dieser Richtlinie ausgenommen werden. Glücksspiele sind Spiele, bei denen ein geldwerter Einsatz verlangt wird, einschließlich Lotterien, Glücksspiele in Spielkasinos und Wetten. Mitgliedstaaten sollten andere, auch strengere Verbraucherschutzmaßnahmen in Bezug auf diese Tätigkeiten einführen können.

(32) Das geltende Unionsrecht unter anderem über Finanzdienstleistungen für Verbraucher, Pauschalreisen und Teilzeitnutzungsverträge enthält zahlreiche Verbraucherschutzbestimmungen. Deshalb sollte diese Richtlinie für Verträge in diesen Bereichen nicht gelten. Was Finanzdienstleistungen betrifft, sollten die Mitgliedstaaten ermutigt werden, sich bei der Schaffung von neuen Rechtsvorschriften in nicht auf Unionsebene geregelten Bereichen von den maßgeblichen bestehenden Rechtsvorschriften der Union in diesem Bereich anregen zu lassen, sodass gleiche Ausgangsbedingungen für alle Verbraucher und alle Verträge über Finanzdienstleistungen gewährleistet sind.

(33) Der Unternehmer sollte verpflichtet sein, den Verbraucher im Voraus über etwaige Geschäftsmodalitäten zu informieren, die dazu führen, dass der Verbraucher dem Unternehmer eine Kaution zahlt; dazu gehören auch Modalitäten, bei denen ein Betrag auf der Kredit- oder Debitkarte des Verbrauchers gesperrt wird.

(34) Bevor der Verbraucher durch einen Fernabsatzvertrag oder einen außerhalb von Geschäftsräumen geschlossenen Vertrag, durch einen anderen als einen Fernabsatzvertrag oder außerhalb von Geschäftsräumen geschlossenen Vertrag oder ein entsprechendes Vertragsangebot gebunden ist, sollte der Unternehmer den Verbraucher in klarer und verständlicher Weise informieren. Bei der Bereitstellung dieser Informationen sollte der Unternehmer den besonderen Bedürfnissen von Verbrauchern Rechnung tragen, die aufgrund ihrer geistigen oder körperlichen Behinderung, ihrer psychischen Labilität, ihres Alters oder ihrer Leichtgläubigkeit in einer Weise besonders schutzbedürftig sind, die für den Unternehmer vernünftigerweise erkennbar ist. Die Berücksichtigung dieser besonderen Bedürfnisse sollte jedoch nicht zu unterschiedlichen Verbraucherschutzniveaus führen.

(35) Die dem Verbraucher vom Unternehmer zur Verfügung zu stellenden Informationen sollten obligatorisch sein und sollten nicht geändert werden. Dennoch sollten die Vertragsparteien eine ausdrückliche Vereinbarung über die Änderung des Inhalts des anschließend abgeschlossenen Vertrags, etwa hinsichtlich der Lieferbedingungen, abschließen können.

(36) Bei Fernabsatzverträgen sollten die Informationspflichten so angepasst werden, dass den technischen Beschränkungen, denen bestimmte Medien unterworfen sind, Rechnung getragen werden kann, wie zum Beispiel der beschränkten Anzahl der Zeichen auf bestimmten Displays von Mobiltelefonen oder dem Zeitrahmen für Werbespots im Fernsehen. In diesen Fällen sollte sich der Unternehmer an Mindestanforderungen hinsichtlich der Information halten und den Verbraucher an eine andere Informationsquelle verweisen, beispielsweise durch Angabe einer gebührenfreien Telefonnummer oder eines Hypertext-Links zu einer Webseite des Unternehmers, auf der die einschlägigen Informationen unmittelbar abrufbar und leicht zugänglich sind. Die Pflicht zur Information darüber, dass der Verbraucher die Kosten für die Rücksendung der Waren zu tragen hat, wenn die Waren aufgrund ihrer Beschaffenheit nicht auf dem normalen Postweg zurückgesendet werden können, gilt als erfüllt, wenn der Unternehmer etwa einen Beförderer (beispielsweise den, den er mit der Warenlieferung beauftragt hat) und einen Preis für die Rücksendung der Waren angibt. In den Fällen, in denen die Kosten für die Rücksendung der Waren vom Unternehmer vernünftigerweise nicht im Voraus berechnet werden können, beispielsweise weil der Unternehmer nicht anbietet, die Rücksendung der Waren selbst zu organisieren, sollte der Unternehmer erklären, dass Kosten zu entrichten sind und diese Kosten hoch sein können, einschließlich einer vernünftigen Schätzung der Höchstkosten, die auf den Kosten der Lieferung an den Verbraucher basieren könnte.

(37) Da der Verbraucher im Versandhandel die Waren nicht sehen kann, bevor er den Vertrag abschließt, sollte ihm ein Widerrufsrecht zustehen. Aus demselben Grunde sollte dem Verbraucher gestattet werden, die Waren, die er gekauft hat, zu prüfen und zu untersuchen, um die Beschaffenheit, die Eigenschaften und die Funktionsweise der Waren festzustellen. Bei außerhalb von Geschäftsräumen geschlossenen Verträgen sollte dem Verbraucher aufgrund des möglichen Überraschungsmoments und/oder psychologischen Drucks das Recht auf Widerruf zustehen. Der Widerruf des Vertrags sollte die Verpflichtung der Parteien beenden, den Vertrag zu erfüllen.

(38) Auf den Webseiten für den elektronischen Geschäftsverkehr sollte spätestens bei Beginn des Bestellvorgangs klar und deutlich angegeben werden, ob Lieferbeschränkungen bestehen und welche Zahlungsarten akzeptiert werden.

(39) Es ist wichtig, dass sichergestellt wird, dass die Verbraucher bei Fernabsatzverträgen, die über Webseiten abgeschlossen werden, in der Lage sind, die Hauptbestandteile des Vertrags vor Abgabe ihrer Bestellung vollständig zu lesen und zu verstehen. Zu diesem Zweck sollte in dieser Richtlinie dafür Sorge getragen werden, dass diese Vertragsbestandteile in unmittelbarer Nähe der für die Abgabe der Bestellung erforderlichen Bestätigung angezeigt werden. Es ist außerdem wichtig, in Situationen dieser Art sicherzustellen, dass die Verbraucher den Zeitpunkt erkennen, zu dem sie gegenüber dem Unternehmer eine Zahlungsverpflichtung eingehen. Aus diesem Grunde sollte die Aufmerksamkeit der Verbraucher durch eine unmissverständliche Formulierung auf die Tatsache gelenkt werden, dass die Abgabe der Bestellung eine Zahlungsverpflichtung gegenüber dem Unternehmer zur Folge hat.

(40) Der Umstand, dass die Widerrufsfristen derzeit sowohl zwischen verschiedenen Mitgliedstaaten als auch zwischen Verträgen im Fernabsatz und außerhalb von Geschäftsräumen geschlossenen Verträgen unterschiedlich lang sind, verursacht Rechtsunsicherheit und Kosten. Die Widerrufsfrist sollte deshalb für sämtliche im Fernabsatz und außerhalb von Geschäftsräumen geschlossene Verträge dieselbe sein. Bei Dienstleistungsverträgen sollte die Widerrufsfrist 14 Tage nach dem Vertragsabschluss enden. Bei Kaufverträgen sollte die Widerrufsfrist 14 Tage nach dem Tag enden, an dem der Verbraucher oder ein von ihm benannter Dritter, der nicht der Beförderer ist, in den Besitz der Waren gelangt. Zudem sollte der Verbraucher das Widerrufsrecht ausüben können, bevor die Waren phy-

sisch in Empfang genommen werden. Wenn der Verbraucher mehrere Waren in einer Bestellung bestellt, diese dann jedoch getrennt geliefert werden, sollte die Widerrufsfrist 14 Tage nach dem Tag enden, an dem der Verbraucher in den Besitz der zuletzt gelieferten Ware gelangt. Werden Waren in mehreren Partien oder Teilen geliefert, so sollte die Widerrufsfrist 14 Tage nach dem Tag enden, an dem der Verbraucher den Besitz an der letzten Partie oder dem letzten Teil erlangt.

(41) Zur Gewährleistung der Rechtssicherheit ist es zweckmäßig, die Verordnung (EWG, Euratom) Nr 1182/71 des Rates vom 3. Juni 1971 zur Festlegung der Regeln für die Fristen, Daten und Termine (11) auf die Berechnung der in dieser Richtlinie genannten Fristen anzuwenden. Deshalb sollten alle in dieser Richtlinie genannten Fristen als in Kalendertagen ausgedrückt zu verstehen sein. Ist für den Anfang einer nach Tagen bemessenen Frist der Zeitpunkt maßgebend, zu dem ein Ereignis eintritt oder eine Handlung vorgenommen wird, so sollte bei der Berechnung dieser Frist der Tag nicht mitgerechnet werden, auf den das Ereignis oder die Handlung fällt.

(42) Die Bestimmungen zum Widerrufsrecht sollten die Rechts- und Verwaltungsvorschriften der Mitgliedstaaten über die Beendigung oder die Unwirksamkeit eines Vertrags oder die Möglichkeit eines Verbrauchers, seine vertraglichen Verpflichtungen vor der in dem Vertrag festgesetzten Frist zu erfüllen, unberührt lassen.

(43) Wurde der Verbraucher vor dem Abschluss eines Fernabsatzvertrags oder außerhalb von Geschäftsräumen geschlossenen Vertrags vom Unternehmer nicht angemessen informiert, so sollte sich die Widerrufsfrist verlängern. Damit jedoch Rechtssicherheit bezüglich der Dauer der Widerrufsfrist gewährleistet ist, sollte eine Begrenzung der Frist auf zwölf Monate eingeführt werden.

(44) Durch Unterschiede in der Art und Weise der Ausübung des Widerrufsrechts in den Mitgliedstaaten sind den im grenzüberschreitenden Handel tätigen Unternehmern Kosten entstanden. Die Einführung eines harmonisierten Musterformulars für den Widerruf, das der Verbraucher benutzen kann, sollte das Widerrufsverfahren vereinfachen und für Rechtssicherheit sorgen. Aus diesen Gründen sollten die Mitgliedstaaten über das unionsweit einheitliche Musterformular hinaus keine weiteren Anforderungen an die optische Gestaltung des Widerrufs – etwa in Bezug auf die Schriftgröße – stellen. Dem Verbraucher sollte es jedoch nach wie vor freistehen, den Vertrag mit seinen eigenen Worten zu widerrufen, vorausgesetzt, seine an den Unternehmer gerichtete Erklärung, aus der seine Widerrufsentscheidung hervorgeht, ist unmissverständlich. Diese Anforderung könnte durch einen Brief, einen Telefonanruf oder durch die Rücksendung der Waren, begleitet von einer deutlichen Erklärung, erfüllt sein; die Beweislast, dass der Widerruf innerhalb der in der Richtlinie festgelegten Fristen erfolgt ist, sollte jedoch dem Verbraucher obliegen. Aus diesem Grund ist es im Interesse des Verbrauchers, für die Mitteilung des Widerrufs an den Unternehmer einen dauerhaften Datenträger zu verwenden.

(45) Da erfahrungsgemäß viele Verbraucher und Unternehmer die Kommunikation über die Webseite des Unternehmers vorziehen, sollte Letzterer die Möglichkeit haben, den Verbrauchern ein Web-Musterformular für den Widerruf zur Verfügung zu stellen. In diesem Fall sollte der Unternehmer den Eingang des Widerrufs unverzüglich bestätigen, beispielsweise per E-Mail.

(46) Falls der Verbraucher den Vertrag widerruft, sollte der Unternehmer alle Zahlungen, die er vom Verbraucher erhalten hat, erstatten; hierzu gehören auch Zahlungen für Aufwendungen des Unternehmers im Zusammenhang mit der Lieferung der Waren an den Verbraucher. Die Erstattung sollte nicht in Form eines Gutscheins erfolgen, es sei denn, der Verbraucher hat für die ursprüngliche Transaktion Gutscheine verwendet oder diese ausdrücklich akzeptiert. Wenn der Verbraucher aus-

drücklich eine bestimmte Art der Lieferung gewählt hat (zum Beispiel eine Expresslieferung innerhalb von 24 Stunden), obwohl der Unternehmer eine normale und allgemein akzeptable Art der Lieferung angeboten hatte, die geringere Lieferkosten verursacht hätte, sollte der Verbraucher den Kostenunterschied zwischen diesen beiden Arten der Lieferung tragen.

(47) Manche Verbraucher üben ihr Widerrufsrecht aus, nachdem sie die Waren in einem größeren Maß genutzt haben, als zur Feststellung ihrer Beschaffenheit, ihrer Eigenschaften und ihrer Funktionsweise nötig gewesen wäre. In diesem Fall sollte der Verbraucher das Widerrufsrecht nicht verlieren, sollte aber für einen etwaigen Wertverlust der Waren haften. Wenn er Beschaffenheit, Eigenschaften und Funktionsweise der Waren feststellen will, sollte der Verbraucher mit ihnen nur so umgehen und sie nur so in Augenschein nehmen, wie er das in einem Geschäft tun dürfte. So sollte der Verbraucher beispielsweise ein Kleidungsstück nur anprobieren, nicht jedoch tragen dürfen. Der Verbraucher sollte die Waren daher während der Widerrufsfrist mit der gebührenden Sorgfalt behandeln und in Augenschein nehmen. Die Verpflichtungen des Verbrauchers im Falle des Widerrufs sollten den Verbraucher nicht davon abhalten, sein Widerrufsrecht auszuüben.

(48) Der Verbraucher sollte verpflichtet sein, die Waren spätestens 14 Tage nach dem Tag zurückzusenden, an dem er den Unternehmer über seinen Widerruf informiert hat. Erfüllt der Unternehmer oder der Verbraucher die Verpflichtungen im Zusammenhang mit der Ausübung des Widerrufsrechts nicht, so sollten Sanktionen, die gemäß dieser Richtlinie in innerstaatlichen Vorschriften festgelegt sind, sowie vertragsrechtliche Bestimmungen zur Anwendung gelangen.

(49) Es sollten sowohl für Fernabsatzverträge als auch für außerhalb von Geschäftsräumen geschlossene Verträge bestimmte Ausnahmen vom Widerrufsrecht gelten. Ein Widerrufsrecht könnte beispielsweise in Anbetracht der Beschaffenheit bestimmter Waren oder Dienstleistungen unzweckmäßig sein. Dies gilt beispielsweise für Verträge über Wein, der erst lange nach Abschluss eines Vertrags spekulativer Art geliefert wird; der Wert des Weins hängt dabei von den Schwankungen der Marktpreise ab („vin en primeur"). Das Widerrufsrecht sollte weder bei Waren, die nach Kundenspezifikationen angefertigt werden oder eindeutig auf die persönlichen Bedürfnisse zugeschnitten sind, wie beispielsweise nach Maß gefertigte Vorhänge, noch beispielsweise bei der Lieferung von Brennstoff, der aufgrund seiner Beschaffenheit nach der Lieferung untrennbar mit anderen Gütern verbunden ist, Anwendung finden. Die Einräumung eines Widerrufsrechts für den Verbraucher könnte auch im Fall bestimmter Dienstleistungen unangebracht sein, bei denen der Vertragsabschluss die Bereitstellung von Kapazitäten mit sich bringt, die der Unternehmer im Fall der Ausübung des Widerrufsrechts möglicherweise nicht mehr anderweitig nutzen kann. Dies wäre beispielsweise bei Reservierungen in Hotels, für Ferienhäuser oder Kultur- oder Sportveranstaltungen der Fall.

(50) Der Verbraucher sollte auf der einen Seite sein Widerrufsrecht auch dann ausüben können, wenn er die Erbringung von Dienstleistungen vor Ende der Widerrufsfrist gewünscht hat. Auf der anderen Seite sollte der Unternehmer sichergehen können, dass er für die von ihm erbrachte Leistung angemessen bezahlt wird, wenn der Verbraucher sein Widerrufsrecht ausübt. Der anteilige Betrag sollte ausgehend vom vertraglich vereinbarten Gesamtpreis berechnet werden; falls der Verbraucher jedoch nachweist, dass der Gesamtpreis selbst unverhältnismäßig ist, wird der zu zahlende Betrag auf der Grundlage des Marktwertes der erbrachten Dienstleistung berechnet. Der Marktwert sollte festgelegt werden, indem der Preis einer zum Zeitpunkt des Vertragsabschlusses von anderen Unternehmern erbrachten gleichwertigen Dienstleistung zum Vergleich herangezogen wird. Wünscht der Verbraucher, dass die Dienstleistung vor Ende der Widerrufsfrist erbracht wird, so sollte er dies von daher ausdrücklich und, bei außerhalb von Geschäftsräumen geschlossenen Verträgen, auf einem dauerhaften Datenträger verlangen. Ebenso sollte der Unternehmer den Verbraucher auf einem

dauerhaften Datenträger über eine etwaige Verpflichtung informieren, die Kosten entsprechend dem Anteil der bereits erbrachten Dienstleistung zu zahlen. Bei Verträgen, die sowohl Waren als auch Dienstleistungen zum Gegenstand haben, sollten hinsichtlich der Waren die Vorschriften dieser Richtlinie über die Rücksendung von Waren und hinsichtlich der Dienstleistungen die Regelungen über die Abgeltung von Dienstleistungen gelten.

(51) Die Hauptschwierigkeiten für die Verbraucher und eine der Hauptquellen für Konflikte mit Unternehmern betreffen die Lieferung von Waren, etwa wenn Waren beim Transport verloren gehen oder beschädigt werden oder zu spät oder unvollständig geliefert werden. Es ist deshalb zweckmäßig, die innerstaatlichen Vorschriften darüber, wann die Lieferung erfolgen sollte, zu klären und zu harmonisieren. Der Ort und die Modalitäten der Lieferung und die Regeln für die Bestimmung der Bedingungen und des Zeitpunkts des Übergangs des Eigentums an den Waren sollten weiterhin dem einzelstaatlichen Recht unterliegen und daher von dieser Richtlinie nicht berührt werden. Die in dieser Richtlinie enthaltenen Lieferregeln sollten die Möglichkeit für den Verbraucher enthalten, einem Dritten zu gestatten, in seinem Namen den Besitz an den Waren oder die Kontrolle über die Waren zu erlangen. Es sollte davon ausgegangen werden, dass der Verbraucher die Kontrolle über die Waren hat, wenn er oder ein von ihm angegebener Dritter Zugang zu den Waren zum Zwecke ihrer Nutzung als Eigentümer oder die Möglichkeit zu ihrer Weiterveräußerung hat (beispielsweise wenn er die Schlüssel erhalten hat oder im Besitz der Eigentumsdokumente ist).

(52) Bei Kaufverträgen kann die Lieferung von Waren auf unterschiedliche Weise und entweder unverzüglich oder zu einem späteren Zeitpunkt erfolgen. Haben die Vertragsparteien keinen bestimmten Liefertermin vereinbart, so sollte der Unternehmer die Waren so bald wie möglich und in jedem Fall spätestens binnen 30 Tagen nach Abschluss des Vertrags liefern. Bei den Vorschriften über verspätete Lieferung sollte auch berücksichtigt werden, dass Waren, die speziell für den Verbraucher hergestellt oder erworben werden müssen, vom Unternehmer nicht ohne erheblichen Verlust anderweitig verwendet werden können. Daher sollte in dieser Richtlinie eine Vorschrift vorgesehen werden, mit der dem Unternehmer unter bestimmten Umständen eine zusätzliche angemessene Frist gewährt wird. Hat der Unternehmer die Waren nicht in der mit dem Verbraucher vereinbarten Frist geliefert, so sollte der Verbraucher, bevor er vom Vertrag zurücktreten kann, den Unternehmer auffordern, die Lieferung innerhalb einer angemessenen zusätzlichen Frist vorzunehmen, und er sollte das Recht haben, vom Vertrag zurückzutreten, wenn der Unternehmer die Waren auch innerhalb dieser zusätzlichen Frist nicht liefert. Diese Vorschrift sollte jedoch nicht gelten, wenn sich der Unternehmer in einer unmissverständlichen Erklärung geweigert hat, die Waren zu liefern. Sie sollte auch nicht gelten, wenn bestimmte Umstände vorliegen, unter denen die Lieferfrist wesentlich ist, wie beispielsweise im Falle eines Hochzeitskleids, das vor der Hochzeit geliefert werden sollte. Sie sollte außerdem nicht gelten, wenn Umstände vorliegen, unter denen der Verbraucher den Unternehmer davon in Kenntnis setzt, dass die Lieferung an einem bestimmten Datum wesentlich ist. Zu diesem Zweck kann der Verbraucher die gemäß dieser Richtlinie angegebenen Kontaktinformationen verwenden. In diesen speziellen Fällen sollte der Verbraucher berechtigt sein, nach Ablauf der ursprünglich vereinbarten Lieferfrist sofort von dem Vertrag zurückzutreten, wenn der Unternehmer die Waren nicht fristgerecht geliefert hat. Diese Richtlinie sollte nationale Bestimmungen über die Art und Weise, wie der Verbraucher dem Unternehmer seinen Willen zum Rücktritt vom Vertrag mitteilen sollte, nicht berühren.

(53) Neben dem Recht des Verbrauchers, vom Vertrag zurückzutreten, wenn der Unternehmer seiner Pflicht zur Lieferung der Waren gemäß dieser Richtlinie nicht nachkommt, kann der Verbraucher gemäß den geltenden einzelstaatlichen Rechtsvorschriften andere Rechtsbehelfe in Anspruch nehmen, beispielsweise dem Unternehmer eine zusätzliche Lieferfrist gestatten, die Erfüllung des Vertrags durchsetzen, Zahlungen zurückhalten und Schadensersatz verlangen.

(54) Nach Artikel 52 Absatz 3 der Richtlinie 2007/64/EG des Europäischen Parlaments und des Rates vom 13. November 2007 über Zahlungsdienste im Binnenmarkt (12) sollten die Mitgliedstaaten in der Lage sein, im Hinblick auf das Bedürfnis, den Wettbewerb anzukurbeln und die Nutzung effizienter Zahlungsmittel zu fördern, dem Unternehmer zu verbieten bzw dessen Recht einzuschränken, vom Verbraucher Entgelte zu verlangen. In jedem Falle sollte es Unternehmern untersagt werden, von Verbrauchern Entgelte zu verlangen, die über die dem Unternehmer für die Nutzung eines bestimmten Zahlungsmittels entstehenden Kosten hinausgehen.

(55) Werden die Waren vom Unternehmer an den Verbraucher gesendet, so können sich im Falle eines Verlusts oder einer Beschädigung hinsichtlich des Zeitpunkts des Risikoübergangs Streitigkeiten ergeben. Daher sollte diese Richtlinie vorsehen, dass der Verbraucher, bevor er in den Besitz der Waren gelangt ist, vor dem Risiko eines Verlusts oder einer Beschädigung der Waren geschützt ist. Der Verbraucher sollte während eines vom Unternehmer organisierten oder durchgeführten Transports geschützt sein, auch wenn der Verbraucher eine bestimmte Lieferart aus einer Reihe von Optionen, die der Unternehmer anbietet, ausgewählt hat. Allerdings sollte diese Bestimmung nicht für Verträge gelten, bei denen es Sache des Verbrauchers ist, die Waren selbst abzuholen oder einen Beförderer mit der Lieferung zu beauftragen. Was den Zeitpunkt des Risikoübergangs betrifft, so sollte davon ausgegangen werden, dass ein Verbraucher in den Besitz der Waren gelangt ist, wenn er sie erhalten hat.

(56) Personen oder Organisationen, die nach dem nationalen Recht ein berechtigtes Interesse daran haben, die vertraglichen Rechte der Verbraucher zu schützen, sollten das Recht erhalten, sich an ein Gericht oder eine Verwaltungsbehörde, die über Beschwerden entscheiden oder geeignete gerichtliche Schritte einleiten kann, zu wenden.

(57) Es ist notwendig, dass die Mitgliedstaaten Sanktionen für Verstöße gegen diese Richtlinie festlegen und für deren Durchsetzung sorgen. Die Sanktionen sollten wirksam, verhältnismäßig und abschreckend sein.

(58) Den Verbrauchern sollte der mit dieser Richtlinie gewährte Schutz nicht entzogen werden können. Ist auf den Vertrag das Recht eines Drittstaats anwendbar, so sollte sich die Beurteilung der Frage, ob der Verbraucher weiterhin von dieser Richtlinie geschützt wird, nach der Verordnung (EG) Nr 593/2008 richten.

(59) Die Kommission sollte nach Konsultation der Mitgliedstaaten und der betroffenen Akteure untersuchen, wie am besten dafür gesorgt werden kann, dass alle Verbraucher an der Verkaufsstelle auf ihre Rechte hingewiesen werden.

(60) Da die Richtlinie 2005/29/EG des Europäischen Parlaments und des Rates vom 11. Mai 2005 über unlautere Geschäftspraktiken im binnenmarktinternen Geschäftsverkehr zwischen Unternehmen und Verbrauchern (Richtlinie über unlautere Geschäftspraktiken) (13) die Lieferung von Waren oder die Erbringung von Dienstleistungen, die der Verbraucher nicht bestellt hat, verbietet, jedoch für diesen Fall keinen vertraglichen Rechtsbehelf vorsieht, ist es erforderlich, nunmehr in dieser Richtlinie als vertraglichen Rechtsbehelf vorzusehen, dass der Verbraucher von der Verpflichtung zur Erbringung der Gegenleistung für derartige unbestellte Lieferungen oder Erbringungen befreit ist.

(61) Die Richtlinie 2002/58/EG des Europäischen Parlaments und des Rates vom 12. Juli 2002 über die Verarbeitung personenbezogener Daten und den Schutz der Privatsphäre in der elektronischen

Kommunikation (Datenschutzrichtlinie für elektronische Kommunikation) (14) enthält bereits eine Regelung für unerbetene Nachrichten und sieht ein hohes Verbraucherschutzniveau vor. An den entsprechenden Bestimmungen in der Richtlinie 97/7/EG besteht daher kein Bedarf.

(62) Es ist zweckmäßig, dass die Kommission diese Richtlinie für den Fall überprüft, dass Binnenmarkthindernisse festgestellt werden. Die Kommission sollte bei ihrer Überprüfung besonderes Augenmerk auf die den Mitgliedstaaten eingeräumten Möglichkeiten legen, spezifische nationale Bestimmungen beizubehalten oder einzuführen, einschließlich in bestimmten Bereichen der Richtlinie 93/13/EWG des Rates vom 5. April 1993 über missbräuchliche Klauseln in Verbraucherverträgen (15) und der Richtlinie 1999/44/EG des Europäischen Parlaments und des Rates vom 25. Mai 1999 zu bestimmten Aspekten des Verbrauchsgüterkaufs und der Garantien für Verbrauchsgüter (16). Diese Überprüfung könnte dazu führen, dass die Kommission einen Vorschlag zur Änderung dieser Richtlinie vorlegt; dieser Vorschlag kann auch Änderungen an anderen Rechtsvorschriften zum Schutz der Verbraucher umfassen und sich aus der von der Kommission in ihrer verbraucherpolitischen Strategie eingegangenen Verpflichtung ergeben, den Besitzstand der Union mit Blick auf die Gewährleistung eines hohen, einheitlichen Verbraucherschutzniveaus zu überprüfen.

(63) Die Richtlinien 93/13/EWG und 1999/44/EG sollten abgeändert werden, um die Mitgliedstaaten dazu zu verpflichten, die Kommission über die Annahme spezifischer innerstaatlicher Vorschriften in bestimmten Bereichen zu informieren.

(64) Die Richtlinien 85/577/EWG und 97/7/EG sollten aufgehoben werden.

(65) Da das Ziel dieser Richtlinie, durch Erreichen eines hohen Verbraucherschutzniveaus zum ordnungsgemäßen Funktionieren des Binnenmarktes beizutragen, auf Ebene der Mitgliedstaaten nicht ausreichend erreicht werden kann und daher besser auf Unionsebene zu erreichen ist, kann die Union im Einklang mit dem in Artikel 5 des Vertrags über die Europäische Union niedergelegten Subsidiaritätsprinzip tätig werden. Entsprechend dem in demselben Artikel genannten Verhältnismäßigkeitsprinzip geht diese Richtlinie nicht über das zum Erreichen dieses Ziels erforderliche Maß hinaus.

(66) Diese Richtlinie steht im Einklang mit den Grundrechten und Grundsätzen, wie sie insbesondere mit der Charta der Grundrechte der Europäischen Union anerkannt wurden.

(67) Nach Nummer 34 der Interinstitutionellen Vereinbarung „Bessere Rechtsetzung" (17) sind die Mitgliedstaaten aufgefordert, für ihre eigenen Zwecke und im Interesse der Union eigene Tabellen aufzustellen, aus denen im Rahmen des Möglichen die Entsprechungen zwischen dieser Richtlinie und den Umsetzungsmaßnahmen zu entnehmen sind, und diese zu veröffentlichen –
HABEN FOLGENDE RICHTLINIE ERLASSEN:

KAPITEL I
GEGENSTAND, BEGRIFFSBESTIMMUNGEN UND GELTUNGSBEREICH

Artikel 1 – Gegenstand

Zweck dieser Richtlinie ist es, durch Angleichung bestimmter Aspekte der Rechts- und Verwaltungsvorschriften der Mitgliedstaaten in Bezug auf Verträge, die zwischen Verbrauchern und Unternehmern geschlossen werden, ein hohes Verbraucherschutzniveau zu erreichen und damit zum ordnungsgemäßen Funktionieren des Binnenmarkts beizutragen.

Artikel 2 – Begriffsbestimmungen

Im Sinne dieser Richtlinie bezeichnen die Ausdrücke

1. „Verbraucher“ jede natürliche Person, die bei von dieser Richtlinie erfassten Verträgen zu Zwecken handelt, die außerhalb ihrer gewerblichen, geschäftlichen, handwerklichen oder beruflichen Tätigkeit liegen;

2. „Unternehmer“ jede natürliche oder juristische Person, unabhängig davon, ob letztere öffentlicher oder privater Natur ist, die bei von dieser Richtlinie erfassten Verträgen selbst oder durch eine andere Person, die in ihrem Namen oder Auftrag handelt, zu Zwecken tätig wird, die ihrer gewerblichen, geschäftlichen, handwerklichen oder beruflichen Tätigkeit zugerechnet werden können;

3. „Waren“ bewegliche körperliche Gegenstände mit Ausnahme von Gegenständen, die aufgrund von Zwangsvollstreckungsmaßnahmen oder anderen gerichtlichen Maßnahmen verkauft werden; als Waren im Sinne dieser Richtlinie gelten auch Wasser, Gas und Strom, wenn sie in einem begrenzten Volumen oder in einer bestimmten Menge zum Verkauf angeboten werden;

4. „nach Verbraucherspezifikation angefertigte Waren“ Waren, die nicht vorgefertigt sind und für deren Herstellung eine individuelle Auswahl oder Entscheidung durch den Verbraucher maßgeblich ist;

5. „Kaufvertrag“ jeden Vertrag, durch den der Unternehmer das Eigentum an Waren an den Verbraucher überträgt oder deren Übertragung zusagt und der Verbraucher hierfür den Preis zahlt oder dessen Zahlung zusagt, einschließlich von Verträgen, die sowohl Waren als auch Dienstleistungen zum Gegenstand haben;

6. „Dienstleistungsvertrag“ jeden Vertrag, der kein Kaufvertrag ist und nach dem der Unternehmer eine Dienstleistung für den Verbraucher erbringt oder deren Erbringung zusagt und der Verbraucher hierfür den Preis zahlt oder dessen Zahlung zusagt;

7. „Fernabsatzvertrag“ jeden Vertrag, der zwischen dem Unternehmer und dem Verbraucher ohne gleichzeitige körperliche Anwesenheit des Unternehmers und des Verbrauchers im Rahmen eines für den Fernabsatz organisierten Vertriebs- bzw Dienstleistungssystems geschlossen wird, wobei bis einschließlich zum Zeitpunkt des Vertragsabschlusses ausschließlich ein oder mehrere Fernkommunikationsmittel verwendet wird/werden;

8. „außerhalb von Geschäftsräumen abgeschlossener Vertrag“ jeden Vertrag zwischen dem Unternehmer und dem Verbraucher,

a) der bei gleichzeitiger körperlicher Anwesenheit des Unternehmers und des Verbrauchers an einem Ort geschlossen wird, der kein Geschäftsraum des Unternehmers ist;

b) für den der Verbraucher unter den unter Buchstabe a genannten Umständen ein Angebot gemacht hat;

c) der in den Geschäftsräumen des Unternehmers oder durch Fernkommunikationsmittel geschlossen wird, unmittelbar nachdem der Verbraucher an einem anderen Ort als den Geschäftsräumen des Unternehmers bei gleichzeitiger körperlicher Anwesenheit des Unternehmers und des Verbrauchers persönlich und individuell angesprochen wurde; oder

d) der auf einem Ausflug geschlossen wird, der von dem Unternehmer in der Absicht oder mit dem Ergebnis organisiert wurde, dass er für den Verkauf von Waren oder die Erbringung von Dienstleistungen beim Verbraucher wirbt und entsprechende Verträge mit dem Verbraucher abschließt;

9. „Geschäftsräume“

a) unbewegliche Gewerberäume, in denen der Unternehmer seine Tätigkeit dauerhaft ausübt, oder

b) bewegliche Gewerberäume, in denen der Unternehmer seine Tätigkeit für gewöhnlich ausübt;

10. „dauerhafter Datenträger“ jedes Medium, das es dem Verbraucher oder dem Unternehmer gestattet, an ihn persönlich gerichtete Informationen derart zu speichern, dass er sie in der Folge für eine für die Zwecke der Informationen angemessene Dauer einsehen kann, und das die unveränderte Wiedergabe der gespeicherten Informationen ermöglicht;

11. „digitale Inhalte“ Daten, die in digitaler Form hergestellt und bereitgestellt werden;

12. „Finanzdienstleistung“ jede Bankdienstleistung sowie jede Dienstleistung im Zusammenhang mit einer Kreditgewährung, Versicherung, Altersversorgung von Einzelpersonen, Geldanlage oder Zahlung;

13. „öffentliche Versteigerung“ eine Verkaufsmethode, bei der der Unternehmer Verbrauchern, die bei der Versteigerung persönlich anwesend sind oder denen diese Möglichkeit gewährt wird, Waren oder Dienstleistungen anbietet, und zwar in einem vom Versteigerer durchgeführten, auf konkurrierenden Geboten basierenden transparenten Verfahren, bei dem der Bieter, der den Zuschlag erhalten hat, zum Erwerb der Waren oder Dienstleistungen verpflichtet ist;

14. „gewerbliche Garantie“ jede dem Verbraucher gegenüber zusätzlich zur gesetzlichen Gewährleistung eingegangene Verpflichtung des Unternehmers oder eines Herstellers (Garantiegebers), den Kaufpreis zu erstatten oder die Waren auszutauschen oder nachzubessern oder Dienstleistungen für sie zu erbringen, falls sie nicht diejenigen Eigenschaften aufweisen oder andere als die Mängelfreiheit betreffende Anforderungen nicht erfüllen, die in der Garantieerklärung oder der einschlägigen Werbung, wie sie bei oder vor dem Abschluss des Vertrags verfügbar war, beschrieben sind;

15. „akzessorischer Vertrag“ einen Vertrag, mit dem der Verbraucher Waren oder Dienstleistungen erwirbt, die im Zusammenhang mit einem Fernabsatzvertrag oder einem außerhalb von Geschäftsräumen geschlossenen Vertrag stehen und bei dem diese Waren oder Dienstleistungen von dem Unternehmer oder einem Dritten auf der Grundlage einer Vereinbarung zwischen diesem Dritten und dem Unternehmer geliefert oder erbracht werden.

Artikel 3 – Geltungsbereich

(1) Diese Richtlinie gilt unter den Bedingungen und in dem Umfang, wie sie in ihren Bestimmungen festgelegt sind, für jegliche Verträge, die zwischen einem Unternehmer und einem Verbraucher geschlossen werden. Sie gilt auch für Verträge über die Lieferung von Wasser, Gas, Strom oder Fernwärme, einschließlich durch öffentliche Anbieter, sofern diese Güter auf vertraglicher Basis geliefert werden.

(2) Kollidiert eine Bestimmung dieser Richtlinie mit einer Bestimmung eines anderen Unionsrechtsakts, der spezifische Sektoren regelt, so hat die Bestimmung dieses anderen Unionsrechtsakts Vorrang und findet auf diese spezifischen Sektoren Anwendung.

(3) Diese Richtlinie gilt nicht für Verträge

a) über soziale Dienstleistungen, einschließlich der Bereitstellung und Vermietung von Sozialwohnungen, der Kinderbetreuung oder der Unterstützung von dauerhaft oder vorübergehend hilfsbedürftigen Familien oder Personen, einschließlich Langzeitpflege;

b) über Gesundheitsdienstleistungen gemäß Artikel 3 Buchstabe a der Richtlinie 2011/24/EU, unabhängig davon, ob sie von einer Einrichtung des Gesundheitswesens erbracht werden;

c) über Glücksspiele, die einen geldwerten Einsatz verlangen, einschließlich Lotterien, Glücksspiele in Spielkasinos und Wetten;

d) über Finanzdienstleistungen;

e) über die Begründung, den Erwerb oder die Übertragung von Eigentum oder anderen Rechten an Immobilien;

f) über den Bau von neuen Gebäuden, erhebliche Umbaumaßnahmen an bestehenden Gebäuden oder die Vermietung von Wohnraum;

g) die in den Geltungsbereich der Richtlinie 90/314/EWG des Rates vom 13. Juni 1990 über Pauschalreisen (18) fallen;

h) die in den Geltungsbereich der Richtlinie 2008/122/EG des Europäischen Parlaments und des Rates vom 14. Januar 2009 über den Schutz der Verbraucher im Hinblick auf bestimmte Aspekte von Teilzeitnutzungsverträgen, Verträgen über langfristige Urlaubsprodukte sowie Wiederverkaufs- und Tauschverträgen (19) fallen;

i) die nach dem Recht der Mitgliedstaaten vor einem öffentlichen Amtsträger geschlossen werden, der gesetzlich zur Unabhängigkeit und Unparteilichkeit verpflichtet ist und durch umfassende rechtliche Aufklärung sicherzustellen hat, dass der Verbraucher den Vertrag nur aufgrund gründlicher rechtlicher Prüfung und in Kenntnis seiner rechtlichen Tragweite abschließt;

j) über die Lieferung von Lebensmitteln, Getränken oder sonstigen Haushaltsgegenständen des täglichen Bedarfs, die am Wohnsitz, am Aufenthaltsort oder am Arbeitsplatz eines Verbrauchers von einem Unternehmer im Rahmen häufiger und regelmäßiger Fahrten geliefert werden;

k) über die Beförderung von Personen mit Ausnahme des Artikels 8 Absatz 2 und der Artikel 19 und 22;

l) die unter Verwendung von Warenautomaten oder automatisierten Geschäftsräumen geschlossen werden;

m) die mit Betreibern von Telekommunikationsmitteln mit Hilfe öffentlicher Fernsprecher zu deren Nutzung geschlossen werden oder die zur Nutzung einer einzelnen von einem Verbraucher hergestellten Telefon-, Internet- oder Faxverbindung geschlossen werden.

(4) Die Mitgliedstaaten können beschließen, diese Richtlinie auf außerhalb von Geschäftsräumen geschlossene Verträge, bei denen die vom Verbraucher zu zahlende Gegenleistung 50 EUR nicht überschreitet, nicht anzuwenden und keine entsprechenden nationalen Bestimmungen aufrechtzuerhalten oder einzuführen. Die Mitgliedstaaten können in den nationalen Rechtsvorschriften einen niedrigeren Schwellenwert festsetzen.

(5) Diese Richtlinie lässt das allgemeine innerstaatliche Vertragsrecht wie die Bestimmungen über die Wirksamkeit, das Zustandekommen oder die Wirkungen eines Vertrags, soweit Aspekte des allgemeinen Vertragsrechts in dieser Richtlinie nicht geregelt werden, unberührt.

(6) Diese Richtlinie hindert Unternehmer nicht daran, Verbrauchern Vertragsbedingungen anzubieten, die über den in dieser Richtlinie vorgesehenen Schutz hinausgehen.

Artikel 4 – Grad der Harmonisierung

Sofern diese Richtlinie nichts anderes bestimmt, erhalten die Mitgliedstaaten weder von den Bestimmungen dieser Richtlinie abweichende innerstaatliche Rechtsvorschriften aufrecht noch führen sie solche ein; dies gilt auch für strengere oder weniger strenge Rechtsvorschriften zur Gewährleistung eines anderen Verbraucherschutzniveaus.

KAPITEL II
INFORMATION DER VERBRAUCHER BEI ANDEREN ALS FERNABSATZVERTRÄGEN ODER AUSSERHALB VON GESCHÄFTSRÄUMEN GESCHLOSSENEN VERTRÄGEN

Artikel 5 – Informationspflichten bei anderen als Fernabsatzverträgen oder außerhalb von Geschäftsräumen geschlossenen Verträgen

(1) Bevor der Verbraucher durch einen anderen als einen Fernabsatzvertrag oder einen außerhalb von Geschäftsräumen geschlossenen Vertrag oder ein entsprechendes Vertragsangebot gebunden ist, informiert der Unternehmer den Verbraucher in klarer und verständlicher Weise über Folgendes, sofern sich diese Informationen nicht bereits unmittelbar aus den Umständen ergeben:

a) die wesentlichen Eigenschaften der Waren oder Dienstleistungen in dem für den Datenträger und die Waren oder Dienstleistungen angemessenen Umfang;

b) die Identität des Unternehmers, beispielsweise seinen Handelsnamen und die Anschrift des Ortes, an dem er niedergelassen ist, sowie seine Telefonnummer;

c) den Gesamtpreis der Waren oder Dienstleistungen einschließlich aller Steuern und Abgaben oder in den Fällen, in denen der Preis aufgrund der Beschaffenheit der Ware oder der Dienstleistung vernünftigerweise nicht im Voraus berechnet werden kann, die Art der Preisberechnung sowie gegebenenfalls alle zusätzlichen Fracht-, Liefer- oder Versandkosten oder in den Fällen, in denen diese Kosten vernünftigerweise nicht im Voraus berechnet werden können, die Tatsache, dass solche zusätzlichen Kosten anfallen können;

d) gegebenenfalls die Zahlungs-, Liefer- und Leistungsbedingungen, den Termin, bis zu dem die Waren zu liefern oder die Dienstleistung zu erbringen der Unternehmer sich verpflichtet hat, sowie das Verfahren des Unternehmers zum Umgang mit Beschwerden;

e) zusätzlich zu dem Hinweis auf das Bestehen eines gesetzlichen Gewährleistungsrechts für die Waren gegebenenfalls das Bestehen und die Bedingungen von Kundendienstleistungen nach dem Verkauf und gewerblichen Garantien;

f) gegebenenfalls die Laufzeit des Vertrags oder die Bedingungen der Kündigung unbefristeter Verträge oder sich automatisch verlängernder Verträge;

g) gegebenenfalls die Funktionsweise digitaler Inhalte, einschließlich anwendbarer technischer Schutzmaßnahmen für solche Inhalte;

h) gegebenenfalls – soweit wesentlich – die Interoperabilität digitaler Inhalte mit Hard- und Software, soweit diese dem Unternehmer bekannt ist oder vernünftigerweise bekannt sein muss;

(2) Absatz 1 gilt auch dann für Verträge über die Lieferung von Wasser, Gas oder Strom, wenn sie nicht in einem begrenzten Volumen oder in einer bestimmten Menge zum Verkauf angeboten werden, von Fernwärme oder von digitalen Inhalten, die nicht auf einem körperlichen Datenträger geliefert werden.

(3) Die Mitgliedstaaten sind nicht dazu verpflichtet, Absatz 1 auf Verträge anzuwenden, die Geschäfte des täglichen Lebens zum Gegenstand haben und zum Zeitpunkt des Vertragsabschlusses sofort erfüllt werden.

(4) Die Mitgliedstaaten können für Verträge, auf die dieser Artikel anwendbar ist, zusätzliche vorvertragliche Informationspflichten einführen oder aufrechterhalten.

KAPITEL III
INFORMATION DER VERBRAUCHER UND WIDERRUFSRECHT BEI FERNABSATZ- UND AUSSERHALB VON GESCHÄFTSRÄUMEN GESCHLOSSENEN VERTRÄGEN

Artikel 6 – Informationspflichten bei Fernabsatz- und außerhalb von Geschäftsräumen geschlossenen Verträgen

(1) Bevor der Verbraucher durch einen Vertrag im Fernabsatz oder einen außerhalb von Geschäftsräumen geschlossenen Vertrag oder ein entsprechendes Vertragsangebot gebunden ist, informiert der Unternehmer den Verbraucher in klarer und verständlicher Weise über Folgendes:

a) die wesentlichen Eigenschaften der Waren oder Dienstleistungen, in dem für das Kommunikationsmittel und die Waren oder Dienstleistungen angemessenen Umfang;

b) die Identität des Unternehmers, beispielsweise seinen Handelsnamen;

c) die Anschrift des Ortes, an dem der Unternehmer niedergelassen ist, und gegebenenfalls seine Telefonnummer, Faxnummer und E-Mail-Adresse, damit der Verbraucher schnell Kontakt zu ihm aufnehmen und effizient mit ihm kommunizieren kann, sowie gegebenenfalls die Anschrift und die Identität des Unternehmers, in dessen Auftrag er handelt;

d) falls diese von der gemäß Buchstabe c angegebenen Anschrift abweicht, die Geschäftsanschrift des Unternehmers und gegebenenfalls die Geschäftsanschrift des Unternehmers, in dessen Auftrag er handelt, an die sich der Verbraucher mit jeder Beschwerde wenden kann;

e) den Gesamtpreis der Waren oder Dienstleistungen einschließlich aller Steuern und Abgaben, oder in den Fällen, in denen der Preis aufgrund der Beschaffenheit der Waren oder Dienstleistungen vernünftigerweise nicht im Voraus berechnet werden kann, die Art der Preisberechnung sowie gegebenenfalls alle zusätzlichen Fracht-, Liefer- oder Versandkosten und alle sonstigen Kosten, oder in den Fällen, in denen diese Kosten vernünftigerweise nicht im Voraus berechnet werden können, die Tatsache, dass solche zusätzliche Kosten anfallen können. Im Falle eines unbefristeten Vertrags oder eines Abonnement-Vertrags umfasst der Gesamtpreis die pro Abrechnungszeitraum anfallenden Gesamtkosten. Wenn für einen solchen Vertrag Festbeträge in Rechnung gestellt werden, umfasst der Gesamtpreis ebenfalls die monatlichen Gesamtkosten. Wenn die Gesamtkosten vernünftigerweise nicht im Voraus berechnet werden können, ist die Art der Preisberechnung anzugeben;

f) die Kosten für den Einsatz der für den Vertragsabschluss genutzten Fernkommunikationstechnik, sofern diese nicht nach dem Grundtarif berechnet werden;

g) die Zahlungs-, Liefer- und Leistungsbedingungen, den Termin, bis zu dem sich der Unternehmer verpflichtet, die Waren zu liefern oder die Dienstleistung zu erbringen, und gegebenenfalls das Verfahren des Unternehmers zum Umgang mit Beschwerden;

h) im Falle des Bestehens eines Widerrufsrechts die Bedingungen, Fristen und Verfahren für die Ausübung dieses Rechts gemäß Artikel 11 Absatz 1 sowie das Muster-Widerrufsformular gemäß Anhang I Teil B;

i) gegebenenfalls den Hinweis, dass der Verbraucher im Widerrufsfall die Kosten für die Rücksendung der Waren zu tragen hat und bei Fernabsatzverträgen die Kosten für die Rücksendung der Waren, wenn die Waren aufgrund ihrer Beschaffenheit nicht auf dem normalen Postweg zurückgesendet werden können;

j) den Hinweis, dass, falls der Verbraucher das Widerrufsrecht nach Erklärung eines Verlangens gemäß Artikel 7 Absatz 3 oder Artikel 8 Absatz 8 ausübt, der Verbraucher verpflichtet ist, dem Unternehmer einen angemessenen Betrag gemäß Artikel 14 Absatz 3 zu leisten;

k) in Fällen, in denen gemäß Artikel 16 kein Widerrufsrecht besteht, den Hinweis, dass der Verbraucher nicht über ein Widerrufsrecht verfügt, oder gegebenenfalls die Umstände, unter denen der Verbraucher sein Widerrufsrecht verliert;

l) den Hinweis auf das Bestehen eines gesetzlichen Gewährleistungsrechts für die Waren;

m) gegebenenfalls den Hinweis auf das Bestehen und die Bedingungen von Kundendienst, Kundendienstleistungen und gewerblichen Garantien;

n) gegebenenfalls den Hinweis auf bestehende einschlägige Verhaltenskodizes gemäß Artikel 2 Buchstabe f der Richtlinie 2005/29/EG und darauf, wie Exemplare davon erhalten werden können;

o) gegebenenfalls die Laufzeit des Vertrags oder die Bedingungen der Kündigung unbefristeter Verträge oder sich automatisch verlängernder Verträge;

p) gegebenenfalls die Mindestdauer der Verpflichtungen, die der Verbraucher mit dem Vertrag eingeht;

q) gegebenenfalls den Hinweis auf die Tatsache, dass der Unternehmer vom Verbraucher die Stellung einer Kaution oder die Leistung anderer finanzieller Sicherheiten verlangen kann, sowie deren Bedingungen;

r) gegebenenfalls die Funktionsweise digitaler Inhalte, einschließlich anwendbarer technischer Schutzmaßnahmen für solche Inhalte;

s) gegebenenfalls – soweit wesentlich – die Interoperabilität digitaler Inhalte mit Hard- und Software, soweit diese dem Unternehmer bekannt ist oder vernünftigerweise bekannt sein dürfte;

t) gegebenenfalls die Möglichkeit des Zugangs zu einem außergerichtlichen Beschwerde- und Rechtsbehelfsverfahren, dem der Unternehmer unterworfen ist, und die Voraussetzungen für diesen Zugang.

(2) Absatz 1 gilt auch dann für Verträge über die Lieferung von Wasser, Gas oder Strom, wenn sie nicht in einem begrenzten Volumen oder in einer bestimmten Menge zum Verkauf angeboten werden, von Fernwärme oder von digitalen Inhalten, die nicht auf einem körperlichen Datenträger geliefert werden.

(3) Im Falle einer öffentlichen Versteigerung können anstelle der in Absatz 1 Buchstaben b, c und d genannten Informationen die entsprechenden Angaben des Versteigerers übermittelt werden.

(4) Die Informationen nach Absatz 1 Buchstaben h, i und j können mittels der Muster-Widerrufsbelehrung gemäß Anhang I Teil A gegeben werden. Die Informationspflicht des Unternehmers gemäß Absatz 1 Buchstaben h, i und j ist erfüllt, wenn der Unternehmer dieses Informationsformular zutreffend ausgefüllt dem Verbraucher übermittelt hat.

(5) Die Informationen nach Absatz 1 sind fester Bestandteil des Fernabsatzvertrags oder des außerhalb von Geschäftsräumen abgeschlossenen Vertrags und dürfen nicht geändert werden, es sei denn, die Vertragsparteien vereinbaren ausdrücklich etwas anderes.

(6) Ist der Unternehmer seiner Pflicht zur Information über die zusätzlichen und sonstigen Kosten gemäß Absatz 1 Buchstabe e oder über die Kosten für die Rücksendung der Waren gemäß Absatz 1 Buchstabe i nicht nachgekommen, so hat der Verbraucher die zusätzlichen und sonstigen Kosten nicht zu tragen.

(7) Die Mitgliedstaaten können sprachliche Anforderungen in Bezug auf die Vertragsinformationen in ihrem nationalen Recht aufrechterhalten oder einführen, um damit sicherzustellen, dass diese Angaben vom Verbraucher ohne Weiteres verstanden werden.

(8) Die in dieser Richtlinie festgelegten Informationspflichten gelten zusätzlich zu den Informationspflichten nach der Richtlinie 2006/123/EG und der Richtlinie 2000/31/EG und hindern die Mitgliedstaaten nicht daran, zusätzliche Informationspflichten im Einklang mit jenen Richtlinien vorzusehen.

Unbeschadet des Unterabsatzes 1 hat bei Kollisionen zwischen einer Bestimmung der Richtlinie 2006/123/EG oder der Richtlinie 2000/31/EG betreffend den Inhalt der Information und die Art und Weise, wie die Information bereitzustellen ist, und einer Bestimmung dieser Richtlinie die Bestimmung dieser Richtlinie Vorrang.

(9) Die Beweislast für die Erfüllung der in diesem Kapitel genannten Informationspflichten obliegt dem Unternehmer.

Artikel 7 – Formale Anforderungen für außerhalb von Geschäftsräumen geschlossene Verträge

(1) Bei Verträgen, die außerhalb von Geschäftsräumen geschlossen werden, stellt der Unternehmer die in Artikel 6 Absatz 1 vorgeschriebenen Informationen dem Verbraucher auf Papier oder, sofern der Verbraucher dem zustimmt, auf einem anderen dauerhaften Datenträger bereit. Diese Informationen müssen lesbar und in klarer und verständlicher Sprache abgefasst sein.

(2) Der Unternehmer stellt dem Verbraucher eine Kopie des unterzeichneten Vertragsdokuments oder die Bestätigung des geschlossenen Vertrags auf Papier oder, sofern der Verbraucher dem zustimmt, auf einem anderen dauerhaften Datenträger zur Verfügung, wobei diese Kopie gegebenenfalls auch die Bestätigung der vorher ausdrücklich erklärten Zustimmung und der Kenntnisnahme des Verbrauchers gemäß Artikel 16 Buchstabe m umfasst.

(3) Möchte ein Verbraucher, dass die Dienstleistung oder die Lieferung von Wasser, Gas oder Strom, wenn sie nicht in einem begrenzten Volumen oder in einer bestimmten Menge zum Verkauf angeboten werden, oder von Fernwärme während der Widerrufsfrist gemäß Artikel 9 Absatz 2 beginnt, so fordert der Unternehmer den Verbraucher dazu auf, ein entsprechendes ausdrückliches Verlangen auf einem dauerhaften Datenträger zu erklären.

(4) Wenn der Verbraucher bei Verträgen, die außerhalb von Geschäftsräumen geschlossen werden, ausdrücklich die Dienste des Unternehmers zur Ausführung von Reparatur- oder Instandhaltungsarbeiten angefordert hat, der Unternehmer und der Verbraucher ihre vertraglichen Verpflichtungen sofort erfüllen und das vom Verbraucher zu zahlende Entgelt 200 EUR nicht übersteigt, gilt:

a) Der Unternehmer stellt dem Verbraucher die in Artikel 6 Absatz 1 Buchstaben b und c genannten Informationen sowie Informationen über die Höhe des Preises oder die Art der Preisberechnung zusammen mit einem Kostenvoranschlag über die Gesamtkosten auf Papier oder, wenn der Verbraucher dem zustimmt, einem anderen dauerhaften Datenträger zur Verfügung. Der Unternehmer stellt die in Artikel 6 Absatz 1 Buchstaben a, h und k genannten Informationen zur Verfügung, kann jedoch davon absehen, diese auf Papier oder einem anderen dauerhaften Datenträger bereitzustellen, wenn der Verbraucher sich damit ausdrücklich einverstanden erklärt.

b) Die gemäß Absatz 2 dieses Artikels bereitgestellte Bestätigung des Vertrags muss die in Artikel 6 Absatz 1 genannten Informationen beinhalten.

Die Mitgliedstaaten können beschließen, diesen Absatz nicht anzuwenden.

(5) Die Mitgliedstaaten legen hinsichtlich der Erfüllung der in dieser Richtlinie festgelegten Informationspflichten keine weiteren formellen vorvertraglichen Informationsanforderungen fest.

Artikel 8 – Formale Anforderungen bei Fernabsatzverträgen

(1) Bei Fernabsatzverträgen erteilt der Unternehmer die in Artikel 6 Absatz 1 vorgeschriebenen Informationen dem Verbraucher in klarer und verständlicher Sprache in einer den benutzten Fernkommunikationsmitteln angepassten Weise bzw stellt diese Informationen entsprechend zur Verfügung. Soweit diese Informationen auf einem dauerhaften Datenträger bereitgestellt werden, müssen sie lesbar sein.

(2) Wenn ein auf elektronischem Wege geschlossener Fernabsatzvertrag den Verbraucher zur Zahlung verpflichtet, weist der Unternehmer den Verbraucher klar und in hervorgehobener Weise, und unmittelbar bevor dieser seine Bestellung tätigt, auf die in Artikel 6 Absatz 1 Buchstaben a, e, o und p genannten Informationen hin.

Der Unternehmer sorgt dafür, dass der Verbraucher bei der Bestellung ausdrücklich bestätigt, dass die Bestellung mit einer Zahlungsverpflichtung verbunden ist. Wenn der Bestellvorgang die Aktivierung einer Schaltfläche oder eine ähnliche Funktion umfasst, ist diese Schaltfläche oder entsprechende Funktion gut lesbar ausschließlich mit den Worten „zahlungspflichtig bestellen" oder einer entsprechenden eindeutigen Formulierung zu kennzeichnen, die den Verbraucher darauf hinweist, dass die Bestellung mit einer Zahlungsverpflichtung gegenüber dem Unternehmer verbunden ist. Wenn der Unternehmer diesen Unterabsatz nicht einhält, ist der Verbraucher durch den Vertrag oder die Bestellung nicht gebunden.

(3) Auf Webseiten für den elektronischen Geschäftsverkehr wird spätestens bei Beginn des Bestellvorgangs klar und deutlich angegeben, ob Lieferbeschränkungen bestehen und welche Zahlungsmittel akzeptiert werden.

(4) Wird der Vertrag mittels eines Fernkommunikationsmittels geschlossen, auf dem für die Darstellung der Informationen nur begrenzter Raum bzw begrenzte Zeit zur Verfügung steht, so hat der Unternehmer über das jeweilige Fernkommunikationsmittel vor dem Abschluss des Vertrags zumindest diejenigen vorvertraglichen Informationen zu erteilen, die die in Artikel 6 Absatz 1 Buchstaben a, b, e, h und o genannten wesentlichen Merkmale der Waren oder Dienstleistungen, die Identität des Unternehmers, den Gesamtpreis, das Widerrufsrecht, die Vertragslaufzeit und die Bedingungen der Kündigung unbefristeter Verträge betreffen. Die anderen in Artikel 6 Absatz 1 genannten Informationen hat der Unternehmer dem Verbraucher in geeigneter Weise im Einklang mit Absatz 1 dieses Artikels zu erteilen.

(5) Ruft der Unternehmer den Verbraucher im Hinblick auf den Abschluss eines Fernabsatzvertrags an, so hat er unbeschadet des Absatzes 4 zu Beginn des Gesprächs mit dem Verbraucher seine Identität und gegebenenfalls die Identität der Person, in deren Auftrag er anruft, sowie den geschäftlichen Zweck des Anrufs offenzulegen.

(6) Für Fernabsatzverträge, die telefonisch geschlossen werden, können die Mitgliedstaaten vorsehen, dass der Unternehmer dem Verbraucher das Angebot bestätigen muss und der Verbraucher erst dann gebunden ist, wenn er das Angebot unterzeichnet oder sein schriftliches Einverständnis übermittelt hat. Die Mitgliedstaaten können ferner vorsehen, dass solche Bestätigungen auf einem dauerhaften Datenträger erfolgen müssen.

(7) Der Unternehmer stellt dem Verbraucher die Bestätigung des geschlossenen Vertrags innerhalb einer angemessenen Frist nach dem Abschluss des Fernabsatzvertrags auf einem dauerhaften Datenträger zur Verfügung, und zwar spätestens bei der Lieferung der Waren oder bevor die Ausführung der Dienstleistung beginnt. Diese Bestätigung enthält:

a) alle in Artikel 6 Absatz 1 genannten Informationen, es sei denn, der Unternehmer hat dem Verbraucher diese Informationen bereits vor dem Abschluss des Fernabsatzvertrags auf einem dauerhaften Datenträger zukommen lassen, und

b) gegebenenfalls die Bestätigung der vorherigen ausdrücklichen Zustimmung und der Kenntnisnahme des Verbrauchers gemäß Artikel 16 Buchstabe m.

(8) Möchte ein Verbraucher, dass die Dienstleistung oder die Lieferung von Wasser, Gas oder Strom, wenn sie nicht in einem begrenzten Volumen oder in einer bestimmten Menge zum Verkauf angeboten werden, oder von Fernwärme während der Widerrufsfrist gemäß Artikel 9 Absatz 2 beginnt, so fordert der Unternehmer den Verbraucher dazu auf, ein entsprechendes ausdrückliches Verlangen zu erklären.

(9) Dieser Artikel berührt nicht die Bestimmungen über den Abschluss von elektronischen Verträgen und Bestellungen gemäß den Artikeln 9 und 11 der Richtlinie 2000/31/EG.

(10) Die Mitgliedstaaten legen hinsichtlich der Erfüllung der in dieser Richtlinie festgelegten Informationspflichten keine weiteren formellen vorvertraglichen Informationsanforderungen fest.

Artikel 9 – Widerrufsrecht

(1) Sofern nicht eine der Ausnahmen gemäß Artikel 16 Anwendung findet, steht dem Verbraucher eine Frist von 14 Tagen zu, in der er einen Fernabsatz- oder einen außerhalb von Geschäftsräumen geschlossenen Vertrag ohne Angabe von Gründen und ohne andere Kosten als in Artikel 13 Absatz 2 und Artikel 14 vorgesehen widerrufen kann.

(2) Unbeschadet des Artikels 10 endet die in Absatz 1 dieses Artikels vorgesehene Widerrufsfrist

a) bei Dienstleistungsverträgen 14 Tage ab dem Tag des Vertragsabschlusses,

b) bei Kaufverträgen 14 Tage ab dem Tag, an dem der Verbraucher oder ein vom Verbraucher benannter Dritter, der nicht der Beförderer ist, in den physischen Besitz der Waren gelangt, oder

i) wenn der Verbraucher mehrere Waren im Rahmen einer einheitlichen Bestellung bestellt hat, die getrennt geliefert werden, ab dem Tag, an dem der Verbraucher oder ein vom Verbraucher benannter Dritter, der nicht der Beförderer ist, in den physischen Besitz der letzten Ware gelangt,

ii) bei Lieferung einer Ware in mehreren Teilsendungen oder Stücken ab dem Tag, an dem der Verbraucher oder ein vom Verbraucher benannter Dritter, der nicht der Beförderer ist, in den physischen Besitz der letzten Teilsendung oder des letzten Stücks gelangt,

iii) bei Verträgen zur regelmäßigen Lieferung von Waren über einen festgelegten Zeitraum hinweg ab dem Tag, an dem der Verbraucher oder ein vom Verbraucher benannter Dritter, der nicht der Beförderer ist, in den physischen Besitz der ersten Ware gelangt,

c) bei Verträgen über die Lieferung von Wasser, Gas oder Strom, wenn sie nicht in einem begrenzten Volumen oder in einer bestimmten Menge zum Verkauf angeboten werden, von Fernwärme oder von digitalen Inhalten, die nicht auf einem körperlichen Datenträger geliefert werden, 14 Tage ab dem Tag des Vertragsabschlusses.

(3) Die Mitgliedstaaten verbieten den Vertragsparteien eine Erfüllung ihrer vertraglichen Verpflichtungen während der Widerrufsfrist nicht. Die Mitgliedstaaten können jedoch bei außerhalb von Geschäftsräumen geschlossenen Verträgen innerstaatliche Rechtsvorschriften aufrechterhalten, die dem

Unternehmer verbieten, innerhalb eines bestimmten Zeitraums nach Vertragsabschluss Zahlung vom Verbraucher zu fordern und entgegenzunehmen.

Artikel 10 – Nichtaufklärung über das Widerrufsrecht

(1) Hat der Unternehmer den Verbraucher nicht gemäß Artikel 6 Absatz 1 Buchstabe h über sein Widerrufsrecht belehrt, so läuft die Widerrufsfrist 12 Monate nach Ablauf der ursprünglichen Widerrufsfrist gemäß Artikel 9 Absatz 2 ab.

(2) Hat der Unternehmer dem Verbraucher die in Absatz 1 genannten Informationen binnen 12 Monaten ab dem in Artikel 9 Absatz 2 genannten Tag erteilt, so endet die Widerrufsfrist 14 Tage nach dem Tag, an dem der Verbraucher diese Informationen erhalten hat.

Artikel 11 – Ausübung des Widerrufsrechts

(1) Der Verbraucher informiert den Unternehmer vor Ablauf der Widerrufsfrist über seinen Entschluss, den Vertrag zu widerrufen. Der Verbraucher kann zu diesem Zweck entweder

a) das Muster-Widerrufsformular des Anhangs I Teil B verwenden oder

b) eine entsprechende Erklärung in beliebiger anderer Form abgeben, aus der sein Entschluss zum Widerruf des Vertrags eindeutig hervorgeht.

Die Mitgliedstaaten legen für das Muster-Widerrufsformular keine weiteren Formvorschriften außer den in Anhang I Teil B genannten fest.

(2) Die in Artikel 9 Absatz 2 und in Artikel 10 genannte Widerrufsfrist ist gewahrt, wenn der Verbraucher die Mitteilung über die Ausübung des Widerrufsrechts vor Ablauf der Widerrufsfrist absendet.

(3) Der Unternehmer kann dem Verbraucher zusätzlich zu den in Absatz 1 genannten Möglichkeiten auch die Wahl einräumen, entweder das Muster-Widerrufsformular des Anhangs I Teil B oder eine entsprechende eindeutige Erklärung in beliebiger anderer Form auf der Webseite des Unternehmers elektronisch auszufüllen und abzuschicken. In diesen Fällen hat der Unternehmer dem Verbraucher unverzüglich auf einem dauerhaften Datenträger eine Bestätigung über den Eingang eines solchen Widerrufs zu übermitteln.

(4) Die Beweislast für die Ausübung des Widerrufsrechts nach diesem Artikel obliegt dem Verbraucher.

Artikel 12 – Wirkungen des Widerrufs

Mit der Ausübung des Widerrufsrechts enden die Verpflichtungen der Vertragsparteien

a) zur Erfüllung des Fernabsatz- oder außerhalb von Geschäftsräumen geschlossenen Vertrags oder

b) zum Abschluss des Fernabsatz- oder außerhalb von Geschäftsräumen abgeschlossenen Vertrags, sofern der Verbraucher dazu ein Angebot abgegeben hat.

Artikel 13 – Pflichten des Unternehmers im Widerrufsfall

(1) Der Unternehmer hat alle Zahlungen, die er vom Verbraucher erhalten hat, gegebenenfalls einschließlich der Lieferkosten, unverzüglich und in jedem Fall spätestens binnen 14 Tagen ab dem Tag zurückzuzahlen, an dem er gemäß Artikel 11 über den Entschluss des Verbrauchers informiert wird, den Vertrag zu widerrufen.

Der Unternehmer nimmt die Rückzahlung gemäß Unterabsatz 1 unter Verwendung desselben Zahlungsmittels vor, das vom Verbraucher bei der ursprünglichen Transaktion eingesetzt wurde, es sei denn, mit dem Verbraucher wurde ausdrücklich etwas anderes vereinbart, und vorausgesetzt, für den Verbraucher fallen infolge einer solchen Rückzahlung keine Kosten an.

(2) Unbeschadet des Absatzes 1 ist der Unternehmer nicht verpflichtet, zusätzliche Kosten zu erstatten, wenn sich der Verbraucher ausdrücklich für eine andere Art der Lieferung als die vom Unternehmer angebotene, günstigste Standardlieferung entschieden hat.

(3) Bei Kaufverträgen kann der Unternehmer die Rückzahlung verweigern, bis er die Waren wieder zurückerhalten hat oder bis der Verbraucher den Nachweis erbracht hat, dass er die Waren zurückgeschickt hat, je nachdem, welches der frühere Zeitpunkt ist, es sei denn, der Unternehmer hat angeboten, die Waren selbst abzuholen.

Artikel 14 – Pflichten des Verbrauchers im Widerrufsfall

(1) Der Verbraucher hat die Waren unverzüglich und in jedem Fall spätestens nach 14 Tagen ab dem Tag, an dem er dem Unternehmer gemäß Artikel 11 seinen Entschluss mitgeteilt hat, den Vertrag zu widerrufen, an den Unternehmer oder eine von diesem zur Entgegennahme der Waren ermächtigte Person zurückzusenden oder zu übergeben, es sei denn, der Unternehmer hat angeboten, die Waren selbst abzuholen. Die Frist ist gewahrt, wenn der Verbraucher die Waren vor Ablauf der Frist von 14 Tagen absendet.

Der Verbraucher hat nur die unmittelbaren Kosten der Rücksendung der Waren zu tragen, es sei denn, der Unternehmer hat sich bereit erklärt, diese Kosten zu tragen oder der Unternehmer hat es unterlassen, den Verbraucher darüber zu unterrichten, dass er diese Kosten zu tragen hat.

Im Falle von außerhalb von Geschäftsräumen geschlossenen Verträgen, bei denen die Waren zum Zeitpunkt des Vertragsabschlusses zur Wohnung des Verbrauchers geliefert worden sind, holt der Unternehmer die Waren auf eigene Kosten ab, wenn die Waren so beschaffen sind, dass sie normalerweise nicht per Post zurückgesandt werden können.

(2) Der Verbraucher haftet für einen etwaigen Wertverlust der Waren nur, wenn dieser Wertverlust auf einen zur Prüfung der Beschaffenheit, Eigenschaften und Funktionsweise der Waren nicht notwendigen Umgang mit den Waren zurückzuführen ist. Der Verbraucher haftet in keinem Fall für den Wertverlust der Waren, wenn er vom Unternehmer nicht gemäß Artikel 6 Absatz 1 Buchstabe h über sein Widerrufsrecht belehrt wurde.

(3) Übt ein Verbraucher das Widerrufsrecht aus, nachdem er ein Verlangen gemäß Artikel 7 Absatz 3 oder Artikel 8 Absatz 8 erklärt hat, so zahlt er dem Unternehmer einen Betrag, der verhältnismäßig dem entspricht, was bis zu dem Zeitpunkt, zu dem der Verbraucher den Unternehmer von der Ausübung des Widerrufsrechts unterrichtet, im Vergleich zum Gesamtumfang der vertraglich vereinbar-

ten Leistungen geleistet worden ist. Der anteilige Betrag, den der Verbraucher an den Unternehmer zu zahlen hat, wird auf der Grundlage des vertraglich vereinbarten Gesamtpreises berechnet. Ist der Gesamtpreis überhöht, so wird der anteilige Betrag auf der Grundlage des Marktwerts der erbrachten Leistung berechnet.

(4) Der Verbraucher hat nicht aufzukommen für:

a) Dienstleistungen, die Lieferung von Wasser, Gas oder Strom, wenn sie nicht in einem begrenzten Volumen oder in einer bestimmten Menge zum Verkauf angeboten werden, oder von Fernwärme, die während der Widerrufsfrist ganz oder teilweise erbracht wurden, wenn

i) der Unternehmer es unterlassen hat, die Informationen gemäß Artikel 6 Absatz 1 Buchstaben h oder j bereitzustellen oder

ii) der Verbraucher nicht ausdrücklich gemäß Artikel 7 Absatz 3 und Artikel 8 Absatz 8 verlangt hat, dass die Erbringung der Leistung während der Widerrufsfrist beginnen soll, oder

b) die vollständige oder teilweise Bereitstellung von digitalen Inhalten, die nicht auf einem körperlichen Datenträger geliefert werden, wenn

i) der Verbraucher sich nicht zuvor ausdrücklich damit einverstanden erklärt hat, dass die Erfüllung des Vertrags vor Ablauf der Frist von 14 Tagen gemäß Artikel 9 beginnt, oder

ii) der Verbraucher nicht zur Kenntnis genommen hat, dass er mit seiner Zustimmung sein Widerrufsrecht verliert, oder

iii) der Unternehmer es unterlassen hat, eine Bestätigung gemäß Artikel 7 Absatz 2 oder Artikel 8 Absatz 7 zur Verfügung zu stellen.

(5) Sofern in Artikel 13 Absatz 2 und diesem Artikel nichts anderes vorgesehen ist, kann der Verbraucher aufgrund der Ausübung seines Widerrufsrechts nicht in Anspruch genommen werden.

Artikel 15 – Wirkungen der Ausübung des Widerrufsrechts auf akzessorische Verträge

(1) Unbeschadet des Artikels 15 der Richtlinie 2008/48/EG des Europäischen Parlaments und des Rates vom 23. April 2008 über Verbraucherkreditverträge (20) werden, wenn der Verbraucher sein Recht auf Widerruf eines im Fernabsatz oder außerhalb von Geschäftsräumen geschlossenen Vertrags gemäß den Artikeln 9 bis 14 dieser Richtlinie ausübt, auch alle akzessorischen Verträge automatisch beendet, ohne dass dem Verbraucher dafür Kosten entstehen dürfen, außer solchen, die gemäß Artikel 13 Absatz 2 und Artikel 14 dieser Richtlinie vorgesehen sind.

(2) Die Mitgliedstaaten legen die Einzelheiten bezüglich der Beendigung dieser Verträge fest.

Artikel 16 – Ausnahmen vom Widerrufsrecht

Die Mitgliedstaaten sehen bei Fernabsatzverträgen und außerhalb von Geschäftsräumen geschlossenen Verträgen kein Widerrufsrecht nach den Artikeln 9 bis 15 vor, wenn

a) bei Dienstleistungsverträgen die Dienstleistung vollständig erbracht worden ist, wenn der Unternehmer die Erbringung mit der vorherigen ausdrücklichen Zustimmung des Verbrauchers und dessen Kenntnisnahme, dass er sein Widerrufsrecht bei vollständiger Vertragserfüllung durch den Unternehmer verliert, begonnen hatte;

b) Waren oder Dienstleistungen geliefert werden, deren Preis von Schwankungen auf dem Finanzmarkt abhängt, auf die der Unternehmer keinen Einfluss hat und die innerhalb der Widerrufsfrist auftreten können;

c) Waren geliefert werden, die nach Kundenspezifikation angefertigt werden oder eindeutig auf die persönlichen Bedürfnisse zugeschnitten sind;

d) Waren geliefert werden, die schnell verderben können oder deren Verfallsdatum schnell überschritten würde;

e) versiegelte Waren geliefert werden, die aus Gründen des Gesundheitsschutzes oder aus Hygienegründen nicht zur Rückgabe geeignet sind und deren Versiegelung nach der Lieferung entfernt wurde;

f) Waren geliefert werden, die nach der Lieferung aufgrund ihrer Beschaffenheit untrennbar mit anderen Gütern vermischt wurden;

g) alkoholische Getränke geliefert werden, deren Preis beim Abschluss des Kaufvertrags vereinbart wurde, deren Lieferung aber erst nach 30 Tagen erfolgen kann und deren aktueller Wert von Schwankungen auf dem Markt abhängt, auf die der Unternehmer keinen Einfluss hat;

h) es sich um Verträge handelt, bei denen der Verbraucher den Unternehmer ausdrücklich zu einem Besuch aufgefordert hat, um dringende Reparatur- oder Instandhaltungsarbeiten vorzunehmen; erbringt der Unternehmer bei einem solchen Besuch weitere Dienstleistungen, die der Verbraucher nicht ausdrücklich verlangt hat, oder liefert er Waren, die bei der Instandhaltung oder Reparatur nicht unbedingt als Ersatzteile benötigt werden, so steht dem Verbraucher in Bezug auf diese zusätzlichen Dienstleistungen oder Waren ein Widerrufsrecht zu;

i) Ton- oder Videoaufnahmen oder Computersoftware in einer versiegelten Packung geliefert wurden und die Versiegelung nach der Lieferung entfernt wurde;

j) Zeitungen, Zeitschriften oder Illustrierte geliefert werden, mit Ausnahme von Abonnement-Verträgen über die Lieferung solcher Publikationen;

k) Verträge auf einer öffentlichen Versteigerung geschlossen werden;

l) Dienstleistungen in den Bereichen Beherbergung zu anderen Zwecken als zu Wohnzwecken, Beförderung von Waren, Mietwagen, Lieferung von Speisen und Getränken sowie Dienstleistungen im Zusammenhang mit Freizeitbetätigungen erbracht werden und der Vertrag für die Erbringung einen spezifischen Termin oder Zeitraum vorsieht;

m) digitale Inhalte geliefert werden, die nicht auf einem körperlichen Datenträger geliefert werden, wenn die Ausführung mit vorheriger ausdrücklicher Zustimmung des Verbrauchers und seiner Kenntnisnahme, dass er hierdurch sein Widerrufsrecht verliert, begonnen hat.

KAPITEL IV
SONSTIGE VERBRAUCHERRECHTE

Artikel 17 – Geltungsbereich

(1) Die Artikel 18 und 20 gelten für Kaufverträge. Diese Artikel gelten nicht für Verträge über die Lieferung von Wasser, Gas oder Strom, wenn sie nicht in einem begrenzten Volumen oder in einer bestimmten Menge zum Verkauf angeboten werden, von Fernwärme oder von digitalen Inhalten, die nicht auf einem körperlichen Datenträger geliefert werden.

(2) Die Artikel 19, 21 und 22 finden auf Kauf- und Dienstleistungsverträge und Verträge über die Lieferung von Wasser, Gas, Strom, Fernwärme oder digitalen Inhalten Anwendung.

Artikel 18 – Lieferung

(1) Sofern die Vertragsparteien hinsichtlich des Zeitpunkts der Lieferung nichts anderes vereinbart haben, liefert der Unternehmer die Waren, indem er den physischen Besitz an den Waren oder die Kontrolle über die Waren dem Verbraucher unverzüglich, jedoch nicht später als dreißig Tage nach Vertragsabschluss, überträgt.

(2) Ist der Unternehmer seiner Pflicht zur Lieferung der Waren zu dem mit dem Verbraucher vereinbarten Zeitpunkt oder innerhalb der in Absatz 1 genannten Frist nicht nachgekommen, so fordert ihn der Verbraucher auf, die Lieferung innerhalb einer den Umständen angemessenen zusätzlichen Frist vorzunehmen. Liefert der Unternehmer die Waren nicht innerhalb dieser zusätzlichen Frist, so ist der Verbraucher berechtigt, vom Vertrag zurückzutreten.

Unterabsatz 1 gilt nicht für Kaufverträge, wenn sich der Unternehmer geweigert hat, die Waren zu liefern, oder wenn die Lieferung innerhalb der vereinbarten Frist unter Berücksichtigung aller den Vertragsabschluss begleitenden Umstände wesentlich ist oder wenn der Verbraucher dem Unternehmer vor Vertragsabschluss mitteilt, dass die Lieferung bis zu einem bestimmten Datum oder an einem bestimmten Tag wesentlich ist. In diesen Fällen ist der Verbraucher berechtigt, sofort vom Vertrag zurückzutreten, wenn der Unternehmer die Waren nicht zu dem mit dem Verbraucher vereinbarten Zeitpunkt oder innerhalb der Frist gemäß Absatz 1 liefert.

(3) Im Fall des Rücktritts hat der Unternehmer unverzüglich alle gemäß dem Vertrag gezahlten Beträge zurückzuerstatten.

(4) Zusätzlich zum Rücktrittsrecht gemäß Absatz 2 können dem Verbraucher andere, nach dem einzelstaatlichen Recht vorgesehene Rechtsbehelfe zur Verfügung stehen.

Artikel 19 – Entgelte für die Verwendung bestimmter Zahlungsmittel

Die Mitgliedstaaten verbieten Unternehmern, von Verbrauchern für die Nutzung von Zahlungsmitteln Entgelte zu verlangen, die über die Kosten hinausgehen, die dem Unternehmer für die Nutzung solcher Zahlungsmittel entstehen.

Artikel 20 – Risikoübergang

Bei Verträgen, bei denen der Unternehmer die Waren an den Verbraucher versendet, geht das Risiko für einen Verlust oder eine Beschädigung der Waren auf den Verbraucher über, wenn er oder ein vom Verbraucher benannter Dritter, der nicht der Beförderer ist, die Waren in Besitz genommen hat. Unbeschadet der Rechte des Verbrauchers gegenüber dem Beförderer geht das Risiko mit der Übergabe an den Beförderer jedoch auf den Verbraucher über, wenn der Beförderer vom Verbraucher mit der Beförderung der Waren beauftragt wurde und diese Option nicht vom Unternehmer angeboten wurde.

Artikel 21 – Telefonische Kommunikation

Die Mitgliedstaaten sorgen dafür, dass der Verbraucher nicht verpflichtet ist, bei einer telefonischen Kontaktaufnahme mit dem Unternehmer mehr als den Grundtarif zu zahlen, wenn der Unternehmer eine Telefonleitung eingerichtet hat, um mit ihm im Zusammenhang mit dem geschlossenen Vertrag telefonisch Kontakt aufzunehmen.

Das Recht von Anbietern von Telekommunikationsdiensten, Entgelte für solche Anrufe zu berechnen, bleibt von Unterabsatz 1 unberührt.

Artikel 22 – Zusätzliche Zahlungen

Bevor der Verbraucher durch den Vertrag oder das Angebot gebunden ist, hat der Unternehmer die ausdrückliche Zustimmung des Verbrauchers zu jeder Extrazahlung einzuholen, die über das vereinbarte Entgelt für die Hauptleistungspflicht des Unternehmers hinausgeht. Hat der Unternehmer vom Verbraucher keine ausdrückliche Zustimmung eingeholt, sondern sie dadurch herbeigeführt, dass er Voreinstellungen verwendet hat, die vom Verbraucher abgelehnt werden müssen, wenn er die zusätzliche Zahlung vermeiden will, so hat der Verbraucher Anspruch auf Erstattung dieser Zahlung.

KAPITEL V
ALLGEMEINE VORSCHRIFTEN

Artikel 23 – Rechtsdurchsetzung

(1) Die Mitgliedstaaten sorgen dafür, dass angemessene und wirksame Mittel vorhanden sind, mit denen die Einhaltung dieser Richtlinie sichergestellt wird.

(2) Die in Absatz 1 genannten Mittel schließen Rechtsvorschriften ein, nach denen eine oder mehrere der folgenden nach den innerstaatlichen Rechtsvorschriften bestimmten Einrichtungen gemäß dem jeweiligen innerstaatlichen Recht die Gerichte oder die zuständigen Verwaltungsbehörden anrufen kann bzw können, um die Anwendung der innerstaatlichen Vorschriften zur Umsetzung dieser Richtlinie sicherzustellen:

a) öffentliche Einrichtungen oder ihre Vertreter;

b) Verbraucherverbände, die ein berechtigtes Interesse am Schutz der Verbraucher haben;

c) Berufsverbände, die ein berechtigtes Interesse daran haben, tätig zu werden.

Artikel 24 – Sanktionen

(1) Die Mitgliedstaaten legen für Verstöße gegen die aufgrund dieser Richtlinie erlassenen innerstaatlichen Vorschriften Sanktionen fest und treffen die zu ihrer Anwendung erforderlichen Maßnahmen. Die Sanktionen müssen wirksam, angemessen und abschreckend sein.

(2) Die Mitgliedstaaten teilen der Kommission diese Vorschriften bis zum 13. Dezember 2013 mit und unterrichten sie unverzüglich über etwaige spätere Änderungen dieser Vorschriften.

Artikel 25 – Unabdingbarkeit der Richtlinie

Ist auf den Vertrag das Recht eines Mitgliedstaats anwendbar, so können Verbraucher auf die Rechte, die ihnen mit den einzelstaatlichen Maßnahmen zur Umsetzung dieser Richtlinie eingeräumt werden, nicht verzichten.

Vertragsklauseln, die einen Verzicht auf die sich aus dieser Richtlinie ergebenden Rechte oder deren Einschränkung unmittelbar oder mittelbar bewirken, sind für den Verbraucher nicht bindend.

Artikel 26 – Information

Die Mitgliedstaaten treffen angemessene Maßnahmen zur Information der Verbraucher und der Unternehmer über die innerstaatlichen Rechtsvorschriften zur Umsetzung dieser Richtlinie und legen gegebenenfalls den Unternehmern sowie den Urhebern eines Kodex im Sinne des Artikels 2 Buchstabe g der Richtlinie 2005/29/EG nahe, die Verbraucher über ihre Verhaltenskodizes zu informieren.

Artikel 27 – Unbestellte Waren und Dienstleistungen

Werden unter Verstoß gegen Artikel 5 Absatz 5 und Anhang I Nummer 29 der Richtlinie 2005/29/EG unbestellte Waren, Wasser, Gas, Strom, Fernwärme oder digitaler Inhalt geliefert oder unbestellte Dienstleistungen erbracht, so ist der Verbraucher von der Pflicht zur Erbringung der Gegenleistung befreit. In diesen Fällen gilt das Ausbleiben einer Antwort des Verbrauchers auf eine solche unbestellte Lieferung oder Erbringung nicht als Zustimmung.

Artikel 28 – Umsetzung

(1) Die Mitgliedstaaten erlassen und veröffentlichen bis zum 13. Dezember 2013 die Rechts- und Verwaltungsvorschriften, die erforderlich sind, um dieser Richtlinie nachzukommen. Sie teilen der Kommission unverzüglich den Wortlaut dieser Maßnahmen in Form von Dokumenten mit. Die Kommission bedient sich für die Zwecke des in Artikel 30 genannten Berichts dieser Dokumente.

Sie wenden diese Maßnahmen ab dem 13. Juni 2014 an.

Bei Erlass dieser Maßnahmen nehmen die Mitgliedstaaten in den Vorschriften selbst oder durch einen Hinweis bei der amtlichen Veröffentlichung auf diese Richtlinie Bezug. Die Mitgliedstaaten regeln die Einzelheiten der Bezugnahme.

(2) Diese Richtlinie gilt für Verträge, die nach dem 13. Juni 2014 geschlossen werden.

Artikel 29 – Berichtspflichten

(1) Macht ein Mitgliedstaat von einer Regelungsmöglichkeit nach Artikel 3 Absatz 4, Artikel 6 Absätze 7 und 8, Artikel 7 Absatz 4, Artikel 8 Absatz 6 sowie Artikel 9 Absatz 3 Gebrauch, so setzt er die Kommission bis zum 13. Dezember 2013 hiervon sowie von allen nachfolgenden Änderungen in Kenntnis.

(2) Die Kommission stellt sicher, dass die in Absatz 1 genannten Informationen den Verbrauchern und den Unternehmern leicht zugänglich sind, u. a. auf einer speziellen Webseite.

(3) Die Kommission leitet die in Absatz 1 genannten Informationen an die anderen Mitgliedstaaten und das Europäische Parlament weiter. Die Kommission hört die Beteiligten zu diesen Informationen an.

Artikel 30 – Berichterstattung durch die Kommission und Überprüfung

Bis 13. Dezember 2016 legt die Kommission dem Europäischen Parlament und dem Rat einen Bericht über die Anwendung dieser Richtlinie vor. Dieser Bericht enthält insbesondere eine Bewertung der Bestimmungen dieser Richtlinie über digitale Inhalte, einschließlich des Widerrufsrechts. Diesem Bericht werden erforderlichenfalls Gesetzgebungsvorschläge zur Anpassung dieser Richtlinie an Entwicklungen auf dem Gebiet der Verbraucherrechte beigefügt.

**KAPITEL VI
SCHLUSSBESTIMMUNGEN**

Artikel 31 – Aufhebung von Rechtsakten

Die Richtlinien 85/577/EWG und 97/7/EG in der Fassung der Richtlinie 2002/65/EG des Europäischen Parlaments und des Rates vom 23. September 2002 über den Fernabsatz von Finanzdienstleistungen an Verbraucher (21) und der Richtlinien 2005/29/EG und 2007/64/EG werden mit Wirkung vom 13. Juni 2014 aufgehoben.

Verweise auf die aufgehobenen Richtlinien gelten als Verweise auf die vorliegende Richtlinie nach der Entsprechungstabelle im Anhang II.

Artikel 32 – Änderung der Richtlinie 93/13/EWG

In die Richtlinie 93/13/EWG wird folgender Artikel eingefügt:

„Artikel 8a

(1) Erlässt ein Mitgliedstaat Vorschriften nach Artikel 8, so setzt er die Kommission hiervon sowie von allen nachfolgenden Änderungen in Kenntnis, insbesondere wenn diese Vorschriften:

- die Missbräuchlichkeitsprüfung auf individuell ausgehandelte Vertragsklauseln oder auf die Angemessenheit des Preises oder des Entgelts ausdehnen;

- Listen mit Vertragsklauseln, die als missbräuchlich gelten, enthalten.

(2) Die Kommission stellt sicher, dass die in Absatz 1 genannten Informationen den Verbrauchern und den Unternehmern leicht zugänglich sind, u. a. auf einer speziellen Webseite.

(3) Die Kommission leitet die in Absatz 1 genannten Informationen an die anderen Mitgliedstaaten und das Europäische Parlament weiter. Die Kommission hört die Beteiligten zu diesen Informationen an."

Artikel 33 – Änderung der Richtlinie 1999/44/EG

In die Richtlinie 1999/44/EG wird folgender Artikel eingefügt:

„Artikel 8a

Berichtspflichten

(1) Erlässt ein Mitgliedstaat gemäß Artikel 8 Absatz 2 strengere Verbraucherschutzvorschriften als die in Artikel 5 Absätzen 1 bis 3 und Artikel 7 Absatz 1 vorgesehenen, so setzt er die Kommission hiervon sowie von allen nachfolgenden Änderungen in Kenntnis.

(2) Die Kommission stellt sicher, dass die in Absatz 1 genannten Informationen den Verbrauchern und den Unternehmern leicht zugänglich sind, u. a. auf einer speziellen Webseite.

(3) Die Kommission leitet die in Absatz 1 genannten Informationen an die anderen Mitgliedstaaten und das Europäische Parlament weiter. Die Kommission hört die Beteiligten zu diesen Informationen an."

Artikel 34 – Inkrafttreten

Diese Richtlinie tritt am zwanzigsten Tag nach ihrer Veröffentlichung im Amtsblatt der Europäischen Union in Kraft.

Artikel 35 – Adressaten

Diese Richtlinie ist an die Mitgliedstaaten gerichtet.

§ 312
Anwendungsbereich

(1) Die Vorschriften der Kapitel 1 und 2 dieses Untertitels sind auf Verbraucherverträge anzuwenden, bei denen sich der Verbraucher zur Zahlung eines Preises verpflichtet.

(1a) Die Vorschriften der Kapitel 1 und 2 dieses Untertitels sind auch auf Verbraucherverträge anzuwenden, bei denen der Verbraucher dem Unternehmer personenbezogene Daten bereitstellt oder sich hierzu verpflichtet. Dies gilt nicht, wenn der Unternehmer die vom Verbraucher bereitgestellten personenbezogenen Daten ausschließlich verarbeitet, um seine Leistungspflicht oder an ihn gestellte rechtliche Anforderungen zu erfüllen, und sie zu keinem anderen Zweck verarbeitet.

(2) Von den Vorschriften der Kapitel 1 und 2 dieses Untertitels ist nur § 312a Absatz 1, 3, 4 und 6 auf folgende Verträge anzuwenden:

1. notariell beurkundete Verträge

a) über Finanzdienstleistungen, die außerhalb von Geschäftsräumen geschlossen werden,

b) die keine Verträge über Finanzdienstleistungen sind; für Verträge, für die das Gesetz die notarielle Beurkundung des Vertrags oder einer Vertragserklärung nicht vorschreibt, gilt dies nur, wenn der Notar darüber belehrt, dass die Informationspflichten nach § 312d Absatz 1 und das Widerrufsrecht nach § 312g Absatz 1 entfallen,

2. Verträge über die Begründung, den Erwerb oder die Übertragung von Eigentum oder anderen Rechten an Grundstücken,

3. Verbraucherbauverträge nach § 650i Absatz 1,

4. *(weggefallen)*

5. *(weggefallen)*

6. Verträge über Teilzeit-Wohnrechte, langfristige Urlaubsprodukte, Vermittlungen und Tauschsysteme nach den §§ 481 bis 481b,

7. Behandlungsverträge nach § 630a,

8. Verträge über die Lieferung von Lebensmitteln, Getränken oder sonstigen Haushaltsgegenständen des täglichen Bedarfs, die am Wohnsitz, am Aufenthaltsort oder am Arbeitsplatz eines Verbrauchers von einem Unternehmer im Rahmen häufiger und regelmäßiger Fahrten geliefert werden,

9. Verträge, die unter Verwendung von Warenautomaten und automatisierten Geschäftsräumen geschlossen werden,

10. Verträge, die mit Betreibern von Telekommunikationsmitteln mit Hilfe öffentlicher Münz- und Kartentelefone zu deren Nutzung geschlossen werden,

11. Verträge zur Nutzung einer einzelnen von einem Verbraucher hergestellten Telefon-, Internet- oder Telefaxverbindung,

12. außerhalb von Geschäftsräumen geschlossene Verträge, bei denen die Leistung bei Abschluss der Verhandlungen sofort erbracht und bezahlt wird und das vom Verbraucher zu zahlende Entgelt 40 Euro nicht überschreitet, und

13. Verträge über den Verkauf beweglicher Sachen auf Grund von Zwangsvollstreckungsmaßnahmen oder anderen gerichtlichen Maßnahmen.

(3) Auf Verträge über soziale Dienstleistungen, wie Kinderbetreuung oder Unterstützung von dauerhaft oder vorübergehend hilfsbedürftigen Familien oder Personen, einschließlich Langzeitpflege, sind von den Vorschriften der Kapitel 1 und 2 dieses Untertitels nur folgende anzuwenden:

1. die Definitionen der außerhalb von Geschäftsräumen geschlossenen Verträge und der Fernabsatzverträge nach den §§ 312b und 312c,

2. § 312a Absatz 1 über die Pflicht zur Offenlegung bei Telefonanrufen,

3. § 312a Absatz 3 über die Wirksamkeit der Vereinbarung, die auf eine über das vereinbarte Entgelt für die Hauptleistung hinausgehende Zahlung gerichtet ist,

4. § 312a Absatz 4 über die Wirksamkeit der Vereinbarung eines Entgelts für die Nutzung von Zahlungsmitteln,

5. § 312a Absatz 6,

6. § 312d Absatz 1 in Verbindung mit Artikel 246a § 1 Absatz 2 und 3 des Einführungsgesetzes zum Bürgerlichen Gesetzbuche über die Pflicht zur Information über das Widerrufsrecht und

7. § 312g über das Widerrufsrecht.

(4) Auf Verträge über die Vermietung von Wohnraum sind von den Vorschriften der Kapitel 1 und 2 dieses Untertitels nur die in Absatz 3 Nummer 1 bis 7 genannten Bestimmungen anzuwenden. Die in Absatz 3 Nummer 1, 6 und 7 genannten Bestimmungen sind jedoch nicht auf die Begründung eines Mietverhältnisses über Wohnraum anzuwenden, wenn der Mieter die Wohnung zuvor besichtigt hat.

(5) Bei Vertragsverhältnissen über Bankdienstleistungen sowie Dienstleistungen im Zusammenhang mit einer Kreditgewährung, Versicherung, Altersversorgung von Einzelpersonen, Geldanlage oder Zahlung (Finanzdienstleistungen), die eine erstmalige Vereinbarung mit daran anschließenden aufeinanderfolgenden Vorgängen oder eine daran anschließende Reihe getrennter, in einem zeitlichen Zusammenhang stehender Vorgänge gleicher Art umfassen, sind die Vorschriften der Kapitel 1 und 2

dieses Untertitels nur auf die erste Vereinbarung anzuwenden. § 312a Absatz 1, 3, 4 und 6 ist daneben auf jeden Vorgang anzuwenden. Wenn die in Satz 1 genannten Vorgänge ohne eine solche Vereinbarung aufeinanderfolgen, gelten die Vorschriften über Informationspflichten des Unternehmers nur für den ersten Vorgang. Findet jedoch länger als ein Jahr kein Vorgang der gleichen Art mehr statt, so gilt der nächste Vorgang als der erste Vorgang einer neuen Reihe im Sinne von Satz 3.

(6) Von den Vorschriften der Kapitel 1 und 2 dieses Untertitels ist auf Verträge über Versicherungen sowie auf Verträge über deren Vermittlung nur § 312a Absatz 3, 4 und 6 anzuwenden.

(7) Auf Pauschalreiseverträge nach den §§ 651a und 651c sind von den Vorschriften dieses Untertitels nur § 312a Absatz 3 bis 6, die §§ 312i, 312j Absatz 2 bis 5 und § 312m anzuwenden; diese Vorschriften finden auch Anwendung, wenn der Reisende kein Verbraucher ist. Ist der Reisende ein Verbraucher, ist auf Pauschalreiseverträge nach § 651a, die außerhalb von Geschäftsräumen geschlossen worden sind, auch § 312g Absatz 1 anzuwenden, es sei denn, die mündlichen Verhandlungen, auf denen der Vertragsschluss beruht, sind auf vorhergehende Bestellung des Verbrauchers geführt worden.

(8) Auf Verträge über die Beförderung von Personen ist von den Vorschriften der Kapitel 1 und 2 dieses Untertitels nur § 312a Absatz 1 und 3 bis 6 anzuwenden.

Materialien: Richtlinie 2019/770/EU über bestimmte vertragsrechtliche Aspekte der Bereitstellung digitaler Inhalte und digitaler Dienstleistungen (Abl EU Nr L 136/19; Regierungsentwurf des Gesetzes zur Änderung der Vorschriften über Fernabsatzverträge bei Finanzdienstleistungen BT-Drucks 15/2946; Gesetz über Fernabsatzverträge und andere Fragen des Verbraucherrechts sowie zur Umstellung von Vorschriften auf Euro: Regierungsentwurf BT-Drucks 14/2658; Beschlussempfehlung und Bericht des Rechtsausschusses BT-Drucks 14/3159; Richtlinie 2002/65/EG des Europäischen Parlaments und des Rates vom 23. September 2002 über den Fernabsatz von Finanzdienstleistungen an Verbraucher und zur Änderung der Richtlinie 90/619/EWG des Rates und der Richtlinien 97/7/EG und 98/27/EG (Abl EG Nr L 271/16); Erster Kommissionsvorschlag für eine Richtlinie des Europäischen Parlaments und des Rates über den Fernabsatz von Finanzdienstleistungen an Verbraucher und zur Änderung der Richtlinie 90/619/EWG des Rates und der Richtlinien 97/7/EG und 98/27/EG (Abl EG C 385); Gesetz zur Umsetzung der Verbraucherrechterichtlinie und zur Änderung des Gesetzes zur Regelung der Wohnungsvermittlung: Richtlinie 2011/83/EU über die Rechte der Verbraucher, zur Änderung der Richtlinie 93/13/EWG des Rates und der Richtlinie 1999/44/EG des Europäischen Parlaments und des Rates sowie zur Aufhebung der Richtlinie 85/577/EWG des Rates und der Richtlinie 97/7/EG des Europäischen Parlaments und des Rates (Abl EU Nr L 304/64); Richtlinie 2015/2302/EU über Pauschalreisen und verbundene Reiseleistungen, zur Änderung der Verordnung (EG) Nr 2006/2004 und der Richtlinie 2011/83/EU des Europäischen Parlaments und des Rates sowie zur Aufhebung der Richtlinie 90/314/EWG des Rates (Abl EG Nr L 326/1); Regierungsentwurf BT-Drucks 17/12637; Regierungsentwurf des Gesetzes zur Reform des Bauvertragsrechts, zur Änderung der kaufrechtlichen Mängelhaftung, zur Stärkung des zivilprozessualen Rechtsschutzes und zum maschinellen Siegel im Grundbuch- und Schiffsregisterverfahren BT-Drucks 18/8486.

Systematische Übersicht

Alphabetische Übersicht

I. Allgemeines

Seit der umfassenden Neugestaltung der §§ 312 ff BGB zum 13. 6. 2014 zur Umsetzung der VerbrRRL (RL 2011/83/EU) legt § 312 BGB den Anwendungsbereich der §§ 312–312h BGB fest. Aus Abs 1 ergibt sich, nach der Umsetzung der Richtlinie 2019/770/EU seit dem 1. 1. 2022, dass auf Verbraucherverträge, bei denen sich der Verbraucher zur Zahlung eines Preises verpflichtet, die §§ 312–312h BGB grds in vollem Umfang anwendbar sind. Der im Zuge dessen neu eingeführte Abs 1a regelt, dass die Vorschriften auch auf solche Verbraucherverträge Anwendung finden, bei denen der Verbraucher personenbezogene Daten bereitstellt oder sich hierzu verpflichtet (sog „Bezahlen mit Daten"), sofern die Verarbeitung der Daten nicht ausschließlich zur Erfüllung der Leistungspflicht oder zur Erfüllung rechtlicher Anforderungen erfolgt. Die Abs 2–7 regeln davon abweichend für bestimmte Verträge, die unter die Bereichsausnahme nach Art 3 Abs 3 oder die Öffnungsklausel des Art 3 Abs 4 VerbrRRL fallen, die Anwendbarkeit nur einzelner Normen. Dabei ist zu unterscheiden zwischen dem sog Minimalanwendungsbereich (§ 312a Abs 1, 3, 4 und 6 BGB) und dem sog eingeschränkten Anwendungsbereich, der über die Anwendbarkeit des § 312a Abs 1, 3, 4 und 6 BGB hinaus die §§ 312b, 312c, 312d Abs 1 und 312g BGB umfasst. In Abs 2 ist ein Katalog von Verträgen enthalten, für die nur der Minimalanwendungsbereich gilt. Abs 3 legt für Verträge über soziale Dienstleistungen den eingeschränkten Anwendungsbereich fest. Abs 4 regelt die Anwendbarkeit der §§ 312–312h BGB auf Wohnraummietverträge. Dabei wird differenziert zwischen Verträgen über die Begründung des Wohnraummietvertrags nach vorheriger Besichtigung, für die nur der Minimalanwendungsbereich gilt, und sonstigen Wohnraummietverträgen mit Geltung des eingeschränkten Anwendungsbereichs. Abs 5 enthält ein differenziertes Regelungssystem für die Anwendbarkeit der §§ 312–312h BGB auf Finanzdienstleistungen. Gemäß Abs 6 gilt für Versicherungsverträge der Minimalanwendungsbereich. Der zum 1. 7. 2018 neu eingefügte Abs 7 regelt die An- 1 wendbarkeit der §§ 312 ff BGB auf Pauschalreiseverträge. Auch wenn keine Sonderregelung der Abs 2–7 des § 312 BGB greift und daher grds die §§ 312a–312h BGB voll anwendbar sind, kann dennoch nach § 312g Abs 2 BGB das Widerrufsrecht des § 312g Abs 1 BGB ausgeschlossen sein. § 312g Abs 2 BGB regelt im Unterschied zu § 312 BGB nur die Anwendbarkeit des Widerrufsrechts und wird erst dann relevant, wenn die Anwendbarkeit des § 312g BGB nicht bereits nach § 312 BGB ausgeschlossen ist.

II. Die erfassten Verbraucherverträge

1. Verbrauchervertrag

2 Kapitel 1 und 2 des Untertitels (§§ 312–312h BGB) gelten nur für Verbraucherverträge iSv § 310 Abs 3 BGB. Zwar ist der ausdrückliche Verweis auf § 310 Abs 3 BGB nicht mehr in der neuen Fassung enthalten, eine Rechtsänderung ist hiermit jedoch nicht verbunden. Die Legaldefinition des Verbrauchervertrages gilt für das gesamte BGB, sodass es des Verweises nicht bedarf, weshalb sich der Gesetzgeber zur Streichung entschied, vgl BT-Drucks 19/27653, S 35. Somit muss weiterhin eine der **Vertragsparteien** ein **Verbraucher**, die andere ein **Unternehmer** sein. Wer Verbraucher ist, ist in § 13 BGB, wer Unternehmer ist, in § 14 BGB legaldefiniert. Gemeinsam mit der Änderung der §§ 312 ff BGB im Jahr 2014 wurde auch § 13 BGB geändert (BGBl I 3642). Verbraucher ist seither jede natürliche Person, die ein Rechtsgeschäft zu Zwecken abschließt, die *überwiegend* weder ihrer gewerblichen noch ihrer selbständigen beruflichen Tätigkeit zugerechnet werden können. Diese Definition scheint zwar auf den ersten Blick weiter als die in Art 2 Nr 1 VerbrRRL enthaltene Definition. Jedoch ist in Erwägungsgrund 17 der RL klargestellt, dass, wenn ein Vertrag teilweise für gewerbliche und teilweise für nichtgewerbliche Zwecke abgeschlossen wird, die Person als Verbraucher anzusehen ist, wenn der gewerbliche Zweck nicht überwiegt. Aus der negativen Formulierung sowie dem bezweckten Verbraucherschutz ergibt sich, dass bei Zweifeln über den Schwerpunkt von einem Verbrauchergeschäft auszugehen ist (BeckOK-BGB/Martens [1. 5. 2024] § 312 Rn 8; Hk-BGB/Schulte-Nölke § 312 Rn 2). Nur wenn sich (eindeutig) ermitteln lässt, dass das Geschäft überwiegend gewerblichen Zwecken dient, liegt kein Verbrauchergeschäft vor. Unternehmer ist nach § 14 BGB eine natürliche oder juristische Person oder eine rechtsfähige Personengesellschaft, die bei Abschluss eines Rechtsgeschäfts in Ausübung ihrer gewerblichen oder selbständigen beruflichen Tätigkeit handelt. Vgl auch die Kommentierung Vorbem 6 zu §§ 312, 312a.

2. Leistung des Unternehmers

3 Anders noch als § 312 Abs 1 aF setzen weder § 312 Abs 1 BGB noch § 312 Abs 1a BGB ihrem Wortlaut nach ausdrücklich eine Leistung des Unternehmers voraus. Vielmehr entschied sich der Gesetzgeber das Tatbestandsmerkmal „entgeltliche Leistung“ nicht mehr zu verwenden, um mögliche Abgrenzungsschwierigkeiten zum neu eingeführten § 312 Abs 1a BGB zu vermeiden. Aus dem gebrauchten Begriff des Preises, der Systematik, sowie des Willens des Gesetzgebers ergibt sich aber, dass insofern keine Änderung der Rechtslage beabsichtigt war (BeckOK-BGB/Martens [1. 5. 2024] § 312 Rn 9). Als Gegenstand eines Verbrauchervertrags iSv § 312 Abs 1 BGB kommt damit weiterhin **jede beliebige Leistung** des Unternehmers in Betracht

(BeckOK-BGB/Martens [1. 5. 2024] § 312 Rn 9). Die VerbrRRL unterscheidet grds zwischen Waren, Dienstleistungen und digitalen Inhalten. Die Begriffe der Waren und der digitalen Inhalte werden in der VerbrRRL definiert. **Waren** sind nach Art 2 Nr 3 VerbrRRL bewegliche körperliche Gegenstände, mit Ausnahme von Gegenständen, die aufgrund von gerichtlichen Maßnahmen verkauft werden. Als Waren gelten auch Wasser, Gas und Strom, wenn sie in einem begrenzten Volumen oder in einer bestimmten Menge angebotenen werden. **Digitale Inhalte** sind gemäß Art 2 Nr 11 VerbrRRL Daten, die in digitaler Form hergestellt und bereitgestellt werden. Dabei ist es nach Erwägungsgrund 19 unerheblich, ob auf die Daten durch Herunterladen, Streaming, von einem körperlichen Datenträger oder in sonstiger Weise zugegriffen wird. Unter den Begriff der digitalen Inhalte fällt auch das Bereitstellen von Profilen und Fotos anderer Nutzer im Rahmen eines Vertrags über die Mitgliedschaft in einer Online-Partnervermittlung (LG Berlin 30. 6. 2016 – 52 O 340/15). Werden digitale Inhalte auf einem körperlichen Datenträger wie einer CD oder DVD bereitgestellt, gelten diese als Waren. Der Begriff **Dienstleistungen** ist in europarechtlich geprägten Normen im Sinne des Art 57 AEUV weit auszulegen. Er umfasst auch Miet-, Werk- und Werklieferungsverträge (BGH BGHZ 123, 380, 385; LG Münster 4. 11. 2015 – 2 O 127/15).

Bei Verträgen über den **Beitritt in einen Verein** oder eine **Gesellschaft** fehlt es grds an einer Leistung des Unternehmers. Sie sind in der Regel nur auf ideelle Zwecke wie der Begründung eines Mitgliedschaftsrechts gerichtet. Anders verhält es sich dann, wenn mit der Mitgliedschaft vorrangig eine ausschließlich für Mitglieder vorgesehene Leistung (zB Luftrettungsverein oder Automobilclub, der Pannenhilfe leistet) (MünchKommBGB/Wendehorst § 312 Rn 35; BeckOK-BGB/Martens [1. 5. 2024] § 312 Rn 9; Hk-BGB/Schulte-Nölke § 312 Rn 5; vgl auch BGH NJW 1997, 1069 zum HWiG) oder eine Kapitalanlage (EuGH 15. 4. 2010 – C-215/08 *E Friz GmbH v Carsten von der Heyden* Rn 34, NJW 2010, 1511) bezweckt wird. Denn dann ist der Vertrag letztlich auf eine relevante Leistung des Unternehmers gerichtet und fällt somit unter den Anwendungsbereich des § 310 Abs 1 BGB. Teilweise wird dieses Ergebnis auch durch Annahme eines Umgehungstatbestands iSd § 312m Abs 1 S 2 BGB erreicht (Erman/Koch § 312 Rn 11). Indiz für die Entgeltlichkeit des Beitritts kann dabei ein besonders hoher Aufnahmebeitrag sein (LG Stuttgart NJW-RR 1996, 1009; Erman/Koch § 312 Rn 11). 4

3. Verpflichtung zur Zahlung eines Preises (Abs 1) oder Bereitstellung personenbezogener Daten (Abs 1a)

Die neue Fassung des § 312 Abs 1 BGB setzt die Zahlung eines Preises, § 312 Abs 1a BGB die Bereitstellung von personenbezogenen Daten voraus. Die Formulierung „Zahlung eines Preises" entstammt Artikel 3 Abs 1 der RL 2019/770/EU, der in Artikel 2 Nr 7 als Geld oder digitale Darstellung eines Werts, das oder die im Austausch geschuldet ist, legaldefiniert wird. Zweck dessen ist die Vereinheitlichung des Anwendungsbereichs der VerbrRRL und der Digitale-Inhalte-RL (Erwägungsgrund 32 der RL 2019/2161/EU). 5

Die Zahlung eines Preises erfasst somit nicht nur die Zahlung in Form von Geld im Sinne eines gesetzlichen Zahlungsmittels, sondern auch die Zahlung mittels der digitalen Darstellung eines Wertes, etwa in Form einer virtuellen Währung oder aber auch elektronischer Gutscheine und E-Coupons. Lediglich Schenkungsverträge, in denen der Verbraucher mithin keine Leistung schuldet, sind nicht erfasst (BeckOGK/Busch § 312 Rn 11).

6 Es muss nicht zwingend eine monetäre Leistung durch den Verbraucher erbracht werden (BeckOK-BGB/Martens [1. 5. 2024] § 312 Rn 10). Daher liegt auch dann eine entgeltliche Leistung vor, wenn der Verbraucher, um die Leistung des Unternehmers zu erhalten, diesem **persönliche Daten** zugänglich macht (Brönneke/Schmidt VuR 2014, 3; MünchKommBGB/Wendehorst § 312 Rn 41ff; Grüneberg/Grüneberg § 312 Rn 3b; **aA** Spindler/Schusters/Schirmbacher Rn 30). Dies stellt der neu eingeführte Abs 1a nun ausdrücklich klar. Der Begriff der personenbezogenen Daten entspricht dabei dem des Artikel 4 Nr 1 DS-GVO, sodass alle Informationen, die sich auf eine identifizierte oder identifizierbare natürliche Person beziehen erfasst sind. Nicht eröffnet ist der Anwendungsbereich, wenn die Verarbeitung der Daten allein zur Erfüllung der Leistungspflicht oder an den Unternehmer gestellten rechtlichen Anforderungen erfolgt, § 312 Abs 1a S 2 BGB. Dies gilt etwa für technisch notwendige Cookies, die für die Leistungserbringung erforderliche IP-Adresse, oder sonstige Eingabedaten, die der Verbraucher bereitstellen muss, damit der Unternehmer die Erbringung der Leistung möglich ist (MünchKommBGB/Wendehorst § 312 Rn 55). Inwieweit die Verarbeitung personenbezogener Daten erforderlich ist, bemisst sich nach den zu Artikel 6 Abs 1 lit b) und c) DS-GVO entwickelten Grundsätzen (vgl hierzu Klink-Straub NJW 2021, 3217, 3219).

Auch der **Verzicht auf Ansprüche** kann Entgelt iSd Vorschrift sein (Jaunerig/Stadler § 312 Rn 5; Ehmann/Forster GWR 2014, 163). Somit fallen lediglich Verträge, bei denen überhaupt keine Gegenleistung geschuldet wird, insbesondere also Schenkungsverträge, aus dem Anwendungsbereich heraus (Brönneke/Schmidt VuR 2014, 3; MünchKommBGB/Wendehorst § 312 Rn 37; Erman/Koch § 312 Rn 7).

7 Es ist unschädlich, wenn die **Gegenleistung an einen Dritten** erbracht wird im Sinne einer conditio sine qua non (MünchKommBGB/Wendehorst § 312 Rn 39) oder auf einem **separaten Vertrag** beruht. Es genügt eine kausale Verknüpfung, die Leistung des Unternehmers und die Gegenleistung des Verbrauchers müssen in einem Zusammenhang stehen (Erman/Koch § 312 Rn 6; MünchKommBGB/Wendehorst § 312 Rn 39). Es muss kein Synallagma zwischen der Leistung des Unternehmers und der des Verbrauchers bestehen (Spindler/Schusters/Schirmbacher Rn 28). Es kann bereits genügen, dass der Vertrag schuldrechtliche Verpflichtungen gegenüber dem Vertragspartner nach sich zieht und der Verbraucher ein Entgelt zu entrichten hat, selbst wenn eine Gegenleistung der anderen Vertragspartei nicht zum Vertragsinhalt gehört und der Verbraucher sein Leistungsversprechen nur in der – dem Gegner erkennbaren – Erwartung abgibt, ihm werde daraus irgendein Vorteil erwachsen (BGH 17. 5. 2017 – VIII ZR 29/16 Rn 13, NJW 2017, 2823).

4. Sonderformen

a) Umgekehrte Leistungserbringung

8 Problematisch ist die Anwendbarkeit der §§ 312 ff BGB auf Verträge zwischen Verbraucher und Unternehmer, in denen nicht der Unternehmer, sondern der Verbraucher die **vertragscharakteristische Leistung** erbringt, bspw ein Kaufvertrag mit einem Verbraucher als Verkäufer und einem Unternehmer als Käufer. Nach der Gesetzes-

begründung sollen die § 312 ff BGB in solchen Fällen der umgekehrten Leistungserbringung nicht anwendbar sein. Der deutsche Gesetzgeber bezieht sich dabei auf die Definitionen des Kaufvertrags und des Dienstleistungsvertrags in Art 2 Nr 5 und 6 VerbrRRL, die die Leistungserbringung durch den Unternehmer voraussetzen (BT-Drucks 17/12637, 45). Zu beachten ist jedoch, dass der **Geltungsbereich** nicht in Art 2 sondern in **Art 3 der VerbrRRL** festgelegt wird und demnach grds jegliche Verträge zwischen einem Unternehmer und einem Verbraucher erfasst sind. Im Ergebnis ist zumindest die direkte Anwendbarkeit der §§ 312 ff BGB dennoch zu verneinen. Zum einen ist der Wortlaut des § 312 BGB dahingehend eindeutig, dass eine entgeltliche Leistung des Unternehmers vorzuliegen hat (BeckOK-BGB/Martens [1. 5. 2024] § 312 Rn 11). Zum anderen sind die §§ 312 ff BGB auch auf ebendiese Fälle zugeschnitten und ergeben größtenteils bezogen auf den umgekehrten Fall einer Leistungserbringung durch den Verbraucher keinen Sinn (MünchKommBGB/Wendehorst § 312 Rn 28; BT-Drucks 17/12637, 45). Es wäre widersinnig, dem Unternehmer als Käufer die Informationspflichten gegenüber dem Verbraucher bezüglich der Ware aufzuerlegen; er könnte diese auch gar nicht erfüllen. Soweit aber die Anwendung einzelner Vorschriften sinnvoll möglich und zum Schutz des Verbrauchers erforderlich ist, sind diese Vorschriften analog anzuwenden. So steht dem Verbraucher, auch wenn er die Leistung erbringt, ein Widerrufsrecht analog §§ 312b, 312g BGB zu, wenn der Vertrag außerhalb von Geschäftsräumen geschlossen wurde (MünchKommBGB/Wendehorst § 312 Rn 29). Denn unabhängig davon, ob die Leistung vom Verbraucher oder Unternehmer erbracht wird, ist der Verbraucher vor dem übereiligen Abschluss eines Vertrages aufgrund eines Überrumpelungseffekts zu schützen.

b) Sicherungsgeschäfte

Lange war umstritten, ob die §§ 312 ff BGB auch auf **Sicherungsgeschäfte**, bspw eine 9
Bürgschaft Anwendung finden. Zwar wird durch den Bürgschaftsvertrag nur der Bürge verpflichtet. Dieser, so argumentierten die Befürworter, leistet die Sicherheit aber gerade im Hinblick auf die Kreditgewährung durch den Sicherungsnehmer, sodass eine ausreichende Verknüpfung zur Leistung des Unternehmers besteht (Jauernig/Stadler § 312 Rn 6; Erman/Koch § 312 Rn 15).

Nach der Rspr des EuGH (EuGH NJW 1998, 1295) und dem zunächst dem EuGH fol- 10
genden BGH (BGH NJW 1998, 2356) musste auch die durch die Bürgschaft des Verbrauchers gesicherte Hauptschuld ein Verbrauchergeschäft sein. Hieran gab es Kritik, so sei dies nicht erforderlich, denn für die Schutzbedürftigkeit des Bürgen komme es nicht auf die Lage des Hauptschuldners bei dessen Vertragsschluss an. Der Bürgschaftsvertrag begründet ein eigenes Schuldverhältnis und unter den Voraussetzungen der §§ 312 ff BGB ein eigenes Widerrufsrecht des Bürgen. Daran ändert auch die Akzessorietät der Bürgschaft nichts. Dieser Ansicht hatte sich zwischenzeitlich auch der BGH angeschlossen (BGH NJW 2006, 845; BGH NJW 2007, 2110). Das Urteil des BGH vom 22. 9. 2020 (BGH NJW 2020, 3649) jedoch widersprach der zu diesem Zeitpunkt herrschenden Meinung (so ua BeckOK-BGB/Martens [1. 5. 2024] § 312 Rn 12). So entschied dieser, dass sowohl eine direkte, wie auch eine analoge Anwendung der §§ 312 ff BGB bei Bürgschaften ausscheide und dem Bürgen daher kein Widerrufsrecht gem § 312g BGB zustehe. Diese Rechtsprechung wird durch die Neufassung des § 312 Abs 1 und Abs 1a BGB bestätigt (BeckOK-BGB/Martens [1. 5. 2024] § 312 Rn 12, Hk-BGB/Schulte-Nölke § 312 Rn 3). Durch den Abschluss einer Bürgschaft verpflichtet sich der Verbraucher gerade nicht zur Zahlung eines Preises. Die Argumentation ist auch auf

andere Sicherungsrechte übertragbar (BeckOK-BGB/Martens [1. 5. 2024] § 312 Rn 12; Grüneberg/Grüneberg § 312 Rn 6). Die Neufassung des Art 3 Abs 1 VerbrRRL stellt ebenfalls klar, dass nicht mehr „jegliche Verträge“ sondern lediglich solche die zur Zahlung eines Preises verpflichteten ein Widerrufsrecht begründen.

Das dingliche Geschäft einer Sicherungsbestellung, bspw die Bestellung einer Grundschuld oder eines Pfandrechts, ist dagegen abstrakt und nicht auf eine entgeltliche Leistung, sondern nur auf die Änderung der dinglichen Rechtslage gerichtet, somit fällt es nicht in den Anwendungsbereich der §§ 312 ff BGB (Erman/Koch § 312 Rn 20).

c) Arbeitsverträge

11 Höchst umstritten ist, ob bzw inwieweit Arbeitsverträge unter den Anwendungsbereich der §§ 312 ff BGB fallen. Es stellt sich also insbesondere die Frage, ob dem Arbeitnehmer im Falle eines **Aufhebungsvertrags** ein Widerrufsrecht nach §§ 312b, 312g BGB zusteht. Dies ist in der Literatur höchst strittig (bejahend Fischinger/Werthmüller NZA 2016, 193; Schulze/Kittel/Pfeffer ArbRAktuell 2017, 105; Ehmann/Forster GWR 2014, 163; ablehnend MünchKommBGB/Wendehorst § 312 Rn 33, Lembke BB 2016, 3125; Bauer/Arnold/Zeh NZA 2016, 449; ErfK/Müller-Glöge § 620 Rn 14). Zur alten Rechtslage entschied das BAG, dass dem Arbeitnehmer kein Widerrufsrecht nach § 312 Abs 1 aF (bis 12. 6. 2014) zusteht (BAG BAGE 109, 22). Das BAG stützte seine Begründung darauf, dass ein Widerrufsrecht bei Haustürgeschäften nur bei „besonderen Vertriebsformen“ iSd Überschrift des Untertitels gelte (BAG BAGE 109, 22 Rn 37). Nach der Neufassung der §§ 312 ff BGB (ab 12. 6. 2024) gelten diese jedoch allgemein für Verbraucherverträge. Wie sich aus Erwägungsgrund 8 der VerbrRRL ergibt, geht der Unionsgesetzgeber davon aus, dass die Richtlinie Arbeitsverträge nicht umfasst, da diese keine Verträge zwischen einem Verbraucher und einem Unternehmer seien. Jedoch stellt nach der Rspr des BAG der **Arbeitsvertrag** einen **Verbrauchervertrag** iSd § 310 Abs 3 BGB dar (BAG BAGE 115, 19), auf den § 312 Abs 1 BGB verweist. Zudem kann nach Erwägungsgrund 13 der Anwendungsbereich auch auf weitere Bereiche ausgedehnt werden. Nach der Systematik und dem Wortlaut der Vorschrift wären Arbeitsverträge seit der Reform also grds erfasst (Schulze/Kittel/Pfeffer ArbRAktuell 2017, 105). Dies könnte zwar aufgrund des Erfordernisses der **entgeltlichen Leistung** problematisch sein (Bauer/Arnold/Zeh NZA 2016, 449). Bei einem Arbeitsvertrag erbringt der Arbeitnehmer und damit der Verbraucher die vertragscharakteristische Leistung, der Arbeitgeber als Unternehmer zahlt dafür das Entgelt. Es liegt also ein Fall der **umgekehrten Leistungserbringung** vor, bei der die §§ 312 ff BGB insoweit (analog) Anwendung finden können, als dies wegen des Schutzzwecks erforderlich ist, was grds in Bezug auf ein Widerrufsrecht bei außerhalb von Geschäftsräumen geschlossenen Verträgen der Fall ist (siehe Rn 8). Andere bejahen jedenfalls für den Fall, dass der Arbeitnehmer eine **Abfindung** erhält, die Entgeltlichkeit, da sich der Arbeitnehmer diese Leistung des Unternehmers durch seinen Verzicht auf künftige Ansprüche aus dem Arbeitsverhältnis erkaufe (Fischinger/Werthmüller NZA 2016, 193). Der **Schutzzweck** gebietet auch bei einem arbeitsrechtlichen Aufhebungsvertrag, der außerhalb von Geschäftsräumen – bspw in der Wohnung des Arbeitnehmers – geschlossen wird, ein Widerrufsrecht, da der Arbeitnehmer in diesem Fall überrumpelt werden oder sich unter Druck gesetzt fühlen kann (Fischinger/Werthmüller NZA 2016, 193; Beck ArbRAktuell 2018, 186). Einzig dann, wenn der Aufhebungsvertrag am Arbeitsplatz geschlossen wird, besteht kein Widerrufsrecht. Zwar stellt auch der Ar-

beitsplatz grds einen Ort außerhalb der Geschäftsräume dar (vgl Erwägungsgrund 22), doch kann dies aufgrund des Schutzzwecks nicht für den Aufhebungsvertrag gelten. Denn der Arbeitsplatz ist gerade der Ort, an dem mit einem Aufhebungsvertrag zu rechnen ist, es liegt gerade kein Überraschungsmoment vor (Fischinger/Werthmüller NZA 2016, 193; Kamanabrou NZA 2016, 919; **aA** Schulze/Kittel/Pfeffer ArbRAktuell 2017, 105, die auch bei Vertragsschluss am Arbeitsort ein Widerrufsrecht bejahen). So argumentierte auch schon das BAG (BAG BAGE 109, 22 Rn 47 ff), insoweit ist in Bezug auf am Arbeitsplatz geschlossene Aufhebungsverträge dessen Argumentation übertragbar (Kamanabrou NZA 2016, 919). Nach Ansicht des LAG Niedersachsen (7. 11. 2017 – 10 Sa 1159/16, juris Rn 28 ff) hat sich durch die Reform der §§ 312 ff BGB im Jahr 2014 nichts daran geändert, dass arbeitsvertragliche Aufhebungsverträge nicht in den Anwendungsbereich fallen. Dieser Ansicht hat sich das BAG inzwischen angeschlossen mit der Begründung, im Gesetzgebungsverfahren sei der entsprechende Wille des Gesetzgebers deutlich geworden (BAG 7. 2. 2019 – 6 AZR 75/18). Zu anderen Wegen, sich vom Aufhebungsvertrag zu lösen, s Thüsing RdA 2005, 257, 266.

III. Minimalanwendungsbereich

1. Anwendbare Vorschriften

Für bestimmte Verträge, die in § 312 Abs 2, Abs 4 S 2 und Abs 6 BGB aufgeführt sind, gelten nicht alle Vorschriften der §§ 312–312h BGB. Für sie besteht nur ein Minimalanwendungsbereich. Diese Ausnahmeregelungen beruhen größtenteils auf Art 3 Abs 3 und 4 VerbrRRL. Der Unionsgesetzgeber hat diese Verträge aus dem Anwendungsbereich der VerbrRRL völlig ausgenommen. Der deutsche Gesetzgeber ordnet jedoch davon abweichend jedenfalls die Anwendbarkeit der **grundlegenden Verbraucherschutzvorschriften** auch auf diese Verträge an, da die umfassende Anwendung dieser Vorschriften angezeigt ist, um ein hohes Verbraucherschutzniveau herzustellen (BT-Drucks 17/12637, 46). Die Ausnahme des Abs 6 für **Versicherungsverträge** ist damit begründet, dass sich im **VVG** und der **VVG-InfoV spezielle Schutzvorschriften** befinden (BT-Drucks 17/12637, 49). **12**

Anwendbar sind auf diese Verträge nur folgende Bestimmungen: **13**

- § 312a Abs 1 BGB über die Pflicht zur Offenlegung bei Telefonanrufen (bei Versicherungsverträgen gilt stattdessen § 5 Abs 1 VVG-InfoV),
- § 312a Abs 3 BGB über die Wirksamkeit einer Vereinbarung, die auf eine über das vereinbarte Entgelt für die Hauptleistung hinausgehende Zahlung gerichtet ist,
- § 312a Abs 4 BGB über die Wirksamkeit der Vereinbarung eines Entgelts für die Nutzung von Zahlungsmitteln, und
- § 312a Abs 6 BGB.

Ebenso anwendbar bleiben die §§ 312i–312k BGB, denn die Festlegung des Minimalanwendungsbereich bezieht sich nur auf die ersten beiden Kapitel des Untertitels und somit nur auf die §§ 312–312h BGB.

14 Somit sind nicht anwendbar:

- § 312a Abs 2 BGB iVm Art 246 EGBGB über die allgemeinen Informationspflichten bei Verbraucherverträgen,
- § 312a Abs 5 BGB über Entgelte für Kunden-Hotlines, und
- §§ 312b–312h BGB über die besonderen Vertriebsformen der außerhalb von Geschäftsräumen geschlossenen Verträge und Fernabsatzverträge.

2. Von Abs 2 erfasste Verträge

a) Notariell beurkundete Verträge (Nr 1)

aa) Besonderheiten notarieller Beurkundung

15 Art 3 Abs 3 lit i VerbRRL nimmt Verträge, die nach dem Recht der Mitgliedstaaten vor einem öffentlichen Amtsträger geschlossen werden, der gesetzlich zur Unabhängigkeit und Unparteilichkeit verpflichtet ist und durch umfassende rechtliche Aufklärung sicherzustellen hat, dass der Verbraucher den Vertrag nur aufgrund gründlicher rechtlicher Prüfung und in Kenntnis seiner rechtlichen Tragweite abschließt, aus dem Anwendungsbereich heraus. Der **Notar** stellt einen Amtsträger in diesem Sinne dar. Denn bei der notariellen Beurkundung sind umfangreiche Prüfungs- und Belehrungspflichten vorgesehen, die den unerfahrenen Verbraucher schützen, sodass dieser den zusätzlichen Schutz des Verbraucherrechts nicht mehr benötigt (MünchKommBGB/Wendehorst § 312 Rn 69).

16 Unter die Ausnahmevorschrift des Abs 2 Nr 1 fällt nur die **notarielle Beurkundung** nach den **§§ 6–35 BeurkG**, nicht jedoch die notarielle Beglaubigung (MünchKommBGB/Wendehorst § 312 Rn 70). Denn bei letzterer wird der Vertrag gerade nicht vor dem Notar geschlossen, sondern nur im Nachhinein von diesem beurkundet; die Prüfungs- und Belehrungspflichten greifen nicht.

bb) Verträge über Finanzdienstleistungen (Nr 1 lit a)

17 Der Minimalanwendungsbereich gilt für Verträge über Finanzdienstleistungen nur dann, wenn es sich um einen **außerhalb von Geschäftsräumen** geschlossenen Vertrag handelt. Auch ein vor dem Notar geschlossener Vertrag fällt unter die Definition des außerhalb von Geschäftsräumen geschlossenen Vertrags, nur ist hier das Schutzbedürfnis nicht gleichermaßen gegeben (BeckOK-BGB/Martens [1. 5. 2024] § 312 Rn 16). Wird der Vertrag im Fernabsatz geschlossen, sind die §§ 312 ff BGB grds voll anwendbar. Jedoch ist zu beachten, dass nach § 312d Abs 2 Nr 13 BGB das Widerrufsrecht bei Fernabsatzverträgen über Finanzdienstleistungen entfällt, wenn der Notar bestätigt, dass die Rechte des Verbrauchers aus § 312d Abs 2 BGB gewahrt sind. Dies beruht darauf, dass eine generelle Ausnahme auch für Finanzdienstleistungsverträge im Fernabsatz mit der Richtlinie über den Fernabsatz von Finanzdienstleistungen (RL 2002/65/EG) nicht vereinbar wäre; diese gestattet nur unter bestimmten Bedingungen das Entfallen des Widerrufsrechts (MünchKommBGB/Wendehorst § 312 Rn 72; vgl auch BT-Drucks 17/12637, 46). Ohnehin sind solche Verträge in der Praxis kaum vorstellbar (BeckOK-BGB/Martens [1. 5. 2024] § 312 Rn 16; MünchKommBGB/Wendehorst § 312 Rn 72).

Nach ihrem Wortlaut sind die §§ 312 ff BGB voll anzuwenden auf solche Finanzdienstleistungsverträge, die **weder im Fernabsatz noch außerhalb von Geschäftsräumen** geschlossen wurden. Dies scheint aber auf einem Redaktionsversehen des Gesetzgebers zu beruhen. Denn es leuchtet nicht ein, warum in diesen Fällen der Verbraucher bessergestellt werden soll als bei außerhalb von Geschäftsräumen geschlossenen Verträgen, die nach der Intention des Gesetzgebers aber gerade eine besondere Schutzbedürftigkeit erst begründen (MünchKommBGB/Wendehorst § 312 Rn 51; BeckOK-BGB/Martens [1. 5. 2024] § 312 Rn 17). Zwar gelten die §§ 312b–312h BGB tatbestandlich ohnehin nicht, nach dem Wortlaut wären aber über den Minimalanwendungsbereich hinaus auch die Abs 2 und 5 des § 312a BGB anwendbar. Es scheint hier eine **teleologische Reduktion** angebracht. Da die notariell beurkundeten Verträge nach Art 3 Abs 3 lit i allgemein vom Anwendungsbereich der Richtlinie ausgenommen sind, wäre dies auch nicht etwa europarechtswidrig. 18

Im Gegensatz zu sonstigen notariell beurkundeten Verträgen gilt der Minimalanwendungsbereich für alle vor dem Notar beurkundeten Finanzdienstleistungsverträge, unabhängig davon, ob eine gesetzliche Beurkundungspflicht besteht (Spindler/Schuster/Schirmbacher Rn 36). 19

cc) Sonstige Verträge (Nr 1 lit b)

Der Minimalanwendungsbereich gilt für alle sonstigen notariell beurkundeten Verträge – dh alle Verträge, die keine Finanzdienstleistungsverträge sind – nur dann, wenn eine **gesetzliche Beurkundungspflicht** besteht. Gesetzlich beurkundungspflichtigen Verträgen sind nach der Gesetzesbegründung solche gleichzustellen, die für sich genommen nicht beurkundungspflichtig sind, auf die sich aber nach der Rspr (BGH NJW 2002, 145; BGHZ 101, 396) die Beurkundungspflicht eines anderen Vertrags erstreckt, wenn die Verträge nach dem Willen der Parteien derart rechtlich zusammenhängen, dass sie miteinander stehen und fallen sollen (BT-Drucks 17/12637, 46). Bei **gemischten Verträgen**, die sowohl beurkundungspflichtige als auch freiwillig beurkundete Teile enthalten, ist für die einzelnen Informationspflichten beziehen sich dann nur auf die beurkundungspflichtigen Vertragsbestandteile. Besteht ein Widerrufsrecht, können jedoch nach dem Rechtsgedanken der §§ 358–360 BGB auch die mit dem widerruflichen Vertragsbestandteil verbundenen oder zusammenhängenden Vertragsbestandteile widerrufen werden (Hk-BGB/Schulte-Nölke § 312 Rn 14). Denn in den §§ 358–360 BGB kommt der Grundgedanke zu Ausdruck, dass der Verbraucher nicht an einen Vertrag gebunden sein soll, den er nur in Zusammenhang mit einem anderen, widerrufenen Vertrag abgeschlossen hat. Dadurch soll verhindert werden, dass sich der Verbraucher durch die bestehende Verpflichtung aus dem unwiderruflichen Vertrag vom Widerruf des widerruflichen Vertrags abhalten lässt (BeckOK-BGB/Müller-Christmann [1. 5. 2023] § 360 Rn 1). Es muss jedoch ein § 585 Abs 3 BGB bzw § 560 Abs 2 BGB entsprechender Zusammenhang zwischen den Vertragsbestandteilen bestehen. 20

Für **freiwillig notariell beurkundete** Verträge gilt der Minimalanwendungsbereich nur, wenn der Notar darüber belehrt, dass die Informationspflichten nach § 312d Abs 1 BGB und das Widerrufsrecht nach § 312g Abs 1 BGB entfallen. Dies soll sicherstellen, dass der Verbraucher sich über die Folgen der freiwilligen Beurkundung bewusst ist (BeckOK-BGB/Martens [1. 5. 2024] § 312 Rn 19). Im Ergebnis verliert der Verbraucher sein Widerrufsrecht aber auch ohne **Belehrung**. Dann gilt zwar nach § 312 Abs 2 Nr 1 lit a BGB nicht der Minimalanwendungsbereich. Jedoch entfällt dennoch 21 nach § 312g Abs 2 Nr 13 BGB das Widerrufsrecht, denn in § 312g Abs 2 Nr 13 BGB ist das Erfordernis der Belehrung über diese Folge nicht enthalten (BeckOK-BGB/Martens [1. 5. 2024] § 312 Rn 19; vgl auch die Kommentierung zu § 312g Rn 82 ff).

22 Bei freiwillig beurkundeten Verträgen, die weder außerhalb von Geschäftsräumen noch im Fernabsatz geschlossen wurden, ergibt die Belehrung keinen Sinn, da die Rechte aus § 312d Abs 1 BGB und § 312g Abs 1 BGB ohnehin nicht bestehen. Der Ausnahmetatbestand des Abs 2 Nr 1 lit b greift daher hier auch ohne Belehrung (so auch MünchKommBGB/Wendehorst § 312 Rn 76, mit der Überlegung, ob stattdessen über den Entfall der Informationspflichten nach § 312 Abs 2 mit Art 246 EGBGB belehrt werden muss).

b) Grundstücksverträge (Nr 2)

23 Der Minimalanwendungsbereich gilt auch für Verträge über die Begründung, den Erwerb oder die Übertragung von Eigentum oder anderen Rechten an Grundstücken. Diese Regelung beruht auf der Bereichsausnahme in Art 3 Abs 3 lit e VerbrRRL. Damit wird **Art 234 AEUV** Rechnung getragen, nach dem die **Eigentumsordnungen in den Mitgliedstaaten** unberührt bleiben. Zudem bestehen bei Grundstücksverträgen oft ohnehin besondere Schutzvorschriften (zB § 311b Abs 1 BGB). Durch die Form- und Schutzvorschriften des deutschen Immobiliarsachenrechts sind darüber hinausgehende Regelungen zum Schutze des Verbrauchers überflüssig. Auch würde die Möglichkeit des Widerrufs zu einer unzumutbaren Rechtsunsicherheit im Grundstücksverkehr führen (MünchKommBGB/Wendehorst § 312 Rn 77).

24 Es gilt die **allgemeine Definition des Sachenrechts**. Unter Grundstück ist ein katastermäßig vermessener und bezeichneter Teil der Erdoberfläche, der im Grundbuch als Grundstück – auf einem besonderen Grundbuchblatt oder unter der besonderen Nummer eines gemeinsamen Grundbuchblatts – geführt wird, zu verstehen (Baur/Stürner § 15 Rn 18), wobei die wesentlichen Bestandteile bei der Veräußerung eines Grundstücks mit übertragen werden.

25 Nr 2 umfasst nicht nur **schuldrechtliche**, sondern auch **dingliche Geschäfte**. Dabei ist auch unerheblich, ob das Gesetz notarielle Beurkundung verlangt (BT-Drucks 17/12637, 46). Andere Rechte an Grundstücken iSd Vorschrift sind **grundstücksgleiche Rechte** wie Erbbaurechte, Bergwerkseigentum usw sowie **beschränkt dingliche Rechte** an Grundstücken oder grundstücksgleichen Rechten. So sind alle in den §§ 1018–1203 BGB, §§ 31 ff WEG geregelten sowie landesrechtliche (Art 55 ff EGBGB) und im Beitrittsgebiet fortbestehende (Art 233 EGBGB) dingliche Rechte erfasst (MünchKommBGB/Wendehorst § 312 Rn 78). Erfasst sind auch Bauträgerverträge (Glöckner BauR 2014, 411, 415).

26 Nicht erfasst sind jedoch Verträge, die nur auf die Begründung oder Übertragung einer bloß schuldrechtlichen Rechtsposition gerichtet sind wie Miete, Pacht und schuldrechtliche Wohnrechte (MünchKommBGB/Wendehorst § 312 Rn 79). Auch Maklerverträge und Verträge über die Immobilienfinanzierung fallen nicht unter Nr 2 (Härting, Internetrecht Rn 858; Spndler/Schuster/Schirmbacher Rn 35; BGH NJW-RR 2017, 368).

27 Einen Sonderfall stellen Grundstücksverträge dar, die eine Einheit mit einem Finanzdienstleistungsvertrag darstellen. Nach der Gesetzesbegründung bleiben auf-

grund der Vorgabe in Art 6 Abs 3 lit c FinFARL die Informationsrechte aus des § 312d Abs 2 BGB bestehen (BT-Drucks 17/12637, 46).

c) Verbraucherbauverträge nach § 650i Abs 1 BGB (Nr 3)

Seit dem 1. 1. 2018 gilt die neue Fassung der Nr 3. Statt wie zuvor „Verträge über den Bau von neuen Gebäuden oder erhebliche Umbaumaßnahmen an bestehenden Gebäuden" sind nun „Verbraucherbauverträge nach § 650i Absatz 1" von der Ausnahmeregelung erfasst. Es handelt sich nach der Gesetzesbegründung jedoch um eine rein redaktionelle Anpassung ohne inhaltliche Änderungen (BT-Drucks 18/8486, 38). Da nun eine sich mit § 312 Abs 2 Nr 3 BGB deckende **Definition des Verbraucherbauvertrags in § 650i Abs 1 BGB** enthalten ist, wird auf diese verwiesen. Die Ausnahme beruht auf Art 3 Abs 3 lit f VerbrRRL, hier liegt der Gedanken zugrunde, dass sich für Verträge über den Bau neuer Gebäude oder erhebliche Umbaumaßnahmen die Regelungen der VerbrRRL nicht eignen (vgl Erwägungsgrund 26); sie werden regelmäßig auch weder im Fernabsatz noch außerhalb von Geschäftsräumen geschlossen (BT-Drucks 17/12637, 46). **28**

Der Begriff der **erheblichen Umbaumaßnahmen** ist entsprechend der Richtlinie und des Verbraucherschutzes **eng auszulegen** (BT-Drucks 17/12637, S 46; Hk-BGB/Schulte-Nölke § 312 Rn 16; LG Stuttgart 2. 6. 2016 – 23 O 47/16, juris Rn 24). Nach Erwägungsgrund 26 sind erhebliche Umbaumaßnahmen solche, die dem Bau eines neuen Gebäudes vergleichbar sind, bspw Baumaßnahmen, bei denen nur die Fassade eines alten Gebäudes erhalten bleibt. Maßgeblich sind nach der Gesetzesbegründung mithin Umfang und Komplexität des Eingriffs sowie das Ausmaß des Eingriffs in die bauliche Substanz (BT-Drucks 17/12637, S 46). Das Auftragsvolumen muss dem eines Vertrags über die Errichtung eines Neubaus gleichkommen (KG Berlin 16. 11. 2021 – 21 U 41/21, NZBau 2022, 401). Nicht ausreichend ist, wenn sich der Unternehmer nur zur Herstellung eines einzigen Gewerks verpflichtet, das im Rahmen des Baus eines neuen Gebäudes zu erbringen ist (BGH 16. 3. 2023 – VII ZR 94/22). **29**

Verträge zur Errichtung von Anbauten (bspw Anbau einer Garage [LG Detmold 26. 1. 2016 – 6 O 11/15] oder eines Wintergartens oder Instandsetzung und Renovierung von Gebäuden), die regelmäßig (Spndler/Schuster/Schirmbacher Rn 35; BeckOK-BGB/Martens [1. 5. 2024] § 312 Rn 23) keine erheblichen Umbaumaßnahmen darstellen, fallen jedoch unter den Vollanwendungsbereich der Richtlinie (vgl Erwägungsgrund 26; BT-Drucks 17/12637, 46; zB die Renovierung einer Innentreppe: AG Bad Segeberg 13. 4. 2015 – 17 C 230/14, NJW-RR 2015, 921, oder auch, wenn lediglich das Dach neu gedeckt wird: BT-Drucks 17/12637, 46; LG Stuttgart 2. 6. 2016 – 23 O 47/16; Dauner-Lieb/Langen/Ring Rn 39). Generell ist ein **Mindestmaß an Größe und Umfang** des Gebäudes zu verlangen, sodass Hütten, Gartenschuppen und Carports nicht unter Nr 3 fallen (MünchKommBGB/Wendehorst § 312 Rn 81; BeckOK-BGB/Martens [1. 5. 2024] § 312 Rn 23). Denn schon aus dem Erfordernis einer „erheblichen" Umbaumaßnahme ist ersichtlich, dass die Norm nicht auf Bagatelle-Baumaßnahmen anwendbar sein soll. Bei diesen würde auch der Zweck der Norm (vgl Rn 28) nicht greifen, da sich bei solch kleinen Bauten die Anwendung der §§ 312 ff BGB eignet und eine Ausnahme somit nicht erforderlich erscheint. Auf die bauordnungsrechtliche Qualifikation als Neubau oder Umbau kommt es im Rahmen der §§ 312 ff BGB nicht an (MünchKommBGB/Wendehorst § 312 Rn 81). **30**

31 Nicht erfasst sind Verträge, die lediglich im Zusammenhang mit der Errichtung von Gebäuden oder Umbaumaßnahmen geschlossen werden, diese Maßnahmen aber nicht selbst zum Gegenstand haben (BeckOK-BGB/Martens [1. 5. 2024] § 312 Rn 23), bspw der Kauf von für den Bau bestimmten Baumaterial (MünchKommBGB/Wendehorst § 312 Rn 82). Auch ein **Architektenvertrag** fällt nicht unter die Ausnahmeregelung. Denn bei einem Architektenvertrag besteht die vertragliche Hauptverpflichtung des Architekten im Gegensatz zur Verpflichtung des Bauunternehmers gerade nicht in der materiellen Erstellung des Bauwerks, sondern darin, durch Bauplanung und eine Vielzahl von Einzelleistungen dafür zu sorgen, dass das Bauwerk plangerecht und frei von Mängeln entsteht. Dabei spielt es auch keine Rolle, dass der Architektenvertrag als Werkvertrag zu qualifizieren ist. Denn § 312 Abs 2 BGB grenzt die Anwendbarkeit der §§ 312 ff BGB nicht nach einzelnen Vertragstypen ab, sondern nach bestimmten Lebensbereichen (OLG Köln 23. 3. 2017 – 16 U 153/16, juris Rn 5; OLG Stuttgart 17. 7. 2018 – 10 U 143/17, MDR 2018, 1176).

d) Reiseverträge (Nr 4 (weggefallen))

32 Die zuvor in § 312 Abs 2 Nr 4 aF (bis 30. 6. 2018) enthaltene Regelung bezüglich Reiseverträge wurde mit dem Dritten Gesetz zur Änderung reiserechtlicher Vorschriften zum 1. 7. 2018 aufgehoben und durch den neu eingefügten Abs 7 ersetzt. Siehe dazu Rn 94 ff.

e) Personenbeförderungsverträge (Nr 5 (weggefallen))

33 Die zuvor in § 312 Abs 2 Nr 5 aF (bis 28. 5. 2022) enthaltene Regelung bezüglich Verträge über die Beförderung von Personen wurde aufgehoben und durch den neu eingefügten Abs 8 ersetzt. Siehe dazu Rn 99 f.

34 *(Derzeit nicht belegt.)*

f) Timesharing und ähnliche Verträge (Nr 6)

35 Dem Minimalanwendungsbereich unterliegen auch Verträge über **Teilzeit-Wohnrechte, langfristige Urlaubsprodukte, Vermittlungen und Tauschsysteme nach den §§ 481 bis 481b BGB**. Diese Ausnahme entspricht der Bereichsausnahme in Art 3 Abs 3 lit h VerbrRRL. Für diese Verträge bestehen besondere Regelungen – inklusive besonderer Informationspflichten und einem Widerrufsrecht – in den §§ 481 ff BGB, die auf die Richtlinie 2008/122/EG zurückgehen (BT-Drucks 17/12637, 47). Das Verbraucherschutzniveau in den §§ 481 ff BGB ist teilweise erheblich höher (Spindler/Schuster/Schirmbacher Rn 45), sodass die Ausnahmeregelung entgegen der Regelungen in Nr 4 und Nr 5 sachgerecht erscheint.

g) Behandlungsverträge (Nr 7)

36 Art 3 Abs 3 lit b VerbrRRL nimmt allgemein **Gesundheitsdienstleistungen iSd RL 2011/24/EU** vom Anwendungsbereich der Richtlinie aus. Aufgrund der technischen Komplexität, ihrer Bedeutung als Dienst von allgemeinem Interesse und ihrer weitgehenden öffentlichen Finanzierung seien besondere Regelungen erforderlich (Erwägungsgrund 30). Von dieser Bereichsausnahme hat der deutsche Gesetzgeber nur insoweit Gebrauch gemacht, als dass nach Nr 7 **Behandlungsverträge nach § 630a BGB** nur dem Minimalanwendungsbereich unterfallen. Die **§§ 630c, 630e und 630f BGB** enthalten **spezielle Informations-, Aufklärungs- und Dokumentationspflichten**. Die Anwendung des § 312c Abs 2 BGB iVm Art 246 EGBGB und des § 312d Abs 1

BGB iVm Art 246a EGBGB passen daneben nicht (BT-Drucks 17/12637, 47). Auch ist ein Widerrufsrecht bei Behandlungsverträgen regelmäßig nicht angebracht. Bei außerhalb von Geschäftsräumen abgeschlossenen Verträgen wird es sich in der Regel um Hausbesuche des Arztes auf vorheriges Verlangen des Patienten handeln; bei im Fernabsatz geschlossenen Behandlungsverträgen um telefonische Behandlungen aufgrund eines Anrufs durch den Verbraucher (BT-Drucks 17/12637, 47).

Nicht erfasst sind Verträge über die Abgabe von Arzneimitteln und den Vertrieb von Medizinprodukten. Auf diese Verträge sind die §§ 312 ff BGB voll anzuwenden, auch wenn diese Verträge gleichzeitig mit dem Behandlungsvertrag abgeschlossen werden (BT-Drucks 17/12637, 47). Es bedarf hier aber einer einschränkenden Auslegung dahingehend, dass nur **eigenständige Verträge über Arzneimittel oder Medizinprodukte** erfasst sind, die nicht bereits von der Behandlungsleistung erfasst sind, sondern dem Patienten **zur eigenverantwortlichen Anwendung überlassen** sind. Denn sonst wären bei einem Hausbesuch des Arztes die §§ 312 ff BGB zwar nicht bezüglich der Behandlungsleistung anwendbar, wohl aber bspw hinsichtlich der angebrachten Bandage oder aufgetragenen Salbe als Medizinprodukt bzw Arzneimittel (MünchKommBGB/Wendehorst § 312 Rn 85; BeckOK-BGB/Martens [1. 5. 2024] § 312 Rn 30). Bei Arzneimitteln sind zudem § 312g Abs 2 Nr 2 und 3 BGB zu beachten (vgl Kommentierung § 312g Rn 27 ff). 37

h) Lieferung von Lebensmitteln und Bedarfsgegenständen (Nr 8)

Auch für Verträge über die **Lieferung von Lebensmitteln, Getränken oder sonstigen Haushaltsgegenständen** gilt nur der Minimalanwendungsbereich, wenn diese Gegenstände **am Wohnsitz, am Aufenthaltsort oder am Arbeitsplatz eines Verbrauchers** von einem Unternehmer **im Rahmen häufiger und regelmäßiger Fahrten geliefert** werden. Diese Bereichsausnahme beruht auf Art 3 Abs 3 lit j VerbrRRL und entspricht § 312b Abs 3 Nr 5 aF (bis 12. 6. 2014). Entscheidender Unterschied zur alten Rechtslage ist aber, dass die Bereichsausnahme nun nicht nur für Fernabsatzverträge, sondern auch für außerhalb von Geschäftsräumen geschlossene Verträge gilt. Nach Ansicht des Gesetzgebers sind bei solchen Verträgen über Hauslieferungen Informationen nicht nötig und ein Widerrufsrecht meist nicht zweckmäßig (BT-Drucks 14/2658, 33). Verträge iSd Nr 8 betreffen in aller Regel geringwertige Gegenstände, bei denen der Verbraucher wegen der geringen wirtschaftlichen Gefährdung weniger schutzbedürftig ist. Belastete man den Unternehmer auch in diesen Fällen mit den kostenintensiven Schutzmitteln der §§ 312 ff BGB, dürfte ihm ein wirtschaftliches Handeln kaum noch möglich sein. Aus diesem Grund fallen aber **Luxusgüter** nicht unter die Ausnahmeregelung der Nr 8, denn in diesen wirtschaftlich relevanten Fällen ist der Verbraucher schutzwürdig (Spindler/Schuster/Schirmbacher Rn 51). In der Regel wird es sich dann auch nicht um eine regelmäßige Lieferung handeln. 38

Lebensmittel können in Anlehnung an **§ 1 Abs 1 LMBG** definiert werden als Stoffe, die dazu bestimmt sind, in unverändertem, zubereitetem oder verarbeitetem Zustand von Menschen verzehrt zu werden, nicht jedoch Stoffe, die überwiegend dazu bestimmt sind, zu anderen Zwecken als zur Ernährung oder zum Genuss verzehrt zu werden (wie beispielsweise Arzneimittel). Getränke fallen auch unter diese Definition, sie sind ein Unterfall der Lebensmittel (MünchKommBGB/Wendehorst § 312 Rn 86; BeckOK-BGB/Martens [1. 5. 2024] § 312 Rn 32). 39

40 Es gibt verschiedene Ansätze zur Definition eines **Haushaltsgegenstandes des täglichen Bedarfs**: Zum Teil wird vorgeschlagen, dass der gesamte Warenbestand eines durchschnittlichen Supermarkts hierunter fallen solle (Grüneberg/Grüneberg § 312 Rn 16). Diese Auffassung knüpft an den Begriff des Haushaltsgegenstands in § 1369 Abs 1 BGB an, der ähnlich weit zu verstehen ist und alle Sachen umfasst, die dem ehelichen Haushalt dienen. Putzmittel sind daher ebenso als Haushaltsgegenstände des täglichen Bedarfs zu verstehen wie Bücher, Textilien und Tonträger. Andere wiederum wollen den Begriff so verstehen, dass nur **Verbrauchs-, nicht aber Gebrauchsgüter** Haushaltsgegenstände des täglichen Bedarfs sind (Roth/Schulze RIW 1999, 924, 925, die als Beispiel Kaffeemaschine [Gebrauchsgegenstand] und Kaffeefilter [Verbrauchsgegenstand] nennen; Hk-BGB/Schulte-Nölke § 312 Rn 21; Spindler/Schuster/Schirmbacher Rn 51; Härting, Internetrecht Rn 863). Eine dritte Meinung will darauf abstellen, ob der Gegenstand des Vertrages von einem durchschnittlichen Verbraucher häufig und regelmäßig nachgefragt wird (MünchKommBGB/Wendehorst § 312 Rn 87). In solchen Fällen sei davon auszugehen, dass der Verbraucher in ausreichender Weise über die Beschaffenheit des Gegenstands informiert ist, sodass eine Schutzbedürftigkeit im Sinne des Fernabsatzrechts nicht gegeben sei. Diese Argumentation ist plausibel. Den gesamten Warenbestand eines Supermarkts in den Geltungsbereich von Nr 8 einzubeziehen, würde dazu führen, dass die Ausnahmeregelung uferlos angewandt wird – Discounter verkaufen in jüngster Zeit neben Lebensmitteln nicht nur Computer und Fahrräder, sondern auch Fertighäuser und Autos. Solche Gegenstände, die **erheblichen wirtschaftlichen Wert** besitzen und vom Verbraucher in der Regel nur wenige Male während eines Lebens erworben werden, waren wohl kaum mit der Formulierung Haushaltsgegenstände des täglichen Bedarfs gemeint. Zu eng ist wiederum der Ansatz, nur Verträge über verbrauchbare Gegenstände vom Anwendungsbereich der Vorschriften auszunehmen. Insbesondere das genannte Beispiel, Kaffeefilter als Haushaltsgegenstände des täglichen Bedarfs zu verstehen, Kaffeemaschinen jedoch nicht, kann nicht überzeugen. Auch kleinere Elektrogeräte wie ein Toaster oder eben eine einfache Kaffeemaschine dienen der häuslichen Lebensführung. Eine Differenzierung zwischen Verbrauchs- und Gebrauchsgegenständen ist zumindest bei kleineren Gebrauchsgegenständen nicht sachgerecht und würde auch zu unnötigen Abgrenzungsschwierigkeiten führen: Wann handelt es sich um einen Gebrauchs- und wann um einen Verbrauchsgegenstand? Liegt ein Verbrauchsgegenstand nur dann vor, wenn die Sache nur zum einmaligen Gebrauch bestimmt ist, wie etwa der Einmal-Putzlappen? Lässt sich eine unterschiedliche Behandlung von Putzmitteln und Putzgeräten rechtfertigen? Dem **Schutzzweck des Gesetzes** entspricht es vielmehr, darauf abzustellen, ob der Verbraucher die Gegenstände über einen längeren Zeitraum benutzt oder ob in regelmäßigen, kürzeren Abständen erneute Anschaffungen notwendig werden (so überzeugend MünchKommBGB/Wendehorst § 312 Rn 88). Haushaltsgegenstände des täglichen Bedarfs sind daher zB Gartenartikel wie ein Gartenschlauch oder ein Sack Torfmull ebenso wie Hygienebedarf, einfache Schreibmittel und kleinere Elektrogeräte. Die § 312 ff BGB bleiben dagegen voll anwendbar bei Gegenständen, die vom Verbraucher über einen längeren Zeitraum benutzt werden. Hierunter fallen etwa Stereoanlagen oder Sportgeräte wie Golfschläger. Dies gilt auch bei einer Fotokamera (zu Recht LG Kleve MMR 2003, 424). Hierbei handelt es sich um einen Gegenstand, der in der Regel eine längere Lebensdauer hat und den sich zumindest der Durchschnittsverbraucher nicht mehrere Male im Jahr anschafft. Auch Verträge über Zeitungen und Zeitschriften sind nicht von Nr 8 erfasst. Dies ergibt sich aus einer systematischen Auslegung; denn für diese Verträge ist in § 312g

Abs 2 Nr 7 BGB der Ausschluss des Widerrufsrechts geregelt (vgl dazu § 312g Rn 50 ff). Daraus ergibt sich, dass diese Verträge nicht schon nach § 312 Abs 2 Nr 8 BGB vom Anwendungsbereich der §§ 312 ff BGB ausgeschlossen sind (BGH 9. 6. 2011 – I ZR 17/10, WRP 2012, 975).

Der Haushaltsgegenstand muss im Übrigen an den Wohnsitz, Aufenthaltsort oder Arbeitsplatz des Verbrauchers geliefert werden. Aus dem Wortlaut von Nr 8 ergibt sich, dass der Unternehmer selbst oder einer seiner Mitarbeiter den Gegenstand auszuliefern hat. Er kann grds auch einen anderen Unternehmer, der mit ihm rahmenvertraglich zur regelmäßigen Lieferung verbunden ist, als seinen Erfüllungsgehilfen einsetzen. Es reicht aber nicht aus, wenn der Unternehmer ein Logistikunternehmen, das grundsätzlich von jedermann Aufträge annimmt, wie etwa die Post, damit beauftragt, die Ware auszuliefern (BeckOK-BGB/Martens [1. 5. 2024] § 312 Rn 34; wohl **aA** MünchKommBGB/Wendehorst § 312 Rn 89). Beim herkömmlichen Versandhandel, für den auch weiterhin § 447 BGB gilt, bleibt es bei der Anwendbarkeit der §§ 312 ff BGB (BGH 9. 6. 2011 – I ZR 17/10, WRP 2012, 975). 41

Die Ware muss **im Rahmen häufiger und regelmäßiger Fahrten** geliefert werden. Hierbei soll es nicht darauf ankommen, ob der Verbraucher das Angebot häufiger oder weniger häufig wahrnimmt, sondern vielmehr darauf, ob das Angebot selbst auf regelmäßige Fahrten gerichtet ist (BT-Drucks 14/3195, 30). Die Ausnahmeregelung in Nr 8 ist somit erfüllt, wenn dem Verbraucher täglich frische Brötchen geliefert werden oder er sich seinen wöchentlichen Bedarf an Lebensmitteln ins Haus liefern lässt. Entscheidend ist also, wie der Unternehmer sein Angebot objektiv ausgestaltet (BeckOK-BGB/Martens [1. 5. 2024] § 312 Rn 35; Schmidt-Räntsch VuR 2000, 427, 429). Geschieht dies in einer Form, die es dem durchschnittlichen Verbraucher ermöglicht, den Bedarf an den Haushaltsgegenständen des täglichen Bedarfs zumindest überwiegend durch Lieferungen des Unternehmers zu decken, gilt nur der Minimalanwendungsbereich. Ein innerer Zusammenhang zwischen den Lieferungen besteht grundsätzlich, wenn die zeitlichen Abstände nicht zu groß sind. Die regelmäßige Lieferung unterscheidet sich von der wiederholten Lieferung. Verneint wird die regelmäßige Lieferung bei **Heizöl**, da dieses nur ein- bis zweimal im Jahr geliefert werde (BeckOK-BGB/Martens [1. 5. 2024] § 312 Rn 35; BGH NJW 2015, 2959). Das hängt jedoch vor allem davon ab, wie der Vertrag mit dem Unternehmer ausgestaltet ist. Abzustellen ist wie bei allen Verträgen auf die konkreten Umstände des Einzelfalls, wobei die zwischen Verbraucher und Unternehmer vereinbarten Lieferbedingungen entscheidend dafür sein dürften, ob von einer häufigen und regelmäßigen Lieferung ausgegangen werden kann. Aus § 312g Abs 2 Nr 9 BGB lässt sich im Sinne der systematischen Auslegung erkennen, dass nicht jeder Vertrag über die bloß einmalige Lieferung von Lebensmitteln bereits von der Ausnahme in § 312 Abs 2 Nr 8 BGB erfasst sein soll. Die einmalige Bestellung einer **Pizza** fällt somit nicht unter Nr 8 (BeckOK-BGB/Martens [1. 5. 2024] § 312 Rn 35; **aA** MünchKommBGB/Wendehorst § 312 Rn 88). 42

i) Automatenverträge (Nr 9)

Die Einschränkung des Anwendungsbereichs für unter Verwendung von Warenautomaten und automatisierten Geschäftsräumen geschlossene Verträge beruht auf der Bereichsausnahme in Art 3 Abs 3 lit l VerbrRRL und entspricht § 312b Abs 3 Nr 7a aF (bis 12. 6. 2014), jedoch mit dem Unterschied, dass nun nicht nur Fernabsatzverträge, sondern auch außerhalb von Geschäftsräumen geschlossene Verträge erfasst sind. 43

44 Solche Verträge sind darauf gerichtet, dass die gegenseitig geschuldeten Leistungen sofort ausgetauscht werden und daher Informationspflichten nur rudimentär und Widerrufsrechte aus praktischen Gründen gar nicht durchgeführt werden können (vgl BT-Drucks 14/2658, 33). Im Übrigen werden Verträge, die unter Verwendung von Warenautomaten und automatisierten Geschäftsräumen geschlossen werden, nicht vom Schutzzweck der Fernabsatzverträge und der außerhalb von Geschäftsräumen geschlossenen Verträge erfasst: Der Verbraucher bedarf in der klassischen Fernabsatzsituation ua deshalb eines besonderen Schutzes, weil er die Ware bei der Bestellung nicht begutachten kann. Das ist bei Automatenverträgen anders. Dort kann er sich ein Bild von der Ware machen, die in der Regel nur durch eine Glasscheibe von ihm getrennt ist. Auch kann er von einem Automaten nicht in selber Art und Weise überrumpelt oder unter Druck gesetzt werden, wie es sonst bei außerhalb von Geschäftsräumen geschlossenen Verträgen der Fall sein kann (MünchKommBGB/Wendehorst § 312 Rn 90).

45 Unter **Warenautomaten** sind auf die Ausgabe von Waren gerichtete technische Einrichtungen zu verstehen, durch die ein Vertrag geschlossen und erfüllt werden kann und die zu diesem Zweck nicht auf Personal angewiesen sind. Klassische Warenautomaten, für die wegen Nr 9 nur der Minimalanwendungsbereich gilt, sind Zigaretten-, Kaffee- oder Süßwarenautomaten. Der Vollanwendungsbereich gilt dagegen, wenn an dem Automaten selbst nur eine Bestellung entgegengenommen wird, die dann zu einem späteren Zeitpunkt erfüllt wird. Nicht von Nr 9 erfasst sind Verträge, die nur auf eine spätere Nutzung des Automaten gerichtet sind, wie der Kauf von Münzen zur Bedienung des Automaten (MünchKommBGB/Wendehorst § 312 Rn 91).

46 Anders als bei der ersten Alternative der Vorschrift, den Warenautomaten, fällt es schwer, sich ein Bild von einem **automatisierten Geschäftsraum** zu machen. Zum Teil wurde in der Literatur die Hoffnung geäußert, der Gesetzgeber habe „einen Blick in die Zukunft" (Härting [2000] § 1 FernAbsG Rn 161) gewagt, als er Verträge, die unter der Verwendung von automatisierten Geschäftsräumen geschlossen wurden, vom Vollanwendungsbereich der §§ 312 ff BGB ausgeschlossen hat. Innovationen in der Entwicklung automatisierter Geschäftsabläufe werden jedenfalls nicht mehr dadurch behindert, dass der Unternehmer verbraucherschützende Einschränkungen wie zB Widerrufsrechte fürchten müsste. Bislang ist der Anwendungsbereich dieser Ausnahme freilich noch sehr überschaubar. Erfasst sind Waschsalons, Sonnenstudios, Waschstraßen und Schließfächer (MünchKommBGB/Wendehorst § 312 Rn 90). Die automatisierte Einrichtung kann entweder einen abgeschlossenen Raum darstellen oder sich im Freien befinden, sodass auch ein Münzfernrohr erfasst ist (BeckOK-BGB/Martens [1. 5. 2024] § 312 Rn 37; MünchKommBGB/Wendehorst § 312 Rn 91). Denn diese Alternative dient als **Auffangtatbestand** und ist daher weit zu verstehen. Erfasst sind grundsätzlich alle automatisierten Einrichtungen, mit denen ein Vertrag geschlossen und erfüllt werden kann, die sich aber mangels Warenausgabe nicht als Warenautomaten qualifizieren lassen (BeckOK-BGB/Martens [1. 5. 2024] § 312 Rn 37).

47 Nicht erfasst von der Bereichsausnahme sind sog **Providerverträge**, bei denen der Abschluss auf der Homepage des Unternehmers im Internet angeboten wird (so zu Recht LG Hamburg CR 2001, 475, 476). Auch wenn die genaueren Konturen eines „automatisierten Geschäftsraums" noch im Dunkeln bleiben, so ist es doch wenig einleuchtend, hierbei an den Vertragsschluss im Internet zu denken. Zum einen kann der Un-

ternehmer bei im Internet geschlossenen Verträgen seinen Informationspflichten ohne Weiteres nachkommen. Vor allen Dingen aber schließt es der systematische Zusammenhang von Nr 9 aus, die Vorschrift auf im Internet geschlossene Verträge auszudehnen: Aus dem Wortlaut geht hervor, dass der Vertrag unter Zuhilfenahme von Einrichtungen geschlossen wird, die sich nicht im räumlichen Rückzugsgebiet des Verbrauchers befinden und dass der Vertrag ohne wesentliche Verzögerung erfüllt wird. Beides ist bei Providerverträgen, die im Internet geschlossen werden, nicht der Fall.

j) Öffentliche Fernsprecher (Nr 10)

Auch Verträge, die mit Betreibern von Telekommunikationsdiensten mit Hilfe öffentlicher Münz- oder Kartentelefone zu deren Nutzung geschlossen werden, unterliegen nur dem Minimalanwendungsbereich. Diese Regelung beruht auf Art 3 Abs 3 lit m VerbrRRL und entspricht § 312b Abs 3 Nr 7b aF (bis 12. 6. 2014). Die Änderung des Wortlauts von Fernsprechern zu Münz- und Kartentelefonen geht nicht mit einer inhaltlichen Änderung einher. Die Änderung erfolgt nur, um einen Gleichlauf mit § 3 Nr 15 TKG herzustellen (BT-Drucks 17/12637, 47). Auch diese Verträge werden sofort erfüllt, sodass Informationspflichten und Widerrufsrechte nur zu einer unnötigen Belastung des Geschäftsverkehrs führen würden. **48**

Ein **öffentliches Münz- und Kartentelefon** ist nach der **Definition in § 3 Nr 15 TKG** „ein der Allgemeinheit zur Verfügung stehendes Telefon, für dessen Nutzung als Zahlungsmittel unter anderem Münzen, Kredit- und Abbuchungskarten oder Guthabenkarten, auch solche mit Einwahlcode, verwendet werden können". Die Regelung gilt nicht für alle Fernkommunikationsanbieter, sondern nur für Telekommunikationsanbieter (vgl BT-Drucks 14/2658, 33). Vertragsgegenstand ist die Benutzung von öffentlichen Fernsprechern, hierunter fällt jedes Telefongespräch, das an einer öffentlichen Telefonzelle der Deutschen Telekom AG geführt wird. Nicht unter Nr 10 fallen dagegen Dienstleistungsangebote der Betreiber von Fernkommunikationsmitteln, die der Verbraucher während eines Telefonats kostenpflichtig abrufen kann. Der Wortlaut der Vorschrift ist insoweit eindeutig: Nur bei Verträgen, die dadurch geschlossen werden, dass der Verbraucher öffentliche Telefonzellen nutzt, muss das Fernabsatzrecht nicht beachtet werden. Bei Telefon-Hotlines wie zB Wetterdiensten gilt dagegen das Fernabsatzrecht (wie hier Spindler/Schuster/Schirmbacher Rn 57; Baum/Trafkowski CR 2001, 459, 461). **49**

Der Wortlaut beschränkt die Ausnahme auf die Benutzung von Fernsprechern, also von Einrichtungen, die der Allgemeinheit für die technische Übermittlung von Sprache offenstehen. Sinn und Zweck sowie systematischer Zusammenhang gebieten es aber, sie auch auf **öffentlich zugängliche Fax-Geräte und E-Mail-Terminals** anzuwenden. Die Interessenlage ist dieselbe (wie hier BeckOK-BGB/Martens [1. 5. 2024] § 312 Rn 39; MünchKommBGB/Wendehorst § 312 Rn 92; **aA** Piepenbrock/Schmidt K&R 2000, 378, 392). **50**

k) Verträge über einzelne Kommunikationsverbindungen (Nr 11)

Dem Minimalanwendungsbereich unterliegen entsprechend der Bereichsausnahme in Art 3 Abs 3 lit m VerbrRRL auch Verträge zur Nutzung einer einzelnen von einem Verbraucher hergestellten Telefon-, Internet-, oder Telefaxverbindung. Denn für diese Verträge enthält das TKG verbraucherschützende Sonderregelungen wie **51**

§ 66 TKG über die Preisangabepflicht bei Call-by-Call-Verbindungen (BT-Drucks 17/12637, 47).

52 Nr 11 ist in Zusammenhang mit Nr 9 und Nr 10 zu betrachten. Es sind nur Verträge über einen einmaligen Leistungsaustausch erfasst, bei denen Vertragsschluss und Erfüllung praktisch zusammenfallen, nicht dagegen Verträge, in denen die Erfüllung nicht sofort erfolgt, insbesondere Dauerschuldverträge (MünchKommBGB/Wendehorst § 312 Rn 94). Klassischer Anwendungsfall sind die sogenannten **Call-by-Call-Verbindungen** (BT-Drucks 17/12637, 47). Erfasst ist auch die kurzfristige Herstellung einer Internetverbindung zB durch ein **öffentliches WLAN-Netz** an Flughäfen oder Bahnhöfen oder durch **Hotspots** in Cafés und Hotels (Spindler/Schuster/Schirmbacher Rn 59; MünchKommBGB/Wendehorst § 312 Rn 93). In diesen Fällen kann problematisch sein, welche Dauer die Nutzung haben darf, um noch eine Einzelverbindung iSd Vorschrift darzustellen. Auch wenn die Internetverbindung für einen Zeitraum von bspw einer Woche erworben wird, um einzelne Verbindungen zum Internet herzustellen, wird dies das Eingreifen der Ausnahmevorschrift der Nr 11 nicht zwangsläufig verhindern, solange kein Dauerschuldverhältnis über eine gewisse Laufzeit eingegangen wird (Spindler/Schuster/Schirmbacher Rn 59).

l) Bagatellklausel für außerhalb von Geschäftsräumen geschlossene Verträge (Nr 12)

53 Mit der Ausnahmeregelung der Nr 12 macht der deutsche Gesetzgeber von der Ermächtigung in Art 3 Abs 4 VerbrRRL Gebrauch. Nach der Richtlinie wäre eine Ausnahme für Geschäfte mit einer Gegenleistung bis zu 50 Euro möglich. Es wird den Mitgliedstaaten aber ausdrücklich erlaubt, auch einen niedrigeren Schwellenwert festzusetzen. Die Ausnahme stellt eine Bagatellklausel dar für Geschäfte des täglichen Lebens, bei denen der Leistungsaustausch sofort erfolgt und die **Gegenleistung mit bis zu 40 Euro** keine erhebliche Investition darstellt. Bei geringwertigen Geschäften soll aus Gründen der Justizentlastung der Schutz des Verbrauchers nicht in gleichem Maße geboten sein. Zudem ist das Risiko, wenn beide Seiten das Geschäft erfüllen, für den Verbraucher deutlich erkennbar. Es entspricht einem allgemeinen Rechtsgedanken, dass Schutzvorschriften dann nicht in vollem Umfang erforderlich sind, wenn durch die Erfüllung das Rechtsgeschäft transparent ist (§§ 518, 766 BGB). Es würde einen unangemessenen Verwaltungsaufwand darstellen, wenn auch für solche Geschäfte die Vorschriften über die Informationspflichten und das Widerruf gelten würden (BT-Drucks 17/12637, 47 f). Eine entsprechende Ausnahme war auch nach altem Recht in § 312 Abs 3 Nr 2 aF (bis 12. 6. 2014) vorgesehen. Wie bei den sonstigen **Bargeschäften des täglichen Lebens** bedeutet „sofortige beiderseitige Erfüllung" die vollständige Leistungserbringung durch beide Seiten iSd § 362 BGB unmittelbar im Anschluss an den Vertragsschluss. Der Leistende muss alles getan haben, um den Leistungserfolg herbeizuführen (Fischer/Machunsky [2. Aufl 1995] § 312 aF Rn 271, 272). Ob der Erfolg eingetreten ist, ist dagegen unerheblich. In den vom Verbraucher zu zahlenden Preis sind sämtliche Nebenkosten sowie ein etwaiges im Rahmen eines verbundenen Vertrags zu zahlendes Entgelt einzurechnen. Denn ansonsten könnte durch eine künstliche Aufspaltung in mehrere Teilverträge der Schutz der §§ 312 ff BGB umgangen werden, was nach § 312m Abs 1 S 2 BGB unzulässig ist (BeckOK-BGB/Martens [1. 5. 2024] Art 246a § 2 EGBGB Rn 3; Dauner-Lieb/Langen/Ring Rn 57).

m) Kaufverträge im Zusammenhang mit gerichtlichen Maßnahmen (Nr 13)

54 Die Ausnahme in Nr 13 beruht auf der engen **Definition der Ware in Art 2 Nr 3 VerbrRRL**. Nach dieser Definition sind Waren iSd VerbrRRL „bewegliche körperliche Gegenstände mit Ausnahme von Gegenständen, die aufgrund von Zwangsvollstreckungsmaßnahmen oder anderen gerichtlichen Maßnahmen verkauft werden", sodass der Kauf von beweglichen Sachen aufgrund von gerichtlichen Maßnahmen nicht unter den Anwendungsbereich der Richtlinie fällt. Da § 312 Abs 1 BGB nicht auf den Warenbegriff abstellt, wird über den Ausnahmetatbestand in Abs 2 Nr 13 ein Gleichlauf mit der Richtlinie hergestellt (zur verunglückten Definition der Ware in § 241a Abs 1 Wendehorst NJW 2014, 577, 580). Bei Kaufverträgen über bewegliche Sachen aufgrund von Zwangsvollstreckungsmaßnahmen oder anderen gerichtlichen Maßnahmen passen die Informationspflichten und das Widerrufsrecht nicht. Diese hoheitlichen Maßnahmen sollen nicht durch die Informationspflichten des Verbraucherrechts verkompliziert werden und rechtsbeständige unwiderrufbare Rechtsfolgen herbeiführen (Brönneke/Schmidt VuR 2014, 3, 6).

55 Erfasst von Nr 13 sind zunächst Verträge, die aufgrund einer **gerichtlichen Entscheidung** getroffen werden. Auch erfasst sind Verträge, die nur einen mittelbaren Zusammenhang mit einer gerichtlichen Maßnahme aufweisen, bspw bei Verwertungsmaßnahmen eines gerichtlich eingesetzten Insolvenzverwalters hinsichtlich der Insolvenzmasse. Teilweise wird erwägt, dass auch vor Gericht geschlossene Vergleiche unter Nr 13 fallen (Brönneke/Schmidt VuR 2014, 3, 6, zweifelnd MünchKommBGB/Wendehorst § 312 Rn 97). Dagegen wird eingewandt, dass in anderen Richtlinien eine Ausnahme für den Fall eines **gerichtlichen Vergleichs** explizit vorgesehen ist, vgl Art 2 Abs 2 lit i VerbrKrRL (MünchKommBGB/Wendehorst § 312 Rn 97). Ein zwingender Umkehrschluss lässt sich daraus aber für die VerbrRRL nicht ziehen. Eine Anwendbarkeit der § 312 ff BGB erscheint hier nicht sachgerecht, insbesondere, da in der Regel von einem außerhalb von Geschäftsräumen geschlossener Vertrag vorliegt und somit auch ein Widerrufsrecht bestünde (MünchKommBGB/Wendehorst § 312 Rn 97). Aufgrund der staatlichen Mitwirkung im Zivilprozess besteht bei solchen Verträgen aber in der Regel keine besondere Schutzbedürftigkeit des Verbrauchers (Brönneke/Schmidt VuR 2014, 3, 6).

3. Wohnraummietverträge nach Besichtigung (Abs 4 S 2)

a) Allgemeines

56 Auch für Verträge über die Vermietung von Wohnraum gilt nur der Minimalanwendungsbereich, wenn der Mieter die Wohnung zuvor besichtigt hat. Nach Art 3 Abs 3 lit f VerbrRRL sind Wohnraummietverträge nicht vom Anwendungsbereich der Richtlinie erfasst. Der deutsche Gesetzgeber hat diese Bereichsausnahme in differenzierter Weise umgesetzt, indem er unterschiedliche Regelungen für Wohnraummietverträge mit und ohne vorherige Besichtigung geschaffen hat. Für Wohnraummietverträge ohne vorherige Besichtigung gilt zwar auch ein eingeschränkter Anwendungsbereich, der aber umfassender ist als der bloße Minimalanwendungsbereich (s Rn 12 ff). Zwar bestehen in den §§ 535 bis 577a BGB bereits Schutzvorschriften zu Gunsten des Mieters, jedoch soll den Mietern grds nicht der bisher geltende Schutz entzogen werden (BT-Drucks 17/12637, 48). Die Ausnahmeregelung des S 2 berücksichtigt, dass in Praxis oft ein Wohnraummietvertrag unmittelbar im Anschluss an eine Besichtigung oder in einem zweiten Termin in der besichtigten Wohnung ge-

schlossen wird. Dann wird der Vertrag außerhalb von Geschäftsräumen geschlossen, was zu einer umfassenden Anwendbarkeit der §§ 312 ff BGB führen würde, insbesondere bestünde ein Widerrufsrecht. Für ein Widerrufsrecht und die Informationspflichten des Verbraucherrechts besteht kein Bedürfnis, wenn der Mieter die Mietsache zuvor besichtigt hat (BT-Drucks 17/12637, 48). Denn dann konnte er sich selbst ein Bild von der Mietsache verschaffen und befindet sich nicht in einer Überrumpelungssituation. Nach der Gesetzesbegründung sollen so auch erhebliche praktische Probleme vermieden werden, bspw dass der Vermieter im Falle eines Widerrufs erneut mit der Mietersuche beginnen müsste, was mit einem erheblichen Aufwand verbunden wäre (BT-Drucks 17/12637, 48). Die Ausnahmeregelung des S 2 **gilt nur für die Begründung des Mietverhältnisses, nicht aber für spätere Vertragsänderungen** (bspw Abreden über Mieterhöhungen) oder Aufhebungsverträge (BT-Drucks 17/12637, 48). Für diese gilt S 1 und somit der bloß eingeschränkte Anwendungsbereich. Dies ergibt sich schon aus dem insoweit eindeutigen Wortlaut. Von vorneherein **nicht anwendbar sind die §§ 312 ff BGB auf die Kündigungserklärung des Verbrauchers**, da diese ein einseitiges Rechtsgeschäft und keinen Vertrag darstellt. Auch eine analoge Anwendung scheidet mangels planwidriger Regelunglücke aus (BeckOK-BGB/Martens [1. 5. 2024] § 312 Rn 60).

b) Wohnraummiete

57 Vertragsgegenstand muss eine Vermietung von Wohnraum sein. Der Begriff der Wohnraummiete iSd Abs 4 ist **richtlinienkonform** zu bestimmen. Zwar enthält die VerbrRRL keine eigene Definition der Wohnraummiete. Der Begriff ist aber **enger** zu verstehen **als der Begriff der Wohnraummiete in § 549 Abs 1 BGB**. Denn es bedarf einer richtlinienkonformen Abgrenzung zum Beherbergungsvertrag iSd Art 16 lit l VebrRRL bzw § 312g Abs 2 S 1 Nr 9 BGB. Ein Wohnraummietvertrag iSd § 549 Abs 1 BGB liegt vor, wenn Räume vertraglich gegen Entgelt für den privaten Aufenthalt der Mietpartei überlassen werden und diese ihren dauerhaften oder vorübergehenden Lebensmittelpunkt dort aufbaut (Spindler/Schuster/Schirmbacher Rn 66). Von § 549 Abs 1 BGB sind auch Beherbergungsverträge wie die Vermietung von Hotelzimmern grds erfasst, auf die nur die nach § 549 Abs 2 Nr 1 BGB bestimmten Schutzvorschriften nicht anwendbar sind (BeckOK-BGB/Martens [1. 5. 2024] § 312 Rn 46). Ist der Vertrag seiner Art nach dem touristischen Bereich bzw dem Freizeitbereich zuzuordnen, so liegt ein Beherbergungsvertrag und kein Wohnraummietvertrag vor. Die Abgrenzung ist anhand einer Gesamtabwägung aller Umstände vorzunehmen, wobei insbesondere die Kriterien Vertragsdauer, die Abrechnungszeiträume, Zusatzangebote wie Wäscheservice oder Frühstück sowie der Gesamtzuschnitt der Anlage zu berücksichtigen sind (MünchKommBGB/Wendehorst § 312 Rn 104). Entscheidend ist, ob die Räume zu **touristischen Zwecken** angeboten werden, nicht wie der Mieter diese dann tatsächlich nutzt (BeckOK-BGB/Martens [1. 5. 2024] § 312 Rn 46). So fallen bei entsprechender touristischer Ausrichtung auch Mietverträge unter den Begriff der Wohnraummiete, wenn der Mieter diese tatsächlich zu beruflichen Zwecken nutzt (MünchKommBGB/Wendehorst § 312 Rn 81). Neben der Vermietung von Hotelzimmern sind auch Mietverträge über Ferienhäuser aufgrund ihrer touristischen Ausrichtung keine Wohnraummietverträge iSd S 2 (BeckOK-BGB/Martens [1. 5. 2024] § 312 Rn 46). Abs 4 gilt auch für die Bereitstellung von **Sozialwohnungen**, da auch diese auf Grundlage privater Mietverträge überlassen werden (BT-Drucks 17/12637, 48).

58 Die Immobilienmiete zu anderen Zwecken als Wohnzwecken ist nicht von Abs 4 erfasst. Für diese gilt der Vollanwendungsbereich der §§ 312 ff BGB (Erwägungsgrund 26). Daher fällt die separate Miete von Gärten, Stellplätzen oder Lagerräumen nicht unter Abs 4 (MünchKommBGB/Wendehorst § 312 Rn 104). Werden diese Räumlichkeiten aber in Zusammenhang mit einem Wohnungsmietvertrag zusammen mit dem Wohnraum im Rahmen eines einheitlichen Vertrags angemietet, erscheint es sachgerecht, auch die Miete dieser Räumlichkeiten als mit von Abs 4 als Wohnraummiete erfasst anzusehen, wenn die Anmietung des Wohnraums den Schwerpunkt des Vertrags darstellt (BeckOK-BGB/Martens [1. 5. 2024] § 312 Rn 47; MünchKommBGB/Wendehorst § 312 Rn 104). Ansonsten käme es zu einer künstlichen Aufspaltung eines einheitlichen Vertrags. Nicht unter Abs 4 fallen auch andere Verträge, die nur in Zusammenhang mit dem Mietvertrag abgeschlossen werden, wie der **Maklervertrag** (Erwägungsgrund 26).

c) Besichtigung

Eine Besichtigung iSd Vorschrift liegt nur bei einer **körperlichen Anwesenheit** des Mieters vor. Nicht ausreichend ist eine visuelle Besichtigung bspw via Videoübertragung oder eine noch so detaillierte Abbildung in einem Katalog (MünchKommBGB/Wendehorst § 312 Rn 106; BeckOK-BGB/Martens [1. 5. 2024] § 312 Rn 48; **aA** Spindler/Schuster/Schirmbacher Rn 68). Dies ergibt sich aus dem Gesamtkontext; auch der Gesetzgeber geht in der Gesetzesbegründung von einer körperlichen Anwesenheit des Verbrauchers aus (vgl BT-Drucks 17/12637, 48). Erforderlich ist eine Besichtigung **vor Abschluss des Vertrags**. Eine Besichtigung nach Vertragsschluss reicht nicht aus, auch wenn sie noch vor Mietbeginn erfolgt. Der Vertrag muss nicht unmittelbar im Anschluss an die Besichtigung geschlossen werden. Auch von S 2 erfasst sind nach der Gesetzesbegründung Mietverträge die in einem zweiten Termin geschlossen werden (BT-Drucks 17/12637, 48). Voraussetzung ist nur, dass eine Besichtigung vor Vertragsschluss stattgefunden hat. Die Besichtigung muss tatsächlich stattgefunden haben. Die bloße Besichtigungsmöglichkeit reicht nicht aus, egal aus welchen Gründen der Verbraucher von dieser Möglichkeit nicht Gebrauch gemacht hat (MünchKommBGB/Wendehorst § 312 Rn 107; BeckOK-BGB/Martens [1. 5. 2024] § 312 Rn 48). Aufgrund der negativen Formulierung im Gesetz hat der Vermieter das Vorliegen einer Besichtigung zu beweisen (MünchKommBGB/Wendehorst § 312 Rn 107). Findet eine Besichtigung statt, ist es aber grds irrelevant, wie gründlich der Mieter die Wohnung untersucht hat (BeckOK-BGB/Martens [1. 5. 2024] § 312 Rn 48; MünchKommBGB/Wendehorst § 312 Rn 107). Nur dann, wenn er aus Gründen, die aus der Sphäre des Vermieters stammen, an einer Besichtigung von Teilen der Wohnung gehindert ist, kann eine Besichtigung aufgrund wertender Betrachtung zu verneinen sein (MünchKommBGB/Wendehorst § 312 Rn 107), gegebenenfalls auch durch Annahme eines Umgehungstatbestands iSd § 312m Abs 1 BGB (BeckOK-BGB/Martens [1. 5. 2024] § 312 Rn 48). 59

4. Versicherungsverträge (Abs 6)

Ebenfalls nur der Minimalanwendungsbereich findet Anwendung auf Verträge über Versicherungen und auf Verträge über deren Vermittlung. Im Gegensatz zu den in Abs 2 aufgelisteten Verträgen ist aber § 312a Abs 1 BGB nicht anwendbar. Dies liegt daran, dass **§ 5 Abs 1 VVG-InfoV** eine entsprechende Offenlegungspflicht enthält (MünchKommBGB/Wendehorst § 312 Rn 115). Mit Abs 6 macht der Gesetzgeber von der Bereichsausnahme in Art 3 Abs 3 lit d VerbrRRL Gebrauch. Bereits nach altem Recht waren diese Verträge nach § 312b Abs 3 Nr 3 aF (bis 12. 6. 2014) vom Fernabsatzrecht ausgeschlossen. Die Gesetzesbegründung stützt die Ausnahmevorschrift darauf, dass im VVG und der VVG-InfoV spezielle Schutzvorschriften vorhanden 60 sind (BT-Drucks 17/12637, 49). Der Gesetzgeber hat sich dazu entschlossen, eigenständige und abgeschlossene Regelungen ins VVG einzufügen und hat auf eine Verweisung auf die Vorschriften des BGB verzichtet. Dieses Vorgehen war sinnvoll. Das VVG ist dadurch von sich aus verständlich, und seine Benutzer werden davon entlastet, weitere Gesetzestexte zu Rate ziehen zu müssen (so die Begründung des Gesetzgebers, vgl BT-Drucks 15/2946, 29). Auch die Pflicht zur Umsetzung der FernAbsFinanzDienstRL wurde erfüllt. Das von der Richtlinie geforderte Schutzniveau muss nicht notwendigerweise im Rahmen der §§ 312 ff BGB geschaffen werden. Die Vorschriften des VVG und VVG-InfoV dienen der Umsetzung der FernAbsFinanzDienstRL, die Informationsrechte in §§ 7 ff VVG und das Widerrufsrecht in §§ 152 ff VVG gelten jedoch für alle Versicherungsverträge. Es bleibt somit festzuhalten, dass für Versicherungsverträge die Regeln der §§ 312 ff BGB nur eingeschränkt gelten. Stattdessen ergeben sich Informationspflichten und das Widerrufsrecht aus den Vorschriften des VVG und der VVG-InfoV. Abs 6 enthält keine eigenständigen Definitionen der Versicherung und des **Versicherungsvermittlers**, die Begriffe sind **entsprechend §§ 1 und 59 ff VVG auszulegen** (Erman/Koch § 312 Rn 74; BeckOK-BGB/Martens [1. 5. 2024] § 312 Rn 49). Demnach ist Versicherungsvermittler ein Versicherungsvertreter oder Versicherungsmakler, der das Abschließen von Versicherungsverträgen anbietet, vorschlägt oder bei deren Verwaltung und Erfüllung mitwirkt. Solche Personen, die im Rahmen einer anderen Berufstätigkeit – etwa als Steuerberater oder Buchhalter – über Versicherungsschutz beraten, stellen keine Versicherungsvermittler dar, wenn ihre Tätigkeit nicht darauf abzielt, dem Kunden bei Abschluss eines Versicherungsvertrags behilflich zu sein (Erman/Koch § 312 Rn 74). Auch fondsgebundene Lebensversicherungen sind als Versicherungsverträge erfasst (BeckOK-BGB/Martens [1. 5. 2024] § 312 Rn 49). Vorrangiger Zweck des Vertrags muss stets die Versicherung eines Risikos sein. Dies ist nicht der Fall bei einem **Schlüssel-Fund-Vertrag**, der primär auf die Wiedererlangung des Schlüssels und nicht auf eine Kostenerstattung im Falle des endgültigen Verlusts gerichtet ist (BGH NJW 1995, 324; Erman/Koch § 312 Rn 74). Auf Dienstleistungen im Zusammenhang mit einer Versicherung, die an sich bereits unter Abs 5 fallen, kann ebenfalls Abs 6 anwendbar sein. Abs 6 geht insoweit vor (BT-Drucks 17/12637, 49).

IV. Eingeschränkter Anwendungsbereich

1. Anwendbare Vorschriften

61 Für einige Verträge gilt ein nur eingeschränkter Anwendungsbereich, der aber über den bloßen Minimalanwendungsbereich des Abs 2 hinausgeht. Der Gesetzgeber sah es für erforderlich an, neben den nach Abs 2 anwendbaren Regelungen auch weitere Vorschriften für anwendbar zu erklären, hielt die volle Geltung der §§ 312 ff BGB aber für nicht notwendig. Im Gegensatz zum Minimalanwendungsbereich gelten insbesondere die wesentlichen Vorschriften zu Fernabsatzverträgen und außerhalb von Geschäftsräumen geschlossenen Verträgen. Folgende Vorschriften der §§ 312–312h BGB sind anwendbar:

- § 312a Abs 1 BGB über die Pflicht zur Offenlegung bei Telefonanrufen,
- § 312a Abs 3 BGB über die Wirksamkeit von Vereinbarungen, die auf eine über das vereinbarte Entgelt für die Hauptleistung hinausgehende Zahlung gerichtet sind,

- § 312a Abs 6 BGB,
- § 312a Abs 4 mit Abs 6 BGB über die Wirksamkeit von Vereinbarungen eines Entgelts für die Nutzung von Zahlungsmitteln,
- §§ 312b und 312c BGB über die Definition der außerhalb von Geschäftsräumen geschlossenen Verträge und der Fernabsatzverträge,
- § 312d Abs 1 BGB mit Art 246 § 1 Abs 2 und 3 EGBGB über die Pflicht zur Information über das Widerrufsrecht und
- § 312g BGB über das Widerrufsrecht.

Zudem gelten die §§ 312i–312k BGB, da diese nicht vom Anwendungsbereich ausgenommen werden.

Nicht anwendbar sind: 62

- § 312a Abs 2 BGB mit Art 246 EGBGB über die allgemeinen Informationspflichten in Verbraucherverträgen,
- § 312a Abs 5 BGB über Entgelte für Kunden-Hotlines,
- § 312d BGB mit Art 246a EGBGB insoweit, als nicht Informationen über das Widerrufsrecht betroffen sind,
- § 312e und § 312f BGB und
- § 312h BGB über die Kündigung von Dauerschuldverhältnissen.

Wenig einleuchtend erscheint, warum der Gesetzgeber neben Art 246 § 1 Abs 2 und 63
3 nicht auch §§ 3 und 4 EGBGB für anwendbar erklärt. Denn insbesondere § 4, der die formalen Anforderungen der Erfüllung der Informationspflichten regelt, steht in einem engen Zusammenhang mit den Informationspflichten aus § 1 Abs 2 und 3 und konkretisiert diese gerade bezüglich der formalen Anforderungen (MünchKommBGB/Wendehorst § 312 Rn 92).

2. Verträge über soziale Dienstleistungen (Abs 3)

Nach Art 3 Abs 3 Nr lit a VerbrRRL ist die Richtlinie nicht auf Verträge über soziale 64
Dienstleistungen anwendbar. Von dieser Bereichsausnahme hat der deutsche Gesetzgeber nur teilweise Gebrauch gemacht. Entgegen dem Wortlaut des Art 3 Abs 3 lit a VerbrRRL ist die **Bereitstellung und Vermietung von Sozialwohnungen nicht** von der Ausnahmevorschrift **erfasst**. Für diese Verträge gilt aber § 312 Abs 4 BGB, sodass je nachdem, ob eine vorherige Besichtigung stattgefunden hat, der Minimalanwendungsbereich oder der eingeschränkte Anwendungsbereich Anwendung findet (BT-Drucks 17/12637, 48). Im Übrigen wurde der Wortlaut von Art 3 Abs 3 lit a eins zu eins übernommen. Für die von § 312 Abs 3 BGB erfassten Verträge gilt der eingeschränkte Anwendungsbereich. Die Herausnahme aus dem Vollanwendungsbereich

begründet der Gesetzgeber damit, dass soziale Dienstleistungen besonderen rechtlichen Anforderungen außerhalb des bürgerlichen Rechts unterliegen, sodass die Informationspflichten der §§ 312 ff BGB nicht passen (BT-Drucks 17/12637, 48). Dies kann insoweit nicht überzeugen, als dass nicht bei jeder Sozialdienstleistung diese Normen greifen, insbesondere da auch Sozialdienstleistungen privater Anbieter unter Abs 3 fallen. Der Gesetzgeber erachtet es aber als sachgerecht, dem Verbraucher auch bei Verträgen über Sozialdienstleistungen im Fernabsatz und bei Vertragsschluss außerhalb von Geschäftsräumen ein Widerrufsrecht einzuräumen und damit einhergehend die Information über das Widerrufsrecht zu verlangen (BT-Drucks 17/12637, 48).

65 Eine **Definition** der sozialen Dienstleistung erfolgt weder in der VerbrRRL noch im BGB. Eine Definition bereitet Schwierigkeiten, da Sozialdienstleistungen grundlegend unterschiedliche Merkmale aufweisen (Erwägungsgrund 29). In der Literatur findet sich eine Definition als Dienstleistung, die vorübergehend oder dauerhaft Hilfe bei der alltäglichen Lebensführung leistet und typischerweise (aber nicht notwendig im konkreten Fall) für hilfs- oder schutzbedürftige Dienstempfänger (nicht unbedingt den Vertragspartner) erbracht wird (Hk-BGB/Schulte-Nölke § 312 Rn 24). In Erwägungsgrund 29 werden exemplarisch aufgezählt Dienstleistungen für besonders benachteiligte oder einkommensschwache Personen, Dienstleistungen für Personen, die bei routinemäßigen Handlungen und alltäglichen Verrichtungen auf Hilfe angewiesen sind und Dienstleistungen, für Menschen, die in einer besonderen Phase ihres Lebens Hilfe, Unterstützung, Schutz oder Zuspruch benötigen. Erfasst sind unter anderem Dienstleistungen für Kinder und Jugendliche, zur Unterstützung von Familien, Alleinerziehenden und älteren Menschen und für Migranten. Unter Abs 3 fallen damit sowohl Kurzzeit- als auch Langzeitpflege, bspw von häuslichen Pflegediensten, im Rahmen von betreutem Wohnen und in Pflegeheimen. Erfasst ist auch die einmalige Pflege (BeckOK-BGB/Martens [1. 5. 2024] § 312 Rn 59). Es werden sowohl staatliche Sozialdienstleistungen durch staatlich beauftragte Dienstleister oder staatlich anerkannte Hilfsorganisationen als auch soziale Dienstleistungen privater Anbieter erfasst. In Betracht kommen beispielsweise auch Au-Pairs und Haushaltshilfen (Hk-BGB/Schulte-Nölke § 312 Rn 24). **Nicht** unter Abs 3 fallen **Behandlungsverträge** und **„Essen auf Rädern“**, wie sich systematisch aus § 312 Abs 2 Nr 7 und Nr 8 BGB ergibt (BeckOK-BGB/Martens [1. 5. 2024] § 312 Rn 59; Hk-BGB/Schulte-Nölke § 312 Rn 24). Auch Trauerreden oder andere Dienstleistungen, die nur einmalig in besonders bedrückenden Situationen nachgefragt werden, fallen nicht unter Abs 3 (BeckOK-BGB/Martens [1. 5. 2024] § 312 Rn 59). Denn die in Erwägungsgrund 29 der VerbrRRL aufgezählten Beispiele betreffen allesamt Dienstleistungen, die für Personen erbracht werden, die dauerhaft oder jedenfalls für eine Phase ihres Lebens auf Hilfe angewiesen sind. Beinhaltet ein Vertrag nur teilweise eine Sozialdienstleistung, so ist Abs 3 grds auch nur auf diesen Teil anzuwenden (Dauner-Lieb/Langen/Ring Rn 66; Hk-BGB/Schulte-Nölke § 312 Rn 24). Dies kann bspw der Fall sein bei einem Hausmeister einer Grundschule, dessen Aufgabe teilweise auch in der Kinderbetreuung besteht (Hk-BGB/Schulte-Nölke § 312 Rn 24). Jedoch kann im Einzelfall, wenn Sozialdienstleistungen eindeutig den Schwerpunkt bilden, auch auf den gesamten Vertrag der eingeschränkte Anwendungsbereich des Abs 3 anzuwenden sein (Hk-BGB/Schulte-Nölke § 312 Rn 24).

3. Begründung von Mietverträgen ohne Besichtigung uÄ (Abs 4 S 1)

Grds gilt auch für Mietverträge über Wohnraum (zum Begriff der Wohnraummiete Rn 57) **66**
der eingeschränkte Anwendungsbereich, sodass bei außerhalb von Geschäftsräumen oder im Fernabsatz geschlossenen Verträgen ein Widerrufsrecht und die Pflicht zur Belehrung darüber besteht. Nur dann, wenn der Vertrag die Begründung des Mietverhältnisses zum Gegenstand hat und vor Vertragsschluss eine Besichtigung tatsächlich stattgefunden hat, gilt nach S 2 lediglich der Minimalanwendungsbereich. Somit gilt in Abgrenzung zu S 2 der eingeschränkte Anwendungsbereich zum einen immer dann, wenn der **Mietvertrag** nicht begründet, sondern **geändert oder aufgehoben** werden soll, selbst dann, wenn eine Besichtigung stattgefunden hat. Denn bspw bei einem unangemeldeten Besuch des Vermieters zum Zwecke einer Mieterhöhung kann der Verbraucher überrumpelt werden und unter psychischem Druck stehen (BT-Drucks 17/12637, 48). Es kommt nicht darauf an, ob die Änderung wesentlich ist. Denn für eine solche Auslegung findet sich keine Stütze im Gesetz, auch eine analoge Anwendung des S 2 auf nur unwesentliche Änderungen kommt angesichts des eindeutigen Wortlauts nicht in Betracht (LG Berlin 10. 3. 2017 – 63 S 248/16, juris Rn 32). Strittig war zuletzt, ob S 1 auch die **Zustimmung** eines Mieters **zu einer Mieterhöhung nach §§ 558 ff BGB** erfasst. Teilweise wurde vertreten, diese stellten keine abschließenden Sondervorschriften dar, sodass daneben auch die § 312 ff BGB anwendbar seien (LG Berlin 10. 3. 2017 – 63 S 248/16, juris Rn 32; BeckOK-BGB/Schüller [1. 5. 2024] § 557 Rn 12). Aus dem Umstand, dass die Aufforderung zur Zustimmung zur Mieterhöhung nach § 558a Abs 1 BGB in Textform zu erfolgen hat und dem Verbraucher gemäß § 558 Abs 2 BGB eine Zwei-Wochen-Frist für die Zustimmung eingeräumt wird, könne nicht gefolgert werden, dass ein Widerrufsrecht aufgrund eines Fernabsatzgeschäfts von vorneherein ausscheidet (LG Berlin 10. 3. 2017 – 63 S 248/16, juris Rn 32; **aA** AG Gelsenkirchen 27. 4. 2016 – 202 C 3/16; LG Berlin 14. 9. 2016 – 18 S 357/15). Jedoch hat der BGH inzwischen entschieden, dass dem Mieter jedenfalls nach Zustimmung zu einem Mieterhöhungsverlangen des Vermieters bis zur ortsüblichen Vergleichsmiete kein fernabsatzrechtliches Widerrufsrecht zusteht (BGH 17. 10. 2018 – VIII ZR 94/17). Dies wurde damit begründet, dass bei Mieterhöhungen bis zur ortsüblichen Vergleichsmiete die in den §§ 558 ff BGB vorgesehenen Bestimmungen zum Schutz des Mieters dem Schutzzweck des Widerrufsrechts – Schutz vor Fehlentscheidungen aufgrund psychischen Drucks – bereits ausreichend Rechnung tragen. Es ist im Einzelfall zu prüfen, ob ein für ein Fernabsatzgeschäft erforderliches Kommunikationssystem vorliegt. Bei der Begründung des Mietverhältnisses gilt der eingeschränkte Anwendungsbereich nach S 1 dann, wenn keine vorherige Besichtigung stattgefunden hat.

V. Zusammenhängende Vorgänge bei Finanzdienstleistungen (Abs 5)

1. Finanzdienstleistungen

a) Allgemeine Definition

Abs 5 S 1 enthält eine Legaldefinition der Finanzdienstleistung. Demnach sind **67**
Finanzdienstleistungen Bankdienstleistungen sowie Dienstleistungen im Zusammenhang mit einer Kreditgewährung, Versicherung, Altersversorgung von Einzelpersonen, Geldanlage oder Zahlung. Diese Definition hat der deutsche Gesetzgeber aus Art 2 lit b FinFARL und Art 2 Nr 12 VerbrRRL übernommen. Aufgrund dieses eu-

roparechtlichen Hintergrunds ist der **Begriff europarechtlich autonom auszulegen**, auf Definitionen aus anderen nationalen Gesetzen kommt es insoweit nicht an (MünchKommBGB/Wendehorst § 312 Rn 128; Felke/Jordans WM 2004, 166).

68 Problematisch an der Legaldefinition ist, dass sie keine allgemeine Umschreibung enthält, sondern lediglich aus Beispielsfällen besteht, sodass sich die Frage stellt, ob die genannten Fälle abschließend sind oder auch funktional vergleichbare Dienstleistungen unter den Begriff der Finanzdienstleitung fallen können. Unter Berücksichtigung der Entstehungsgeschichte ist der Begriff aber grds weit auszulegen (OLG Naumburg 17. 3. 2021 – 5 U 183/20, BeckRS 2021, 35435; BeckOK-BGB/Martens [1. 5. 2024] § 312 Rn 62). In **vorherigen Entwurfsfassungen** waren noch ausführlichere Definitionen vorgesehen. So umfasste Art 2 lit b des **ersten Kommissionsvorschlags vom 19. 11. 1998** (ABl EG C 385 S 10) „jede Dienstleistung der Kreditinstitute, Versicherungsunternehmen und Investmentunternehmen gemäß den RL 89/646/EWG, RL 93/22/EWG, RL 73/239/EWG und RL 79/267/EWG" und verwies auf eine **nicht erschöpfende Liste im Anhang**. Diese Liste lautete: „1. Entgegennahme von Einlagen und anderen rückzahlbaren Geldern, 2. Darlehen, Konsumenten- und Hypothekenkredite, 3. Finanzierungsleasing, 4. Dienstleistungen des Zahlungsverkehrs, Ausgabe und Verwaltung von Zahlungsmitteln, 5. Leasinggeschäfte, 6. Bürgschaften und Eingehung von Verpflichtungen, 7. Annahme, Übermittlung und Ausführung von Aufträgen bzw Dienstleistungen im Zusammenhang mit Emissionen folgender Finanzprodukte: a) Geldmarktinstrumente, b) Wertpapiere, c) OGAW und andere Investmentpapiere, d) Termin- und Optionsgeschäfte, e) Wechselkurs- und Zinsinstrumente, 8. Portfolioverwaltung und Anlageberatung im Hinblick auf sämtliche unter Ziffer 7 aufgeführte Instrumente, 9. Wertpapieraufbewahrung und Verwaltung, 10. Schließfachverwaltung, 11. Schadensversicherung, 12. Lebensversicherung, 13. Lebensversicherung in Verbindung mit Anlagefonds, 14. Unbefristete, nicht kündbare Krankenversicherung, 15. Tilgungsvorgänge, 16. Individualpensionssysteme". Nur aufgrund von befürchteten Auslegungsschwierigkeiten wurde dieser Anhang gestrichen und eine geänderte Definition gefasst. Eine inhaltliche Änderung im Vergleich zum ersten Kommissionsvorschlag war damit nicht bezweckt. Daher kann auch die in diesem enthaltene Definition zur Auslegung herangezogen werden (MünchKommBGB/Wendehorst § 312 Rn 73). Es spricht vieles dafür, dass nach dem Willen des europäischen Gesetzgebers die im Anhang aufgelisteten Geschäfte auch von der endgültigen Definition erfasst sein sollen. Zudem kann die nicht erschöpfende Liste von Fernabsatzverträgen in Anhang II der FARL zur Auslegung herangezogen werden, auf die Art 3 Abs 1 FARL verweist (MünchKommBGB/Wendehorst § 312 Rn 73). Dieser Anhang II lautet: „Finanzdienstleistungen nach Artikel 3 Absatz 1; Wertpapierdienstleistungen; Versicherungs- und Rückversicherungsgeschäfte; Bankdienstleistungen; Tätigkeiten im Zusammenhang mit Versorgungsfonds; Dienstleistungen im Zusammenhang mit Termin- oder Optionsgeschäften. Diese Dienstleistungen umfassen insbesondere: Wertpapierdienstleistungen gemäß dem Anhang der Richtlinie 93/22/EWG (1); Dienstleistungen von Wertpapierfirmen für gemeinsame Anlagen; Dienstleistungen im Zusammenhang mit den Tätigkeiten, die im Anhang zur Richtlinie 89/646/EWG (2) genannt sind und für die die gegenseitige Anerkennung gilt; Versicherungs- und Rückversicherungsgeschäfte gemäß Artikel 1 der Richtlinie 73/239/EWG (3); dem Anhang der Richtlinie 79/267/EWG (4); der Richtlinie 64/225/EWG (5); den Richtlinien 92/49/EWG (6) und 92/96/EWG (7)".

b) Bankdienstleistungen

Bei der Qualifizierung als Bankdienstleistungen iSd Legaldefinition ist zu unterscheiden zwischen **absoluten Bankdienstleistungen**, die zum Kernbereich der Bankdienstleistungen zählen und daher unabhängig davon, ob Anbieter im konkreten Fall eine Bank oder ein sonstiger Anbieter ist, eine Bankdienstleistung iSd Abs 5 darstellen, und **relativen Bankdienstleistungen**, die zwar zum typischen Leistungsspektrum von Banken gehören, aber nicht dem Kernbereich deren Tätigkeit zuzurechnen sind und durchaus auch typischerweise außerhalb des Banksektors angeboten werden (MünchKommBGB/Wendehorst § 312 Rn 131). Letztere unterfallen nur als Bankdienstleistungen dem Begriff der Finanzdienstleistungen iSd Abs 5, wenn sie im konkreten Fall von einer Bank angeboten werden (MünchKommBGB/Wendehorst § 312 Rn 131). Dabei kommt es nicht nur auf die Bezeichnung als Bank, sondern vielmehr auf die Verkehrsanschauung an. Zu den absoluten Bankgeschäften zählen das Einlagengeschäft (Annahme und Verwaltung rückzahlbarer Gelder), das Girogeschäft (Durchführung des bargeldlosen Zahlungsverkehrs und des Abrechnungsverkehrs) und sonstige Finanztransfergeschäfte (Besorgung von Zahlungsaufträgen), das Geldkreditgeschäft (Gewährung von Darlehen), das Sortengeschäft (An- und Verkauf von Münzen und Geldnoten als gesetzliche Zahlungsmittel, und von Reiseschecks), das Diskontgeschäft (Ankauf von Wechseln und Schecks), das Garantiegeschäft (gewerbsmäßige Übernahme von Bürgschaften (Spindler/Schuster/Schirmbacher Rn 71), Garantien oder sonstigen Gewährleistungen für andere) sowie das E-Geld-Geschäft (Ausgabe und Verwaltung von elektronischem Geld) (MünchKommBGB/Wendehorst § 312 Rn 130). Auch bestimmte Wertpapierdienstleistungen (vor allem Depotgeschäft, Finanzkommissionsgeschäft) kommen in Betracht, wobei deren Einordnung als Bankgeschäfte aber letztlich nicht nötig ist, da diese jedenfalls als Dienstleistungen in Zusammenhang mit einer Geldanlage von Abs 5 erfasst sind. Als relative Bankgeschäfte einzuordnen sind die meisten übrigen Finanzdienstleistungen, die Schließfachverwaltung (vgl Anhang zum ersten Kommissionsvorschlag vom 19. 11. 1998 Rn 68) und die Immobilienvermittlung. Da hier für die Einordnung als Bankdienstleistung iSd Vorschrift die Ausführung durch eine Bank erfordert, fällt nur die Schließfachverwaltung und die Immobilienverwaltung durch eine Bank, nicht aber die Schließfachverwaltung bspw durch eine Bibliothek oder die Immobilienvermittlung durch einen Makler unter Abs 5. 69

c) Kreditgewährung

Unter Finanzdienstleistungen fallen auch Dienstleistungen im Zusammenhang mit einer Kreditgewährung. Die gewerbsmäßige Gewährung von Gelddarlehen stellt unabhängig von der Einordnung des Dienstleisters als Bank bereits eine Bankdienstleistung dar (Rn 69). Für die weitere Subsumtion ist entscheidend, was als Kredit anzusehen ist und welche Anforderungen an den Zusammenhang mit dem Kreditgeschäft zu stellen sind. 70

Erfasst ist jedenfalls die Gewährung eines Sachdarlehns (MünchKommBGB/Wendehorst § 312 Rn 133). Die Praxisrelevanz dieser Variante ist jedoch eher gering. In Betracht kommen zudem diverse Formen der Finanzierungshilfen. **Finanzierungsleasingverträge** sind zwar ihrem Wesen nach verwandt mit Mietverträgen, können aber dennoch als Finanzdienstleistungen qualifiziert werden (Spindler/Schuster/Schirmbacher Rn 70; MünchKommBGB/Wendehorst § 312 Rn 134). Denn die Leistung des Leasinggebers liegt hier nahezu ausschließlich in der Vorfinanzierung. Es ist keinerlei sachliche Nähe zum Leasinggegenstand erforderlich, den sich der Leasingnehmer regelmäßig allein nach 71 seinen Bedürfnissen aussucht (MünchKommBGB/Wendehorst § 312 Rn 134). So sind im Anhang zum ersten Kommissionsvorschlag vom 19. 11. 1998 (Rn 68) auch Leasinggeschäfte genannt. Im Gegensatz dazu finanziert bei Operatingleasingverträgen der Leasinggeber nicht die Investition des Leasingnehmers, sondern wenn überhaupt umgekehrt. Daher stellen diese Verträge ebenso wie Mietkauf-Modelle keine Finanzdienstleistungen dar (Riehm JURA 2000, 505, 509; BeckOK-BGB/Martens [1. 5. 2024] § 312 Rn 63; MünchKommBGB/Wendehorst § 312 Rn 135). Fraglich ist, ob ein **Zahlungsaufschub** oder ein **Teilzahlungsgeschäft** als Finanzdienstleistung einzuordnen sind. Von einer eigenen Dienstleistung kann aber nur gesprochen werden, wenn ein isolierter Leistungsteil besteht (MünchKommBGB/Wendehorst § 312 Rn 135). Nur dann ergibt die gesonderte Anwendung der Regelungen über Finanzdienstleistungen überhaupt Sinn. Indiz dafür ist die Entgeltlichkeit des Zahlungsaufschubs bzw der Teilzahlung. Ohne Differenz des Teilzahlungspreis gegenüber dem Barzahlungspreis bzw des Preises nach Zahlungsaufschub gegenüber dem Preis für die sofortige Zahlung scheidet in der Regel also eine Qualifizierung als Finanzdienstleistung von vorneherein aus (MünchKommBGB/Wendehorst § 312 Rn 135). Aber auch im Übrigen erscheint eine solche Einordnung problematisch. Dafür spricht zunächst, dass Zahlungsaufschübe und ähnliche Finanzierungshilfen nach der Legaldefinition in Art 3 lit c VerbrKr-RL als Kreditverträge gelten. Dies könnte auch eine parallele Auslegung für die § 312 Abs 5 BGB zugrunde liegende VerbrRRL nahelegen. Dies ist aber nicht zwingend. Die Aufspaltung solcher Geschäfte in den eigentlichen Leistungsteil und den Finanzierungsteil wirkt künstlich und würde zu einer Komplizierung der Rechtslage führen (MünchKommBGB/Wendehorst § 312 Rn 135). In den meistens Fällen würden ohnehin die §§ 506 ff BGB greifen, dessen verbraucherkreditrechtliches Widerrufsrecht nach § 312g Abs 3 BGB vorgeht. Zudem beinhalten gemäß Art 247 § 2 Abs 3 S 2 EGBGB die verbraucherkreditrechtlichen Informationspflichten die fernabsatzrechtlichen, sodass auch kaum Bedarf einer gesonderten Anwendbarkeit der §§ 312 ff BGB besteht. Daher sprechen wohl die besseren Gründe dafür, Zahlungsaufschübe und Teilzahlungen nicht als Finanzdienstleistungen zu qualifizieren und auf diese schon gar nicht eigenständig das Verbraucherrecht anzuwenden (MünchKommBGB/Wendehorst § 312 Rn 135).

72 Unter den Begriff **Verträge in Zusammenhang mit einer Kreditgewährung** fallen grds Verträge über die Vermittlung von Krediten. Die **Kreditvermittlung** wird auch in Art 21 VerbrKr-RL genannt. Als Vermittlungstätigkeit kommen sowohl das Vorstellen oder Anbieten konkreter Kreditverträge als auch der Vertragsschluss als Vertreter sowie sonstige Vorbereitungshandlungen in Betracht (MünchKommBGB/Wendehorst § 312 Rn 136). Voraussetzung ist aber der Bezug zu einem konkreten Versicherungsvertrag (MünchKommBGB/Wendehorst § 312 Rn 136). Sonst besteht kein auseichender Zusammenhang zur Kreditgewährung. Die Lieferung von Informationsbroschüren oder die Bereitstellung eines Internet-Informationsdienstes oder einer Suchmaschine, in denen sich Werbung für Kreditinstitute findet bzw die mit den Web-Seiten von Kreditinstituten verlinkt sind, stellen keine Finanzdienstleistungen dar. Dies gilt erst recht für denjenigen, der wie etwa der Internet-Service-Provider bloß die technischen Möglichkeiten dafür schafft, dass Kreditnehmer und Kreditgeber zusammenkommen (MünchKommBGB/Wendehorst § 312 Rn 136).

73 Ähnliches gilt auch für die **Kreditberatung** bzw **Schuldnerberatung**. Diese kann eine Finanzdienstleistung darstellen. Auch hier fehlt es aber am notwendigen Zusammenhang zur Kreditgewährung, wenn die Beratung nicht unmittelbar dazu dienen soll,

Entscheidungen des Verbrauchers im Hinblick auf einen künftigen oder bestehenden Kreditvertrag zu beeinflussen (MünchKommBGB/Wendehorst § 312 Rn 137). Keine Finanzdienstleistung ist daher die allgemeine Verbraucherberatung, bei der es auch um Finanzierungsfragen geht, und erst recht nicht die anwaltliche oder notarielle Beratung (MünchKommBGB/Wendehorst § 312 Rn 137).

d) Versicherung

Zwar fallen auch Versicherungsverträge unter die aus der Richtlinie übernommene **74**
Definition der Finanzdienstleistungen. Für Versicherungsverträge gilt aber nach Abs 6 nur der Minimalanwendungsbereich. In der Gesetzesbegründung wird klargestellt, dass **Abs 6** insoweit **Vorrang** hat (BT-Drucks 17/12637, 49).

e) Altersversorgung

Auch die Altersversorgung von Einzelpersonen ist in Abs 5 S 1 als ein Fall der **75**
Finanzdienstleistungen genannt. Zwar besteht in § 1 AltZertG eine Definition des Altersversorgungsvertrags. Jedoch gilt auch hier, dass eine von nationalen Definitionen losgelöste **autonome europarechtliche Auslegung** geboten ist. Solche Formen der Altersversorgung, die auch als Versicherungsverträge zu qualifizieren sind, unterfallen vorrangig Abs 6 und damit nur dem Minimalanwendungsbereich (BT-Drucks 17/12637, 49; BeckOK-BGB/Martens [1. 5. 2024] § 312 Rn 64). Daher fallen einige gängige Formen der Altersversorgung wie die Kapitallebensversicherung, die klassische Rentenversicherung, die fondsgebundene Rentenversicherung und die Rentenversicherung gegen Einmalbetrag aus dem Anwendungsbereich von Abs 5 heraus (MünchKommBGB/Wendehorst § 312 Rn 139). Zudem enthält der Wortlaut eine explizite Beschränkung auf eine **Altersversorgung von Einzelpersonen**. Dies hat zur Folge, dass die betriebliche Altersversorgung, egal ob in der Form Pensionskassen, Unterstützungskassen, Pensionsfonds oder anderen Gestaltungen, grds nicht erfasst ist (MünchKommBGB/Wendehorst § 312 Rn 139).

Es ist fraglich, ob unter den Begriff der Altersversorgung iSd Abs 5 nur die im Alter **76**
zu gewährende, einmalige, mehrmalige oder periodisch wiederkehrende Geldzahlung fällt oder auch Naturalleistungen wie Wohn- oder Pflegeleistungen. Zwar dienen auch letztere der finanziellen Absicherung und könnten damit vom Wortsinn her unter den Begriff der Altersversorgung fallen. Jedoch ist zu beachten, dass es letztlich um die Einordnung als Finanzdienstleistung geht. Nach dem allgemeinen Sprachgebrauch können solche Naturalleistungen nur schwer unter den Begriff der Finanzdienstleistungen fallen (MünchKommBGB/Wendehorst § 312 Rn 140). Systematisch fallen diese Verträge eher unter den Begriff der sozialen Dienstleistungen iSd Abs 3. Auch nennt der Anhang zum ersten Kommissionsvorschlag vom 19. 11. 1998 (Rn 68) ausdrücklich Individualpensionsverträge. Dies deutet darauf hin, dass der Unionsgesetzgeber nur Pensionsverträge, nicht aber Verträge über Naturleistungen im Blick hatte (MünchKommBGB/Wendehorst § 312 Rn 140). Auch wenn neben Geldzahlungen im Alter andere, damit sachlich zusammenhängende Leistungen gewährt werden, etwa die Versorgung von Hinterbliebenen oder die Förderung selbst genutzten Wohnungseigentums, handelt es sich um eine Altersversorgung iSd Vorschrift (MünchKommBGB/Wendehorst § 312 Rn 140).

Als Verträge in Zusammenhang mit einer Altersversorgung können auch Vermitt- **77**
lungs- und Beratungstätigkeiten Finanzdienstleistungen darstellen. Entsprechend

der Rechtslage bei Verträgen in Zusammenhang mit Kreditverträgen muss dabei aber ein Bezug zu einem konkreten Altersversorgungsvertrag vorliegen. Eine rein allgemeine Beratung, die noch nicht unmittelbar auf den Abschluss eines Altersversorgungsvertrags gerichtet ist, ist nicht erfasst.

f) Geldanlage

78 Ebenfalls Finanzdienstleistungen sind Verträge im Zusammenhang mit Geldanlagen. Nach dem allgemeinen Sprachgebrauch könnte nahezu jedes Geschäft, das nicht dem Konsum dient, als Geldanlage bezeichnet werden, bspw Aktienfonds, Edelmetalle, Immobilien, Kunstgegenstände usw (MünchKommBGB/Wendehorst § 312 Rn 142). Dann würden exorbitant viele Verträge im Zusammenhang mit einer Geldanlage stehen. Aus der Entstehungsgeschichte von Art 2 lit b FinFARL ergibt sich jedoch, dass nach dem Willen des Unionsgesetzgebers nur **Finanzinstrumente** erfasst sein sollen (MünchKommBGB/Wendehorst § 312 Rn 142; **aA** BGH 15. 5. 2024 – VIII ZR 226/22, NJW 2024, 2680 Rn 66 ff). Somit stellen insbesondere Wertpapiere (Aktien, Schuldverschreibungen, Genussscheine, Optionsscheine usw), Anteile an Anlagegesellschaften, andere Geldmarktinstrumente (zB kurzfristige Schuldscheindarlehen), Devisen und vergleichbare Rechnungseinheiten (zB ECU) sowie Derivate (Fest- und Optionsgeschäfte, Swap-Geschäfte) Finanzdienstleistungen dar (MünchKommBGB/Wendehorst § 312 Rn 142). Anteile an offenen oder geschlossenen Immobilienfonds sind ebenfalls erfasst, nicht dagegen das individuell gehaltene Immobilienvermögen, selbst wenn es ausschließlich die Funktion einer Kapitalanlage hat und von Dritten verwaltet wird (MünchKommBGB/Wendehorst § 312 Rn 142). Aufgrund der autonomen Auslegung ist nicht entscheidend, ob Erträge nach deutschem Steuerrecht als Einkünfte aus Kapitalanlagen gelten (MünchKommBGB/Wendehorst § 312 Rn 142).

Finanzdienstleistungen sind neben dem Anlagen-Handel selbst das Finanzkommissionsgeschäft (Anschaffung und Veräußerung von Finanzinstrumenten für fremde Rechnung), das Depotgeschäft (Verwahrung und Verwaltung von Wertpapieren) sowie generell die individuelle Vermögensverwaltung (Verwaltung in Finanzinstrumenten angelegter Vermögen für andere mit Entscheidungsspielraum) (MünchKommBGB/Wendehorst § 312 Rn 143). Vermittlungs- und Beratungsgeschäfte sind ebenfalls erfasst, jedoch nur, wenn sie in einem unmittelbaren Zusammenhang zum Abschluss eines Geldanlagevertrags stehen.

g) Zahlung

79 Abs 5 S 1 bezeichnet auch Verträge im Zusammenhang mit Zahlungen als Finanzdienstleistungen. Einige unter diese Variante fallenden Finanzdienstleistungen sind bereits als Bankgeschäfte erfasst. Die Abgrenzung kann sich im Einzelfall als schwierig erweisen, ist aber aufgrund derselben Rechtsfolge nicht entscheidend. Eine Zahlung iSd Vorschrift sind der Transfer eines monetären Werts vom Verbraucher auf einen Dritten im Auftrag des Verbrauchers und die für diesen Transfer notwendige Zwischenschritte (MünchKommBGB/Wendehorst § 312 Rn 144). Dabei ist die konkrete technische Realisierung (Inkassosystem, Prepaid-System usw) unerheblich (MünchKommBGB/Wendehorst § 312 Rn 144). Außer den schon als Bankdienstleistungen erfassten Verträgen liegt eine Finanzdienstleistung vor bei **Kreditkartengeschäften** (Ausgabe und Verwaltung von Kreditkarten und Reiseschecks) sowie dem Betrieb von **sonstigen Zahlungssystemen und Zahlungsplattformen** (MünchKommBGB/Wendehorst § 312 Rn 144).

Auch hier dürften Vermittlungs- und Beratungsverträge erfasst sein, sofern ein unmittelbarer Zusammenhang zur konkreten Zahlung vorliegt. 80

2. Sonderregelungen für zusammenhängende Vorgänge

Die Ausnahmevorschrift des Abs 5 beruht auf Art 1 Abs 2 FinFARL, gemäß dem 81
bei mehreren zusammenhängenden Finanzdienstleistungen die FinFARL nur auf die erste Dienstleistung Anwendung findet. Der deutsche Gesetzgeber hat diese Regelung zunächst in § 312b Abs 4 aF (bis 12. 6. 2014) für alle Verträge, also nicht nur für Finanzdienstleistungen, umgesetzt. Mit der aktuellen Regelung hat der Gesetzgeber diese zwar – entsprechend der Bereichsausnahme in Art 3 lit d VerbrRRL – wieder auf Finanzdienstleistungen beschränkt, es wird dagegen aber kein Fernabsatzvertrag mehr vorausgesetzt, sodass nun alle Vertriebsformen, insbesondere auch außerhalb von Geschäftsräumen geschlossene Verträge, erfasst sind.

Abs 5 enthält für die erfassten Finanzdienstleistungsverträge Sonderregelungen im 82
Falle zusammenhängender Vorgänge. Denn Finanzdienstleistungen werden regelmäßig in längeren Geschäftsbeziehungen aufgrund eines Rahmenvertrags – so beispielsweise beim Girovertrag § 675 f Abs 2 BGB – oder auch ohne einen solchen in ähnlicher Gestalt wiederholt abgeschlossen. Dann erscheint eine Informationspflicht nach dem ersten dieser Geschäfte überflüssig, da der Verbraucher dieselben Informationen bereits bei dem ersten Vertrag erhalten hat und somit nicht schutzbedürftig ist. Die volle Anwendung der §§ 312 ff BGB würde daher nur einen unnötigen Aufwand darstellen und hätte daher eine unverhältnismäßige Belastung des Rechtsverkehrs zur Folge (BeckOK-BGB/Martens [1. 5. 2024] § 312 Rn 66; MünchKommBGB/Wendehorst § 312 Rn 146).

3. Rahmenvereinbarungen (S 1)

a) Voraussetzungen

Abs 5 S 1 betrifft die Konstellation, dass eine erste Vereinbarung (sog Rahmenver- 83
trag) besteht mit daran anschließenden aufeinanderfolgenden Vorgängen oder einer daran anschließenden Reihe getrennter, in einem zeitlichen Zusammenhang stehender Vorgänge gleicher Art Nach Erwägungsgrund 17 der FinFARL gelten die Kontoeröffnung, der Erwerb einer Kreditkarte oder der Abschluss eines Portfolioverwaltungsvertrags als erste Vereinbarung. Schon nach dem Wortlaut des Erwägungsgrunds 17 handelt es sich nur um eine beispielhafte Aufzählung, sodass auch weitere Verträge in Betracht kommen. Jedoch müssen diese in systematischer Auslegung einen ähnlichen Charakter aufweisen wie die genannten Giro-, Kreditkarten- oder Portfolioverträge (BeckOK-BGB/Martens [1. 5. 2024] § 312 Rn 67). Der Begriff des Vorgangs wurde vom deutschen Gesetzgeber aus der FinFARL übernommen. Der Grund für diese Formulierung in der Richtlinie ist, dass die rechtliche Konstruktion je nach Mitgliedstaat unterschiedlich ausgestaltet sein könne, aber dennoch eine einheitliche Anwendbarkeit in den Mitgliedstaaten gewährleistet werden sollte (vgl Erwägungsgrund 16). Da §§ 312 ff BGB nur für Verträge gelten, kann unter dem Begriff des Vorgangs iSd § 312 Abs 5 BGB auch nur ein einzelner Vertrag zu verstehen sein, nicht jedoch reine Ausführungsakte, die keine Vertragsqualität besitzen und daher schon von vorneherein nicht in den Anwendungsbereich der §§ 312 ff BGB fallen (BeckOK-BGB/Martens [1. 5. 2024] § 312 Rn 68).

84 Die Einzelverträge bzw -vorgänge müssen sich entweder aufeinanderfolgend an den **Rahmenvertrag** anschließen oder sich als eine Reihe getrennter aber in einem zeitlichen Zusammenhang stehender, gleichartiger Vorgänge darstellen. Dabei ist fraglich, wann eine **Gleichartigkeit** zu bejahen ist. Dafür wird es ausreichend sein, dass die einzelnen Verträge standardisierte Dienstleistungen innerhalb des Rahmenvertrags zum Gegenstand haben (BeckOK-BGB/Martens [1. 5. 2024] § 312 Rn 69). Der Abschluss der Einzelverträge muss sich bereits aus dem Rahmenvertrag ergeben (MünchKommBGB/Wendehorst § 312 Rn 150). Für den zeitlichen Zusammenhang besteht keine starre Frist. Dies ergibt sich als Umkehrschluss aus S 3. Nur in diesem ist eine starre zeitliche Begrenzung vorgesehen (BeckOK-BGB/Martens [1. 5. 2024] § 312 Rn 69). Somit kommt es im Rahmen des S 1 auf eine wertende Betrachtung im Einzelfall an.

85 Nicht erfasst ist nach Erwägungsgrund 17 die Erweiterung der ersten Vereinbarung um neue Komponenten, zB um die Möglichkeit, ein elektronisches Zahlungsinstrument zusammen mit dem vorhandenen Bankkonto zu benutzen. Zusatzverträge oder Vertragsänderungen fallen also nicht unter die Ausnahmeregelung. Bei diesen kann nicht die Rede von Verträgen gleicher Art sein (Spindler/Schuster/Schirmbacher Rn 73).

b) Rechtsfolgen

86 Liegen die Tatbestandsvoraussetzungen des Abs 5 S 1 vor, so finden die §§ 312–312h BGB nur auf den Rahmenvertrag Anwendung. Für die **Folgeverträge** gelten dagegen nach S 2 **nur § 312a Abs 3, 4 und 6 BGB**. Somit besteht bei den Folgeverträgen insbesondere kein Widerrufsrecht nach § 312g BGB. Zudem sind die 312a Abs 2 und § 312d Abs 2 BGB iVm Art 246b EGBGB nicht anwendbar, sodass der Unternehmer diese Informationspflichten nur beim Rahmenvertrag beachten muss. Nach dem Wortlaut bestehen die Informationspflichten in keinem Fall auch für die Folgeverträge. Die Ausnahme beruht auf dem Gedanken, dass eine Information über Umstände, über die der Verbraucher bereits im Rahmen eines zusammenhängenden Vertrags informiert wurde, überflüssig erscheint. Dieser Gedanke kann selbstverständlich aber nur dann fruchtbar gemacht werden, wenn die entsprechende Information auch bereits erfolgt ist. Weicht ein Folgevertrag von dem Rahmenvertrag insoweit ab, sodass Umstände bestehen, über die bezüglich des Rahmenvertrags nicht informiert werden musste, über die aber bei Geltung der § 312a Abs 2 BGB und § 312d Abs 2 BGB iVm Art 246b EGBGB informiert werden müsste, so entspricht es nicht dem Zweck der Ausnahmevorschrift, der ja nur eine wiederholte, nicht aber die erste Information zur Erleichterung des Rechtsverkehrs verhindern soll, den Unternehmer von der Informationspflicht zu befreien. In diesem Fall gebietet der Verbraucherschutz die Information. Der Verbraucher soll wenigstens einmal informiert werden (BeckOK-BGB/Martens [1. 5. 2024] § 312 Rn 70). Aufgrund einer teleologischen Reduktion des Abs 5 muss der Unternehmer den Verbraucher im Zuge der Information über den Rahmenvertrag auch über die spezifisch nur die Folgeverträge betreffenden Umstände informieren. Ändern sich nach Abschluss des Rahmenvertrags solche Umstände, ist auch hier der Verbraucher entsprechend zu informieren (MünchKommBGB/Wendehorst § 312 Rn 118; BeckOK-BGB/Martens [1. 5. 2024] § 312 Rn 70). Selbiges muss auch gelten, wenn der Unternehmer pflichtwidrig den Verbraucher im Rahmenvertrag nicht oder unzureichend informiert hat. Dann trifft den Unternehmer diese Informationspflicht – auch bezüglich der Umstände, die nicht spezifisch den Folgevertrag, sondern auch bereits den Rahmenvertrag betreffen – auch bei Abschluss des Folgevertrags.

Denn das Fehlen der Informationspflicht rechtfertigt sich nur, soweit tatsächlich eine Information stattgefunden hat.

4. Wiederholte Vorgänge (S 3)

Abs 5 S 3 betrifft die Konstellation, dass zwar kein Rahmenvertrag vorliegt, zusammenhängende Verträge aber dennoch aufeinander folgen. Es muss sich bei diesen Verträgen um Vorgänge iSd S 1 handeln, dh es muss sich auch hier um eine **Reihe Verträge gleicher Art** handeln, die in einem zeitlichen Zusammenhang stehen. In Erwägungsgrund 17 der FinFARL sind Zeichnungen neuer Anteile desselben Investmentfonds als Beispiel für „aufeinander folgende Vorgänge der gleichen Art" genannt. Da im Gegensatz zu S 1 kein Rahmenvertrag erforderlich ist, erweist sich hier eine Eingrenzung schwieriger. Es sind, auch um eine ausufernde Anwendung zu verhindern, erhöhte Anforderungen an die Merkmale des Reihencharakters, der Gleichartigkeit und des zeitlichen Zusammenhangs zu stellen (MünchKommBGB/Wendehorst § 312 Rn 153). Das Beispiel der Zeichnung neuer Anteile kann dabei als Vergleichsmaßstab für eine Ähnlichkeit der Verträge herangezogen werden (MünchKommBGB/Wendehorst § 312 Rn 153). 87

Das Merkmal einer Reihe von Verträgen liegt nur dann vor, wenn anzunehmen ist, dass der Verbraucher die im Zuge des ersten Vertrags nach § 312d Abs 2 BGB iVm Art 246b EGBGB erteilten, auf einem dauerhaften Datenträger gespeicherten Informationen bis zum Abschluss der weiteren Vereinbarung aufbewahrt und daher auf diese zurückgreifen kann. Dies kommt bspw in Betracht, wenn mit dem ersten Vertrag eine längerfristige Vertragsbeziehung, insbesondere ein Dauerschuldverhältnis, begründet wurde oder im ersten Vertrag bereits Aussagen zu Folgeverträgen getroffen werden, etwa Sonderkonditionen für folgende Transaktionen vereinbart werden. Ansonsten ist nicht davon auszugehen, dass der Verbraucher noch über die entsprechenden Informationen verfügt. So reicht ein bloß punktueller Leistungsaustausch nicht aus, bei dem der Verbraucher die erteilten Informationen bis zu einem Folgevertrag in der Regel vergisst oder vernichtet (MünchKommBGB/Wendehorst § 312 Rn 154). 88

Für eine Gleichartigkeit der Verträge ist erforderlich, dass die (hypothetisch) zu erteilenden Informationen im Wesentlichen identisch sind. Abweichungen hinsichtlich der Liefermenge, des Liefertermins oder ähnlicher Spezifizierungen sind aber unschädlich. Der weitere Vertrag muss seinem Gesamtbild nach eine solche Ähnlichkeit zum ersten Vertrag aufweisen, dass ein durchschnittlicher Verbraucher die zum ersten Vertrag erteilten Informationen verwenden wird, um sich über den Folgevertrag zu informieren (MünchKommBGB/Wendehorst § 312 Rn 155; Kocher DB 2004, 2679, 2680). 89

Als Folge treffen den Unternehmer die Informationspflichten nur beim ersten dieser Verträge. Dies gilt aber nur dann, wenn zwischen den Verträgen **nicht mehr als ein Jahr** liegt. Dann gilt nach **S 4** der nächste Vertrag als erster Vertrag iSd S 3, sodass bei diesem die Informationspflichten wieder zu beachten sind. Denn schließen sich an den ersten Vorgang weitere an, so ist der Verbraucher zumindest dann nicht im selben Maße schutzbedürftig, wenn zwischen dem ersten und dem zweiten Vorgang nicht mehr als ein Jahr vergangen ist. Dann sind ihm die Informationen vor einer überschaubaren Zeit zugetragen worden und der Verbraucher ist daher im Besitz al- 90 ler notwendigen Informationen. Vergeht zwischen dem ersten und dem zweiten Vorgang dagegen mehr als ein Jahr, so ist nach der Wertung des Gesetzes genügend Zeit ins Land gegangen, um eine erneute Informationspflicht des Unternehmers zu begründen.

91 Richtigerweise kann die Rechtsfolge des § 312 Abs 5 S 3 BGB nur eintreten, sofern die zu dem erstmaligen Vorgang gegebenen Informationen für alle weiteren Vorgänge den Angaben des § 312c BGB mit Art 246 §§ 1, 2 EGBGB genügen. Auch hier ist wie bei S 1 eine teleologische Reduktion vorzunehmen, wenn über grds der Informationspflicht unterliegende Umstände nicht bereits in dem ersten Vertrag informiert wurde.

92 Abs 5 S 3 bestimmt zwar, dass „die Vorschriften über Informationspflichten des Unternehmers" nicht gelten. Es fehlt aber an einer eindeutigen Bestimmung, was unter den **Vorschriften über Informationspflichten des Unternehmers** im Einzelnen zu verstehen ist. So wird auch auf keine Normen verwiesen. Der Begriff ist anhand einer richtlinienkonformen Auslegung des Art 1 Abs 2 S 2 und 3 FinFARL zu bestimmen. Denn nach Art 1 Abs 2 S 2 und 3 FinFARL sind im Fall einer ohne Rahmenvertrag verbundenen Reihe von Finanzdienstleistungen lediglich Art 3 FinFARL über die Unterrichtung des Verbrauchers vor Vertragsschluss und Art 4 FinFARL über zusätzliche Auskunftspflichten bloß auf den ersten Vertrag der Reihe anwendbar. Auf Art 5 FinFARL über die Übermittlung der Vertragsbedingungen und Vorabinformationen wird dagegen nicht Bezug genommen. Dies könnte bedeuten, dass auch Art 5 FinFARL uneingeschränkt Anwendung findet. Träfen den Unternehmer allerdings die Pflichten aus Art 5 FinFARL auch bei den Folgeverträgen in vollem Umfang, sodass er dem Verbraucher jeweils die gesamte Vertragsdokumentation zur Verfügung stellen müsste, liefe die durch Art 1 Abs 2 S 2 und 3 FinFARL bezweckte Erleichterung letztlich leer. Sachgerecht erscheint es daher, dass Abs 5 FinFARL nur insoweit anwendbar bleibt, als dass der Verbraucher auch anlässlich jedes einzelnen Folgevertrags eine entsprechende Dokumentation anfordern kann. Diese Pflicht besteht daher auch nach § 312d Abs 2 BGB iVm Art 246b § 2 Abs 2 EGBGB (BeckOK-BGB/Martens [1. 5. 2024] § 312 Rn 73; MünchKommBGB/Wendehorst § 312 Rn 157).

93 Anders als bei Vorliegen einer Rahmenvereinbarung nach S 1 bleibt ein **Widerrufsrecht** in der Fallgruppe der ohne Rahmenvertrag aufeinanderfolgenden Vorgänge in jedem Fall bestehen (Hk-BGB/Schulte-Nölke § 312 Rn 28; BeckOK-BGB/Martens [1. 5. 2024] § 312 Rn 72; **aA** wohl Spindler/Schuster/Schirmbacher Rn 74). Dies ergibt sich aus dem eindeutigen Wortlaut des S 3, der im Gegensatz zu S 1 nur die Anwendbarkeit der Informationspflichten regelt. Die sonstigen Vorschriften der §§ 312–312h BGB bleiben somit unberührt. Es finden also auch § 312a Abs 1, 3–6 BGB sowie § 312h BGB Anwendung.

VI. Pauschalreiseverträge (Abs 7)

94 Durch Art 27 der **Pauschalreise-RL (Richtlinie 2015/2302/EU)** wurde Art 3 Abs 3 lit g VerbrRRL geändert, was eine Anpassung der Regelungen über die Anwendbarkeit der §§ 312 ff BGB auf Pauschalreiseverträge notwendig machte. Mit Wirkung zum 1. 7. 2018 wurde daher durch das Dritte Gesetz zur Änderung reiserechtlicher Vorschriften § 312 Abs 2 Nr 4 BGB aufgehoben und eine differenzierte, den Vorgaben der Pauschalreise-RL entsprechende Regelung in dem neu eingefügten Abs 7 aufgenommen. Art 3 Abs 3 lit g VerbrRRL nimmt nun zwar grds Pauschalreiseverträge von dem Anwendungsbereich der VerbrRRL aus, sieht jedoch zugleich vor, dass bestimmte Regelungen der VerbrRRL für Pauschalreiseverträge entsprechend gelten. Dieser Bereichsausnahme liegt der Gedanke zu Grunde, dass die Regelungen der Pauschalreise-RL bereits durch speziellere Vorschriften den Verbraucherschutz gewährleisten (Erwägungsgrund 32 VerbRRL). Die Pauschalreise-Richtlinie wurde vom deutschen Gesetzgeber in den §§ 651a ff BGB umgesetzt. Auch der deutsche Gesetzgeber begründet mit dem Schutzniveau durch diese Vorschriften die Herausnahme der Reiseverträge aus dem Vollanwendungsbereich der §§ 312 ff BGB (BT-Drucks 17/12637, 46 f; kritisch dazu Föhlisch/Dyakove MMR 2013, 3, 5; MünchKommBGB/Wendehorst § 312 Rn 119).

Dementsprechend regelt § 312 Abs 7 S 1 BGB, dass auf **Pauschalreiseverträge** iSd § 651a und 651c BGB **(nur) die § 312a Abs 3–6, §§ 312i, 312j Abs 2–5 und § 312m BGB anwendbar** sind. Klargestellt wird in HS 2, dass dies **auch dann** gilt, **wenn der Reisende kein Verbraucher ist**. Insoweit wird also der Anwendungsbereich der VerbrRRL erweitert (vgl BT-Drucks 18/10822, 64). Dies beruht darauf, dass Art 3 Abs 3 lit g VerbrRRL auf den Begriff des Reisenden aus Art 3 Nr 6 der Pauschalreise-RL verweist. Dieser wiederum erfasst grds auch Unternehmer (vgl dazu auch Führich NJW 2017, 2945, 2946). Dies gilt nach Art 2 Abs 2 lit c, der in § 651a Abs 5 Nr 3 BGB umgesetzt wurde, jedoch **nicht für Geschäftsreisen**, die **auf Grundlage eines Rahmenvertrags** organisiert werden (vgl auch BT-Drucks 18/10822, 64). Die genannten Vorschriften sind generell auf Pauschalreiseverträge anzuwenden, unabhängig davon, in welcher Vertriebsform sie geschlossen werden, also auch bei Vertragsschluss im stationären Handel. Auch auf eine vorhergehende Bestellung des Verbrauchers in Bezug auf die Vertragsverhandlungen kommt es für die Anwendbarkeit dieser Vorschriften nicht mehr an (BT-Drucks 18/10822, 63 f). 95

S 2 regelt die **Anwendbarkeit des § 312g Abs 1 BGB** und somit des **Widerrufsrechts** auf 96
Pauschalreiseverträge. Ein Widerrufsrecht ist in der Pauschalreise-RL zwar nicht vorgeschrieben, jedoch besteht in Art 12 Abs 5 eine Ermächtigung an die Mitgliedstaaten, ein Widerrufsrecht einzuräumen. Davon hat der deutsche Gesetzgeber in S 2 Gebrauch gemacht. Anders als für die sonstigen nach S 1 anwendbaren Vorschriften ist hier erforderlich, dass der Reisende ein Verbraucher ist. Bei Geschäftsreisen besteht also von vorneherein kein Widerrufsrecht. Aber auch Verbraucherverträge über Pauschalreisen sind nicht per se widerrufbar. So muss der Vertrag nach S 2 **außerhalb von Geschäftsräumen** geschlossen worden sein. Dies beruht auf Art 12 Abs 5 Pauschalreise-RL, der nur für diese Vertriebsform ein Widerrufsrecht zulässt. Auch wenn der Reisende ein Verbraucher ist, hat dieser also kein Widerrufsrecht, wenn er den Pauschalreisevertrag im stationären Handel oder im Fernabsatz geschlossen hat. Dahinter wird wohl der Gedanke stehen, dass die typische Gefahr im Fernabsatz, die darin besteht, dass die Ware oder Dienstleistung nicht begutachtet werden kann, bei einem Pauschalreisevertrag gerade typisch ist und der Verbraucher im Fernabsatz etwa durch Bilder oder Videos von den Reiseleistungen in gleichem Maße informiert werden kann wie dies im stationären Handel über Kataloge möglich ist. Dagegen ist der Verbraucher bei außerhalb von Geschäftsräumen geschlossenen Pauschalreiseverträgen ebenso vor einer Überrumpelung zu schützen wie bei anderen Vertragsinhalten. So auch die Gesetzesbegründung, wonach in den klassischen

Haustürgeschäften, insbesondere bei Vertragsabschluss auf einer „Kaffeefahrt", besonderer Schutz zu gewähren ist (BT-Drucks 17/13951, 62).

97 Das Widerrufsrecht des Verbrauchers besteht jedoch dann **nicht, wenn die mündlichen Verhandlungen, auf denen der Vertragsschluss beruht, auf seiner vorhergehenden Bestellung geführt worden**. Beruhen die Verhandlungen auf einer vorherigen Bestellung des Verbrauchers, befindet sich dieser nicht in einer Überrumpelungssituation und ist dementsprechend weniger schutzwürdig (BT-Drucks 17/13951, 62). Der Gesetzgeber bezeichnet solche Vertragsschlüsse als ein „im Interesse aller Beteiligten liegendes Geschäftsmodell von Reiseunternehmen" (BT-Drucks 17/13951, 62).

98 Ob eine „vorherige Bestellung des Verbrauchers" vorliegt, bemisst sich nach den Grundsätzen, die zu § 312 Abs 3 aF (bis 12. 6. 2014) galten, in denen dieselbe Voraussetzung für den Ausschluss des Widerrufsrechts statuiert war (BeckOK-BGB/Martens [1. 5. 2024] § 312 Rn 55): Die Bestellung enthält die Aufforderung an den Unternehmer und damit die Willensäußerung des Verbrauchers, ihn an einem Ort außerhalb der Geschäftsräume zwecks Vertragsverhandlungen aufzusuchen. Die Bestellung des Unternehmers durch den Verbraucher muss eindeutig zum Zweck des Führens konkreter Vertragsverhandlungen erfolgen (BGH NJW 2008, 3423, 3424; OLG Köln NJW 1988, 1985, 1986). Allein bei dieser Erwartung kann der Verbraucher die nötige Vorbereitung treffen und einer Überrumplung entgegentreten. Die Bestellung muss den Gegenstand der Verhandlung hinreichend konkret bezeichnen und sich auf eine bestimmte Art von Leistungen beziehen. Eine Überrumplung ist sodann nur auf für solche Verhandlungsinhalte ausgeschlossen, die den Einladungsinhalten im Wesentlichen entsprechen (BGH NJW 2010, 2868, 2869 ff; Gutzeit NJW 2010, 2672). Die Äußerung eines lediglich allgemeinen Interesses am Angebot des Unternehmers reicht nicht zur Annahme einer vorhergehenden Bestellung (BGH NJW 2010, 2868, 2869), ebenso wenig die Einladung zu einer allgemeinen unverbindlichen Information oder Präsentation (BGH NJW 2010, 2868, 2869; BGH BGHZ 109, 127). Eine „Bestellung" beschränkt sich auf die **Initiative des Verbrauchers** (BGH NJW 1994, 3351, 3352; Hopt NJW 1985, 1665). Sie darf nicht von dem Unternehmer ausgehen (OLG Köln NJW-RR 1991, 377; OLG Frankfurt NJW-RR 1989, 494). Soll auf Anregung des Verbrauchers eine Terminabsprache erfolgen, so muss deutlich werden, dass nicht nur ein unverbindlicher Besuch erfolgen, sondern dieser zu konkreten Vertragsverhandlungen führen soll (BGH NJW 1990, 181, 183; OLG Düsseldorf NJW-RR 1992, 506). Eine „vorhergehende Bestellung des Kunden" liegt nach der Rechtsprechung des BGH jedenfalls dann nicht vor, wenn sich der Kunde im Verlauf eines nicht von ihm veranlassten Telefonanrufs des Anbieters mit einem Hausbesuch einverstanden erklärt (BGH NJW 1990, 181). Die Aufforderung darf von dem Unternehmer nicht provoziert bzw durch überraschenden Anruf oder Besuch herbeigeführt werden. Hierzu gehört auch die überraschende telefonische bzw persönliche Nachfrage, ob ein Besuch erwünscht sei (BGH WM 1982, 1429, 1430; OLG Schleswig NJOZ 2005, 727, 732). Bei der Bestellung handelt es sich nicht um eine Willenserklärung, sondern um eine geschäftsähnliche Handlung. Daher ist sie jederzeit widerrufbar (BGH WM 1989, 1083, 1084; LG Baden-Baden BB 1987, 1066, 1067). Der bestellende Verbraucher kann sich bei der Bestellung eines Dritten bedienen, indem er ihn hierzu ermächtigt (entspr § 164 BGB), eine Anscheinsvollmacht ist aber nicht möglich (Fischer/Machunsky [2. Aufl 1995] § 1 HWiG Rn 225). Die Aufforderung ist nicht formbedürftig, sie kann also schriftlich, mündlich oder telefonisch erfolgen (BGH NJW 2001, 509), auch formularmäßig, zB durch Ankreuzen einer Antwort-

karte. Die Bestellung muss der Vertragsverhandlung außerhalb von Geschäftsräumen vorangehen, dh sie muss **vor der Aufnahme der Vertragsverhandlungen** liegen, kann also nicht im Rahmen bereits aufgenommener mündlicher Verhandlung durch eine Genehmigung nachgeholt werden (Reinicke/Tiedtke [8. Aufl 2009] Rn 1275). In allen Fällen eines außerhalb von Geschäftsräumen geschlossenen Vertrags, in denen keine vorherige Bestellung durch den Verbraucher vorliegt, gilt nur der Minimalanwendungsbereich.

VII. Personenbeförderungsverträge (Abs 8)

Absatz 8 ist mit Wirkung zum 28. 5. 2022 neu eingefügt worden und ersetzt die in **99** Abs 2 Nr 5 aF geregelte Ausnahme für Beförderungsverträge. Auch Verträge über Personenbeförderung fallen nur unter den Minimalanwendungsbereich. Diese Ausnahme geht auf die Bereichsausnahme in Art 3 Abs 3 lit k VerbrRRL zurück. Der Grund für diese Bereichsausnahme besteht darin, dass die Personenbeförderung bereits Gegenstand **spezieller unionsrechtlicher (beispielsweise die Fluggastrechte-Verordnung) und nationaler Regelungen** ist, die laut Gesetzesbegründung ausreichend Schutz bieten (BT-Drucks 17/12637, 47; Erwägungsgrund 26). Da diese Regelungen aber keine besonderen Schutzvorschriften für im Fernabsatz oder außerhalb von Geschäftsräumen geschlossene Verträge beinhalten, erscheint diese Begründung verfehlt (MünchKommBGB/Wendehorst § 312 Rn 62125).

Ein Personenbeförderungsvertrag liegt vor, wenn Vertragsgegenstand die Ortsverän- **100** derung einer natürlichen Person ist. Dabei sind die Art (per Bus, Bahn, Schiff, Flugzeug etc) und der Zweck der Beförderung sowie Zeitraum und Dauer irrelevant (MünchKommBGB/Wendehorst § 312 Rn 122). Es kommt auch nicht darauf an, ob die Beförderung touristischer oder nicht-touristischer Natur ist. Nicht erfasst sind Verträge, bei denen nicht die Beförderung zu einem anderen Ort, sondern die Freude an der Bewegung im Vordergrund steht, sodass die Fahrt mit einem Jahrmarktfahrtgeschäft nicht unter Abs 8 fällt (MünchKommBGB/Wendehorst § 312 Rn 123). Ebenfalls nicht erfasst sind Verträge über die Vermietung von Kraftfahrzeugen zur Personenbeförderung (so auch MünchKommBGB/Wendehorst § 312 Rn 124). Dies ergibt sich aus der Gesetzessystematik: Für diese Verträge besteht nach § 312g Abs 2 Nr 9 BGB nur kein Widerrufsrecht, die sonstigen Vorschriften der §§ 312 ff BGB sollen aber anwendbar bleiben (BeckOK-BGB/Martens [1. 5. 2024] § 312 Rn 55b; **aA** Dauner-Lieb/Langen/Ring Rn 44; Härting, Internetrecht Rn 1126). Auch der Transport von Waren (etwa durch Möbeltransportunternehmen) ist nicht erfasst, sowie Verträge über die bloße Vermittlung von Beförderungsleistungen (Spindler/Schuster/Schirmbacher Rn 41). Keine Anwendung findet die Bereichsausnahme auf Sachverhalte, in denen der Verbraucher als Gegenleistung nicht unmittelbar eine Beförderungsleistung erhält, sondern vielmehr das Recht erhält, bei künftig abzuschließenden Beförderungsverträgen einen Rabatt zu erhalten, wie es etwa bei der „BahnCard 25“ der Fall ist (EuGH BeckRS 2020, 3315).

§ 312a
Allgemeine Pflichten und Grundsätze bei Verbraucherverträgen; Grenzen der Vereinbarung von Entgelten

(1) Ruft der Unternehmer oder eine Person, die in seinem Namen oder Auftrag handelt, den Verbraucher an, um mit diesem einen Vertrag zu schließen, hat der Anrufer zu Beginn des Gesprächs seine Identität und gegebenenfalls die Identität der Person, für die er anruft, sowie den geschäftlichen Zweck des Anrufs offenzulegen.

(2) Der Unternehmer ist verpflichtet, den Verbraucher nach Maßgabe des Artikels 246 des Einführungsgesetzes zum Bürgerlichen Gesetzbuche zu informieren. Der Unternehmer kann von dem Verbraucher Fracht-, Liefer- oder Versandkosten und sonstige Kosten nur verlangen, soweit er den Verbraucher über diese Kosten entsprechend den Anforderungen aus Artikel 246 Absatz 1 Nummer 3 des Einführungsgesetzes zum Bürgerlichen Gesetzbuche informiert hat. Die Sätze 1 und 2 sind weder auf außerhalb von Geschäftsräumen geschlossene Verträge noch auf Fernabsatzverträge noch auf Verträge über Finanzdienstleistungen anzuwenden.

(3) Eine Vereinbarung, die auf eine über das vereinbarte Entgelt für die Hauptleistung hinausgehende Zahlung des Verbrauchers gerichtet ist, kann ein Unternehmer mit einem Verbraucher nur ausdrücklich treffen. Schließen der Unternehmer und der Verbraucher einen Vertrag im elektronischen Geschäftsverkehr, wird eine solche Vereinbarung nur Vertragsbestandteil, wenn der Unternehmer die Vereinbarung nicht durch eine Voreinstellung herbeiführt.

(4) Eine Vereinbarung, durch die ein Verbraucher verpflichtet wird, ein Entgelt dafür zu zahlen, dass er für die Erfüllung seiner vertraglichen Pflichten ein bestimmtes Zahlungsmittel nutzt, ist unwirksam, wenn

1. für den Verbraucher keine gängige und zumutbare unentgeltliche Zahlungsmöglichkeit besteht oder

2. das vereinbarte Entgelt über die Kosten hinausgeht, die dem Unternehmer durch die Nutzung des Zahlungsmittels entstehen.

(5) Eine Vereinbarung, durch die ein Verbraucher verpflichtet wird, ein Entgelt dafür zu zahlen, dass der Verbraucher den Unternehmer wegen Fragen oder Erklärungen zu einem zwischen ihnen geschlossenen Vertrag über eine Rufnummer anruft, die der Unternehmer für solche Zwecke bereithält, ist unwirksam, wenn das vereinbarte Entgelt das Entgelt für die bloße Nutzung des Telekommunikationsdienstes übersteigt. Ist eine Vereinbarung nach Satz 1 unwirksam, ist der Verbraucher auch gegenüber dem Anbieter des Telekommunikationsdienstes nicht verpflichtet, ein Entgelt für den Anruf zu zahlen. Der Anbieter des Telekommunikationsdienstes ist berechtigt, das Entgelt für die bloße Nutzung des Telekommunikationsdienstes von dem Unternehmer zu verlangen, der die unwirksame Vereinbarung mit dem Verbraucher geschlossen hat.

(6) Ist eine Vereinbarung nach den Absätzen 3 bis 5 nicht Vertragsbestandteil geworden oder ist sie unwirksam, bleibt der Vertrag im Übrigen wirksam.

Materialien: Zum Gesetz zur Umsetzung der Verbraucherrechterichtlinie und zur Änderung des Gesetzes zur Regelung der Wohnungsvermittlung: Richtlinie 2011/83/EU über die Rechte der Verbraucher, zur Änderung der Richtlinie 93/13/EWG des Rates und der Richtlinie 1999/44/EG des Europäischen Parlaments und des Rates sowie zur Aufhebung der Richtlinie 85/577/EWG des Rates und der Richtlinie 97/7/EG des Europäischen Parlaments und des Rates (ABl EU Nr L 304/64); Richtlinie 2002/65/EG des Europäischen Parlaments und des Rates vom 23. September 2002 über den Fernabsatz von Finanzdienstleistungen an Verbraucher und zur Änderung der Richtlinie 90/619/EWG des Rates und der Richtlinien 97/7/EG und 98/27/EG (ABl EG Nr L 271/16); Regierungsentwurf BT-Drucks 17/12637; Art 246 EGBGB (BGBl I Nr 12, 396).

Systematische Übersicht

Alphabetische Übersicht

I. Allgemeines

1 In § 312a BGB sind eine Reihe unterschiedlicher Pflichten und Grundsätze für Verbraucherverträge enthalten. Diese gelten grds für alle Verbraucherverträge, unabhängig von dem Gegenstand des Vertrags oder der Vertriebsform. Sie gelten also sowohl im Fernabsatz und bei außerhalb von Geschäftsräumen geschlossenen Verträgen als auch im stationären Handel – mit Ausnahme des Abs 2, der nach Abs 2 S 3 nur im stationären Handel und zudem nicht auf Finanzdienstleistungen anwendbar ist. Daher wurden diese Regelungen zusammengefasst vor die Klammer gezogen. § 312a BGB enthält eine Offenlegungspflicht bei Telefonanrufen in Abs 1, eine allgemeine Informationspflicht in Abs 2 sowie Anforderungen an die Wirksamkeit der Vereinbarung von zusätzlichem Entgelt in den Abs 3–5. Die Regelungen des § 312a BGB gehen allesamt auf die VerbrRRL zurück. Die Offenlegungspflicht des Abs 1 war aber bereits in der Fernabsatzfinanzdienstleistungs-Richtlinie vorgesehen.

II. Offenlegungspflicht bei Telefonanrufen (Abs 1)

1. Allgemeines

2 Abs 1 beruht auf Art 8 Abs 5 VerbrRRL. Die Regelung entspricht im Wesentlichen § 312c Abs 2 aF (bis 12. 6. 2014), der Art 4 Abs 3 Fernabsatz-Richtlinie umsetzte. In

Umsetzung des Art 8 Abs 5 VerbrRRL besteht nun im Vergleich zur vorherigen Rechtslage auch die Pflicht zur Offenlegung der Person, in deren Auftrag der Anruf erfolgt. Die Vorschrift dient zugleich der Umsetzung von Art 3 Abs 3 Fernabsatzfinanzdienstleistungs-Richtlinie (vgl BT-Drucks 17/12637, 51). Obwohl Art 8 Abs 5 VerbrRRL einen Anruf im Hinblick auf den Abschluss eines Fernabsatzvertrags fordert, hat der deutsche Gesetzgeber die Offenlegungspflicht auf alle telefonischen Kontaktaufnahmen des Unternehmers mit einem Verbraucher zwecks eines Vertragsschlusses erweitert. Diese Erweiterung dürfte allerdings trotz des Prinzips der Vollharmonisierung aus Art 4 VerbrRRL unschädlich sein. Denn es ist nicht anzunehmen, dass der RL-Gesetzgeber eine Beschränkung des allgemeinen, nach Lauterkeitsrecht und § 242 BGB bestehenden Verbots getarnter Werbeanrufe tatsächlich auf Fernabsatzverträge im technischen Sinn wollte. § 312a Abs 1 BGB ist somit auch dann anwendbar, wenn die besonderen Voraussetzungen von § 312c BGB nicht erfüllt sind, zB mangels Fernabsatzsystems oder weil ein relevanter Kontakt bei gleichzeitiger physischer Anwesenheit der Parteien stattgefunden hat oder noch vor Vertragsschluss stattfinden soll (MünchKommBGB/Wendehorst § 312a Rn 2).

Nutzt der Unternehmer das Telefon, um mit dem Verbraucher in Kontakt zu treten, 3
greift er in besonderer Weise in dessen Privatsphäre ein. Er stört den Verbraucher in dessen vier Wänden und damit in seinem ureigenen persönlichen Rückzugsgebiet. Der Verbraucher ist hier in besonderem Maße schutzwürdig. Zum einen bringt das Telefongespräch eine größere Überrumpelungsgefahr als andere Fernkommunikationsmittel (vgl auch Lütcke [2002] § 312c aF [bis 12. 6. 2014] Rn 74). Ein geschulter Verkäufer kann Verbraucher schnell davon überzeugen, Waren zu kaufen, die der Verbraucher an und für sich nicht benötigt. Auf der anderen Seite muss der Verbraucher vor Telefongesprächen besonders geschützt werden, weil sie massiver in seine Privatsphäre eindringen als etwa Briefe oder Kataloge. Wie sich schon aus der Formulierung „Ruft … an" ergibt, ist die Vorschrift nicht auf klassische „Telefongespräche" begrenzt, sondern erfasst jede **technisch vermittelte verbale Echtzeitkommunikation**, insbes auch sog **Voice-over-IP-Gespräche**. Auch hier erfolgt ein Eingriff in die Privatsphäre des Verbrauchers (Erman/Koch § 312a Rn 3).

Der Gesetzgeber stellt in der Begründung zu Abs 1 ausdrücklich klar, dass die Rege- 4
lung keine Rechtsgrundlage für Anrufe durch den Unternehmer schafft, sondern eine solche voraussetzt (BT-Drucks 17/12637, 51). Die höchstrichterliche Rechtsprechung zu § 1 UWG und zu §§ 823, 1004 BGB besagt seit langem, dass individuelle Werbeanrufe uÄ ohne Zustimmung des Verbrauchers als wettbewerbsrechtlich unzulässig anzusehen sind (vgl BGH 25. 1 2001 – I ZR 53/99, NJW-RR 2002, 326, 328 mwNw). Das Verbot ist nunmehr auch in § 7 Abs 2 Nr 2 UWG niedergelegt worden. Der Verbraucher muss also nach deutschem Recht stets ausdrücklich oder stillschweigend sein Einverständnis dazu erklären, dass der Unternehmer ihn anruft (opt-in). Wird er ohne sein Einverständnis kontaktiert, stehen ihm aus §§ 8 bzw 9 iVm 7 Abs 2 Nr 2 UWG und aus §§ 823, 1004 BGB Unterlassungs- und Schadensersatzansprüche zu. Die Offenlegungspflicht gilt sowohl für zulässige als auch für unzulässige Werbeanrufe (Hk-BGB/Schulte-Nölke § 312a Rn 2).

2. Anwendungsbereich

5 Nach Abs 1 muss der Unternehmer nur, wenn er oder eine Person, die in seinem Namen oder Auftrag handelt, den Verbraucher anruft, seine **Identität** und den **geschäftlichen Zweck** des Gespräches ausdrücklich offen legen. § 312c Abs 2 aF (bis 12. 6. 2014) stellte auf die **Veranlassung** des Telefongesprächs **durch den Unternehmer** ab. Letztendlich wird aufgrund des Zwecks der Vorschrift, die einer besonderen Überrumpelungsgefahr bei einem Eingriff in die Privatsphäre des Verbrauchers Rechnung tragen soll, eine wertende Betrachtung vorzunehmen sein. Es kommt nicht primär darauf an, wer im technischen Sinne den Anruf tätigt. Dem kommt nur eine Indizwirkung zu. Entscheidend wird sein, ob vom Unternehmer die Initiative ausging. Folglich besteht die Offenlegungspflicht auch dann, wenn nach einem verpassten Anruf des Unternehmers der Verbraucher diesen zurückruft. Andersherum ist Abs 1 nicht anwendbar, wenn zunächst der Verbraucher von sich aus den Unternehmer anruft und dieser im Rahmen dieses bereits begonnen Kontakts in einem engen zeitlichen Zusammenhang den Verbraucher zurückruft, etwa nach einer kurzen Überprüfung der Verfügbarkeit eines Angebots (MünchKommBGB/Wendehorst § 312a Rn 3). Ebenso ist die Offenlegungspflicht zu beachten, wenn der Unternehmer dem Verbraucher eine Mailboxnachricht hinterlässt. Ein Gespräch im eigentlichen Sinne ist nicht erforderlich.

6 Die Offenlegungspflicht besteht nur, wenn der Anruf zum **Zweck eines Vertragsschlusses** erfolgt. Daher fallen rein informatorische Anrufe oder Meinungsumfragen aus dem Anwendungsbereich heraus, sofern nicht zugleich ein Vertragsschluss bezweckt ist (Spindler/Schuster/Schirmbacher Rn 8). Es ist grundsätzlich auf die Absicht des Unternehmers zu Beginn des Anrufs abzustellen. Ob die entsprechende Absicht vorliegt, ist anhand objektiver Kriterien zu ermitteln (Spindler/Schuster/Schirmbacher Rn 10). Bezweckt der Unternehmer zu Beginn des Anrufs keinen Vertragsschluss, so muss er auch im späteren Verlauf den Verbraucher nicht nach § 312a Abs 1 BGB informieren, wenn es dann auf Initiative des Verbrauchers zum Vertragsschluss kommt. Der Unternehmer muss den Vertragsschluss dann auch nicht etwa ablehnen. Jedoch reicht es für die Anwendbarkeit der Offenlegungspflicht aus, wenn der Unternehmer einen solchen Verlauf für möglich hält und in Kauf nimmt (Spindler/Schuster/Schirmbacher Rn 10). Dann muss er den Verbraucher zu Beginn des Anrufs informieren. Der Anruf muss auf den Abschluss eines Vertrags am Telefon gerichtet sein. Ist nur ein Vertragsschluss zu einem späteren Zeitpunkt bezweckt, zB nach Zusenden von Katalogen per Post, besteht keine Pflicht zur Offenlegung (Spindler/Schuster/Schirmbacher Rn 8). Wird jedoch nur formal der Vertragsschluss außerhalb des Telefonats gelegt, indem etwa der Unternehmer dem Verbraucher unmittelbar nach dem Telefonat ein zuvor telefonisch besprochenes Angebot per Mail zusendet, so wird wohl ein Umgehungstatbestand vorliegen, sodass die Informationspflicht besteht. Die Norm gilt unabhängig davon, ob ein Vertrag mit dem Anschlussinhaber oder einer anderen Person – etwa aus demselben Haushalt – geschlossen werden soll (Spindler/Schuster/Schirmbacher Rn 9). Dies ergibt sich schon aus dem Zweck der Vorschrift, die denjenigen Verbraucher schützen soll, mit dem sich ein Vertragsschluss anbahnt. Jedoch ist dann, wenn zunächst eine andere Person als die, mit der ein Vertragsschluss bezweckt ist, den Anruf entgegennimmt, auch dieser gegenüber Identität und Zweck offenzulegen (Spindler/Schuster/Schirmbacher Rn 9). Denn sonst bestünde die Gefahr, dass über die zunächst den Anruf entgegennehmende Person der anvisierte Verbraucher beeinflusst wird.

3. Inhalt der Offenlegungspflicht

Der Unternehmer muss dem Verbraucher seine **Identität** mitteilen. Gemeint ist der Name des Unternehmens, nicht der seines Mitarbeiters. Auf die Mitteilung des persönlichen Namens des anrufenden Mitarbeiters selbst kommt es daher nicht an (BGH 19. 4. 2018 – I ZR 244/16, MDR 2018, 1071; LG Ravensburg 27. 3. 2017 – 6 O 289/16, EnWZ 2017, 326; SPINDLER/SCHUSTER/SCHIRMBACHER Rn 11). Denn nach dem Zweck der Vorschrift soll der Verbraucher die Identität seines potentiellen künftigen Geschäftspartners kennen, um Qualität und Zuverlässigkeit der angebotenen Waren oder Dienstleistungen, aber auch dessen wirtschaftliche Potenz, Bonität und Haftung einschätzen zu können. Ein entsprechendes Interesse an dem Namen des Mitarbeiters besteht dagegen nicht (BGH 19. 4. 2018 – I ZR 244/16 Rn 30, MDR 2018, 1071). Ruft ein Call-Center aus Werbezwecken für ein Unternehmen an, so ist neben der Identität des Call-Center Unternehmens auch die Identität des anderen Unternehmens offenzulegen. Die Pflicht, die Identität des **Unternehmens, in dessen Namen oder Auftrag gehandelt wird**, offenzulegen, besteht unabhängig davon, ob dieses Unternehmen tatsächlich den Anrufer beauftragt hat. Denn es reicht, dass im Namen des Unternehmens angerufen wird (SPINDLER/SCHUSTER/SCHIRMBACHER Rn 7). Die Information muss so erfolgen, dass der Verbraucher unschwer verstehen kann, wer der Anrufer ist bzw in wessen Auftrag er handelt. Dem Verbraucher ist der genaue Name des Unternehmens, dh seine **Firma (§ 17 Abs 1 HGB)** mitzuteilen (LG Ravensburg 27. 3. 2017 – 6 O 289/16, EnWZ 2017, 326; DAUNER-LIEB/LANGEN/RING Rn 7). Nicht nötig ist dagegen, dass der Verbraucher über die Rechtsform des Unternehmens informiert wird (so aber ERMAN/KOCH § 312a Rn 3; DAUNER-LIEB/LANGEN/RING Rn 7). Diese dürfte für den Verbraucher in diesem Stadium noch keine Rolle spielen. Dies gilt selbstverständlich nur, wenn der Rechtsformzusatz nicht schon Teil der Firma ist. Die Regelungen der Art 246 Abs 1 Nr 2 EGBGB, Art 246a Abs 1 Nr 2 EGBGB und Art 246b Abs 1 Nr 1 EGBGB dienen anderen Zwecken und können somit nicht zur Konkretisierung der Informationspflicht des § 312a Abs 1 BGB herangezogen werden (BeckOK-BGB/MARTENS [1. 5. 2024] § 312a Rn 6). Seine Adresse muss der Unternehmer grds nicht mitteilen. Etwas Anderes gilt nur dann, wenn die Adresse zur Identifikation erforderlich ist (BeckOK-BGB/MARTENS [1. 5. 2024] § 312a Rn 6). 7

Weiterhin muss der Unternehmer den **geschäftlichen Zweck** des Anrufs offenlegen. Das bedeutet, er hat dem Verbraucher gegenüber klarzustellen, dass er diesen dazu bewegen möchte, einen Vertrag abzuschließen. Auch der Gegenstand des Vertrages muss dem Verbraucher zumindest in seinem groben Umfang mitgeteilt werden. Es muss deutlich werden, welche Ware oder Dienstleistung der Unternehmer anzubieten hat. Der Unternehmer verstößt deshalb gegen § 312a Abs 1 BGB, wenn er dem Verbraucher zu Beginn des Gespräches vorspiegelt, er wolle die Meinung des Verbrauchers zu einem bestimmten Thema erfahren, obwohl er tatsächlich versucht, den Verbraucher zum Vertragsschluss zu bewegen (BeckOK-BGB/MARTENS [1. 5. 2024] § 312a Rn 7). Dem Verbraucher soll bewusst werden, dass sein Gesprächspartner rein wirtschaftliche Interessen verfolgt und ein kommerzielles Gespräch geführt wird. Der Aufbau einer emotionalen Beziehung zum Anrufer zu Beginn des Gesprächs soll verhindert werden, damit dem Verbraucher nicht aufgrund dessen die Ablehnung des Angebots erschwert wird (BeckOK-BGB/MARTENS [1. 5. 2024] § 312a Rn 7). 8

Erforderlich ist, dass Identität des Anrufers und geschäftlicher Zweck des Anrufs bereits **zu Beginn des Gesprächs** offen gelegt werden. Es reicht daher nicht aus, wenn 9 der Unternehmer zu einem späteren Zeitpunkt des Telefonats dem Verbraucher den tatsächlichen Zweck seines Anrufs mitteilt. Der Verbraucher soll sich schon bei Beginn des Gesprächs im Klaren über das tatsächliche Ziel des Gesprächs sein. Es soll verhindert werden, dass der Unternehmer ihn zunächst in ein belangloses Gespräch verwickelt und dann zu einem späteren Zeitpunkt überrumpelt. Der Unternehmer erfüllt diese Pflicht, wenn er den Verbraucher unmittelbar nach der Begrüßung auf seine Identität und den geschäftlichen Zweck des Anrufs hinweist (LG Ravensburg 27. 3. 2017 – 6 O 289/16, EnWZ 2017, 326). Der Verbraucher muss, noch bevor er selbst erste Erklärungen abgegeben hat, die über die Erwiderung des Grußes hinausgehen, hierüber informiert sein. Der Unternehmer muss die Mitteilungen unaufgefordert sowie klar und unzweideutig übermitteln (LG Ravensburg 27. 3. 2017 – 6 O 289/16, EnWZ 2017, 326).

4. Rechtsfolgen eines Verstoßes

10 Die Rechtsfolgen, die ein Verstoß des Unternehmers gegen die Informationspflicht aus Abs 1 nach sich zieht, normiert das Gesetz nicht. Der Verbraucher kann sich in einem solchen Fall mit Unterlassungsansprüchen nach **§ 2 UKlaG** sowie mit Schadensersatz-, Unterlassungs- oder Gewinnabschöpfungsansprüchen nach **§§ 8 ff iVm § 5 Abs 1 Nr 3, § 5a Abs 6 oder § 7 Abs 2 Nr 4 iVm § 3 UWG** wehren. Dem Grunde nach sind auch Schadensersatzansprüche aus **§§ 280 Abs 1, 241 Abs 2, 311 Abs 2 BGB (cic)** und aus **§ 823 Abs 2 BGB in Verbindung mit § 312a Abs 1 BGB** denkbar. § 312a Abs 1 BGB ist ein Schutzgesetz im Sinne von § 823 Abs 2 BGB. Die Vorschrift will Verbraucher vor Benachteiligungen im Rechtsverkehr schützen (auch andere verbraucherschützende Vorschriften sind als Schutzgesetze anerkannt worden, zB § 7 TzWrG aF [bis 13. 12. 2001]; OLG Frankfurt NJW 1999, 296). In der Regel wird dem Verbraucher aber allein durch die verspätete Information kein Schaden entstanden sein, den er geltend machen könnte. Hierfür sorgt schon das Widerrufsrecht, auch wenn die Widerrufsfrist trotz Verstoßes gegen die Offenlegungspflicht zu laufen beginnt. Nach § 556 Abs 3 BGB beginnt der Fristlauf nur im Falle eines Verstoßes gegen Informationspflichten aus Art 246a § 1 Abs 2 S 1 Nr 1 oder Art 246b § 2 Abs 1 EGBGB zunächst nicht. Auch eine analoge Anwendung des § 556 Abs 3 BGB kommt nicht in Betracht, da eine solche Sanktion in der VerbrRRL nicht vorhergesehen ist (BeckOK-BGB/Martens [1. 5. 2024] § 312a Rn 9). Erfolgt innerhalb der Widerrufsfrist kein Widerruf, so kann ein Schaden des Verbrauchers vorliegen. Entsprechend den Grundsätzen der Rspr zur fahrlässigen Täuschung (BGH NJW 2005, 1579; BGH NJW 2000, 3642; BGH NJW 1991, 1673) besteht ein Schaden, wenn der Vertrag für den Verbraucher nachteilig ist. Im Wege der Naturalrestitution kann er nach § 249 BGB die Aufhebung des Vertrags verlangen (vgl auch MünchKommBGB/Emmerich § 311 Rn 79 f).

III. Informationspflichten

11 Nach Abs 2 S 1 hat der Unternehmer den Verbraucher nach Maßgabe des **Art 246 EGBGB** zu informieren. Dabei greift der Gesetzgeber auf die bewährte Systematik zurück, die Informationspflichten im BGB lediglich anzuordnen und die Ausgestaltung der konkreten Pflichten im EGBGB zu regeln, auf das verwiesen wird (BT-Drucks 17/12637, 51). Die Regelung dient der Umsetzung von Art 5 VerbrRRL. Zweck ist es – wie bei sonstigen vorvertraglichen Informationspflichten –, das grds bestehende Informationsgefälle zwischen Unternehmer und Verbraucher auszugleichen und

sicherzustellen, dass der Verbraucher über genug Informationen verfügt, um eine überlegte Entscheidung zu treffen (MünchKommBGB/Wendehorst § 312a Rn 6). Wie sich aus Art 5 Abs 4 VerbrRRL ergibt, liegt der Informationspflicht das Prinzip der Mindestharmonisierung zu Grunde, was bei der Auslegung zu berücksichtigen ist (MünchKommBGB/Wendehorst § 312a Rn 7; BeckOK-BGB/Martens [1. 5. 2024] § 312a Rn 10).

1. Anwendungsbereich

Voraussetzung dieser Informationspflicht ist das Vorliegen eines Verbrauchervertrags iSd § 312 Abs 1 BGB bzw § 310 Abs 3 BGB. Gemäß S 3 gilt die Pflicht nicht für Fernabsatzverträge und außerhalb von Geschäftsräumen geschlossene Verträge. Abs 2 ist somit nur auf den **stationären Handel** anwendbar. Dies beruht darauf, dass für diese besonderen Vertriebsformen spezifische Informationspflichten in § 312d Abs 1 BGB iVm Art 246a EGBGB und § 312d Abs 2 BGB iVm Art 246b EGBGB bestehen (BT-Drucks 17/12637, 51). Auch in der VerbRRL besteht eine systematische Trennung von Informationspflichten für den stationären Handel in Art 5 VerbrRRL einerseits und für die besonderen Vertriebsformen in Art 6 VerbrRRL andererseits. 12

Zudem sind nach S 3 auch generell Verträge über **Finanzdienstleistungen** iSd § 312 Abs 5 BGB **ausgenommen**, unabhängig davon, ob diese im stationären Handel oder in einer besonderen Vertriebsform geschlossen werden. Laut Gesetzesbegründung erscheinen die allgemeinen Informationspflichten insgesamt bei Verträgen über Finanzdienstleistungen nicht passend (BT-Drucks 17/12637, 51). Zudem bestehen hier vielfach verbraucherschützende Sonderbestimmungen, zB in den §§ 491 ff BGB, im WpHG oder VVG. Als weiteres Argument führt die Gesetzesbegründung an, es dürfte bei im Präsenzgeschäft abgeschlossenen Finanzdienstleistungsverträgen oftmals zusätzlich konkludent ein Beratungsvertrag abgeschlossen werden, nach dem der Erbringer der Finanzdienstleistung zu Anlage- und anlagegerechter Beratung verpflichtet ist (BT-Drucks 17/12637, 51). Es erscheint aber fragwürdig, deshalb Finanzdienstleistungen pauschal – und somit auch für die Fälle, in denen kein solcher Vertrag geschlossen wird, und auch keine speziellen Schutzvorschriften greifen – aus dem Anwendungsbereich herauszunehmen (MünchKommBGB/Wendehorst § 312a Rn 13). Abs 2 ist auf diese nach S 3 ausgenommenen Verträge auch nicht subsidiär anwendbar (MünchKommBGB/Wendehorst § 312a Rn 9). 13

Eine weitere **Ausnahme** ist in Art 246 Abs 2 EGBGB geregelt. Demnach gilt die Informationspflicht des Art 246 Abs 1 EGBGB nicht bei Verträgen, die **Geschäfte des täglichen Lebens** zum Gegenstand haben und bei Vertragsschluss sofort erfüllt werden. Die Möglichkeit einer solchen Ausnahmeregelung ist in der Öffnungsklausel des Art 5 Abs 3 VerbrRRL vorgesehen. Der Gesetzgeber bezweckt mit der Regelung die Vermeidung eines übermäßigen Verwaltungsaufwands für Alltagsgeschäfte (BT-Drucks 17/12637, 74). Etwas unglücklich ist die Stellung der Vorschrift innerhalb des Art 246 EGBGB. Übersichtlicher wäre es gewesen, diese Ausnahme wie die sonstigen Ausnahmen in § 312a Abs 2 S 3 BGB zu regeln (ähnlich auch MünchKommBGB/Wendehorst § 312a Rn 10). Für die Einordnung als Geschäft des täglichen Lebens ist es laut Gesetzesbegründung maßgebend, dass die **Verkehrsauffassung** das Geschäft zu den alltäglichen zählt; insoweit bestehe ein Gleichlauf zu § 105a BGB (BT-Drucks 17/12637, 74). Es ist nicht erforderlich, dass das Geschäft tatsächlich täglich getätigt wird (BeckOK-BGB/Martens [1. 5. 2024] Art 246 EGBGB Rn 4). Es spielen bei der Beurtei- 14 lung neben der **Häufigkeit** auch der **Wert** und die mit dem Geschäft verbundene **Gefahr** eine Rolle. Diese Faktoren fließen in eine **Gesamtbetrachtung** ein. So kann eine geringe Häufigkeit durch die ebenfalls geringe Gefahr und den geringen Wert ausgeglichen werden. Beispielsweise können daher auch Tischkarten für eine Hochzeit ein alltägliches Geschäft darstellen (MünchKommBGB/Wendehorst § 312a Rn 11). Alltägliche Geschäfte sind zB der Kauf von Nahrungsmitteln, Drogerieartikeln, Medikamenten, Presseerzeugnissen, Schreibwaren, Kleidung und Haushaltsgegenständen (MünchKommBGB/Wendehorst § 312a Rn 11; BeckOK-BGB/Martens [1. 5. 2024] Art 246 EGBGB Rn 4). Auch einfache Dienstleistungen wie die Benutzung öffentlicher Verkehrsmittel oder einfache Unterhaltungsangebote wie ein Kinobesuch, der Eintritt zu Sportanlagen oder ein Haarschnitt beim Friseur sind erfasst (Tamm VuR 2014, 9, 10; MünchKommBGB/Wendehorst § 312a Rn 11). Ob das alltägliche Geschäft zudem bei Vertragsschluss sofort erfüllt wird, ist ebenfalls nach der Verkehrsanschauung zu beurteilen (MünchKommBGB/Wendehorst § 312a Rn 12; BeckOK-BGB/Martens [1. 5. 2024] Art 246 EGBGB Rn 5). Entscheidend ist also nicht, ob rein formaljuristisch betrachtet eine sofortige Erfüllung eintritt, sondern ob nach der Verkehrsanschauung ein **sofortiger Leistungsaustausch** stattfindet (BeckOK-BGB/Martens [1. 11. 2018] Art 246 EGBGB Rn 5). Erfasst sind auch Fälle, in denen der Kunde an sich schon erworbene Waren zunächst zurücklegen lässt und erst später abholt und bezahlt (MünchKommBGB/Wendehorst § 312a Rn 12). Auch ist keine Barzahlung erforderlich. Dies setzt schon der Wortlaut nicht voraus. Aus dem Zweck der Vorschrift ergibt sich ebenfalls nichts anderes. Denn mittlerweile ist eine bargeldlose Zahlung auch von alltäglichen Geschäften und Kleinstbeträgen durchaus üblich. Zu fordern ist daher nur, dass der Verbraucher alle Schritte tätigt, die unter normalen Umständen notwendig sind, damit der Zahlungsfluss eingeleitet wird. Dies ist bei Kartenzahlung etwa nach Unterschrift oder PIN-Eingabe der Fall (MünchKommBGB/Wendehorst § 312a Rn 12).

15 Nach dem Wortlaut des Art 246 Abs 1 EGBGB besteht die Informationspflicht nach Art 5 Abs 1 VerbrRRL nur, „sofern sich diese Informationen **nicht aus den Umständen ergeben**“. In diese Formulierung ist aber das Erfordernis der Unmittelbarkeit hineinzulesen. So stellt auch Art 5 Abs 1 VerbrRRL darauf ab, dass sich die Informationen „nicht bereits unmittelbar“ aus den Umständen ergeben. Zwar wurde diese Einschränkung vom Gesetzgeber nicht in die Fassung des § 312a Abs 2 BGB übernommen. Jedoch soll selbiges laut Gesetzesbegründung auch hier gelten. Der Verzicht auf die Aufnahme dieser Einschränkung in den Wortlaut des Abs 2 beruhe nur darauf, dass sowohl die englische als auch die französische Sprachfassung einen dem Wort „unmittelbar“ vergleichbaren Begriff nicht enthalten (BT-Drucks 17/12637, 74; so auch Strobl NJW 2015, 721, 723). Die Informationen müssen für den Verbraucher ohne weiteres Suchen zur Verfügung stehen (BT-Drucks 17/12637, 74). Dabei sind die Verkehrsauffassung und die äußere Aufmachung von Waren zu berücksichtigen (MünchKommBGB/Wendehorst § 312a Rn 15). Es ist auf einen durchschnittlichen Verbraucher ohne Spezialwissen abzustellen (BeckOK-BGB/Martens [1. 5. 2024] Art 246 EGBGB Rn 9). Nach Ansicht des Gesetzgebers ist dies bei konkludenten Vertragsschlüssen gemäß den Grundversorgungen (zB § 2 Abs 2 GasGVV) der Fall. Denn Energie, Fernwärme oder Wasser wird in der üblichen Qualität vom Grundversorger zum festgelegten Preis geliefert und der konkludente Vertragsschluss bedarf einer nachfolgenden Bestätigung. Im Rahmen dieser Bestätigung werden dem Kunden die allgemeinen Bedingungen des Unternehmers ausgehändigt (vgl § 2 Abs 3 und 4 GasGVV) (BT-Drucks 17/12637, 74, zweifelnd MünchKommBGB/Wendehorst § 312a Rn 15).

2. Inhalt der Informationspflicht

a) Allgemeine Anforderungen

16 Die Information muss **vor** Abgabe der **Vertragserklärung** durch den Verbraucher erfolgen (BT-Drucks 17/12637, 55), Art 246 Abs 1 EGBGB. Aufgrund des Zwecks der Informationspflicht, dem Verbraucher eine überlegte Entscheidung zu ermöglichen, muss dem Verbraucher eine hinreichende Überlegungszeit verbleiben. Die Information erst unmittelbar vor Vertragsschluss kann daher nicht genügen (BeckOK-BGB/Martens [1. 5. 2024] Art 246 EGBGB Rn 6). Da die Pflicht gerade im Vorfeld eines möglichen Vertragsschlusses besteht, kann es somit nicht darauf ankommen, ob in der Folge tatsächlich ein Vertrag geschlossen wurde (so auch LG Magdeburg NJW-RR 2003, 409 zu § 2 Abs 2 FernAbsG).

17 Der Unternehmer hat den Verbraucher gemäß Art 246 Abs 1 EGBGB in **klarer und verständlicher Weise** zu informieren. Eine bestimmte Form hat er dabei nicht zu beachten. Denn im Gegensatz zur Informationspflicht über ein bestehendes Widerrufsrecht aus Abs 3 enthält Abs 1 gerade keine Formvorgabe. Erforderlich ist nur, dass der Verbraucher in die Lage versetzt wird, die Informationen auch tatsächlich zur Kenntnis nehmen zu können (Erman/Koch § 312a Rn 18; BeckOK-BGB/Martens [1. 5. 2024] Art 246 EGBGB Rn 7). Die Information muss für den objektiven Kundenkreis klar und verständlich sein (BeckOK-BGB/Martens [1. 5. 2024] Art 246 EGBGB Rn 7). Daher muss die Information grds in deutscher Sprache erfolgen. Etwas anders gilt dann, wenn das Angebot an Kunden einer anderen Sprache ausgerichtet ist. Dann ist diese Sprache zu wählen (BeckOK-BGB/Martens [1. 5. 2024] Art 246 EGBGB Rn 8). Solange dies der Fall ist, kann der Unternehmer das Kommunikationsmittel frei wählen. Teilweise wird die telefonische Mitteilung kritisch angesehen (BeckOK-BGB/Martens [1. 5. 2024] Art 246 EGBGB Rn 7). Letztlich ist aber nicht ersichtlich, warum nicht auch eine Information in einem Telefonat den Anforderungen genügen soll. Es ist jedoch darauf zu achten, in angemessener Lautstärke und Tempo zu sprechen. Dann ist auch grds davon auszugehen, dass der Verbraucher die Informationen tatsächlich zur Kenntnis nimmt. Siehe zum Transparenzgebot auch die Kommentierung zu § 312d Rn 82 ff.

b) Informationsgegenstände

aa) Wesentliche Eigenschaften (Art 246 Abs 1 Nr 1 EGBGB)

18 Nach Art 246 Abs 1 Nr 1 EGBGB ist zu informieren über die wesentlichen Eigenschaften der Waren oder Dienstleistungen in dem für den Datenträger und die Waren oder Dienstleistungen **angemessenen Umfang**. Obwohl damit wortgetreu die Formulierung aus Art 5 Abs 1 Nr 1 VerbrRRL übernommen wurde, bedarf es einer **teleologisch** über den Wortlaut hinausgehenden, **weiten Auslegung**. Denn schon der Wortlaut der VerbrRRL ist unglücklich verfasst. Es ist nicht davon auszugehen, dass der Unionsgesetzgeber den Anwendungsbereich der Information nach Nr 1 auf Waren und Dienstleistungen iSd Richtlinie beschränken wollte. Die allgemeinen Informationspflichten sollen gerade grds für alle Verbraucherverträge im stationären Handel gelten. Die Erwähnung von Waren und Dienstleistungen ist hier also nur beispielhaft und nicht abschließend zu verstehen. Daher gilt die Pflicht zur Information über die wesentlichen Eigenschaften auch bei Verträgen über Rechte, digitale Online-Inhalte und leistungsgebundene Versorgungen (MünchKommBGB/Wendehorst § 312a Rn 16; BeckOK-BGB/Martens [1. 5. 2024] Art 246 EGBGB Rn 10). Auch das Merkmal Datenträger ist weit auszulegen. Dies ergibt sich aus anderen Sprachfassungen der

Richtlinie. Die Informationen sind nicht zwingend auf einem Medium zu speichern. Erfasst ist jedes Kommunikationsmittel, auch eine mündliche Erläuterung oder Demonstration am Objekt (MünchKommBGB/Wendehorst § 312a Rn 16).

19 Welche Eigenschaften wesentlich iSd Vorschrift sind, ist nach **wertender Betrachtung** anhand der **Umstände des Einzelfalls** zu bestimmen (OLG Hamburg 13. 8. 2014 – 5 W 14/14, MMR 2014, 818). Maßgeblich ist dabei, welche Informationen für die Willensbildung eines durchschnittlichen Verbrauchers nach der Verkehrsauffassung entscheidend sind (Tamm VuR 2014, 9, 10; BeckOK-BGB/Martens [1. 5. 2024] Art 246 EGBGB Rn 11). § 312a Abs 2 BGB iVm Art 246 EGBGB liegt eine typisierende Betrachtung zu Grunde, sodass jedenfalls aus dieser Rechtsgrundlage nicht die Pflicht erwächst, auf Sonderbedürfnisse eines konkreten Kunden einzugehen und diesen entsprechend zu informieren. Eine solche Pflicht kann sich im Einzelfall aber aus allgemeinem Vertragsrecht, insbesondere als vorvertragliche Nebenpflicht §§ 311 Abs 2, 241 Abs 2 BGB ergeben (ähnlich auch MünchKommBGB/Wendehorst § 312a Rn 18; **aA** Tamm VuR 2014, 9, 10). Dem potentiellen Käufer soll eine Einschätzung der Qualität und des Wesens des Angebots und ein Vergleich mit anderen Angeboten ermöglicht werden. Wesentlich sind solche Merkmale, ohne deren Kenntnis ein durchschnittlicher und vernünftig denkender Verbraucher, der sich einen gewissen Überblick über den betreffenden Markt verschafft hat, das Angebot nicht in Anspruch nehmen würde (LG Magdeburg NJW-RR 2003, 409; MünchKommBGB/Wendehorst § 312a Rn 18). In Bezug auf **Bekleidung** sind daher in der Regel Angaben über Farbe, Material, Schnitt, Größe und Waschbarkeit zu machen (BeckOK-BGB/Martens [1. 5. 2024] Art 246 EGBGB Rn 11), bei technischen Geräten sind jedenfalls die Typenbezeichnung und die wichtigsten technischen Daten zu nennen (MünchKommBGB/Wendehorst § 312a Rn 18). Die Marke dürfte stets eine wesentliche Eigenschaft darstellen, wenn diese sichtbar ist, da sie für die Kaufentscheidung des Kunden regelmäßig von entscheidender Bedeutung ist (OLG Düsseldorf 31. 3. 2016 – 15 U 51/14, BeckRS 2016 21066 Rn 98; BeckOK-BGB/Martens [1. 5. 2024] Art 246 EGBGB Rn 11, der auf die Sichtbarkeit des Herstellernamens abstellt). Allgemein kann sich die Wesentlichkeit auch daraus ergeben, dass der Unternehmer Angaben in anderem Zusammenhang macht, etwa in seiner Werbung (OLG Hamburg 13. 8. 2014 – 5 W 14/14, MMR 2014, 818; BeckOK-BGB/Martens [1. 5. 2024] Art 246 EGBGB Rn 11). Dann spricht ein erster Anschein dafür, dass diese Angaben wesentlich sind, denn sonst würde der Unternehmer diese nicht angeben. Wesentliche Merkmale eines **Sonnenschirms** sind neben Maßen, Form und Farbe auch das Material des Bezugsstoffs und des Gestells sowie das Gewicht (OLG Hamburg 13. 8. 2014 – 5 W 14/14, MMR 2014, 818, ablehnend bezüglich des Gewichts aber OLG Hamm 14. 3. 2017 – 4 W 34/16, 4 W 35/16, GRUR-RR 2017, 359). Bei einem **Kabelanschlussvertrag** hat der Unternehmer nur die Zahl der zu empfangenden Programme, nicht aber die Programme im Einzelnen zu benennen (LG Magdeburg NJW-RR 2003, 409).

20 Es ist nicht stets eine möglichst umfassende und detaillierte Information zu fordern, sondern eine in doppelter Hinsicht angemessene. Zum einen muss die Information in Bezug zum Vertragsgegenstand angemessen sein, zum anderen in Bezug zum gewählten Kommunikationsmittel (BeckOK-BGB/Martens [1. 5. 2024] Art 246 EGBGB Rn 13). Je komplexer und wertvoller ein Gegenstand ist, desto detailliertere Informationen sind angemessen. Bei einer schriftlichen Information sind grds umfassendere Angaben zu machen als bei einer rein mündlichen Mitteilung (BeckOK-BGB/Martens [1. 5. 2024] Art 246 EGBGB Rn 13). Insbesondere bei mündlicher Information sind zu

ausschweifende Erläuterungen unter Umständen sogar schädlich, da diese von den wichtigen Informationen ablenken können.

bb) Identität ua (Art 246 Abs 1 Nr 2 EGBGB)

Nach Art 246 Abs 1 Nr 2 EGBGB muss der Unternehmer den Verbraucher über seine Identität informieren. Beispielhaft nennt die Vorschrift die Angabe des Handelsnamens und der Anschrift des Ortes, an dem der Unternehmer niedergelassen ist. Zudem schreibt Art 246 Abs 1 Nr 2 EGBGB die Angabe der Telefonnummer vor. Im Gegensatz zu § 312d Abs 1 BGB iVm Art 246a EGBGB steht hier nicht die schnellere Kontaktaufnahme und Kommunikation für die Vertragsabwicklung und für den Fall eines möglichen Rechtsstreits im Vordergrund (so aber BeckOK-BGB/Martens [1. 5. 2024] Art 246 EGBGB Rn 14), sondern in erster Linie die **Identifizierung des Unternehmers** (OLG Köln 8. 7. 2016 – 6 U 180/15 Rn 25, MMR 2017, 39). Die **Telefonnummer** ist stets anzugeben. Die gegenteilige Auffassung, es sei auch die Bereitstellung eines anderen Kommunikationswegs ausreichend (BeckOK-BGB/Martens [1. 5. 2024] Art 246 EGBGB Rn 14), beruft sich auf Urteile des EuGH (NJW 2008, 3553) und des OLG Köln (8. 7. 2016 – 6 U 180/15, MMR 2017, 39). Jedoch ist das Urteil des EuGH zu Art 5 Abs 1 lit c der E-Commerce-RL und das Urteil des OLG Köln zu § 312d Abs 1 BGB iVm Art 246a EGBGB ergangen. Aufgrund des unterschiedlichen Zwecks und des jedenfalls in der zugrunde liegenden Richtlinie unterschiedlichen Wortlauts kann diese Rspr nicht auf § 312a Abs 2 BGB iVm Art 246 Abs 1 Nr 2 EGBGB übertragen werden. Nach Art 6 Abs 1 lit c VerbrRRL ist nur „gegebenenfalls" die Telefonnummer anzugeben. Dagegen ist der Wortlaut des Art 5 Abs 1 lit b VerbrRRL, dessen Umsetzung § 312a Abs 2 BGB iVm Art 246 Abs 1 Nr 2 EGBGB dient, nicht fakultativ, sondern zwingend formuliert. Das Wort „beispielsweise" in Art 246 Abs 1 Nr 2 EGBGB bezieht sich nur auf den Handelsnamen und die Anschrift der Niederlassung als Möglichkeiten zur Angabe der Identität, nicht jedoch auf die daneben bestehende, zwingende Pflicht zur Angabe der Telefonnummer – auch wenn diese letztlich ebenfalls primär der Identifizierung dient. 21

Oft werden sich diese Informationen jedenfalls teilweise schon aus den Umständen ergeben, sodass es dann keiner gesonderten Information mehr bedarf. So wird der Handelsname in der Regel schon aus der äußeren Erscheinung der Geschäftsräume ersichtlich sein und die Niederlassung an diesem Ort liegen (MünchKommBGB/Wendehorst § 312a Rn 20). 22

cc) Preis (Art 246 Abs 1 Nr 3 EGBGB)

Der Unternehmer hat den **Gesamtpreis** der Waren und Dienstleistungen anzugeben. Wie im Rahmen des Art 246 Abs 1 Nr 1 EGBGB sind auch hier neben Waren und Dienstleistungen grds auch alle sonstigen Verbraucherverträge erfasst. In den Gesamtpreis fließen alle Kosten ein, die der Verbraucher zahlen muss, um die vertragliche Gegenleistung zu erhalten (MünchKommBGB/Wendehorst § 312a Rn 21). Der Preis muss als **Einzelsumme** angegeben werden und alle **Steuern** und **Abgaben** enthalten (BeckOK-BGB/Martens [1. 11. 2018] Art 246 EGBGB Rn 14). Relevant ist dies vor allem für die Mehrwertsteuer. Es ist nicht zulässig, einen Nettopreis anzugeben, selbst nicht mit entsprechender Kennzeichnung (MünchKommBGB/Wendehorst § 312a Rn 21). Nur dann, wenn der Preis aufgrund der Beschaffenheit der Ware oder der Dienstleistung vernünftigerweise nicht im Voraus berechnet werden kann, muss er nicht angegeben werden. Dann ist anstelle des Gesamtpreises aber über die **Art der Preisberechnung** 23 zu informieren. Der Unternehmer hat dem Verbraucher dann alle bereits zur Verfügung stehenden Informationen über die Preisbestandteile und die Preisberechnung zu erteilen. Der Verbraucher soll in die Lage versetzt werden, den anfallenden Preis so gut wie möglich berechnen zu können (BeckOK-BGB/Martens [1. 5. 2024] Art 246 EGBGB Rn 15). Mögliche Fälle, in denen eine Preisberechnung im Voraus nicht möglich ist, sind bspw eine Wahlmöglichkeit des Kunden (etwa zwischen unterschiedlichen Materialien) oder die Abhängigkeit von individuellen Gegebenheiten (MünchKommBGB/Wendehorst § 312a Rn 23).

24 Zudem sind, falls zusätzliche **Fracht-, Liefer- oder Versandkosten** oder **sonstige Kosten** anfallen, auch diese auszuweisen. Sonstige Kosten iSd Vorschrift sind insbesondere **Bearbeitungs- und Verwaltungskosten**. Die zusätzlichen Kosten können entweder getrennt ausgewiesen oder aber in den Gesamtpreis integriert werden (MünchKommBGB/Wendehorst § 312a Rn 22). Können diese zusätzlichen Kosten im Voraus nicht vernünftigerweise berechnet werden, so ist auf die Tatsache hinzuweisen, dass solche Kosten entstehen können. Nach dem Wortlaut besteht hier im Gegensatz zur Angabe des Gesamtpreises nicht die Pflicht, auch über die Kostenberechnung zu informieren. Es spricht aber viel dafür, dass der Unternehmer, soweit möglich, den Verbraucher auch über die Berechnungsgrundlage möglicherweise anfallender zusätzlicher Kosten zu informieren hat. Denn sonst hat der Verbraucher unter Umständen nicht mal eine ungefähre Vorstellung, welche Kosten auf ihn zukommen (so BeckOK-BGB/Martens [1. 5. 2024] Art 246 EGBGB Rn 16).

25 Unberührt bleiben die Vorschriften zu Preisangaben nach § 5a Abs 3 Nr 3 UWG und § 1 PAngV. Freilich besteht die Informationspflicht nach § 312a Abs 2 BGB iVm Art 246 Abs 1 Nr 3 EGBGBG auch dann, wenn aufgrund einer Ausnahme nach § 9 PAngV keine Informationspflicht nach dem PAngV besteht (BeckOK-BGB/Martens [1. 5. 2024] Art 246 EGBGB Rn 17).

dd) Leistungsbedingungen (Art 246 Abs 1 Nr 4 EGBGB)

26 Gemäß Art 246 Abs 1 Nr 4 EGBGB ist der Unternehmer verpflichtet, den Verbraucher über die **Zahlungs-, Liefer- und Leistungsbedingungen** zu informieren. Auch Art 246 Abs 1 Nr 4 EGBGB dient dazu, dem Verbraucher eine informierte und seinen Interessen gerechte Entscheidung im Hinblick auf den Vertragsschluss zu ermöglichen (BeckOK-BGB/Martens [1. 5. 2024] Art 246 EGBGB Rn 18). Daher ist hinsichtlich der Zahlungsbedingungen sowohl über das Zahlungsziel als auch die Zahlungsmodalitäten zu unterrichten (BeckOK-BGB/Martens [1. 5. 2024] Art 246 EGBGB Rn 18). Mit dem Zahlungsziel ist dabei insbesondere der Zeitpunkt der Zahlung gemeint (zB „14 Tage nach Erhalt der Rechnung"). Zu den Zahlungsmodalitäten zählt die Angabe, auf welche Weise eine Zahlung zu erfolgen hat, insbesondere durch welches **Zahlungsmittel**. In einem Ladenlokal muss jedoch nicht auf die Möglichkeit der Barzahlung hingewiesen werden, da dies offensichtlich ist. Es ist aber über die akzeptierten bargeldlosen Zahlungsmittel etwa durch entsprechende Symbole an der Eingangstür zu informieren (BeckOK-BGB/Martens [1. 5. 2024] Art 246 EGBGB Rn 18). Auch das Erfordernis einer sofortigen Zahlung ergibt sich bei Geschäften im Ladenlokal in der Regel aus den Umständen, da ein Kauf auf Rechnung allenfalls bei hochwertigen Gütern in Betracht kommt (MünchKommBGB/Wendehorst § 312a Rn 26). Eine Unterrichtung über die Rechtsfolgen eines Zahlungsverzugs und ein später gewährtes Skonto sind nicht erforderlich (MünchKommBGB/Wendehorst § 312a Rn 26).

27 Hinsichtlich der Liefer- und Leistungsbedingungen ist über alle Umstände zu informieren, die geeignet sind, die Entscheidung eines durchschnittlichen und vernünftigen Verbrauchers über den Vertragsschluss zu beeinflussen (BeckOK-BGB/Martens [1. 5. 2024] Art 246 EGBGB Rn 19; LG München I 17. 10. 2017 – 33 O 20488/16 Rn 34, ZVertriebsR 2018, 96, 99). Dazu zählen insbesondere der (späteste) Zeitpunkt der Lieferung (LG München I 17. 10. 2017 – 33 O 20488/16 Rn 34, ZVertriebsR 2018, 96 Rn 34), der **Leistungsort** sowie alle sonstigen Umstände, auf die sich der Verbraucher in irgendeiner Weise einstellen muss (MünchKommBGB/Wendehorst § 312a Rn 27). Da in der Praxis der genaue **Liefertermin** bei Vertragsschluss oft nicht genau vorhersehbar ist, wird es auch zulässig sein müssen, dass statt eines Termins ein Zeitraum angegeben wird, in dem die Lieferung voraussichtlich erfolgt. Es kann trotz des Wortlauts, der auf einen Termin abstellt, nicht davon ausgegangen werden, dass Art 246 Abs 1 Nr 4 EGBGB die Vereinbarung eines **Lieferzeitraums** ausschließen soll (Erman/Koch § 312a Rn 12; BeckOK-BGB/Martens [1. 11. 2018] Art 246 EGBGB Rn 18; so im Ergebnis auch LG München I ZVertriebsR 2018, 96, 99). Die Vorschrift ist auch nicht etwa auf zum Zeitpunkt des Vertragsschlusses verfügbare Artikel begrenzt. Bei Artikeln, die zurzeit nicht verfügbar sind, ist dann eben ein großzügig hinausgeschobener spätester Liefertermin zu nennen. Ausreichend ist es nicht, anzugeben, die Ware sei „bald" lieferbar (LG München I 17. 10. 2017 – 33 O 20488/16, ZVertriebsR 2018, 96, 99). Zu beachten ist jedoch § 308 Nr 1 BGB, wonach der Verwender sich keine unangemessen langen oder nicht hinreichend bestimmte Fristen für die Erbringung der Leistung vorbehalten darf (MünchKommBGB/Wendehorst § 312a Rn 27). Zu informieren hat der Unternehmer über die Art der Lieferung – vor allem dann, wenn der Verbraucher die Ware persönlich entgegennehmen muss –, eine etwaige Transportversicherung, das mit der Lieferung beauftragte Speditionsunternehmen (BeckOK-BGB/Martens [1. 5. 2024] Art 246 EGBGB Rn 19) sowie die Vereinbarung eines Eigentumsvorbehalts (MünchKommBGB/Wendehorst § 312a Rn 27).

28 Über das **Verfahren zum Umgang mit Beschwerden** hat der Unternehmer nur dann gesondert zu unterrichten, wenn er dazu besondere Vorkehrungen getroffen hat. Über den Umstand, dass er Beschwerden in seinem Ladenlokal oder über die angegebene Telefonnummer entgegennimmt, muss er nicht informieren (BeckOK-BGB/Martens [1. 5. 2024] Art 246 EGBGB Rn 20; MünchKommBGB/Wendehorst § 312a Rn 26). Denn davon kann selbstverständlich ausgegangen werden; es handelt sich dann nicht um ein besonderes „Verfahren" iSd Vorschrift.

ee) Mängelhaftung, Kundendienstleistungen und Gewährleistung (Art 246 Abs 1 Nr 5 EGBGB)

29 Nach Art 246 Abs 1 Nr 5 EGBGB ist über das Bestehen eines gesetzlichen Mängelhaftungsrechts für Waren zu informieren. Fraglich erscheint, was unter dem Begriff des „Mängelhaftungsrechts" zu verstehen ist. In Art 5 Abs 1 lit e VerbrRRL wird der Begriff des „gesetzlichen Gewährleistungsrechts" verwendet. Gemeint ist wohl das **Gewährleistungsrecht der §§ 434 ff BGB** (Ehmann/Forster GWR 2014, 163, 166). Im Gegensatz zur bisherigen Rechtslage (Art 246 § 2 Abs 1 S 2 Nr 4 lit) b EGBGB aF [bis 12. 6. 2014]), wonach der Unternehmer nur über die vertraglich vereinbarten Gewährleistungsbedingungen informieren musste, hat er nun auch ohne vertragliche Abweichung über das gesetzliche Gewährleistungsrecht zu informieren (Ehmann/Forster GWR 2014, 163, 166). Nach dem Wortlaut ist nur über das „Bestehen" eines Gewährleistungsrechts, nicht aber über dessen konkreten Inhalt und die Bedingun-

gen seiner Ausübung zu unterrichten (so auch BeckOK-BGB/Martens [1. 5. 2024] Art 246 EGBGB Rn 21; Ehmann/Forster GWR 2014, 163, 166; **aA** Erman/Koch § 312a Rn 14). Dies ergibt sich auch aus der Systematik des Art 246 Abs 1 Nr 5 EGBGB, der nur in Bezug auf Kundendienstleistungen und Garantien eine Information über „das Bestehen und die Bedingungen" fordert. Die Pflicht zur Information über das gesetzliche Mängelhaftungsrecht bezieht sich nach dem insoweit eindeutigen Wortlaut des Art 246 Abs 1 Nr 5 EGBGB und des Art 5 Abs 1 lit e VerbrRRL nur auf das Mängelhaftungsrecht für Waren. Es ist daher keine Information über das Gewährleistungsrecht bei Werkverträgen über unkörperliche Gegenstände oder Immobilien oder bei Dienstleistungsverträgen erforderlich (BeckOK-BGB/Martens [1. 5. 2024] Art 246 EGBGB Rn 21).

30 Soweit der Unternehmer vertraglich **Kundendienstleistungen** oder **Garantien** gewährt, hat er auch über diese zu informieren. Er muss dann aber nicht nur auf das Bestehen hinweisen, sondern auch Informationen über die Bedingungen dieser Kundendienstleistungen und Garantien geben. Unter Garantien sind solche iSd § 443 BGB gemeint. Kundendienstleistungen sind alle entgeltlichen oder unentgeltlichen Serviceleistungen, die nach Vertragsschluss erbracht werden, wie etwa Wartungs-, Instandhaltungs-, oder Reparaturleistungen (BeckOK-BGB/Martens [1. 5. 2024] Art 246 EGBGB Rn 22). Inhaltlich muss die Information über eine Garantie den Anforderungen des § 479 BGB genügen (MünchKommBGB/Wendehorst § 312a Rn 30; BeckOK-BGB/Martens [1. 5. 2024] Art 246 EGBGB Rn 22; vgl zu den Anforderungen Staudinger/Matusche-Beckmann [2014] § 477 aF [bis 31. 12. 2017] Rn 10 ff). Der pauschale Hinweis bspw in einer Werbung auf „5 Jahre Garantie" ist somit unzureichend (OLG Hamm 25. 8. 2016 – 4 U 1/16, GRUR-RS 2016, 18361). Die Informationspflicht besteht nicht nur in Bezug auf Kundendienstleistungen und Garantien, die ohne Weiteres Vertragsinhalt werden, sondern auch auf solche, die vom Verbraucher nur zusätzlich erworben werden können (BeckOK-BGB/Martens [1. 5. 2024] Art 246 EGBGB Rn 22).

ff) Laufzeit (Art 246 Abs 1 Nr 6 EGBGB)

31 Gemäß Art 246 Abs 1 Nr 6 EGBGB anzugeben ist die Laufzeit des Vertrags oder die Bedingungen der Kündigung **unbefristeter oder sich automatisch verlängernder Verträge**. Die Vorschrift erfasst nur echte Dauerschuldverhältnisse wie Miete, Pacht, Leasing oder Energielieferungsverträge (OLG Düsseldorf 5. 7. 2016 – I-20 U 11/16, EnWZ 2016, 458) sowie Verträge über regelmäßig wiederkehrende Leistungen, zB Zeitungs- und Zeitschriftenabonnements, die Mitgliedschaft in Buch- und Schallplattenklubs oder Unterrichtsverträge (MünchKommBGB/Wendehorst § 312a Rn 31; BeckOK-BGB/Martens [1. 5. 2024] Art 246 EGBGB Rn 25).

32 Laufzeit meint die **feste Vertragsdauer**. Besteht keine feste Vertragsdauer, sondern ein unbefristeter Vertrag oder ein sich automatisch verlängernder Vertrag, ist über die **Kündigungsbedingungen** zu informieren. Zu den Bedingungen der Kündigung, über die zu unterrichten ist, zählt insbesondere die **Mindestlaufzeit** des Vertrags, ab der frühestens eine ordentliche Kündigung möglich ist. Dabei ist eine etwaige Kündigungsfrist miteinzurechnen (BeckOK-BGB/Martens [1. 5. 2024] Art 246 EGBGB Rn 26; MünchKommBGB/Wendehorst § 312a Rn 32). Auf die Möglichkeit zur Beendigung durch außerordentliche Kündigung oder durch Aufhebungsvertrag muss dagegen nicht hingewiesen werden (MünchKommBGB/Wendehorst § 312a Rn 32). Eine Information über die Form und die Rechtsfolgen der Kündigung ist wohl nicht zu fordern (Münch-

KommBGB/Wendehorst § 312a Rn 32; **aA** Erman/Koch § 312a Rn 15). Zwar könnte man nach dem Wortsinn den Begriff der Bedingungen der Kündigung in diesem Sinne verstehen. Jedoch lässt sich aus einer Gesamtbetrachtung des Art 246 Abs 1 Nr 6 EGBGB erkennen, dass die zeitliche Komponente im Vordergrund steht. Art 246 Abs 1 Nr 6 EGBGB fordert eine Information über die Laufzeit des Vertrags oder – falls keine feste Laufzeit des Vertrags besteht – anstelle dessen über die Bedingungen der Kündigung. Die Regelung soll nur sicherstellen, dass sich der Verbraucher im Klaren ist, wie lange er an den Vertrag gebunden sein wird. Es würde die vorvertraglichen Informationspflichten überspannen, eine Unterrichtung über Form und Rechtsfolgen der Kündigung zu verlangen (MünchKommBGB/Wendehorst § 312a Rn 32).

gg) Funktionsweise und Interoperabilität digitaler Inhalte (Art 246 Abs 1 Nr 7 und 8 EGBGB)

In Art 246 Abs 1 Nr 7 und Nr 8 EGBGB sind Informationspflichten in Bezug auf digitale Inhalte normiert. Nach Art 246 Abs 1 Nr 7 EGBGB ist zu informieren über die Funktionsweise digitaler Inhalte, einschließlich anwendbarer technischer Schutzmaßnahmen. Art 246 Abs 1 Nr 8 EGBGB schreibt die Information über wesentliche Beschränkungen der Interoperabilität und der Kompatibilität mit **Hard- und Software** vor, soweit diese Beschränkungen dem Unternehmer bekannt sind oder bekannt sein müssen. **Digitale Inhalte** sind nach der Legaldefinition in § 312f Abs 3 BGB nicht auf einem körperlichen Datenträger befindliche Daten, die in digitaler Form hergestellt und bereitgestellt werden. Dies entspricht der Definition in Erwägungsgrund 19 der VerbrRRL, wo zudem klargestellt ist, dass es nicht darauf ankommt, ob auf die Daten durch Herunterladen in Echtzeit (Streaming) oder in sonstiger Weise zugegriffen wird. Nicht abschließend nennt Erwägungsgrund 19 Computerprogramme, Anwendungen (Apps), Spiele, Musik, Videos und Texte als Beispiele. 33

Die Information über die Funktionsweise bezieht sich insbesondere darauf, wie die digitalen Inhalte verwendet werden können (BT-Drucks 17/12637, 73; Erwägungsgrund 19). Dabei ist etwa darüber zu informieren, ob eine Verwendung für die Nachverfolgung des Verhaltens des Verbrauchers (sog Tracking) möglich ist (Erwägungsgrund 19). Zudem ist über vorhandene oder nicht vorhandene **technische Schutzmaßnahmen** wie den Schutz mittels digitaler Rechteverwaltung oder Regionalcodierung (die Verwendbarkeit nur in bestimmten geographischen Regionen) zu informieren (BT-Drucks 17/12637, 73; Erwägungsgrund 19). In dem vorvertraglichen Stadium sind auch hier keine überspitzten Anforderungen zu stellen. Zu informieren ist nur über die wesentlichen Hinweise, die notwendig sind, damit dem Verbraucher verständlich wird, wie die digitalen Inhalte verwendet werden können. Keinesfalls ist ein umfassendes Bedienungshandbuch erforderlich (BeckOK-BGB/Martens [1. 5. 2024] Art 246 EGBGB Rn 27). 34

Der Begriff der Interoperabilität in Art 246 Abs 1 Nr 8 EGBGB umfasst die standardmäßige Umgebung von Hard- und Software, mit der die digitalen Inhalte kompatibel sind, etwa das Betriebssystem, die notwendige Version und bestimmte Eigenschaften der Hardware (BT-Drucks 17/12637, 74; Erwägungsgrund 19). Mit der Einschränkung „soweit wesentlich" in Art 246 Abs 1 Nr 8 EGBGB ist klargestellt, dass nur für einen durchschnittlichen Verbraucher üblicherweise wichtige Informationen über die Interoperabilität gegeben werden müssen. So muss nicht auf die (fehlende) Kompatibilität mit einem veralteten, kaum noch gebräuchlichem Betriebssys- 35 tem hingewiesen werden (BT-Drucks 17/12637, 74; vgl auch Ehmann/Forster GWR 2014, 163, 166). Im **Leitfaden** zur VerbrRRL hat die **Generaldirektorin Justiz** eine nicht abschließende Liste der nach Art 5 Abs 1 lit g und h (entspricht Art 246 Abs 1 Nr 7 und Nr 8 EGBGB) dem einzelnen Produkt entsprechend bereitzustellenden Informationen veröffentlicht (GD Justiz Leitfaden zur VerbrRRL, 81 f, verfügbar unter https://www.cronline.de/29574.htm#materialien [letzter Abruf: 24. 7. 2024]):

1) die Sprache des Inhalts und – sofern sie sich von dieser unterscheidet – die Sprache etwaiger dem Inhalt beigefügter Anleitungen;

2) die Methode der Inhaltebereitstellung: zB Streaming, Online, einmaliges Herunterladen, Möglichkeit des Herunterladens für eine bestimmte Zeit;

3) bei Video- oder Audiodateien: die Abspieldauer des Inhalts;

4) bei herunterladbaren Dateien: Dateityp und -größe;

5) eine Aussage dazu, ob der Unternehmer oder ein Dritter verpflichtet ist, das Produkt zu warten oder zu aktualisieren, oder ob keine derartige Verpflichtung besteht;

6) etwaige Bedingungen für die Nutzung des Produkts, die in keinem unmittelbaren Zusammenhang mit der Interoperabilität stehen, wie zB:

   a. Tracking und/oder Personalisierung;

   b. die Notwendigkeit einer Internetverbindung für die Benutzung des Produkts und der technischen Anforderungen an die Verbindung (wie zB die Download- und Upload-Mindestgeschwindigkeit);

   c. die Notwendigkeit, dass andere Nutzer über eine spezielle Software verfügen (zB Kommunikationssoftware);

7) etwaige Einschränkungen der Nutzung des Produkts:

   a. Einschränkungen der Häufigkeit oder der Dauer, mit der ein digitales Produkt angesehen, gelesen oder genutzt werden kann;

   b. Einschränkungen der Wiederverwendung der Inhalte für Zwecke wie die Erstellung privater Kopien;

   c. durch den Standort des Gerätes des Verbrauchers bedingte Einschränkungen;

   d. etwaige Funktionsweisen, die von zusätzlichen Käufen abhängig gemacht werden, wie kostenpflichtige Inhalte, Klubmitgliedschaften oder zusätzliche Hard- oder Software.

36 Zudem beziehen sich laut des Leitfadens die Informationen über die Interoperabilität auf Angaben zu den Geräten, mit denen die Inhalte genutzt werden können; dies sollte ggf auch Angaben zum erforderlichen Betriebssystem sowie zu zusätzlicher Software (einschließlich Versionsnummer) und zusätzlicher Hardware (zB Prozessorgeschwindigkeit und Grafikkartenfunktionen) umfassen (GD Justiz Leitfaden zur VerbrRRL, 82).

Fraglich ist, ob die Informationspflichten des Art 246 Abs 1 Nr 7 und Nr 8 EGBGB nur dann zu beachten sind, wenn digitale Inhalte den Hauptgegenstand des Vertrags darstellen, oder auch beim Verkauf von Hardware, wenn gleichzeitig auch digitale Inhalte bereitgestellt werden. Dies kann bspw beim Kauf eines Autos oder SmartTVs relevant werden. Nach dem Schutzzweck ist auch dann eine Informationspflicht zu bejahen. Denn auch bei dem Erwerb eines SmartTVs ist es für den Verbraucher wichtig, zu wissen, welche Programme auf dem **SmartTV** verwendet werden können. Zudem ist auch hier eine Information über die Möglichkeit des Trackings zum Schutze des Verbrauchers notwendig. Dieses Schutzbedürfnis entfällt nicht nur deshalb, weil die Bereitstellung der digitalen Inhalte nicht den Hauptgegenstand des Vertrags darstellt (so auch MünchKommBGB/Wendehorst § 312a Rn 34). **37**

3. Verhältnis zu anderen Informationspflichten

Abs 2 S 1 stellt keine abschließende Regelung dar. So sieht auch Art 5 Abs 4 VerbrRRL die Möglichkeit vor, zusätzliche nationale vorvertragliche Informationspflichten zu schaffen. Solche Pflichten können sich außer durch eine Parteivereinbarung bspw aus § 242 BGB ergeben (BeckOK-BGB/Martens [1. 5. 2024] § 312a Rn 14). Wie sich aus Erwägungsgrund 12 ergibt, sind jedenfalls die Informationspflichten aus § 312i iVm Art 246c EGBGB parallel anwendbar (MünchKommBGB/Wendehorst § 312a Rn 41). **38**

4. Rechtsfolgen eines Verstoßes

Abs 2 S 2 sieht parallel zu § 312e BGB eine **besondere Sanktion** vor. Der Unternehmer kann demnach nur dann **Fracht-, Liefer-, oder Versandkosten und sonstige Kosten** verlangen, soweit er den Verbraucher gemäß Art 246 Abs 1 Nr 3 EGBGB informiert hat. Zwar enthält die VerbrRRL keine entsprechende Sanktion für die fehlende in Art 5 Abs 1 lit c genannten Informationen über zusätzliche Fracht-, Liefer-, oder Versandkosten, wie dies in der parallelen Vorschrift des Art 6 Abs 6 bei Fernabsatzverträgen und für außerhalb von Geschäftsräumen geschlossene Verträgen der Fall ist. Aufgrund der vergleichbaren Interessenlage hat der Gesetzgeber jedoch auch für den stationären Handel eine entsprechende Regelung geschaffen (BT-Drucks 17/12637, 51). Unionsrechtlich ist dies letztlich unbedenklich, da Art 24 VerbrRRL den Mitgliedstaaten gerade aufträgt, Sanktionen festzulegen. Abs 2 S 2 stellt eine wirksame, angemessene und abschreckende Sanktion iSd Art 24 VerbrRRL dar (BT-Drucks 17/12637, 51). Hat der Verbraucher die Kosten dennoch gezahlt, obwohl er dazu aufgrund von Abs 2 S 2 nicht verpflichtet war, kann er diese als **ungerechtfertigte Bereicherung** gemäß § 812 Abs 1 S 1 Fall 1 BGB zurückfordern (BeckOK-BGB/Martens [1. 5. 2024] § 312a Rn 16). Aus Abs 2 S 2 kann sich keinesfalls der Umkehrschluss ziehen lassen, dass bei entsprechender Information die Auferlegung zusätzlicher Kosten stets wirksam sei. Vielmehr ist nach § 312a Abs 3 BGB eine ausdrückliche Vereinbarung des zusätzlichen Entgelts notwendig. Eine eigene Relevanz neben Abs 3 hat Abs 2 S 2 dann, wenn der Verbraucher zwar ausdrücklich zustimmt, die üblichen Fracht-, Liefer-, oder Versandkosten zu tragen, ohne dass der genaue Preis – obwohl bekannt – angegeben war (vgl BT-Drucks 17/12637, 55). **39**

40 Es kommen bei Verletzung der Informationspflicht **Schadensersatzansprüche** des Verbrauchers aus allgemeinen Grundsätzen gemäß **§§ 280 Abs 1, 241 Abs 2, ggf iVm § 311 Abs 2 BGB** in Betracht (BT-Drucks 17/12637, 51). Denkbar ist auch eine **Anfechtung** des Vertrags wegen Irrtums nach **§ 119 BGB** oder arglistiger Täuschung nach **§ 123 BGB**. Ein auf einer Informationspflichtverletzung beruhender Inhalts- oder Erklärungsirrtum ist kaum vorstellbar. In Betracht kommt jedoch ein Eigenschaftsirrtum § 119 Abs 2 BGB, insbesondere in den Fällen einer fehlenden oder falschen Information über die wesentlichen Eigenschaften des Vertragsgegenstandes § 312a Abs 2 S 1 iVm Art 246 Abs 1 Nr 1 EGBGB. Zudem können **Unterlassungsansprüche** aus **§ 2 UKlaG** und **§ 8 UWG** bestehen (BeckOK-BGB/Martens [1. 5. 2024] § 312a Rn 15; Erman/Koch § 312a Rn 34). Die Geltendmachung solcher Rechtsbehelfe wird durch die **Beweislastumkehr** des **§ 312m Abs 2 BGB** erleichtert, wonach der Unternehmer gegenüber dem Verbraucher die Beweislast trägt für die Erfüllung der in §§ 312–312h BGB normierten Informationspflichten.

IV. Vereinbarung zusätzlichen Entgelts (Abs 3–6)

1. Zusatzentgelte und entgeltliche Nebenleistungen (Abs 3)

a) Allgemeines

41 Abs 3 dient der Umsetzung von Art 22 VerbrRRL. Die Vorschrift dient dem Schutz der Privatautonomie des Verbrauchers (MünchKommBGB/Wendehorst § 312a Rn 45) und sichert eine transparente Preisgestaltung (BeckOK-BGB/Martens [1. 5. 2024 § 312a Rn 18). Es soll verhindert werden, dass sich der Verbraucher vertraglich in einem größeren Umfang verpflichtet, als er es tatsächlich will. Häufig wird der Verbraucher bei Vertragsschluss sein Augenmerk in erster Linie auf die von ihm begehrte Hauptleistung des Unternehmers richten. Nachträglich ist der Verbraucher dann nicht selten überrascht oder fühlt sich davon überrumpelt, dass er sich über die Bezahlung der Hauptleistung hinaus zu der Bezahlung weiterer Nebenleistungen verpflichtet hat (BT-Drucks 17/12637, 53).

42 Zwar kommt in einem solchen Fall eine **Anfechtung nach § 119 Abs 1 Fall 1 BGB** in Betracht. § 119 BGB bietet aber keinen ausreichenden Schutz für den Verbraucher. Denn zum einen werden dessen Voraussetzungen oft schon nicht vorliegen. So muss der Verbraucher beweisen, dass sein Irrtum für seine Willenserklärung ursächlich war. Dies erscheint aber zweifelhaft, wenn sich dessen Fehlvorstellung nur auf eine geringe zusätzliche Zahlungspflicht bezog. Zum anderen ist Rechtsfolge der Anfechtung, dass nach § 142 BGB der gesamte Vertrag nichtig ist. Der Verbraucher könnte sich also nur vom gesamten Vertrag lösen, wodurch er den Anspruch auf die gewünschte Hauptleistung verlieren würde. Abs 3 stellt in **Zusammenspiel mit Abs 6** eine den Interessen des Verbrauchers gerechtere Lösung dar. Abs 6 ordnet an, dass der Vertrag im Übrigen wirksam bleibt. Bei einem Verstoß gegen Abs 3 behält der Verbraucher also seinen Anspruch auf die Hauptleistung, ohne darüber hinaus zur Zahlung eines zusätzlichen Entgelts für eine nicht gewünschte Nebenleistung verpflichtet zu sein (BT-Drucks 17/12637, 53). Möchte der Verbraucher auch die Nebenleistung des Unternehmers in Anspruch nehmen, so können die Parteien die an sich nach Abs 3 nichtige Vereinbarung **nach § 141 BGB** bestätigen (BT-Drucks 17/12637, 53). Dann hat der Verbraucher auch die zusätzlichen Kosten zu tragen.

b) Zusätzliches Entgelt

Abs 3 betrifft die Vereinbarung eines über das vereinbarte **Entgelt für die Hauptleistung** hinausgehenden Entgelts. Hielte man sich streng an den Wortlaut, der von einem *vereinbarte[n]* Entgelt für die Hauptleistung spricht, wäre Abs 3 nur anwendbar, wenn das Entgelt für die Hauptleistung bereits vereinbart ist. Ein solches Verständnis ist letztlich aber nicht zu fordern, da ein zusätzliches Entgelt meist vor oder zeitgleich mit der Vereinbarung des Entgelts für die Hauptleistung vereinbart wird. Auch dann ist Abs 3 anwendbar, da die Regelung sonst leerliefe (BeckOK-BGB/Martens [1. 5. 2024] § 312a Rn 19; Schirmbacher/Grasmück ITRB 2014, 66, 67). Es genügt also, dass der Preis für die Hauptleistung bereits feststeht, der zu zahlen ist, falls der Verbraucher sich zu einem Vertragsschluss entscheidet (Spindler/Schuster/Schirmbacher Rn 21). Das **erhöhte Beförderungsentgelt** für „Schwarzfahren" im Öffentlichen Personennahverkehr ist nicht an § 312a Abs 3 BGB zu messen, da dieses nicht auf einer vertraglichen Vereinbarung, sondern auf öffentliche-rechtlichen Regelungen beruht (Rodi VuR 2015, 14; Grüneberg/Grüneberg § 312a Rn 4). Mit der EVO und der BefBedV bestehen Bundesrechtsverordnungen, die allgemeine Beförderungsbedingungen und in § 12 EVO (für den Eisenbahnverkehr) und § 9 BefBedV (für den Straßenbahn- und Busverkehr) das erhöhte Beförderungsentgelt festlegen, sodass dieses unabhängig von einer vertraglichen Vereinbarung gilt. Es greift auch nicht der Schutzzweck des § 312a Abs 3 BGB bzw des Art 22 VerbrRRL. Denn der Verbraucher wird nicht vom Unternehmer überrumpelt. Zudem wird die Verpflichtung zur Zahlung des erhöhten Entgelts allgemein bekannt sein (Rodi VuR 2015, 14, 18). 43

Die Vorschrift bezieht sich nicht auf eine zusätzliche Leistung des Unternehmers, sondern auf die zusätzliche Zahlung des Verbrauchers (Spindler/Schuster/Schirmbacher Rn 20; LG Berlin 6. 7. 2016 – 15 O 314/15, MMR 2016, 824). Eine zusätzliche Leistung des Unternehmers ist nicht erforderlich, ebenso führt allein das tatsächliche Anbieten einer zusätzlichen Leistung nicht aus dem Anwendungsbereich des § 312a Abs 3 Satz 1 BGB heraus (LG Berlin 6. 7. 2016 – 15 O 314/15, MMR 2016, 824). Der Begriff der **Extrazahlungen** ist verbraucherschützend weit auszulegen (LG Berlin 6. 7. 2016 – 15 O 314/15, MMR 2016, 824). Für die Feststellung, ob eine über die Hauptleistung hinausgehende Zahlung vorliegt, bietet die Werbung des Unternehmers ein Indiz. Übersteigt der zu zahlende Preis denjenigen, mit dem der Unternehmer die Hauptleistung bewirbt, beruht dies dem ersten Anschein nach auf einer zusätzlichen Zahlung des Verbrauchers (Schirmbacher/Grasmück ITRB 2014, 66, 67; Spindler/Schuster/Schirmbacher Rn 22). 44

Zunächst erfasst die Vorschrift Entgelte für **Zusatzleistungen**, meist Nebenleistungen, die in einem wirtschaftlichen Zusammenhang mit der Hauptleistung stehen, ohne nach dem konkreten Vertragszweck ein Teil derselben zu sein (LG Düsseldorf 14. 12. 2016 – 12 O 311/15, NJOZ 2018, 353; MünchKommBGB/Wendehorst § 312a Rn 53). Dies ist bspw der Fall bei Versicherungen, Zusatzgepäck, Zusatzverpflegung oder der Wahl eines bestimmten Sitzplatzes bei einer Reise (MünchKommBGB/Wendehorst § 312a Rn 53; BeckOK-BGB/Martens [1. 5. 2024] § 312a Rn 20). Abzugrenzen sind solche Zusatzleistungen jedoch von Wahlmöglichkeiten, die erst die Hauptleistungspflicht konkretisieren. So ist die Wahl der Farbe oder des Materials eines Gegenstandes, auch wenn für eine bestimmte Farbe oder ein bestimmtes Material höhere Kosten anfallen, nicht als zusätzliche Zahlung von Abs 3 erfasst (MünchKommBGB/Wendehorst § 312a Rn 54). Es gelten dann die allgemeinen Regeln für einen wirksamen Vertragsschluss. Unerheblich ist es, ob die Zusatzleistung von dem Unternehmer oder einem 45

Dritten aufgrund einer Vereinbarung zwischen dem Unternehmer und dem Dritten erbracht wird (BeckOK-BGB/Martens [1. 5. 2024] § 312a Rn 20; MünchKommBGB/Wendehorst § 312a Rn 53). Letzteres wird insbesondere bei Versicherungen als Zusatzleistung häufig der Fall sein. In beiden Fällen ist der Verbraucher schutzwürdig (MünchKommBGB/Wendehorst § 312a Rn 53).

46 Zudem findet Abs 3 Anwendung auf zusätzliche Kosten in Bezug auf die Hauptleistungen, die neben dem Entgelt für die Hauptleistung verlangt werden, wie etwa Bearbeitungs- und Verwaltungskosten (LG Düsseldorf 14. 12. 2016 – 12 O 311/15, NJOZ 2018, 353; BeckOK-BGB/Martens [1. 5. 2024] § 312a Rn 21; BT-Drucks 17/12637, 55; Grüneberg/Grüneberg § 312a Rn 4; Dauner-Lieb/Langen/Ring Rn 19). Auch Trinkgeld für das Personal stellt zusätzliches Entgelt dar (LG Koblenz 11. 9. 2017 – 15 O 36/17, VuR 2018, 115). Dies gilt auch für Fracht-, Liefer- oder Versandkosten (Hk-BGB/Schulte-Nölke § 312a Rn 4; BeckOK-BGB/Martens [1. 5. 2024] § 312a Rn 21). Insoweit stellen Abs 2 S 2 im stationären Handel bzw § 312e BGB bei Fernabsatz- oder außerhalb von Geschäftsräumen geschlossenen Verträgen keine abschließende Sonderregelungen dar (BT-Drucks 17/12637, 55). Damit diese zusätzlichen Entgelte wirksam vereinbart werden, müssen sie sowohl den Anforderungen des § 312a Abs 2 S 2 BGB bzw § 312e BGB als auch des § 312a Abs 3 BGB genügen. Es bedarf also einer ausdrücklichen Vereinbarung bspw der zusätzlichen Lieferkosten als auch – soweit möglich – der Angabe der Höhe dieser Kosten. Zwar wird teilweise gefordert, Abs 3 solle nicht gelten, wenn die zusätzliche Leistung nach der Verkehrsauffassung und den konkreten Umständen für die Durchführung des Vertrags über die Hauptleistung typischerweise notwendig sei (MünchKommBGB/Wendehorst § 312a Rn 59). Eine solche Differenzierung ist aber nicht sachgerecht. Denn auch wenn bspw die Lieferung notwendig ist, da eine Selbstabholung unpraktikabel ist, ist damit nicht gesagt, dass diese Kosten der Verbraucher zu tragen hat. Gerade bei solchen Kosten, die keine zusätzliche Nebenleistung betreffen, rechnet der Verbraucher möglicherweise nicht mit zusätzlichen Kosten, etwa für die Bearbeitung oder Lieferung (BeckOK-BGB/Martens [1. 5. 2024] § 312a Rn 21). Daher ist auch in solchen Fällen der Verbraucher davor zu schützen, dass ihm ohne ausdrückliche Zustimmung zusätzliche Kosten auferlegt werden. Das Erfordernis der ausdrücklichen Vereinbarung führt auch wie in den sonstigen Fällen des Abs 3 nicht zu einer unzumutbaren Verkomplizierung des Bestellvorgangs (so aber MünchKommBGB/Wendehorst § 312a Rn 58).

47 Ähnlich stellt sich die Frage des Verhältnisses von Abs 3 zu Abs 4. Auch hier gilt, dass beide Vorschriften kumulativ anwendbar sind (MünchKommBGB/Wendehorst § 312a Rn 62; BeckOK-BGB/Martens [1. 5. 2024] § 312a Rn 21). Dies ergibt sich schon aus dem unterschiedlichen Schutzzweck der beiden Regelungen. Während Abs 3 den Verbraucher vor einer aufgedrängten, nicht gewollten Zahlungsverpflichtung schützt, dient Abs 4 dem Schutz vor Zahlung eines überhöhten Entgelts (MünchKommBGB/Wendehorst § 312a Rn 62).

48 Nicht einschlägig ist Abs 3, wenn sich der Verbraucher im Laufe des Auswahlprozesses für eine **andere Hauptleistung** zu einem teureren Preis als dem ursprünglich beworbenen entscheidet (Spindler/Schuster/Schirmbacher Rn 23). Dann besteht schon keine über das Entgelt für die Hauptleistung hinausgehende Zahlung. So ist die Vorschrift nicht anwendbar, wenn der Kunde statt des ursprünglich beworbenen Zeitungsabonnements für sechs Wochentage eines für sieben Wochentage bezieht (Spindler/Schus-

TER/SCHIRMBACHER Rn 23). Ohnehin dürfte dann aber eine ausdrückliche Zustimmung vorliegen. Es ist jedoch insbesondere bei einer nach Vertragsbeginn getroffenen Vereinbarung über zusätzliche Kosten zu hinterfragen, ob tatsächlich eine neue bzw andere Hauptleistung besteht. So kann sich der Unternehmer, wenn er ein zusätzliches Entgelt bei einer Tarifänderung, die die bisherige Hauptleistung und eine zusätzliche Nebenleistung beinhaltet, dem Verbraucher aber keine Wahlmöglichkeit des Verbleibens im alten Tarif einräumt, nicht darauf berufen, § 312a Abs 3 BGB gelte nicht, da es sich um Entgelt für eine (andere) Hauptleistung handelt. Andernfalls könnte die Vorschrift leicht umgangen werden (vgl LG Berlin 6. 7. 2016 – 15 O 314/15, MMR 2016, 824 [nachfolgend KG Berlin 5 U 106/16, nicht veröffentlicht]).

Da nur zusätzliche Zahlungen des Verbrauchers erfasst sind, gilt Abs 3 nicht bei zusätzlichen sonstigen Leistungen des Verbrauchers, die nicht in einer Geldleistung bestehen, zB die Inzahlungnahme einer Altware neben der Kaufpreiszahlung (SPINDLER/SCHUSTER/SCHIRMBACHER Rn 26). 49

Ob eine sog **Datenautomatik**, bei der nach Verbrauch des Inklusiv-Datenvolumens ein weiteres Datenvolumen gegen Entgelt gewährt wird, in den Anwendungsbereich des § 312a Abs 3 BGB fällt, richtet sich nach den Umständen des Einzelfalls. Entscheidend ist, ob das zusätzliche Datenvolumen automatisch abgebucht wird und von vorneherein als Teil der Hauptleistungspflicht aufgeführt ist. Dann ist Abs 3 nicht anzuwenden. Das auf das weitere Datenvolumen anfallende Entgelt stellt dann keine zusätzliche Zahlung iSd Vorschrift dar (BGH 5. 10. 2017 – III ZR 56/17, MMR 2018, 160). Diese Vertragsgestaltung unterscheidet sich von einer Regelung, wonach nach Erschöpfung des Inklusiv-Datenvolumens die Übertragungsgeschwindigkeit erheblich reduziert wird, sofern der Kunde nicht ein weiteres Datenpaket hinzubucht (BGH 5. 10. 2017 – III ZR 56/17, MMR 2018, 160). Dann stellt das weitere Datenvolumen nicht von vorneherein einen Teil der Hauptleistungspflicht, sondern eine über die ursprünglich vereinbarte Hauptleistungspflicht hinausgehende zusätzliche Zahlung iSd Abs 3 dar (LG Düsseldorf 14. 12. 2016 – 12 O 311/15, NJOZ 2018, 353). Eine solche Regelung verstößt mangels ausdrücklicher Zustimmung gegen § 312a Abs 3 BGB, wenn eine Buchung des zusätzlichen Datenvolumens dann erfolgt, wenn der Verbraucher nach einer vorherigen Mitteilung per SMS nicht widerspricht (LG Düsseldorf 14. 12. 2016 – 12 O 311/15, NJOZ 2018, 353). 50

c) Ausdrückliche Vereinbarung

Die Vereinbarung eines zusätzlichen Entgelts kann nach Abs 3 S 1 nur ausdrücklich getroffen werden. Was unter ausdrücklich zu verstehen ist, hat der Gesetzgeber nicht näher konkretisiert. Es reicht nicht jede Willenserklärung, die nach allgemeinen Grundsätzen zum Vertragsschluss führt, aus. So ist eine bloß konkludente Zustimmung des Verbrauchers oder eine solche durch Schweigen nicht ausreichend (BT-Drucks 17/12637, 53; DAUNER-LIEB/LANGEN/RING Rn 22). Nach der Gesetzesbegründung liegt eine **ausdrückliche Zustimmung** des Verbrauchers nur vor, wenn dieser seinen (auch) auf den Erhalt und die Bezahlung der Nebenleistung gerichteten Geschäftswillen unmittelbar in einer Erklärung äußert (BT-Drucks 17/12637, 53). Es muss eine gesonderte Erklärung über das Anfallen des zusätzlichen Entgelts erfolgen. Nicht ausreichend ist eine allgemeine Zustimmung im Rahmen der für den eigentlichen Vertragsschluss konstitutiven Willenserklärung (BeckOK-BGB/MARTENS [1. 5. 2024] § 312a Rn 22). Diese Erklärung muss vom Verbraucher selbst in Worte oder gleichwertige 51

Zeichen geformt werden, oder der Verbraucher macht sich diese zu Eigen, bspw durch das Anklicken einer eigenen Schaltfläche (MünchKommBGB/Wendehorst § 312a Rn 64). Nicht per se ausgeschlossen ist die Vereinbarung in **Allgemeinen Geschäftsbedingungen**. Davon geht auch die Gesetzesbegründung aus, wonach zu deren Wirksamkeit eine ausdrückliche Vereinbarung der Parteien erforderlich ist (BT-Drucks 17/12637, 53). Jedoch reicht die bloße in den AGB versteckte Vereinbarung eines zusätzlichen Entgelts nicht aus – auch dann nicht, wenn der Verbraucher die Allgemeinen Geschäftsbedingungen als Ganzes durch Anklicken bestätigt (so aber Oelschlägel MDR 2013, 1317, 1318). Zwar erfordert die Einbeziehung von Allgemeinen Geschäftsbedingungen in den Vertrag nach § 305 Abs 2 Nr 1 BGB schon selbst, dass der Verwender ausdrücklich oder durch deutlich sichtbaren Aushang am Orte des Vertragsschlusses auf die Allgemeinen Geschäftsbedingungen hinweist, sodass ohne dies die Allgemeinen Geschäftsbedingungen bereits nicht Vertragsinhalt würden. Jedoch ist dies nicht mit dem **Ausdrücklichkeitserfordernis** in § 312a Abs 3 Satz 1 BGB gleichzusetzen (LG Koblenz 11. 9. 2017 – 15 O 36/17, VuR 2018, 115). Denn es ist davon auszugehen, dass der Verbraucher im Regelfall die AGB nicht vollständig gelesen hat und ihm dann durch das Akzeptieren der AGB zusätzliche Entgelte aufgezwängt werden, die er nicht wollte. Die Regelung des Abs 3 S 1 soll gerade der missbräuchlichen Praxis Einhalt gebieten, dass dem Verbraucher die Vereinbarung von Nebenleistungen oder sonstiger Zusatzentgelte durch Klauseln in AGB „untergeschoben" wird (LG Düsseldorf 14. 12. 2016 – 12 O 311/15, NJOZ 2018, 353; LG Koblenz 11. 9. 2017 – 15 O 36/17, VuR 2018, 115). Erforderlich ist daher, dass der Unternehmer dem Verbraucher einen ausdrücklichen Hinweis auf die in den AGB enthaltene Klausel, die die Zahlung eines zusätzlichen Entgelts vorsieht, gibt und der Verbraucher sich damit einverstanden erklärt (Schomburg VuR 2014, 18, 19 f; vgl auch LG Koblenz 11. 9. 2017 – 15 O 36/17, VuR 2018, 115).

52 Auch wenn rein formal durch ein Anklicken einer gesonderten Schaltfläche an sich eine ausdrückliche Zustimmung im Sinne der Vorschrift vorliegt, kann eine entsprechende Vereinbarung wegen eines Umgehungstatbestands nach § 312m Abs 1 S 2 BGB unwirksam sein (s auch Kommentierung § 312m Rn 14). Eine **Umgehung** ist anzunehmen, wenn aufgrund der Menüführung und optischen Gestaltung der Eindruck erweckt wird, das Anklicken der Vereinbarung über ein zusätzliches Entgelt sei für den Vertragsschluss erforderlich (sog „dark patterns"). Dies ist in der Praxis der Fall, wenn zur Zubuchung von Nebenleistungen eine große rote Schaltfläche „Weiter" anzuklicken ist und nur am Ende des Menüs eine unauffällige Schaltfläche „weiter ohne Zusatzleistungen" zu finden ist (MünchKommBGB/Wendehorst § 312a Rn 65).

d) Voreinstellung im elektronischen Geschäftsverkehr

53 Nach Abs 3 S 2 ist die Vereinbarung eines zusätzlichen Entgelts im elektronischen Geschäftsverkehr nur Vertragsbestandteil, wenn sie nicht durch eine Voreinstellung des Unternehmers herbeigeführt wurde. Eine **Voreinstellung** liegt immer dann vor, wenn der Verbraucher bei Vertragsschluss die entsprechende Vereinbarung eines zusätzlichen Entgelts nur durch aktives Handeln verhindern kann etwa durch Entfernen eines vom Unternehmer gesetzten Häkchens. Die gesonderte Regelung für den elektronischen Geschäftsverkehr ist verfehlt. Aus dem für die Auslegung maßgeblichen Art 22 S 2 VerbrRRL ergibt sich, dass allgemein (also unabhängig davon, ob der Vertrag elektronisch geschlossen wurde) bei einer Voreinstellung durch den Unternehmer keine ausdrückliche Zustimmung vorliegt. Daher kann auch nicht aus Abs 3 S 2

im Umkehrschluss gefolgert werden, außerhalb des elektronischen Geschäftsverkehrs sei eine durch Voreinstellung des Unternehmers herbeigeführte Vereinbarung möglich (BeckOK-BGB/MARTENS [1. 5. 2024] § 312a Rn 23). Wie bereits der Wortlaut von § 312a Abs 3 S 2 BGB zeigt, nimmt dieser mit seiner Formulierung („solche Vereinbarung") Bezug auf § 312a Abs 3 S 1 BGB und setzt den dort geregelten Fall voraus. Es handelt sich mithin bei S 2 um die speziellere Regelung (LG Koblenz 11. 9. 2017 – 15 O 36/17, VuR 2018, 115). Vorher vom Unternehmer angekreuzte Kästchen auf Papier sind also ebenso unzulässig wie eine elektronische Voreinstellung (MünchKommBGB/WENDEHORST § 312a Rn 66). Eine vom Unternehmer gestellte Klausel, wonach auf einer Kreuzfahrt ein Trinkgeld in bestimmter Höhe gebucht wird, falls der Kunde dieses nicht gegenüber der Rezeption herabsetzt oder streicht, verstößt demnach gegen das Ausdrücklichkeitserfordernis (LG Koblenz 11. 9. 2017 – 15 O 36/17, VuR 2018, 115). Verwendet der Unternehmer gleichwohl Voreinstellungen, werden sie nur dann Vertragsbestandteil, wenn auf anderem Wege eine ausdrückliche Vereinbarung erfolgt, etwa in Form einer Erklärung des Verbrauchers in einer gesonderten E-Mail (BT-Drucks 17/12637, 53). Die Beweislast dafür, dass die Vereinbarung nicht durch eine Voreinstellung zustande gekommen ist, trägt der Unternehmer (Hk-BGB/SCHULTE-NÖLKE § 312a Rn 5).

e) Verhältnis zu spezielleren Regelungen

Die Regelung des Abs 3 tritt zurück, soweit eine speziellere Regelung aufgrund eines 54
Unionsaktes besteht und mit Abs 3 kollidiert. Dies ergibt sich aus Art 3 Abs 2 VerbRRL, wonach in einem Kollisionsfall die speziellere Regelung Vorrang vor der VerbrRRL hat. Vorrang haben sowohl unmittelbar geltende Unionsakte als auch nationale Vorschriften, die einen Unionsakt umsetzten. Ein Beispiel stellt **§ 675g Abs 2 S 1 BGB** dar, der in Umsetzung von Art 42 Abs 6, 44 Abs 1 der Zahlungsdiensterichtlinie vorsieht, dass die Zustimmung des Verbrauchers zur Änderung eines Zahlungsdiensterahmenvertrags unter bestimmten Voraussetzungen fingiert wird (BT-Drucks 17/12637, 53; MünchKommBGB/WENDEHORST § 312a Rn 49). Nicht verdrängt wird Abs 3 durch Art 23 Abs 1 S 4 der Luftverkehrsdiensteverordnung. Denn die Vorgaben des Art 23 Abs 1 sind mit denen des Abs 3 kompatibel, sodass schon keine Kollision besteht (MünchKommBGB/WENDEHORST § 312a Rn 48). Auch hinter § 308 Nr 5 tritt Abs 3 BGB nicht zurück, da § 308 Nr 5 BGB keine gegenüber Abs 3 speziellere, sondern allgemeinere Regelung ist (BeckOK-BGB/MARTENS [1. 5. 2024] § 312a Rn 24).

2. Entgelte für die Nutzung von Zahlungsmitteln (Abs 4)

a) Allgemeines

Nach Abs 4 sind Vereinbarungen unwirksam, nach denen der Verbraucher ein Ent- 55
gelt für die Nutzung eines bestimmten Zahlungsmittels schuldet, wenn für den Verbraucher keine gängige und zumutbare unentgeltliche Zahlungsmöglichkeit besteht (Nr 1) oder das vereinbarte Entgelt über die Kosten hinausgeht, die dem Unternehmer durch die Nutzung des Zahlungsmittels entstehen (Nr 2). Mit Nr 2 setzt der Gesetzgeber Art 19 VerbrRRL um. Eine der Nr 1 entsprechende Regelung ist in der VerbrRRL nicht vorgesehen. Da aber Art 19 nur ein Verbot von Preisaufschlägen regelt, schließt dieser nicht die zusätzliche Voraussetzung eines möglichen unentgeltlichen Zahlungsmittels aus. Daher steht auch der Grundsatz der Vollharmonisierung der Regelung in Nr 1 nicht entgegen (BT-Drucks 17/12637, 53; BeckOK-BGB/MARTENS [1. 5. 2024] § 312a Rn 26; **aA** OMLOR NJW 2014, 1703, 1706). Offengelassen hat die Frage der Vereinbarkeit mit der VerbrRRL der BGH (18. 7. 2017 – KZR 39/16, MMR 2018, 166) mit

dem Hinweis, dass Nr 1 auch bei einem Verstoß gegen die Richtlinie jedenfalls als **Klauselverbot mit Wertungsmöglichkeit iSd § 308 BGB** anwendbar sei (so auch OLG Karlsruhe 26. 6. 2018 – 17 U 147/17, MDR 2018, 1135). Nach diesem Verständnis könnte die Vorschrift – sähe man in ihr einen Verstoß gegen die VerbrRRL – richtlinienkonform ausgelegt werden (so Omlor NJW 2014, 1703, 1706; Jauernig/Stadler § 312a Rn 16). Die Voraussetzung der Nr 1 entspricht der bisherigen Rechtsprechung (BGH 20. 5. 2010 – Xa ZR 68/09, NJW 2010, 2719) und wurde von Gesetzgeber wegen des sachlichen Zusammenhangs mit Art 19 VerbrRRL in Abs 3 kodifiziert (BT-Drucks 17/12637, 53).

56 Es besteht bei zusätzlichen Zahlungsentgelten ein besonderes Missbrauchsrisiko, da der Verbraucher vorvertraglich nur über die Möglichkeit der zusätzlichen Entgelte informiert wird und das tatsächlich anfallende Entgelt oft erst am Ende des Bestellvorgangs ausgewiesen wird. Der Verbraucher wird dann eher geneigt sein, ein an sich nicht gewolltes Entgelt zu akzeptieren, um die bereits vorbereitete Bestellung nicht mehr abzubrechen (MünchKommBGB/Wendehorst § 312a Rn 76).

57 Seit dem 1. 1. 2018 ist bereits nach **§ 270a BGB**, der Art 62 Abs 4 der zweiten Zahlungsdiensterichtlinie umsetzt, die Vereinbarung eines zusätzlichen Entgelts (Surcharging) für die Zahlung per SEPA-Basislastschrift, SEPA-Firmenlastschrift, SEPA-Überweisung oder einer Zahlungskarte unwirksam. Dadurch ist die Relevanz des § 312a Abs 4 BGB deutlich gesunken.

b) Entgelt für die Nutzung eines Zahlungsmittels

58 Der Begriff des **Zahlungsmittels** ist weder im BGB noch in der VerbrRRL definiert. Zugunsten des Verbraucherschutzes und der vom Unionsgesetzgeber intendierten effizienten Zahlung ist der Begriff weit auszulegen. Er ist nicht auf Zahlungsinstrumente iSd Art 4 Nr 14 der Zahlungsdiensterichtlinie beschränkt (BeckOK-BGB/Martens [1. 5. 2024] § 312a Rn 29). Zahlungsmittel iSd Vorschrift ist jede Art der Zahlung, die Schuldner und Gläubiger für die Erfüllung einer Geldschuld vereinbaren können (Grüneberg/Grüneberg § 312a Rn 5; BeckOK-BGB/Martens [1. 5. 2024] § 312a Rn 29; Dauner-Lieb/Langen/Ring Rn 40; LG Frankfurt aM 24. 6. 2015 – 2-06 O 458/14, MMR 2015, 582). So fallen die Barzahlung in Landes- oder Fremdwährung sowie diverse bargeldlose Zahlungen, bspw per Kreditkarte oder Überweisung, unter den Begriff des Zahlungsmittels, unabhängig davon, ob die Zahlung an den Unternehmer oder einen dritten Empfangsberechtigten erfolgt (MünchKommBGB/Wendehorst § 312a Rn 78; BeckOK-BGB/Martens [1. 5. 2024] § 312a Rn 29). Auch die Einzahlung von Münzgeld statt Geldscheinen kann ein bestimmtes Zahlungsmittel iSd Vorschrift darstellen. Nach einem Urteil des OLG Karlsruhe (26. 6. 2018 – 17 U 147/17, MDR 2018, 1135) verstößt eine Gebühr für die Einzahlung von Münzgeld zum Ausgleich eines Überziehungskredits gegen § 312a Abs 4 Nr 2 BGB, wenn diese die tatsächlich durch diesen Vorgang der Bank entstehenden Kosten übersteigt.

59 Eine Vereinbarung eines zusätzlichen Entgelts für ein Zahlungsmittel liegt nicht schon dann vor, wenn der Unternehmer die Kosten des Zahlungswegs von vorneherein in den Preis einberechnet und dieses Gesamtpreis bereits zu Beginn des Bestellvorgangs ausweist. Abs 4 soll den Verbraucher davor schützen, zunächst durch einen geringen Preis angelockt zu werden und dann erst am Ende des Bestellvorgangs mit dem aufgrund des Zahlungsmittels höheren Preis konfrontiert zu werden. Daher liegt ein zusätzlichen Entgelt iSd Abs 4 nur dann vor, wenn sich aus Sicht eines durchschnittlichen Verbrauchers der Preis während des Bestellvorgangs erhöht (BeckOK-BGB/Martens [1. 5. 2024] § 312a Rn 30). Schwierig kann sich die Abgrenzung bei **Preisnachlässen** für bestimmte Zahlungsmittel erweisen. Ein solcher Preisnachlass kann dazu führen, dass dadurch im Vergleich für andere Zahlungsmittel ein erhöhtes Entgelt iSd Vorschrift anfällt. Dies ist jedoch nicht automatisch der Fall. Es sollte dem Unternehmer möglich sein, aufgrund berechtigter Interessen die Nutzung eines bestimmten Zahlungsmittels anzuregen. Preisnachlässe sind stets im Einzelfall auf ihre Vereinbarkeit mit Abs 4 zu überprüfen (GD Justiz Leitfaden zur VerbrRRL, 72). Auch hier gilt die allgemeine Regel, dass ein Verstoß gegen Abs 4 nur dann vorliegt, wenn sich das Entgelt im Rahmen des Bestellvorgangs erhöht. Dies wird dann der Fall sein, wenn zu Beginn des Bestellvorgangs der reduzierte Preis ausgewiesen ist und bei der Auswahl eines anderen Zahlungsmittels steigt. Dagegen wird es zulässig sein, zunächst den normalen, nicht reduzierten Preis auszuweisen und diesen nur bei späterer Auswahl des gewünschten Zahlungsmittels zu reduzieren (MünchKommBGB/Wendehorst § 312a Rn 81). Ein Verstoß wird dann auch nicht darin zu sehen sein, dass gegebenenfalls schon zu Beginn des Bestellvorgangs auf die Möglichkeit des Preisnachlasses hingewiesen wird.

c) Unwirksamkeitsgründe

aa) Keine gängige und zumutbare unentgeltliche Zahlungsmöglichkeit (Nr 1)

Nach Nr 1 ist die Vereinbarung eines Entgelts für die Nutzung eines bestimmten **60** Zahlungsmittels unwirksam, wenn für den Verbraucher keine gängige und zumutbare unentgeltliche Zahlungsmöglichkeit besteht. **Unentgeltlich** ist ein Zahlungsmittel, wenn für die Nutzung kein zusätzliches Entgelt im Vergleich zu dem anfangs ausgewiesenen Preis anfällt. Die Einberechnung von Zahlungskosten von vornherein in den Preis hindert nicht die Unentgeltlichkeit (MünchKommBGB/Wendehorst § 312a Rn 83).

Für die Prüfung der **Gängigkeit und Zumutbarkeit** eines Zahlungsmittels bedarf es **61** einer Einzelfallbetrachtung. Gängig ist eine Zahlungsmöglichkeit dann, wenn sie bei dem jeweiligen Kundenkreis üblicherweise hinreichend verbreitet ist (LG Mannheim 10. 2. 2017 – 7 O 73/16; OLG Frankfurt 24. 8. 2016 – 11 U 123/15, K&R 2017, 135). Die Rechtsprechung verneinte dies für Firmenkundenkarten, die Visa Entropay-Karte, die Visa-Electron-Karte, die Viabuy Prepaid MasterCard und eine spezielle „fluege.de MasterCard GOLD", die nur nach Abschluss eines Kreditkartenvertrags mit dem Unternehmer erhältlich ist (OLG Dresden 11. 2. 2020 – 14 U 1885/19, GRUR-RR 2020, 519; 3. 2. 2015 – 14 U 1489/14, GRUR-RS 2015, 05785; LG Hamburg 1. 10. 2015 – 327 O 166/15, GRUR-RS 2015, 17510; LG Hamburg 18. 11. 2016 – 315 O 28/16, MMR 2017, 273; LG Berlin 12. 1. 2016 – 15 O 557/14). Der Begriff der Zumutbarkeit ist in § 312a Abs 4 Nr 1 BGB nicht erläutert. Aus dem Sinn und Zweck der Regelung, wonach die angesprochenen Kunden in der Regel die Möglichkeit haben sollen, ihrer Zahlungsverpflichtung nachzukommen, ohne ein zusätzliches Entgelt bezahlen zu müssen, ergibt sich, dass ein gängiges Zahlungsmittel dem Kunden grds auch zumutbar ist. Die Unzumutbarkeit kann sich jedoch aus besonderen Umständen ergeben, wie einem den Verbrauchern entstehenden Mehraufwand, eintretenden Verzögerungen und ihrer Bedeutung im Lichte des Vertragszwecks, sowie Sicherheitsaspekten (BGH 18. 7. 2017 – KZR 39/16, MMR 2018, 166). Ein Zahlungssystem, das einem erheblichen Teil der Kunden ein vertragswidriges Verhalten abverlangt, ist als einzige unentgeltliche Zahlungsmöglichkeit iSd § 312a Abs 4 Nr 1 BGB nicht zumutbar. Dies hat der BGH zurecht entschieden für den Fall, dass die **„Sofortüberweisung"** als einzige unentgeltliche Zahlungsmöglichkeit angeboten wird. Denn bei dieser Zahlungsmethode müssen auf der Internetseite des Onlinehändlers TAN und PIN angegeben werden, wodurch der Kunde gegen die üblicherweise verwendeten AGB der Banken verstoßen würde (BGH 18. 7. 2017 – KZR 39/16, MMR 2018, 166). Dabei ist es irrelevant, ob die AGB gegen kartellrechtliche Vorschriften verstoßen. Denn selbst wenn dies der Fall wäre, müsste der Verbraucher die Rechtswidrigkeit der AGB prüfen und durchsetzen, was einen die Unzumutbarkeit begründenden Mehraufwand bedeuten würde (BGH 18. 7. 2017 – KZR 39/16, MMR 2018, 166). Nach Ansicht des LG Frankfurt aM (24. 6. 2015 – 2-06 O 458/14, MMR 2015, 582) ist die Sofortüberweisung zudem schon unabhängig von der Bewertung in den AGB der Banken deshalb für den Verbraucher unzumutbar, da dieser mit einem Dritten in vertragliche Beziehungen treten muss und diesem Dritten seine Kontozugangsdaten nennen muss, womit er höchst sensible Daten preisgibt, was jedenfalls abstrakt ein Missbrauchs- und Sicherheitsrisiko darstellt. Diese Ansicht teilte das OLG Frankfurt (24. 8. 2016 – 11 U 123/15, BKR 2017, 126) als Berufungsinstanz, wies dies jedoch zurück mit dem Einwand, dass nur eine konkrete Missbrauchsgefahr eine Unzumutbarkeit begründen könne, die bei der Sofortüberweisung gerade nicht gegeben ist (so auch LG Mannheim 10. 2. 2017 – 7 O 73/16). Der BGH stellte nachfolgend nur auf den Verstoß gegen die AGB der Banken ab. Unzumutbar ist auch die Zahlung mit einer Karte, wenn der Verbraucher diese vorab aufladen muss oder der Abschluss eines gesonderten Kreditkartenvertrags mit dem Unternehmer erforderlich ist (OLG Dresden 3. 2. 2015 – 14 U 1489/14, GRUR-RS 2015, 05785).

62 Beispiele für gängige und zumutbare Zahlungsmöglichkeiten sind Barzahlung, Zahlung mit EC-Karte, Überweisung auf ein Bankkonto oder Einziehung vom Bankkonto des Verbrauchers. Kreditkarten sind nur dann eine gängige und zumutbare Zahlungsmöglichkeit, wenn in der fraglichen Situation die Zahlung mit Kreditkarte weithin üblich ist und mehrere am Markt verbreitete Kredit- und Zahlungskarten unentgeltlich eingesetzt werden können (LG Frankfurt aM 24. 6. 2015 – 2-06 O 458/14, MMR 2015, 582).

63 Auch die Zahlungsmittel, die nicht gängig und zumutbar sind, dürfen angeboten werden. Mit der Regelung wird nur klargestellt, dass Unternehmer den Verbrauchern zumindest eine gängige und zumutbare Zahlungsmöglichkeit offerieren muss (BT-Drucks 17/12637, 51).

bb) Überhöhte Kosten (Nr 2)

64 Die Vereinbarung eines Entgelts für die Nutzung eines bestimmten Zahlungsmittels ist nach Nr 2 auch dann unwirksam, wenn das vereinbarte Entgelt über die Kosten hinausgeht, die dem Unternehmer durch die Nutzung des Zahlungsmittels entstehen. Sinn und Zweck der Regelung ist es, den Wettbewerb und die Nutzung effizienter Zahlungsmittel zu fördern (BT-Drucks 17/12637, 52; Erwägungsgrund 54). Der Begriff der durch die Nutzung des Zahlungsmittels entstehenden Kosten ist eng auszulegen. Die Einbeziehung sämtlicher möglicher Elemente, die, wenn auch nur indirekt, mit einem Zahlungsmittel in Zusammenhang gebracht werden können, in den Begriff der Kosten, würde die Durchsetzung von Art 19 erschweren und gegen den Grundsatz der praktischen Wirksamkeit („effet utile") verstoßen. Denn die Berechnung solcher indirekter Kosten könnte kaum nachgeprüft werden (GD Justiz Leitfaden zur VerbrRRL,

S 74; OLG Karlsruhe 26. 6. 2018 – 17 U 147/17, MDR 2018, 1135). Dem Verbraucher dürfen nur solche Kosten auferlegt werden, die dem Unternehmer durch die **konkrete Nutzung des Zahlungsmittels** entstehen, sog transaktionsbezogene Kosten (BeckOK-BGB/Martens [1. 5. 2024] § 312a Rn 34; Dauner-Lieb/Langen/Ring Rn 39; OLG Karlsruhe 26. 6. 2018 – 17 U 147/17, MDR 2018, 1135). Zu diesen Kosten zählt die **Händlergebühr** die der Unternehmer zu entrichten hat, unabhängig davon, ob sich diese nach einem Prozentsatz des Transaktionswerts richtet oder ein pauschaler Satz pro Transaktion erhoben wird. Wenn dagegen eine pauschale Händlergebühr nicht je Transaktion, sondern für einen bestimmten Zeitraum erhoben wird, können diese Kosten nicht auf den Verbraucher umgelegt werden. Denn die anteilig pro Transaktion anfallenden Kosten könnten nur durch eine Prognose geschätzt werden. Dabei ließe sich aber nicht ausschließen, dass letztendlich, da tatsächlich mehr Kunden als vermutet im Berechnungszeitraum das Zahlungsmittel nutzen, dem Verbraucher zu hohe Kosten in Rechnung gestellt werden. Dies soll durch Abs 4 Nr 2 aber gerade ausgeschlossen werden (BeckOK-BGB/Martens [1. 5. 2024] § 312a Rn 34 f; **aA** Spindler/Schuster/Schirmbacher Rn 54). Die Händlergebühr umfasst das **Interbankentgelt**, das von der Bank des Unternehmers an den Kartenaussteller gezahlt wird, die Entgelte, die von der Bank des Unternehmers an das Drei-Parteien-System gezahlt werden und die von der Bank des Unternehmers zur Deckung der Kosten und zu Gewinnzwecken einbehaltene **Marge** (GD Justiz Leitfaden zur VerbrRRL, 72 f; MünchKommBGB/Wendehorst § 312a Rn 85). Dagegen gelten **allgemeine Betriebskosten** nicht als Kosten iSd Art 19 VerbrRRL, die dem Verbraucher in Rechnung gestellt werden dürfen. Gemeinkosten, deren Anfall und Höhe vom konkreten Nutzungsakt losgelöst sind, sind nicht umlagefähig (BGH 18. 6. 2019 – XI ZR 768/17, NJW 2019, 3771). Zu diesen allgemeinen Betriebskosten zählen Personalkosten sowie die Kosten der Geräte für die Abwicklung des Zahlungsverkehrs, die Betrugsbekämpfung und ähnliche Dienstleistungen. Dies gilt auch dann, wenn diese Leistungen nicht vom Unternehmer selbst erbracht werden, sondern ausgelagert werden (GD Justiz Leitfaden zur VerbrRRL, 74; MünchKommBGB/Wendehorst § 312a Rn 86). Insbesondere Buchungsgebühren und Servicekosten sind nicht umlagefähig (LG Hamburg 18. 11. 2016 – 315 O 28/16, MMR 2017, 273). Bei der **Barzahlung in** einer **Fremdwährung** sind zunächst die Währungsumtauschgebühren umlagefähig. Die Kosten für den Weg zur Bank für den Umtausch können nur dann auf den Verbraucher abgewälzt werden, wenn sie durch dessen konkrete Zahlung entstehen. Dies wird nur dann der Fall sein, wenn der Unternehmer nur ausnahmsweise eine Zahlung in Fremdwährung akzeptiert, nicht hingegen, wenn die Barzahlung in Fremdwährung zur Standardgeschäftspraxis gehört (GD Justiz Leitfaden zur VerbrRRL, 75; MünchKommBGB/Wendehorst § 312a Rn 85).

3. Entgelte für Kundenhotlines (Abs 5)

a) Allgemeines

Nach Abs 5 ist ein vereinbartes Entgelt für Fragen oder Erklärungen zu geschlosse- **65**
nen Verträgen über eine dazu vom Unternehmer bereitgestellte Rufnummer unwirksam, wenn es das Entgelt für die bloße Nutzung des Telekommunikationsdienstes übersteigt (S 1). Dann besteht auch kein Anspruch des Telekommunikationsanbieters gegen den Verbraucher (S 2). Das Entgelt für die bloße Nutzung des Telekommunikationsdienstes hat dann der Unternehmer zu entrichten (S 3). Abs 5 dient der Umsetzung von Art 21 VerbrRRL. Es soll sichergestellt werden, dass der Unternehmer aus dem Betrieb der Hotline keine Gewinne durch versteckte Zusatzkosten erzielt (BT-Drucks 17/12637, 52; MünchKommBGB/Wendehorst § 312a Rn 88). Die Regelung

dient der Preistransparenz (MünchKommBGB/Wendehorst § 312a Rn 88) und soll verhindern, dass der Verbraucher den telefonischen Kontakt mit dem Unternehmer wegen Fragen oder Erklärungen zu einem zwischen den Parteien geschlossenen Vertrag deshalb vermeidet, weil ihm hierdurch gesonderte Kosten entstehen (BT-Drucks 17/12637, 52). Denn dies würde den Verbraucher davon abhalten, seine Rechte gegenüber dem Unternehmer geltend zu machen (MünchKommBGB/Wendehorst § 312a Rn 88). Ergänzt wird der Schutz des Verbrauchers durch **§ 66g TKG**, der Kosten für **Telefonwarteschleifen** reglementiert (BT-Drucks 17/12637, 52). Auf diese ist Abs 5 nicht anwendbar, sondern nur die speziellere Vorschrift des § 66g TKG (Dauner-Lieb/Langen/Ring Rn 42; Hk-BGB/Schulte-Nölke § 312a Rn 9).

66 Aus Abs 5 ergibt sich keine Pflicht des Unternehmers, dem Verbraucher eine Telefonnummer für Fragen oder Erklärungen bezüglich eines abgeschlossenen Vertrags bereitzustellen. Zwar hat der Unternehmer dem Verbraucher im Rahmen der allgemeinen Informationspflichten nach Art 246 Abs 1 Nr 2 EGBGB seine Telefonnummer zu nennen. Dies dient jedoch der Identifikation des Unternehmers; es muss sich nicht um eine Rufnummer zum Zwecke des Besprechens von Vertragsangelegenheiten handeln (Spindler/Schuster/Schirmbacher Rn 61).

b) Kundenhotlines

67 Die Vorschrift ist nicht auf alle Rufnummern anwendbar, sondern nur auf solche, die der Unternehmer für Fragen und Erklärungen des Verbrauchers zu einem zwischen ihnen geschlossenen Vertrag bereithält. **Fragen und Erklärungen** iSd Abs 5 sind bspw Fragen zum Vertragsinhalt bzw zur Lieferung, die Geltendmachung von Gewährleistungsansprüchen oder die Rüge einer Rechnung des Unternehmers als nicht vertragskonform (BT-Drucks 17/12637, 52; BeckOK-BGB/Martens [1. 5. 2024] § 312a Rn 39). Ob eine Rufnummer zu diesem Zweck bereitgehalten wird, ist objektiv aus der Sicht eines durchschnittlichen Verbrauchers zu bestimmen. Ein Unternehmer, der mit einer nachvertraglichen telefonischen Betreuung wirbt, kann sich nicht darauf berufen, seine einzige Rufnummer werde nicht für Fragen und Erklärungen zu abgeschlossenen Verträgen bereitgehalten (Spindler/Schuster/Schirmbacher Rn 64). Da die Hotline für Anliegen zu einem bereits geschlossenen Vertrag bestehen muss, fallen reine Bestellhotlines, über die ja gerade erst der Vertrag geschlossen werden soll, aus dem Anwendungsbereich heraus (Dauner-Lieb/Langen/Ring Rn 42). Zudem sind solche gesonderten Entgelte nach der Gesetzesbegründung ausdrücklich nicht erfasst, die für eine im Rahmen des Telefonats erbrachte Leistung berechnet werden, mit der der Unternehmer seine Verpflichtungen aus dem Vertrag erfüllt. Als Beispiel hierfür dient die telefonische Rechtsberatung durch einen Anwalt (BT-Drucks 17/12637, 52). Problematisch ist aber die Verwendung **gemischter Hotlines**, also solcher, die zum einen für Fragen und Erklärungen zu abgeschlossenen Verträgen, zum anderen zur Bestellung oder Erbringung von vertraglichen Leistungen bereitgestellt werden. Es wird die Ansicht vertreten, nur dann, wenn die unterschiedlichen Bereiche deutlich voneinander abgegrenzt sind und für den Verbraucher transparent ist, für welche Leistungen zusätzliche Entgelte entstehen, könne der Unternehmer für diese Leistungen ein über das bloße Entgelt für die Telekommunikationsdienstleistung hinausgehendes Entgelt verlangen. Anderenfalls sei die gesamte Hotline an Abs 5 zu messen (MünchKommBGB/Wendehorst § 312a Rn 91; BeckOK-BGB/Martens [1. 5. 2024] § 312a Rn 39). Dem ist jedoch nicht zuzustimmen. Denn schon nach dem Wortlaut ist nur die Vereinbarung eines Entgelts für Fragen oder Erklärungen des Verbrauchers zum abgeschlossenen Vertrag erfasst. Es erscheint nicht sachgerecht, dass für eine eigenständige Leistung wie die telefonische Rechtsberatung keine Zusatzkosten anfallen sollen, nur weil die Hotline auch für Fragen und Erklärungen iSd Abs 5 bereitgestellt wird (so im Ergebnis auch Spindler/Schuster/Schirmbacher Rn 66). Die Abgrenzung kann sich im Einzelfall als schwierig erweisen, insb bei sog **Helplines**. Wenn über diese nur Informationen geliefert werden, die auch in einer schriftlichen Gebrauchsanweisung bereitzustellen wären und somit reine Fragen zum Inhalt und Gegenstand des bereits geschlossenen Vertrags darstellen, findet Abs 5 Anwendung. Werden dagegen echte Zusatzleistungen erbracht, bspw eine Schulung zur Installation oder Verwendung von Software, so kann ein zusätzliches Entgelt verlangt werden (MünchKommBGB/Wendehorst § 312a Rn 92).

Vom Wortlaut erfasst ist eindeutig nur die **telefonische Kontaktaufnahme**. Fragen und 68
Erklärungen übers Internet etwa per Mail fallen nicht unter den Anwendungsbereich der Norm. Der Schutzzweck greift hier aber genauso. Oft ist diese Form der Kontaktaufnahme für den Verbraucher sogar am einfachsten. Auch dann ist er davor zu schützen, aus Furcht vor zusätzlichen Kosten von der Geltendmachung von Rechten aus dem Vertrag Abstand zu nehmen, sodass eine vergleichbare Interessenlage besteht. Auch dürfte der Gesetzgeber diesen Fall schlicht nicht vor Augen gehabt haben, sodass auch eine planwidrige Regelungslücke vorliegt. Auf die Fälle der Kontaktaufnahme über das **Internet** ist die Vorschrift somit **analog** anzuwenden (so auch MünchKommBGB/Wendehorst § 312a Rn 90; BeckOK-BGB/Martens [1. 5. 2024] § 312a Rn 41).

c) Unzulässige Entgeltvereinbarungen

Unwirksam sind solche Entgeltvereinbarungen für Hotlines, die über das Entgelt für 69
die bloße Nutzung des Telekommunikationsdienstes hinausgehen. Eine solche Abrede kann entweder bereits als Nebenabrede im Hauptvertrag oder konkludent durch den Anruf getroffen werden (MünchKommBGB/Wendehorst § 312a Rn 93). Fraglich ist indes, wann eine Vereinbarung die bloßen Kosten für die Nutzung des Telekommunikationsdienstes überschreitet. Dies wird jedenfalls dann anzunehmen sein, wenn finanzielle Rückflüsse an den Unternehmer erfolgen oder solche jedenfalls nicht ausgeschlossen sind (MünchKommBGB/Wendehorst § 312a Rn 93). Denn es soll nach dem Willen des Gesetzgebers sichergestellt werden, dass der Unternehmer keine Gewinne erzielt (BT-Drucks 17/12637, 52).

In der Gesetzesbegründung werden folgende **im TKG (insbesondere in § 66g) genannte** 70
Rufnummern als zulässig ausgewiesen: 1. entgeltfreie Rufnummern, 2. ortsgebundene Rufnummern, 3. Rufnummern für mobile Dienste (015, 016 oder 017), 4. Rufnummern für Service-Dienste im Sinne von § 3 Nr 8b TKG, wenn von dem Anbieter für das Gespräch kein Entgelt an den Unternehmer abgeführt wird, 5. persönliche Rufnummern (0700) und 6. nationale Rufnummern (032) (BT-Drucks 17/12637, 52). Diese Rufnummern schließen einen direkten Rückfluss an den Unternehmer aus. Jedoch können bei einigen der genannten Rufnummern trotzdem hohe Kosten für den Verbraucher entstehen (BeckOK-BGB/Martens [1. 5. 2024] § 312a Rn 43). Zum einen kann es auch hier durch eine Quersubventionierung zu einem Gewinn des Unternehmers kommen, der nach der Intention des nationalen Gesetzgebers gerade verhindert werden soll. Dies ist möglich, wenn der Unternehmer als Ausgleich für die teure Kunden-Hotline andere Leistungen des Anbieters günstiger oder kostenlos erhält (BeckOK-BGB/Martens [1. 5. 2024] § 312a Rn 43). Zum anderen besteht selbst ohne Gewinn des

Unternehmers die Gefahr, dass der Kunde sich durch die hohen Kosten von der Geltendmachung seiner Rechte abschrecken lässt (BeckOK-BGB/Martens [1. 5. 2024] § 312a Rn 43). Aus Sicht des Kunden kann es dabei keine Rolle spielen, ob der Unternehmer oder nur der Telekommunikationsbetreiber den Gewinn einstreicht. Daher kann es entgegen der Gesetzesbegründung nicht nur auf den Gewinn des Unternehmers ankommen. Dies ergibt sich auch aus unionskonformer Auslegung anhand Art 21 VerbrRRL. Dieser verbietet Kosten, die über den **„Grundtarif"** hinausgehen. Zwar ist der Begriff des Grundtarifs in der VerbrRRL nicht definiert. Auf Vorlage des LG Stuttgart entschied der EuGH jedoch, dass der Begriff dahin auszulegen ist, dass die Kosten eines Anrufs unter einer **gewöhnlichen geografischen Festnetznummer** oder einer **Mobilfunknummer** nicht überschritten werden dürfen, unabhängig davon, ob der betreffende Unternehmer mit der Service-Rufnummer Gewinne erzielt (EuGH 2. 3. 2017 – C-568/15, NJW 2017, 1229). Die Nutzung von **0180-Nummern** verstößt somit gegen Abs 5, sofern die Kosten nicht auf die Höhe der Kosten eines Orts- bzw Mobilfunkgesprächs gedeckelt sind (Schirmbacher NJW 2017, 1229, 1231). Für die Praxis herrschte trotz dieses Urteils insoweit Unklarheit, als dass es in Deutschland nicht einen stets gleichen Grundtarif gibt, sondern sich der Tarif für einen Festnetz- oder Mobilfunkanruf je nach Vertragsgestaltung stark unterscheiden können (Schirmbacher NJW 2017, 1229, 1231). Jedenfalls für den Fall eines Paketdienstes, der für einen Anruf beim Kundenservice Kosten in Höhe von 20 Cent (Festnetz) und maximal 60 Cent (Mobilfunk) pro Anruf angibt, bejahte das LG Hamburg einen Verstoß gegen § 312a Abs 5 BGB (LG Hamburg 4. 3. 2021 – 312 O 139/20, GRUR-RS 2021, 19230).

d) Rechtsfolgen

71 Ist eine Vereinbarung nach Abs 5 S 1 unwirksam, kann der Unternehmer keine Kosten für den Anruf gegen den Verbraucher geltend machen. Der restliche Vertrag bleibt dennoch wirksam, wie Abs 6 klarstellt. Zudem hat, wie sich aus S 2 ergibt, auch der Telekommunikationsanbieter dann **keinen Anspruch** gegen den Verbraucher, auch nicht auf Zahlung der bloßen Kosten für die Nutzung des Telekommunikationsdienstes. Diese Vorschrift schützt den Verbraucher letztlich vor jeglicher Inanspruchnahme in Zusammenhang mit einer nach S 1 unzulässigen Vereinbarung, da es für ihn weder erkennbar noch nachweisbar sei, in welcher Höhe das Entgelt über den zulässigen Tarif hinausgeht (BT-Drucks 17/12637, 52). S 2 verstößt auch nicht gegen Art 21 Abs 2 VerbrRRL, wonach das Recht der Telekommunikationsanbieter, Entgelte für Anrufe iSd Vorschrift zu verlangen, unberührt bleibt. Denn nach S 3 ist der Telekommunikationsanbieter im Falle einer nach S 1 unwirksamen Vereinbarung berechtigt, die Kosten für die bloße Nutzung des Telekommunikationsdienstes vom Unternehmer zu verlangen. Art 21 Abs 2 VerbrRRL enthält keine Aussage darüber, von wem der Anbieter eine Zahlung verlangen kann. Der nationale Gesetzgeber hielt es für sachgerecht, dass der Unternehmer in diesem Fall die Kosten zu tragen hat (BT-Drucks 17/12637, 52). Zu Unrecht gezahltes Entgelt kann nach Bereicherungsrecht zurückverlangt werden (MünchKommBGB/Wendehorst § 312a Rn 96).

4. Rechtsfolgen nach Abs 2–4 unzulässiger Entgeltvereinbarungen

72 Die Unwirksamkeit der Entgeltvereinbarung könnte nach allgemeinen Regeln die Nichtigkeit des gesamten Vertrags zur Folge haben, § 139 BGB (BeckOK-BGB/Martens [1. 5. 2024] § 312a Rn 47). Abs 6 dagegen sieht vor, dass der Vertrag bei einer nach den Abs 3–5 unwirksamen Entgeltvereinbarung **im Übrigen wirksam** bleibt. Die Un-

wirksamkeit auch des gesamten Vertrags läge insbesondere nicht im Interesse des Verbrauchers, der durch Abs 3–5 gerade geschützt und nicht benachteiligt werden soll. Abs 6 gewährleistet daher, dass der Verbraucher seinen begehrten Anspruch bspw auf Lieferung einer bestellten Ware behält, ohne hierbei durch die in den Abs 3–5 genannten Nachteile belastet zu werden (BT-Drucks 17/12637, 52). Die nach Abs 3–5 unzulässigen Entgelte können auch nicht durch andere gesetzliche Ansprüche, etwa aus Bereicherungsrecht „über die Hintertür" vom Verbraucher gefordert werden (BeckOK-BGB/Martens [1. 5. 2024] § 312a Rn 47; MünchKommBGB/Wendehorst, § 312a Rn 68). Dies würde der Intention der Abs 3–5 und der VerbrRRL widerstreben. Hat der Verbraucher bereits Entgelte gezahlt, obwohl er dazu nach den Abs 3–5 nicht verpflichtet gewesen wäre, so kann er diese nach § 812 Abs S 1 Fall 1 BGB zurückfordern (BeckOK-BGB/Martens [1. 5. 2024] § 312a Rn 47).

Kapitel 2
Außerhalb von Geschäftsräumen geschlossene Verträge und Fernabsatzverträge

Vorbem zu §§ 312b–312h

Schrifttum zur Umsetzung der Verbraucherrechterichtlinie

BIEREKOVEN, Neuerungen für Online-Shops nach Umsetzung der Verbraucherrechterichtlinie, MMR 2014, 283
BUCHMANN, „Widerrufsjoker“ für Anwaltsverträge?, K&R 2018, 313
ders/HOFFMANN, Erleichterte Informationspflichten bei Fernabsatzverträgen mit Waren, K&R 2016, 462
CREUTZ, Neues Verbraucherrecht: Änderungen beim Widerrufsrecht und erweiterte Informationspflichten, ITRB 2014, 44
CZAJKOWSKI/MÜLLER-TER JUNG, Datenfinanzierte Premiumdienste und Fernabsatzrecht, CR 2018, 157
ERNST, Widerruf von Anwaltsverträgen im Fernabsatz?, NJW 2014, 817
FÖHLISCH/DYAKOVA, Fernabsatzrecht und Informationspflichten im Onlinehandel, MMR 2013, 3
GROSSE-WILDE/FLEUTH, Reform der Verbraucherrechte – Erweiterung der Informationspflichten für Rechtsanwälte, MDR 2014, 1425
HÄRTING, Anwaltsverträge im Fernabsatz, NJW 2016, 2937
ders, Internetrecht (7. Aufl 2023)
HEERMEYER/BÖSE, Die neue Widerrufsbelehrung bei Sonderkonstellationen im Fernabsatz, MDR 2014, MDR 2014, 1125
HILBIG-LUGANI, Neuerungen im Außergeschäftsraum- und Fernabsatzwiderrufsrecht, ZJS 2013, 441
JÄCKEL, Probleme beim Internethandel, JA 2014, 687
JANAL, Der Beginn der Widerrufsfrist im neuen Fernabsatzrecht, VuR 2015, 43
dies/JUNG, Spezialregelungen für Verträge über digitale Inhalte in Theorie und Praxis, VuR 2017, 332
JOST, Das Verbraucherwiderrufsrecht bei Außergeschäftsraumverträgen nach Umsetzung der Verbraucherrechterichtlinie, jM 2016, 94
KARTHEUSER, Kein Ausschluss des Widerrufsrechts bei individualisierter Bestellung, ITRB 2015, 161
KIONTKE, Die Auswirkungen der Eu-Verbraucherrechterichtlinie auf den Handel mit Lebensmitteln, ZLR 2015, 50
KOCH, Reform der Verbraucherrechte – Die neuen Informationspflichten für den Handel, MDR 2014, MDR 2014, 1421
ders, Rechte des Unternehmers und Pflichten des Verbrauchers nach Umsetzung der Richtlinie über die Rechte der Verbraucher, JZ 2014, 758
KÖNNEKE, Formgerechte Mitteilung der Widerrufsbelehrung, K&R 2014, 524
KOTOWSKI, Gibt es ein Recht auf teilweisen Widerruf?, VuR 2016, 291
KRAMME, Die Einbeziehung von Pflichtinformationen in Fernabsatz- und Außergeschäftsraumverträgen, NJW 2015, 279
LANGE/WERNEBURG, Makler und Verbraucher im Internet, NJW 2015, 193
LIEBELT-WESTPHAL/GOLDNER, Abschied von der Widerrufsbelehrung bei Grundstücksnutzungsverträgen für Windparks?, EnWZ 2014, 551
LINDNER, Der Widerruf einer Modernisierungsvereinbarung und dessen Folgen bei einer in der Wohnung des Mieters oder außerhalb der Geschäftsräume des Vermieters/Verwalters abgeschlossenen Vereinbarung, ZMR 2018, 190
MEDICUS, Allgemeiner Teil des BGB (11. Aufl 2016)

Oelschläger, Neues Verbraucherrecht mit Auswirkungen auf den Fernabsatz/E-Commerce, MDR 2013, 1317
Pisal/Schreiner, Verbraucherschützende Widerrufsrechte und Informationspflichten, ZfIR 2015, 505
Rosenkranz, Eigenverantwortung und Verbraucherschutz bei Verträgen über digitale Inhalte, GPR 2018, 28
Schärtl, Der verbraucherschützende Widerruf bei außerhalb von Geschäftsräumen geschlossenen Verträgen und Fernabsatzverträgen, JuS 2014, 577
Schinkels, Verbraucherbürgschaft und Verbraucherverkauf als Außergeschäftsraum- oder Fernabsatzvertrag i.S.d. Verbraucherrechte-Richtlinie?, WM 2017, 113
Schmidt-Gaedke, Anwaltsdienstleistungen im Fernabsatz?, ZAP 2014, 977
Schmidt-Kessel, Verträge über digitale Inhalte – Einordnung und Verbraucherschutz, K&R 2014, 475
Schneider-Vierkötter, Das neue Widerrufsrecht 2014 bei Fernabsatzvertrag mit Ausnahme bon Verträgen über Finanzdienstleistungen, ZAP 2014, 283
Schulz, E-Commerce mit Lebensmitteln – öffentlich-rechtlich und zivilrechtlich betrachtet, LMuR 2016, 6
Schürnbrand, Anwendbarkeit des Rechts der außerhalb von Geschäftsräumen geschlossenen Verträge und des Fernabsatzrechts auf Kreditsicherheiten, WM 2014, 1157
Sesing/Baumann, Der Ausschluss des Widerrufsrechts für versiegelte Hygieneartikel, VuR 2017, 415
Specht, Wertersatz nach Verbraucherwiderruf im Fernabsatz – Was kommt nach den Entscheidungen „Wasserbett“ und „Katalysatorkauf“?, VuR 2017, 363
Staudinger, Widerrufsbelehrung und Informationspflicht der Reiseveranstalter, Beförderer, Hoteliers sowie Vermieter von Ferienhäusern und Pkws bei Fernabsatzverträgen, jm 2015, 90
Stürner, Außerhalb von Geschäftsräumen geschlossene Verbraucherverträge, JURA 2015, 341
ders, Fernabsatzverträge, JURA 2015, 690
Tamm, Informationspflichten nach dem Umsetzungsgesetz zur Verbraucherrechterichtlinie, VuR 2014, 9
Vander, Reform des Fernabsatzrechts, MMR 2015, 75.

Älteres Schrifttum

Aigner/Hoffmann, Fernabsatzrecht im Internet (2004)
Arnold, Verbraucherschutz im Internet, CR 1997, 526
Artz, Wirklich kein Umsetzungsbedarf bei Art 7 Abs 1 der Fernabsatzrichtlinie?, VuR 1999, 249
ders, Hürden auf dem Weg zu einem Fernabsatzgesetz, VuR 1999, 393
Baum/Trafkowski, Anwaltstätigkeit und Fernabsatzgesetz, CR 2001, 459
Becker, Das neue Fernabsatzgesetz – Umsetzung in Onlinehandel und klassischem Vertrieb (2000)
Berger, Die Neuregelung des verbraucherrechtlichen Widerrufsrechts in § 361a BGB, JURA 2001, 289
ders, Rechtliche Rahmenbedingungen anwaltlicher Dienstleistungen im Internet, NJW 2001, 1530
Bermanseder, Verbraucherschutz beim Teleshopping, MMR 1998, 342
Böcking/Bierschwale, Wirtschaftliche Stabilität durch verbesserte Transparenz, BB 1999, 2235
Bodendiek, Verbraucherschutz – Die neue Musterwiderrufsbelehrung, MDR 2003, 1
ders, Anmerkungen zu LG Hamburg v 4. 6. 2004 – 306 O 440/03, EWiR 2004, 739
ders, Die Umsetzung der Fernabsatzrichtlinie im deutschen und englischen Recht (Diss Hamburg 2005)
Bodewig, Die neue europäische Richtlinie zum Fernabsatz, DZWir 1997, 447
Boente/Riehm, Besondere Vertriebsformen im BGB, JURA 2002, 222
Boos/Fischer/Schulte-Mattler, Kreditwesengesetz (2000)
Borges, Verbraucherschutz beim Internet-Shopping, ZIP 1999, 130
Bousonville, Rat und Auskunft am Telefon – Anwalts-Hotline, K&R 2003, 177
Bräutigam/Leupold, Online-Handel (2003)

Brinkhaus/Scherer, Gesetz über Kapitalanlagegesellschaften/Auslandinvestment-Gesetz (2003)
Brönnecke, Abwicklungsprobleme beim Widerruf von Fernabsatzgeschäften, MMR 2004, 127
Bülow, Fernunterrichtsvertrag und Verbraucherkreditgesetz, NJW 1993, 2837
ders, Fernabsatzrichtlinie und Verbraucherkreditgesetz, DZWir 1998, 89
ders, Unsinniges im Fernabsatz – Das Widerrufsrecht im Referentenentwurf für ein Fernabsatzgesetz, ZIP 1999, 1293
ders, Einseitiger Verzicht des Verbrauchers auf sein Widerrufsrecht?, ZIP 1998, 945
ders/Artz, Fernabsatzverträge und Strukturen eines Verbraucherprivatrechts im BGB, NJW 2000, 2049
Bürger, Das Fernabsatzrecht und seine Anwendbarkeit auf Rechtsanwälte, NJW 2002, 465
Canaris, Die richtlinienkonforme Auslegung und Rechtsfortbildung im System der juristischen Methodenlehre, in: FS Bydlinski (2002)
Cichon, Zur Anwendbarkeit des HWiG auf im Internet geschlossene Verträge, CR 1998, 773
dies/Pighin, Transportschäden und Umtausch bei Online-Auktionen und anderen physisch abgewickelten Online-Geschäften, CR 2003, 435
Cristea, EU-Richtlinie zum Fernabsatz von Finanzdienstleistungen: der Entwurf und seine Rechtsfolgen, Kreditwesen 2002, 58
Dethloff, Europäisches Kollisionsrecht des unlauteren Wettbewerbs, JZ 2000, 179
Dietlein/Woesler, Spielbank goes „online“, K&R 2003, 458
Dörner, Rechtsgeschäfte im Internet, AcP 202 (2002) 363
Domke, Ewiger Widerruf und treuwidrige Ewigkeit, BB 2005, 1582
Ende/Klein, Grundzüge des Vertriebsrechts im Internet (2001)
Ernst, Die wettbewerbsrechtliche Relevanz der Online-Informationspflichten des § 6 TDG, GRUR 2003, 759
ders, Beweisprobleme bei E-mail und anderen Online-Willenserklärungen, MDR 2003, 1091
Faber, Elemente verschiedener Verbraucherbegriffe in EG-Richtlinien, zwischenstaatlichen Übereinkommen und nationalem Zivil- und Kollisionsrecht, ZEuP 1998, 854
Felke/Jordans, Der Referentenentwurf für die Umsetzung der Fernabsatzrichtlinie für Finanzdienstleistungen, WM 2004, 166
dies, Umsetzung der Fernabsatz-Richtlinie für Finanzdienstleistungen, NJW 2005, 710
Fischer, Das neue Fernunterrichtsrecht, VuR 2002, 193
ders, Fernabsatzvertrag: Ausschluss des Widerrufsrechts wegen Anfertigung der Ware nach Kundenspezifikation?, DB 2003, 1103
Fleischer, Vertragsschlussbezogene Informationspflichten im Gemeinschaftsprivatrecht, ZEuP 2000, 773
Flume, Allgemeiner Teil des Bürgerlichen Rechts, Bd II: Das Rechtsgeschäft (3. Aufl 1979)
ders, Vom Beruf unserer Zeit für Gesetzgebung, ZIP 2000, 1427
Franzen, Privatrechtsangleichung durch die Europäische Gemeinschaft (1999)
ders, „Heininger“ und die Folgen: ein Lehrstück zum Gemeinschaftsprivatrecht, JZ 2003, 321
Frings, Das neue Verbraucherschutzrecht im BGB 2002, VuR 2002, 390
Fuchs, Das Fernabsatzgesetz im neuen System des Verbraucherschutzrechts, ZIP 2000, 127
Gaertner/Gierschmann, Das neue Fernabsatzgesetz, DB 2000, 1601
Gamerith, Neue Herausforderungen für ein europäisches Lauterkeitsrecht, WRP 2003, 143
Günther, Erwünschte Regelung oder unerwünschte Werbung?, CR 1999, 172
Haas/Medicus/Rolland/Schäfer/Wendtland, Das neue Schuldrecht (2002)
Hansen, eBay & Co. – Verbraucherschutz und Wettbewerbsrecht bei Internet-Auktionen, ZGS 2004, 455
Härting, Referentenentwurf für ein neues Fernabsatzgesetz, CR 1999, 507
ders, Fernabsatzgesetz (2000)
ders, Der dauerhafte Datenträger, K&R 2001, 310
ders, Fernabsatz – Änderungen durch das Schuldrechtsmodernisierungsgesetz, MDR 2002, 61
ders, Informationspflichten der Anbieter von Mehrwertdiensten – 0190-Nummern im Fernabsatzrecht, CR 2003, 204

ders/SCHIRMBACHER, Fernabsatzgesetz – Ein Überblick über den Anwendungsbereich, die Systematik und die wichtigsten Regelungen, MDR 2000, 917
dies, Finanzdienstleistungen im Fernabsatz, CR 2002, 809
dies, Fernvertrieb von Finanzdienstleistungen an Verbraucher: Umsetzung der Fernabsatzrichtlinie für Finanzdienstleistungen, DB 2003, 1777
dies, Finanzdienstleistungen im Fernabsatz, CR 2005, 48
HARTMANN, Richtlinienvorschlag zum Fernabsatz von Finanzdienstleistungen, Die Bank 1999, 163
HASSEMER, Elektronischer Geschäftsverkehr im Regierungsentwurf zum Schuldrechtsmodernisierungsgesetz, MMR 2001, 635
HEIDERHOFF, Internetauktionen als Umgehungsgeschäfte, MMR 2001, 640
HEISS, Die Richtlinie über den Fernabsatz von Finanzdienstleistungen an Verbraucher aus Sicht des IPR und des IZVR, IPRax 2003, 100
HENNING-BODEWIG, Das Europäische Wettbewerbsrecht: Eine Zwischenbilanz, GRURInt 2002, 389
HENSEN, Das Fernabsatzgesetz oder: Man könnte heulen, ZIP 2000, 1151
HENSSELER/WILLEMSEN/KALB, Arbeitsrecht Kommentar (2004)
ders, Droht der Schuldrechtsmodernisierung der zeitliche Garaus, MMR 2001, Heft 9 V
HOFFMANN/HÖPFNER, Verbraucherschutz bei Internetauktionen, EWS 2003, 107
HOPPMANN, Der Vorschlag für eine Fernabsatzrichtlinie für Finanzdienstleistungen, VersR 1999, 673
HORN, Verbraucherschutz bei Internetgeschäften, MMR 2002, 209
HOSS, Web-Impressum und Wettbewerbsrecht, CR 2003, 687
KAESTNER/TEWS, Die Anbieterkennzeichnungspflichten nach § 6 TDG, WRP 2002, 1011
KAMANABROU, Die Umsetzung der Fernabsatzrichtlinie, WM 2000, 1417
KESSEL/KUHLMANN/PASSAUER/SCHRIEK, Informationspflichten und AGB-Einbeziehung auf mobilen Endgeräten, K&R 2004, 519
KIMMELMANN/WINTER, E-Commerce: Keine Herausforderung für das BGB! – AG Butzbach, NJW-RR 2003, 54, JuS 2003, 532
KNÖFEL, Auf dem Weg zu einem neuen Schuldrecht für den Fernabsatz von Finanzdienstleistungen, ZGS 2004, 182
KOCH, Fernabsatz von Finanzdienstleistungen (2005)
KOCHER, Neue Vorschriften für den Fernabsatz von Finanzdienstleistungen an den Verbraucher, DB 2004, 2679
KRIEGNER, Die Fernabsatz-Richtlinie für Finanzdienstleistungen an Verbraucher (2003)
LEIBLE/SOSNITZA, Telefonwerbung und Fernabsatzrichtlinie, K&R 1998, 283
LEUPOLD/BACHMANN/PELZ, Russisches Roulette im Internet? Zulässigkeit von Glücksspielen im Internet unter gewerbe- und strafrechtlichen Gesichtspunkten, MMR 2000, 648
LORENZ, Im BGB viel Neues: Die Umsetzung der Fernabsatzrichtlinie, JuS 2000, 833
LÖWE, AGBG Kommentar (1977)
LURGER/VALLANT, Grenzüberschreitender Wettbewerb im Internet, RIW 2002, 188
LÜTCKE, Fernabsatzrecht Kommentar (2002)
MAND, E-Commerce mit Arzneimitteln, MMR 2003, 77
MARX, Nicht nur im Internet: harmonisierter Verbraucherschutz im Fernabsatz, WRP 2000, 1227
MEENTS, Ausgewählte Probleme des Fernabsatzgesetzes bei Rechtsgeschäften im Internet, CR 2000, 610
MEINHOF, Neuerungen im modernisierten Verbrauchervertragsrecht durch das OLG-Vertretungsänderungsgesetz, NJW 2002, 2273
MEISTERERNST, Tücken des Fernabsatzgesetzes, ZLR 2001, 489
MELLER-HANNICH, Vertragslösungsrechte des Verbrauchers aus dem BGB – Geschichte und Gegenwart, JURA 2003, 369
MEENTS, Verbraucherschutz bei Rechtsgeschäften im Internet (Diss Köln 1998)
MEYER, Sektoraler RL-Vorschlag zum Fernverkauf von Finanzdienstleistungen, WM 1998, 2445
MICKLITZ, Der Vorschlag für eine Richtlinie des Rates über den Verbraucherschutz bei Vertragsabschlüssen im Fernabsatz, VuR 1993, 138

ders, Die Fernabsatzrichtlinie 97/7/EG, ZEuP 1999, 875
ders, Vertragsschlussmodalitäten im Diskussionsentwurf eines Schuldrechtsmodernisierungsgesetzes, VuR 2001, 71
ders, Fernabsatz und E-Commerce im Schuldrechtsmodernisierungsgesetz, EuZW 2001, 133
ders, Gemeinschaftsrechtliche Vorgaben für ein Verbrauchervertriebsrecht oder für eine Regelung der Vertragsschlussmodalitäten, in: SCHULZE/SCHULTE-NÖLTE, Die Schuldrechtsreform vor dem Hintergrund des Gemeinschaftsrechts (2001) 189
ders, Richtlinie 97/7/EG über den Verbraucherschutz bei Vertragsabschlüssen im Fernabsatz (Fernabsatzrichtlinie) mit Nachbemerkungen, in: GRABITZ/HILF, Das Recht der Europäischen Union, Bd III: Sekundärrecht (Loseblatt Stand 08/2002)
ders/EBERS, Der Abschluss von privaten Versicherungsverträgen im Internet, VersR 2002, 641
ders/REICH, Die Fernabsatzrichtlinie im deutschen Recht (1998)
dies, Die Umsetzung der EG-Fernabsatzrichtlinie, BB 1999, 2093
ders/TONNER, Handkommentar Vertriebsrecht (2002)
MORATH, Anwendbarkeit des Fernabsatzgesetzes auf Immobiliennachweis- und -vermittlungsverträge?, NZM 2001, 883
MORITZ, Quo vadis elektronischer Geschäftsverkehr?, CR 2000, 61
MÜLLER-VON MÜNCHOW, Rechtliche Vorgaben zu Inhalt und Form von Vollmachten, NotBZ 2010, 31
NEISES, Konsequenzen für den Immobilienmakler aus dem Fernabsatzgesetz, NZM 2000, 889
OELRICHS, Fernabsatz von Lebensmitteln – Konsequenzen aus dem neuen FernAbsG, ZLR 2001, 45
OHLY, Herkunftslandprinzip und Kollisionsrecht, GRURInt 2001, 899
OTT, Informationspflichten in Internet und ihre Erfüllung durch das Setzen von Hyperlinks, WRP 2003, 945
PEIKENBROCK/SCHULZE, Die Grenzen richtlinienkonformer Auslegung – autonomes Richterrecht oder horizontale Drittwirkung, WM 2002, 521
PICHLER, Vorschlag für eine Richtlinie über den elektronischen Geschäftsverkehr, European Law Reporter 1999, 74
PIEPENBROCK/SCHMITZ, Fernabsatzgesetz: Neuer Rechtsrahmen für E-Commerce, K&R 2000, 378
PÜTZHOVEN, Europäischer Verbraucherschutz im Fernabsatz (Diss München 2001)
RATH-GLAWATZ/DIETRICH, Zur Anwendbarkeit des Fernabsatzgesetzes auf das Anzeigengeschäft, AfP 2000, S 505
REICH, Die neue Richtlinie 97/7/EG über den Verbraucherschutz bei Vertragsabschlüssen im Fernabsatz, EuZW 1997, 581
REICH/MICKLITZ, Europäisches Verbraucherrecht (4. Aufl 2003)
RIEHM, Das Gesetz über Fernabsatzverträge und andere Fragen des Verbraucherrechts, JURA 2000, 505
RIESENHUBER, Fernabsatz von Finanzdienstleistungen im europäischen Schuldvertragsrecht, WM 1999, 1441
RING, Fernabsatzgesetz (2000)
ROSSNAGEL/PFITZMANN, Der Beweiswert von E-Mail, NJW 2003, 1209
ROTH, Das Fernabsatzgesetz, JZ 2000, 1013
ders, Europäischer Verbraucherschutz und BGB, JZ 2001, 475
ROTT, Die Umsetzung der Richtlinie über den Fernabsatz von Finanzdienstleistungen im deutschen Recht, BB 2005, 53
SCHERER, Schutz „leichtgläubiger“ und „geschäftlich unerfahrener“ Verbraucher in § 4 Nr 2 UWG nF – Wiederkehr des alten Verbraucherleitbildes „durch die Hintertür“?, WRP 2004, 1355
SCHIMANSKI/BUNTE/LWOWSKI, Bankrechts-Handbuch, Bd III (2001)
SCHMIDT-RÄNSCH, Zum Gesetz über Fernabsatzverträge und andere Fragen des Verbraucherrechts sowie zur Umstellung von Vorschriften auf Euro, VuR 2000, 427
SCHMITTMANN, Aktuelle Entwicklungen im Fernabsatzrecht, K&R 2003, 385
ders, Aktuelle Entwicklungen im Fernabsatzrecht, K&R 2004, 361
SCHNEIDER, Umsetzung der Fernabsatzrichtlinie 2002/65/EG im VVG, VersR 2004, 696

Schulte/Schulte, Informationspflichten im elektronischen Geschäftsverkehr – wettbewerbsrechtlich betrachtet, NJW 2003, 2140
Schulte-Nölke, Anmerkung zu BGH v 17. 3. 2004 – VIII ZR 265/03, LMR 2004, 138
Schulze/Schulte-Nölke, Die Schuldrechtsreform vor dem Hintergrund des Gemeinschaftsrechts (2001)
Sieker, Umgehungsgeschäfte (Habilitationsschrift Tübingen 2001)
ders, Internet, Kapitalmarkt und Kollisionsrecht unter besonderer Berücksichtigung der E-Commerce-Richtlinie, ZHR 165 (2001) 324
Steins, Anmerkungen zum Beschluss des OLG Frankfurt am Main v 17. 4. 2001 – 6 W 37/01, MMR 2001, 530
ders, Anmerkungen zum Urteil des OLG Dresden v 23. 8. 2001 – 8 U 1535/01, CR 2002, 180
Thorn, Verbraucherschutz bei Verträgen im Fernabsatz, IPRax 1999, 1
Tonner, Das neue Fernabsatzgesetz – oder: System statt „Flickenteppich“, BB 2000, 1413
ders, Das Fernabsatzgesetz – (k)ein Thema für die Tourismuswirtschaft?, RRa 2000, 163
ders, Anmerkungen zum Beschluss des OLG Frankfurt am Main v 17. 4. 2001, CR 2001, 783
Wagner, Die Einlagensicherung bei Banken und Sparkassen nach dem Einlagensicherungs- und Anlegerentschädigungsgesetz (2004)
Waldenberger, „Alles schwebend unwirksam“ – Distanzgeschäfte nach dem Referentenentwurf eines Fernabsatzgesetzes, K&R 1999, 345
Wendehorst, Das neue Gesetz über Fernabsatzverträge und andere Fragen des Verbraucherrechts, DStR 2000, 1311
dies, Anm zu BGH v 19. 3. 2003, EWiR 2003, 711
Westermann, Anmerkung zu BGH v 17. 3. 2004 – VIII ZR 265/03, EWiR 2004, 899
Wiebe, Vertragsschluss bei Online-Auktionen, MMR 2000, 323
Willingmann, Auf dem Weg zu einem einheitlichen Vertriebsrecht für Waren und Dienstleistungen in der Europäischen Union? – Die Richtlinie über den Verbraucherschutz bei Vertragsabschlüssen im Fernabsatz (97/7/EG), VuR 12/1998
Wilmer/Hahn, Fernabsatzrecht (2002)
Wölk, Die Umsetzung von Richtlinien der Europäischen Gemeinschaften (2001)
Ziem, Spamming – Zulässigkeit nach § 1 UWG, Fernabsatzrichtlinie und E-Commerce-Richtlinienentwurf, MMR 2000, 129.

Systematische Übersicht

Alphabetische Übersicht

I. Überblick

1. Allgemeines

1 Die §§ 312b bis 312h BGB enthalten Vorschriften über **außerhalb von Geschäftsräumen geschlossene Verträge** (ehemals Haustürgeschäfte), **Fernabsatzverträge** und mit § 312h BGB eine allgemeine Regelung zu den besonderen Vertriebsformen. Sie stehen in engem Zusammenhang zu der allgemeinen Rechtsgeschäftslehre, insbesondere dem Vertragsrecht und den übrigen verbraucherschützenden Regelungen zB aus dem Wettbewerbsrecht. Regelungskern der außerhalb von Geschäftsräumen geschlossenen Verträge und Fernabsatzverträge ist das Widerrufsrecht des Verbrauchers aus § 312g BGB (dazu sogleich ausführlich Rn 4 ff).

2 Den fernabsatzrechtlichen Regelungen lagen ursprünglich die europäischen Richtlinien 97/7/EG (Richtlinie über den Verbraucherschutz bei Vertragsabschlüssen im Fernabsatz/Fernabsatzrichtlinie), 2002/65/EWG (Richtlinie über den Fernabsatz von Finanzdienstleistungen an den Verbraucher und zur Änderung der Richtlinie 90/619/EWG des Rates und der Richtlinien 97/7/EG und 98/27/EG) zugrunde. § 312h BGB basiert auf dem nationalen *Gesetz zur Bekämpfung unerlaubter Telefonwerbung und zur Verbesserung des Verbraucherschutzes bei besonderen Vertriebsformen* vom 29. 7. 2009 (BGBl I 2431). Die §§ 312b bis 312h BGB sind originär verbraucherschützende Vorschriften und finden nur im Verhältnis zwischen Unternehmer und Verbraucher Anwendung.

3 Dem Recht der außerhalb von Geschäftsräumen geschlossenen Verträge ging das Recht der Haustürgeschäfte voraus. Das Haustürwiderrufsrecht beruhte auf gesetzgeberischen Initiativen aus dem Jahr 1975. Die spezialgesetzliche Vorgängerregelung des Haustürwiderrufsrechts der §§ 312, 312a aF (bis 12. 6. 2014), das **Haustürwiderrufsgesetz (HWiG)**, trat am 1. 5. 1986 in Kraft. Der Anwendungsbereich des Gesetzes war zunächst eng gefasst, sodass durch die Rechtsprechung und Praxis eine Erweiterung auf neue verbraucherschutzrelevante Geschäftsformen erfolgte. Im Zuge der Schuldrechtsmodernisierung wurde das HWiG gemeinsam mit den übrigen spezialgesetzlichen Verbraucherschutzvorschriften weitgehend unverändert in das Allgemeine Schuldrecht des BGB überführt (Martis MDR 2003, 961 ff).

2. Herzstück der Regelungen: Das Widerrufsrecht

4 Außerhalb von Geschäftsräumen geschlossene Verträge und **Fernabsatzverträge bergen besondere Gefahren**, denen die §§ 312b bis 312h BGB begegnen sollen. Kern der

Regelungen sind die **Informationspflichten** des Lieferers und das Widerrufsrecht des Verbrauchers. Bei außerhalb von Geschäftsräumen geschlossenen Verträgen befindet sich der Verbraucher typischerweise in einer Überrumpelungssituation, bei Fernabsatzverträgen kann er sich vor dem Erhalt der Ware kein persönliches Bild von ihren Eigenschaften machen. Deshalb soll er die Möglichkeit haben, seine auf den Abschluss des Vertrages gerichtete Willenserklärung binnen zwei Wochen zu widerrufen, wenn die Ware nicht seinen Erwartungen entspricht. Diese „verlängerte Überlegungsfrist" soll garantieren, dass der Verbraucher nicht übervorteilt wird, indem etwa eine aufwändige Präsentation über die tatsächliche Qualität der Ware hinwegtäuscht und der Verbraucher hierdurch zum vorschnellen Abschluss des Vertrages bewogen wird.

Dem Schutz des Verbrauchers soll neben dem Widerrufsrecht auch die Verpflichtung **5**
des Unternehmers zur umfassenden Information dienen. Ob diese Wirkung allerdings tatsächlich zu erzielen ist, mag oftmals bezweifelt werden. Die für den Unternehmer bestehenden Informationsverpflichtungen haben inzwischen einen weiten Umfang angenommen, sodass es bei ordnungsgemäßer Erfüllung der Pflicht für den Durchschnittsverbraucher kaum möglich sein wird, einen Überblick zu bewahren. Die zu erwartende Flut an Informationen könnte daher auch einen geradezu kontraproduktiven Effekt entfalten, da dem Verbraucher in Anbetracht der Masse der zur Verfügung stehenden Informationen deren wesentlichen Inhalte womöglich verborgen bleiben (krit insoweit auch BeckOK-BGB/Martens [1. 5. 2024] § 312d Rn 2; Grigoleit NJW 2002, 1152, 1155; Fleischer ZEuP 2000, 772, 787; Mankowski CR 2001, 767, 771; Frings VuR 2002, 390, 397).

Zweifel daran, ob die umfangreichen **Informationspflichten** des Unternehmers tat- **6**
sächlich geeignet sind, dem Verbraucherschutz zu dienen, bestehen auch insoweit, als ihre vollständige Erfüllung nur schwer darstellbar ist. Die grundsätzliche Pflicht des Unternehmers zur Unterrichtung des Verbrauchers ergibt sich zwar bereits aus § 312d BGB. Der konkrete Inhalt dieser Pflichten folgt aber erst aus Art 246a EGBGB (siehe zur vormals gültigen durch Ermächtigung in Art 240 EGaF [bis 15. 7. 2016] erlassenen Verordnung über Informations- und Nachweispflichten nach bürgerlichem Recht BGB-InfoV Staudinger/Thüsing [2003] Art 240 EGBGB Rn 5 ff). Dieser **Informationenkatalog** wurde aus dem BGB ausgelagert, um es von den Regelungsdetails der verschiedenartigen Informationsquellen zu entlasten: Die zunächst gewählte Ausgliederung in die BGB-InfoV sollte die schnellere Änderung der Informationspflichten im Wege der Verordnung ermöglichen (BT-Drucks 14/6040, 168). Aus Gründen der Rechtssicherheit für die Wirtschaft wurden die dortigen Vorgaben im Zuge des Umsetzungsgesetzes zur Verbraucherkreditrichtlinie in das EGBGB überführt.

II. Entstehungsgeschichte

Die Vorschriften über Fernabsatzverträge lassen sich auf europäische Vorgaben, na- **7**
mentlich die Fernabsatzrichtlinie und die Richtlinie über den Fernabsatz von Finanzdienstleistungen **(FernAbsFinanzDienstRL)**, zurückführen. Die Fernabsatzrichtlinie wurde zunächst durch das Gesetz über Fernabsatzverträge und andere Fragen des Verbraucherrechts (BGBl 2000 I 887) umgesetzt, deren Vorschriften dann im Rahmen des **Schuldrechtsmodernisierungsgesetzes** (SMG, BGBl 2001 I 3138) in das BGB integriert wurden. Mit dem Gesetz zur Bekämpfung unerlaubter Telefonwerbung vom

29. 7. 2009 (BGBl I 2413) wurde insbesondere der heutige § 312h BGB (§ 312f aF) eingeführt. Mit dem Umsetzungsgesetz zur Verbraucherkreditrichtlinie wurden schließlich die Informationspflichten aus der BGB-InfoV in das EGBGB überführt und dort mit den Informationspflichten des § 312c Abs 2 aF zusammengefasst. Nach geringfügiger Änderung des § 312d Abs 3 Nr 2 aF durch das Gesetz zur Modernisierung der Regelungen über Teilzeit-Wohnrechteverträge, Verträge über langfristige Urlaubsprodukte sowie Vermittlungsverträge und Tauschsystemverträge (BGBl I 34), wurde das Fernabsatzrecht ein weiteres Mal durch das Gesetz vom 27. 7. 2011 zur Anpassung der Vorschriften über den Wertersatz bei Widerruf von Fernabsatzverträgen und über verbundene Verträge (BGBl I 1600) geändert.

8 Im Rahmen der Umsetzung der Verbraucherrechterichtlinie 2011/83/EU (ABlEG L 304 vom 22. 11. 2011, 64–88), die zum 12. 12. 2011 in Kraft getreten ist, wurde das Fernabsatzrecht einer mit dem Recht der außerhalb von Geschäftsräumen geschlossenen Verträgen einheitlichen Regelung zugeführt.

Das Fernabsatzrecht ist zuletzt mit Wirkung zum 28. 5. 2022 durch das Gesetz zur Änderung des Bürgerlichen Gesetzbuchs und des Einführungsgesetzes zum Bürgerlichen Gesetzbuche in Umsetzung der EU-Richtlinie zur besseren Durchsetzung und Modernisierung der Verbraucherschutzvorschriften der Union und zur Aufhebung der Verordnung zur Übertragung der Zuständigkeit für die Durchführung der Verordnung (EG) Nr 2006/2004 auf das Bundesministerium der Justiz und für Verbraucherschutz (BGBl I 3483) geändert worden.

1. Außerhalb von Geschäftsräumen geschlossene Verträge (ehemals Haustürgeschäfte)

9 Ein befristetes Widerrufsrecht des Verbrauchers bei Vertragsabschlüssen außerhalb der ständigen Geschäftsräume des Unternehmers sahen bereits der am 1. 10. 1974 (Gesetz v 15. 5. 1974) eingefügte § 1b des Gesetzes betreffend die Abzahlungsgeschäfte vom 16. 5. 1984 (AbzG; RGBl I 450; BGBl III 402-2), am 1. 1. 1991 ersetzt durch das Verbraucherkreditgesetz vom 17. 12. 1990 (BGBl I 2840), § 11 des Gesetzes über den Vertrieb ausländischer Investmentanteile und über die Besteuerung der Erträge aus ausländischen Investitionsanteilen vom 28. 7. 1969 (BGBl I 986), § 23 des Gesetzes über Kapitalanlagegesellschaften idF vom 14. 1. 1970 (BGBl I 127) sowie § 4 des Gesetzes zum Schutz der Teilnehmer am Fernunterricht vom 24. 8. 1976 (BGBl I 2525) vor.

10 Ein darüber hinausgehendes Bedürfnis bei den in den §§ 312 ff BGB aufgeführten Vertragsschlüssen der immanenten Beeinträchtigung der Entscheidungsfreiheit zu begegnen, war schon in den 70er Jahren anerkannt, denn nach dem allgemeinen Vertragsrecht konnte sich ein Verbraucher von derartigen Verträgen nur in wenigen Ausnahmen lösen; dies unter schwieriger Beweislage. Seriöse Unternehmer hatten zu diesem Zeitpunkt bereits freiwillig dem Verbraucher ein Widerrufsrecht eingeräumt. Nur in Einzelfällen wurde eine Nichtigkeit bei den Haustürgeschäften über §§ 134, 138 BGB (BGH NJW 1982, 1455; 1982, 1457; WM 1988, 624; LG Frankfurt aM NJW 1964, 255; AG Frankfurt aM MDR 1963, 591; AG Trier NJW 1972, 160) bzw über §§ 142, 123 BGB (BGH NJW 1979, 1593; LG Frankfurt aM NJW 1964, 255) angenommen (Erman/Saenger [2011] Vor §§ 312–312f Rn 4).

Bedingt und unterstützt durch rechtstatsächliche Untersuchungen (zB Falkenstein [1977]; Schade [1978]; Merk, Geschäfte an der Haustür, in: Chiostelles/Fikentscher [1985]) und die Diskussion im Schrifttum in Kenntnis der bisherigen unzulässigen Maßnahmen wurde ein verstärkter Schutz des Verbrauchers gefordert (zB Liebs, Reurecht des Käufers „an der Haustür"? [1970]; Bertl ZRP 1976, 13, 16). Orientiert am Abzahlungsgesetz erfolgten im Hinblick auf Geschäfte außerhalb von Ladengeschäften im Jahre 1975 Initiativen gerichtet auf ein gesetzliches Widerrufsrecht bei Vertragsabschlüssen nach überraschenden oder überrumpelnden Angeboten (zur Geschichte des Abzahlungsgesetzes Fischer/Machunsky Einl Rn 21 ff; Erman/Klingsporn [9. Aufl 1993] Vorbem AbzahlG Rn 3 ff; dort auch zur Entstehungsgeschichte unter Rn 9 ff), wobei zunächst versucht wurde, ein solches **Widerrufsrecht** nur bei Abzahlungskäufen außerhalb der Geschäftsräume des Verkäufers festzulegen (BT-Drucks IV 1864, 1895; V 2309; VI 578; VII 598). Zutreffend wurde aber erkannt, dass eine Beschränkung des Widerrufsrechts bei Haustürgeschäften gerichtet auf Ratengeschäfte den tatsächlichen Bedürfnissen nicht gerecht wurde und die Gefahr bei Ratengeschäften und bei Geschäften im Geschäftslokal des Unternehmers ebenso groß seien wie außerhalb, andererseits bei Haustürgeschäften das Risiko und der Schutz des Verbrauchers nicht auf Ratengeschäfte beschränkt bleiben können (Erman/Saenger [2011] Vor §§ 312–312f Rn 4). **11**

Wie auch die bis dahin bestehenden Verbraucherschutzgesetze wurde auch das Haustürwiderrufsrecht im HWiG als **Sonderprivatrecht außerhalb des BGB** geschaffen. Hierfür hat man inhaltliche Gründe herangezogen, da es schwieriger erschien, alle Verbraucherschutzrechte und das als sachliche Regelungseinheit anzusehende HWiG an einer Stelle im BGB darzustellen und man annahm, eine Verteilung im BGB würde die Übersichtlichkeit und Verständlichkeit erschweren (Begr BT-Drucks 10/2876, 10). **12**

Der gewünschte **Verbraucherschutz** erschien – wollte man es nicht bei der bisherigen Rechtslage belassen – auf drei verschiedenen Wegen möglich, (1) durch eine über eine Inhaltskontrolle hinausgehende Möglichkeit mit Hilfe des damaligen AGB-Gesetzes, (2) über die Normierung genereller Nichtigkeit der betreffenden Direktgeschäfte oder (3) über ein Widerrufsrecht in Abweichung vom Grundsatz *pacta sunt servanda.* Der Gesetzgeber hat sich mit dem Widerrufsrecht zu Recht für die letzte Lösung entschieden, ist sie doch am ehesten mit dem Grundsatz der **Vertragsfreiheit** in Einklang zu bringen. Es bleibt letztlich den Beteiligten überlassen, ob sie einen bestimmten Vertrag wollen, insbesondere steht es in der freien Entscheidung des Verbrauchers, ob der Vertrag Wirkung entfaltet oder nicht. Dem praktischen Bedürfnis nach Direktvertrieb ist Genüge getan. Insbesondere unseriöse Unternehmer müssen mit dem Scheitern des Geschäftes und damit vergeblichem Aufwand rechnen. Somit erzielt das Widerrufsrecht auch eine gewünschte **Erziehungswirkung**, denn der Unternehmer wird zu einem fairen Vertragsverhalten gezwungen, will er eine endgültige Wirksamkeit des Vertrages erreichen. **13**

a) Kodifizierungen von 1986 und 2000

Die Länder Bayern und Bremen (BR-Drucks 384/75; BR-Drucks 394/75) ergriffen 1975 die ersten **Gesetzesinitiativen**, einen Widerruf solcher Verträge zu ermöglichen, die ein Verbraucher außerhalb ständiger Geschäftsräume des Unternehmers getätigt hat, wobei der Bremer Entwurf dies in das bereits bestehende Abzahlungsgesetz einfügen wollte, während Bayern eine dem späteren HWiG weitgehend entsprechende, **14** ja sogar noch weitergehende Sonderregelung im Rahmen einer eigenen Gesetzesinitiative vorschlug. Der Rechts- und Wirtschaftsausschuss schloss sich dem bayerischen Entwurf mit einigen unwesentlichen Änderungen an. Der Bundesrat beschloss, den bayerischen Entwurf in leicht geänderter Form als Gesetz über den Widerruf von Haustür- und ähnlichen Geschäften in das Gesetzgebungsverfahren einzubringen. Dieser **Entwurf** vom 11. 7. 1975 (BT-Drucks 384/75 – Beschluss BT-Drucks 7/4078) entsprach bereits weitgehend der späteren Gesetzesfassung. Die grundsätzlich zustimmende Stellungnahme der Bundesregierung (BT-Drucks 7/4078 Anl 2) erweiterte die zu erfassenden Geschäfte, führte die Fallgruppen des späteren § 1 HWiG aF (bis 31. 12. 2001) enumerativ auf und befürwortete eine Beschränkung der Beweisregelung. Weitere Bedenken der Stellungnahmen fanden im HWiG keine Berücksichtigung. Es gelang jedoch nicht, das Gesetz in der 7., 8. oder 9. Wahlperiode zu verabschieden (BT-Drucks 8/130 mit Stellungnahmen der BR in Anl 2 mit dem Versuch, diese Regelung in das BGB aufzunehmen, BT-Drucks 9/278/81, 9/2294).

15 Vornehmlich der Freistaat Bayern ergriff 1984 wiederum die Initiative, die zu einem auf dem bayerischen Entwurf beruhenden **Bundesratsentwurf** führte (BT-Drucks 10/584; 10/2876), der nach der Empfehlung des Rechtsausschusses (BT-Drucks 10/4210) die wesentliche Grundlage für das am 14. 11. 1985 vom BT verabschiedete Gesetz wurde (Verhandlungen des Deutschen Bundestags 10. Wahlperiode 174. Sitzung S 1310 ff). Die Verkündung des Gesetzes erfolgte am 16. 1. 1986, am 1. 5. 1986 trat es in Kraft. Die Diskussion im Gesetzgebungsverfahren betraf im Wesentlichen die Regelung des sachlichen Anwendungsbereiches und der Beweislastverteilung, sowie den in § 1 Abs 2 Nr 2 HWiG aF (bis 31. 12. 2001) vorgesehenen Bagatellbetrag.

16 Durch Art 3 des Gesetzes über Verbraucherkredite, zur Änderung der Zivilprozessordnung und anderer Gesetze vom 17. 12. 1990 (BGBl I 2840, 2844) wurde durch eine begriffliche Aktualisierung des HWiG der Ersetzung des „Gesetzes betreffend die Abzahlungsgeschäfte“ durch das „Verbraucherkreditgesetz“ Rechnung getragen. Durch das Gesetz über die Veräußerung von Teilnutzungsrechten in Wohngebäuden vom 20. 12. 1996 (BGBl I 2154) erfolgte eine weitere Änderung des HWiG. Durch den Erlass des **Fernabsatzgesetzes** am 27. 6. 2000 wurde eine weitere Änderung des HWiG zur Umsetzung der europäischen Richtlinie 97/7/EG (Abl EG Nr L 144 S 19) durchgeführt. Im Rahmen des Gesetzgebungsverfahrens wurden Änderungen des Bürgerlichen Gesetzbuches, des Verbraucherkreditgesetzes und des Haustürwiderrufsgesetzes (BGBl I 857, 955) mit Wirkung vom 1. 10. 2000 beschlossen. Eine einheitliche Regelung der Rechte des Verbrauchers zum Widerruf bzw zur Rückgabe hat erstmals durch das Fernabsatzgesetz durch die bis zur Schuldrechtsreform geltenden **§§ 361a und 361b aF** Eingang in das BGB gefunden, die nunmehr durch die weiter vereinheitlichten und umfassenderen Regeln des Widerrufs- und Rückgaberechts bei Verbraucherverträgen in den **§§ 355 ff BGB** ersetzt sind. Neben der Regelung des Widerrufs- und Rückgaberechts wurden zur Harmonisierung spezieller Verbraucherschutzvorschriften als weitere allgemeingültige grundlegende Regelung die Definitionen der Begriffe Verbraucher und Unternehmer in §§ 13 und 14 BGB eingeführt (Fuchs ZIP 2000, 1273; Bülow/Artz NJW 2000, 50 ff). Durch das Gesetz über Fernabsatzverträge und andere Fragen des Verbraucherrechts sowie zur Umstellung von Vorschriften auf den Euro (vom 27. 6. 2000, BGBl I 897) wurden im HWiG die DM- auf Euro-Beträge umgestellt.

b) Schuldrechtsreform 2002

Unter dem 2. Untertitel **„Besondere Vertriebsformen"** hatte der Gesetzgeber im Zuge der Schuldrechtsreform die Vorschriften über **Haustürgeschäfte** und **Fernabsatzverträge** sowie die Regelungen über den **Vertragsabschluss im elektronischen Geschäftsverkehr** im Allgemeinen Schuldrecht des BGB zusammengefasst. Gemeinsam haben diese Verträge, dass sie **außerhalb der Geschäftsräume des Unternehmers** abgeschlossen werden (BT-Drucks 14/6040, 167). Im Vorlauf der Entstehung des Schuldrechtsmodernisierungsgesetzes wurde gefordert, die genannten Vorschriften weitergehender unter dem Oberbegriff „Verträge im Direktvertrieb" zu vereinheitlichen (so Micklitz, in: Schulze/Schulte-Nölke S 203 ff, 218 ff). Vereinzelt ist auch der Ruf nach einem vereinheitlichten Verbrauchergesetzbuch laut geworden (Rott VuR 2002, 49, 55). Der Gesetzgeber beschränkte sich jedoch auf eine Vereinheitlichung des Widerrufs- und des Rückgaberechts und deren Modalitäten (BT-Drucks 14/6040, 167), mit der Begründung, dass die zugrunde liegenden EG-Richtlinien nicht aufeinander abgestimmt seien und eine überobligatorische Umsetzung die Folge wäre. 17

Die Widerrufs- und Rückgaberechte in Verbraucherverträgen fanden in den §§ 355 bis 360 aF (idF vom 1. 1. 2002) eine vereinheitlichte Regelung. Zur Gewährleistung des Verbraucherschutzes enthielten die §§ 312 ff aF Widerrufs- und vertraglich alternativ vereinbarte Rückgaberechte. So § 312 aF (bis 12. 6. 2014) für Haustürgeschäfte und § 312d aF (bis 12. 6. 2014) für Fernabsatzverträge. Im Bereich der Fernabsatzverträge, dh auch der Verträge im elektronischen Geschäftsverkehr, wurden darüber hinaus besondere Unterrichtungspflichten seitens des Unternehmers gegenüber dem Verbraucher eingeführt. Diese Informationspflichten waren bis zu dem Gesetz zur Umsetzung der Verbraucherkreditrichtlinie des zivilrechtlichen Teils der Zahlungsdiensterichtlinie sowie zur Neuordnung der Vorschriften über das Widerrufs- und Rückgaberecht (BGBl I 2355) in §§ 1 und 3 der BGB-InfoV auf der Grundlage der gesetzgeberischen Ermächtigung in Art 240 und 241 EGBGB näher spezifiziert (s hierzu die Kommentierung Staudinger/Thüsing [2003] Art 240 EGBGB Rn 1 ff). Anschließend fanden sie sich in den §§ 1 und 2 zu Art 246 EGBGB aF (bis 12. 6. 2014). 18

Durch das Schuldrechtsmodernisierungsgesetz, das zum 1. 1. 2002 in Kraft trat, wurde das **Gesetz über den Widerruf von Haustürgeschäften und ähnlichen Geschäften (HWiG)** und das **Fernabsatzgesetz (FernAbsG)** in die §§ 312 ff aF (bis 12. 6. 2014) eingefügt. Damit enthielt das BGB von da an als zentrale Kodifikation eine zusammenfassende Regelung der im geschäftlichen Verkehr üblichen, besonderen Vertriebsformen (so ausdrücklich der Untertitel 2). Durch die Integration der Verbraucherschutzvorschriften in das BGB beabsichtigte der Gesetzgeber, die Rechtszersplitterung der verbraucherrelevanten Schutzvorschriften zu beseitigen und dem Verbraucher einen unkomplizierten Zugriff zu Vertragsschluss, Informationspflichten und Widerrufsrechten gewissermaßen „aus einer Hand", dem BGB, zu ermöglichen (BT-Drucks 14/6040, 166). 19

c) OLG-Vertretungsänderungsgesetz

Eine weitere wesentliche Änderung der gesetzlichen Regelungen des Verbraucherwiderrufsrechts bildete die durch das **OLG-Vertretungsänderungsgesetz** vom 1. 8. 2002 (BGBl I 2850) eingeführte Reform des § 312a aF aufgrund der Heininger-Entscheidung des EuGH vom 13. 12. 2001 (Slg 2001, I-9945, NJW 2002, 281) und der Entscheidung des BGH vom 9. 4. 2002 (NJW 2002, 1881), nach der § 312a aF fortan klarstellte, dass das 20

Widerrufs- bzw Rücktrittsrecht des § 312 aF nur zurücktritt, wenn und soweit dem Verbraucher aus einem anderen Rechtsgrund ein entsprechendes Widerrufs- oder Rücktrittsrecht zusteht. Für das Verhältnis des Widerrufs- bzw Rücktrittsrechts aus Fernabsatzverträgen gem § 312d Abs 1 aF (bis 3. 8. 2009) zu dem Widerrufsrecht bei Verbraucherkreditverträgen aus § 495 aF (bis 10. 6. 2010) traf § 312d Abs 5 aF (bis 3. 8. 2009) die parallele Entscheidung: Hatte der Verbraucher wegen des Abschlusses eines Verbraucherkreditvertrages ein Widerrufsrecht aus § 495 aF (bis 10. 6. 2010), so stand ihm nicht gleichzeitig das Widerrufsrecht aus § 312d aF (bis 3. 8. 2009) zu, wenn der Vertragsabschluss im Wege des Fernabsatzes erfolgte.

d) Umsetzungsgesetz zur Verbraucherkreditrichtlinie

21 Die nächste Änderung der §§ 312, 312a aF trat am 11. 6. 2010 in Kraft. Absatz 2 des § 312 aF wurde durch das Gesetz zur Umsetzung der Verbraucherschutzkreditrichtlinie, des zivilrechtlichen Teils der Zahlungsdiensterichtlinie sowie zur Neuordnung der Vorschriften über das Widerrufs- und Rückgaberecht vom 29. 7. 2009 (BGBl I 2355) geändert. Die gesetzlichen Anforderungen an die Widerrufsbelehrung wurden in dem neueingefügten § 360 aF (bis 12. 6. 2014) zusammengefasst, der fortan die zentrale Norm für Inhalt und Gestaltung der Belehrung im Widerrufsrecht darstellte. In § 360 Abs 3 aF fanden sich die zuvor geltenden § 14 Abs 1 bis 3 BGB-InfoV wieder (BRegE, BT-Drucks 16/11643, 74). In der Folge dieser Änderung verwies § 312 Abs 2 S 1 aF (bis 12. 6. 2014) fortan auf § 360 aF (bis 12. 6. 2014). Die Neuformulierung stellte zudem den Charakter der Widerrufsbelehrung als Verkäuferpflicht klar und folgt damit der Rechtsprechung des EuGH („Schulte" 25. 10. 2005, Slg 2005, I-9215, NJW 2005, 3551; „Crailsheimer Volksbank" 25. 10. 2005, Slg 2005, I-9273, NJW 2005, 3555; BRegE, BT-Drucks 16/11643, 69). Zugleich erhielten die Musterbelehrungen, die fortan als Anlagen dem EGBGB angefügt waren, den Rang eines formellen Gesetzes. Auf diese Weise wurden sie dem Urteil der Instanzgerichte entzogen und der Verwender gewann im Vertrauendürfen auf ihre Richtigkeit an Rechtssicherheit. Angefügt wurde zudem Satz 3, der die Entbehrlichkeit der Belehrung über die Rechtsfolgen bestimmte, soweit diese tatsächlich nicht eintreten können. Der Verbraucher ist in diesen Fällen nicht schutzbedürftig.

2. Fernabsatzverträge

22 Bis zur Verkündung des Fernabsatzgesetzes am 30. 6. 2000 (BGBl 2000 I 897 ff) blieb der Verbraucher bei Fernabsatzgeschäften in der Regel ohne den Schutz, der ihm bei anderen Vertriebsformen – namentlich den damaligen Haustürgeschäften – bereits gewährt wurde. Nur wenn ein Verbraucherkredit, ein Teilzeit-Wohnrecht oder Fernunterricht im Fernabsatz vertrieben wurde, gab es bereits Widerrufsrechte und Informationspflichten. Der ehemalige § 8 Abs 2 VerbrKrG garantierte dem Verbraucher bei Kreditverträgen im Versandhandel ein erweitertes Widerrufsrecht und legte die Kosten für die Rücksendung des gekauften Gegenstandes dem Unternehmer auf. §§ 2 ff des Teilzeit-Wohnrechtegesetz (TzWrG) etablierte Widerrufsrechte des Verbrauchers und Informationspflichten des Unternehmers bei Verträgen, durch die ein Unternehmer einem Verbraucher gegen Zahlung eines Gesamtpreises das Recht verschafft, ein Wohngebäude für einen Zeitraum von mindestens drei Jahren zu nutzen. § 4 des Gesetzes zum Schutz der Teilnehmer am Fernunterricht (Fernunterrichtsgesetz) sah ein Widerrufsrecht des Verbrauchers hinsichtlich der Teilnahme am Fernunterricht vor. Der Verbraucher war bei diesen Vertragstypen auch dann ge-

schützt, wenn das Geschäft im Wege des Fernabsatzes getätigt wurde. Für andere Vertragstypen existierte ein solcher Schutz zunächst nicht.

a) Europäische Vorgaben

Auf europäischer Ebene wurde bereits Mitte der 80er Jahre die steigende Bedeutung des Versandhandels erkannt. In einer Mitteilung der Kommission an den Rat mit dem Titel „Neuer Impuls für die Politik zum Schutz der Verbraucher" (KOM [85] 314 endg v 23. 7. 1985) wurde angekündigt, Vorschläge zur Verwendung neuerer Informationstechnologien zu unterbreiten, die es dem Verbraucher ermöglichen, Bestellungen von zu Hause aus zu tätigen. Diese Mitteilung wurde vom Rat ausdrücklich gebilligt (Entschließung des Rates vom 23. 6. 1986 betreffend die künftige Ausrichtung der Politik der Europäischen Wirtschaftsgemeinschaft zum Schutz und zur Förderung der Interessen der Verbraucher, ABlEG Nr C 167/01) und die Kommission wurde aufgefordert, Vorschläge zur Umsetzung der Mitteilung in Rechtsakte zu unterbreiten, die dann vom Rat unter Beachtung des Ziels, Verbraucherinteressen im Rahmen der Vollendung des Binnenmarktes zu schützen, Berücksichtigung finden würden. 1989 legte die Kommission nach Aufforderung des Rates (Entschließung des Rates vom 9. 11. 1989 über künftige Prioritäten bei der Neubelebung der Verbraucherschutzpolitik, ABlEG Nr C 294/01 v 22. 1. 1989) einen Dreijahresplan mit den Zielen der Gemeinschaft für eine Politik zum Schutz und zur Förderung der Verbraucherinteressen vor (Dreijahresplan für die Verbraucherpolitik in der EWG [1990–1992], KOM [90] 98 v 3. 5. 1990), in dem die Verabschiedung einer Fernabsatzrichtlinie vorgeschlagen wurde. Der Entwurf einer solchen Richtlinie wurde nach langwierigen Beratungen mit den Verbraucher- und Wirtschaftsverbänden 1992 von der Kommission vorgelegt. Nahezu zeitgleich präsentierte die Kommission eine Empfehlung, in der den Berufsvereinigungen von Lieferern vorgeschlagen wurde, sich Verhaltenskodizes zu geben, in denen die in der Richtlinie vorgesehenen Mindestvorschriften über Vertragsabschlüsse ergänzt werden sollten. Nachdem der erste Entwurf der Fernabsatzrichtlinie in der Stellungnahme des Wirtschafts- und Sozialausschusses (ABlEG Nr C 19/111 v 25. 1. 1993) erheblicher Kritik ausgesetzt war (vgl hierzu Micklitz VuR 1993, 138), legte die Kommission 1993 einen geänderten Richtlinienvorschlag vor (ABlEG Nr C 308/18 v 15. 11. 1993). Der geänderte Vorschlag sollte auch für Finanzdienstleistungen gelten und sorgte daher für weitere heftige Diskussionen in Rat und Parlament. 1995 verkündete der Rat schließlich in einem gemeinsamen Standpunkt (ABlEG Nr C 288/1 v 30. 10. 1995) einen Kompromiss, der Finanzdienstleistungen vollständig von dem Anwendungsbereich der Richtlinie ausschloss. Dieser gemeinsame Standpunkt wurde 1996 ein weiteres Mal durch das Parlament geändert (ABlEG Nr C 17/51 v 22. 1. 1996), bevor 1997 letztlich die Richtlinie 97/7/EG über den Verbraucherschutz bei Vertragsabschlüssen im Fernabsatz verabschiedet wurde (vgl zur **FernAbsRL** Arnold CR 1997, 526; Bermanseder MMR 1998, 342; Bodewig DZWir 1997, 447; Bodenstedt, Die Umsetzung der Fernabsatzrichtlinie im deutschen und englischen Recht [2006]; Borges ZIP 1999, 130; Bülow DZWir 1998, 89; Cichon CR 1998, 773; Faber ZEuP 1998, 854; Gössmann MMR 1998, 88; Günther CR 1999, 172; Leible/Sosnitza K&R 1998, 283; Marx WRP 2000, 1227; Micklitz ZEuP 1999, 875; Micklitz/Reich, Die Fernabsatzrichtlinie im deutschen Recht; Reich EuZW 1997, 581; Thorn IPRax 1999, 1; Willingmann VuR 1998, 395). **23**

Der größte Streitpunkt im vergleichsweise langen Gesetzgebungsverfahren der Fernabsatzrichtlinie war die Positionierung von Finanzdienstleistungen. Am Ende stand ein Kompromiss: Zwar galt die Fernabsatzrichtlinie gemäß Art 3 Abs 1, erster Spie- **24** gelstrich aF (bis 8. 10. 2002) nicht für die Finanzdienstleistungen, jedoch erklärte die Kommission in einem Anhang zur Richtlinie, dass sie die Bedeutung des Verbraucherschutzes für Vertragsabschlüsse im Fernabsatz bei finanziellen Dienstleistungen anerkenne und prüfen werde, wie der Verbraucherschutz in diesem Bereich am effektivsten zu gestalten sei. In dieser Erklärung liegt zugleich der Startschuss für das Gesetzgebungsverfahren der FernAbsFinanzDienstRL. In dem Grünbuch „Finanzdienstleistungen: Wahrung der Verbraucherinteressen" (KOM [1996] 209 endg) stellte die Kommission fest, dass der Fernverkauf von Finanzdienstleistungen rasch zunehme und der Verbraucherschutzaspekt angesichts der wachsenden Komplexität und Diversität des europäischen Finanzsektors besondere Aufmerksamkeit verdiene. Auf Aufforderung des Europäischen Parlaments legte die Kommission dann am 14. 10. 1998 einen Vorschlag für eine Richtlinie über den Fernabsatz von Finanzdienstleistungen an Verbraucher vor (KOM [1998] 468 endg, ABlEG Nr C 385 v 11. 12. 1998, 10, vgl hierzu Cristea Kreditwesen 2002, 12 ff; Hartmann Die Bank 1999, 163 ff; Hoppmann VersR 1999, 673; Riesenhuber WM 1999, 1441 ff). Dieser Vorschlag wurde in den folgenden Jahren noch einige Male geändert. Im Mittelpunkt der Diskussionen stand hierbei insbesondere, ob die Richtlinie nur die im Verbraucherschutz üblichen Mindestvorgaben enthalten, oder ob eine vollständige Harmonisierung das Ziel sein sollte. Das ursprünglich vorgesehene Prinzip der Totalharmonisierung wurde durch einen am 6. 12. 2001 vom Rat verabschiedeten Gemeinsamen Standpunkt (ABlEG Nr C 58 E 32 v 5. 3. 2002) durch Öffnungsklauseln aufgeweicht. Am 23. 9. 2002 wurde die FernAbsFinanzDienstRL 2002/65/EG dann verabschiedet. Die Fernabsatzrichtlinie wurde durch Art 18 FernAbsFinanzDienstRL erstmalig geändert. Die Änderungen öffneten den Anwendungsbereich der Fernabsatzrichtlinie für Finanzdienstleistungen. Zu diesem Zweck wurde Art 3 Fernabsatzrichtlinie neu formuliert (zur FernAbsFinanzDienstRL vgl Reich, in: Reich/Micklitz, Europäisches Verbraucherrecht [4. Aufl 2003] § 24 Rn 14 ff; Drygala, in: FS Lutter [2000] 1653). Beide Richtlinien, wurden sodann geringfügig durch die Richtlinie 2005/29/EG über unlautere Geschäftspraktiken im binnenmarktinternen Geschäftsverkehr zwischen Unternehmen und Verbrauchern vom 11. 5. 2005 geändert (ABlEG Nr L 149 v 11/06/2005 S 0022–0039). Art 9 zur Zusendung unbestellter Waren wurde in Bezug zu der neuen Richtlinie gesetzt. Art 8 der FernAbsRL sowie der FernAbsFinanzDienstRL wurde durch die Richtlinie 2007/64/EG vom 13. 11. 2007 über Zahlungsdienste im Binnenmarkt geändert. In Art 4 der FernAbsFinanzDienstRL wurde eine Konkurrenzregelung zur Zahlungsdiensterichtlinie in einem neuen Abs 5 ergänzt.

b) Umsetzung der Fernabsatzrichtlinie ins deutsche Recht

25 Die Fernabsatzrichtlinie wurde zunächst durch das „Gesetz über Fernabsatzverträge und andere Fragen des Verbraucherrechts sowie zur Umstellung von Vorschriften auf Euro" vom 27. 6. 2000 (BGBl 2000 I 897) mit leichter Verspätung (nach Art 15 Abs 1 iVm Art 18 **FernAbsRL** wäre die Richtlinie bis zum 4. 6. 2000 in nationales Recht umzusetzen gewesen, das Gesetz trat am 30. 6. 2000 in Kraft) in das deutsche Recht umgesetzt. Die verspätete Umsetzung beruhte darauf, dass der Bundesrat kurz vor Erreichen der Umsetzungsfrist den Vermittlungsausschuss anrief, um die Frage, ob dem Verbraucher für den Fall der Ausübung des Widerrufs- bzw Rückgaberechts die Kosten für die Rücksendung vertraglich auferlegt werden können, klären zu lassen (Pressemitteilung, https://www.bundesrat.de/SharedDocs/pm/2000/069-2000.html, abgefragt am 3. 9. 2018; Vorschlag des Vermittlungsausschusses vom 7. 6. 2000 BT-Drucks 14/3527).

Bevor das Gesetz jedoch verabschiedet wurde, hatte bereits der ihm vorhergehende Referentenentwurf (v 31. 5. 1999, BMJ Referat I B 2 3420/12-4) für erhebliche Diskussionen gesorgt. Dieser sah in § 3 Abs 1 vor, dass die auf den Abschluss eines Fernabsatzvertrages gerichtete Willenserklärung eines Verbrauchers bis zum Ablauf der Widerrufsfrist schwebend unwirksam sein sollte, sodass der Verbraucher einen Erfüllungsanspruch erst nach Ablauf der Frist gehabt hätte. Diese dogmatische Konstruktion rief in der Literatur scharfe Kritik hervor. Dem Referentenentwurf wurde eine nicht richtlinienkonforme Umsetzung vorgeworfen, da das in der **FernAbsRL** vorgesehene Prüfungsrecht des Verbrauchers einen Erfüllungsanspruch voraussetze (so die Kritik von Artz VuR 1999, 393, 394; Bülow ZIP 1999, 1293, 1294; Härting CR 1999, 505, 506; Micklitz/Reich BB 1999, 2093, 2094; Waldenberger K&R 1999, 345, 347). Die Kritik wurde im „Regierungsentwurf eines Gesetzes über Fernabsatzverträge" (BT-Drucks 14/2658) aufgenommen und § 3 RegE legte nunmehr fest, dass im **Fernabsatzgeschäft** abgegebene Willenserklärungen bis zu ihrem Widerruf voll wirksam sein sollten. Im weiteren Gesetzgebungsverfahren kam es dann noch zu einigen kleineren Änderungen, bevor mit dem Gesetz über Fernabsatzverträge die Fernabsatzrichtlinie umgesetzt wurde. Dies geschah durch ein Artikelgesetz, das neben dem Fernabsatzgesetz auch das BGB, EGBGB, AGBG und andere verbraucherschützende Vorschriften änderte. Auch wenn der Gesetzgeber entgegen einigen in der Literatur geäußerten Hoffnungen die Chance verstreichen ließ, die Umsetzung der Richtlinie zur Schaffung eines umfassenden Vertriebsgesetzes oder sogar eines einheitlichen Verbraucherschutzgesetzes zu nutzen (vgl Reich EuZW 1997, 581, 589), so bot das „Gesetz über Fernabsatzverträge und andere Fragen des Verbraucherschutzrechts sowie zur Umstellung von Vorschriften auf Euro" dennoch einige wegweisende Neuerungen. Der Gesetzgeber erließ erstmals nicht nur ein neues Spezialgesetz auf dem Gebiet des Verbraucherschutzes, sondern nutzte die Gelegenheit, um allgemeine Regelungen zum Verbraucher- und Unternehmerbegriff (§§ 13, 14 BGB) und zum **Widerrufsrecht** (§ 361a und b aF, bis 31. 12. 2001) in das BGB zu integrieren (vgl zum Fernabsatzgesetz auch Bülow/Artz NJW 2000, 2049; Flume ZIP 2000, 1427; Fuchs ZIP 2000, 1273; Gaertner/Gierschmann DB 2000, 1601; Härting CR 1999, 507; Härting/Schirmbacher MDR 2000, 917; Hensen ZIP 2000, 1151; Piepenbrock/Schmitz K&R 2000, 378; Riehm JURA 2000, 505; Roth JZ 2000, 1013; Schmidt-Räntsch VuR 2000, 427; Tonner BB 2000, 1413). 26

Das am 1. 1. 2002 in Kraft getretene **Schuldrechtmodernisierungsgesetz** (BGBl 2001 I 3138) integrierte zahlreiche Verbraucherschutzvorschriften – so auch die des Fernabsatzgesetzes – in das BGB. Obgleich von großer Auswirkung auf die Systematik, war eine entscheidende inhaltliche Änderung der Vorschriften hiermit nicht verbunden. Der Inhalt des FernAbsG wurde im Wesentlichen übernommen. Nur die in § 2 Abs 2 und 3 Fernabsatzgesetz geregelten Informationspflichten des Unternehmers wurden aus dem BGB ausgelagert und finden sich nunmehr in der „Verordnung über Informationspflichten nach Bürgerlichem Recht (BGB-InfoV)" wieder. Die durch die FernAbsRL vorgegebene Grundstruktur bleibt jedoch die gleiche – auch nach der Schuldrechtsmodernisierung besteht eine umfangreiche Informationspflicht des Unternehmers sowie ein Widerrufs- und Rückgaberecht des Verbrauchers (vgl zum Fernabsatz im SMG Härting MDR 2002, 61; Hassemer MMR 2001, 635; Horn MMR 2002, 209). 27

§ 312d Abs 2 aF (bis 31. 7. 2002) wurde durch das **OLG-Vertretungsänderungsgesetz** (OLGVertrÄndG) geändert, § 312d Abs 5 aF (bis 7. 12. 2004) neu eingefügt. Durch 28 das OLGVertrÄndG wurden auch § 355 Abs 2 und 3 aF, auf die § 312d Abs 1 S 1 aF (bis 7. 12. 2004) verwies, neu gefasst. Die Vorschrift war in ihrer ursprünglichen Form nach Auffassung des EuGH (EuGH – *Heininger* – Slg 2001, I-9945 = NJW 2002, 281) gemeinschaftsrechtswidrig, sodass eine Änderung erforderlich wurde.

29 Um den Zusammenhang der Regelung der Vertragsschlüsse im Direktvertrieb zu sichern, ist der deutsche Gesetzgeber der Empfehlung des Schrifttums (vgl Härting/Schirmbacher CR 2002, 809, 817) gefolgt, die **FernAbsFinanzDLRL 2002/65/EG** vom 23. 9. 2002 in die §§ 312b ff aF umzusetzen, da insbesondere die Vorschriften über Fernabsatzverträge und des Widerrufs bereits weitgehend den Vorgaben der Richtlinie entsprachen (BT-Drucks 15/2946, 15). Die Bundesregierung hatte am 28. 1. 2004 einen **Entwurf eines Gesetzes zur Änderung der Vorschriften über Fernabsatzverträge bei Finanzdienstleistungen** vorgelegt, der mit nicht unerheblichen Modifikationen **zum 8. 12. 2004 in Kraft** getreten ist (BGBl 2004 I 3102). Die Umsetzung hatte nach Art 21 der Richtlinie bis zum 9. 10. 2004 zu erfolgen. Die Richtlinie weist in der Reihe der Verbraucherschutzrichtlinien, die zumeist einen Mindeststandard setzen, die Besonderheit einer beabsichtigten Maximal- bzw Vollharmonisierung auf (Knöfel ZGS 2004, 182), es sei denn, die Richtlinie lässt selbst ausdrücklich eine Abweichung zu (Erwägungsgrund 13). Eine solche ausdrückliche Abweichung ist dagegen etwa in Art 4 Abs 1 und 2 der Richtlinie hinsichtlich der Anforderungen an die Verbraucherinformationen vorgesehen. Die Gesetzgeber der Mitgliedstaaten dürfen insoweit bis zu einer weiteren Harmonisierung strengere gemeinschaftsrechtskonforme Vorschriften aufrechterhalten oder erlassen. Der deutsche Gesetzgeber schuf vor allem Änderungen der Vorschriften über Fernabsatzverträge (§§ 312b aF [8. 12. 2004 bis 23. 2. 2011], 312c aF [8. 12. 2004 bis 11. 6. 2010], 312d aF [8. 12. 2004 bis 4. 8. 2009]), der Widerrufsvorschriften (§ 355 Abs 3 aF, 357 Abs 1 S 2 aF [jeweils 8. 12. 2004 bis 11. 6. 2010]), des § 1 InfoV, § 14 UklG und der §§ 48a ff VVG. Auf diese Weise sollten die Besonderheiten des Finanzdienstleistungsvertriebs in die deutschen Verbraucherschutzvorschriften eingearbeitet werden. Angesichts des Vollharmonisierungscharakters der Richtlinie hielt die Bundesregierung die Beibehaltung der geltenden Regelung des Widerrufsrechts für nicht richtlinienkonform (so die zuständige Referatsleiterin des Bundesjustizministeriums Knöfel ZGS 2004, 182, 186). Die qualifizierten Voraussetzungen des Widerrufsrechts der Richtlinie wurden in die Regelung des Widerrufsrechts bei Fernabsatzverträgen in § 312d aF (bis 3. 8. 2009) aufgenommen. Das Formular über die Widerrufsbelehrung erhielt einen entsprechenden Hinweis. Bei den Widerrufsfolgen griffen die Umsetzungsvorschriften auf die Bestimmungen des § 357 BGB und der §§ 346 ff aF (bis 31. 7. 2002) zurück. Nach Art 7 der Richtlinie hat der Verbraucher nach erfolgtem Widerruf den anteiligen Preis zu zahlen, vorausgesetzt, er ist vorher darauf hingewiesen worden, und er hat dem Leistungsbeginn durch den Unternehmer zugestimmt. Diese materiell-rechtliche Rechtsfolge ergab sich bereits aus § 346 Abs 2 Nr 1 aF (bis 31. 7. 2002).

30 Seit 2009 wurde die Vorschrift in kurzen Abständen immer wieder geändert: Mit dem Gesetz zur Bekämpfung unerlaubter Telefonwerbung und zur Verbesserung des Verbraucherschutzes bei besonderen Vertriebsformen, in Kraft getreten am 4. 8. 2009 (BGBl I 2413) wurde neben redaktionellen Änderungen die Differenzierung zwischen Dienstleistungen und Finanzdienstleitungen in Abs 3 aufgegeben und die Ausnahmen aus Abs 4 Nr 3 und 4 beschränkt, sowie eine neue Ausnahme in Nr 7 angefügt. Mit der Ausweitung des Widerrufsrechts auf Zeitungen, Zeitschriften und Illustrierte

(Nr 3) sowie Wett- und Lotterie-Dienstleistungen (Nr 4) ergänzt der Gesetzgeber laut Gesetzesbegründung das vielfach wirkungslos gebliebene Verbot unlauterer Telefonwerbung (RegE BT-Drucks 16/10734, 7).

Das am selben Tag mit Wirkung zum 11. 6. 2010 ergangene Gesetz zur Umsetzung der Verbraucherkreditrichtlinie, des zivilrechtlichen Teils der ZahlungsdiensteRichtlinie sowie zur Neuordnung der Vorschriften über das Widerrufs- und Rückgaberecht (BGBl I 2355) änderte Abs 2, überwiegend auf Grund der zugleich ergangenen Überführung der Informationspflichten aus § 312c aF (bis 10. 6. 2010) und § 1 BGB-InfoV in Art 246 §§ 1 und 2 EGBGB aF (bis 3. 8. 2011). Zugleich wurde Abs 5 geändert. **31**

Eine weitere Änderung erfolgt durch das Gesetz zur Anpassung der Vorschriften über den Wertersatz bei Widerruf von Fernabsatzverträgen und über verbundene Verträge (FernAbsÄndG) vom 27. 7. 2011. Danach fiel Abs 6 weg, dessen Regelung zum Wertersatz in den im gleichen Zuge aufgenommen § 312e aF (bis 12. 6. 2014) aufgenommen wurde. Die Anwendbarkeit des neuen Wertersatzes auf Ratenlieferungsverträge wurde in Abs 5 angefügt. **32**

3. Vereinheitlichung der Vorschriften

Eines der Hauptziele des Gesetzgebers bereits bei Erlass des Schuldrechtsmodernisierungsgesetzes (SMG) war es, das Schuldrecht zu vereinheitlichen und die gesamte Schuldrechtsordnung übersichtlicher zu gestalten (BT-Drucks 14/6040, 79 u 170). Aus diesen Gründen wurden verbraucherschützende Regelungen, die bisher in Nebengesetzen wie dem FernAbsG, dem VerbrKrG, dem TzWrG, dem HWiG oder dem AGBG zu finden waren, in das BGB integriert. Der Gesetzgeber hatte jedoch nicht von Beginn an geplant, die unterschiedlichen Vertriebsformen Haustürgeschäft, Fernabsatzgeschäft und elektronischer Geschäftsverkehr in einem systematischen Zusammenhang im allgemeinen Teil des Schuldrechts zusammenzufassen. Im Diskussionsentwurf des SMG (SMG-DE), der vom BMJ am 4. 8. 2000 vorgelegt wurde und die heiße Phase der Schuldrechtsmodernisierung einläutete, waren die Vorschriften über Fernabsatz und Haustürgeschäfte noch in den §§ 477–482 SMG-DE geregelt und sollten einen neuen Titel im besonderen Teil des Schuldrechts bilden. Die Umsetzung von Art 10 und 11 E-Commerce-Richtlinie dagegen sollte getrennt davon durch die Neufassung des § 305b SMG-DE im allgemeinen Teil des Schuldrechts erfolgen. Diese Lösung stieß auf berechtigte Kritik in der Literatur. So wurde dem Gesetzgeber vorgeworfen, dass die von ihm gewählte Lösung zu unnötigen Verwirrungen führen würde, die hätten vermieden werden können, indem man die Vorschriften über die verschiedenen Formen des Vertriebes vereinheitlicht hätte (so Micklitz EuZW 2001, 133, 143). Diese Lösung wäre auch insoweit naheliegend gewesen, als sie den Überlegungen auf europäischer Ebene entsprochen hätte. Die Kommission hatte vom Europaparlament aufgrund der bei Haustür- und Fernabsatzgeschäften variierenden Anforderungen an die Ausgestaltung der Informationspflichten und des Widerrufsrechts den Auftrag erhalten, Vorschläge für eine Angleichung der Richtlinien 85/577/EWG und 97/7/EG zu schaffen. **33**

Der Gesetzgeber nahm sich die Kritik zu Herzen und fasste in einer konsolidierten Fassung des Diskussionsentwurfs (SMG-KE) die Vorschriften über Haustür- und **34**

Fernabsatzgeschäfte sowie den elektronischen Geschäftsverkehr in einem einheitlichen Titel über „Pflichten beim Direktvertrieb von Waren und Dienstleistungen" zusammen und verlegte diesen Titel in den allgemeinen Teil des Schuldrechts (§§ 311d ff SMG-KE). Von diesem Konzept ist jedoch im Regierungsentwurf wieder abgewichen worden. Der Gesetzgeber erkannte zwar den „Gewinn an Systematisierung und Transparenz" (BT-Drucks 14/6040, 167), den eine **Vereinheitlichung** der Vorschriften über die verschiedenen Vertriebsformen mit sich bringen würde. Er sah sich aber aufgrund der differierenden Anwendungsbereiche der europäischen Vorgaben im Anbetracht der drängenden Zeit nicht dazu in der Lage, eine überobligatorische Umsetzung der Richtlinien darzustellen (BT-Drucks 14/6040, 167). Deshalb entschied er sich mit der weiteren Annäherung und Vereinheitlichung der Vorschriften in einem gemeinsamen Untertitel im Vergleich zu der konsolidierten Fassung des Diskussionsentwurfs für die kleine Lösung.

35 Mit Wirkung zum 13. 6. 2014 wurde die Fernabsatzrichtlinie und die Haustürgeschäfterichtlinie schließlich durch die Richtlinie 2011/83/EU vom 25. 10. 2011 über die Rechte der Verbraucher aufgehoben (vgl zur Entstehungsgeschichte Vorbem 9 ff zu §§ 312, 312a). Aufgrund dessen wurden die Rechte und Pflichten bei außerhalb von Geschäftsräumen geschlossenen Verträgen und Fernabsatzverträgen weitgehend angeglichen (vgl Erman/Koch Vor § 312 Rn 16). Dies betrifft insbesondere die Regelungen über Informationspflichten in §§ 312d, 312e und 312f BGB sowie das Widerrufsrecht des § 312g BGB.

III. Verhältnis der Absatzformen untereinander

36 Die Abgrenzung zwischen Fernabsatzverträgen und außerhalb von Geschäftsräumen geschlossenen Verträgen erscheint zunächst vergleichsweise leicht: Fernabsatzgeschäfte werden unter ausschließlicher Verwendung von Fernkommunikationsmitteln geschlossen und ein direkter Kontakt zwischen Unternehmer und Verbraucher findet nicht statt. Außerhalb von Geschäftsräumen geschlossene Geschäfte sind demgegenüber durch den persönlichen Kontakt zwischen Unternehmer und Verbraucher gekennzeichnet. Denkbar sind solche Überschneidungen aber insbesondere dann, wenn man im Rahmen von § 312c BGB das Fehlen der gleichzeitigen körperlichen Anwesenheit für nicht erforderlich hält (vgl dazu Kommentierung § 312c Rn 1). Brinkmann und Ludwigkeit sehen diese Möglichkeit auch in Situationen des § 312b Abs 1 S 1 Nr 3 BGB, wonach es sich auch dann um einen Außergeschäftsraumvertrag handeln soll, wenn einem Vertragsschluss durch Fernkommunikationsmittel unmittelbar eine persönliche und individuelle Ansprache des Verbrauchers bei gleichzeitiger körperlicher Anwesenheit vorausgegangen ist, wobei diese Ansprache gem S 2 anstelle des Unternehmers auch durch dessen Vertreter oder in seinem Auftrag erfolgen kann (Brinkmann/Ludwigkeit NJW 2014, 3270, 3274 f). Sollte in Einzelfällen tatsächlich eine Überschneidung der Anwendungsbereiche von Fernabsatzverträgen und außerhalb von Geschäftsräumen geschlossenen Verträgen vorliegen, so entspricht es dem Schutzzweck des VerbrRRL, bei je nach Absatzform unterschiedlichen Pflichten von dem Unternehmer zu verlangen, dass er die jeweils strengere Pflicht erfüllt (Brinkmann/Ludwigkeit NJW 2014, 3270, 3274; MünchKommBGB/Wendehorst § 312b Rn 56).

IV. Richtlinie 2002/65/EG

Richtlinie 2002/65/EG des Europäischen Parlaments und des Rates vom 23. September 2002 über den Fernabsatz von Finanzdienstleistungen an Verbraucher und zur Änderung der Richtlinie 90/619/EWG des Rates und der Richtlinien 97/7/EG und 98/27/EG **37**

Das Europäische Parlament und der Rat der Europäischen Union (…) haben folgende Richtlinie erlassen:

Artikel 1 Gegenstand und Anwendungsbereich

(1) Gegenstand dieser Richtlinie ist die Angleichung der Rechts- und Verwaltungsvorschriften der Mitgliedstaaten über den Fernabsatz von Finanzdienstleistungen an Verbraucher.

(2) Bei Verträgen über Finanzdienstleistungen, die eine erstmalige Dienstleistungsvereinbarung mit daran anschließenden aufeinander folgenden Vorgängen oder einer daran anschließenden Reihe von Vorgängen der gleichen Art umfassen, die in einem zeitlichen Zusammenhang stehen, gelten die Bestimmungen dieser Richtlinie nur für die erste Vereinbarung.

Falls es keine erstmalige Dienstleistungsvereinbarung gibt, aber die aufeinander folgenden oder getrennten Vorgänge der gleichen Art, die in einem zeitlichen Zusammenhang stehen, zwischen den gleichen Vertragsparteien abgewickelt werden, gelten die Artikel 3 und 4 nur für den ersten Vorgang. Findet jedoch länger als ein Jahr kein Vorgang der gleichen Art mehr statt, so gilt der nächste Vorgang als der erste einer neuen Reihe von Vorgängen, so dass die Artikel 3 und 4 Anwendung finden.

Artikel 2 Begriffsbestimmungen

Im Sinne dieser Richtlinie bezeichnet der Ausdruck

a) „Fernabsatzvertrag" jeden zwischen einem Anbieter und einem Verbraucher geschlossenen, Finanzdienstleistungen betreffenden Vertrag, der im Rahmen eines für den Fernabsatz organisierten Vertriebs- bzw Dienstleistungssystems des Anbieters geschlossen wird, wobei dieser für den Vertrag bis zu und einschließlich dessen Abschlusses ausschließlich ein oder mehrere Fernkommunikationsmittel verwendet;

b) „Finanzdienstleistung" jede Bankdienstleistung sowie jede Dienstleistung im Zusammenhang mit einer Kreditgewährung, Versicherung, Altersversorgung von Einzelpersonen, Geldanlage oder Zahlung;

c) „Anbieter" jede natürliche oder juristische Person des öffentlichen oder privaten Rechts, die im Rahmen ihrer gewerblichen oder beruflichen Tätigkeit Dienstleistungen aufgrund von Fernabsatzverträgen erbringt;

d) „Verbraucher" jede natürliche Person, die bei Fernabsatzverträgen zu Zwecken handelt, die nicht ihrer gewerblichen oder beruflichen Tätigkeit zugerechnet werden können;

e) „Fernkommunikationsmittel" jedes Kommunikationsmittel, das ohne gleichzeitige körperliche Anwesenheit des Anbieters und des Verbrauchers für den Fernabsatz einer Dienstleistung zwischen diesen Parteien eingesetzt werden kann;

f) „dauerhafter Datenträger" jedes Medium, das es dem Verbraucher gestattet, an ihn persönlich gerichtete Informationen derart zu speichern, dass er sie in der Folge für eine für die Zwecke der Informationen angemessene Dauer einsehen kann, und das die unveränderte Wiedergabe der gespeicherten Informationen ermöglicht;

g) „Betreiber oder Anbieter eines Fernkommunikationsmittels" jede natürliche oder juristische Person des öffentlichen oder privaten Rechts, deren gewerbliche oder berufliche Tätigkeit darin besteht, den Anbietern eine oder mehrere Fernkommunikationsmittel zur Verfügung zu stellen.

Artikel 3 Unterrichtung des Verbrauchers vor Abschluss des Fernabsatzvertrags

(1) Rechtzeitig bevor der Verbraucher durch einen Fernabsatzvertrag oder durch ein Angebot gebunden ist, sind ihm folgende Informationen zur Verfügung zu stellen:

1. betreffend den Anbieter

a) die Identität und Hauptgeschäftstätigkeit des Anbieters, die Anschrift seiner Niederlassung und jede andere Anschrift, die für die Geschäftsbeziehung zwischen dem Verbraucher und dem Anbieter maßgeblich ist;

b) die Identität des Vertreters des Anbieters in dem Mitgliedstaat, in dem der Verbraucher seinen Wohnsitz hat, und die Anschrift, die für die Geschäftsbeziehung zwischen dem Verbraucher und dem Vertreter maßgeblich ist, wenn es einen Vertreter gibt;

c) wenn der Verbraucher mit einer anderen gewerblich tätigen Person als dem Anbieter geschäftlich zu tun hat, die Identität dieser Person, die Eigenschaft, in der sie gegenüber dem Verbraucher tätig wird, und die Anschrift, die für die Geschäftsbeziehung zwischen dem Verbraucher und dieser Person maßgeblich ist;

d) wenn der Anbieter in ein Handelsregister oder ein vergleichbares öffentliches Register eingetragen ist, das Handelsregister, in das er eingetragen ist, und seine Handelsregisternummer oder eine gleichwertige in diesem Register verwendete Kennung;

e) soweit für die Tätigkeit des Anbieters eine Zulassung erforderlich ist, die Angaben zur zuständigen Aufsichtsbehörde;

2. betreffend die Finanzdienstleistung

a) eine Beschreibung der wesentlichen Merkmale der Finanzdienstleistung;

b) den Gesamtpreis, den der Verbraucher dem Anbieter für die Finanzdienstleistung schuldet, einschließlich aller damit verbundenen Provisionen, Gebühren und Abgaben sowie aller über den Anbieter abgeführten Steuern, oder, wenn kein genauer Preis angegeben werden kann, die Grundlage für seine Berechnung, die dem Verbraucher eine Überprüfung des Preises ermöglicht;

c) gegebenenfalls einen Hinweis darauf, dass sich die Finanzdienstleistung auf Finanzinstrumente bezieht, die wegen ihrer spezifischen Merkmale oder der durchzuführenden Vorgänge mit speziellen Risiken behaftet sind oder deren Preis Schwankungen auf dem Finanzmarkt unterliegt, auf die der

Anbieter keinen Einfluss hat, und einen Hinweis darauf, dass in der Vergangenheit erwirtschaftete Erträge kein Indikator für künftige Erträge sind;

d) einen Hinweis auf mögliche weitere Steuern und/oder Kosten, die nicht über den Anbieter abgeführt oder von ihm in Rechnung gestellt werden;

e) Angaben zu einer etwaigen Beschränkung des Zeitraums, während dessen die zur Verfügung gestellten Informationen gültig sind;

f) Einzelheiten hinsichtlich der Zahlung und der Erfüllung;

g) alle spezifischen zusätzlichen Kosten, die der Verbraucher für die Benutzung des Fernkommunikationsmittels zu tragen hat, wenn solche zusätzlichen Kosten in Rechnung gestellt werden;

3. betreffend den Fernabsatzvertrag

a) Bestehen oder Nichtbestehen eines Widerrufsrechts gemäß Artikel 6 sowie für den Fall, dass ein solches Recht besteht, die Widerrufsfrist und Modalitäten für dessen Ausübung, einschließlich des Betrags, den der Verbraucher gegebenenfalls gemäß Artikel 7 Absatz 1 zu entrichten hat, sowie die Folgen der Nichtausübung dieses Rechts;

b) die Mindestlaufzeit des Fernabsatzvertrags, wenn dieser die Erbringung einer dauernden oder regelmäßig wiederkehrenden Finanzdienstleistung zum Inhalt hat;

c) Angaben zum Recht der Parteien, den Fernabsatzvertrag vorzeitig oder einseitig aufgrund der Vertragsbedingungen zu kündigen, einschließlich aller Vertragsstrafen, die in einem solchen Fall auferlegt werden;

d) praktische Hinweise zur Ausübung des Widerrufsrechts, darunter Angabe der Anschrift, an die die Mitteilung über den Widerruf zu senden ist;

e) den oder die Mitgliedstaaten, dessen bzw deren Recht der Anbieter der Aufnahme von Beziehungen zum Verbraucher vor Abschluss des Fernabsatzvertrags zugrunde legt;

f) Vertragsklausel über das auf den Fernabsatzvertrag anwendbare Recht und/oder über das zuständige Gericht;

g) Angaben darüber, in welcher Sprache oder in welchen Sprachen die Vertragsbedingungen und die in diesem Artikel genannten Vorabinformationen mitgeteilt werden, sowie darüber, in welcher Sprache oder in welchen Sprachen sich der Anbieter verpflichtet, mit Zustimmung des Verbrauchers die Kommunikation während der Laufzeit dieses Vertrags zu führen;

4. betreffend den Rechtsbehelf

a) Angaben darüber, ob der Verbraucher, der Vertragspartei ist, Zugang zu einem außergerichtlichen Beschwerde- und Rechtsbehelfsverfahren hat, und gegebenenfalls die Voraussetzungen für diesen Zugang;

b) Angaben über das Bestehen eines Garantiefonds oder anderer Entschädigungsregelungen, die nicht unter die Richtlinie 94/19/EG des Europäischen Parlaments und des Rates vom 30. Mai 1994 über Einlagensicherungssysteme(9) und die Richtlinie 97/9/EG des Europäischen Parlaments und des Rates vom 3. März 1997 über Systeme für die Entschädigung der Anleger(10) fallen.

(2) Die in Absatz 1 genannten Informationen, deren geschäftlicher Zweck unmissverständlich zu erkennen sein muss, sind auf klare und verständliche Weise in einer dem benutzten Fernkommunikationsmittel angepassten Weise zu erteilen; dabei ist insbesondere der Grundsatz von Treu und Glauben im Geschäftsverkehr sowie der Grundsatz des Schutzes der Personen, die nach dem Recht der Mitgliedstaaten nicht geschäftsfähig sind, wie zum Beispiel Minderjährige, zu wahren.

(3) Bei fernmündlicher Kommunikation

a) wird die Identität des Anbieters und der geschäftliche Zweck des vom Anbieter initiierten Anrufs zu Beginn eines jeden Gesprächs mit dem Verbraucher offen gelegt;

b) brauchen – vorbehaltlich der ausdrücklichen Zustimmung des Verbrauchers – nur folgende Informationen übermittelt zu werden:

- Identität der Kontaktperson des Verbrauchers und deren Verbindung zum Anbieter;

- Beschreibung der Hauptmerkmale der Finanzdienstleistung;

- Gesamtpreis, den der Verbraucher dem Anbieter für die Finanzdienstleistung schuldet, einschließlich aller über den Anbieter abgeführten Steuern, oder, wenn kein genauer Preis angegeben werden kann, die Grundlage für die Berechnung des Preises, die dem Verbraucher eine Überprüfung des Preises ermöglicht;

- Hinweis auf mögliche weitere Steuern und/oder Kosten, die nicht über den Anbieter abgeführt oder von ihm in Rechnung gestellt werden;

- Bestehen oder Nichtbestehen eines Widerrufsrechts gemäß Artikel 6 sowie für den Fall, dass ein Widerrufsrecht besteht, die Widerrufsfrist und Modalitäten für dessen Ausübung, einschließlich des Betrags, den der Verbraucher gegebenenfalls gemäß Artikel 7 Absatz 1 zu entrichten hat.

Der Anbieter informiert den Verbraucher darüber, dass auf Wunsch weitere Informationen übermittelt werden können, und welcher Art diese Informationen sind. Der Anbieter erteilt auf jeden Fall sämtliche Informationen, wenn er seinen Verpflichtungen nach Artikel 5 nachkommt.

(4) Informationen über vertragliche Verpflichtungen, die dem Verbraucher im Vorfeld des Vertragsabschlusses mitzuteilen sind, müssen im Einklang mit den vertraglichen Verpflichtungen stehen, die sich aufgrund des Rechts ergeben würden, dessen Anwendbarkeit auf den Fernabsatzvertrag im Falle seines Abschlusses angenommen wird.

Artikel 4 Zusätzliche Auskunftspflichten

(1) Enthalten die gemeinschaftlichen Rechtsvorschriften über Finanzdienstleistungen Bestimmungen mit zusätzlichen Anforderungen an eine vorherige Auskunftserteilung, die über die in Artikel 3 Absatz 1 genannten hinausgehen, so gelten diese Anforderungen weiterhin.

(2) Bis zu einer weiteren Harmonisierung können die Mitgliedstaaten strengere Bestimmungen über die Anforderungen an eine vorherige Auskunftserteilung aufrechterhalten oder erlassen, wenn diese Bestimmungen mit dem Gemeinschaftsrecht im Einklang stehen.

(3) Die Mitgliedstaaten teilen der Kommission die einzelstaatlichen Bestimmungen über die Anforderungen an eine vorherige Auskunftserteilung im Sinne der Absätze 1 und 2 mit, wenn es sich dabei um Anforderungen handelt, die zu den in Artikel 3 Absatz 1 genannten hinzukommen. Die Kommission berücksichtigt die mitgeteilten einzelstaatlichen Bestimmungen bei der Erstellung des Berichts gemäß Artikel 20 Absatz 2.

(4) Um durch alle geeigneten Mittel ein hohes Maß an Transparenz zu schaffen, trägt die Kommission dafür Sorge, dass die ihr mitgeteilten einzelstaatlichen Bestimmungen auch Verbrauchern und Anbietern zur Verfügung stehen.

Artikel 5 Übermittlung der Vertragsbedingungen und Vorabinformationen

(1) Rechtzeitig bevor der Verbraucher durch einen Fernabsatzvertrag oder durch ein Angebot gebunden ist, übermittelt der Anbieter dem Verbraucher alle Vertragsbedingungen sowie die in Artikel 3 Absatz 1 und Artikel 4 genannten Informationen in Papierform oder auf einem anderen dauerhaften Datenträger, der dem Verbraucher zur Verfügung steht und zu dem er Zugang hat.

(2) Der Anbieter kommt der Verpflichtung gemäß Absatz 1 unverzüglich nach Abschluss des Fernabsatzvertrags nach, wenn der Vertrag auf Ersuchen des Verbrauchers mittels eines Fernkommunikationsmittels geschlossen wurde, das die Vorlage der Vertragsbedingungen sowie der entsprechenden Informationen gemäß Absatz 1 nicht gestattet.

(3) Zu jedem Zeitpunkt des Vertragsverhältnisses kann der Verbraucher die Vorlage der Vertragsbedingungen in Papierform verlangen. Außerdem ist der Verbraucher berechtigt, ein anderes Fernkommunikationsmittel zu verwenden, es sei denn, dass dies mit dem geschlossenen Fernabsatzvertrag oder der Art der erbrachten Finanzdienstleistung unvereinbar ist.

Artikel 6 Widerrufsrecht

(1) Die Mitgliedstaaten tragen dafür Sorge, dass der Verbraucher innerhalb einer Frist von 14 Kalendertagen den Vertrag widerrufen kann, ohne Gründe nennen oder eine Vertragsstrafe zahlen zu müssen. Bei Fernabsatzverträgen über Lebensversicherungen, die unter die Richtlinie 90/619/EWG fallen, und bei Fernabsatzverträgen über die Altersversorgung von Einzelpersonen wird diese Frist jedoch auf 30 Kalendertage verlängert.

Die Widerrufsfrist beginnt zu laufen:

- am Tag des Abschlusses des Fernabsatzvertrags, außer bei den genannten Lebensversicherungen; bei diesen beginnt die Frist mit dem Zeitpunkt, zu dem der Verbraucher über den Abschluss des Fernabsatzvertrags informiert wird;
- oder an dem Tag, an dem der Verbraucher die Vertragsbedingungen und Informationen gemäß Artikel 5 Absatz 1 oder 2 erhält, wenn dieser Zeitpunkt später als der im ersten Gedankenstrich genannte liegt.

Die Mitgliedstaaten können zusätzlich zum Widerrufsrecht vorsehen, dass die Wirksamkeit von Fernabsatzverträgen über Geldanlagedienstleistungen für die Dauer der in diesem Absatz vorgesehenen Frist ausgesetzt wird.

(2) Das Widerrufsrecht ist ausgeschlossen bei

a) Finanzdienstleistungen, deren Preis auf dem Finanzmarkt Schwankungen unterliegt, auf die der Anbieter keinen Einfluss hat und die innerhalb der Widerrufsfrist auftreten können, wie zB Dienstleistungen im Zusammenhang mit

- Devisen,
- Geldmarktinstrumenten,
- handelbaren Wertpapieren,
- Anteilen an Anlagegesellschaften,
- Finanztermingeschäften (Futures) einschließlich gleichwertiger Instrumente mit Barzahlung,
- Zinstermingeschäften (FRA),
- Zins- und Devisenswaps sowie Swaps auf Aktien- oder Aktienindexbasis („equity swaps"),
- Kauf- oder Verkaufsoptionen auf alle in diesem Buchstaben genannten Instrumente einschließlich gleichwertiger Instrumente mit Barzahlung. Zu dieser Kategorie gehören insbesondere die Devisen- und die Zinsoptionen;

b) Reise- und Gepäckversicherungspolicen oder bei ähnlichen kurzfristigen Versicherungspolicen mit einer Laufzeit von weniger als einem Monat;

c) Verträgen, die auf ausdrücklichen Wunsch des Verbrauchers von beiden Seiten bereits voll erfüllt sind, bevor der Verbraucher sein Widerrufsrecht ausübt.

(3) Die Mitgliedstaaten können bestimmen, dass das Widerrufsrecht in folgenden Fällen ausgeschlossen ist:

a) bei einem Kredit, der überwiegend für den Erwerb oder die Erhaltung von Eigentumsrechten an einem Grundstück oder einem bestehenden oder geplanten Gebäude oder zur Renovierung oder Aufwertung eines Gebäudes bestimmt ist; oder

b) bei einem Kredit, der entweder durch eine Hypothek auf einen unbeweglichen Vermögensgegenstand oder durch ein Recht an einem unbeweglichen Vermögensgegenstand gesichert ist; oder

c) bei Erklärungen von Verbrauchern, die unter Mitwirkung eines Amtsträgers abgegeben werden, unter der Voraussetzung, dass der Amtsträger bestätigt, dass die Rechte des Verbrauchers gemäß Artikel 5 Absatz 1 gewahrt wurden.

Das Recht auf eine Bedenkzeit zugunsten der Verbraucher mit Wohnsitz in einem Mitgliedstaat, in dem ein solches Recht zum Zeitpunkt der Annahme dieser Richtlinie besteht, bleibt von diesem Absatz unberührt.

(4) Die Mitgliedstaaten, die von der in Absatz 3 vorgesehenen Möglichkeit Gebrauch machen, teilen dies der Kommission mit.

(5) Die Kommission leitet die von den Mitgliedstaaten übermittelten Informationen an das Europäische Parlament und den Rat weiter und stellt sicher, dass diese auf Wunsch auch den Verbrauchern und Anbietern zur Verfügung stehen.

(6) Übt der Verbraucher sein Widerrufsrecht aus, so teilt er dies vor Fristablauf unter Beachtung der ihm gemäß Artikel 3 Absatz 1 Nummer 3 Buchstabe d) gegebenen praktischen Hinweise in einer Weise mit, die einen Nachweis entsprechend den einzelstaatlichen Rechtsvorschriften ermöglicht. Die Frist gilt als gewahrt, wenn die Mitteilung, sofern sie in Papierform oder auf einem anderen dauerhaften dem Empfänger zur Verfügung stehenden und ihm zugänglichen Datenträger erfolgt, vor Fristablauf abgesandt wird.

(7) Dieser Artikel gilt nicht für Kreditverträge, die gemäß Artikel 6 Absatz 4 der Richtlinie 97/7/EG oder Artikel 7 der Richtlinie 94/47/EG des Europäischen Parlaments und des Rates vom 26. Oktober 1994 zum Schutz der Erwerber im Hinblick auf bestimmte Aspekte von Verträgen über den Erwerb von Teilzeitnutzungsrechten an Immobilien(11) widerrufen wurden.

Wurde einem Fernabsatzvertrag über eine bestimmte Finanzdienstleistung ein anderer Fernabsatzvertrag hinzugefügt, der Dienstleistungen des Anbieters oder eines Dritten auf der Grundlage einer Vereinbarung zwischen dem Dritten und dem Anbieter betrifft, so wird dieser Zusatzvertrag ohne Vertragsstrafe aufgelöst, wenn der Verbraucher sein Widerrufsrecht nach Artikel 6 Absatz 1 ausübt.

(8) Dieser Artikel berührt nicht die Rechts- und Verwaltungsvorschriften der Mitgliedstaaten über die Kündigung, die Auflösung oder die Unwirksamkeit eines Fernabsatzvertrags oder das Recht eines Verbrauchers, seine vertraglichen Verpflichtungen vor der in dem Fernabsatzvertrag festgesetzten Frist zu erfüllen. Dies gilt ungeachtet der Bedingungen für eine Aufhebung des Fernabsatzvertrags und deren rechtlicher Wirkungen.

Artikel 7 Zahlung für eine vor Widerruf des Vertrags erbrachte Dienstleistung

(1) Übt der Verbraucher sein Widerrufsrecht gemäß Artikel 6 Absatz 1 aus, so darf von ihm lediglich die unverzügliche Zahlung für die vom Anbieter gemäß dem Fernabsatzvertrag tatsächlich erbrachte Dienstleistung verlangt werden. Mit der Erfüllung des Vertrags darf erst nach Zustimmung des Verbrauchers begonnen werden. Der zu zahlende Betrag darf

– einen Betrag nicht überschreiten, der dem Anteil der bereits erbrachten Dienstleistungen im Vergleich zum Gesamtumfang der im Fernabsatzvertrag vorgesehenen Dienstleistungen entspricht;

– nicht so bemessen sein, dass er als Vertragsstrafe ausgelegt werden kann.

(2) Die Mitgliedstaaten können bestimmen, dass der Verbraucher keinen Betrag schuldet, wenn er eine Versicherungspolice kündigt.

(3) Der Anbieter darf vom Verbraucher eine Zahlung gemäß Absatz 1 nur verlangen, wenn er nachweisen kann, dass der Verbraucher über den zu zahlenden Betrag gemäß Artikel 3 Absatz 1 Nummer 3 Buchstabe a) ordnungsgemäß unterrichtet worden ist. Er kann eine solche Zahlung jedoch nicht verlangen, wenn er vor Ende der Widerrufsfrist gemäß Artikel 6 Absatz 1 ohne ausdrückliche Zustimmung des Verbrauchers mit der Vertragsausführung begonnen hat.

(4) Der Anbieter erstattet dem Verbraucher unverzüglich und spätestens binnen 30 Kalendertagen jeden Betrag, den er von diesem gemäß dem Fernabsatzvertrag erhalten hat; hiervon ausgenommen ist der in Absatz 1 genannte Betrag. Diese Frist beginnt an dem Tag, an dem der Anbieter die Mitteilung über den Widerruf erhält.

(5) Der Verbraucher gibt unverzüglich und nicht später als binnen 30 Kalendertagen vom Anbieter erhaltene Geldbeträge und/oder Gegenstände an den Anbieter zurück. Diese Frist beginnt an dem Tag, an dem der Verbraucher die Mitteilung über den Widerruf abschickt.

Artikel 8 Zahlung mittels Karte

Die Mitgliedstaaten tragen dafür Sorge, dass geeignete Vorkehrungen bestehen, damit

- der Verbraucher im Falle einer betrügerischen Verwendung seiner Zahlungskarte im Rahmen eines Fernabsatzvertrags die Stornierung einer Zahlung verlangen kann;

- dem Verbraucher im Falle einer solchen betrügerischen Verwendung die Zahlung gutgeschrieben oder erstattet wird.

Artikel 9 Unaufgefordert erbrachte Dienstleistungen

Unbeschadet der Rechtsvorschriften der Mitgliedstaaten über die stillschweigende Verlängerung von Fernabsatzverträgen und soweit danach eine stillschweigende Verlängerung möglich ist, treffen die Mitgliedstaaten die erforderlichen Maßnahmen, um

- die Erbringung von Finanzdienstleistungen an Verbraucher, die diese nicht angefordert haben, zu untersagen, wenn mit dieser Leistungserbringung eine Aufforderung zur sofortigen oder späteren Zahlung verbunden ist;

- bei Erbringung unaufgefordert erbrachter Leistungen die Verbraucher von jeder Verpflichtung zu befreien; dabei darf das Ausbleiben einer Antwort nicht als Einwilligung gelten.

Artikel 10 Unerwünschte Mitteilungen

(1) Die Verwendung folgender Fernkommunikationsmittel durch einen Anbieter bedarf der vorherigen Einwilligung des Verbrauchers:

a) telefonische Kommunikation mit einem Anrufautomaten (Voice-Mail-System);

b) Telefax.

(2) Die Mitgliedstaaten tragen dafür Sorge, dass andere Fernkommunikationsmittel als die in Absatz 1 genannten, die eine individuelle Kommunikation erlauben,

a) ohne die Zustimmung des betreffenden Verbrauchers nicht zulässig sind, oder

b) nur benutzt werden dürfen, wenn der Verbraucher keine deutlichen Einwände dagegen erhebt.

(3) Die Maßnahmen nach den Absätzen 1 und 2 dürfen dem Verbraucher keine Kosten verursachen.

Artikel 11 Sanktionen

Die Mitgliedstaaten sehen angemessene Sanktionen zur Ahndung von Verstößen des Anbieters gegen in Umsetzung dieser Richtlinie erlassene einzelstaatliche Vorschriften vor.

Zu diesem Zweck können sie insbesondere vorsehen, dass der Verbraucher den Vertrag jederzeit kündigen kann, ohne dass ihm daraus Kosten entstehen oder er eine Vertragsstrafe zahlen muss.

Diese Sanktionen müssen wirksam, verhältnismäßig und abschreckend sein.

Artikel 12 Unabdingbarkeit der Bestimmungen dieser Richtlinie

(1) Der Verbraucher kann auf die Rechte, die ihm durch diese Richtlinie eingeräumt werden, nicht verzichten.

(2) Die Mitgliedstaaten treffen die erforderlichen Maßnahmen um sicherzustellen, dass der Verbraucher den durch diese Richtlinie gewährten Schutz nicht dadurch verliert, dass das Recht eines Drittstaates als das auf den Vertrag anzuwendende Recht gewählt wird, wenn der Vertrag eine enge Verbindung mit dem Hoheitsgebiet eines oder mehrerer Mitgliedstaaten aufweist.

Artikel 13 Rechtsbehelfe vor Gericht oder bei den Verwaltungsbehörden

(1) Die Mitgliedstaaten sorgen für angemessene und wirksame Mittel, mit denen die Einhaltung dieser Richtlinie im Interesse der Verbraucher sichergestellt wird.

(2) Die in Absatz 1 genannten Mittel schließen Rechtsvorschriften ein, nach denen eine oder mehrere der folgenden nach den innerstaatlichen Rechtsvorschriften bestimmten Einrichtungen gemäß dem jeweiligen innerstaatlichen Recht die Gerichte oder die zuständigen Verwaltungsbehörden anrufen kann bzw können, um die Anwendung der innerstaatlichen Vorschriften zur Umsetzung dieser Richtlinie sicherzustellen:

a) öffentliche Einrichtungen oder ihre Vertreter;

b) Verbraucherverbände, die ein berechtigtes Interesse am Schutz der Verbraucher haben;

c) Berufsverbände, die ein Rechtsschutzinteresse haben.

(3) Die Mitgliedstaaten treffen die erforderlichen Maßnahmen, damit die Betreiber und Anbieter von Fernkommunikationsmitteln, sofern sie hierzu in der Lage sind, Praktiken einstellen, die durch eine ihnen zugestellte Entscheidung eines Gerichts, einer Verwaltungsbehörde oder einer Aufsichtsbehörde für nicht mit dieser Richtlinie vereinbar befunden worden sind.

Artikel 14 Außergerichtliche Rechtsbehelfe

(1) Die Mitgliedstaaten fördern die Einrichtung oder die Weiterentwicklung angemessener und wirksamer außergerichtlicher Beschwerde- und Rechtsbehelfsverfahren für die Beilegung von Verbraucherrechtsstreitigkeiten über Finanzdienstleistungen im Fernabsatz.

(2) Die Mitgliedstaaten halten insbesondere die für die außergerichtliche Beilegung von Rechtsstreitigkeiten zuständigen Einrichtungen dazu an, bei der Beilegung grenzüberschreitender Rechtsstreitigkeiten über Finanzdienstleistungen im Fernabsatz zusammenzuarbeiten.

Artikel 15 Beweislast

Unbeschadet von Artikel 7 Absatz 3 können die Mitgliedstaaten bestimmen, dass die Beweislast für die Erfüllung der Verpflichtungen des Anbieters zur Unterrichtung des Verbrauchers und für die Zustimmung des Verbrauchers zum Abschluss des Vertrags sowie gegebenenfalls zur Durchführung des Vertrags beim Anbieter liegt.

Eine Vertragsbedingung, nach der die Beweislast für die Erfüllung aller oder eines Teils der Verpflichtungen des Anbieters, die diesem aufgrund dieser Richtlinie obliegen, beim Verbraucher liegt, gilt als missbräuchlich im Sinne der Richtlinie 93/13/EWG des Rates vom 5. April 1993 über missbräuchliche Klauseln in Verbraucherverträgen.

Artikel 16 Übergangsmaßnahmen

Die Mitgliedstaaten können auf Anbieter, die in einem Mitgliedstaat niedergelassen sind, der diese Richtlinie noch nicht umgesetzt hat und nach dessen Recht keine den Verpflichtungen dieser Richtlinie entsprechenden Verpflichtungen bestehen, nationale Bestimmungen anwenden, die den Bestimmungen dieser Richtlinie entsprechen.

Artikel 17 Richtlinie 90/619/EWG

Artikel 15 Absatz 1 Unterabsatz 1 der Richtlinie 90/619/EWG erhält folgende Fassung: „(1) Jeder Mitgliedstaat schreibt vor, dass der Versicherungsnehmer eines individuellen Lebensversicherungsvertrags von dem Zeitpunkt an, zu dem er davon in Kenntnis gesetzt wird, dass der Vertrag geschlossen ist, über eine Frist von 30 Kalendertagen verfügt, um von dem Vertrag zurückzutreten."

Artikel 18 Richtlinie 97/7/EG

Die Richtlinie 97/7/EG wird wie folgt geändert:

1. Artikel 3 Absatz 1 erster Gedankenstrich erhält folgende Fassung: „– Finanzdienstleistungen betreffen, die unter die Richtlinie 2002/65/EG des Europäischen Parlaments und des Rates vom 23. September 2002 über den Fernabsatz von Finanzdienstleistungen an Verbraucher und zur Änderung der Richtlinie 90/619/EWG des Rates und der Richtlinien 97/7/EG und 98/27/EG fallen;"

2. Anhang II wird gestrichen.

Artikel 19 Richtlinie 98/27/EG

Im Anhang zur Richtlinie 98/27/EG wird folgende Nummer eingefügt: „11. Richtlinie 2002/65/EG des Europäischen Parlaments und des Rates vom 23. September 2002 über den Fernabsatz von Finanzdienstleistungen an Verbraucher und zur Änderung der Richtlinie 90/619/EWG des Rates und der Richtlinien 97/7/EG und 98/27/EG(14)."

Artikel 20 Überprüfung

(1) Im Anschluss an die Umsetzung dieser Richtlinie prüft die Kommission das Funktionieren des Binnenmarktes für Finanzdienstleistungen, was die Vermarktung dieser Dienstleistungen anbelangt. Sie sollte dabei bestrebt sein, die Schwierigkeiten zu analysieren und im Einzelnen aufzuzeigen, die sich den Verbrauchern und den Anbietern stellen oder stellen können, insbesondere jene, die sich aus den unterschiedlichen einzelstaatlichen Bestimmungen über die Information und das Widerrufsrecht ergeben.

(2) Spätestens am 9. April 2006 unterbreitet die Kommission dem Europäischen Parlament und dem Rat einen Bericht zu den Problemen, die sich Verbrauchern und Anbietern beim Erwerb oder der Vermarktung von Finanzdienstleistungen stellen, sowie gegebenenfalls entsprechende Vorschläge zur Änderung und/oder weiteren Harmonisierung der Bestimmungen über die Information und das Widerrufsrecht in den gemeinschaftlichen Regelungen betreffend Finanzdienstleistungen und/oder der Bestimmungen in Artikel 3.

Artikel 21 Umsetzung

(1) Die Mitgliedstaaten setzen die erforderlichen Rechts- und Verwaltungsvorschriften in Kraft, um dieser Richtlinie spätestens am 9. Oktober 2004 nachzukommen. Sie setzen die Kommission unverzüglich davon in Kenntnis.

Wenn die Mitgliedstaaten diese Vorschriften erlassen, nehmen sie in den Vorschriften selbst oder durch einen Hinweis bei der amtlichen Veröffentlichung auf diese Richtlinie Bezug. Die Mitgliedstaaten regeln die Einzelheiten der Bezugnahme.

(2) Die Mitgliedstaaten teilen der Kommission den Wortlaut der wichtigsten innerstaatlichen Rechtsvorschriften mit, die sie auf dem unter diese Richtlinie fallenden Gebiet erlassen, und übermitteln eine Tabelle der Entsprechungen zwischen den Bestimmungen dieser Richtlinie und den von ihnen erlassenen innerstaatlichen Vorschriften.

Artikel 22 Inkrafttreten

Diese Richtlinie tritt am Tag ihrer Veröffentlichung im Amtsblatt der Europäischen Gemeinschaften in Kraft.

Artikel 23 Adressaten

Diese Richtlinie ist an alle Mitgliedstaaten gerichtet.

§ 312b
Außerhalb von Geschäftsräumen geschlossene Verträge

(1) Außerhalb von Geschäftsräumen geschlossene Verträge sind Verträge,

1. **die bei gleichzeitiger körperlicher Anwesenheit des Verbrauchers und des Unternehmers an einem Ort geschlossen werden, der kein Geschäftsraum des Unternehmers ist,**

2. **für die der Verbraucher unter den in Nummer 1 genannten Umständen ein Angebot abgegeben hat,**

3. **die in den Geschäftsräumen des Unternehmers oder durch Fernkommunikationsmittel geschlossen werden, bei denen der Verbraucher jedoch unmittelbar zuvor außerhalb der Geschäftsräume des Unternehmers bei gleichzeitiger körperlicher Anwesenheit des Verbrauchers und des Unternehmers persönlich und individuell angesprochen wurde, oder**

4. **die auf einem Ausflug geschlossen werden, der von dem Unternehmer oder mit seiner Hilfe organisiert wurde, um beim Verbraucher für den Verkauf von Waren oder die Erbringung von Dienstleistungen zu werben und mit ihm entsprechende Verträge abzuschließen.**

Dem Unternehmer stehen Personen gleich, die in seinem Namen oder Auftrag handeln.

(2) Geschäftsräume im Sinne des Absatzes 1 sind unbewegliche Gewerberäume, in denen der Unternehmer seine Tätigkeit dauerhaft ausübt, und bewegliche Gewerberäume, in denen der Unternehmer seine Tätigkeit für gewöhnlich ausübt. Gewerberäume, in denen die Person, die im Namen oder Auftrag des Unternehmers handelt, ihre Tätigkeit dauerhaft oder für gewöhnlich ausübt, stehen Räumen des Unternehmers gleich.

Materialien: Richtlinie 2011/83/EU des Europäischen Parlaments und des Rates vom 25. 10. 2011 über die Rechte der Verbraucher, zur Abänderung der Richtlinie 93/13/EWG des Rates und der Richtlinie 1999/44/EG des Europäischen Parlaments und des Rates sowie zur Aufhebung der Richtlinie 85/577/EWG des Rates und der Richtlinie 97/7/EG des Europäischen Parlaments und des Rates (ABlEU Nr L 304/64); Gesetzentwurf der Bundesregierung BR-Drucks 817/12; Gesetzentwurf der Bundesregierung BT-Drucks 17/12637; Beschlussempfehlung und Bericht des Rechtsausschusses BT-Drucks 17/13951; Gesetz zur Umsetzung der Verbraucherrechterichtlinie und zur Änderung des Gesetzes zur Regelung der Wohnungsvermittlung vom 20. 9. 2013 (BGBl I Nr 58, 3642).

Systematische Übersicht

Alphabetische Übersicht

I. Regelungsgegenstand

1 Voraussetzung für die Anwendbarkeit der in den §§ 312d–312h BGB enthaltenen Rechte und Pflichten ist, dass es sich entweder um einen außerhalb von Geschäftsräumen geschlossenen Vertrag oder einen Fernabsatzvertrag (siehe dazu Kommentierung § 312c BGB) handelt. Anders als nach altem Recht kommt ein Widerrufsrecht außerhalb von Fernabsatzverträgen nun nicht mehr ausschließlich bei Haustürgeschäften iSv § 312 aF (bis 12. 6. 2014), sondern grundsätzlich bei allen außerhalb von Geschäftsräumen geschlossenen Geschäften in Betracht. Der Anwendungsbereich hat sich somit erweitert (BT-Drucks 17/12637, 49; Erman/Koch § 312b Rn 1; Grüneberg/Grüneberg § 312b Rn 1). Die Norm übernimmt dabei die in Art 2 Nr 8 und 9 VerbrRRL enthaltenen Definitionen.

II. Zweck

2 Das Vertragsrecht des BGB, insbesondere beim Kauf und den sonstigen täglichen Geschäften, geht grundsätzlich davon aus, dass die Parteien nicht unvorbereitet und überrascht in Vertragsverhandlungen eintreten und den Vertragsabschluss herbeiführen. Die Bedürfnis- und Inhaltsüberlegungen hat die Partei getroffen, bevor sie den Unternehmer in seinem Geschäftslokal aufsucht oder nach Ankündigung dessen Besuch erwartet. Der Verbraucher trifft gewollt und vorbereitet auf die andere Partei. Er konnte mit hinreichender Überlegung und Vorbereitung feststellen, ob und zu welchen Bedingungen ein Vertragsschluss interessant ist. Allein aufgrund dieser Vorbereitung kann eine Bindung an den später geäußerten Vertragswunsch als willensgemäß akzeptiert, eine grundsätzliche Bindung an den Vertrag festgelegt werden.

3 Anders als bei Abschluss eines Vertrages im Geschäftslokal des Unternehmers werden beim sog Direktvertrieb Geschäfte verschiedenster Art außerhalb der Geschäftsräume des Unternehmers getätigt (sog **Direktmarketing**). Der Unternehmer kann über die bloße Werbung hinaus auf den Verbraucher zugehen. Er muss nicht auf dessen „Besuch" warten. Zudem besteht keine Bindung an Ladenschluss- und Bürozeiten. Der Verbraucher muss nicht die Unbequemlichkeit des Weges zum Unternehmer auf sich nehmen. Das in der Regel ganz persönliche Gespräch mit dem Verbraucher kann sogar besonders beratungsintensiv geführt werden, andererseits gerät dieser dadurch in einen gewissen **„Abschlusszwang"**, insbesondere, weil der verkaufspsychologisch geschulte „Vertreter" es versteht, durch aggressives oder Mitleid erheischendes, gefühlsbetontes Verhalten Druck auszuüben. In der Praxis ist darüber hinaus ein täuschendes Verhalten nicht selten (Erman/Koch Vor § 312 Rn 3). Auf die damit verbundenen großen Risiken für den Verbraucher wurde und wird ausführlich in Rechtsprechung und Literatur hingewiesen (Erman/Koch Vor § 312 Rn 3; Gilles, Direktmarketing Rn 55, 57; Merk 333; Schade 65).

4 Aus vielerlei Gründen, insbesondere, um den anderen zu überraschen, ihn durch **Überrumpelung** zum Vertragsschluss zu verleiten, werden die unangekündigten Hausbesuche und das überraschende Ansprechen in der Öffentlichkeit gewählt. Eine deshalb – weil unüberlegt und unvorbereitet handelnd – nicht zu kritische und nicht an den wirklichen Bedürfnissen orientierte Person ist leichter zum Vertragsschluss zu verleiten. Können in einer Vorbereitungszeit Vergleiche zu anderen Angeboten eingeholt werden, findet die eigene oder zeitlich vorher vereinbarte Kontaktaufnahme

mit der anderen Seite in der Regel erst statt, wenn nach reiflicher Überlegung selbst das Bedürfnis zum Vertragsabschluss entwickelt worden ist. Wird dagegen – wie bei Haustürgeschäften – eine Seite von der anderen unvorbereitet angetroffen, werden oft überflüssige Verträge und/oder diese zu Bedingungen eingegangen, die sonst nicht akzeptiert worden wären (BGH NJW 1992, 1889). Durch die **Überraschung** gewinnt die eine Seite zumindest intellektuelle Überlegenheit und die Schwäche der anderen Seite wird ausgenutzt. Die unserem Vertragsrecht entsprechende Chancengleichheit beider Seiten, die zu einem akzeptablen Interessenausgleich führt, ist nicht gewährleistet. Wie bei anderen Verbraucherschutzregeln auch, bedarf es daher des Schutzes des Unterlegenen. Er muss über die allgemeinen Regelungen des BGB hinausgehende Rechte haben. Dieser Schutz vor übereilter Entscheidung, Überrumpelung und Überraschung fordert eine – wenn auch befristete – freie Lösungsmöglichkeit vom Vertrag, weil die fehlenden vorbereiteten Abwägungen und Überlegungen nach dem durch Überrumplung herbeigeführten Vertragsschluss nachgeholt werden und zu einer Ablehnung des Vertrages führen können.

An einer Überrumpelung mag es vielfach fehlen, wenn der Verbraucher den Besuch des Unternehmers zuvor bestellt hat. Aus diesem Grund sah § 312 Abs 3 Nr 1 aF (bis 12. 6. 2014) eine Ausnahmeregelung gerade für solche Situationen vor. Dieser Ausnahmetatbestand ist nunmehr weggefallen. Nach Erwägungsgrund 21 der VerbrRRL rechtfertigt dieser Umstand keine unterschiedliche Bewertung: Außerhalb von Geschäftsräumen können für den Verbraucher typischerweise Überraschungsmomente und Drucksituationen entstehen. Nach diesem generalisierenden Prinzip kommt es auf die konkrete Überrumpelung nicht an. Die Bestellung durch den Verbraucher ist jedoch noch vereinzelt von Relevanz. Etwa bei der Begründung eines Widerrufsrechts in § 312g Abs 2 Nr 11 BGB (vgl auch MünchKommBGB/Wendehorst § 312b Rn 8) oder bei Reiseleistungen nach §§ 651a ff BGB, auf die nach § 312 Abs 7 BGB die Regelungen des Verbraucherschutzes nur eingeschränkt Anwendung finden (vgl dazu Kommentierung § 312 Rn 94 ff). Schließlich ist es auch – anders als nach § 312 aF (bis 12. 6. 2014) – nicht mehr erforderlich, dass die Überrumpelungssituation im konkreten Fall kausal zum Vertragsschluss durch den Verbraucher geführt hat (BeckOK-BGB/Maume [1. 5. 2024] § 312b Rn 9 f). 5

III. Geschäftsräume

Wann ein außerhalb von Geschäftsräumen geschlossener Vertrag vorliegt, hängt im Wesentlichen von der Definition dessen, was ein Geschäftsraum ist, ab. Die Formulierung in § 312b Abs 2 S 1 BGB wurde weitestgehend aus Art 2 Nr 9 VerbrRRL übernommen. Angesichts der erfolgten Richtlinienumsetzung, ist das dort zum Ausdruck kommende Verständnis des Geschäftsraums zugrunde zu legen. Aus Erwägungsgrund 22 VerbrRRL lassen sich insofern weitere Anhaltspunkte für ein näheres Begriffsverständnis entnehmen: Danach sollen als Geschäftsräume grundsätzlich „alle Arten von Räumlichkeiten (wie Geschäfte, Stände oder Lastwagen) gelten, an denen der Unternehmer sein Gewerbe ständig oder gewöhnlich ausübt". Unter dieser Voraussetzung stellen auch **Markt- und Messestände** Geschäftsräume dar. Als weitere Beispiele für Geschäftsräume – jedenfalls soweit die Tätigkeit dort für gewöhnlich ausgeübt wird – werden „Verkaufsstätten, in denen der Unternehmer seine Tätigkeit saisonal ausübt, beispielsweise während der Fremdenverkehrssaison an einem Skiort oder Seebadeort" genannt. 6

7 Nach Erwägungsgrund 22 VerbrRRL sollen Privatwohnungen oder Arbeitsplätze explizit keine Geschäftsräume darstellen. Es ist jedoch davon auszugehen, dass damit Privatwohnungen oder Arbeitsplätze des Verbrauchers, nicht aber die Wohnung, die der Unternehmer für seine Geschäftstätigkeit nutzt, oder der Geschäftsraum, der Arbeitsplatz des Unternehmers ist, gemeint sein sollen (Brinkmann/Ludwigkeit NJW 2014, 3270, 3271; Grüneberg/Grüneberg § 312b Rn 2). Die bloße Tatsache, dass sich die Räumlichkeit in einem Mehrfamilienhaus befindet, schließt nicht aus, dass es sich um einen Geschäftsraum handelt (OLG Nürnberg 13. 6. 2018 – 12 U 1919/16, juris Rn 140).

1. Bewegliche und unbewegliche Geschäftsräume

8 Die Norm erfasst sowohl bewegliche als auch unbewegliche Geschäftsräume. Aus Erwägungsgrund 22 der VerbrRRL wird deutlich, dass der Begriff des Geschäftsraumes insofern umfassend zu verstehen ist und sich Einschränkungen erst aus dem Merkmal der gewöhnlichen bzw dauerhaften Ausübung der Tätigkeit ergeben (vgl dazu Rn 10 ff). Öffentlich zugängliche Orte wie Straßen, Einkaufszentren, Strände, Sportanlagen und öffentliche Verkehrsmittel, die lediglich ausnahmsweise zu geschäftlichen Zwecken genutzt werden, sollen etwa ausdrücklich nicht erfasst werden. Damit kann jedoch kein genereller Ausschluss dieser Örtlichkeiten bezweckt werden. Soweit beispielsweise in Einkaufszentren oder Sportanlagen die dort üblichen Geschäfte, wie der Verkauf entsprechender Waren oder die Benutzung gegen Entgelt, abgewickelt werden, handelt es sich gerade nicht um außerhalb von Geschäftsräumen geschlossene Verträge (MünchKommBGB/Wendehorst § 312b Rn 19, 21).

9 Wann es sich um einen beweglichen oder einen unbeweglichen Gewerberaum handelt, wird weder in den §§ 312 ff BGB noch in der VerbrRRL definiert. In Betracht kommt – ähnlich wie im Bauordnungsrecht – darauf abzustellen, ob der Gewerberaum fest mit dem Erdboden verbunden ist (vgl MünchKommBGB/Wendehorst § 312b Rn 16). Die Unterscheidung ist auch nicht gänzlich irrelevant. Schließlich werden an bewegliche und unbewegliche Räume unterschiedliche Anforderungen gestellt. Wichtiger noch ist aber die Frage, ob ein Geschäfts*raum* auch eine tatsächliche räumliche **Umschlossenheit** voraussetzt. Wendehorst stellt hier vermittelnd auf den Zweck, der an außerhalb von Geschäftsräumen geschlossene Verträge gestellt wird, ab: Mangels objektiver Erkennbarkeit könne zwar nicht der bloße Erdboden als Geschäftsraum angesehen werden, wohl aber „eine den Erdboden überragende, nach der Verkehrsauffassung für den unternehmerischen Vertrieb geeignete Konstruktion“ (MünchKommBGB/Wendehorst § 312b Rn 16). Dem ist zuzustimmen. In Erwägungsgrund 22 der VerbrRRL werden explizit auch „Stände“ genannt. Solche Verkaufsstätten zeichnen sich gerade regelmäßig nicht dadurch aus, dass sie durch mehrere Wände räumlich abgeschlossen sind.

2. Gewöhnliche oder dauerhafte Ausübung der Tätigkeit

10 Bei unbeweglichen Gewerberäumen kommt es für ihre Einordnung als Geschäftsräume darauf an, dass der Unternehmer seine Tätigkeit dort *dauerhaft* ausübt. Bei beweglichen Gewerberäumen ist wiederum erforderlich, dass der Unternehmer seine Tätigkeit dort *für gewöhnlich* ausübt. Diese Kriterien werden in der Literatur jedoch kritisch betrachtet:

a) Relevanz der Betriebsorganisation des Unternehmers

11 Zu beachten ist nämlich, dass – im Gegensatz zu Fernabsatzverträgen (s dazu die Kommentierung zu § 312c Rn 16 ff) – iRv § 312b BGB einer auf Dauer angelegten Form der unternehmerischen Betätigung entsprechende Verbraucherverträge gerade von der Geltung der erhöhten Anforderungen der §§ 312d–312h BGB ausgenommen sind (MünchKommBGB/Wendehorst § 312b Rn 12). Nicht einzusehen sei dabei, dass so die Geltung nicht von der Schutzbedürftigkeit des Verbrauchers abhängig gemacht wird, sondern von der zeitlichen Ausrichtung der Tätigkeit durch den Unternehmer. Sachliche Gründe für eine solche Unterscheidung sind jedenfalls nicht erkennbar (MünchKommBGB/Wendehorst § 312b Rn 12; sa BeckOK-BGB/Maume [1. 5. 2024] § 312b Rn 33 mwNw). Diese Zweifel hat auch der BGH in einem aktuellen Vorlagebeschluss an den EuGH zum Ausdruck gebracht (BGH 13. 7. 2017 – I ZR 135/16, GRUR 2017, 934). In seiner Entscheidung hat der EuGH jedoch bezüglich des Kriteriums der Dauerhaftigkeit lediglich festgestellt, „dass bei Tätigkeiten eines Unternehmers, die an einem auf einer Messe für einige Tage im Kalenderjahr eingerichteten Stand (…) ausgeübt werden, nicht davon ausgegangen werden kann, dass sie ‚dauerhaft' in der üblichen Bedeutung dieses Ausdrucks ausgeübt werden" (EuGH 7. 8. 2018 – C-485/17 Rn 29, GRUR 2018, 943).

12 Verbreitet wird statt auf die Ausrichtung des Unternehmens darauf abgestellt, ob die Nutzung als Geschäftsraum aus der **objektiven Sicht eines verständigen Verbrauchers** erkennbar ist (OLG Nürnberg 13. 6. 2018 – 12 U 1919/16, juris Rn 140; MünchKommBGB/Wendehorst § 312b Rn 14; sa BeckOK-BGB/Maume [1. 5. 2024] § 312b Rn 35; **aA** Grüneberg/Grüneberg § 312b Rn 2, der auf die objektive Situation abstellen will; ähnlich jetzt auch der EuGH, vgl Rn 13). Daneben wird teilweise aus teleologischen Erwägungen zusätzlich verlangt, dass sich der Unternehmer „bei wertender Betrachtung auf den Verbraucher zu bewegt" (Brinkmann/Ludwigkeit NJW 2014, 3270, 3271; MünchKommBGB/Wendehorst § 312b Rn 13). Angesichts des Wegfalls der Ausnahmeregelung für solche Situationen, in denen der Verbraucher den Besuch des Unternehmers bestellt hat, ist ein solches Erfordernis jedoch kaum begründbar (so im Ergebnis auch Brinkmann/Ludwigkeit NJW 2014, 3270, 3271).

b) Insbesondere: Untypische und fachfremde Geschäfte

13 Eng verbunden mit der Frage nach der Relevanz der Betriebsorganisation des Unternehmers ist auch die Behandlung von *untypischen* und *fachfremden* Geschäften. Ausweislich der Gesetzesbegründung (BT-Drucks 17/12637, 50) erfolgt die Anwendung des Kriteriums der gewöhnlichen Ausübung der Tätigkeit im Hinblick auf **Markt- und Messestände** im Interesse des Übereilungsschutzes in Fällen, in denen sie nicht mit einem Vertragsschluss über bestimmte Waren rechnen mussten – etwa weil die angebotenen Waren mit dem Kontext des Marktes oder der Messe in keinerlei Zusammenhang stehen. Solange aber für einen Wochenmarkt **typische Waren** verkauft würden, sei eine solche Situation nicht gegeben. Diese Einschränkung hat zwar kein Vorbild in der VerbrRRL (Brinkmann/Ludwigkeit NJW 2014, 3270, 3271), es lässt sich aber durchaus argumentieren, dass sie der psychischen Interessenlage des Verbrauchers Rechnung trägt: Dieser hat je nach Thematik des Marktes oder der Messe eine gänzlich andere Erwartungshaltung (BeckOK-BGB/Maume [1. 5. 2024] § 312b Rn 35). Interessengerecht erscheint es, darauf abzustellen, ob das Angebot einer bestimmten Ware oder Dienstleistung am jeweiligen Ort überraschend ist und nicht, ob der in Frage stehende Unternehmer dort oder generell nur einmalig damit auftritt (MünchKommBGB/Wendehorst § 312b Rn 14). Problematisch ist aber aus der Sicht, der auf entsprechenden

Märkten und Messen auftretenden Unternehmer, dass sie stets abschätzen müssten, ob die von ihnen angebotene Ware im konkreten Kontext ungewöhnlich erscheint, insofern also eine nicht unerhebliche Rechtsunsicherheit entsteht (Brinkmann/Ludwigkeit NJW 2014, 3270, 3272; dazu kritisch Klocke EuZW 2016, 411, 412). Denkbar wäre auch, dass ein ursprünglich für die konkrete Messe ungewöhnliches Produkt durch regelmäßiges Angebot diesen Überraschungseffekt verliert (Klocke EuZW 2016, 411, 412). Stellt man darauf ab, wie sich das Messe- oder Marktangebot aus der Sicht des Verbrauchers darstellt, ist wiederum fraglich, ob es insofern darauf ankommt, wie die Messe in der Öffentlichkeit präsentiert wird, oder darauf, wie die Messe sich dem Verbraucher bei Abgabe der Vertragserklärung tatsächlich darstellt (vgl BGH 13. 7. 2017 – I ZR 135/16, GRUR 2017, 934). Nach der Ansicht des EuGH kommt es darauf an, ob sich „in Anbetracht aller tatsächlichen Umstände rund um diese Tätigkeiten und insbesondere des Erscheinungsbilds des Messestandes sowie der vor Ort auf der Messe selbst verbreiteten Informationen ein normal informierter, angemessen aufmerksamer und verständiger Verbraucher vernünftigerweise damit rechnen konnte, dass der betreffende Unternehmer dort seine Tätigkeiten ausübt und ihn anspricht, um einen Vertrag zu schließen“ (EuGH 7. 8. 2018 – C-485/17 *Verbraucherzentrale Berlin eV v Unimatic Vertriebs GmbH,* EuZW 2018, 742). Entscheidend ist damit der situativ objektivierte Empfängerhorizont.

14 Ein Geschäft kann sich ebenfalls dann für den Verbraucher als überraschend darstellen, wenn es zwar an einem Ort stattfindet, an dem der Unternehmer seine Tätigkeit dauerhaft ausübt, das konkrete Geschäft aber nicht dem Geschäftsfeld des Unternehmers zugeordnet werden kann. Wendehorst führt als Beispiel den Verkauf eines im Wartezimmer einer Zahnarztpraxis hängenden Gemäldes an und spricht sich für eine analoge Anwendung des § 312b BGB in solchen Fällen aus (MünchKommBGB/Wendehorst § 312b Rn 22 f). Dem ist grundsätzlich zuzustimmen. Richtigerweise wird man aber im Sinne einer dem Zweck der VerbrRRL entsprechenden Handhabung die jeweilige Situation konkret in den Blick nehmen müssen: Nicht jedes Geschäft, das nicht unmittelbar dem Geschäft des Unternehmers zugeordnet werden kann, ist in diesem Kontext auch überraschend (vgl auch MünchKommBGB/Wendehorst § 312b Rn 22 mit weiteren Beispielen).

IV. Erfasste Tatbestände

15 In § 312b Abs 1 S 1 Nr 1–4 BGB sind abschließend diejenigen Tatbestände aufgezählt, in denen ein außerhalb von Geschäftsräumen geschlossener Vertrag bejaht werden kann (Grüneberg/Grüneberg § 312b Rn 3). Die in § 312b Abs 1 S 1 Nr 1 BGB beschriebene Situation bildet dabei den Grundtatbestand zu § 312b Abs 1 S 1 Nr 2 und 3 BGB – lediglich § 312b Abs 1 S 1 Nr 4 BGB knüpft nicht am Begriff des Geschäftsraumes an (Erman/Koch § 312b Rn 15).

1. Gleichzeitige körperliche Anwesenheit des Verbrauchers und des Unternehmers an einem Ort, der kein Geschäftsraum des Unternehmers ist

16 Die erste Variante eines außerhalb von Geschäftsräumen geschlossenen Vertrages ist ein solcher, der bei gleichzeitiger Anwesenheit des Unternehmers und des Verbrauchers an einem Ort, der nicht zu den Geschäftsräumen des Unternehmers gehört, geschlossen wird. Während nach § 312 Abs 1 S 1 Nr 1 aF (bis 12. 6. 2014) mündliche

Verhandlungen am Arbeitsplatz des Verbrauchers oder im Bereich einer Privatwohnung erforderlich waren, kommt nach neuem Recht grundsätzlich **jeder Raum, der kein Geschäftsraum iSv § 312b Abs 2 BGB ist**, in Betracht. Vertragsschlüsse in Privatwohnungen und am Arbeitsplatz, stellen aber weiterhin genauso typische Beispiele dar wie ein Restaurant, das nicht Geschäftsraum des vertragsschließenden Unternehmers ist, Kurhäuser sowie allgemein zugängliche Verkehrsflächen (BT-Drucks 17/12637, 49). Darauf, ob tatsächlich ein Überraschungsmoment oder eine Drucksituation vorliegt, kommt es also nicht an (OLG Celle 12. 1. 2022 – 14 U 111/21).

Das Kriterium der gleichzeitigen körperlichen Anwesenheit der Vertragsparteien ist dahingehend zu verstehen, dass sich Verbraucher und Unternehmer tatsächlich gegenübertreten, sodass Sicht- und Hörkontakt gewährleistet sind (MünchKommBGB/Wendehorst § 312b Rn 36). Aus diesem Grund kann § 312b Abs 1 Nr 1 BGB im Fall einer telefonischen Kommunikation nicht eingreifen (uU aber § 312c BGB; Erman/Koch § 312b Rn 10; MünchKommBGB/Wendehorst § 312b Rn 36; Hk-BGB/Schulte-Nölke § 312b Rn 5; Jauernig/Stadler § 312b Rn 11; Grüneberg/Grüneberg § 312b Rn 4; Dauner-Lieb/Langen/Ring Rn 17). Nicht ausreichend ist es, wenn lediglich die Annahme des am Vortag vom Unternehmer unterbreiteten Angebots außerhalb von Geschäftsräumen erfolgt (BGH 6. 7. 2023 – VII ZR 151/22, NJW 2023, 3082). 17

2. Abgabe eines Angebots durch den Verbraucher

Durch § 312b Abs 1 S 1 Nr 2 BGB wird der Anwendungsbereich von § 312b Abs 1 S 1 Nr 1 BGB erweitert (BT-Drucks 17/12637, 49): Ein außerhalb von Geschäftsräumen geschlossener Vertrag soll auch dann vorliegen, wenn der Vertragsschluss selbst zwar nicht unter den entsprechenden Bedingungen geschlossen wurde, der Verbraucher jedoch in einer solchen Situation bereits ein Angebot abgegeben hat. 18

a) Interessenlage

Die Gesetzesbegründung argumentiert hier mit der Schutzbedürftigkeit des Verbrauchers, die nicht davon abhängt, wo und zu welchem Zeitpunkt der Unternehmer seine auf den Vertragsschluss gerichtete Willenserklärung abgegeben hat (BT-Drucks 17/12637, 49). Aus dieser Wertung ergibt sich im Gegenschluss aber auch, dass die umgekehrte Konstellation, in der der Unternehmer in einer Situation iSv § 312b Abs 1 S 1 Nr 1 BGB eine bindende Erklärung abgibt, auf die die Annahme des Verbrauchers erst später folgt, nicht erfasst sein soll (BeckOK-BGB/Maume [1. 5. 2024] § 312b Rn 17a). Auch eine analoge Anwendung scheidet insofern aufgrund der fehlenden vergleichbaren Interessenlage aus. Wird die Abgabe des Vertragsangebots dem eigentlichen Vertragsschluss gleichgestellt, so bedeutet dies, dass ein Widerruf bereits vor Vertragsschluss möglich ist (Hk-BGB/Schulte-Nölke § 312b Rn 6; Jauernig/Stadler § 312b Rn 12). Das OLG Köln hat es ausreichen lassen, dass der Verbraucher dem Unternehmer ein selbst unterschriebenes Vertragsformular, welches der Unternehmer ihm zuvor hatte zukommen lassen, in einer Situation iSv § 312 Abs 1 S 1 Nr 1 BGB übergibt. Für die Abgabe des Angebots sei auf den Zeitpunkt der willentlichen Entäußerung durch den Erklärenden abzustellen (OLG Köln 23. 3. 2017 – 16 U 153/16, BauR 2018, 142). Dies entspricht auch den allgemeinen Grundsätzen für Willenserklärungen. In einer solchen Situation wird es zwar in vielen Fällen an dem für außerhalb von Geschäftsräumen geschlossene Verträge typischen Überrumpelungseffekt fehlen, nach der Konzeption der VerbrRRL reicht es aber aus, dass psychischer Druck oder eine 19

Überraschung des Verbrauchers prinzipiell möglich sind (OLG Köln 23. 3. 2017 – 16 U 153/16, BauR 2018, 142).

b) Anforderungen an das Angebot des Verbrauchers

20 Nach der Gesetzesbegründung muss es sich um ein bindendes Angebot handeln (BT-Drucks 17/12637, 49). Dieses Erfordernis spielgelt sich im Wortlaut des Gesetzes jedoch nicht wieder. Wendehorst sieht deshalb auch als **„freibleibend"** bezeichnete Angebote oder eine bloße **invitatio ad offerendum** unter bestimmten Umständen als vom Anwendungsbereich des § 312 Abs 1 S 1 Nr 2 BGB erfasst an: Dies sei der Fall, „wenn jedenfalls aus der Sicht des Verbrauchers der Eindruck einer Bindung entstehen konnte" (MünchKommBGB/Wendehorst § 312b Rn 40). Im Interesse der Rechtssicherheit kann ein solches Verständnis der Norm jedoch nur dann angenommen werden, wenn objektive Anhaltspunkte für eine tatsächlich nicht bestehende Bindungswirkung der Norm vorliegen oder der Unternehmer den Verbraucher darüber täuscht.

21 Fraglich ist, welche weiteren Anforderungen an das Angebot des Verbrauchers zu stellen sind. Während **nichtige Erklärungen** grundsätzlich mangels Rechtswirkung nicht ausreichen können, schadet es nicht, wenn die Erklärung auf den Abschluss eines Vorvertrages gerichtet ist oder unter einer Bedingung steht (BeckOK-BGB/Maume [1. 5. 2024] § 312b Rn 18). In beiden Fällen hat es der Verbraucher grundsätzlich nicht mehr in der Hand, einseitig von dem Vertragsschluss Abstand zu nehmen. Wird die Willenserklärung angefochten, so bewirkt dies gem § 142 Abs 1 BGB ihre Nichtigkeit *ex tunc.* Dennoch ist eine anfechtbare Willenserklärung ein bindendes Angebot iSv § 312b Abs 1 S 1 Nr 1 BGB, weil die Nichtigkeit von der Ausübung des Gestaltungsrechts abhängt und dem Verbraucher nicht das Risiko des tatsächlichen Bestehens des Widerrufsrechts auferlegt werden darf (BeckOK-BGB/Maume [1. 5. 2024] § 312b Rn 18).

3. Persönliche und individuelle Ansprache außerhalb der Geschäftsräume des Unternehmers unmittelbar vor Vertragsschluss

22 Durch § 312b Abs 1 S 1 Nr 3 BGB wird der Anwendungsbereich der außerhalb von Geschäftsräumen geschlossenen Verträge dahingehend erweitert, dass auch solche Geschäfte erfasst werden, die in den Geschäftsräumen des Unternehmers oder durch Fernkommunikationsmittel geschlossen werden, wenn der Verbraucher unmittelbar zuvor außerhalb der Geschäftsräume des Unternehmers bei gleichzeitiger körperlicher Anwesenheit des Verbrauchers und des Unternehmers persönlich und individuell angesprochen wurde. Nach der Gesetzesbegründung soll das insbesondere die Fälle einschließen, in denen Verbraucher im öffentlichen Raum angesprochen werden, in denen auch ein Flugblatt übergeben werden kann (BT-Drucks 17/12637, 49). Im Einklang mit Erwägungsgrund 21 VerbrRRL sind aber solche Situationen nicht erfasst, in denen der Unternehmer zunächst in die Wohnung des Verbrauchers kommt, um unverbindlich Maße aufzunehmen oder eine Schätzung vorzunehmen, wobei der Vertrag erst zu einem späteren Zeitpunkt in den Geschäftsräumen des Unternehmers auf dieser Grundlage abgeschlossen wird. Dies gilt jedoch nur unter der Einschränkung, dass der Verbraucher genügend Zeit zur Verfügung hatte um die Messungen und Schätzungen zu überprüfen (BT-Drucks 17/12637, 49).

a) Ansprache

23 Entscheidend ist, dass der Verbraucher außerhalb der Geschäftsräume des Unternehmers angesprochen wird. Die Gesetzesbegründung nennt zwar als Beispielsfall das **Überreichen eines Flugblatts**, eine solche Handlung alleine kann aber ohne begleitende mündliche Anrede dem Wortlaut nach kaum als „Ansprache" verstanden werden (Jauernig/Stadler § 312b Rn 13; Hk-BGB/Schulte-Nölke § 312b Rn 7). Für dieses Verständnis spricht zum einen, dass die Gesetzesbegründung Fälle einschließt „bei denen auch ein Flugblatt übergeben werden kann", womit auch das bloß zusätzliche Übergeben des Flugblatts gemeint sein kann. Zum anderen soll mit der vorhergehenden Ansprache eine weitere potentielle Druck- oder Überraschungssituation für den Verbraucher erfasst werden. Wird dem Verbraucher lediglich im Vorbeigehen ein Flyer in die Hand gedrückt, erzeugt dies typischerweise weniger psychischen Druck als eine direkte mündliche Ansprache. Hier ergibt sich allerdings die Schwierigkeit, dass es nicht selten vom Zufall abhängen wird, ob der Verbraucher beim Erhalt des Flyers noch zusätzlich verbal angesprochen wird oder nicht.

24 Weiterhin fraglich ist, ob das Erfordernis der Ansprache dahingehend zu verstehen ist, dass die Initiative vom Unternehmer ausgehen muss bzw, dass sich dieser zumindest verbal auf den Verbraucher zu bewegen muss. Zumindest deutet das Präfix „An-" auf eine solche Richtung der Kommunikation hin. Wendehorst hält dem entgegen, dass der europäische Gesetzgeber nach Erwägungsgrund 21 VerbrRRL grundsätzlich auch Fälle, in denen ein Verbraucher einen Handwerker zu sich nach Hause bestellt hat, unter den Anwendungsbereich der Richtlinie fasst und lediglich Fälle, in denen der Verbraucher über das Angebot des Unternehmers nachdenken konnte, vom Anwendungsbereich ausnimmt. Daraus lasse sich die allgemeine Wertung entnehmen, dass es generell auf ein Ansprechen durch den Unternehmer nicht ankommt (MünchKommBGB/Wendehorst § 312b Rn 43). Obwohl in den Fällen, in denen ein Verbraucher selbst außerhalb von Geschäftsräumen auf den Unternehmer zugeht, die für die Ansprache typische Aufdringlichkeit fehlt, ist dem dennoch zuzustimmen. Angesichts des Wegfalls der Ausnahmeregelung für solche Situationen, in denen der Verbraucher den Besuch des Unternehmers bestellt hat, kann es nicht entscheidend darauf ankommen, dass der Verbraucher initiativ durch den Unternehmer angesprochen wurde.

b) Persönlich und individuell

25 Darüber hinaus muss die Ansprache auch persönlich und individuell erfolgen. Dies erfordert sicher nicht, dass der Verbraucher mit seinem Namen angesprochen wird (MünchKommBGB/Wendehorst § 312b Rn 41). Es muss sich aber um eine Ansprache handeln, „welche der Verbraucher auf sich persönlich beziehen muss und die geeignet ist, bei diesem eine unmittelbare Reaktion auszulösen" (MünchKommBGB/Wendehorst § 312b Rn 41). Handelt es sich um **allgemein gehaltene Werbung** oder erfolgt die **Ansprachen an eine größere Personengruppe**, so liegen diese Voraussetzungen nicht vor (BeckOK-BGB/Maume [1. 5. 2024] § 312b Rn 21). Das an eine größere Menschenmenge gerichtete Rufen eines Marktschreiers stellt jedenfalls keine persönliche und individuelle Ansprache dar (Hk-BGB/Schulte-Nölke § 312b Rn 7; Jauernig/Stadler § 312b Rn 13).

26 In vielen Fällen wird sich über diese Kriterien auch das Problem lösen lassen, inwiefern ein bloßes Überreichen eines Flyers ohne zusätzliche mündliche Ansprache un-

ter den Anwendungsbereich von § 312b Abs 1 S 1 Nr 3 BGB gefasst werden kann. Sofern es sich dabei ausschließlich um allgemeines Werbematerial handelt, welches an die Allgemeinheit verteilt wird, kann der Streit, ob es sich um eine „An*sprache*“ im wörtlichen Sinne handeln muss, dahinstehen (vgl auch MünchKommBGB/Wendehorst § 312b Rn 42). Diese Fälle sind eher mit anderen Formen öffentlicher Werbung vergleichbar.

c) Zeitlicher Zusammenhang

27 Nach dem Wortlaut der Norm muss der Verbraucher „unmittelbar zuvor“ angesprochen worden sein. Diese Formulierung deutet darauf hin, dass in zeitlicher Hinsicht ein enger Zusammenhang zwischen dem Moment der Ansprache und dem Vertragsschluss bestehen muss (Grüneberg/Grüneberg § 312b Rn 6). Nach der Rechtsprechung des BGH zum alten Verbraucherschutzrecht war dies gerade nicht erforderlich. Entscheidend war lediglich, ob der Verbraucher aufgrund der Haustürsituation zum Vertragsschluss „bestimmt“ wurde. Es genügte demnach eine Haustürsituation bei der Vertragsanbahnung, die für den späteren Vertragsschluss ursächlich war, wobei ein zunehmender zeitlicher Abstand lediglich zum Entfall der Indizwirkung für die Kausalität führen konnte (vgl nur BGH NJW 2003, 2529, 2530; BGH NJW 2009, 431 Rn 5). Unter diesen Umständen konnte ein Haustürgeschäft auch dann noch angenommen werden, wenn der erste Besuch des Vertreters zwar bereits mehrere Wochen zurücklag, die Überraschungssituation und die Beeinträchtigung der Entschließungsfreiheit aber dadurch fortwirkten, dass der Vertreter Finanzunterlagen zur Prüfung erhalten und auf deren Grundlage vereinbarungsgemäß ein Anlagenkonzept erarbeitet hat (vgl OLG Frankfurt OLG-Report 2005, 568, 569). Eine Übertragung dieser Rechtsprechung ist angesichts des neuen, eindeutigen Wortlauts nicht möglich (BeckOK-BGB/Maume [1. 5. 2024] § 312b Rn 20).

28 Der erforderliche enge Zusammenhang setzt voraus, dass der potentiell mit der Ansprache verbundene Überraschungseffekt und die damit einhergehende psychische Drucksituation objektiv noch andauern (Grüneberg/Grüneberg § 312b Rn 6; MünchKommBGB/Wendehorst § 312b Rn 48). Starre zeitliche Grenzen sind insofern mit der in der Literatur vorherrschenden Auffassung nicht zu ziehen. Teilweise wird zur Bestimmung des unmittelbaren Zusammenhangs darauf abgestellt, ob sich die Ansprache und der Vertragsschluss als **einheitlicher Lebenssachverhalt** darstellen (BeckOK-BGB/Maume [1. 5. 2024] § 312b Rn 20). Ebenfalls eine – wenn auch untergeordnete – Rolle spielt dabei zudem der **räumliche Zusammenhang**: Besteht weiterhin Sichtkontakt zu der Person, von der der Verbraucher angesprochen wurde, wird man in der Regel nicht davon ausgehen können, dass der Verbraucher hinreichend Zeit und Freiraum hatte, um über den Vertragsschluss nachzudenken (vgl MünchKommBGB/Wendehorst § 312b Rn 48).

29 Eine Untergrenze für einen Zeitraum, der vergehen muss, sodass ein unmittelbarer Zusammenhang verneint werden müsste, sollte jedenfalls mehrere Minuten überschreiten (Hk-BGB/Schulte-Nölke § 312b Rn 7). Spätestens am nächsten Tag wird ein unmittelbarer Zusammenhang jedoch in keinem Fall mehr vorliegen (MünchKommBGB/Wendehorst § 312b Rn 48; BeckOK-BGB/Maume [1. 5. 2024] § 312b Rn 20a; Hilbig-Lugani ZJS 2013, 441, 448). Zwischen diesen Grenzen ist die Einordnung schwieriger: Wird der Verbraucher etwa vor dem Geschäftsraum des Unternehmers angesprochen, so ist fraglich, ob der unmittelbare Zusammenhang nur dann bejaht werden kann, wenn der

Verbraucher daraufhin „sofort" das Innere des Geschäftsraumes aufsucht (so Grüneberg/Grüneberg § 312b Rn 6) oder auch noch in den Fällen, in denen der Verbraucher den Ort der Ansprache zwar kurzzeitig verlässt, dann aber zurückkehrt und im Anschluss den Vertrag schließt (so Erman/Koch § 312b Rn 21; BeckOK-BGB/Maume [1. 5. 2024] § 312b Rn 20a). Koch begründet die von ihm befürwortete großzügigere Handhabung damit, dass die Motivation des Verbrauchers dabei häufig darin liegen könne, kein vermeintlich günstiges Angebot verpassen zu wollen (Erman/Koch § 312b Rn 21). Hier droht jedoch eine Aufweichung der Formulierung „unmittelbar zuvor". Lässt man es ausreichen, dass der Verbraucher nach einer Zeit des Rückzugs zurückkehrt, dann lässt sich die Grenze, wie lange dieser Rückzug andauern darf, nur schwer begründbar ziehen. Angesichts dessen, dass der Wortlaut des § 312b Abs 1 S 1 Nr 3 BGB ganz deutlich einen engen zeitlichen Zusammenhang fordert und darin eine Abkehr von der alten Rechtsprechung zu sehen ist, muss ein unmittelbarer Zusammenhang in der Regel dann verneint werden, wenn eine wesentliche, dh einige Schritte übersteigende, räumliche Entfernung des Verbrauchers stattgefunden hat.

4. Ausflüge zum Zwecke der Werbung und des Vertragsschlusses

Durch § 312b Abs 1 Nr 4 BGB werden solche Verträge in den Anwendungsbereich **30**
der außerhalb von Geschäftsräumen geschlossenen Verträge eingebunden, die auf einem Ausflug geschlossen werden, der von dem Unternehmer oder mit seiner Hilfe organisiert wurde, um beim Verbraucher für den Verkauf von Waren oder die Erbringung von Dienstleistungen zu werben und mit ihm entsprechende Verträge abzuschließen. Im Unterschied zu den übrigen Tatbeständen des § 312b Abs 1 S 1 BGB werden so auch Verträge erfasst, die tatsächlich nicht außerhalb von Geschäftsräumen geschlossen werden (Grüneberg/Grüneberg § 312b Rn 7; Erman/Koch § 312b Rn 22). Dies betrifft Fälle, in denen der Ausflug zu einem Geschäftsraum des Unternehmers führt, in dem die Verträge geschlossen werden (BT-Drucks 17/12637, 49). Bei Vertragsschluss außerhalb der Geschäftsräume des Unternehmers ist regelmäßig **§ 312b Abs 1 S 1 Nr 1 BGB** vorrangig (Jauernig/Stadler § 312b Rn 13; Hk-BGB/Schulte-Nölke § 312b Rn 8). Soweit die Voraussetzungen des Art 6 Abs 1 Rom I-VO vorliegen, kann die Norm auch auf im Ausland geschlossene Verträge angewendet werden (vgl dazu ausführlich AG Würzburg 2. 10. 2014 – 16 C 207/13, NJW-RR 2015, 1149; Friesen VuR 2016, 174).

a) Erfasste Ausflüge

Nach der Gesetzesbegründung sind hiervon insbesondere die klassischen **„Kaffeefahrten"** erfasst (BT-Drucks 17/12637, 49). Weitere Beispiele sind **Ausflugsfahrten zu Sportereignissen** oder einer **Weinprobe** (Jauernig/Stadler § 312b Rn 14). Das Ambiente und die durch Unterhaltungen herbeigeführte Stimmung sollen bei dem Verbraucher das Bewusstsein einer besonderen Vertragssituation verdrängen und in gelockerter Atmosphäre, abgelenkt durch das Unterhaltungsangebot, erhöhte und vorbehaltlose Vertragsabschlussbereitschaft fördern. Der Verbraucher soll unter psychologischem Druck Leistungen erwerben, die er eigentlich nicht erwerben wollte. Er soll mit seinem Interesse an der Unterhaltung zum Besuch gewonnen werden und nicht schon mit vorherigen Vertragsvorstellungen und konkretisierten Wünschen in die Vertragsverhandlung eintreten. Auch die Veranstalter des Ausfluges wollen daher den unvorbereiteten und unentschlossenen Verbraucher zu einem Vertragsabschluss bewegen. **31**

32 Es liegt jedoch dann kein entsprechender Ausflug vor, wenn der Verkaufszweck von vornherein erkennbar im Vordergrund steht (MünchKommBGB/Wendehorst § 312b Rn 51; vgl auch Erman/Koch § 312b Rn 22). **Nicht** vom Anwendungsbereich der Nr 4 erfasst werden auch **Fitnessstudioverträge**, die im Anschluss an ein Probetraining geschlossen werden (Schwab/Hromek JZ 2015, 271; Grüneberg/Grüneberg § 312b Rn 7; BeckOK-BGB/Maume [1. 5. 2024] § 312b Rn 22). Es handelt sich um Geschäftsräume des Unternehmers, ohne dass die geforderte Ausflugssituation vorliegt (Jauernig/Stadler § 312b Rn 14; BeckOK-BGB/Maume [1. 5. 2024] § 312b Rn 22).

33 Im Unterschied zu § 312 Abs 1 S 1 Nr 2 aF (bis 12. 6. 2014), der allgemein eine „Freizeitveranstaltung" verlangte, kommt es nun darauf an, dass es sich um eine Ausflugssituation handelt. Der augenscheinlich im Vordergrund stehende Unterhaltungszweck ist zwar auch für die Ausflugssituation nach wie vor typisch, aber keineswegs zwingend (**aA** wohl MünchKommBGB/Wendehorst § 312b Rn 51, der das Merkmal des Freizeitcharakters für unverzichtbar hält). Deshalb können auch **Reisen, die der Bildung oder dem ehrenamtlichen Arbeitseinsatz dienen**, grundsätzlich Ausflug sein (Grüneberg/Grüneberg § 312b Rn 7; Hk-BGB/Schulte-Nölke § 312b Rn 8). Eine Veranstaltung ist dann ein Ausflug, wenn sie eine (durch den Unternehmer) „organisierte Ortsveränderung des Verbrauchers" beinhaltet, die über eine bloße Einladung zu einer Veranstaltung oder die Angabe von Anfahrtsmöglichkeiten hinausgeht (MünchKommBGB/Wendehorst § 312b Rn 50). Fälle von „getarnten Verkaufsveranstaltungen" unter dem Vorwand der Einladung zur Abholung eines Gutscheins oder eines Tages der offenen Tür (BeckOK-BGB/Maume [1. 5. 2024] § 312b Rn 23) sowie bloße Verkaufspartys (Hk-BGB/Schulte-Nölke § 312b Rn 8) werden damit hingegen nicht mehr erfasst.

34 Im Schrifttum wird darin zum Teil eine Verschlechterung des Verbraucherschutzes gesehen (BeckOK-BGB/Maume [1. 5. 2024] § 312b Rn 23). Dem kann nicht entgegengehalten werden, dass solche Fälle von den übrigen Tatbeständen des § 312b Abs 1 S 1 BGB erfasst werden (so aber Hilbig-Lugani ZJS 2013, 441, 448; MünchKommBGB/Wendehorst [7. Aufl 2016] § 312b Rn 49 mwNw). Tatsächlich können die übrigen Tatbestände nicht in allen Fällen Schutzlücken schließen: Geht man mit der hier vertretenen Ansicht davon aus, dass ein späterer Vertragsschluss in den Geschäftsräumen des Unternehmers nur dann unter den Anwendungsbereich des § 312b Abs 1 S 1 Nr 3 BGB fällt, wenn zu der vorherigen Ansprache ein enger zeitlicher Zusammenhang besteht, so wird es in den meisten Fällen der Einladung zu versteckten Verkaufsveranstaltungen an einer entsprechenden Situation fehlen (BeckOK-BGB/Maume [1. 5. 2024] § 312b Rn 23). Es handelt sich dabei um ein fragwürdiges Ergebnis: Nach der neuen Konzeption des Verbraucherschutzrechtes stehen für die Frage der Anwendbarkeit Situationen im Vordergrund, in denen *typischerweise* psychischer Druck und das Überraschungsmoment auf den Verbraucher einwirken. Bei versteckten Verkaufsveranstaltungen ist die Interessenlage keine andere. In diesen Fällen sollte vorrangig auf die Intention des Unternehmers abgestellt werden, also danach gefragt werden, ob die Veranstaltung stattfindet, um beim Verbraucher für den Verkauf von Waren oder die Erbringung von Dienstleistungen zu werben und mit ihm entsprechende Verträge abzuschließen. Eine solche Erweiterung gibt der Wortlaut aber gerade nicht her.

b) Zweck der Werbung oder des Vertragsabschlusses

35 Der Ausflug, auf dem der Vertrag geschlossen wurde, muss die Werbung für den Verkauf von Waren oder die Erbringung von Dienstleistungen und den Abschluss

entsprechender Verträge bezwecken. Aus der Formulierung „um … zu“ lässt sich schließen, dass zumindest in gewissem Maße ein **Finalzusammenhang** zwischen dem Ausflug und dem Ziel der Werbung bzw des Vertragsabschlusses bestehen muss (Erman/Koch § 312b Rn 24). Allerdings muss es sich dabei keineswegs um den Hauptzweck des Ausfluges handeln: Der Unternehmer muss jedoch diesen Zweck in irgendeiner Weise nicht nur unerheblich gefördert haben, indem er beispielsweise bewusst die Möglichkeit zum Vertragsschluss (mit einem anderen Unternehmer) eröffnet hat (MünchKommBGB/Wendehorst § 312b Rn 52; BeckOK-BGB/Maume [1. 5. 2024] § 312b Rn 25).

Es reicht aber nicht aus, wenn sich die Gelegenheit zum Vertragsabschluss nur zufällig bei dem Ausflug ergibt oder mit dem Reisezweck des Ausflugs zwangsläufig verbunden ist. In der Literatur werden insofern der Ausflug zu einem Museum, in das ein Souvenirshop oder ein Café integriert sind und deren Besuch nicht zum Ablauf des Ausflugs gehören und der Eintritt zu der Veranstaltung, auf die der Ausflug gerichtet ist, als Beispiele genannt (MünchKommBGB/Wendehorst § 312b Rn 52 f). 36

Ähnlich wie nach altem Recht ist es nicht entscheidend, unter welchem Titel der Ausflug angekündigt wurde, ob als Reise, Schlagerparade, Besichtigungsfahrt, selbst die Ankündigung als „Verkaufsveranstaltung“, „gewerbliche Veranstaltung“, „Verkaufsfahrt“ usw schließt die Anwendung nicht aus (OLG Düsseldorf NJW-RR 1996, 1269; Erman/Koch § 312b Rn 24; MünchKommBGB/Wendehorst [7. Aufl 2016] § 312b Rn 51). Entscheidend ist, dass der eigentliche Zweck des Geschäftsabschlusses in den Hintergrund gerückt wird. Insoweit wecken die Art und der Inhalt der Ankündigung bestimmte Erwartungen bei den teilnehmenden Verbrauchern (noch zum Begriff der Freizeitveranstaltung OLG Frankfurt NJW-RR 1990, 374, 375; 1996, 1270; OLG Stuttgart VuR 1989, 345; AG Hamburg VuR 1994, 19, 22). Wird also ein Ausflug gerade als Freizeitveranstaltung beworben, so hat dies eine starke Indizfunktion auch im Hinblick auf ihre Einordnung in § 312b Abs 1 S 1 Nr 4 BGB. 37

c) Organisation durch den Unternehmer oder mit seiner Hilfe

Der Ausflug kann entweder von dem Unternehmer selbst oder mit seiner Hilfe organisiert worden sein. Die Erweiterung auf Fälle, in denen der Ausflug lediglich mit der Hilfe des Unternehmers organisiert wurde, ist laut der Gesetzesbegründung notwendig, um auch den Fall zu erfassen, dass ein anderer Unternehmer den Ausflug organisiert als der Unternehmer, der die Waren oder Dienstleistungen anbietet (BT-Drucks 17/12637, 49). Liegt zwischen Organisator und Unternehmer Personenverschiedenheit vor, so wird der Kreis der in Betracht kommenden Personen bereits dadurch verengt, dass der Unternehmer aktiv zu der Ausrichtung des Ausflugs beigetragen haben muss (vgl Rn 35). Weiterhin müssen der Unternehmer und der Organisator grundsätzlich auch einverständlich zusammenwirken, wobei der Organisator jedoch nicht zwingend ein eigenes wirtschaftliches Interesse an dem Vertragsschluss haben muss (MünchKommBGB/Wendehorst § 312b Rn 55). Insbesondere, wenn diese Voraussetzung nicht vorliegt, genügt es nicht, wenn sich lediglich bei der Gelegenheit des Ausflugs – zB der Halt an einer Autobahnraststätte auf dem Weg zum Ausflugsziel oder der Einplanung eines freien Zeitfensters für einen „Einkaufsbummel“ – die Möglichkeit zum Vertragsschluss ergibt (MünchKommBGB/Wendehorst § 312b Rn 55; BeckOK-BGB/Maume [1. 5. 2024] § 312b Rn 25). Ein bewusstes Dulden der Verkaufstätigkeit des Unternehmers durch den Organisator (vgl AG Würzburg 2. 10. 2014 – 16 C 207/13, NJW-RR 2015, 1149; Frie- 38

SEN VuR 2016, 174, 178) kann nur dann ausreichend sein, wenn der Ausflug zumindest in örtlicher Hinsicht zielgerichtet war.

V. Stellvertretung auf Seiten des Unternehmers, Geschäftsräume Dritter

39 Im Rahmen des § 312 Abs 1 aF (bis 12. 6. 2014) war strittig, unter welchen Umständen das Handeln eines Dritten dem Unternehmer zugerechnet werden kann (vgl STÜRNER JURA 2015, 341, 345). Nach § 312b Abs 1 S 2 BGB sind Personen dem Unternehmer gleichgestellt, die in seinem Namen oder Auftrag handeln (vgl zu diesem Erfordernis bereits EuGH NJW 2005, 3555). Dies entspricht den Vorgaben des Erwägungsgrunds 22 VerbrRRL. Sind die Voraussetzungen des **§ 164 Abs 1 BGB** erfüllt (s dazu die Kommentierung STAUDINGER/SCHILKEN [2022] § 164 Rn 1 ff), findet also unproblematisch eine Zurechnung statt. Von der zweiten Alternative werden wohl Fälle der sog **mittelbaren Stellvertretung** erfasst (BeckOK-BGB/MAUME [1. 5. 2024] § 312b Rn 26). Beispiele für den erfassten Personenkreis sind Handelsvertreter, Makler, Sammelbesteller, Partyverkäufer ebenso wie nahe Angehörige, Freunde, Kollegen oder Mitgesellschafter (GRÜNEBERG/GRÜNEBERG § 312b Rn 9; BeckOK-BGB/MAUME [1. 5. 2024] § 312b Rn 26). Der Vertragsschluss in einer Anwaltskanzlei fällt dann nicht unter § 312 Abs 1 S 2 BGB, wenn der Anwalt als Stellvertreter des Unternehmers handelt (MünchKommBGB/WENDEHORST § 312b Rn 31; einschränkend HOHLWEGER/EHMANN GWR 2014, 211, 212). Vieles spricht aber dafür auch hier die Grundsätze über den Abschluss untypischer oder fachfremder Geschäfte anzuwenden (vgl dazu Rn 13 f; ebenso MünchKommBGB/WENDEHORST § 312b Rn 31). Bei Notaren handelt es sich jedoch gem § 14 BNotO um unabhängige und unparteiische Betreuer *beider* Parteien, sodass unter Beachtung von § 312g Abs 2 Nr 13 BGB ein außerhalb von Geschäftsräumen geschlossener Vertrag iSv § 312 Abs 1 BGB in Betracht kommt (vgl dazu auch Kommentierung § 312g Rn 82 ff; einschränkend MünchKommBGB/WENDEHORST § 312b Rn 33).

1. Handeln ohne Kenntnis des Unternehmers

40 Fraglich ist aber, wie es sich auswirkt, wenn der Dritte ohne das Wissen des Unternehmers handelt, also ohne von diesem zum Vertragsschluss veranlasst worden zu sein (dazu SCHWAB/HROMEK JZ 2015, 271, 275). Zum alten Recht hatte der EuGH bereits entschieden, dass das Bestehen des Widerrufsrechts nicht davon abhängig gemacht werden kann, dass der Unternehmer wusste oder hätte wissen müssen, dass der Vertrag in einer Haustürsituation geschlossen wurde, wenn ein Dritter im Namen oder für Rechnung des Unternehmers in die Aushandlung oder den Abschluss eines Vertrages eingeschaltet wird (EuGH NJW 2005, 3555). Dieses Verständnis entspricht dem Schutzzweck der Norm und ist daher auch auf das neue Recht zu übertragen, sodass es ausreichen muss, wenn der Dritte kausal zum Vertragsschluss beiträgt und dabei im objektiven Interesse des Unternehmers handelt (BeckOK-BGB/MAUME [1. 5. 2024] § 312b Rn 28). Dies gilt aber nicht in den Fällen, in denen der Dritte keine Empfehlung zu Verhandlungen gerade mit diesem Vertragspartner ausgesprochen hat, sodass die Wahl des Vertragspartners auf einer eigenständigen, selbstbestimmten Weisung des Verbrauchers beruht. Genauso erfolgt keine Zurechnung an den Unternehmer, wenn der Verbraucher den Dritten als eine Person seines Vertrauens mit der Vermittlung beauftragt und dieser nicht zugleich **„im Lager“** des Vertragspartners steht (so bereits zum alten Recht BGH NJW 2008, 3423; s jetzt auch OLG Köln 13. 4. 2015 – 19 U 134/14; HOFFMANN ZIP 2015, 1365, 1372).

2. Handeln in den Geschäftsräumen des Vertreters

In § 312b Abs 2 S 2 BGB findet sich zudem die Anordnung, dass Gewerberäume, in denen die Person, die im Namen oder Auftrag des Unternehmers handelt, ihre Tätigkeit dauerhaft oder für gewöhnlich ausübt, Räumen des Unternehmers gleichstehen. Beispiele sind **Agenturgeschäfte** oder **Auktionen** (MünchKommBGB/Wendehorst § 312b Rn 27). Soweit der Vertreter jedoch in den Geschäftsräumen des Unternehmers tätig wird, ist § 312b Abs 1 S 1 BGB vorrangig anzuwenden (Grüneberg/Grüneberg § 312b Rn 2). Maume betrachtet diese Regelung kritisch, da § 312b Abs 2 S 2 BGB den Anwendungsbereich des Widerrufsrechts im Gegensatz zu § 312b Abs 1 S 2 BGB verengt und so in der Praxis Umgehungsmöglichkeiten geschaffen werden (BeckOK-BGB/Maume [1. 5. 2024] § 312b Rn 38). Augenscheinlich wird die Problematik, wenn der Vertrag in den Geschäftsräumen des Vertreters abgeschlossen wird, der Vertragsgegenstand aber nichts mit den üblicherweise dort stattfindenden Geschäften zu tun hat. In diesen Situationen ist regelmäßig eine für außerhalb von Geschäftsräumen abgeschlossene Verträge typische Überrumpelungssituation gegeben. Die Interessenlage entspricht hier der Situation, in der der Unternehmer selbst in seinen Geschäftsräumen fachfremde oder untypische Geschäfte anbietet (vgl dazu Rn 13 f; ebenso für in Geschäftsräumen eines anderen Unternehmers geschlossene Verträge MünchKommBGB/Wendehorst § 312b Rn 30). 41

VI. Stellvertretung auf Seiten des Verbrauchers

Ebenso wie der Unternehmer kann auch der Verbraucher bei außerhalb von Geschäftsräumen geschlossenen Verträgen nach Maßgabe der **§§ 164 ff BGB** rechtsgeschäftlich vertreten werden. Findet eine solche Vertretung statt, stellt sich einerseits die Frage, auf wen es für die situativen Voraussetzungen der § 312b Abs 1 S 1 Nr 1–4 BGB ankommt und, wer in diesen Fällen widerrufsberechtigt ist. Angesichts dessen, dass die VerbrRRL keine besonderen Regelungen für diesen Fall trifft, spricht vieles dafür, dass die bereits zu § 312 Abs 1 aF (bis 12. 6. 2014) entwickelten Grundsätze übertragen werden können (Stürner JURA 2015, 341, 345). 42

1. Verbrauchereigenschaft

Bei der Stellvertretung trifft zwar nach § 164 BGB die Wirkung einer Willenserklärung des Vertreters den Vertretenen, trotzdem hat sich dieser nicht beim Vertragsschluss in einer Situation des § 312b Abs 1 S 1 Nr 1–4 BGB befunden, denn er ist idR bei dem Vertragsschluss nicht anwesend, kann also nicht von dem anderen Vertragspartner überrascht bzw überrumpelt werden. Abzustellen ist hier vielmehr auf die Person des Vertreters (vgl zu § 312 Abs 1 S 1 aF [bis 12. 6. 2014] BGH NJW-RR 1991, 1074; NJW 2000, 2268, 2270; NJW 2004, 154, 155; BVerfG NJW 2004, 15; zum neuen Recht ebenso Grüneberg/Grüneberg § 312b Rn 8; Erman/Koch § 312b Rn 8; Dauner-Lieb/Langen/Ring Rn 6). Dieser ist die entscheidende Person, die unter den Voraussetzungen des § 312b Abs 1 S 1 Nr 1–4 BGB handelt und damit dem Schutzzweck des Gesetzes unterliegt. Ist der Vertreter Verbraucher iSd § 13 BGB (zu den Voraussetzungen der Verbrauchereigenschaft vgl die Kommentierung Staudinger/Fritzsche [2024] § 13 Rn 46 ff), findet § 312b Abs 1 S 1 BGB grundsätzlich Anwendung. Dies gilt selbst dann, wenn der Vertretene selbst die Voraussetzungen der Norm nicht erfüllt, insbesondere kein Verbraucher iSv § 13 BGB ist (**aA** Erman/Koch § 312b Rn 7). Ist also richtigerweise für die Beurteilung des Vorliegens 43 eines Vertragsschlusses außerhalb von Geschäftsräumen iSe Verbrauchergeschäfts auf die Person des Vertreters abzustellen, so entfällt das Widerrufsrecht, wenn für einen Verbraucher ein Unternehmer als Vertreter rechtsgeschäftlich auftritt. Denn schließt jemand einen Vertrag als Vertreter in Ausübung seiner selbständigen Erwerbstätigkeit ab, fehlt das den Schutzzweck ausfüllende Überrumplungsrisiko. Nach seinem Sinn und Zweck schließt § 312b Abs 1 S 1 BGB die Anwendung des Widerrufsrechts wegen eines außerhalb von Geschäftsräumen geschlossenen Vertrages auf das Handeln eines Unternehmers aus (so schon zu § 312 aF [bis 12. 6. 2014] BGH NJW 2000, 2268; ebenso Grüneberg/Grüneberg § 312b Rn 8; Stürner JURA 2015, 341, 345).

2. Widerrufsberechtigung des Vertretenen

44 Da aber die Wirkung der Erklärung über § 164 Abs 1 BGB den Vertretenen trifft, dieser also Vertragspartner und damit verpflichtet und berechtigt werden soll, ist der Vertretene widerrufsberechtigt (Erman/Koch § 312b Rn 6).

3. Zusätzliches Recht des Vertreters

45 Ob neben dem Vertretenen auch dem Vertreter ein Widerrufsrecht zusteht, ist eine Frage des Umfanges der Vertretungsmacht. Die Entscheidung über den Bestand des Vertrages durch Ausübung des Widerrufsrechts steht grundsätzlich nur der Vertragspartei, also dem Verbraucher zu. Zwar ist die überraschte und überrumpelte Person diejenige, die zur Abgabe der „unüberlegten“ Erklärung verleitet worden ist; dies war der Vertreter. Trotzdem darf er kein grundsätzliches Widerrufsrecht haben, um seine Zusage zu korrigieren und eine Überlegungsfrist zu haben, denn bei der Frage der Ausübung des Widerrufsrechts geht es um die **Nachholung der Überlegungsfrist** und damit um die Entscheidung, ob der Vertrag wirksam sein soll oder nicht. Der Verbraucher hat zunächst den Vertreter nur zur Abgabe der Vertragserklärung ermächtigt, nicht aber zu einem weiteren Geschäft, nämlich der Ausübung des Widerrufs. Entscheidend ist also, ob der vertretene Verbraucher dem Vertreter auch noch die Möglichkeit der nachträglichen Überlegung und Abwägung und damit letztgültigen Entscheidung über den Bestand des Vertrages überlassen will. Dies wird letztlich eine Frage des Zugangs und Adressaten der Widerrufsbelehrung sein, denn nur wer aufgrund der Belehrung oder durch Erhalt der Leistung die Widerrufsfrist wahren kann, soll auch im Interesse des Verbrauchers den Widerruf ausüben dürfen. Grundsätzlich wird jedoch davon auszugehen sein, dass ein Verbraucher gegenüber seinem Vertreter die Entscheidung über den Abschluss des Vertrages mit der Widerrufsmöglichkeit verbindet (Erman/Koch § 312b Rn 6), denn ebenso wie der Vertreter den Vertragsschluss hätte verweigern können, so ist aufgrund derselben Überlegungen die spätere Verhinderung des Vertrages von der Vertretungsmacht mit abgedeckt. Die Begrenzung oder der Entzug der Vertretungsmacht über den Widerruf ist somit die Ausnahme und von demjenigen zu beweisen, der sich auf die Unwirksamkeit des Vertreterwiderrufs beruft.

4. Vollmachtserteilung

46 Die Erteilung der Vollmacht außerhalb von Geschäftsräumen allein macht den später durch den Vertreter abgeschlossenen Vertrag nicht zu einem außerhalb von Geschäftsräumen geschlossenen Vertrag (vgl ständige Rechtsprechung zu § 312 Abs 1 aF [3 bis

12. 6. 2014]: BGH NJW 2000, 2268; 2001, 1931; 2002, 1425; 2003, 1190; 2004, 154, 155). Nach **§ 168 S 2 BGB** ist die erteilte Vollmacht durch den Verbraucher grundsätzlich jedoch *ex nunc* **frei widerruflich**. Nach einer Ansicht in der Literatur ist sie auch widerruflich *ex tunc,* wenn der Vertreter Unternehmer ist und die Vollmachtserteilung ein Haustürgeschäft war (Hoffmann ZIP 1999, 1586, 1587; Möller ZIP 2002, 333, 337). Die Rechtsprechung hat dies offengelassen (BGH NJW 2000, 2268, 2270). Der Unternehmer mit dem in Ausübung der Vollmacht ein Geschäft getätigt wurde, wird auch hier durch die Rechtswirkung der §§ 171–173 BGB geschützt, wenn der Verbraucher dem Vertreter eine Vollmachtsurkunde ausgehändigt und der Vertreter die Urkunde dem Unternehmer vorgelegt hat. Grundsätzlich hat der Unternehmer bei dem Vertragsschluss mit dem Vertreter keine Veranlassung anzunehmen, dass die Vollmacht außerhalb von Geschäftsräumen erteilt und der Verbraucher nicht belehrt worden ist (Grüneberg/Grüneberg § 312b Rn 8). Wird die Vollmacht freilich widerrufen, dann muss auch das Ausführungsgeschäft widerrufen werden, um eine Rückabwicklung des Geschäfts zu erreichen. Will der Verbraucher dies nicht oder – wie im Regelfall – ist dies nicht möglich, sind die Rechtsfolgen des Widerrufs- und Rückgaberechts anzupassen, die auf den Widerruf einer Vollmacht nicht passen.

5. Falsus procurator

Im Fall des § 179 BGB tritt der **falsus procurator** an die Stelle des „Vertretenen", sodass Ersteren nicht nur die „Vertragspflichten", sondern auch die „Vertragsrechte" treffen, ihm damit auch das Widerrufsrecht zukommt (BGH NJW-RR 1991, 1074; Erman/Koch § 312b Rn 11). **47**

Schließt ein **Vertreter ohne Vertretungsmacht** einen Vertrag unter den situativen Umständen des § 312b Abs 1 S 1 BGB, gelten grundsätzlich die allgemeinen Regelungen, insbesondere § 177 BGB. Erst mit der Genehmigung durch den „Vertretenen" erwirbt dieser das Widerrufsrecht. Der Vertreter kann daneben allenfalls nach den dargelegten Grundsätzen (vgl Rn 44) widerrufsberechtigt sein. Allerdings dürften hier die Umstände gegen eine Bevollmächtigung sprechen, denn genehmigt wird nur die vorhergehende Erklärung; darin liegt keine Erteilung der Vertretungsmacht für ein weiteres Verhalten, sodass eine Widerrufsermächtigung des vollmachtlosen Vertreters idR ausscheidet. **48**

Durch die Genehmigung erlischt ein Widerrufsrecht weder in der Person des Vertretenen noch – sofern sich die Genehmigung darauf erstreckt – des Vertreters, denn das Widerrufsrecht ist weder abdingbar noch verzichtbar (s § 312m Abs 1 BGB), sodass in der Genehmigung kein Verzicht auf das Widerrufsrecht liegen kann. **49**

Vor bzw ohne Genehmigung des Vertretenen ist der vollmachtlose Vertreter widerrufsberechtigt (Erman/Koch § 312b Rn 11). Außerdem ist bis zur Genehmigung kein anderer Widerrufsberechtigter vorhanden. Sein Widerruf würde zudem von einer späteren Genehmigung durch den „Vertretenen" miterfasst. Unterbleibt die Genehmigung, trifft den Vertreter das Rechtsgeschäft gem § 179 BGB persönlich, sodass er gegenüber dem gewollten Vertragspartner auch hinsichtlich der Rechte gleichbehandelt werden muss, denn ihn treffen dann die Rechte und Pflichten des Vertrages. Zwar wird der *falsus procurator* über § 179 Abs 1 BGB auch dann nicht Vertragspartner, wenn der andere Teil Vertragserfüllung wählt, jedoch entsteht kraft Geset- **50**

zes ein Schuldverhältnis mit dem gleichen Inhalt wie der für den „Vertretenen" geschlossene Vertrag. Damit hat der *falsus procurator* auch die gleichen Rechte wie sie der Vertretene bei bestehender Vertretungsmacht oder bei Genehmigung hätte. Ebenso richtet sich der Schadensersatzanspruch auf das Erfüllungsinteresse und stellt den *falsus procurator* damit einem Vertragspartner gleich.

51 Hatte der **Vertreter ohne Vertretungsmacht seine Vertragserklärung bereits widerrufen und genehmigt nunmehr der „Vertretene" gem § 177 BGB**, kann der Vertrag nicht mehr wirksam werden, denn mit dem erklärten Widerruf des *falsus procurator* ist ein durch die Regelung des § 312b Abs 1 S 1 BGB ermöglichter „Rücktritt" erfolgt, da der Vertreter ohne Vertretungsmacht ein ihm zustehendes Widerrufsrecht ausgeübt hat (vgl Rn 50). Mit der Genehmigung übernimmt der „Vertretene" das Geschäft so, wie es sich im Zeitpunkt der Genehmigungserklärung darstellt, als ein bereits widerrufenes Geschäft, ohne Rücksicht darauf, ob dem Vertretenen der Widerruf bekannt war.

52 **Umstritten** ist, ob **die Widerrufsberechtigung des vollmachtlosen Vertreters** auch dann besteht, wenn das Geschäft nicht für ihn, wohl aber für den Vertretenen ein gewerbliches Geschäft wäre (Erman/Grüneberg § 312b Rn 14). Es ist grundsätzlich hinsichtlich des Anwendungsbereiches auf die Person des Vertreters abzustellen und dies gilt insbesondere, wenn bei einer vollmachtlosen Vertretung die Wirkungen des Rechtsgeschäfts bis zur oder bei verweigerter Genehmigung gem § 179 Abs 1 BGB den *falsus procurator* treffen würde. Ohne Genehmigung gem § 177 BGB bleibt der „Vertretene" außen vor. Seine Erwerbstätigkeit ist ohne Bedeutung (so im Ergebnis auch AG Reutlingen NJW-RR 1988, 826 f; Erman/Koch § 312b Rn 14).

53 **Bis zur bzw bei verweigerter Genehmigung** kann daher der **„Vertreter", der Verbraucher gem § 13 BGB** ist, den Widerruf erklären, selbst wenn der „Vertretene" eine Erwerbstätigkeit iSd Norm ausübt. **Nach Genehmigung** des Geschäfts durch den Vertretenen besteht das Widerrufsrecht des Vertreters grundsätzlich nicht mehr (Rn 48). Die Entscheidung über dessen Ausübung liegt allein bei dem Vertretenen, sodass nunmehr auch im Hinblick auf § 13 BGB auf dessen Person abzustellen ist, dh sofern das Widerrufsrecht noch nicht von dem *falsus procurator* ausgeübt worden ist, kann es der Vertreter, der kein Verbraucher iSd § 13 BGB ist, nicht mehr ausüben. Er hatte mit der Entscheidung über die Genehmigung seine Überlegungsmöglichkeit; es bedarf keines zusätzlichen Schutzes. Insoweit unterscheiden sich die Situationen bei dem Handeln eines Bevollmächtigten von denen eines nicht bevollmächtigten Vertreters.

54 Erfüllt der **Vertreter ohne Vertretungsmacht nicht die Voraussetzungen des § 13 BGB**, ist er also **nicht Verbraucher iSd Norm**, wohl aber der **„Vertretene"**, hat Ersterer bis zur Genehmigung durch den Vertretenen kein Widerrufsrecht. Erklärt der „Vertretene" die Genehmigung iSd § 177 BGB, wird er in diesem Zeitpunkt Vertragspartei und erhält dieselbe Stellung wie bei einer vorher erteilten Vollmacht (Grüneberg/Ellenberger § 177 § 312b Rn 8). Insoweit darf der Vertretene hinsichtlich der Entstehung eines Widerrufsrechts nicht besser stehen, denn es ist dann auf die Position des Vertreters, nicht des Vertretenen abzustellen. Ein zusätzliches Schutzbedürfnis für den Vertretenen besteht nicht. Er hat bei der Erteilung der Genehmigung dieselbe Überlegungsmöglichkeit wie bei Geschäften, die nicht unter § 312b Abs 1 S 1 BGB fallen.

Ein Widerrufsrecht des Vertretenen entsteht und besteht bei Genehmigungen nicht, wenn der „Vertreter ohne Vertretungsmacht" wegen des Fehlens der Verbrauchereigenschaft ein solches nicht besaß.

Dies gilt auch, wenn nicht der Unternehmer, sondern auf dessen Veranlassung der **Ehepartner** des Verbrauchers in der ehelichen Wohnung mit dem „Verbraucher" über den Vertrag gesprochen und letzteren zur Unterzeichnung (bzw Vertragserklärung) der vorbereiteten Erklärung bestimmt (BGH NJW 1993, 1595), denn der Ehepartner ist weder Vertreter noch Verhandlungsgehilfe der anderen Vertragspartei (Grüneberg/Grüneberg § 312b Rn 9). Die Norm soll den Verbraucher nur vor dem Druck und der Überraschung durch die andere Vertragspartei, nicht aber vor den Überredungskünsten eines mit der anderen Vertragspartei nicht verbundenen Dritten schützen (BGH NJW 1993, 1595 zum HWiG). Eine Neubewertung nach der Ausdehnung der Zurechnung durch das EuGH-Urteil „Crailsheimer Volksbank" hat der BGH nicht vorgenommen, seine Wortwahl in der im Anschluss ergangenen Rechtsprechung zur Einflussnahme von Verwandten und deren Zurechnung fiel jedoch zurückhaltender aus (BGH NJW 2007, 3272). Zugleich ist die Zurechnung eines Einwirkens durch einen Verwandten an den Unternehmer nicht grundsätzlich ausgeschlossen (BGH NJW-RR 2006, 1715 Rn 20). 55

6. Mitverpflichteter Ehegatte

Fällt eine unter den Situationen des § 312b Abs 1 S 1 Nr 1–4 BGB getätigte Verbrauchererklärung eines Ehegatten unter die Regelung des **§ 1357 BGB**, wird auch der andere **Ehegatte mitverpflichtet** (LG Würzburg NJW-RR 1988, 1324 für § 1 Abs 1 Nr 1–3 HWiG aF [bis 1. 1. 2002]; Cebulla/Pützhoven FamRZ 1996, 1124 ff). Die besondere Situation des § 312 Abs 1 S 1 BGB beeinträchtigt die Wirkung des § 1357 BGB insoweit nicht. Das Widerrufsrecht steht nicht nur der Vertragspartei zu, die eine Willenserklärung iSd § 312b Abs 1 S 1 BGB abgegeben hat, sondern auch demjenigen, der aus dem Vertrag verpflichtet wird. Sind beide Ehegatten verpflichtet, können auch beide das Widerrufsrecht ausüben, wobei die Informationsverpflichtung aus § 312d BGB nur gegenüber dem handelnden Ehepartner besteht (Jauernig/Budzikiewicz § 1357 Rn 3; MünchKommBGB/Roth § 1357 Rn 31). Der Widerruf eines Ehegatten macht als Ausübung eines Gestaltungsrechts das gesamte Rechtsgeschäft idR endgültig unwirksam (vgl BGH 28. 2. 2018 – XII ZR 94/17, NJW 2018 1313, 1315; Cebulla/Pützhoven FamRZ 1996, 1124 ff; MünchKommBGB/Roth § 1357 Rn 34, 41). Dies ist letztlich eine Frage des **§ 139 BGB** (Fischer/Machunsky [2. Aufl 1995] § 1 HWiG Rn 294). 56

7. Gesamtschuldner und Gesamtgläubiger

Sind mehrere Verbraucher zum Vertragsabschluss bestimmt worden, so kann bei Gesamtschuldnern bzw Gesamtgläubigern jeder einzelne seine Vertragserklärung widerrufen, denn jeder ist individuell bestimmt worden und genießt daher den Schutz des Gesetzes (Erman/Koch § 312b Rn 4). Ob bei Widerruf nur einzelner, nicht aller widerrufsberechtigten Gesamtgläubiger bzw Gesamtschuldner die Erklärungen der Nichtwiderrufenden mit Ablauf der Widerrufsfrist Wirksamkeit erlangen, bestimmt sich nach § 139 BGB und damit danach, ob die nicht widerrufenden Vertragspartner auch ohne die widerrufenden die Vertragserklärung abgegeben, den Vertrag abgeschlossen hätten bzw abschließen konnten. 57

8. Beschränkt geschäftsfähiger Verbraucher

58 Wird die Verbrauchererklärung unter den Situationen des § 312b Abs 1 S 1 Nr 1–4 BGB von einer beschränkt geschäftsfähigen Person abgegeben, so ist darauf abzustellen, ob diese Willenserklärung der Einwilligung des gesetzlichen Vertreters bedarf (§ 107 BGB). Ist die Erklärung von §§ 110, 112, 113 BGB gedeckt, liegt die Entscheidung allein bei dem beschränkt Geschäftsfähigen, da ihm insoweit vom gesetzlichen Vertreter pauschal die Entscheidung über den Vertrag überlassen ist (**aA** Fischer/Machunsky [2. Aufl 1995] § 1 HWiG Rn 66). Bei lediglich rechtlich vorteilhaften Erklärungen ist – abgesehen von der Problematik der „Entgeltlichkeit" – der Erklärende geschäftsfähig auch hinsichtlich der Widerrufserklärung, da diese über die Wirksamkeit des Vertrages selbst entscheidet und wegen der schwebenden Wirksamkeit keinen Verzicht auf eine Forderung gegen die andere Vertragspartei bedeutet (**aA** Fischer/Machunsky [2. Aufl 1995] § 1 HWiG Rn 294).

59 Anders verhält es sich bei den Geschäften, die nach § 107 BGB der Einwilligung des gesetzlichen Vertreters bedürfen. Erklärt der gesetzliche Vertreter seine Zustimmung bzw Genehmigung (§§ 107, 108 BGB), wird davon das Widerrufsrecht grundsätzlich nicht berührt (Fischer/Machunsky [2. Aufl 1995] § 1 HWiG Rn 66). Allerdings kann in dem Widerruf des gesetzlichen Vertreters die Verweigerung der Genehmigung liegen (§§ 182 Abs 1, 108 BGB). Im Übrigen entscheidet selbst bei vorheriger Zustimmung bzw erteilter Genehmigung allein der gesetzliche Vertreter über die Ausübung des Widerrufsrechts (Fischer/Machunsky [2. Aufl 1995] § 1 HWiG Rn 66; vgl auch Grüneberg/Ellenberger § 107 Rn 2). Besondere Bedeutung erlangen diese Fragen derzeit bei der Nutzung von Online-Spielen durch Minderjährige (vgl dazu Meyer NJW 2015, 3686, 368).

VII. Beweislast

60 Mangels vorhandener Sonderregelung gelten hinsichtlich der Beweislast grundsätzlich die allgemeinen Regeln. Insofern hat der Verbraucher die ihm günstigen Tatsachen darzulegen, er muss also insbesondere das Eingreifen eines der Tatbestände aus § 312b Abs 1 S 1 BGB nachweisen (MünchKommBGB/Wendehorst § 312b Rn 63; BeckOK-BGB/Maume [1. 5. 2024] § 312b Rn 39; Erman/Koch § 312b Rn 32). Zudem muss er auch seine eigene Verbrauchereigenschaft beweisen. Hier ist die Rechtsprechung aber zugunsten des Verbrauchers eher großzügig: Handelt eine natürliche Person, ist ihre Verbrauchereigenschaft im Zweifel zu bejahen (BGH NJW 2009, 3780 f; BeckOK-BGB/Maume [1. 5. 2024] § 312b Rn 39). Umgekehrt spricht alleine der Umstand, dass die Rechnungsstellung an die Geschäftsadresse erfolgen soll, nicht zwingend für eine unternehmerische Tätigkeit des Käufers (AG Bonn 8. 7. 2015 – 103 C 173/14; BeckOK-BGB/Maume [1. 5. 2024] § 312b Rn 39). Eine weitere Erleichterung für den Verbraucher ergibt sich aus der Tatsache, dass es nach der Konzeption des neuen Widerrufsrechts nicht darauf ankommt, dass sich der Verbraucher tatsächlich in einer Überrumpelungssituation befunden hat. Anders als nach § 312 Abs 1 S 1 aF (bis 12. 6. 2014) muss er nicht mehr beweisen, dass er durch die situativen Umstände zu dem Abschluss des Vertrages bestimmt worden ist, die Situation mithin für den Vertragsabschluss kausal war (MünchKommBGB/Wendehorst § 312b Rn 64; Erman/Koch § 312b Rn 32). Handelt es sich nicht um einen außerhalb von Geschäftsräumen geschlossenen Vertrag, entfällt die wesentliche Voraussetzung für das Bestehen eines Wider-

rufsrechts aus § 312g Abs 1 iVm § 355 BGB. Folglich hat der Unternehmer seinerseits zu beweisen, dass der Ort des Vertragsschlusses seine gewöhnliche bzw dauerhafte Tätigkeitsstätte ist (GRÜNEBERG/GRÜNEBERG § 312b Rn 3; BeckOK-BGB/MAUME [1. 5. 2024] § 312b Rn 39).

§ 312c
Fernabsatzverträge

(1) Fernabsatzverträge sind Verträge, bei denen der Unternehmer oder eine in seinem Namen oder Auftrag handelnde Person und der Verbraucher für die Vertragsverhandlungen und den Vertragsschluss ausschließlich Fernkommunikationsmittel verwenden, es sei denn, dass der Vertragsschluss nicht im Rahmen eines für den Fernabsatz organisierten Vertriebs- oder Dienstleistungssystems erfolgt.

(2) Fernkommunikationsmittel im Sinne dieses Gesetzes sind alle Kommunikationsmittel, die zur Anbahnung oder zum Abschluss eines Vertrags eingesetzt werden können, ohne dass die Vertragsparteien gleichzeitig körperlich anwesend sind, wie Briefe, Kataloge, Telefonanrufe, Telekopien, E-Mails, über den Mobilfunkdienst versendete Nachrichten (SMS) sowie Rundfunk und Telemedien.

Materialien zum Gesetz über Fernabsatzverträge und andere Fragen des Verbraucherrechts sowie zur Umstellung von Vorschriften auf Euro: Richtlinie 97/7/EG vom 20. 5. 1997 über den Verbraucherschutz bei Vertragsabschlüssen im Fernabsatz (ABlEG Nr L 144, 19); Referentenentwurf Fernabsatzgesetz Referat I B 2 3420/12-4; Regierungsentwurf BT-Drucks 14/2658, 30 ff; Stellungnahme des Bundesrates mit Gegenäußerung der Bundesregierung, BT-Drucks 14/2920, 3, 13; Beschlussempfehlung und Bericht des Rechtsausschusses, BT-Drucks 14/3195, 3; zur Schuldrechtsreform und später: Gesetz zur Modernisierung des Schuldrechts Regierungsentwurf BT-Drucks 14/6040, 168; Stellungnahme des Bundesrats und Gegenäußerung der Bundesregierung BT-Drucks 14/6857, 18, 54 f; Bericht des Rechtsausschusses, BT-Drucks 14/7052, 191; zum Gesetz zur Änderung der Vorschriften über Fernabsatzverträge bei Finanzdienstleistungen: Richtlinie 2002/65/EG über den Fernabsatz von Finanzdienstleistungen an Verbraucher und zur Änderung der Richtlinie 90/619/EWG des Rates und der Richtlinien 97/7/EG und 98/27/EG, ABlEG Nr L 271, 16; Entwurf der Bundesregierung mit Stellungnahme des Bundesrats vom 12. 3. 2004 und Gegenäußerung der Bundesregierung, BT-Drucks 14/6557, 18 ff, 32, 37; Beschlussempfehlung des Vermittlungsausschusses zu dem Gesetz zur Änderung der Vorschriften über Fernabsatzverträge bei Finanzdienstleistungen, BT-Drucks 15/4062, 2; Richtlinie 2011/83/EU des Europäischen Parlaments und des Rates vom 25. 10. 2011 über die Rechte der Verbraucher, zur Abänderung der Richtlinie 93/13/EWG des Rates und der Richtlinie 1999/44/EG des Europäischen Parlaments und des Rates sowie zur Aufhebung der Richtlinie 85/577/EWG des Rates und der Richtlinie 97/7/EG des Europäischen Parlaments und des Rates (ABlEU Nr L 304/64); Gesetzentwurf der Bundesregierung BR-Drucks 817/12; Gesetzentwurf der Bundesregierung BT-Drucks 17/12637; Beschlussempfehlung und Bericht des Rechtsausschusses BT-Drucks 17/13951; Gesetz zur Umsetzung der Verbraucherrechterichtlinie und zur Änderung des Gesetzes zur Regelung der Wohnungsvermittlung vom 20. 9. 2013 (BGBl I Nr 58, 3642).

Systematische Übersicht

Alphabetische Übersicht

I. Allgemeines

1 § 312c BGB definiert den vormals in § 312b aF (bis 12. 6. 2014) enthaltenen **Begriff des Fernabsatzvertrages** neu (Abs 1) und konkretisiert im Übrigen den **Begriff Fernkommunikationsmittel** (Abs 2). Die bisherigen Regelungen werden durch § 312c BGB sprachlich an die Vorgaben der VerbrRRL angepasst; abgesehen von redaktionellen Anpassungen tritt im Wesentlichen jedoch keine inhaltliche Änderung ein. **Fernabsatzverträge** im Sinne der §§ 312c ff BGB sind demnach Verträge, bei denen

der Unternehmer oder eine in seinem Namen oder Auftrag handelnde Person und der Verbraucher für die Vertragsverhandlungen und den Vertragsschluss ausschließlich Fernkommunikationsmittel verwenden, es sei denn, dass der Vertragsschluss nicht im Rahmen eines für den Fernabsatz organisierten Vertriebs- oder Dienstleistungssystems erfolgt. Die in Abs 1 der ursprünglichen Entwurfsfassung enthaltene Textpassage „bis einschließlich des Vertragsschlusses" wurde durch die Wörter „für die Vertragsverhandlungen und den Vertragsschluss" ersetzt. Dies stellt jedoch allein eine Änderung redaktioneller Art dar und beruht im Übrigen auf einer Anregung des Bundesrates, welcher sich die Bundesregierung in ihrer Gegenäußerung in modifizierter Form angeschlossen hat (BT-Drucks 17/13951, 63). Folgerichtig wurde von einer Aufnahme des in der VerbrRRL explizit enthaltenen Tatbestandsmerkmals „ohne gleichzeitige körperliche Anwesenheit des Unternehmers und des Verbrauchers" in die Legaldefinition des Fernabsatzvertrages abgesehen, da so gut wie keine Fälle denkbar sind, in denen Anwesende mittels Fernkommunikationsmitteln zu kommunizieren beabsichtigen (vgl BT-Drucks 17/13951, 72, danach sollen im Ergebnis auf solche Fälle dennoch die Regeln des Fernabsatzes Anwendung finden). Die Vorschrift legt damit fest, unter welchen (technischen) Voraussetzungen ein Vertrag im Fernabsatz geschlossen wird, nicht jedoch den konkreten Inhalt des Schuldverhältnisses. Hierfür kommt eine Vielzahl von Vertragstypen in Betracht (zB Kauf-, Werk- oder Mietvertrag), sodass die Voraussetzungen für das Zustandekommen eines Vertrages nicht geändert werden; insbesondere bleiben die §§ 145 ff BGB unberührt (vgl Grüneberg/Grüneberg § 312c Rn 7).

Wie die Formulierung „es sei denn, dass der **Vertragsschluss** nicht im Rahmen eines für den Fernabsatz organisierten Vertriebs- oder Dienstleistungssystems erfolgt" verdeutlicht, ist die Struktur des anbietenden Unternehmens der entscheidende Anknüpfungspunkt für die Anwendbarkeit der Regelungen über Fernabsatzverträge und nicht etwa der konkrete im Fernabsatz geschlossene Vertrag (vgl zu § 312b aF Bülow/Artz NJW 2000, 2049, 2053). Gleichwohl lässt diese Definition eine Vielzahl von Fragen offen, insbesondere bleibt unklar, wann die Schwelle zu einem – vom Gesetz geforderten – professionell organisierten Vertriebs- und Dienstleistungssystem überschritten wird. Der Gesetzgeber hatte diese unbestimmte Definition sehenden Auges in das Gesetz eingefügt und lapidar festgestellt, dass die Grenze zum organisierten Fernabsatzsystem jedenfalls dann überschritten sein dürfte, wenn „der Inhaber eines Geschäfts Waren nicht nur gelegentlich versendet, sondern systematisch auch mit dem Angebot telefonischer Bestellung und Zusendung der Waren wirbt"; ansonsten wurde die weitere Konkretisierung jedoch der Rechtsprechung überlassen (BT-Drucks 14/2658, 30 f). 2

II. Gefahren und Chancen des Fernabsatz-/E-Commerce-Geschäfts

Fernabsatzgeschäfte werden ebenso wie **E-Commerce-Geschäfte** (vgl dazu ausführlich die Kommentierung zu §§ 312i Rn 1 ff und § 312j Rn 1 ff) in aller Regel in drei Stufen abgewickelt. Zunächst erhält der Verbraucher ein Angebot über ein Produkt oder eine Dienstleistung. Zur Übermittlung des Angebotes nutzt der Unternehmer Fernkommunikationsmittel bzw Tele- oder Mediendienste. Auf der zweiten Stufe findet die Entscheidungsfindung beim Kunden statt. Für diesen Prozess stehen ihm nur die Angaben zur Verfügung, die der Unternehmer in seiner *invitatio ad offerendum* gemacht hat. Entschließt sich der Kunde, ein der *invitatio ad offerendum* entsprechendes An- 3 gebot abzugeben und nimmt der Unternehmer dieses Angebot dann an, wird in einem dritten Schritt die Ware oder Dienstleistung ausgeliefert. Ein persönlicher Kontakt zwischen Unternehmer und Verbraucher findet bei Fernabsatzgeschäften zu keinem Zeitpunkt und bei E-Commerce-Geschäften nur in Ausnahmefällen statt.

4 Während Unternehmer und Verbraucher zuvor vor allem über die klassischen Medien des **Versandhandels** wie zB Kataloge kommuniziert haben, treten in jüngerer Zeit moderne Kommunikationsmittel immer mehr in den Vordergrund. Dies betrifft insbesondere elektronisch getätigte Käufe. In dem Maße, in dem moderne Kommunikationsmittel wie das Internet Bestandteil des gesellschaftlichen Alltags geworden sind, ist auch die Wertentwicklung des Konsums über das Medium Internet weiter gestiegen.

5 Diese Entwicklung war für den europäischen Gesetzgeber Grund zu handeln. Bereits 1992, also zu einem Zeitpunkt, in dem das Internet noch in den Kinderschuhen steckte und seine zukünftige Bedeutung für die Wirtschaft im **Binnenmarkt** noch nicht abzusehen war, hat die Kommission einen Vorschlag für eine Richtlinie über den Verbraucherschutz bei Vertragsabschlüssen im Fernabsatz vorgelegt (ABlEG Nr C 156/14 – KOM [92] 11 endg). Dieser Vorschlag wurde dann 1997 in die Richtlinie 97/7/EG (ABlEG Nr L 144/19, 19–27) umgesetzt, deren maßgebliche Regelungen sich heute in §§ 312b bis g BGB wiederfinden lassen. Durch § 312h BGB soll der Verbraucher wiederum vor einer bestimmten Form unseriöser Geschäftspraktiken geschützt werden.

6 **Fernabsatz- und E-Commerce-Geschäfte** bieten für den Verbraucher neben einer Reihe von Risiken auch deutliche **Vorteile**. Das Internet kennt keine räumlichen Grenzen und ermöglicht einen weltweiten Produkt- und Preisvergleich innerhalb von Sekunden. Auch der Konsum selbst wird deutlich erleichtert. Der Verbraucher der Informationsgesellschaft kann ohne Weiteres jedwede Produkte oder Dienstleistungen zu einer beliebigen Zeit bestellen, ohne sein Haus dabei zu verlassen. Hierdurch wird insbesondere Verbrauchern, die in wirtschaftlich gering erschlossenen Gebieten leben, die Möglichkeit eröffnet, ohne größere Schwierigkeiten in den Genuss eines umfassenden Waren- und Dienstleistungsangebotes zu kommen. Darüber hinaus bietet gerade der elektronische Geschäftsverkehr die Chance von verbraucherfreundlichen Preisen. Dem Unternehmer bieten sich in diesem Segment nicht unerhebliche Einsparmöglichkeiten im Bereich der Personalkosten und des Vertriebssystems, die an den Kunden weitergegeben werden können. Daneben entsteht durch den einfachen Preisvergleich Druck auf den Unternehmer, sich an die günstigeren Preise der Wettbewerber anzupassen.

7 Neben solchen Vorteilen können sich für den Kunden auch **Nachteile im Fernabsatz und elektronischen Geschäftsverkehr** ergeben. Der Kunde kauft gewissermaßen die Katze im Sack, wenn er die Ware nicht vor dem Kauf in Augenschein nehmen kann. Ebenso kann er sich in der Regel nicht über die Person des Unternehmers und damit über dessen Zuverlässigkeit, geschäftliche Seriosität und wirtschaftliche Bonität informieren. Er kann nicht überprüfen, ob die gekaufte Ware auch tatsächlich die versprochenen Eigenschaften aufweist oder ob sie gegenüber der möglicherweise aufwändigen Präsentation qualitativ minderwertig ist. Auch besteht für den Verbraucher das Risiko, dass er über den Endpreis des angebotenen Produktes im Unklaren

gelassen wird. Zusatzkosten wie etwa die Kosten für den Versand können versteckt angegeben werden, sodass der vermeintlich preisgünstige Einkauf durch die zusätzlichen Kosten auf einmal keinen wirtschaftlichen Vorteil gegenüber dem traditionellen Kauf mehr mit sich bringt. Weitere Nachteile können dem Verbraucher dadurch entstehen, dass bei Online-Verkäufen häufig Zahlungsmodalitäten vorgesehen sind, durch die der Verbraucher vor Erhalt der Ware belastet wird. Hierdurch entsteht für ihn das Risiko, die Ware bei bereits erbrachter Gegenleistung nicht oder nur mangelbehaftet zu erhalten. Eine Zurückhaltung des Kunden beim Abschluss von Verträgen im elektronischen Geschäftsverkehr beruht auch auf der Gefahr, dass die bei der Zahlung übermittelten Daten missbräuchlich verwendet werden können. Schließlich ist die Rückabwicklung eines möglicherweise fehlgeschlagenen Vertrages besonders bei grenzüberschreitenden Fernabsatzkäufen und der hiermit verbundenen Unsicherheit hinsichtlich der Rechtsanwendung nicht unproblematisch.

III. Entwicklung der Vorschrift

Der zeitlich vorausgehende § 312b aF (bis 12. 6. 2014) setzte Art 2 und 3 FernAbsRL **8**
sowie Art 2 lit b und Erwägungsgrund 16 FernAbsFinanzDienstRL nahezu wörtlich um, sodass es sich bei einem Fernabsatzvertrag um solche Verträge über die Lieferung von Waren oder über die Erbringung von Dienstleistungen, einschließlich Finanzdienstleistungen, handelte, die zwischen einem Unternehmer und einem Verbraucher unter ausschließlicher Verwendung von Fernkommunikationsmitteln abgeschlossen werden, es sei denn, dass der Vertragsschluss nicht im Rahmen eines für den Fernabsatz organisierten Vertriebs- oder Dienstleistungssystems erfolgt. Es wurde darauf verzichtet, die ohnehin missglückte Formulierung „Lieferer" der deutschen Fassung der Richtlinie zu übernehmen. Stattdessen wurde ganz im Sinne einer Vereinheitlichung des **Verbraucherschutzrechts** der Begriff „Unternehmer" verwandt, dessen Legaldefinition sich in § 14 BGB findet. Inhaltliche Auswirkungen ergaben sich dadurch jedoch nicht. Eine Definition des „Betreibers einer Kommunikationstechnik", wie sie Art 2 Nr 5 FernAbsRL bzw Art 2 lit g FernAbsFinanzDienstRL enthielt, fehlte in den §§ 312b bis 312f aF (bis 12. 6. 2014) und war überdies auch entbehrlich, da der Begriff in diesem Zusammenhang keine Rolle spielte. Auch auf eine Binnendifferenzierung innerhalb der Bereichsausnahmen in § 312b Abs 3 aF (bis 12. 6. 2014) wurde verzichtet, obwohl die Fernabsatzrichtlinie im Ausnahmekatalog des Art 3 zwischen Verträgen unterschied, die generell nicht in den Anwendungsbereich der Richtlinie fielen und solchen, für die nur bestimmte Vorschriften nicht gelten sollten. Diese gemeinschaftsrechtliche Regelung war auf einige Kritik gestoßen und wurde als „weder übersichtlich noch überzeugend" bezeichnet (so Micklitz, in: Grabitz/Hilf [40. Aufl 2009], Sekundärrecht Bd IV, A3 Rn 20). Da in den §§ 312b bis 312f aF (bis 12. 6. 2014) ohnehin nur die Art 4, 5 und 6 FernAbsRL, auf die sich die weitergehende Differenzierung in Art 3 Abs 2 FernAbsRL bezog, umgesetzt wurden, erübrigt sich eine Unterscheidung zwischen den Ausnahmen im deutschen Recht auch aus diesem Grund (so auch die Begründung des Gesetzgebers, BT-Drucks 14/2658, 31).

Abgesehen von diesen Abweichungen, die allein die Wortwahl betrafen, hatte der **9**
Gesetzgeber in einigen Bereichen auch inhaltliche Akzente gesetzt und insoweit von der Regelung des Art 14 FernAbsRL Gebrauch gemacht, die es ihm erlaubte, bei der Umsetzung zugunsten des Verbrauchers über die Vorgaben der Richtlinie hinauszugehen. So ging der auch für § 312b aF (bis 12. 6. 2014) geltende Verbraucher-

begriff des § 13 BGB weiter als die europäische Vorgabe. Nach dem Verständnis des BGB war auch die natürliche Person, die ein Rechtsgeschäft zu einem Zweck abschließt, der ihrer abhängigen beruflichen Tätigkeit zuzurechnen ist, als Verbraucher zu behandeln. Entsprechend der Definition in Art 2 Nr 2 FernAbsRL konnte demgegenüber eine Person, die zu Zwecken handelt, die jedweder beruflichen Tätigkeit zugeordnet werden können, nicht als Verbraucher bezeichnet werden (zum Verbraucherbegriff ausführlich STAUDINGER/FRITZSCHE [2024] § 13 Rn 46 ff). Darüber hinaus stellte bereits § 312b Abs 1 aF (bis 12. 6. 2014) eine Vermutung dafür auf, dass ein für den Fernabsatz organisiertes Vertriebs- oder Dienstleistungssystem immer dann vorliegen solle, wenn der Vertrag unter ausschließlicher Verwendung von Fernkommunikationsmitteln geschlossen wurde („es sei denn"). Eine solche Vermutung ließ sich der Definition aus Art 2 Nr 1 FernAbsRL nicht entnehmen. Der deutsche Gesetzgeber hatte diesen Weg mit dem Ziel beschritten, eine „Erleichterung für die Praxis" (BT-Drucks 14/2658, 31) zu gewährleisten, indem dem Unternehmer die Beweislast dafür auferlegt wurde, dass ein für den Fernabsatz organisiertes Vertriebssystem nicht vorlag, sondern der Vertrag nur ausnahmsweise unter Zuhilfenahme von Mitteln der Fernkommunikation geschlossen wurde. Ferner wurde die in Art 3 Abs 1 Spiegelstrich 5 FernAbsRL vorgesehene Bereichsausnahme „Versteigerungen" nicht in den Katalog des § 312b Abs 3 aF (bis 12. 6. 2014) übernommen, sodass auch bei Versteigerungen grundsätzlich die Vorgaben der §§ 312b bis 312f BGB zu beachten waren. Gemäß § 312d Abs 4 Nr 5 aF (bis 12. 6. 2014) entfiel allerdings in einem solchen Fall das **Widerrufsrecht** des Verbrauchers.

10 § 312b aF (bis 7. 12. 2004) wurde durch das am 1. 1. 2002 in Kraft getretene **Schuldrechtsmodernisierungsgesetz** ins BGB eingefügt. Das Schuldrechtsmodernisierungsgesetz integrierte zahlreiche Verbraucherschutzvorschriften in das BGB, so auch das erst 18 Monate zuvor verkündete FernAbsG, an dessen Stelle die §§ 312b bis 312d aF (bis 7. 12. 2004) getreten waren. § 312b aF (bis 7. 12. 2004) entspricht im Wesentlichen dem früheren § 1 FernAbsG (bis 31. 12. 2001), auch die einzelnen Absätze waren weitestgehend gleichgeblieben. Die in § 312b Abs 3 aF (bis 7. 12. 2004) geregelten Bereichsausnahmen fanden sich zuvor in § 1 Abs 3 FernAbsG. Eine Änderung im Vergleich zum FernAbsG lag jedoch insoweit vor, als nach § 312b Abs 3 Nr 3 aF (bis 7. 12. 2004) auch Darlehensvermittlungsverträge unter den Anwendungsbereich der §§ 312b ff aF (bis 7. 12. 2004) fielen. § 1 Abs 3 Nr 3 FernAbsG hatte demgegenüber festgelegt, dass die Vermittlung von Verbraucherkrediten aus dem Anwendungsbereich des Gesetzes komplett herausfielen. Neben den Vorgaben der §§ 655a ff BGB (das frühere VerbrKrG (bis 31. 12. 2001) mussten Unternehmer, die im Fernabsatz Verbraucherkredite vermitteln, danach auch die §§ 312b ff aF (bis 7. 12. 2004) beachten. Geändert wurde die Vorschrift während der Umsetzung der FernAbsFinanzDienstRL durch das Gesetz zur Änderung der Vorschriften über Fernabsatzverträge bei Finanzdienstleistungen vom 7. 12. 2004 (BGBl I 3102, zur Umsetzung KNÖFEL ZGS 2004, 182 ff; ROTT BB 2005, 53; FELKE/JORDANS NJW 2005, 710; HÄRTING/SCHIRMBACHER CR 2005, 48; KOCHER DB 2004, 2679) und durch das Gesetz (BGBl I 34) zur Modernisierung der Regelungen über TeilzeitWohnrechteverträge, Verträge über langfristige Urlaubsprodukte sowie Vermittlungsverträge und Tauschsystemverträge, das zum 23. 2. 2011 in Kraft trat.

11 Durch Art 31 Richtlinie 2011/83/EU wurde die Richtlinie 97/7/EG in ihrer Form nach 2002/65/EG zum 13. 6. 2014 aufgehoben (siehe hierzu Vorbem 35 zu §§ 312b–312h). Bis zum 13. 12. 2013 mussten die Mitgliedstaaten stattdessen die Verbraucherrechterichtlinie 2011/83/EU (abgedruckt unter Vorbem 37 zu §§ 312, 312a) umsetzen. Nach Art 4 Richtlinie 2011/83/EU wird eine Vollharmonisierung angestrebt; ein Abweichen von den Vorgaben ist danach nur in den ausdrücklich durch den Richtlinientext erlaubten Fällen zulässig. Art 2 Nr 7 VRRL bestimmt dabei den Begriff des Fernabsatzvertrages. Während im Kommissionsentwurf noch auf die Wendung „im Rahmen eines für den Fernabsatz organisierten Vertriebs- bzw Dienstleistungssystems" verzichtet wurde, entspricht die Begriffsbestimmung in der endgültigen Fassung dem Kern nach dem deutschen Recht, sodass der sachliche Anwendungsbereich im Grunde unverändert bleibt.

Der letztlich durch Art 1 des Gesetzes zur Umsetzung der Verbraucherrechterichtlinie und zur Änderung des Gesetzes zur Regelung der Wohnungsvermittlung vom 20. 9. 2013 neu gestaltete und in das BGB eingefügte § 312c BGB setzt Art 2 Nr 7 sowie Erwägungsgrund 20 der VerbrRRL ebenso nahezu wortwörtlich um. Auch weiterhin muss die Leistungserbringung nicht im Fernabsatz erfolgen. In Erwägungsgrund 20 der VerbrRRL heißt es zwar, dass ein Vertrag, der über ein Fernkommunikationsmittel angebahnt und letztlich in den Geschäftsräumen des Unternehmers geschlossen wird, nicht als Fernabsatzvertrag gilt. Weiter jedoch, dass der Begriff des Fernabsatzvertrags auch keine Reservierungen eines Verbrauchers über ein Fernkommunikationsmittel im Hinblick auf die Dienstleistung eines Fachmanns, wie beispielsweise im Fall eines Telefonanrufs eines Verbrauchers zur Terminvereinbarung mit einem Friseur, einschließen soll. 12

Bereits vor der Neufassung des § 312c BGB wurde jedoch deutlich, dass die Normierung des Tatbestandes, mit Blick auf das Erfordernis der ausschließlichen Verwendung von Fernkommunikationsmitteln zum Vertragsschluss, Raum für persönliche Informationsgespräche lassen muss. In Abgrenzung zu Verhandlungen soll der persönliche Kontakt zu Informationszwecken nach Erwägungsgrund 20 der RL 2011/83/EU für die Bejahung eines Fernabsatzvertrages unschädlich sein. Die Abgrenzung und jeweilige Reichweite der Alternativen „Warenlieferung" und „Dienstleistungserbringung" entfällt, da die Richtlinie eine solche Differenzierung nicht mehr vornimmt. Die neuen Vorgaben gelten nicht für Finanzdienstleistungen. Die Richtlinie 2011/83/EU ist auf diese nicht anwendbar, kann aber nach Ermessen der Mitgliedstaaten auf diese erweitert werden (Art 3 Abs 3 lit d und ErwGR 32 VerbrRRL). Die Beweislastumkehr, die sich aus der Formulierung des § 312b Abs 1 S 1 HS 2 aF (bis 12. 6. 2014) ergab, ist mit Blick auf den Vollharmonisierungsanspruch der VerbrRRL und eine fehlende Entsprechung innerhalb des Art 2 Abs 7 VerbrRRL mit der Richtlinie nicht zu vereinbaren. 13

Die neuerliche Definition des Fernabsatzvertrags entspricht Art 2 Nr 7 VerbrRRL und knüpft weiterhin an die Art und Weise des Vertragsschlusses an. Der Vertragsgegenstand wird in die Legaldefinition allerdings nicht mehr einbezogen (Föhlisch/Dyakova MMR 2013, 3). Es werden damit Verträge erfasst, die zwischen einem Unternehmer und einem Verbraucher im Rahmen eines für die Lieferung im Fernvertrieb organisierten Verkaufs- oder Dienstleistungserbringungssystems geschlossen werden, wobei bis einschließlich zum Zeitpunkt des Vertragsabschlusses ausschließlich Fernkommunikationsmittel verwendet werden. Die Ausnahmen von der Anwendung der § 312c ff BGB (§ 312b Abs 3 aF (bis 12. 6. 2014) finden sich wiederum in Art 3 VerbrRRL wieder. Die Ausnahme nach § 312b Abs 3 Nr 6 aF (bis 12. 6. 2014) 14 fiel somit weg. Für diesen Fall ist zumindest der Ausschluss des Widerrufs nach Art 16 lit l vorgesehen. Verträge im Bereich des FernUSG sind von der VerbrRRL wie schon von der FernAbsRL erfasst. Die Ausnahme in § 312b Abs 3 Nr 1 aF (bis 12. 6. 2014) konnte erhalten bleiben, soweit die Vorgaben erneut speziell im FernUSG umgesetzt werden. Dazu wurden die Vorschriften angepasst. Wenngleich keine vollständige Neukonzeption des § 312b aF (bis 12. 6. 2014) erforderlich war, sind dennoch einige Änderung des neu gefassten § 312c BGB vorzunehmen gewesen.

IV. Fernabsatzverträge

15 **Fernabsatzverträge** sind entsprechend der **Legaldefinition in Abs 1** Verträge, bei denen der Unternehmer oder eine in seinem Namen oder Auftrag handelnde Person und der Verbraucher für die Vertragsverhandlungen und den Vertragsschluss ausschließlich Fernkommunikationsmittel verwenden, es sei denn, dass der Vertragsschluss nicht im Rahmen eines für den Fernabsatz organisierten Vertriebs- oder Dienstleistungssystems erfolgt.

1. Persönlicher Anwendungsbereich

16 Die den Fernabsatz betreffenden Regelungen in §§ 312c bis 312h BGB gelten nicht für alle Fernabsatzverträge, sondern nur für solche, an denen Unternehmer und Verbraucher beteiligt sind. Diese Einschränkung entspricht weiterhin der europäischen Vorgabe und ist auch interessengerecht, da Vertragsparität nur dann nicht gegeben ist, wenn der geschäftlich unerfahrene Verbraucher auf einen routinierten Unternehmer trifft und hierbei in die Gefahr gerät, übervorteilt zu werden. Die Begriffe „Verbraucher" und „Unternehmer" waren vor der Umsetzung der Fernabsatzrichtlinie durch das Gesetz über Fernabsatzverträge und andere Fragen des Verbraucherrechts nicht im BGB, sondern in den verschiedenen Verbraucherschutzgesetzen unterschiedlich geregelt. Erst nach Inkrafttreten des Umsetzungsgesetzes finden sich einheitliche Definitionen der Begriffe in §§ 13, 14 BGB, um „erste Schritte zu einer Vereinheitlichung dieser Schlüsselbegriffe in Verbraucherschutzvorschriften zu unternehmen" (BT-Drucks 14/2658, 30; Kritik an dieser Form der Umsetzung äußert Flume ZIP 2000, 1427, 1428). Zu Einzelheiten und Zweifelsfällen siehe Kommentierung zu § 13 BGB und § 14 BGB. Zur im Fernabsatz viel diskutierten Frage der Unternehmereigenschaft sog Powerseller bei eBay siehe: Borges DB 2005 319, 324; Szczesny/Holthusen K&R 7/2005 302; Szczesny/Holthusen NJW 2007, 2586; Leible/Wildemann K&R 1/2005, 26; OLG Zweibrücken 28. 6. 2007 – 4 U 210/06; OLG Koblenz NJW 2006, 1438; OLG Frankfurt NJW 2004, 2098, 2099; LG Mainz NJW 2006, 783; auch BGH 27. 9. 2017 – VIII ZR 271/16, NJW 2018, 146 Rn 40 ff und BFH 12. 8. 2015 – XI R 43/13, DStR 2015, 2175, 2177.

17 Nach zivilprozessualen Grundsätzen trägt derjenige, der sich auf die Schutzwirkungen der fernabsatzrechtlichen Regelungen beruft, die **Beweislast** für deren Voraussetzungen, sodass regelmäßig der **Verbraucher** seine **Verbrauchereigenschaft** nachweisen muss (Ende/Klein [2001] 125 f; BeckOK-BGB/Maume [1. 5. 2024] § 312b Rn 39; Schmittmann K&R 2004, 361, 362). In Fällen, in denen mit dem Rechtsgeschäft berufliche und private Zwecke verbunden werden (dual use), muss nachgewiesen werden, dass der private Zweck den beruflichen überwiegt, damit das Fernabsatzrecht gilt. Hierzu wird es

erforderlich sein, den Umfang von privater und beruflicher Nutzung darzulegen und einander gegenüberzustellen. Hinsichtlich des Vorliegens der **Unternehmereigenschaft** gilt das gleiche (BeckOK-BGB/Maume [1. 5. 2024] § 312b Rn 39; Grüneberg/Grüneberg § 312b Rn 3).

18 In Bezug auf den Unternehmer wurde, im Vergleich zu § 312b Abs 1 S 1 aF (bis 12. 6. 2014), der persönliche Anwendungsbereich des § 312c BGB um solche Personen erweitert, die im Namen oder Auftrag des Unternehmers für diesen handeln. Diese Regelung trägt dem beschränkten Anwendungsbereich der VerbrRRL Rechnung und setzt die Legaldefinition des Unternehmers in Art 2 Nr 2 VerbrRRL um, welche sich auf die Fälle der Einbeziehung einer Drittperson bezieht, die im Namen oder im Auftrag eines Hintermanns handelt (Föhlisch/Dyakova MMR 2013, 4; Purnhagen ZRP 2012, 38). Zur Bestimmung einer solchen Person, die im Namen oder Auftrag des Unternehmers handelt, kann auf die allgemeinen Regelungen zur **Stellvertretung (§§ 164 ff BGB)** zurückgegriffen werden.

19 Handelt auf Seiten des Verbrauchers ein Stellvertreter, so kommt es für die Anwendbarkeit von § 312c BGB darauf an, dass sich der Vertreter als am Vertragsschluss unmittelbar beteiligte Person in einer Fernabsatzsituation befunden hat (MünchKommBGB/Wendehorst [7. Aufl 2016] § 312c Rn 30; BeckOK-BGB/Martens [1. 5. 2024] § 312c Rn 29; Jauernig/Stadler § 312c Rn 5). Dies ist jedoch dahingehend einzuschränken, dass sich der Verbraucher nach der in § 166 Abs 2 BGB enthaltenen Wertung einen eigenen persönlichen Kontakt zum Unternehmer zurechnen lassen muss, wenn der Vertreter nach bestimmten Weisungen gehandelt hat, weil der Verbraucher sonst trotz eigenen persönlichen Kontaktes durch die Einschaltung eines Vertreters die Regelungen über Fernabsatzverträge zur Anwendung bringen könnte (MünchKommBGB/Wendehorst [7. Aufl 2016] § 312c Rn 30; BeckOK-BGB/Martens [1. 5. 2024] § 312c Rn 29; Jauernig/Stadler § 312c Rn 5). Zu der Frage, inwiefern schon die Einschaltung eines Vertreters den Einsatz eines Fernkommunikationsmittels darstellen kann, vgl Rn 25 und zu der Frage, wer im Falle des Einsatzes eines Vertreters zum Widerruf berechtigt ist, vgl Kommentierung § 312b Rn 44 f.

2. Sachlicher Anwendungsbereich

20 Nach § 312c Abs 1 BGB liegt ein Fernabsatzvertrag im Falle von Verträgen vor, bei denen der **Unternehmer** oder eine in seinem Namen oder Auftrag handelnde Person und der Verbraucher für die Vertragsverhandlungen und den Vertragsschluss ausschließlich Fernkommunikationsmittel verwenden und bei denen der **Unternehmer** über ein für den Fernabsatz organisiertes Vertriebs- oder Dienstleistungssystem verfügt.

a) Fernkommunikationsmittel

21 Die fernabsatzrechtlichen Regelungen können nur angewandt werden, wenn der **Vertragsschluss unter ausschließlicher Verwendung von Fernkommunikationsmitteln** erfolgt ist. Während die VerbrRRL keine Definition enthält, was unter einem Fernkommunikationsmittel zu verstehen ist, entspricht die weitgehende Beibehaltung der Definition des § 312b Abs 2 aF (bis 12. 6. 2014) aber zumindest den in Erwägungsrund 20 der VerbrRRL beispielhaft aufgeführten Fernkommunikationsmitteln. Insoweit definiert § 312c Abs 2 BGB den Rechtsbegriff des Fernkommunikationsmittels

als all diejenigen Kommunikationsmittel, die zur Anbahnung oder zum Abschluss eines Vertrags eingesetzt werden können, ohne dass die Vertragsparteien gleichzeitig körperlich anwesend sind. Der Gesetzgeber hatte bei § 312b Abs 2 aF (bis 12. 6. 2014) den Wortlaut von Art 2 Nr 4 FernAbsRL ohne Änderungen übernommen. Die Definition des § 312c BGB setzt dies inhaltlich nahezu unverändert fort. Von redaktioneller Natur ist die im Vergleich zu § 312b Abs 2 aF (bis 12. 6. 2014) bestehende Anpassung an den neuen Begriff „Telemedien" in § 1 des Telemediengesetzes (TMG) im Rahmen der Ablösung des Teledienstegesetzes sowie des Mediendienstestaatsvertrags durch das Telemediengesetz im Sinne von Art 1 des Gesetzes zur Vereinheitlichung von Vorschriften über bestimmte elektronische Informations- und Kommunikationsdienste vom 26. Februar 2007 (BGBl I 179; BT-Drucks 17/12637, 50).

22 Die FernAbsRL nannte in ihrem Anhang I eine beispielhafte, nicht abschließende Liste von Kommunikationstechniken, die als Fernkommunikationsmittel gelten sollten: Drucksachen ohne Anschrift, Drucksachen mit Anschrift, vorgefertigte Standardbriefe, Pressewerbung mit Bestellschein (vgl auch Bestellpostkarte: BGH WM 2017, 1474), Katalog, telefonische Kommunikation mit Person als Gesprächspartner, telefonische Kommunikation mit Automaten als Gesprächspartner (Voice-Mail-System, Audiotext), Hörfunk, Bildtelefon, Videotext (Mikrocomputer, Fernsehbildschirm) mit Tastatur oder Kontaktbildschirm, elektronische Post, Fernkopie (Telefax) sowie Fernsehen (Teleshopping). Der deutsche Gesetzgeber hatte bei der Umsetzung der Richtlinie darauf verzichtet, eine solche Liste zu übernehmen und stattdessen in Übereinstimmung mit der im deutschen Recht gängigen Regelungstechnik typische Beispiele in den Text der Vorschrift selbst aufgenommen. So nannte § 312b Abs 2 HS 2 aF (bis 12. 6. 2014) als Fernkommunikationsmittel Briefe, Kataloge, Telefonanrufe, Telekopien (hiermit ist die Kommunikation per Telefax gemeint), E-Mails (vgl zu Beweislastproblemen bei E-Mails und sonstigen online abgegebenen Willenserklärungen Ernst MDR 2003, 1091; Rossnagel/Pfitzmann NJW 2003, 1209) sowie Rundfunk, Tele- und Mediendienste. Diese Aufzählung war nicht abschließend, was ebenso für die Aufzählung des § 312c Abs 2 BGB gilt (MünchKommBGB/Wendehorst § 312c Rn 14), welche der Klarstellung halber lediglich um das Medium der über den Mobilfunkdienst versendeten Nachrichten (SMS, „short message service") erweitert wurde. Von daher muss die gesamte Palette der sog **mobile applications** ebenso hinzugerechnet werden; weit verbreitete Messenger-Dienste wie **Facebook** und **WhatsApp** sowie vergleichbare Apps und Sprachassistenzsysteme inbegriffen (BeckOK-BGB/Martens [1. 5. 2024] § 312c Rn 10; MünchKommBGB/Wendehorst § 312c Rn 12). Zu beachten ist, dass die Kommunikationsmittel des klassischen Versandhandels (zB Kataloge) ebenso genannt werden wie moderne elektronische Medien (Telemedien).

23 Die Formulierung des § 312c Abs 2 BGB wurde an den Begriff **„Telemedien" in § 1 TMG** angepasst, was bei § 312b Abs 2 aF (bis 12. 6. 2014), der noch Tele- und Mediendienste nannte, zunächst unterblieben war (BT-Drucks 17/12637, 50). Somit wurde auch eine Angleichung an § 312i Abs 1 S 1 BGB (zuvor § 312g Abs 1 S 1 aF [bis 12. 6. 2014]) vorgenommen, der bereits 2012 durch das Gesetz zur Änderung des Bürgerlichen Gesetzbuchs zum besseren Schutz der Verbraucherinnen und Verbraucher vor Kostenfallen im elektronischen Geschäftsverkehr und zur Änderung des Wohnungseigentumsgesetzes (BGBl I 1084) angepasst wurde (vgl dazu auch die Kommentierung § 312i Rn 3). Telemedien sind gemäß § 1 Abs 1 S 1 TMG alle elektronischen Informations- und Kommunikationsdienste, soweit sie nicht Telekommunikationsdienste nach § 3 Nr 24 des Telekommunikationsgesetzes, die ganz in der Übertragung von Signalen über Telekommunikationsnetze bestehen, telekommunikationsgestützte Dienste nach § 3 Nr 25 des Telekommunikationsgesetzes oder Rundfunk nach § 2 des Rundfunkstaatsvertrages sind (vgl auch die Kommentierung zu § 312i Rn 8 ff).

Das **Internet** kann ein Kommunikationsmittel sein, wenn es dazu genutzt wird, Geschäfte zwischen **Verbrauchern** und **Unternehmern**, wie etwa der gewerblichen Betreibung eines Onlineportals, durch das Lottospieltipps gegen ein Entgelt an eine Lottospielgesellschaft weitergeleitet werden, zu ermöglichen (OLG Karlsruhe CR 2002, 682). Nicht erforderlich ist, dass ein und dasselbe Fernkommunikationsmittel bis zum Abschluss des Vertrages benutzt wird. Ein Fernabsatzvertrag liegt daher auch dann vor, wenn Unternehmer und Verbraucher ausschließlich über **Internet, Telefon** und **Briefe** kommuniziert haben. 24

Bei **Rechtsgeschäften, die unter Einschaltung von Stellvertretern** abgeschlossen werden, müssen die fernabsatzrechtlichen Vorgaben nicht beachtet werden, sofern die Stellvertreter nicht selbst ausschließlich Fernkommunikationsmittel nutzen. Zwar sind auch Stellvertreter prinzipiell geeignet und nunmehr sogar von § 312c BGB ausdrücklich erfasst, den Vertragsschluss zwischen Verbraucher und Unternehmer ohne gleichzeitige Anwesenheit der Vertragsparteien zu ermöglichen. Jedoch widerspricht es bereits dem allgemeinen Sprachverständnis, natürliche Personen als Kommunikationsmittel im Sinne von § 312c Abs 2 BGB zu verstehen. Darüber hinaus sprechen der erkennbare Wille des Gesetzgebers wie Sinn und Zweck der Vorschriften dagegen, die Einschaltung von Stellvertretern als ausschließliche Verwendung von Fernkommunikationsmitteln zu verstehen (so auch MünchKommBGB/Wendehorst § 312c Rn 13; Erman/Koch § 312c Rn 12). Aus den Wertungen der §§ 164 ff BGB ergibt sich zudem, dass Handlungen des Vertreters denen des Vertretenen gleichstehen und dieser sich im Rahmen der Vertretungsmacht behandeln lassen muss, als habe er selbst die Erklärungen abgegeben. Vor diesem Hintergrund kann es keinen Unterschied machen, ob der Unternehmer selbst in persönlichen Kontakt zum Verbraucher tritt oder einen Vertreter schickt. In beiden Fällen findet ein persönlicher Kontakt zwischen Verbraucher und Unternehmer statt, sodass das Fernabsatzrecht unanwendbar bleibt. Aktuell ist beim EuGH die Frage anhängig, ob ein Fernabsatzvertrag vorliegt, wenn bei den Vertragsverhandlungen persönlicher Kontakt nur mit einer Person bestand, die für den Unternehmer den Vertrag angebahnt hat, selbst jedoch über keine Vertretungsmacht verfügt (Vorlagebeschluss des LG Ravensburg 24. 8. 2021 – 2 O 238/20). 25

Lange Zeit war zweifelhaft, ob der **Einsatz von Boten beim Vertragsschluss** oder bei seiner Anbahnung stets bedeutet, dass zwischen Verbraucher und Unternehmer eine direkte Kommunikation stattfindet und damit das Fernabsatzrecht nicht angewandt werden kann. Vieles sprach dafür. Zwar treten Boten gerade nicht als Stellvertreter des Geschäftsherrn auf, sondern werden nach einer gängigen Definition „anstelle eines Briefes geschickt", sodass der Rechtsgedanke der §§ 164 ff BGB nicht herangezogen werden kann. Gleichwohl tritt auch beim Vertragsschluss durch einen Boten dem Verbraucher eine menschliche Person unmittelbar gegenüber, sodass sich der Verbraucher ein Bild von dem Boten machen kann, welches unweigerlich auf den Unternehmer zurückfällt. Die Vertragsanbahnung bzw der Vertragsschluss erfolgt dann nicht durch die in § 312c Abs 2 HS 2 BGB genannten automatisierten Abläufe. Das Fernabsatzrecht will den Verbraucher aber gerade vor dem anonymen Unter- 26 nehmer, der sich hinter Hochglanzprospekten und aufwändig gestalteten Werbeanzeigen versteckt, schützen. Für den Boten sollte schon deshalb nichts anderes gelten als für den Stellvertreter, sodass auch ein zur Vertragsanbahnung bzw zum Vertragsschluss eingesetzter Bote nicht als Fernkommunikationsmittel betrachtet werden kann (so auch MünchKommBGB/Wendehorst § 312c Rn 14; so noch Palandt/Heinrichs [71. Aufl 2011] § 312b aF Rn 8, inzwischen anders Grüneberg/Grüneberg § 312c Rn 4; Fuchs ZIP 2000, 1273, 1275). Der **BGH** ist dieser Auffassung entgegengetreten (BGH ZIP 2004, 2240, 2241). Tritt der Bote bei Vertragsschluss oder Vertragsanbahnung in direkten Kontakt zum Verbraucher, kann es jedoch über die Beschaffenheit des Vertragsgegenstandes keine näheren Auskünfte geben, steht das der Annahme eines Fernabsatzvertrages nicht entgegen. In dem der Entscheidung zugrundeliegenden Sachverhalt hatte der Unternehmer die Deutsche Post AG beauftragt, die Unterschrift des Verbrauchers unter das Vertragsformular im Wege des Postident 2-Verfahrens einzuholen. Der Mitarbeiter der Post konnte hier keine Auskünfte über den Vertragsinhalt geben. Ob diese Einzelfallentscheidung auf Sachverhalte übertragen werden kann, bei denen der Bote des Unternehmers kein Mitarbeiter der Deutschen Post AG ist, ist unklar. Insbesondere in den oben geschilderten Fällen ist es auch weiterhin denkbar, dass der Verbraucher bei dem Einsatz eines Boten nicht mehr schutzbedürftig ist. Dem BGH ist aber zuzugestehen, dass kein Unterschied zwischen dem von ihm zu entscheidenden Sachverhalt und einem Vertragsschluss durch den Austausch von Briefen besteht, bei denen der Verbraucher dem Postzusteller nicht notwendigerweise persönlich gegenübersteht (BGH ZIP 2004, 2242). Es wäre daher nicht gerechtfertigt, dem Verbraucher den Schutz des Fernabsatzrechts zu entziehen (zustimmend: Erman/Koch § 312c Rn 7; BeckOK-BGB/Martens [1. 5. 2024] § 312c Rn 12; Schulze/Schulte-Nölke Rn 4). Es ist jedoch auch zu bedenken, dass dem Verbraucher nach der neuen Rechtslage – sollte man hier das Vorliegen der Voraussetzungen des § 312c BGB verneinen – regelmäßig dennoch ein Widerrufsrecht zustehen wird, weil der Anwendungsbereich von § 312b BGB eröffnet ist (Erman/Koch § 312c Rn 7; BeckOK-BGB/Martens [1. 5. 2024] § 312c Rn 12; MünchKommBGB/Wendehorst § 312c Rn 14).

27 **§ 147 Abs 1 S 2 BGB** behandelt ein über das **Telefon** abgegebenes Angebot als Angebot unter Anwesenden. Hierdurch wird dem Umstand Rechnung getragen, dass der Gesprächspartner am Telefon die Möglichkeit besitzt, sofort auf das Angebot zu reagieren. Trotz der räumlichen Distanz besteht damit die Möglichkeit, den Vertragspartner unmittelbar wahrzunehmen (MünchKommBGB/Busche § 147 Rn 27). § 147 Abs 1 S 2 BGB ändert freilich nichts daran, dass Telefone als Fernkommunikationsmittel im Sinne von § 312c Abs 1 BGB anzusehen sind. „Ohne dass die Vertragsparteien gleichzeitig körperlich anwesend sind" im Sinne von § 312c Abs 2 BGB meint, dass sich die Parteien nicht am selben Ort aufhalten, was bei einem Telefonat regelmäßig der Fall ist; hierüber geht die Fiktion des § 147 Abs 1 S 2 BGB nicht hinaus. Die §§ 312c bis 312h BGB enthalten ebenso wenig wie schon die Fernabsatzrichtlinie Regelungen darüber, wie der im Fernabsatz geschlossene Vertrag zustande kommt (vgl RegE FernAbsG BT-Drucks 14/2658, 31). Insbesondere bleiben die Grundsätze der §§ 145 ff BGB unberührt. Der Zeitpunkt, in dem ein Vertrag mit der Annahme des telefonisch unterbreiteten Angebots als geschlossen gilt, hat keine Auswirkungen darauf, ob beim Vertragsschluss die fernabsatzrechtlichen Regelungen zu beachten sind (so auch MünchKommBGB/Wendehorst [7. Aufl 2016] § 312c Rn 13; Erman/Koch § 312c Rn 10).

b) Ausschließlichkeit der Verwendung

28 Damit ein Fernabsatzvertrag angenommen werden kann, müssen für die **Vertragsverhandlungen** bis zum **Vertragsschluss** ausschließlich ein oder mehrere Fernkommunikationsmittel verwendet worden sein.

aa) Verwendung bei Vertragsanbahnung und Vertragsschluss

29 Es sprach unter der Geltung des § 312b Abs 1 aF (bis 12. 6. 2014) bereits einiges dafür, dass die fehlende Erwähnung der **Vertragsanbahnung** auf ein **Redaktionsversehen des Gesetzgebers** zurückzuführen war (so auch Härting [2000] § 1 FernAbsG Rn 68). In der etwas kryptisch formulierten Definition des Fernabsatzvertrages in § 1 Abs 1 RefE-FernAbsG hieß es, dass das dem Vertrag zugrunde liegende Vertriebs- und Dienstleistungssystem so organisiert sein müsse, dass für **„Vertragsanbahnung** und **Vertragsschluss"** ausschließlich Fernkommunikationsmittel verwendet würden. Diese Formulierung wurde bei der Neufassung anscheinend übersehen – auch die Entwurfsverfasser gingen gleichwohl davon aus, dass der Kontakt zwischen **Verbraucher** und **Unternehmer** nur über Fernkommunikationsmittel laufen sollte (BT-Drucks 14/2658, 30 f).

30 Auch eine **an der zugrundeliegenden Richtlinie orientierte Auslegung** der Vorschrift sprach deutlich dafür, dass sich die Schutzwirkungen des Fernabsatzrechtes nur entfalten, wenn während der gesamten Vertragsbeziehungen ausschließlich Fernkommunikationsmittel verwendet werden. Art 2 Nr 1 FernAbsRL setzte für den Vertragsabschluss im Fernabsatz voraus, dass „für den Vertrag bis zu dessen Abschluss selbst" ausschließlich Fernkommunikationstechniken verwendet werden. Aus dem vom europäischen Gesetzgeber gewählten Wortlaut wurde deutlich, dass Gespräche, die zur **Vertragsanbahnung** genutzt werden, ebenfalls unter ausschließlicher Verwendung von Fernkommunikationsmitteln geführt werden müssen, um die tatbestandlichen Voraussetzungen eines Fernabsatzvertrages zu erfüllen (so auch MünchKomm-BGB/Wendehorst [6. Aufl 2012] § 312b aF Rn 53 ff; HK-VertriebsR/Micklitz [2002] § 312b aF Rn 44; Lütcke [2002] § 312b aF Rn 61; Härting [2000] § 1 Rn 69; Meents CR 2000, 610, 611).

31 Der Wortlaut von § 312c Abs 1 BGB enthält durch die ausdrückliche Ausweitung auf das Stadium der Vertragsverhandlungen daher unzweifelhaft das, was unter § 312b Abs 1 S 1 aF (bis 12. 6. 2014) bereits nahe lag (**aA** Brinkmann/Ludwigkeit NJW 2014, 3270, 3273): Der Verbraucher bedarf bei einem Fernabsatzgeschäft insbesondere deshalb besonderen Schutzes, weil er sich vor dem Abschluss des Vertrags gerade kein Bild von dem Unternehmer und dessen wirtschaftlicher Seriosität machen konnte. Findet jedoch ein Treffen zwischen den Vertragsparteien statt, so ist der Verbraucher zumindest in dieser Beziehung nicht in besonderem Maße gefährdet und daher auch nicht besonders schutzbedürftig. Der Verbraucher muss aber während des gesamten „Kontinuums der Vertragsbeziehungen" (Reich EuZW 1997, 581, 583) schutzbedürftig sein, sodass sowohl die Vertragsanbahnung als auch der Vertragsschluss selbst unter ausschließlicher Verwendung von Fernkommunikationsmitteln zu erfolgen hat (BeckOK-BGB/Martens [1. 5. 2024] § 312c Rn 14 ff; MünchKommBGB/Wendehorst § 312c Rn 19; Erman/Koch § 312c Rn 7; Hohlweger/Ehmann GWR 2014, 212). Weiterhin spricht auch die Erwähnung der „Anbahnung" in § 312c Abs 2 BGB deutlich für eine zusätzliche Einbeziehung der Anbahnungsphase (Grüneberg/Grüneberg § 312c Rn 4). Aus diesem Grund gilt ein Gartenbauvertrag, der zwar telefonisch geschlossen wurde, dem jedoch ein gemeinsamer Ortstermin vorausgegangen ist, nicht als aus-

schließlich unter Verwendung von Fernkommunikationsmitteln zustande gekommen (OLG Schleswig 15. 10. 2021 – 1 U 122/20).

32 Demnach ist ein Vertrag, der über ein Fernkommunikationsmittel angebahnt aber letzten Endes in den Geschäftsräumen des Unternehmers bzw der im Nachgang von vor Ort durchgeführten Vertragsverhandlungen geschlossen wird, nicht als ein Fernabsatzvertrag einzuordnen. Typisches Beispiel ist die telefonische Terminreservierung, zB bei einem Friseur, die nicht zu einem Fernabsatzvertrag führt. Davon abzugrenzen sind nunmehr solche Fälle, in denen ein persönliches Verkaufsgespräch über den Abschluss eines konkreten Vertrages zwischen Verbraucher und Unternehmer stattgefunden hat, unabhängig davon, dass der Vertrag letztendlich später über ein Fernkommunikationsmittel abgeschlossen wird. Davon zu unterscheiden sind Verträge, die gemäß den Verordnungen für die Grundversorgung mit Energie, Wasser oder Fernwärme durch bloße Entnahme des Verbrauchers konkludent zustande kommen (vgl zB § 2 Abs 2 der Gasgrundversorgungsverordnung) und vom Fernabsatzrecht daher nicht erfasst werden (BT-Drucks 17/12637, 50). Hier fehlt es an der zwingenden Voraussetzung, dass bis zum Vertragsschluss ein oder mehrere Fernkommunikationsmittel verwendet werden müssen. Anders stellt sich die Situation aber dar, wenn der Unternehmer auf eine bspw telefonische Bestellung hin die Ware versendet und so das Angebot des Verbrauchers gem § 151 BGB annimmt (OLG Schleswig NJW 2004, 231, 232; Grüneberg/Grüneberg § 312c Rn 4; Jauernig/Stadler § 312c Rn 8; zu den Voraussetzungen von § 151 BGB s Staudinger/Bork [2022] § 151 Rn 5 ff).

bb) Teleologische Reduktion des Merkmals „ausschließlich"?

33 In Einzelfällen kann es auch weiterhin unbillig sein, dass der Verbraucher die Schutzmechanismen des Fernabsatzrechtes verlieren soll, nur weil im Zeitraum der Vertragsanbahnung ein kurzer, persönlicher Kontakt zwischen Verbraucher und Unternehmer stattgefunden hat. So kann sich der Verbraucher, der anlässlich einer privaten Veranstaltung mit einem Unternehmer ins Gespräch kommt und hierbei erste Schritte der Vertragsanbahnung unternimmt, ungeachtet der persönlichen Begegnung in der Regel kein Bild von der wirtschaftlichen Zuverlässigkeit des Unternehmers und dem Zustand der in Aussicht gestellten Ware machen. Um in diesen Fällen zu sach- und interessengerechten Ergebnissen zu gelangen, wurde vereinzelt vorgeschlagen, in diesen Fällen nur dann das Fernabsatzrecht anzuwenden, wenn **eine den ehemals bezeichneten Haustürgeschäften nach §§ 312, 312a aF (bis 12. 6. 2014) vergleichbare Situation** gegeben ist (so Härting [2000] § 1 Rn 70 ff). Dieser Ansatz verkannte jedoch, dass vielfältige Konstellationen denkbar sind, in denen der persönliche Kontakt zwischen Unternehmer und Verbraucher nicht die Voraussetzungen von § 312 Abs 1 Nr 1 aF (bis 12. 6. 2014) erfüllt (überzeugend MünchKommBGB/Wendehorst [5. Aufl 2007] § 312b aF Rn 54). So wurde der Verbraucher vom Unternehmer nur dann im Sinne von § 312 Abs 1 S 1 aF (bis 12. 6. 2014) „zum Vertragsschluss bestimmt", wenn die durch die Vertragsanbahnung an der Haustür hervorgerufene Überraschungssituation noch fortdauert. Eine solche Überraschungssituation wurde zB verneint, als zwischen der Haustürsituation, bei der es der Verbraucher zunächst ablehnte, den ihm angetragenen Vertrag abzuschließen, und dem späteren telefonischen Vertragsschluss ein Zeitraum von sechs Wochen gelegen hat (OLG Köln WM 2000, 2139, 2145). Möglich war aber auch die Bejahung der Haustürsituation noch nach 10 Wochen (OLG Koblenz NJW-RR 2011, 1203). Es ist eine Einzelfallentscheidung darüber, ob der Überrumpelungseffekt der persönlichen Begegnung noch anhält. Hielt man sich an den Wortlaut des § 312b Abs 1 aF (bis

12. 6. 2014), dann blieb in einem solchen Fall – obschon der Vertragsschluss unter ausschließlicher Verwendung von Fernkommunikationsmitteln erfolgt war – für das Fernabsatzrecht kein Raum, da der Verbraucher sich ein persönliches Bild von der Zuverlässigkeit des Unternehmers machen konnte. Die Regelungen über Haustürgeschäfte in §§ 312, 312a aF (bis 12. 6. 2014) waren daher ein untaugliches Mittel, um in rechtssicherer Art und Weise für den Verbraucher auch dann einen möglichst hohen Schutz zu gewährleisten, wenn die Schutzvorschriften des Fernabsatzrechtes aufgrund einer vorherigen persönlichen Begegnung von Verbraucher und Unternehmer nicht angewandt werden konnten.

Damit der Verbraucher auch in der obigen Konstellation hinreichend geschützt ist, wurde zudem vorgeschlagen, den **Begriff „Ausschließlichkeit" teleologisch zu reduzieren** (HK-VertriebsR/Micklitz [2002] § 312b aF Rn 46; Lütcke [2002] § 312b aF Rn 62). Die Anwendung der Fernabsatzregelungen sollte danach nur dann ausgeschlossen sein, wenn der Verbraucher bei dem persönlichen Kontakt zu dem Unternehmer die Möglichkeit hatte, sich über alle für den Vertragsschluss wesentlichen Umstände zu informieren (AG Frankfurt aM MMR 2011, 804; Palandt/Grüneberg [70. Aufl 2011] § 312b aF Rn 8; MünchKommBGB/Wendehorst [5. Aufl 2007] § 312b aF Rn 54; HK-VertriebsR/Micklitz [2002] § 312b aF Rn 47; Lütcke [2002] § 312b aF Rn 62). Die für den Vertragsschluss wesentlichen Umstände seien dem Katalog in § 312c Abs 1 aF (bis 12. 6. 2014) iVm Art 246 §§ 1, 2 EGBGB zu entnehmen. Wenn dem Verbraucher die hier genannten Informationen zugänglich gemacht worden sind, könne von einer fernabsatztypischen Gefährdungssituation nicht mehr gesprochen werden (MünchKommBGB/Wendehorst [5. Aufl 2007] § 312b aF Rn 54). Darüber hinaus wurde gefordert, dass zwischen dem ersten persönlichen Kontakt des Verbrauchers mit dem Unternehmer und dem eigentlichen Vertragsschluss selbst ein unmittelbarer zeitlicher Zusammenhang bestehen müsse, um die Anwendung des Fernabsatzrechts auszuschließen. Nur in einem solchen Fall könne davon gesprochen werden, dass der Vertrag unter ausschließlicher Verwendung von Fernkommunikationsmitteln geschlossen worden sei (Lütcke [2002] § 312b aF Rn 62; Palandt/Grüneberg [70. Aufl 2011] § 312b aF Rn 8). Diesen schloss das AG Frankfurt bei einer mehr als eineinhalb Monate nach dem Besuch abgegebenen Vertragserklärung aus (AG Frankfurt aM MMR 2011, 804). Bei Verträgen über die Lieferung von Waren wurde darüber hinaus gefordert, dass der Verbraucher die Möglichkeit hatte, die Ware in Augenschein zu nehmen (HK-VertriebsR/Micklitz [2002] § 312b aF Rn 47). 34

Im Hinblick auf einen möglichst weitgehenden Schutz für den Verbraucher ist es unstreitig erforderlich, gewisse Mindestanforderungen an die Qualität des persönlichen Kontakts zwischen Verbraucher und Unternehmer zu stellen. Äußerst problematisch ist es aber, eine mit hinreichender Rechtssicherheit zu beurteilende Grenze zu benennen, deren Überschreitung dazu führt, dass der Verbraucher nicht in gleichem Maße schutzbedürftig ist, wie es die Regelungen des Fernabsatzes vorsehen. Eine solche Grenze war unter Berücksichtigung des Wortlauts von § 312b Abs 1 aF (bis 12. 6. 2014) nicht zu finden. Die zum Teil geäußerten Bedenken, dass der Unternehmer bei strenger Auslegung des Begriffs die Möglichkeit besitze, den lästigen Vorgaben des Fernabsatzrechts zu entgehen, indem er persönlichen Kontakt zum Verbraucher aufnimmt, ließen sich auch mit Hilfe der damaligen Gesetzeslage beseitigen. Das Umgehungsverbot in § 312i S 2 aF (bis 12. 6. 2014) bot dem Verbraucher, der vom Unternehmer alleine deswegen kontaktiert wurde, um die Anwendung der Fernabsatzregelungen auszuschließen, hinreichenden Schutz. Darüber hinaus war 35 auch der Gesetzgeber davon ausgegangen, dass jede Form des persönlichen Kontaktes zwischen Verbraucher und Unternehmer dazu führe, dass das Fernabsatzrecht unanwendbar blieb. In der Begründung des Regierungsentwurfes zum Fernabsatzgesetz hieß es ohne weitere Einschränkung, dass Vertreterbesuche oder die Einschaltung eines Dritten, der nicht ausschließlich Fernkommunikationsmittel nutzte, zur Unanwendbarkeit der Fernabsatzvorschriften führe (BT-Drucks 14/2658, 30). Diese Entscheidung des Gesetzgebers war zu respektieren, sodass – von Umgehungsfällen abgesehen – **jede Form des persönlichen Kontaktes im Zeitraum der Vertragsanbahnung** dazu führte, dass die Fernabsatzregelungen nicht anzuwenden waren (so auch Gössmann MMR 1998, 88, 89; Grigoleit NJW 2002, 1151, 1152; Fuchs ZIP 2000, 1273, 1275; Ring Teil III Rn 18). Auch in einer jüngeren Entscheidung hat der BGH einen Fernabsatzvertrag abgelehnt, weil der Verbraucher während der Vertragsanbahnung persönlichen Kontakt zu einem Mitarbeiter des Unternehmers bzw einem vom Unternehmer bevollmächtigten Vertreter hatte (BGH 27. 2. 2018 – XI ZR 160/17, NJW 2018, 1387). In diesem Fall hatte der Vertreter jedoch mit dem Verbraucher detailliert Einzelheiten des Vertrages besprochen – der Kontakt hatte also eine besondere Qualität.

36 Zur Begriffsbestimmung des Fernabsatzrechtes wird zudem in Erwägungsgrund 20 der VerbrRRL vorgetragen, dass zwar ein Vertragsschluss im Wege des Fernkommunikation nicht zur Anwendung des Fernabsatzrechts führe, wenn die Verhandlungen hierzu in den Geschäftsräumen des Unternehmers stattfanden und umgekehrt, wenn die Anbahnung mittels Fernkommunikation, der Vertragsschluss aber unmittelbar bei Zusammentreffen der Parteien in den Geschäftsräumen des Unternehmers stattfinde. Dann jedoch: Ein dem Vertragsschluss vorhergehender Besuch des Verbrauchers in den Geschäftsräumen des Unternehmers allein zu Informationszwecken, sei für die Einordnung als Fernabsatzgeschäft jedoch unschädlich. Zur Einordnung wird damit zwischen „Information" und „Verhandlung" unterschieden. Gleichsam entschied das AG Frankfurt (AG Frankfurt aM MMR 2011, 804; Föhlisch/Dyakova MMR 2013, 3 f), dass ein Fernabsatzgeschäft auch dann gegeben sei, wenn ein Vorverkaufsgespräch in den geschäftlichen Räumlichkeiten des Unternehmers sechs Wochen vor der Bestellung per E-Mail stattgefunden hat. Dies muss nunmehr mit solchen Konstellationen im Vorfeld des Vertragsschlusses gleichgesetzt werden, in Rahmen derer sich der Verbraucher bloß in einem der Geschäftsräume des Unternehmers informiert hat (vgl Unger ZEuP 2012, 277), denn in der Praxis sind Informationen und Vertragsverhandlungen mit Blick auf die Beweisführung kaum voneinander abzugrenzen (MünchKommBGB/Wendehorst § 312c Rn 20; BeckOK-BGB/Martens [1. 5. 2024] § 312c Rn 15; aber vgl auch Brinkmann/Ludwigkeit NJW 2014, 3270, 3274, die auf die Qualität der Informationen abstellen wollen). Die Schutzbedürftigkeit im Sinne des Fernabsatzrechtes sollte aber nur dann in diesen Fallkonstellationen gegeben sein, wenn durch den Vertragsschluss mittels Fernkommunikationsmittel eine neue Geschäftsbeziehung begründet wird und nicht kausal auf den Informationen oder den Vorverkaufsgesprächen mit dem Unternehmer beruht. Ob dies konkret der Fall ist, muss anhand von Indizien des Einzelfalles entschieden werden, dh etwa durch zeitliche Zäsur (Föhlisch/Dyakova MMR 2013, 4; MünchKommBGB/Wendehorst § 312c Rn 21; BeckOK-BGB/Martens [1. 5. 2024] § 312c Rn 16).

cc) „Verwendung" des Fernkommunikationsmittels

37 Der Unternehmer „verwendet" Fernkommunikationsmittel, wenn er sie bewusst und mit dem Ziel einsetzt, einen Vertrag mit einem Verbraucher abzuschließen. Das folgte schon aus dem Wortlaut von Art 2 Nr 1 FernAbsRL („wobei dieser [der Lieferer] für den Vertrag ausschließlich eine oder mehrere Fernkommunikationsmittel einsetzt“; vgl auch MICKLITZ, in: GRABITZ/HILF [40 Aufl 2009], Sekundärrecht Bd IV A3 Rn 18) und spiegelt sich auch in Erwägungsgrund 20 der VerbrRRL wider („wobei bis einschließlich zum Zeitpunkt des Vertragsabschlusses ausschließlich ein oder mehrere Fernkommunikationsmittel verwendet wird/werden“). Zwei Voraussetzungen müssen also erfüllt sein: Zum einen müssen die Fernkommunikationsmittel bewusst eingesetzt werden, zum anderen muss der Einsatz auf den Abschluss eines Vertrages gerichtet sein. Setzt der Unternehmer die Fernkommunikationsmittel nur zufällig ein, so kann von einer Verwendung keine Rede sein. Dass ein Unternehmer, der nur zufällig ein Fernkommunikationsmittel nutzt, nicht den Fallstricken des Fernabsatzrechts ausgeliefert sein soll, zeigt sich in einer weiteren Voraussetzung: Der Vertragsschluss muss im Rahmen eines für den Fernabsatz organisierten Vertriebs- oder Dienstleistungssystems erfolgt sein. Liegt ein solches vor, ist es ausgeschlossen, dass der Unternehmer das Fernkommunikationsmittel nur zufällig gebraucht.

dd) Vertragsschluss und Vertragserfüllung

Die Frage, ob nur der Vertragsschluss selbst oder auch die **Leistungserbringung** unter ausschließlicher Verwendung von Fernkommunikationsmitteln zu erfolgen hat, ist in erster Linie bei Verträgen über die Erbringung von Dienstleistungen von Bedeutung. Aus nicht ohne Weiteres nachvollziehbaren Gründen wurde sie vereinzelt im Zusammenhang mit der Erläuterung des für den Fernabsatz organisierten Vertriebs- und Dienstleistungssystems diskutiert (etwa bei AG Wiesloch JZ 2002, 671; MünchKommBGB/WENDEHORST [7. Aufl 2016] § 312c Rn 22 f). Die Frage, ob das Fernabsatzrecht nicht angewendet werden kann, weil bei der Erfüllung des Vertrages ein persönlicher Kontakt zwischen Unternehmer und Verbraucher stattgefunden hat, ist jedoch schon rein begrifflich losgelöst davon zu bewerten, ob der Unternehmer über ein für den Fernabsatz organisiertes Vertriebs- oder Dienstleistungssystem verfügt. Nichts anderes ergibt sich bei genauerer Betrachtung von Abs 1 S 1. Fernabsatzverträge sind danach Verträge, die unter ausschließlicher Verwendung von Fernkommunikationsmitteln geschlossen werden, es sei denn, der Vertragsschluss selbst ist nicht im Rahmen eines für den Fernabsatz organisierten Vertriebs- und Dienstleistungssystems erfolgt. Will man nun das Fernabsatzrecht nicht auf solche Fälle anwenden, in denen die Vertragserfüllung unter gleichzeitiger Präsenz der Parteien erfolgt, so kann dies mit dem Wortlaut des Gesetzes nur dadurch vereinbart werden, dass man den Begriff des Vertragsschlusses weit auslegt und auch die Erfüllung des Vertrags hierunter fasst. Der Vertragsschluss selbst wird aber im systematischen Zusammenhang mit der ausschließlichen Verwendung von Fernkommunikationsmitteln geprüft. Auch wenn der Begriff „Vertragsschluss“ bei der Formulierung „im Rahmen eines für den Fernabsatz organisierten Vertriebs- oder Dienstleistungssystems“ erneut auftaucht, so kann hiermit kein anderer Vertragsschluss gemeint sein als der, der bereits im Rahmen der ausschließlichen Verwendung von Fernkommunikationsmitteln geprüft wurde (so auch OLG Düsseldorf 17. 7. 2009 – 16 U 168/08). 38

Das AG Wiesloch ging in seiner Entscheidung (AG Wiesloch JZ 2002, 671) ohne nähere Begründung davon aus, dass auch die **Leistungserbringung im Fernabsatz** erfolgen müsse. Es sei nur möglich, nicht unter den Schutzzweck des Fernabsatzrechtes fallende Konstellationen von dessen Anwendung freizuhalten, wenn auch die Art und Weise der Leistungserbringung berücksichtigt werde. Diese Auffassung hat in der Li- 39 teratur nur vereinzelt Unterstützung gefunden (MünchKommBGB/Wendehorst § 312c Rn 21). Zur weiteren Begründung der Annahme, dass auch die Vertragserfüllung unter ausschließlicher Verwendung von Fernkommunikationsmitteln erfolgen müsse, wird vorgebracht, dass Verträge nur dann zum Schutzzweck des Fernabsatzrechtes passten, wenn der Unternehmer sich die Vorteile von Fernkommunikationsmitteln auch bei der Vertragserfüllung zugutekommen lasse.

40 Entgegen dieser Auffassung entsprach es aber sowohl der europäischen Vorgabe der Fernabsatzrichtlinie als auch dem Sinn und Zweck des Fernabsatzbegriffes in § 312b Abs 1 aF (bis 12. 6. 2014), dass die **Leistungserbringung** selbst nicht im Wege des Fernabsatzes erfolgen musste (so auch Bamberger/Roth/Schmidt-Räntsch [2. Aufl 2007] § 312b aF Rn 18; Lütcke [2002] § 312b aF Rn 58; Bürger JZ 2002, 671, 672; Pützhoven, Europäischer Verbraucherschutz im Fernabsatzrecht 48). Art 2 Abs 1 der FernAbsRL stellte für die Anwendbarkeit der Richtlinie auf den Vertragsabschluss, nicht auf den Zeitpunkt der Leistungserbringung ab. Sah man diese Regelung im Zusammenhang mit dem Schutzzweck der Richtlinie, der ua im 14. Erwägungsgrund deutlich wird und darin bestand, dass der Verbraucher in der Praxis keine Möglichkeit hatte, vor Abschluss des Vertrags das Erzeugnis zu sehen oder die Eigenschaften der Dienstleistung im Einzelnen zur Kenntnis zu nehmen, so wurde deutlich, dass allein auf den Zeitpunkt des Vertragsschlusses abzustellen war. Zum Zeitpunkt der Leistungserbringung besteht damit bereits eine Leistungsverpflichtung des Unternehmers, von der sich der Verbraucher nur noch über das **Widerrufsrecht** trennen kann. Aus dem Kontext der fernabsatzrechtlichen Regelungen ergab sich aber, dass der Verbraucher nur dann schutzwürdig war, wenn er sich vor dem Vertragsschluss kein umfassendes Bild von seinem Vertragspartner machen konnte. Dieser Schutz kommt für den Verbraucher zu spät, wenn der Vertrag durch den Unternehmer bereits erfüllt wurde. Dies wird bei Verträgen, die die Erbringung von Dienstleistungen zum Gegenstand haben, in der Regel erst dann sein, wenn die Widerrufsfrist abgelaufen ist – wie sich aus der Wertung des § 312d Abs 3 aF (bis 12. 6. 2014) ergab, wird kaum ein Unternehmer mit der Ausführung der Dienstleistung beginnen, bevor die Widerrufsfrist abgelaufen ist. Diese Regelung wäre sinnlos gewesen, wenn nach der Leistungserbringung eine neue Frist zu laufen begänne. Auch der Anwendung von § 312c BGB steht es daher nicht entgegen, wenn die Leistungserbringung selbst nicht mehr im Wege des Fernabsatzes erfolgt (vgl OLG Düsseldorf 17. 7. 2009 – 16 U 168/08; Jauernig/Stadler § 312c Rn 9). Dieses Ergebnis wird auch durch den europäischen Gesetzgeber bestätigt, der in Erwägungsgrund 20 der VerbrRRL Dienstleistungen, bei denen ausschließlich die Terminvereinbarung durch Fernkommunikationsmittel erfolgt, aus dem Anwendungsbereich herausnimmt (BeckOK-BGB/Martens [1. 5. 2024] § 312c Rn 15). Inzwischen hat auch der BGH das Fehlen jeglichen persönlichen Kontaktes der Vertragsparteien bis zur Abwicklung des Vertrages als Voraussetzung für einen Fernabsatzvertrag abgelehnt (BGH NJW 2017, 1024 Rn 52).

c) Organisiertes Vertriebs-/Dienstleistungssystem

41 Die Anwendung des Fernabsatzrechts ist ausgeschlossen, wenn der Vertragsschluss nicht im Rahmen eines für den Fernabsatz **organisierten Vertriebs- und Dienstleistungssystems** erfolgt ist. Durch diese Einschränkung sollen Geschäfte, die unter gelegentlichem und eher zufälligem Einsatz von Fernkommunikationsmitteln geschlossen werden, vom Anwendungsbereich der Vorschriften ausgeschlossen werden (RegE FernAbsG BT-Drucks 14/2658, 30). Unbeachtlich ist dabei, wer der Betreiber des für die

Lieferung im Fernabsatz organisierte Vertriebs- bzw Dienstleistungserbringungssystem ist, sodass auch Online-Plattformen vom Fernabsatzrecht erfasst werden, die von Unternehmern bloß genutzt werden (BGH 12. 1. 2017 – I ZR 198/15, NJW 2017, 2337, 2338; BGH 7. 7. 2016 – I ZR 30/15, NJW 2017, 1024, 1028). Wie es Erwägungsgrund 20 der VerbrRRL bereits formuliert, zählen allerdings solche Webseiten, die lediglich Informationen über den Unternehmer, seine Waren oder Dienstleistungen und seine Kontaktdaten bieten, nicht hierzu (BT-Drucks 17/12637, S 50). Für die Annahme einer gewissen Regelmäßigkeit des Fernabsatzvertriebs kann es auch als ausreichend betrachtet werden, wenn der Vertrieb in objektiver Hinsicht darauf angelegt ist und der Unternehmer die entsprechenden organisatorischen Vorkehrungen getroffen hat (BeckOK-BGB/Martens [1. 5. 2024] § 312c Rn 23; Ernst NJW 2014, 817, 819).

Bei **zufälligem Einsatz von Fernkommunikationsmitteln** greift der Schutzzweck der Regelungen nicht – in diesen Fällen besteht kein erhöhtes Schutzbedürfnis des Verbrauchers und es wäre unangemessen, den Unternehmer mit umfangreichen Informationspflichten zu belasten. Gedacht ist hierbei insbesondere an Fälle, in denen ein Einzelhändler ausnahmsweise ein Kaufangebot über das Telefon entgegennimmt und die bestellte Ware an den Verbraucher ausliefert (vgl auch BGH 7. 7. 2016 – I ZR 30/15, NJW 2017, 1024 Rn 51). Warum sollte hier der Geschäftsverkehr des Unternehmers unangemessen belastet werden? Jedenfalls nicht, um die Interessen des Verbrauchers zu schützen. Dieser befindet sich nicht in einer fernabsatztypischen Gefährdungslage. Diese entsteht regelmäßig erst durch die systematische Nutzung von Fernkommunikationsmitteln (MünchKommBGB/Wendehorst § 312c Rn 4; Erman/Koch § 312c Rn 8). Er schließt das Geschäft nicht mit einem anonymen Unternehmer, über den er keine weitergehenden Informationen besitzt und auf den er durch einen Hochglanz-Werbeprospekt aufmerksam gemacht wurde, sondern mit einem ihm bekannten Geschäftsmann. Aus diesem Grund fallen Gelegenheitskäufe, bei denen der Unternehmer nur zufällig Fernkommunikationsmittel verwandt hat, nicht unter den Begriff der Fernabsatzgeschäfte (vgl OLG Schleswig-Holstein 22. 1. 2015 – 16 U 89/14, ZMR 2016, 412; BeckOK-BGB/Martens [1. 5. 2024] § 312c Rn 23; Jauernig/Stadler § 312c Rn 9; Grüneberg/Grüneberg § 312c Rn 6). 42

Ebenfalls **nicht erforderlich** ist, dass der Unternehmer sein **gesamtes Vertriebssystem über Fernkommunikationsmittel** abwickelt (so auch Lütcke [2002] § 312b aF Rn 73; Erman/Koch § 312c Rn 8; Ernst NJW 2014, 817, 819). Die fernabsatzrechtlichen Regelungen finden dann aber nur für den Teil des Vertriebs Anwendung, der im Wege des Fernabsatzes abgewickelt wird. Ob der Vertrag zwischen Unternehmer und Verbraucher in einem solchen Fall im Rahmen eines für den Fernabsatz organisierten Vertriebs- oder Dienstleistungssystems geschlossen wurde oder ob sich der **Unternehmer** einer anderen Vertriebsform bedient hat, ist aus der Sicht eines objektiven Dritten zu beurteilen (so auch Lütcke [2002] § 312b aF Rn 79; Kamanabrou WM 2000, 1417, 1421; **aA** Reich EuZW 1997, 581, 583, der auf die subjektive Sicht des vernünftigen Verbrauchers abstellt). 43

aa) Anforderungen

Weiterhin nur unscharf konturiert ist es, unter welchen Umständen ein für den Fernabsatz organisiertes Vertriebs- und Dienstleistungssystem angenommen werden kann. Abgesehen von der vagen Erläuterung, dass der Unternehmer in personeller und sachlicher Ausstattung innerhalb seines Betriebs die erforderlichen organisatorischen Voraussetzungen geschaffen haben muss, um regelmäßig im Fernabsatz zu tätigende 44

Geschäfte zu bewältigen, schweigt der Gesetzgeber zu dieser Frage und hat sogar „die **Konkretisierung der Abgrenzung im Einzelfall der Rechtsprechung**" überlassen (RegE FernAbsG BT-Drucks 14/2658, 31). Dabei sind aber laut der Gesetzesbegründung an die Annahme eines solchen Vertriebs- oder Dienstleistungssystems insgesamt keine hohen Anforderungen zu stellen (BT-Drucks 17/12637, 50). Soweit ersichtlich, hat sich die Rechtsprechung bislang nur vereinzelt mit dem Thema beschäftigt. Darunter das AG Wiesloch (AG Wiesloch JZ 2002, 671), wenn auch nicht im systematisch korrekten Zusammenhang. Die in dem Urteil erörterte Frage, ob nur der Vertragsschluss oder auch die Leistungserbringung unter ausschließlicher Verwendung von Fernkommunikationsmitteln zu erfolgen hat, ist nämlich (wie dargestellt in Rn 38 ff) eine Frage der in § 312c Abs 1 BGB normierten Voraussetzung des ausschließlichen Gebrauchs von Fernkommunikationsmitteln. Der BGH scheint nicht gewillt, dem Auftrag des Gesetzgeber nachzukommen und verweist lediglich auf die Gesetzesbegründung und die Ausführungen im Schrifttum, dem sich die Instanzgerichte anschließen (BGH NJW 2004, 3699, 3700 f; OLG Karlsruhe 13. 9. 2011 – 17 U 104/10, juris Rn 25; OLG Hamm 14. 3. 2011 – 31 U 162/10; LG Berlin 29. 3. 2017 – 65 S 424/16, WuM 2017, 266). Dem Zusatz des BGH, die dort genannten Kriterien in dem zu entscheidenden Fall seien gegeben, da der Anbieter sich die Technik der Fernkommunikation zu Nutze macht und für seinen Betriebsablauf in personeller und sächlicher Hinsicht ein eingespieltes Verfahren entwickelt hat, um den Abschluss und die Ausführung des Vertrags regelmäßig auf diesem Wege zu vollziehen, kann kaum Weiterführendes entnommen werden (BGH NJW 2004, 3699, 3701). In einer jüngeren Entscheidung wiederum hat der BGH für eine Rechtsanwaltskanzlei ein für den Fernabsatz organisiertes Vertriebs- oder Dienstleistungssystem verneint, wenn diese lediglich die technischen Möglichkeiten zum Abschluss eines Anwaltsvertrags im Fernabsatz, etwa einen Briefkasten, elektronische Postfächer und/oder Telefon- und Faxanschlüsse vorhält, die auch sonst zur Bewältigung des Betriebs einer Anwaltskanzlei erforderlich sind (BGH 23. 11. 2017 – IX ZR 204/16, NJW 2018, 690). Andererseits sei ein für den Fernabsatz organisiertes Vertriebs- und nicht schon dann zu verneinen, wenn der Unternehmer zum Abschluss des Vertrages keinen vorgefertigten Standard- oder Serienbrief verwendet, sondern ein individuelles Anschreiben (BGH 17. 10. 2018 – VIII ZR 94/17, NZM 2018, 1011).

Jedoch obliegt dem Unternehmer (vorl Anwalt) die Beweislast, dass kein solches Vertriebs- oder Dienstleistungssystem vorgehalten wird; dies ergibt sich aus der Formulierung „es sei denn" am Ende des Abs 1. Jedenfalls spricht eine bundesweite Tätigkeit mit über 200 Mandatsanfragen pro Monat und deutschlandweite Werbung über die Homepage für das Vorliegen eines solchen Organisationssystems (BGH 19. 11. 2020 – IX ZR 133/19, NJW 2021, 30).

45 Im **Schrifttum** lassen sich Ansätze für ein weites Verständnis des Begriffs und die damit einhergehende Ausdehnung des Anwendungsbereichs des Fernabsatzrechts ebenso finden wie Argumente für eine restriktive Auslegung. So wird zum Teil vertreten, dass bereits das bloße Bereitstellen von Telefon und Telefax ausreiche, um ein organisiertes Vertriebs- und Dienstleistungssystem anzunehmen (so Baum/Trafkowski CR 2001, 459, 461). Während diese Position deutlich zu weit geht, der Rechtsprechung des BGH entgegensteht (BGH 23. 11. 2017 – IX ZR 204/16, NJW 2018, 690) und bei konsequenter Anwendung zu einer uferlosen Ausweitung des Anwendungsbereichs der fernabsatzrechtlichen Regelungen führen würde, geht der überwiegende Teil der in der Literatur vertretenen Auffassungen (HK-VertriebsR/Micklitz [2002] § 312b aF

Rn 50; Becker [2000] 14; Härting [2000] § 1 FernAbsG Rn 74 ff; BeckOK-BGB/Martens [1. 5. 2024] § 312c Rn 21; MünchKommBGB/Wendehorst § 312c Rn 22; Fuchs ZIP 2000, 1273, 1275; Wendehorst DStR 2000, 1311, 1313; Piepenbrock/Schmitz K&R 2000, 378, 379; Meents CR 2000, 610, 611; Lorenz JuS 2000, 833, 838; Kamanabrou WM 2000, 1417, 1420) von dem Grundsatz aus, den der Gesetzgeber aufgestellt hat: „Die Existenz eines organisierten Vertriebssystems verlangt, dass der Unternehmer in personeller und sachlicher Ausstattung innerhalb seines Betriebs die Voraussetzungen geschaffen hat, die notwendig sind, um regelmäßig im Fernabsatz Geschäfte zu tätigen" (BT-Drucks 14/2658, 30). Dieser Weichenstellung folgend besteht **Uneinigkeit über die genauere Ausgestaltung seiner einzelnen Elemente**.

Zum Teil wird zwischen faktischen Fernabsatzsystemen, die wie etwa Handwerks-, Reinigungs- oder Wartungsbetriebe schon allein aufgrund der Verkehrssitte einen Großteil ihrer Geschäfte im Fernabsatz abschließen und sich daher schon deshalb den Regelungen des Fernabsatzrechts unterwerfen müssen, und Schein-Fernabsatzsystemen unterschieden (MünchKommBGB/Wendehorst § 312c Rn 23 ff). Bei einem **Schein-Fernabsatzsystem** könne ein organisiertes Vertriebssystem angenommen werden, wenn der Unternehmer dem Verbraucher gegenüber den Anschein erwecke, eine größere Anzahl von Verträgen im Fernabsatz zu tätigen. Als Indiz hierfür gelte, dass der Unternehmer mit der Möglichkeit der telefonischen Bestellung und der Zusendung der Ware werbe (so auch Grüneberg/Grüneberg § 312c Rn 6) – nicht ausreichend sei demgegenüber, dass die Telefonnummer des Unternehmers auf dessen Internetseite oder im Telefonbuch abgedruckt ist, da diese auch nur dazu dienen könne, dass sich der Verbraucher mit Informationen versorgt, ohne dabei gleichzeitig einen Vertrag abzuschließen (MünchKommBGB/Wendehorst § 312c Rn 25). Dies wird auch durch Erwägungsgrund 20 der VerbrRRL bestätigt, der Fälle, in denen Webseiten lediglich Informationen über den Unternehmer, seine Waren und/oder Dienstleistungen und seine Kontaktdaten anbieten, explizit ausschließt. **46**

Andere sehen ein Indiz dafür, dass die organisatorischen Voraussetzungen eines für den Fernabsatz organisierten Vertriebs- oder Dienstleistungssystems gegeben sind, in erster Linie darin, dass der Unternehmer in der **Werbung** klar zu erkennen gibt, dass bei der Erfüllung des Vertrags gerade auf Fernkommunikationsmittel gesetzt wird (HK-VertriebsR/Micklitz [2002] § 312b aF Rn 50; Ernst NJW 2014, 817, 819). Überwiegend wird der Begriff des organisierten Vertriebssystems weit ausgelegt. So wird im Sinne eines möglichst weitgehenden Anwendungsbereichs der fernabsatzrechtlichen Regelungen eine **Internetseite, die dem Verbraucher eine Bestellung ermöglicht**, für ausreichend gehalten, wenn hierbei deutlich gemacht wird, dass die Abwicklung der Bestellung unter Zuhilfenahme von Fernkommunikationsmitteln erfolgt (so Erman/Koch § 312c Rn 8; Becker [2000] 15; Lorenz JuS 2000, 833, 838; Piepenbrock/Schmitz K&R 2000, 378, 379; Kamanabrou WM 2000, 1417, 1420 f). **47**

Gerade in der älteren Literatur sind jedoch die Stimmen verbreitet, die den **Begriff eng verstehen** wollen, um den Unternehmer nicht bei allen Verträgen, die im Zusammenhang mit Fernkommunikationsmitteln geschlossen werden, mit den umfangreichen Informationsverpflichtungen des Fernabsatzrechts zu belasten. So wird vertreten, dass es vor allen Dingen darauf ankomme, dass der Unternehmer einen eigenen Vertriebskanal für den Fernabsatz durch organisatorische Voraussetzungen eingerichtet hat (Härting, Internetrecht E. I. 4. Rn 852; Lütcke [2002] § 312b aF Rn 75). Ein solcher **48**

Vertriebskanal liege vor, wenn der Unternehmer Fernkommunikationsmittel zur Werbung gegenüber einem großen Personenkreis nutzt und gleichzeitig Verbraucher dazu animiert, ebenfalls Fernkommunikationsmittel für Bestellungen zu nutzen (so Härting, Internetrecht E.II. 4. Rn 853). Auch sei auf die Art der vom Unternehmer genutzten Kommunikationsmittel abzustellen, wobei ein Vertriebskanal aufgrund der fernabsatzspezifischen Gefahrenlage je nach Konstellation des Einzelfalls unterschiedlich zu beurteilen sei (Lütcke [2002] § 312b aF Rn 77).

49 In Ermangelung einer Konkretisierung des Begriffs eines organisierten Vertriebssystems durch die Rechtsprechung, die vielmehr ihrerseits auf die Literatur verweist (BGH NJW 2004, 3699, 3700 f), bringen auch die bisherigen Stimmen der Literatur **kaum Licht ins Dunkel** und bleiben ähnlich vage wie die Stellungnahme des Gesetzgebers. Ihnen ist jedoch zuzugestehen, dass in Anbetracht der bewusst offenen Formulierung die Konstellationen eines organisierten Vertriebssystems derartig vielfältig sind, dass eine umfassende Definition nicht zu finden sein dürfte. Nichtsdestotrotz spricht die **Entstehungsgeschichte von § 312c bzw § 312b aF (bis 12. 6. 2014)** ebenso wie die den Vorschriften zugrunde liegenden Richtlinien dagegen, bei der Beurteilung der Frage, ob ein für den Fernabsatz organisiertes Vertriebs- bzw Dienstleistungssystem gegeben ist, allzu strenge Maßstäbe anzulegen. § 312c BGB will einen möglichst weitgehenden **Schutz des Verbrauchers** erreichen (vgl zustimmend Erman/Koch § 312c Rn 8; Ernst NJW 2014, 817, 819). Dieses Ziel kann nicht erreicht werden, wenn dem Unternehmer durch ein enges Verständnis des Begriffs die Möglichkeit gegeben wird, sich der Anwendung der fernabsatzrechtlichen Regelungen zu entziehen. Der Normtext des § 312c Abs 1 BGB behandelt die Situation, in der der Vertragsschluss nicht im Rahmen eines für den Fernabsatz organisierten Vertriebs- oder Dienstleistungssystems stattfindet, als Ausnahme („es sei denn"). Dieser Konstruktion entspricht es, den Ausnahmetatbestand eng und den Grundsatz im Gegensatz dazu weit auszulegen (Grüneberg/Grüneberg § 312c Rn 6; Jauernig/Stadler § 312c Rn 9; Martinek/Semler/Flohr/Martinek § 10 Rn 24). Der richtige Ansatz dürfte daher in der Tat darin liegen, darauf abzustellen, dass der Unternehmer sein Geschäft dem Verbraucher gegenüber so darstellt, als sei es zumindest zu einem nicht unerheblichen Teil darauf ausgerichtet, Geschäfte im Wege des Fernabsatzes zu schließen (so auch überzeugend MünchKommBGB/Wendehorst § 312c Rn 23). Ein derartiger Eindruck wird erweckt, wenn der Unternehmer ausdrücklich – in den Gelben Seiten, im Internet oder auf andere Weise – damit wirbt, dass Bestellungen auch unter Zuhilfenahme von Fernkommunikationsmitteln abgegeben werden können. So wird gewährleistet, dass der Unternehmer, der zu seinem Nutzen im Fernabsatz tätig wird, auch dessen Nachteile zu tragen hat. Ein besonderer Aufwand in organisatorischer oder personeller Hinsicht ist hierbei nicht erforderlich, da solche Dinge nur die Innenstruktur des Unternehmens betreffen, für den Verbraucher aber keine Auswirkungen haben und er sie ja auch häufig gar nicht erkennen kann. Da die Regelungen den Schutz des Verbrauchers in fernabsatztypischen Gefährdungslagen bezwecken, ist darauf abzustellen, ob der Unternehmer – unabhängig von seiner personellen Struktur – den Eindruck vermittelt, als sei der Vertrieb im Wege des Fernabsatzes normaler, alltäglicher Teil seines Geschäfts. Nach dem OLG Hamm (14. 3. 2011 – 31 U 162/10) liegt „gerichtsbekannterweise" bei lokalen Sparkassen kein Vertriebs- bzw Dienstleistungssystem vor (an diesem Grundsatz zweifelnd die aktuelle Vorlage an den EuGH LG Kiel 7. 9. 2018 – 12 O 92/18).

bb) Beweislastverteilung

Die Fernabsatzrichtlinie sah vor, dass der Verbraucher die Beweislast dafür trägt, dass ein für den Fernabsatz organisiertes Vertriebs- oder Dienstleistungssystem vorliegt (MICKLITZ/REICH, Die Fernabsatzrichtlinie im deutschen Recht 7). Der deutsche Gesetzgeber folgte diesem Weg zunächst nicht und hatte „zur Erleichterung für die Praxis“ (BT-Drucks 14/2658, 31) dafür gesorgt, dass das Fernabsatzrecht nur dann nicht gilt, wenn der Unternehmer nachweisen kann, dass er nicht über ein derartiges System verfügt. Gegen eine solche Verteilung der Beweislast wurde vorgebracht, dass aufgrund der unscharfen Formulierung ein derartiger Beweis nur schwerlich gelingen mag und daher jedes unter Verwendung von Fernkommunikationsmitteln geschlossene Rechtsgeschäft für den Unternehmer mit den Schutzregelungen des Fernabsatzrechts belastet ist, wodurch der Unternehmer über das Maß des Vertretbaren hinaus benachteiligt würde (MEENTS CR 2000, 610, 611). Dies mochte zutreffen, jedoch widersprach und widerspricht es dem Schutzzweck des Gesetzes, die Beweislast dem Verbraucher aufzuerlegen. Der Verbraucher hat in aller Regel keinen Einblick in die Unternehmensstruktur seines Vertragspartners, sodass der Beweis für ein Vertriebssystem von ihm kaum zu führen sein wird. Der Unternehmer kann hingegen in den Fällen, in denen trotz ausschließlicher Verwendung von Fernkommunikationsmitteln der Anwendungsbereich des Fernabsatzrechts mangels Vertriebssystem nicht eröffnet ist, seine Strukturen leichter offenlegen und dadurch den erforderlichen Nachweis erbringen. 50

Diese Ansicht vertritt auch der Gesetzgeber, der die umstrittene Frage nun eindeutig zugunsten des Verbrauchers klargestellt hat: Ausweislich des Regierungsentwurfs soll es bei der Beweislastregelung des bestehenden Rechts verbleiben (BT-Drucks 17/12637, 50). Danach hat der Unternehmer zu beweisen, dass der Vertrag nicht im Rahmen eines solchen Systems erfolgt ist (so auch die ganz herrschenden Meinung in der Literatur: GRÜNEBERG/GRÜNEBERG § 312c Rn 6; JAUERNIG/STADLER § 312c Rn 9; DAUNER-LIEB/LANGEN/RING Rn 6; HÄRTING, Internetrecht E.I. 4. Rn 851; Hk-BGB/SCHULTE-NÖLKE § 312c Rn 6; BeckOK-BGB/MARTENS [1. 5. 2024] § 312c Rn 30; STÜRNER JURA 2015, 690, 693). Der Gesetzgeber beruft sich dabei auf den Wortlaut der VerbrRRL: Es sei nicht davon auszugehen, dass die Richtlinie mit der Definition des Fernabsatzvertrags in Art 2 Nr 7 eine Regelung über die Verteilung der Beweislast treffen wollte – der innerstaatliche Gesetzgeber sei in der Regelung dieser Frage daher frei (BT-Drucks 17/12637, 50). Angesichts dessen, dass die VerbrRRL in Erwägungsgrund 13 den Mitgliedstaaten erlaubt nationale Rechtsvorschriften zu Themen beizubehalten oder einzuführen, die in dieser Richtlinie nicht speziell behandelt werden, ist davon auszugehen, dass diese Beibehaltung im Ergebnis richtlinienkonform ist (GRÜNEBERG/GRÜNEBERG § 312c Rn 6; BeckOK-BGB/MARTENS [1. 5. 2024] § 312c Rn 30). Auch der BGH geht nach allgemeinen Grundsätzen davon aus, dass der Verbraucher zwar die Darlegungs- und Beweislast für die ausschließliche Verwendung von Fernkommunikationsmitteln beim Vertragsschluss trägt, der Unternehmer aber im Gegenzug darzulegen und gegebenenfalls zu beweisen hat, dass dem Vertragsschluss ein persönlicher Kontakt vorausgegangen ist oder dass der Vertrag nicht im Rahmen eines für den Fernabsatz organisierten Vertriebs- oder Dienstleistungssystems erfolgt ist (BGH 12. 11. 2015 – I ZR 168/14, WM 2016, 968). 51

d) Besondere Vertragsarten

Die vorangegangenen Ausführungen haben verdeutlicht, dass die Einordnung als Fernabsatzvertrag dem Interessenschutz des Verbrauchers dient, der in solchen Si- 52 tuationen zum einen weder seinem Vertragspartner direkt gegenüber tritt, noch die Ware oder Dienstleistung selbst begutachten kann. Klassisches Beispiel ist der Kauf über einen Versandhandel. Bei Vertragstypen, die weniger diesem Typus entsprechen, stellt sich häufig die Frage, inwiefern diese dennoch dem Anwendungsbereich zugeordnet werden können.

53 Im Hinblick auf einen zwischen einem **Anwalt** und seinem Mandanten per E-Mail geschlossenen Vertrag haben verschiedene Instanzgerichte (AG Berlin-Charlottenburg 15. 9. 2015 – 216 C 194/15, NJW-RR 2016, 184; AG Kleve 18. 5. 2017 – 35 C 434/16; AG Düsseldorf 8. 5. 2017 – 54 C 32/17) das Vorliegen eines Fernabsatzvertrages zunächst verneint: Ein solcher sei nach Sinn und Zweck der Vorschrift immer dann ausgeschlossen, wenn die persönliche Dienstleistung im Vordergrund steht und die typische Situation des Fernabsatzvertrages nicht gegeben ist – so etwa im Falle der Rechtsberatung. weil es sich dabei stets um eine individuelle auf den Einzelfall bezogene Leistung handele. Individuell angepasste Waren seien aber gerade vom Widerrufsrecht ausgenommen. Diese Einschätzung ist anderenorts und in der Literatur zu Recht auf Ablehnung gestoßen (AG Offenbach 9. 10. 2013 – 380 C 45/13; AG Brandenburg 13. 10. 2017 – 31 C 244/16, NJW-RR 2018, 186; Härting NJW 2016, 2937 ff; differenzierend Ernst NJW 2014, 817 ff). Diese Stimmen wurden inzwischen durch den BGH (BGH 23. 11. 2017 – IX ZR 204/16, NJW 2018, 690; 19. 11. 2020 – IX ZR 133/19, NJW 2021/304) bestätigt: Der Begriff der Dienstleistungen sei weit auszulegen (vgl dazu Kommentierung § 312 Rn 3). Auch sei hier die Interessenlage des Verbrauchers keine andere, denn zum einen könne sich der Verbraucher bei einer Vertragsanbahnung ohne persönlichen Kontakt keinen gleich umfassenden Eindruck vom Dienstleister und den zu erwartenden Dienstleistungen verschaffen, zum anderen habe der Gesetzgeber gerade bestimmte Dienstleistungsverträge vom Anwendungsbereich des Fernabsatzrechtes ausgenommen und Anwaltsverträge dabei offenbar bewusst ausgelassen. Schließlich könne nur durch eine grundsätzliche Anwendbarkeit der Regeln über Fernabsatzgeschäfte auch auf Anwaltsverträge ein hinreichender Verbraucherschutz bei modernen Dienstleistungen gewährleistet werden.

54 In ähnlicher Weise wird auch die Möglichkeit eines Fernabsatzvertrages bei **Maklerverträgen** diskutiert. Hier wurde insbesondere die fehlende Pflicht zum Tätigwerden und die Abhängigkeit des Vergütungsanspruchs vom Hauptvertrag der Anwendung des Fernabsatzrechtes entgegengehalten (vgl nur LG Hamburg 3. 5. 2012 – 307 O 42/12, ZMR 2014, 591). Der BGH sieht den Maklervertrag aber grundsätzlich – auch unter Hinweis auf den weiten Dienstleistungsbegriff als vom Anwendungsbereich des Fernabsatzvertrages erfasst an (BGH 7. 7. 2016 – I ZR 30/15, NJW 2017, 1024). Letztlich werden hier unbillige Ergebnisse schon dadurch vermieden, dass, soweit Fernkommunikationsmittel ausschließlich in der Phase der Vertragsanbahnung eingesetzt wurden, die erforderliche Ausschließlichkeit fehlt (vgl dazu Rn 28 ff). Im Ergebnis liegt es also nahe auch bei anderen Vertragsarten nicht schon auf die Art der Dienstleistung abzustellen, sondern die übrigen Voraussetzungen des Fernabsatzvertrages kritisch zu prüfen.

e) Besonderheiten bei der Einbeziehung von AGB im Fernabsatz

55 Verwendet der Unternehmer beim Vertragsschluss AGB, sind auch abseits der im Rahmen der Informationspflichten auftretenden Probleme einige Besonderheiten zu beachten. Diese betreffen vor allem die **Einbeziehung der AGB** in den Fernabsatzver-

trag. Schwierigkeiten können entstehen, wenn zu beurteilen ist, ob der Verbraucher ausdrücklich auf die AGB hingewiesen wurde, § 305 Abs 2 Nr 1 BGB. Insbesondere bei Fernabsatzverträgen, die über das **Internet** geschlossen werden, müssen einige Hürden überwunden werden, damit von einer wirksamen Einbeziehung ausgegangen werden kann. Den Anforderungen von § 305 Abs 2 Nr 1 BGB ist jedoch Genüge getan, wenn auf der Internetseite des Unternehmers unmittelbar oberhalb der „Bestellen"-Schaltfläche ein deutlich hervorgehobener Hinweis zu lesen ist, dem entnommen werden kann, dass der Verbraucher durch die Bestellung erklärt, mit den AGB einverstanden zu sein und dem Verbraucher die Möglichkeit gegeben wird, die AGB abzurufen (so LG Essen MMR 2004, 49). Auf diese Weise kann der Hinweis von einem Durchschnittskunden selbst bei flüchtiger Betrachtung schwerlich übersehen werden. Im Übrigen erklärt der Verbraucher sich zumindest konkludent mit der Geltung der AGB einverstanden, indem er die Bestellung tätigt.

§ 312d
Informationspflichten

(1) Bei außerhalb von Geschäftsräumen geschlossenen Verträgen und bei Fernabsatzverträgen ist der Unternehmer verpflichtet, den Verbraucher nach Maßgabe des Artikels 246a des Einführungsgesetzes zum Bürgerlichen Gesetzbuche zu informieren. Die in Erfüllung dieser Pflicht gemachten Angaben des Unternehmers werden Inhalt des Vertrags, es sei denn, die Vertragsparteien haben ausdrücklich etwas anderes vereinbart.

(2) Bei außerhalb von Geschäftsräumen geschlossenen Verträgen und bei Fernabsatzverträgen über Finanzdienstleistungen ist der Unternehmer abweichend von Absatz 1 verpflichtet, den Verbraucher nach Maßgabe des Artikels 246b des Einführungsgesetzes zum Bürgerlichen Gesetzbuche zu informieren.

Art 246a EGBGB
Informationspflichten bei außerhalb von Geschäftsräumen geschlossenen Verträgen und Fernabsatzverträgen mit Ausnahme von Verträgen über Finanzdienstleistungen

§ 1 Informationspflichten bei Fernabsatzverträgen

(1) Der Unternehmer ist nach § 312d Absatz 1 des Bürgerlichen Gesetzbuchs verpflichtet, dem Verbraucher folgende Informationen zur Verfügung zu stellen:

1. die wesentlichen Eigenschaften der Waren oder Dienstleistungen in dem für das Kommunikationsmittel und für die Waren und Dienstleistungen angemessenen Umfang,

2. seine Identität, beispielsweise seinen Handelsnamen sowie die Anschrift des Ortes, an dem er niedergelassen ist, seine Telefonnummer und gegebenenfalls seine Telefaxnummer und E-Mail-Adresse sowie gegebenenfalls die Anschrift und die Identität des Unternehmers, in dessen Auftrag er handelt,

3. zusätzlich zu den Angaben gemäß Nummer 2 die Geschäftsanschrift des Unternehmers und gegebenenfalls die Anschrift des Unternehmers, in dessen Auftrag er handelt, an die sich der Verbraucher

mit jeder Beschwerde wenden kann, falls diese Anschrift von der Anschrift unter Nummer 2 abweicht,

4. den Gesamtpreis der Waren oder Dienstleistungen einschließlich aller Steuern und Abgaben, oder in den Fällen, in denen der Preis auf Grund der Beschaffenheit der Waren oder Dienstleistungen vernünftigerweise nicht im Voraus berechnet werden kann, die Art der Preisberechnung sowie gegebenenfalls alle zusätzlichen Fracht-, Liefer- oder Versandkosten und alle sonstigen Kosten, oder in den Fällen, in denen diese Kosten vernünftigerweise nicht im Voraus berechnet werden können, die Tatsache, dass solche zusätzlichen Kosten anfallen können,

5. im Falle eines unbefristeten Vertrags oder eines Abonnement-Vertrags den Gesamtpreis; dieser umfasst die pro Abrechnungszeitraum anfallenden Gesamtkosten und, wenn für einen solchen Vertrag Festbeträge in Rechnung gestellt werden, ebenfalls die monatlichen Gesamtkosten; wenn die Gesamtkosten vernünftigerweise nicht im Voraus berechnet werden können, ist die Art der Preisberechnung anzugeben,

6. die Kosten für den Einsatz des für den Vertragsabschluss genutzten Fernkommunikationsmittels, sofern dem Verbraucher Kosten berechnet werden, die über die Kosten für die bloße Nutzung des Fernkommunikationsmittels hinausgehen,

7. die Zahlungs-, Liefer- und Leistungsbedingungen, den Termin, bis zu dem der Unternehmer die Waren liefern oder die Dienstleistung erbringen muss, und gegebenenfalls das Verfahren des Unternehmers zum Umgang mit Beschwerden,

8. das Bestehen eines gesetzlichen Mängelhaftungsrechts für die Waren,

9. gegebenenfalls das Bestehen und die Bedingungen von Kundendienst, Kundendienstleistungen und Garantien,

10. gegebenenfalls bestehende einschlägige Verhaltenskodizes gemäß Artikel 2 Buchstabe f der Richtlinie 2005/29/EG des Europäischen Parlaments und des Rates vom 11. Mai 2005 über unlautere Geschäftspraktiken im binnenmarktinternen Geschäftsverkehr zwischen Unternehmen und Verbrauchern und zur Änderung der Richtlinie 84/450/EWG des Rates, der Richtlinien 97/7/EG, 98/27/EG und 2002/65/EG des Europäischen Parlaments und des Rates sowie der Verordnung (EG) Nr 2006/2004 des Europäischen Parlaments und des Rates (ABl. L 149 vom 11. 6. 2005, S 22) und wie Exemplare davon erhalten werden können,

11. gegebenenfalls die Laufzeit des Vertrags oder die Bedingungen der Kündigung unbefristeter Verträge oder sich automatisch verlängernder Verträge,

12. gegebenenfalls die Mindestdauer der Verpflichtungen, die der Verbraucher mit dem Vertrag eingeht,

13. gegebenenfalls die Tatsache, dass der Unternehmer vom Verbraucher die Stellung einer Kaution oder die Leistung anderer finanzieller Sicherheiten verlangen kann, sowie deren Bedingungen,

14. gegebenenfalls die Funktionsweise digitaler Inhalte, einschließlich anwendbarer technischer Schutzmaßnahmen für solche Inhalte,

15. gegebenenfalls, soweit wesentlich, Beschränkungen der Interoperabilität und der Kompatibilität digitaler Inhalte mit Hard- und Software, soweit diese Beschränkungen dem Unternehmer bekannt sind oder bekannt sein müssen, und

16. gegebenenfalls, dass der Verbraucher ein außergerichtliches Beschwerde- und Rechtsbehelfsverfahren, dem der Unternehmer unterworfen ist, nutzen kann, und dessen Zugangsvoraussetzungen.

Wird der Vertrag im Rahmen einer öffentlich zugänglichen Versteigerung geschlossen, können anstelle der Angaben nach Nummer 2 und 3 die entsprechenden Angaben des Versteigerers zur Verfügung gestellt werden.

(2) Steht dem Verbraucher ein Widerrufsrecht nach § 312g Absatz 1 des Bürgerlichen Gesetzbuchs zu, ist der Unternehmer verpflichtet, den Verbraucher zu informieren

1. über die Bedingungen, die Fristen und das Verfahren für die Ausübung des Widerrufsrechts nach § 355 Absatz 1 des Bürgerlichen Gesetzbuchs sowie das Muster-Widerrufsformular in der Anlage 2,

2. gegebenenfalls darüber, dass der Verbraucher im Widerrufsfall die Kosten für die Rücksendung der Waren zu tragen hat, und bei Fernabsatzverträgen zusätzlich über die Kosten für die Rücksendung der Waren, wenn die Waren auf Grund ihrer Beschaffenheit nicht auf dem normalen Postweg zurückgesendet werden können, und

3. darüber, dass der Verbraucher dem Unternehmer bei einem Vertrag über die Erbringung von Dienstleistungen oder über die nicht in einem bestimmten Volumen oder in einer bestimmten Menge vereinbarte Lieferung von Wasser, Gas, Strom oder die Lieferung von Fernwärme einen angemessenen Betrag nach § 357 Absatz 8 des Bürgerlichen Gesetzbuchs für die vom Unternehmer erbrachte Leistung schuldet, wenn der Verbraucher das Widerrufsrecht ausübt, nachdem er auf Aufforderung des Unternehmers von diesem ausdrücklich den Beginn der Leistung vor Ablauf der Widerrufsfrist verlangt hat.

Der Unternehmer kann diese Informationspflichten dadurch erfüllen, dass er das in der Anlage 1 vorgesehene Muster für die Widerrufsbelehrung zutreffend ausgefüllt in Textform übermittelt.

(3) Der Unternehmer hat den Verbraucher auch zu informieren, wenn

1. dem Verbraucher nach § 312g Absatz 2 Nummer 1, 2, 5 und 7 bis 13 des Bürgerlichen Gesetzbuchs ein Widerrufsrecht nicht zusteht, dass der Verbraucher seine Willenserklärung nicht widerrufen kann, oder

2. das Widerrufsrecht des Verbrauchers nach § 312g Absatz 2 Nummer 3, 4 und 6 sowie § 356 Absatz 4 und 5 des Bürgerlichen Gesetzbuchs vorzeitig erlöschen kann, über die Umstände, unter denen der Verbraucher ein zunächst bestehendes Widerrufsrecht verliert.

§ 2 Erleichterte Informationspflichten bei Reparatur- und Instandhaltungsarbeiten

(1) Hat der Verbraucher bei einem Vertrag über Reparatur- und Instandhaltungsarbeiten, der außerhalb von Geschäftsräumen geschlossen wird, bei dem die beiderseitigen Leistungen sofort erfüllt werden und die vom Verbraucher zu leistende Vergütung 200 Euro nicht übersteigt, ausdrücklich die

Dienste des Unternehmers angefordert, muss der Unternehmer dem Verbraucher lediglich folgende Informationen zur Verfügung stellen:

1. die Angaben nach § 1 Absatz 1 Satz 1 Nummer 2 und

2. den Preis oder die Art der Preisberechnung zusammen mit einem Kostenvoranschlag über die Gesamtkosten.

(2) Ferner hat der Unternehmer dem Verbraucher folgende Informationen zur Verfügung zu stellen:

1. die wesentlichen Eigenschaften der Waren oder Dienstleistungen in dem für das Kommunikationsmittel und die Waren oder Dienstleistungen angemessenen Umfang,

2. gegebenenfalls die Bedingungen, die Fristen und das Verfahren für die Ausübung des Widerrufsrechts sowie das Muster-Widerrufsformular in der Anlage 2 und

3. gegebenenfalls die Information, dass der Verbraucher seine Willenserklärung nicht widerrufen kann, oder die Umstände, unter denen der Verbraucher ein zunächst bestehendes Widerrufsrecht vorzeitig verliert.

(3) Eine vom Unternehmer zur Verfügung gestellte Abschrift oder Bestätigung des Vertrags nach § 312f Absatz 1 des Bürgerlichen Gesetzbuchs muss alle nach § 1 zu erteilenden Informationen enthalten.

§ 3 Erleichterte Informationspflichten bei begrenzter Darstellungsmöglichkeit

Soll ein Fernabsatzvertrag mittels eines Fernkommunikationsmittels geschlossen werden, das nur begrenzten Raum oder begrenzte Zeit für die dem Verbraucher zu erteilenden Informationen bietet, ist der Unternehmer verpflichtet, dem Verbraucher mittels dieses Fernkommunikationsmittels zumindest folgende Informationen zur Verfügung zu stellen:

1. die wesentlichen Eigenschaften der Waren oder Dienstleistungen,

2. die Identität des Unternehmers,

3. den Gesamtpreis oder in den Fällen, in denen der Preis auf Grund der Beschaffenheit der Waren oder Dienstleistungen vernünftigerweise nicht im Voraus berechnet werden kann, die Art der Preisberechnung,

4. gegebenenfalls das Bestehen eines Widerrufsrechts und

5. gegebenenfalls die Vertragslaufzeit und die Bedingungen für die Kündigung eines Dauerschuldverhältnisses.

Die weiteren Angaben nach § 1 hat der Unternehmer dem Verbraucher in geeigneter Weise unter Beachtung von § 4 Absatz 3 zugänglich zu machen.

§ 4 Formale Anforderungen an die Erfüllung der Informationspflichten

(1) Der Unternehmer muss dem Verbraucher die Informationen nach den §§ 1 bis 3 vor Abgabe von dessen Vertragserklärung in klarer und verständlicher Weise zur Verfügung stellen.

(2) Bei einem außerhalb von Geschäftsräumen geschlossenen Vertrag muss der Unternehmer die Informationen auf Papier oder, wenn der Verbraucher zustimmt, auf einem anderen dauerhaften Datenträger zur Verfügung stellen. Die Informationen müssen lesbar sein. Die Person des erklärenden Unternehmers muss genannt sein. Der Unternehmer kann die Informationen nach § 2 Absatz 2 in anderer Form zur Verfügung stellen, wenn sich der Verbraucher hiermit ausdrücklich einverstanden erklärt hat.

(3) Bei einem Fernabsatzvertrag muss der Unternehmer dem Verbraucher die Informationen in einer den benutzten Fernkommunikationsmitteln angepassten Weise zur Verfügung stellen. Soweit die Informationen auf einem dauerhaften Datenträger zur Verfügung gestellt werden, müssen sie lesbar sein, und die Person des erklärenden Unternehmers muss genannt sein. Abweichend von Satz 1 kann der Unternehmer dem Verbraucher die in § 3 Satz 2 genannten Informationen in geeigneter Weise zugänglich machen.

Art 246b EGBGB
Informationspflichten bei außerhalb von Geschäftsräumen geschlossenen Verträgen und Fernabsatzverträgen über Finanzdienstleistungen

§ 1 Informationspflichten

(1) Der Unternehmer ist nach § 312d Absatz 2 des Bürgerlichen Gesetzbuchs verpflichtet, dem Verbraucher rechtzeitig vor Abgabe von dessen Vertragserklärung klar und verständlich und unter Angabe des geschäftlichen Zwecks, bei Fernabsatzverträgen in einer dem benutzten Fernkommunikationsmittel angepassten Weise, folgende Informationen zur Verfügung zu stellen:

1. seine Identität, anzugeben ist auch das öffentliche Unternehmensregister, bei dem der Rechtsträger eingetragen ist, und die zugehörige Registernummer oder gleichwertige Kennung,

2. die Hauptgeschäftstätigkeit des Unternehmers und die für seine Zulassung zuständige Aufsichtsbehörde,

3. die Identität des Vertreters des Unternehmers in dem Mitgliedstaat, in dem der Verbraucher seinen Wohnsitz hat, wenn es einen solchen Vertreter gibt, oder die Identität einer anderen gewerblich tätigen Person als dem Anbieter, wenn der Verbraucher mit dieser Person geschäftlich zu tun hat, und die Eigenschaft, in der diese Person gegenüber dem Verbraucher tätig wird,

4. die ladungsfähige Anschrift des Unternehmers und jede andere Anschrift, die für die Geschäftsbeziehung zwischen diesem, seinem Vertreter oder einer anderen gewerblich tätigen Person nach Nummer 3 und dem Verbraucher maßgeblich ist, bei juristischen Personen, Personenvereinigungen oder Personengruppen auch den Namen des Vertretungsberechtigten,

5. die wesentlichen Merkmale der Finanzdienstleistung sowie Informationen darüber, wie der Vertrag zustande kommt,

6. den Gesamtpreis der Finanzdienstleistung einschließlich aller damit verbundenen Preisbestandteile sowie alle über den Unternehmer abgeführten Steuern oder, wenn kein genauer Preis angegeben werden kann, seine Berechnungsgrundlage, die dem Verbraucher eine Überprüfung des Preises ermöglicht,

7. gegebenenfalls zusätzlich anfallende Kosten sowie einen Hinweis auf mögliche weitere Steuern oder Kosten, die nicht über den Unternehmer abgeführt oder von ihm in Rechnung gestellt werden,

8. gegebenenfalls den Hinweis, dass sich die Finanzdienstleistung auf Finanzinstrumente bezieht, die wegen ihrer spezifischen Merkmale oder der durchzuführenden Vorgänge mit speziellen Risiken behaftet sind oder deren Preis Schwankungen auf dem Finanzmarkt unterliegt, auf die der Unternehmer keinen Einfluss hat, und dass in der Vergangenheit erwirtschaftete Erträge kein Indikator für künftige Erträge sind,

9. eine Befristung der Gültigkeitsdauer der zur Verfügung gestellten Informationen, beispielsweise die Gültigkeitsdauer befristeter Angebote, insbesondere hinsichtlich des Preises,

10. Einzelheiten hinsichtlich der Zahlung und der Erfüllung,

11. alle spezifischen zusätzlichen Kosten, die der Verbraucher für die Benutzung des Fernkommunikationsmittels zu tragen hat, wenn solche zusätzlichen Kosten durch den Unternehmer in Rechnung gestellt werden,

12. das Bestehen oder Nichtbestehen eines Widerrufsrechts sowie die Bedingungen, Einzelheiten der Ausübung, insbesondere Name und Anschrift desjenigen, gegenüber dem der Widerruf zu erklären ist, und die Rechtsfolgen des Widerrufs einschließlich Informationen über den Betrag, den der Verbraucher im Falle des Widerrufs nach § 357a des Bürgerlichen Gesetzbuchs für die erbrachte Leistung zu zahlen hat,

13. die Mindestlaufzeit des Vertrags, wenn dieser eine dauernde oder regelmäßig wiederkehrende Leistung zum Inhalt hat,

14. die vertraglichen Kündigungsbedingungen einschließlich etwaiger Vertragsstrafen,

15. die Mitgliedstaaten der Europäischen Union, deren Recht der Unternehmer der Aufnahme von Beziehungen zum Verbraucher vor Abschluss des Vertrags zugrunde legt, 16. eine Vertragsklausel über das auf den Vertrag anwendbare Recht oder über das zuständige Gericht,

17. die Sprachen, in welchen die Vertragsbedingungen und die in dieser Vorschrift genannten Vorabinformationen mitgeteilt werden, sowie die Sprachen, in welchen sich der Unternehmer verpflichtet, mit Zustimmung des Verbrauchers die Kommunikation während der Laufzeit dieses Vertrags zu führen,

18. gegebenenfalls, dass der Verbraucher ein außergerichtliches Beschwerde- und Rechtsbehelfsverfahren, dem der Unternehmer unterworfen ist, nutzen kann, und dessen Zugangsvoraussetzungen und

19. das Bestehen eines Garantiefonds oder anderer Entschädigungsregelungen, die weder unter die Richtlinie 94/19/EG des Europäischen Parlaments und des Rates vom 30. Mai 1994 über Einlagensi-

cherungssysteme (ABl. L 135 vom 31. 5. 1994, S 5) noch unter die Richtlinie 97/9/EG des Europäischen Parlaments und des Rates vom 3. März 1997 über Systeme für die Entschädigung der Anleger (ABl. L 84 vom 26. 3. 1997, S 22) fallen.

(2) Bei Telefongesprächen hat der Unternehmer nur folgende Informationen zur Verfügung zu stellen:

1. die Identität der Kontaktperson des Verbrauchers und deren Verbindung zum Unternehmer,

2. die Beschreibung der Hauptmerkmale der Finanzdienstleistung,

3. den Gesamtpreis, den der Verbraucher dem Unternehmer für die Finanzdienstleistung schuldet, einschließlich aller über den Unternehmer abgeführten Steuern, oder, wenn kein genauer Preis angegeben werden kann, die Grundlage für die Berechnung des Preises, die dem Verbraucher eine Überprüfung des Preises ermöglicht,

4. mögliche weitere Steuern und Kosten, die nicht über den Unternehmer abgeführt oder von ihm in Rechnung gestellt werden, und

5. das Bestehen oder Nichtbestehen eines Widerrufsrechts sowie für den Fall, dass ein Widerrufsrecht besteht, auch die Widerrufsfrist und die Bedingungen, Einzelheiten der Ausübung und die Rechtsfolgen des Widerrufs einschließlich Informationen über den Betrag, den der Verbraucher im Falle des Widerrufs nach § 357a des Bürgerlichen Gesetzbuchs für die erbrachte Leistung zu zahlen hat.

Satz 1 gilt nur, wenn der Unternehmer den Verbraucher darüber informiert hat, dass auf Wunsch weitere Informationen übermittelt werden können und welcher Art diese Informationen sind, und der Verbraucher ausdrücklich auf die Übermittlung der weiteren Informationen vor Abgabe seiner Vertragserklärung verzichtet hat.

§ 2 Weitere Informationspflichten

(1) Der Unternehmer hat dem Verbraucher rechtzeitig vor Abgabe von dessen Vertragserklärung die folgenden Informationen auf einem dauerhaften Datenträger mitzuteilen:

1. die Vertragsbestimmungen einschließlich der Allgemeinen Geschäftsbedingungen und

2. die in § 1 Absatz 1 genannten Informationen. Wird der Vertrag auf Verlangen des Verbrauchers telefonisch oder unter Verwendung eines anderen Fernkommunikationsmittels geschlossen, das die Mitteilung auf einem dauerhaften Datenträger vor Vertragsschluss nicht gestattet, hat der Unternehmer dem Verbraucher abweichend von Satz 1 die Informationen unverzüglich nach Abschluss des Fernabsatzvertrags zu übermitteln.

(2) Der Verbraucher kann während der Laufzeit des Vertrags vom Unternehmer jederzeit verlangen, dass dieser ihm die Vertragsbedingungen einschließlich der Allgemeinen Geschäftsbedingungen in Papierform zur Verfügung stellt.

(3) Zur Erfüllung seiner Informationspflicht nach Absatz 1 Satz 1 Nummer 2 in Verbindung mit § 1 Absatz 1 Nummer 12 über das Bestehen eines Widerrufsrechts kann der Unternehmer dem Verbraucher das in der Anlage 3 vorgesehene Muster für die Widerrufsbelehrung bei Finanzdienstleistungsverträgen zutreffend ausgefüllt in Textform übermitteln.

Materialien: Zum Gesetz zur Umsetzung der Verbraucherrechterichtlinie und zur Änderung des Gesetzes zur Regelung der Wohnungsvermittlung: Richtlinie 2011/83/EU über die Rechte der Verbraucher, zur Änderung der Richtlinie 93/13/EWG des Rates und der Richtlinie 1999/44/EG des Europäischen Parlaments und des Rates sowie zur Aufhebung der Richtlinie 85/577/EWG des Rates und der Richtlinie 97/7/EG des Europäischen Parlaments und des Rates (ABl EU Nr L 304/64); Richtlinie 2002/65/EG des Europäischen Parlaments und des Rates vom 23. September 2002 über den Fernabsatz von Finanzdienstleistungen an Verbraucher und zur Änderung der Richtlinie 90/619/EWG des Rates und der Richtlinien 97/7/EG und 98/27/EG (ABlEG Nr L 271/16); Zum Gesetz über Fernabsatzverträge und andere Fragen des Verbraucherrechts sowie zur Umstellung von Vorschriften auf Euro: Regierungsentwurf BT-Drucks 14/2658; Zum Gesetz zur Änderung der Vorschriften über Fernabsatzverträge bei Finanzdienstleistungen: Regierungsentwurf BT-Drucks 15/2946; Art 246a EGBGB (BGBl I Nr 48, S 2394); Art 246b EGBGB (BGBl I Nr 58, S 3642); Regierungsentwurf BT-Drucks 17/12637.

Systematische Übersicht

Alphabetische Übersicht

I. Allgemeines

1 § 312d BGB normiert in Verbindung mit Art 246a sowie Art 246b EGBGB die unternehmerischen Informationspflichten, die vormals in § 312c aF (bis 12. 6. 2014) in Verbindung mit Art 246 § 1 und § 2 EGBGB aF (bis 12. 6. 2014) enthalten waren und dadurch ein **„klassisches Instrument des Verbraucherschutzes"** (BT-Drucks 14/2658, 37) auch im Fernabsatzrecht etabliert hatten. Daneben finden sich an vereinzelten Stellen, wie etwa in § 312e, § 312f Abs 2 oder § 312i Abs 1 BGB weitere formale Anforderungen an die zu erteilenden Informationen. Mit Blick auf § 312d BGB unterscheidet diese Vorschrift nach den Informationspflichten im Sinne des Abs 1 iVm Art 246a EGBGB für Fernabsatzverträge und für außerhalb von Geschäftsräumen geschlossene Verträge sowie im Sinne des Abs 2 iVm Art 246b EGBGB für gleichartige Verträge, die jedoch Finanzdienstleistungen betreffen. Kommt der Unternehmer den nach § 312d BGB normierten Informationspflichten nicht nach, kann nach allgemeinen Grundsätzen ein Anspruch des Verbrauchers auf Schadensersatz aufgrund einer Pflichtverletzung im Sinne der §§ 280 Abs 1, 241 Abs 2 BGB in Betracht kommen (BRegE BT-Drucks 17/12637).

2 Da in der VerbrRRL differenzierte Informationspflichten für Verträge im stationären Handel (Art 5 VerbrRRL) und für Fernabsatzverträge sowie außerhalb von Geschäftsräumen geschlossene Verträge (Art 6 VerbrRRL) enthalten sind, hat auch der deutsche Gesetzgeber in § 312d BGB **für die besonderen Vertriebsformen** eine **Sonderregelung der Informationspflichten** geschaffen. § 312d Abs 1 S 1 BGB dient der Umsetzung von Art 6 Abs 1–4 VerbrRRL. S 2 setzt Art 6 Abs 5 VerbrRRL um. Zwar gilt die VerbrRRL nicht für Finanzdienstleistungen. Für solche Verträge gilt Abs 2, der Art 3 und 5 der **Richtlinie über den Fernabsatz von Finanzdienstleistungen an Verbraucher (FernAbsFinanzDienstRL)** insoweit überschießend umsetzt, als dass Abs 2 nicht nur Finanzdienstleistungsverträge erfasst, wenn sie im Fernabsatz geschlossen wurden, sondern auch, wenn der Vertragsschluss außerhalb von Geschäftsräumen stattgefunden hat.

II. Normzweck

3 Es bestehen sowohl vorvertragliche als auch nachvertragliche Informationspflichten. Durch die vorab zu erteilenden Informationen soll der Verbraucher in die Lage versetzt werden, eine seinen Interessen entsprechende, überlegte Entscheidung treffen zu können (Härting, Internetrecht Rn 1139; MünchKommBGB/Wendehorst § 312d Rn 2). Die sog Vertragsinformationen, die erst nach Vertragsschluss zu erteilen sind, dienen dagegen Dokumentationszwecken und erleichtern so dem Verbraucher die Wahrnehmung und Durchsetzung seiner vertraglichen Rechte. Insbesondere kann er auf Grundlage dieser Informationen eine Entscheidung über die Ausübung seines Widerrufsrechts treffen (BeckOK-BGB/Martens [1. 5. 2024] § 312d Rn 3).

4 Informationspflichten sind im Fernabsatzrecht weiterhin von zentraler Bedeutung: Wird eine Ware oder eine Dienstleistung im **Fernabsatz** vertrieben, so entstehen für den Verbraucher gegenüber dem herkömmlichen Vertrieb im stationären Handel erhebliche Nachteile. Beim Vertrag über die **Lieferung von Waren** etwa kann er vor dem Abschluss des Vertrages den Vertragsgegenstand nicht in Augenschein nehmen und sich damit persönlich ein Bild von ihm machen. Der Verbraucher ist allein auf die An-

gaben des Unternehmers angewiesen. Dieser hat seinerseits die Möglichkeit, mittels eines aufwändig gestalteten Verkaufsprospektes oder einer beeindruckenden Internetseite den Verkaufsgegenstand in besonders gutem Licht erscheinen zu lassen. Auch bei Verträgen über die **Erbringung einer Dienstleistung** kann der Verbraucher getäuscht werden. Zwar kann eine Dienstleistung im Unterschied zu einer Ware nicht in den Verkaufsräumen des Unternehmers begutachtet werden. Vereinbart der Verbraucher aber in einem persönlichen Gespräch mit dem Unternehmer einen Dienstleistungsvertrag, besteht für ihn die Möglichkeit, sich näher erläutern zu lassen, wie die Dienstleistung im Einzelnen ausgeführt wird und welche Bestandteile die Leistungsverpflichtung des Unternehmers hat. Für den Verbraucher ist ein persönliches Gespräch, in dem Rückfragen möglich sind, günstiger als ein einseitiger Kommunikationsfluss. Die zweite Konstellation ist typisch für den Fernabsatz. Der mit ihr verbundenen Gefahr für den Verbraucher wird dadurch begegnet, dass dem Unternehmer weitreichende Informationspflichten auferlegt werden. Auch bei einem **Vertragsschluss außerhalb von Geschäftsräumen** besteht ein besonderes Schutzbedürfnis des Verbrauchers. Dieser befindet sich in einer Situation, in der er in der Regel mental nicht auf einen Vertragsabschluss eingestellt ist. Es besteht die Gefahr einer Überrumpelung und eines voreiligen, unüberlegten Vertragsabschlusses ohne hinreichende Information. Erst wenn der Verbraucher über alle Informationen verfügt, kann er eine endgültige Entscheidung darüber treffen, ob er an seiner Willenserklärung, die zum Vertragsschluss führt, auch tatsächlich festhalten will. Will er das nicht, steht ihm als zweites klassisches Mittel des Verbraucherschutzes ein **Widerrufsrecht aus §§ 312g Abs 1, 355 BGB** zu, mit dessen Hilfe er sich vom Vertrag lösen kann. Das Widerrufsrecht gleicht das Informationsdefizit im Fernabsatzhandel aus. Hierfür ist es freilich erforderlich, dass der Verbraucher über das Widerrufsrecht informiert wird. Die Widerrufsfrist beginnt daher erst zu laufen, wenn das Informationsdefizit des Verbrauchers ausgeglichen ist.

III. Entwicklung der Vorschrift

5 Anhand der Vorgängernorm des § 312d BGB wurden bereits in § 312c aF (bis 12. 6. 2014) mit der **FernAbsRL** sowie der **FernAbsFinanzDienstRL** europäische Vorgaben umgesetzt. Als der Gesetzgeber aufgefordert war, die FernAbsFinanzDienstRL in die damaligen §§ 312b bis 312d aF (bis 12. 6. 2014) zu integrieren, hat er – wie schon bei der Umsetzung der FernAbsRL – darauf verzichtet, den etwas holprigen europäischen Sprachgebrauch zu übernehmen und hielt an den bekannten Begrifflichkeiten fest. Nicht der „Anbieter" (vgl Art 2 lit c FernAbsFinanzDienstRL) musste den Verbraucher informieren, sondern der Unternehmer. Hiermit waren freilich keine inhaltlichen Änderungen verbunden. In anderen Bereichen ist jedoch auch in inhaltlicher Hinsicht einiges geschehen, seitdem das Fernabsatzgesetz im Juni 2000 in Kraft getreten war.

6 Die unternehmerischen Informationspflichten waren zunächst in **§ 2 FernAbsG** geregelt. In der Vorschrift wurden die Regelungen von **Art 4 und 5 FernAbsRL** weitestgehend wörtlich übernommen. Insbesondere waren die einzelnen Informationspflichten noch in § 2 Abs 2 FernAbsG zu finden. Der Gesetzgeber ging aber schon damals über die europäischen Vorgaben hinaus. Wie in den meisten anderen Mitgliedstaaten musste der Unternehmer dem Verbraucher auch dann seine Anschrift mitteilen, wenn nach dem Inhalt des Vertrages eine Vorauszahlung nicht erforderlich

ist, § 2 Abs 2 Nr 1 FernAbsG. Die FernAbsRL machte eine diesbezügliche Informationspflicht noch davon abhängig, ob der Vertrag eine Vorauszahlung erforderte und ist hierfür zu Recht kritisiert worden (vgl BODENSTEDT, Die Umsetzung der Fernabsatzrichtlinie im deutschen und englischen Recht [2006]; WOLF ua, in: GRABITZ/HILF [40. Aufl 2009], Sekundärrecht Bd IV, A3 Rn 40). Im Übrigen musste der Unternehmer den Verbraucher nach § 2 Abs 2 Nr 2 FernAbsG auch darüber informieren, wie der Vertrag zustande gekommen war. Diese Informationspflicht fehlte der Richtlinie ebenfalls. Der Informationskatalog in § 2 Abs 2 Nr 1 bis 10 FernAbsG setzte neben Art 4 und 5 auch Art 7 Abs 3 Fernabsatzrichtlinie um. Hiernach war der Unternehmer verpflichtet, den Verbraucher von der Möglichkeit zu informieren, ihm eine qualitätsmäßig gleichwertige Ware oder Dienstleistung zu liefern, sollte die versprochene Leistung nicht verfügbar sein.

Im Zuge der **Schuldrechtsmodernisierung** wandelte der Gesetzgeber die Verordnung über Informationspflichten von Reiseveranstaltern in eine übergreifende Verordnung über Informationspflichten im Bürgerlichen Recht um. Für die BGB-InfoV wurde in den Artikeln 240 EGBGB eine Verordnungsermächtigung für den Regelungsbereich Fernabsatz geschaffen (vgl hierzu STAUDINGER/THÜSING [2003] Art 240 EGBGB). Vor der Schuldrechtsreform fanden sich die Informationspflichten noch in § 2 Abs 2 FernAbsG. Der Gesetzgeber des Schuldrechtsmodernisierungsgesetzes war aber der Auffassung, dass angesichts der schnellen Veränderungen gerade in den Bereichen des Fernabsatzes und des elektronischen Geschäftsverkehrs ein Bedürfnis danach bestehe, die Informationspflichten möglichst schnell an die neuere technische Entwicklung anpassen zu können (RegE SMG BT-Drucks 14/6040, 274). Die dynamische Anpassung des Pflichtenkataloges sei eher durch die Exekutive, also im Wege einer Verordnung, möglich (RegE SMG BT-Drucks 14/6040, 274). Der Gesetzgeber könnte hier geirrt haben, hat er doch die Verordnung im Änderungsgesetz selbst erlassen. Das war zwar zulässig (vgl KONZAK DVBl 1994, 1107, 1109; LEPA AöR 105 [1980] 337, 351), jedoch bekam die Verordnung dadurch die Qualität eines Parlamentsgesetzes und war somit für den Verordnungsgeber nicht mehr änderbar (so auch HOENIKE/HÜLSDUNK MMR 2002, 415; vgl die allgemeinen Ausführungen bei KONZAK DVBL 1994, 1107, 1109 f; LEPA AöR 105 [1980] 337, 351 ff sowie die Entscheidung BVerfGE 22, 330, 346). Gleichwohl hat das Bundesministerium die Verordnung wiederholt geändert (BGBl I 2958; BGBl I 1141; BGBl I 292). Bei Änderungen allein durch den Verordnungsgeber blieb es aber nicht, wie die **Neufassung der Vorschrift im Zusammenhang mit der Umsetzung der FernAbsFinanzDienstRL** gezeigt hat (vgl oben die Anmerkungen zur Entwicklung der Vorschrift Rn 3 f). Hier wurde die Norm erneut durch ein Parlamentsgesetz geändert und musste in diesem Zusammenhang die bei Gesetzesänderungen üblichen, mitunter langwierigen Diskussionen überstehen. 7

Schließlich sah sich der Gesetzgeber gezwungen, die Informationspflichten doch endgültig in seine Zuständigkeit zu verlegen: Zunächst wurde das Ministerium der Justiz in Art 245 EGBGB ermächtigt, ein **Muster für die Belehrung** zu gestalten. Von der Ermächtigung machte es durch Verordnung vom 1. 8. 2002 (BGBl I 2958) Gebrauch. Bei dem Versuch, die schon unübersichtliche Zahl an Informationen in dem Muster richtig wiederzugeben, kam es jedoch zu Fehlern, sodass § 14 Abs I BGB-InfoV, der die Musterverwendung ermöglichte, in Verbindung mit dem Muster aus Anlage 2 rechtswidrig war. Ein Vertrauendürfen auf eine Verordnung lehnten die Gerichte teilweise ab, sodass die Leidtragenden der fehlerhaften Formulare die Unternehmer waren (OLG Koblenz 2005, 3430; LG Halle MMR 2006, 479 ff; MMR 2007, 119, 120 f; LG Koblenz 8

MMR 2007, 190 f; **aA** OLG München BeckRS 2008, 11332; siehe auch Schmittmann K&R 2007, 441, 442 f; Masuch NJW 2008, 1700 1701; Föhlisch MMR 2007, 139; Buchmann MMR 2007, 347). Im Zuge der **Umsetzung der VerbrKredRL durch das VerbrKredRLUG** vom 29. 7. 2009 hat der Gesetzgeber deshalb die vorher in § 1 BGB-InfoV geregelten Informationspflichten in Art 246 EGBGB aF (bis 12. 6. 2014) geregelt. Es kam dem Gesetzgeber ausweislich des Regierungsentwurfs entscheidend darauf an „die im Zusammenhang mit den Musterbelehrungen (Anlagen 2 und 3 zur BGB-Informationspflichten-Verordnung) nach wie vor bestehende Rechtsunsicherheit durch eine formell-gesetzliche Regelung zu beseitigen" (BRegE BT-Drucks 16/11643, 1).

9 Über die Verschiebung der Information von der BGB-InfoV in das EGBGB hinaus, wurden auch die bis dahin in § 312c Abs 2 BGB geregelten Informationspflichten sowie das Transparenzgebot dorthin verschoben. Es blieb der Verweis auf Art 246 § 1 und 2 EGBGB aF (bis 12. 6. 2014) in Abs 1. Der Regierungsentwurf nannte als Ziel, den Wortlaut des BGB durch die Auslagerung in Art 246 EGBGB zu vereinfachen und die Art der Informationen sowie Zeitpunkt und Form ihrer Erteilung zu bündeln (BRegE BT-Drucks 16/11643, 1, 121). Art 246 § 1 Abs 1 EGBGB aF (bis 12. 6. 2014) konkretisierte die Vorabinformationspflicht des Unternehmers aus § 312c Abs 1 aF (bis 12. 6. 2014) und galt für allgemeine Fernabsatzverträge und für Fernabsatzverträge über Finanzdienstleistungen. Die **Umsetzung der FernAbsFinanz-DienstRL** hatte keine größeren Auswirkungen auf die Vorschrift. Nur an einigen Stellen wurden durch Art 3 Abs 1 FernAbsFinanzDienstRL bedingte Ergänzungen vorgenommen. Es war das Ziel des Gesetzgebers, dass dem Verbraucher bei riskanten Fernabsatzverträgen über Finanzdienstleistungen umfassende Informationen zur Verfügung stehen. Zugleich sollte der Unternehmer durch die Pflichten nicht überlastet werden (RegE Gesetz zur Änderung der Vorschriften über Fernabsatzverträge bei Finanzdienstleistungen, BT-Drucks 15/2946, 25).

10 Nach einigen kleineren redaktionellen Änderungen von § 1 BGB-InfoV wurden die Vorschriften über die Informationspflichten des Unternehmers sodann nachhaltig im Rahmen der **Umsetzung der FernAbsFinanzDienstRL** geändert. Der Kreis der Informationspflichten war hierbei nicht unerheblich erweitert worden. Zum einen wurden bei der Neufassung die technischen Änderungen berücksichtigt, durch die bereits bestehende Informationspflichten erweitert werden konnten. Zum anderen wurde der Pflichtenkatalog auch inhaltlich erweitert und damit den Anforderungen von Art 3 FernAbsFinanzDienstRL entsprochen.

11 Auch § 312c aF (bis 12. 6. 2014) wurde insofern bei **Umsetzung der FernAbsFinanz-DienstRL** neu gefasst. Neben kleineren redaktionellen Änderungen wurde hierbei im Wesentlichen der Inhalt von Art 5 FernAbsFinanzDienstRL, der Vorgaben zur Übermittlung der Vertragsbedingungen und Vorabinformationen enthielt, in § 312c aF (bis 12. 6. 2014) eingefügt. Als der Gesetzgeber vor der Aufgabe stand, die FernAbs-FinanzDienstRL umzusetzen, plante er zunächst, die Struktur der Informationspflichten maßgeblich zu ändern. Anders als nach altem Recht (vgl hierzu Bamberger/Roth/Schmidt-Räntsch [2007] § 312c aF [bis 10. 6. 2010] Rn 1) sollten dem Verbraucher nunmehr im Grundsatz alle Informationen vor Abgabe seiner **Vertragserklärung** in **Textform** mitgeteilt werden (vgl § 312c Abs 2 S 1 aF Referentenentwurf Gesetz zur Änderung der Vorschriften über Fernabsatzverträge bei **Finanzdienstleistungen** Referat I B 2, dazu die Begründung S 33 f; vgl hierzu im Übrigen Felke/Jordans WM 2004, 166, 167). Von diesem Plan wurde im weiteren

Verlauf des Gesetzgebungsverfahrens wieder Abstand genommen. Die Informationen mussten dem Verbraucher nur bei Verträgen über Finanzdienstleistungen in Textform vor Abgabe der Vertragserklärung zur Verfügung gestellt werden, für die anderen Verträge blieb es bei der bisherigen Regelung. Die geplante Harmonisierung des Verbraucherschutzrechts wurde nicht erreicht. Wie schon nach altem Recht vorgeschrieben blieb der Unternehmer auch nach Umsetzung der **FernAbsFinanzDienst-RL** verpflichtet, bei **von ihm veranlassten Telefongesprächen** bereits zu Beginn des Gesprächs auf seine Identität und den geschäftlichen Zweck des Anrufs hinzuweisen, § 312c Abs 2 (bis 12. 6. 2014) aF. § 312c Abs 3 aF (bis 12. 6. 2014) enthielt des Weiteren eine Sonderregelung für Finanzdienstleistungen und gewährte dem Verbraucher das Recht, von dem Unternehmer jederzeit zu verlangen, dass er ihm die Vertragsbedingungen in Papierform zur Verfügung stellt. Bei Finanzdienstleistungen hatten Vertragsbedingungen für den Verbraucher häufig eine besondere Bedeutung, da der Gegenstand des Vertrages erst durch die Vertragsbedingungen wirklich definiert wurde. Der Verbraucher musste daher während der gesamten Laufzeit des Vertrages die Möglichkeit haben, sich über die Einzelheiten seines Vertrages zu informieren. § 312c Abs 4 aF (bis 12. 6. 2014) blieb unverändert, wobei während des Gesetzgebungsverfahrens zur Umsetzung der Fern-AbsFinanzDienstRL diskutiert wurde, die Regelung in Anbetracht des in § 312b aF (bis 12. 6. 2014) eingefügten Günstigkeitsprinzips zu streichen. Der Gesetzgeber hatte sich dann aber „aus Gründen der Klarstellung" (RegE BT-Drucks 15/2946, 22) dazu entschlossen, die Vorschrift beizubehalten.

Im Zuge der Umsetzung der **VerbrKredRL** durch das Verbraucherkreditrichtlinienumsetzungsgesetz (VerbrKredRLUG vom 29. 7. 2009) hatte der Gesetzgeber die gesetzliche Niederlegung der Informationspflichten im Fernabsatzrecht neu organisiert. Ziel war es ausweislich des Regierungsentwurfs, den Wortlaut des BGB durch die Auslagerung in Art 246 EGBGB zu vereinfachen und die Art der Informationen sowie Zeitpunkt und Form ihrer Erteilung zu bündeln (BRegE BT-Drucks 16/11643, 1, 121). Die bis dahin in § 1 BGB-InfoV geregelten Informationspflichten wurden hiernach durch förmliches Gesetz in Art 246 EGBGB gefasst. Hierzu ist anzumerken, dass auch die BGB-InfoV durch den Bundesgesetzgeber erlassen und danach geändert wurde, – trotzdem nach Art 240 EGBGB das Bundesministerium der Justiz im Einvernehmen mit dem Bundeswirtschaftsministerium ermächtigt war. Die Regelungen des § 312c Abs 2 aF (bis 12. 6. 2014) wurden gleichsam dorthin ausgelagert. § 312c Abs 1 aF (bis 10. 6. 2010) wurde an die Neuerungen redaktionell angepasst und auf § 312c Abs 1 und Abs 2 aF (bis 12. 6. 2014) aufgeteilt. Auch nach dieser weiteren Reform blieb das System der Informationspflichten für den verpflichteten Unternehmer herausfordernd, – nicht so sehr aufgrund der Vielzahl unterschiedlicher Informationen, denn vielmehr aufgrund der jeweils variierenden Vorgaben zur Informationserteilung. § 312c aF (bis 12. 6. 2014) in Verbindung mit den §§ 1, 2 Art 246 EGBGB aF (bis 12. 6. 2014) legten in einem **komplizierten Regelungsgeflecht** fest, wann, in welchem Umfang und in welcher Form der Unternehmer den Verbraucher informieren musste. Durch die Erweiterung der Vorschriften auf Finanzdienstleistungen waren die Vorgaben zu Zeitpunkt, Form und Inhalt der Informationspflicht noch verworrener geworden, was auch die umfassenden Änderungen im Zuge der **Umsetzung der Verbraucherkreditrichtlinie** nicht aufgefangen hatten. So blieb es dabei, dass zwischen vorvertraglichen und nachvertraglichen Informationspflichten unterschieden wurde, wobei für Finanzdienstleistungen diese Unterscheidung wiederum 12 durchbrochen werden konnte. Hier war der Verbraucher gemäß Art 246 § 2 Abs 1 S 1 Nr 1 EGBGB aF (bis 12. 6. 2014) grundsätzlich schon vor Abgabe seiner Vertragserklärung in Textform zu informieren. Im Übrigen fanden sich die Informationen, die dem Verbraucher vorab zu erteilen waren, in § 312c Abs 1 aF (bis 12. 6. 2014) in Verbindung mit Art 246 § 1 EGBGB aF (bis 12. 6. 2014). Dem war in einer dem eingesetzten Fernkommunikationsmittel entsprechenden Weise nachzukommen. Mit Vertragsschluss entstand die Pflicht zur Information nach § 312c Abs 1 aF iVm Art 246 § 2 Abs 1 S 1 Nr 2, Abs 2 und 3 EGBGB aF (bis 12. 6. 2014). Hierbei war die Textform zu wahren.

13 Gemäß § 312c Abs 4 aF (bis 12. 6. 2014) blieben weitergehende Einschränkungen bei der Verwendung von Fernkommunikationsmitteln und weitergehende Informationspflichten auf Grund anderer Vorschriften unberührt. Bei der **Umsetzung der FernAbsFinanz-DienstRL** hatte der Gesetzgeber zunächst erwogen, diese Vorschrift mit Rücksicht auf den neu eingefügten § 312b Abs 5 aF (bis 12. 6. 2014) zu streichen, sich dann aber „aus Gründen der Klarstellung" dazu entschlossen, die Vorschrift beizubehalten (RegE BT-Drucks 15/2946, 22). § 312b Abs 5 aF (bis 12. 6. 2014) verfestigte das sog Günstigkeitsprinzip für das Fernabsatzrecht, damit hat das Fernabsatzrecht zwei nebeneinander geltende Konkurrenzregeln. Der Unternehmer durfte nicht gegen andere Rechtsvorschriften verstoßen, wenn er das konkrete Fernkommunikationsmittel einsetzt. Als „weitergehende Einschränkungen bei der Verwendung von Fernkommunikationsmitteln" kamen insbesondere §§ 1, 7 UWG, §§ 823, 1004 sowie Sondervorschriften wie das Apothekenprivileg aus § 43 AMG in Betracht (RegE FernAbsG BT-Drucks 14/2658, 41). § 312c Abs 4 BGB zweiter Halbsatz aF (bis 12. 6. 2014) ließ weitergehende Informationspflichten nach anderen Regelungen von den fernabsatzrechtlichen Informationspflichten unberührt. Spezialgesetzliche Regelungen, die neben den fernabsatzrechtlichen Informationspflichten anwendbar blieben, fanden sich **in §§ 5, 6 TMG sowie in § 55 RStV aF**. Diese Vorschriften blieben zwar hinter dem Schutzniveau des Fernabsatzrechts zurück. Sie erhielten allerdings auch Sonderaspekte, die sich im Fernabsatzrecht nicht fanden und blieben damit neben den fernabsatzrechtlichen Informationspflichten anwendbar (vgl RegE FernAbsG BT-Drucks 14/2658, 37). Als weitergehende Vorschriften waren im Übrigen die §§ 10 f AMG über die Kennzeichnung der Fertigarzneimittel und die Packungsbeilage zu nennen. Schließlich wurde auf die Preisangabenverordnung hingewiesen (PrAngV), die insbesondere die Informationspflicht über die einzelnen Bestandteile des Preises, der Ware sowie über die zusätzlich anfallenden Versand- und Lieferkosten aus Art 246 § 1 Abs 1 Nr 7 und 8 EGBGB aF (bis 12. 6. 2014) weiter konkretisierte.

14 Durch Art 31 Richtlinie 2011/83/EU wurde die Richtlinie 97/7/EG in ihrer Form nach 2002/65/EG zum 13. 6. 2014 aufgehoben. Bis zum 13. 12. 2013 mussten die Mitgliedstaaten stattdessen die Richtlinie 2011/83/EU umsetzen (abgedruckt unter Vorbem 37 zu §§ 312, 312a). Nach Art 4 Richtlinie 2011/83/EU ist eine Vollharmonisierung angestrebt; ein Abweichen von den Vorgaben ist danach nur noch in den ausdrücklich durch den Richtlinientext erlaubten Fällen zulässig. Die Festlegung der Informationspflichten für Unternehmer in Art 6 VerbrRRL hat gegenüber den bestehenden fernabsatzrechtlichen Pflichten aus § 312c Abs 1 aF (bis 12. 6. 2014) iVm § 1 und 2 des Art 246 EGBGB aF (bis 12. 6. 2014) nur wenige Neuerungen gebracht. Teilweise bleiben die europäischen Vorgaben hinter den nationalen Pflichten zurück (Art 6 Abs 1 lit a VerbrRRL), zB hinsichtlich der Pflicht zur Nennung der Registernummer. Gänzlich neu ist die Pflicht des Unternehmers, eventuell vom Verbraucher zu leistende Sicherheiten anzugeben, Art 6 lit q VerbrRRL. Den technischen Zwängen im E-Commerce und anderen Bereichen, in denen das Fernkommunikationsmittel nur begrenzte Kommunikation zulässt, trägt der Europäische Gesetzgeber mit einer deutlich eingeschränkten vorvertraglichen Informationspflicht Rechnung, Art 8 Abs 4 VerbrRRL. Der Richtlinie ist zur Erfüllung der Informations- und Belehrungspflichten eine **Musterwiderrufsbelehrung** in Anhang 1 Teil A VerbrRRL angehängt. Verbraucher können zur Ausübung ihres Widerrufsrechts in Zukunft ebenfalls auf ein Muster zurückgreifen, Anhang 1 Teil B der VerbrRRL. Die Angabe der Identität des Unternehmers zu Beginn eines Anrufs von seiner Seite, § 312c Abs 2 aF (bis 12. 6. 2014), ist auch nach zukünftiger Rechtslage notwendig, Art 8 Abs 5 VerbrRRL. Von der allgemeinen Beweislastregel abweichend, gibt Art 6 Abs 9 VerbrRRL dem nationalen Gesetzgeber für die Umsetzung auf, die Beweislast über die ordnungsgemäße Erfüllung der Informationspflichten, dem Unternehmer aufzuerlegen. Abs 4 des § 312c aF (bis 12. 6. 2014) fällt nicht in den Anwendungsbereich der Richtlinie (Art 3 Abs 3 lit d VerbrRRL).

IV. Informationspflichten

Die konkreten Informationspflichten sind in Art 246a und 246b EGBGB enthalten, 15
auf die in § 312d Abs 1 und 2 BGB verwiesen wird. Für Finanzdienstleistungsverträge sind in Art 246b EGBGB sowohl vorvertragliche als auch Vertragsinformationen geregelt. Für sonstige Verträge enthält Art 246a EGBGBG nur vorvertragliche Informationspflichten, die Vertragsinformationen sind in § 312f BGB geregelt.

1. Informationspflichten für sonstige Verträge außer Finanzdienstleistungsverträge (§ 312d Abs 1 BGB iVm Art 246a EGBGB)

a) Allgemeine Informationsgegenstände (Art 246a § 1 Abs 1 EGBGB)

aa) Wesentliche Eigenschaften (Art 246a § 1 Abs 1 S 1 Nr 1 EGBGB)

Der Verbraucher ist über die wesentlichen Eigenschaften der Waren oder Dienstleis- 16
tungen in dem für das Kommunikationsmittel und für die Waren und Dienstleistungen angemessenen Umfang zu unterrichten. Die Vorschrift, die auf dem Wortlaut des Art 6 Abs 1 lit a VerbrRRL beruht, unterscheidet sich von Art 246 Abs 1 S 1 Nr 1 EGBGB bzw dem identischen Art 5 Abs 1 lit a VerbrRRL nur sprachlich, jedoch nicht inhaltlich (BeckOK-BGB/Martens [1. 5. 2024] Art 246a § 1 EGBGB Rn 4). Es wird daher auf die Kommentierung zu § 312a Abs 2 S 1 BGB (Rn 11 ff) verwiesen.

bb) Identität ua (Art 246a § 1 Abs 1 S 1 Nr 2 EGBGB)

Der Unternehmer hat den Verbraucher über seine **Identität, bspw seinen Handels-** 17
namen, sowie die Anschrift des Ortes, an dem er niedergelassen ist, sowie ggf die Identität und Anschrift des Unternehmers, in dessen Auftrag er handelt, zu informieren. Art 246a § 1 Abs 1 S 1 Nr 2 EGBGB dient der Umsetzung von Art 6 Abs 1 lit b und c VerbrRRL. Die Umsetzung ist teilweise jedoch etwas ungenau: Angaben über die Anschrift des Ortes, an dem der Unternehmer niedergelassen ist, sind zwingender Bestandteil der Information über die Unternehmeridentität und nicht fakultativ, wie es der Wortlaut unter Umständen vermuten lässt (BeckOK-BGB/Martens [1. 5. 2024] Art 246a § 1 EGBGB Rn 5).

18 Die Angabe des Handelsnamens wird nur beispielhaft erwähnt. Zu fordern ist zudem die Nennung des Namens bzw der **Firma mit Rechtsformzusatz** (BeckOK-BGB/Martens [1. 5. 2024] Art 246a EGBGB § 1 Rn 6). Stets zu nennen ist auch die Anschrift des Orts der Niederlassung als ladungsfähige Adresse (BeckOK-BGB/Martens [1. 5. 2024] Art 246a § 1 EGBGB Rn 6). Bei juristischen Personen, Personenvereinigungen oder Personengruppen ist dem Verbraucher auch der Name des Vertretungsberechtigten zu nennen. Dem Verbraucher soll dadurch eine Rechtsverfolgung im Streitfall ermöglicht werden (Spindler/Schuster/Schirmbacher § 246a EGBGB Rn 13).

19 Handelt der Unternehmer für einen anderen Unternehmer, so hat er den Verbraucher auch über dessen Identität und Anschrift zu informieren. Eine Angabe dessen Telefon- oder Faxnummer bzw E-Mail-Adresse ist dagegen nicht erforderlich (BeckOK-BGB/Martens [1. 5. 2024] Art 246a § 1 EGBGB Rn 7).

20 Im Falle einer **öffentlich zugänglichen Versteigerung** kann gemäß Art 246a § 1 Abs 1 S 2 EGBGB anstelle der Angaben des Unternehmers die **Angaben des Versteigerers** genannt werden.

cc) Kontaktdaten (Art 246a § 1 Abs 1 S 1 Nr 3 EGBGB)

21 Der Unternehmer hat den Verbraucher über **seine Telefonnummer, seine E-Mail-Adresse sowie ggf andere von ihm zur Verfügung gestellte Online-Kommunikationsmittel, sofern diese gewährleisten, dass der Verbraucher seine Korrespondenz mit dem Unternehmer, einschließlich deren Datums und deren Uhrzeit, auf einem dauerhaften Datenträger speichern kann,** zu informieren. Art 246a § 1 Abs 1 S 1 Nr 3 EGBGB dient der Umsetzung von Art 6 Abs 1 lit c VerbrRRL. Die neu eingeführte Vorschrift soll vor allem den Ergebnissen des EuGH in der Rechtssache Bundesverband/Amazon EU (EuGH 10. 7. 2019 – C-649/17, NJW 2019, 3365) Rechnung tragen. Hierbei ist besonders wichtig, dass nun die Angabe der Telefonnummer und E-Mail-Adresse stets verpflichtend ist. Sollte demnach der Unternehmer über keines dieser Kommunikationsmittel verfügen, ist er grundsätzlich verpflichtet, diese einzurichten und zu verwenden (BeckOK-BGB/Martens [1. 5. 2024] Art 246a § 1 EGBGB Rn 6a).

22 Im Gegensatz zu der Telefonnummer und der E-Mail-Adresse ist die Angabe der weiteren Online-Kommunikationsmittel nicht verpflichtend. Unklar bleibt jedoch, wie die Anforderungen an die Kommunikationsmittel zu deuten sind: Es wird sich hierbei wohl um eine tatbestandliche Voraussetzung handeln, nach der nur solche Online-Kommunikationsmittel zulässig sind, die gewährleisten, dass der Verbraucher seine Korrespondenz mit dem Unternehmer, einschließlich deren Datums und deren Uhrzeit, auf einem dauerhaften Datenträger speichern kann (so der überzeugende Vorschlag von MünchKommBGB/Wendehorst [9. Aufl 2022] § 312d Rn 24). Möglich – aber wohl eher fernliegend – ist ebenfalls, dass sich ausschließlich die Informationspflicht auf derartige Online-Kommunikationsmittel bezieht (so zurückhaltend MünchKommBGB/Wendehorst [9. Aufl 2022] § 312d Rn 24).

dd) Beschwerdeadresse (Art 246a § 1 Abs 1 S 1 Nr 4 EGBGB)

23 Art 246a § 1 Abs 1 S 1 Nr 4 EGBGB setzt Art 6 Ab 1 lit d VerbrRRL um. Der Unternehmer hat dem Verbraucher die Geschäftsadresse zu nennen, an die sich der Verbraucher mit jeder Beschwerde wenden kann. Dies gilt nur **dann, wenn eine solche Beschwerdeadresse besteht** und diese von der nach Art 246a § 1 Abs 1 S 1 Nr 2 EG-

BGB zu nennenden Adresse abweicht. Die Vorschrift enthält keine Pflicht, eine solche Adresse einzurichten. Die Angabe der Beschwerdeadresse ersetzt nicht die Angabe der Adresse nach Art 246a § 1 Abs 1 S 1 Nr 2 EGBGB, sondern ist zusätzlich zu dieser anzugeben. Der Verbraucher kann rechtlich relevante Erklärungen auch bei Angabe einer Beschwerdeadresse stattdessen an die nach Art 246a § 1 Abs 1 S 1 Nr 2 EGBGB genannte Adresse richten. Der Verbraucher darf also nicht ausschließlich auf die Beschwerdeadresse verwiesen werden (Spindler/Schuster//Schirmbacher § 246a EGBGB Rn 23; BeckOK-BGB/Martens [1. 5. 2024] Art 246a § 1 EGBGB Rn 9). Aufgrund des insoweit eindeutigen Wortlauts ist nur die Adresse zu nennen, jedoch keine weitere Kommunikationsmöglichkeit (Spindler/Schuster/Schirmbacher § 246a EGBGB Rn 15; BeckOK-BGB/Martens [1. 5. 2024] Art 246a § 1 EGBGB Rn 8).

Im Falle einer **öffentlich zugänglichen Versteigerung** können gemäß Art 246a § 1 **24**
Abs 1 S 2 EGBGB anstelle der Angaben des Unternehmers die **Angaben des Versteigerers** genannt werden.

ee) Gesamtpreis (Art 246a § 1 Abs 1 S 1 Nr 5 EGBGB)

Der Unternehmer hat den Verbraucher nach Art 246a § 1 Abs 1 S 1 Nr 5 EGBGB **25**
zu informieren über den **Gesamtpreis der Waren oder der Dienstleistungen einschließlich aller Steuern und Abgaben**, oder in den Fällen, in denen der Preis aufgrund der Beschaffenheit der Waren oder Dienstleistungen vernünftigerweise nicht im Voraus berechnet werden kann, die Art der Preisberechnung. Die Vorschrift dient der Umsetzung von Art 6 Abs 1 lit e S 1 VerbrRRL. Dieser ist identisch mit Art 5 Abs 1 lit c VerbrRRL. Da auch Art 246a § 1 Abs 1 S 1 Nr 4 EGBGB wörtlich Art 246 Abs 1 Nr 3 EGBGB entspricht, wird auf dessen Kommentierung im Rahmen des § 312a Abs 2 BGB verwiesen (s § 312a Rn 23 ff). Es gelten dieselben Grundsätze.

ff) Personalisierter Preis auf Grundlage automatisierter Entscheidungsfindung (Art 246a § 1 Abs 1 S 1 Nr 6 EGBGB)

Der Unternehmer muss den Verbraucher gem Art 246a § 1 Abs 1 S 1 Nr 6 EGBGB **25a**
ggf darauf hinweisen, **dass der Preis auf der Grundlage einer automatisierten Entscheidungsfindung personalisiert wurde.** Hierdurch wird Art 6 Abs 1 lit ea VerbrRRL umgesetzt. Sinn und Zweck der Regelung ist primär die Schaffung von Transparenz für den Verbraucher. Zahlreiche Unternehmer betreiben eine äußerst umfangreiche Datensammlung, um möglichst genau ermitteln zu können, welchen Preis der Verbraucher maximal noch zu zahlen bereit ist. Hierbei handelt es sich um eine Preisdiskriminierung ersten Grades – mangels genauerer Differenzierung innerhalb der Nr 6 sind wohl alle drei Formen der Preisdiskriminierung erfasst (vgl hierzu MünchKomm-BGB/Wendehorst [9. Aufl 2022] § 312d Rn 28 mwNw).

Ein Informationsrecht des Verbrauchers besteht jedoch nur, wenn der Preis tatsäch- **26**
lich auf Grundlage einer automatisierten Entscheidungsfindung personalisiert und zustande gekommen ist. Erforderlich – aber für sich allein gesehen noch nicht ausreichend – ist, dass der Preis ein, auf den einzelnen Kunden zugeschnittenes, Angebot darstellt (BeckOK-BGB/Martens [1. 5. 2024] Art 246a § 1 EGBGB Rn 11b). Vielmehr muss der Preis auf eine automatisierte Entscheidungsfindung zurückzuführen sein, etwa durch Verwendung eines algorithmischen Systems. Hierbei reicht jedoch bereits ein mittelbarer Kausalzusammenhang. Unschädlich ist daher insbesondere – vor allem mit Blick auf das Umgehungsverbot des § 312m Abs 1 S 2 BGB – wenn der auf einer

automatisierten Entscheidungsfindung kreierte Preis in einem letzten Schritt durch einen Menschen bestätigt wird (MünchKommBGB/Wendehorst [9. Aufl 2022] § 312d Rn 31). Nichtsdestotrotz muss der Preis auch tatsächlich auf den einzelnen Kunden zugeschnitten sein. Dies ist nicht der Fall, wenn es sich lediglich um einen dynamischen Preis handelt, der von verschiedenen Faktoren abhängt, aber dennoch allen Verbrauchern gleichzeitig angeboten wird (vgl Erwägungsgrund 45).

27 Die datenschutzrechtlichen Informationspflichten gem Art 13 f DS-GVO sowie Art 22 DS-GVO bleiben unberührt (BT-Drucks 19/27655, 34; Erwägungsgrund 45; vgl BeckOK-BGB/Martens [1. 5. 2024] Art 246a § 1 EGBGB Rn 11c).

gg) Sonstige Kosten (Art 246a § 1 Abs 1 S 1 Nr 7 EGBGB)

28 Nach Art 246a § 1 Abs 1 S 1 Nr 7 EGBGB muss der Unternehmen den Verbraucher **ggf** über **alle zusätzlich zu dem Gesamtpreis nach Nummer 5 anfallenden Fracht-, Liefer- oder Versandkosten und alle sonstigen Kosten, oder in den Fällen, in denen diese Kosten vernünftigerweise nicht im Voraus berechnet werden können, die Tatsache, dass solche zusätzlichen Kosten anfallen können,** informieren. Diese Regelung war vormals ein Bestandteil des Art 246a § 1 Abs 1 S 1 Nr 5 und entspricht wörtlich weitestgehend Art 246 Abs 1 Nr 3 EGBGB, sodass auf dessen Kommentierung im Rahmen des § 312a Abs 2 BGB verwiesen wird (s § 312a Rn 23 ff). Es gelten dieselben Grundsätze.

29 Die **Rechtsfolge eines Verstoßes** ist in **§ 312e BGB** geregelt. Der Unternehmer kann Fracht-, Liefer- oder Versandkosten und sonstige Kosten nur verlangen, wenn er den Verbraucher zuvor gemäß § 312d Abs 1 BGB iVm Art 246a § 1 Abs 1 S 1 Nr 7 EGBGB informiert hat.

hh) Gesamtpreis bei unbefristeten Verträgen und Abonnement-Verträgen (Art 246a § 1 Abs 1 S 1 Nr 8 EGBGB)

30 Art 246a § 1 Abs 1 S 1 Nr 8 EGBGB enthält eine Sonderregelung zur Information über den Preis bei unbefristeten Verträgen und Abonnement-Verträgen. Dadurch wird Art 6 Abs 1 lit e S 2 VerbrRRL umgesetzt. Art 246a § 1 Abs 1 S 1 Nr 8 EGBGB ergänzt Art 246a § 1 Abs 1 S 1 Nr 5 EGBGB, der ebenfalls auf unbefristete Verträge und Abonnement-Verträge anwendbar ist. Somit müssen auch hier die zusätzlichen Fracht-, Liefer-, oder Versandkosten und sonstige Kosten angegeben werden. Art 246a § 1 Abs 1 S 1 Nr 8 EGBGB konkretisiert nur die Anforderungen an die Angabe des Gesamtpreises.

31 **Unbefristete Verträge** sind auf unbestimmte Zeit geschlossene Dauerschuldverhältnisse (Spindler/Schuster/Schirmbacher § 246a EGBGB Rn 49). Zwar werden unbefristete Verträge und sich automatisch verlängernde Verträge in Art 246a § 1 Abs 1 S 1 Nr 14 EGBGB nebeneinander genannt (Spindler/Schuster/Schirmbacher § 246a EGBGB Rn 49). Ungeachtet dieses systematischen Arguments stellen jedoch auch Verträge mit einem vereinbarten Vertragsende, die sich bei Ausbleiben einer Kündigung automatisch verlängern, unbefristete Verträge dar (**aA** Spindler/Schuster/Schirmbacher § 246a EGBGB Rn 49). Unbefristet ist ein Vertrag stets dann, wenn er solange gilt, bis er gekündigt wird. Die Kündigung und die Anzeige des Nichtverlängerns sind dabei gleichwertig. Dies gebietet der Verbraucherschutz. Denn auch wenn ein festes Vertragsende vereinbart ist, besteht aus Sicht des Verbrauchers kein Unterschied zu einem von vornherein unbefristeten Vertrag, wenn sich der Vertrag ohne sein Tätigwerden automatisch über das vereinbarte Vertragsende verlängert. Es besteht auch dann ein Interesse des Verbrauchers, die **Gesamtkosten pro Abrechnungszeitraum** zu erfahren. Würden nur die Gesamtkosten bis zum vereinbarten Vertragsende angegeben, so könnte das den Verbraucher darüber täuschen, dass weitere Kosten auf ihn zukommen, wenn er den Vertrag nicht kündigt und sich dieser damit automatisch verlängert. Es können grds alle Vertragsgegenstände erfasst sein, egal ob Warenlieferung (bspw Zeitschriften) oder Dienstleistungen (bspw Mobilfunk- oder Internetverträge) (Spindler/Schuster/Schirmbacher § 246a EGBGB Rn 49).

Abonnement-Verträge sind Verträge über wiederkehrende, gleichartige Leistungen. 32
Dies können Warenlieferungen sein (bspw Zeitschriften oder Lebensmittel), Dienstleistungen (bspw Konzertkarten-Abonnement) oder die Aktualisierung von Software. Abonnement-Verträge können entweder befristet oder auch unbefristet sein (Spindler/Schuster/Schirmbacher § 246a EGBGB Rn 50 f).

Nach Art 246a § 1 Abs 1 S 1 Nr 8 EGBGB müssen für diese Verträge als Gesamt- 33
preis die **Gesamtkosten pro Abrechnungszeitraum** (wöchentlich/monatlich etc, je nach vereinbarter Abrechnung) angegeben werden. Die Gesamtkosten umfassen wie bei Art 246a § 1 Abs 1 S 1 Nr 5 EGBGB sämtliche Kosten, die der Verbraucher aufbringen muss, um die Gegenleistung zu erhalten, einschließlich Steuern und Abgaben (BeckOK-BGB/Martens [1. 5. 2024] Art 246a § 1 EGBGB Rn 12). Wird nicht nach Abrechnungszeiträumen, sondern nach einem **Festpreis** abgerechnet, so sind die auf einen Monat anfallenden Gesamtkosten anzugeben. Dies soll der Transparenz und leichteren Vergleichbarkeit von Angeboten dienen (Spindler/Schuster/Schirmbacher § 246a EGBGB Rn 53). Kann vernünftigerweise im Voraus kein Gesamtpreis berechnet werden – etwa da die Kosten vom Verbrauch oder einer Wahlmöglichkeit des Kunden abhängen – so ist die Art der Preisberechnung anzugeben. Der Unternehmer hat dem Verbraucher dann alle bereits zur Verfügung stehenden Informationen über die Preisbestandteile und die Preisberechnung zu erteilen. Der Verbraucher soll in die Lage versetzt werden, den anfallenden Preis so gut wie möglich berechnen zu können.

ii) Zusätzliche Fernkommunikationskosten für Bestellung (Art 246a § 1 Abs 1 S 1 Nr 9 EGBGB)

Der Unternehmer hat den Verbraucher über die Kosten des für den Vertragsschluss 34
genutzten Fernkommunikationsmittels zu informieren, wenn dem Verbraucher Kosten auferlegt werden, die die Kosten für die bloße Nutzung des Fernkommunikationsmittels übersteigen. Die Vorschrift setzt Art 6 Abs 1 lit f VerbrRRL um, der jedoch auf Kosten, die nicht nach dem „Grundtarif" berechnet werden, abstellt. Zwar ist der Begriff des Grundtarifs in der VerbrRRL nicht definiert. Auf Vorlage des LG Stuttgart entschied der EuGH jedoch, dass der Begriff des Grundtarifs in Art 21 VerbrRRL, der in § 312a Abs 5 BGB umgesetzt wurde, dahin auszulegen ist, dass die Kosten eines Anrufs unter einer gewöhnlichen geografischen Festnetznummer oder einer Mobilfunknummer nicht überschritten werden dürfen, unabhängig davon, ob der betreffende Unternehmer mit der Service-Rufnummer Gewinne erzielt (EuGH 2. 3. 2017 – C-568/15, NJW 2017, 1229). Diese Auslegung des Begriffs des Grundtarifs gilt auch im Rahmen des Art 6 Abs 1 lit f VerbrRRL bzw Art 246 § 1 Abs 1 S 1 Nr 9 EGBGB. Schließlich steht dieser in engen Zusammenhang mit § 312a Abs 5 BGB (BT-Drucks 17/12637, 74; Erman/Koch § 312d Rn 12). Demnach ist der Verbraucher

dann zu informieren, wenn die Kosten für das Fernkommunikationsmittel den gewöhnlichen Ortstarif einer Festnetznummer oder Mobilfunknummer übersteigen (BeckOK-BGB/Martens [1. 5. 2024] Art 246a § 1 EGBGB Rn 13). Dies ist etwa der Fall bei 0180-Nummern (Schirmbacher NJW 2017, 1229, 1231). Der Verbraucher soll sich darauf verlassen können, ohne anderweitige Information nur den ihm bekannten Grundtarif zahlen zu müssen (Erman/Koch § 312d Rn 12). Für die Praxis herrscht trotz dieses Urteils insoweit Unklarheit, als dass es in Deutschland nicht einen stets gleichen Grundtarif gibt, sondern sich die Tarife für einen Festnetz- oder Mobilfunkanruf je nach Vertragsgestaltung stark unterscheiden können (Schirmbacher NJW 2017, 1229, 1231). Es muss auch über die Sperrung eines Betrags auf der Kredit- oder Debitkarte des Verbrauchers informiert werden (BT-Drucks 17/12637, 74; Erwägungsgrund 33). Nicht von Art 246a § 1 Abs 1 S 1 Nr 9 EGBGB erfasst sind zusätzliche Kosten, die gerade für die vertragsgemäße Gegenleistung anfallen, bspw bei einer telefonischen Rechtsberatung (Spindler/Schuster/Schirmbacher § 246a EGBGB Rn 57). Denn Art 246a § 1 Abs 1 S 1 Nr 9 EGBGB erfasst nur die Fernkommunikationskosten für den Abschluss des Vertrags, nicht für dessen Erfüllung.

jj) Zahlungs-, Liefer- Leistungsbedingungen, Termin, Beschwerdeverfahren (Art 246a § 1 Abs 1 S 1 Nr 10 EGBGB)

35 Art 246a § 1 Abs 1 S 1 Nr 7 EGBGB statuiert in Umsetzung von Art 6 Abs 1 lit g VerbrRRL die Pflicht zur Information über die Zahlungs- Liefer-, und Leistungsbedingungen, den Termin, bis zu dem der Unternehmer seine Leistung zu erbringen hat, sowie das Verfahren des Unternehmers zum Umgang mit Beschwerden, soweit ein solches besteht. Die Regelung entspricht § 312a Abs 2 BGB iVm Art 246 Abs 1 Nr 4 EGBGB, auf dessen Kommentierung (s § 312a Rn 26 ff) verwiesen wird.

kk) Gesetzliches Mängelhaftungsrecht (Art 246a § 1 Abs 1 S 1 Nr 11 EGBGB)

36 Nach Art 246a § 1 Abs 1 S 1 Nr 11 EGBGB hat der Unternehmer den Verbraucher über das Bestehen eines gesetzlichen Mängelhaftungsrechts für die Waren oder die digitalen Produkte zu informieren. Die Regelung setzt Art 6 Abs 1 lit l VerbrRRL um und ist inhaltsgleich mit § 312a Abs 2 BGB iVm Art 246 Abs 1 Nr 5 Fall 1 EGBGB, auf dessen Kommentierung (s § 312a Rn 29 f) verwiesen wird.

ll) Kundendienst, Kundendienstleistungen, Garantien (Art 246a § 1 Abs 1 S 1 Nr 12 EGBGB)

37 Art 246a § 1 Abs 1 S 1 Nr 12 EGBGB dient der Umsetzung von Art 6 Abs 1 lit m VerbrRRL. Die Vorschrift entspricht dem Wortlaut nach nahezu identisch Art 246 Abs 1 Nr 5 Fall 2 EGBGB. Zusätzlich ist nach Art 246a § 1 Abs 1 S 1 Nr 12 EGBGB jedoch nicht nur über das Bestehen und die Bedingungen der Kundendienstleistungen und Garantien, sondern auch eines Kundendienstes zu informieren. Es ist jedoch nicht ersichtlich, inwiefern der Begriff des Kundendienstes über den der Kundendienstleistungen hinausgeht. Daher sind die beiden Vorschriften inhaltlich identisch. Es wird daher auf die Kommentierung zu Art 246 Abs 1 Nr 5 Fall 2 EGBGB im Rahmen des § 312a Abs 2 BGB (§ 312a Rn 29 f) verwiesen.

mm) Verhaltenskodizes (Art 246a § 1 Abs 1 S 1 Nr 13 EGBGB)

38 Art 246a § 1 Abs 1 S 1 Nr 13 EGBGB dient der Umsetzung von Art 6 Abs 1 lit n VerbrRRL, wonach über bestehende Verhaltenskodizes und den Zugang zu diesen zu informieren ist. Eine ähnliche, aber im Wortlaut nicht identische Regelung besteht

in dem auf der E-Commerce-RL beruhenden Art 246c Nr 5 EGBGB. Art 246a § 1 Abs 1 S 1 Nr 13 EGBGB nimmt Bezug auf Art 2 lit f der UGP-RL über unlautere Geschäftspraktiken (2005/29/EG). Dort ist ein **Verhaltenskodex** definiert als eine Vereinbarung oder ein Vorschriftenkatalog, die bzw der nicht durch die Rechts- und Verwaltungsvorschriften eines Mitgliedstaates vorgeschrieben ist und das Verhalten der Gewerbetreibenden definiert, die sich in Bezug auf eine oder mehrere spezielle Geschäftspraktiken oder Wirtschaftszweige auf diesen Kodex verpflichten. Eine entsprechende Definition ist auch in § 2 Abs 1 Nr 10 UWG enthalten.

Solche Verhaltenskodizes sind bspw die Verhaltensregeln für den Umgang mit personenbezogenen Daten durch die deutsche Versicherungswirtschaft, der ICC-Marketing- und Werbekodex und die Werberichtlinien des ZAW, Regelungen der Freiwilligen Selbstkontrolle Film (FSK), der Multimedia-Dienstleister (FSM), der Telefonmehrwertdienste (FST), der Freiwilligen Selbstkontrolle Fernsehen (FSF) und der Freiwilligen Selbstkontrolle für die Arzneimittelindustrie (Köhler/Bornkamm/Feddersen/Köhler § 2 UWG Rn 10.4). Einseitig vorgegebene Richtlinien fallen nicht unter den Begriff der Verhaltenskodizes. Denn diese erfordern eine vertragliche Verpflichtung zur Einhaltung der Verhaltensregeln. Deshalb stellen die Google-Richtlinien keinen solchen Kodex dar. Demgegenüber können AGB für gewerbliche Kunden bei eBay erfasst sein, soweit sich die Unternehmen zur Einhaltung vertraglich verpflichtet haben (Spindler/Schuster/Schirmbacher § 246a EGBGB Rn 84). 39

Zu informieren ist nur über gegebenenfalls bestehende einschlägige Verhaltenskodizes. Es besteht also keine Pflicht, sich einem solchen Kodex zu unterwerfen. Einschlägig ist ein Kodex nicht schon dann, wenn er in dem Geschäftskreis des Unternehmers allgemein gilt, sondern nur dann, wenn sich der **Unternehmer selbst vertraglich diesem Kodex unterworfen** hat. Zwar ist dies im Gegensatz zur Definition in Art 246c Nr 5 EGBGB nicht ausdrücklich als Erfordernis normiert. Jedoch wird schon dem Zweck der Vorschrift nach mit dem Merkmal „einschlägig" dasselbe gemeint sein. Denn der Verbraucher soll darüber informiert werden, an welche Verhaltensregeln sich der Unternehmer, mit dem er einen Vertrag schließen möchte, gebunden ist. Für den konkreten Vertragsschluss ist es irrelevant, ob generell in dem Wirtschaftskreis ein solcher Kodex besteht. Vielmehr könnte eine solche Information sogar irreführend sein und den Verbraucher in dem Glauben wiegen, der Unternehmer selbst sei an diesen Kodex gebunden (Spindler/Schuster/Schirmbacher § 246a EGBGB Rn 85). 40

Der Unternehmer hat den Verbraucher zudem darüber zu informieren, wie Exemplare des Kodex erhalten werden können. Der Unternehmer kann dem Verbraucher entweder selbst einen Zugang gewähren oder auf einen anderweitigen Zugang verweisen. Zudem ist keine bestimmte Form vorgeschrieben, sodass grds sowohl die Aushändigung in Printform als auch eine Downloadmöglichkeit möglich sind. So ist auch die Angabe eines Links ausreichend, soweit sich der Verbraucher dort das Exemplar ohne größeren Aufwand beschaffen kann (Spindler/Schuster/Schirmbacher § 246a EGBGB Rn 87). Denn die Angabe soll es dem Verbraucher ermöglichen, sich ohne größeren Aufwand über etwaige Rechte zu informieren, die sich für ihn aus dem Kodex ergeben können (BeckOK-BGB/Martens [1. 5. 2024] Art 246a § 1 EGBGB Rn 18). 41

nn) Laufzeit und Kündigungsbedingungen (Art 246a § 1 Abs 1 S 1 Nr 14 EGBGB)

42 Nach Art 246a § 1 Abs 1 S 1 Nr 14 EGBGB besteht in Umsetzung von Art 6 Abs 1 lit o VerbrRRL die Pflicht zur Information über die Laufzeit des Vertrages oder die Bedingungen der Kündigung unbefristeter Verträge oder sich automatisch verlängernder Verträge. Die Vorschrift entspricht wortgleich Art 246 Abs 1 Nr 6 EGBGB, auf dessen Kommentierung im Rahmen des § 312a Abs 2 BGB (s § 312a Rn 31 f) verwiesen wird.

oo) Mindestdauer der Verpflichtung (Art 246a § 1 Abs 1 S 1 Nr 15 EGBGB)

43 Art 246a § 1 Abs 1 S 1 Nr 15 EGBGB beruht auf Art 6 Abs 1 lit p VerbRRL. Demnach hat der Unternehmer den Verbraucher ggf über die **Mindestdauer der Verpflichtung** zu unterrichten, **die der Verbraucher mit dem Vertrag eingeht**. Der Verbraucher soll den Umfang seiner zu erbringenden Gegenleistungen von Anfang an überblicken können, damit er in der Lage ist, seine gesamte finanzielle Belastung durch den Vertrag abschätzen zu können (Erman/Koch § 312d Rn 18). Die Vorschrift bezieht sich allgemein auf alle Vertragsgegenstände. Erfasst sind naturgemäß aber nur solche Verträge, die nicht sofort erfüllt sind, sondern insbesondere Dauerschuldverhältnisse, die nicht jederzeit sofort gekündigt werden können (Spindler/Schuster/Schirmbacher § 246a EGBGB Rn 90). Ebenfalls erfasst sind Verträge über wiederkehrende Leistungen, die eine bestimmte Mindestvertragsdauer aufweisen (Spindler/Schuster/Schirmbacher § 246a EGBGB Rn 90). Nicht unter die Vorschrift fallen dagegen Ratenlieferungsverträge, die auf eine bestimmte Leistung in Raten unabhängig von einer Vertragslaufzeit gerichtet sind (Spindler/Schuster/Schirmbacher § 246a EGBGB Rn 90).

44 Als Mindestdauer anzugeben ist die **feste Vertragslaufzeit oder** der **Zeitraum bis zum frühestmöglichen Zeitpunkt der Kündigung**, wobei nicht auf den Zeitpunkt der Kündigungserklärung, sondern das Wirksamwerden einer ordentlichen Kündigung abzustellen ist (Spindler/Schuster/Schirmbacher § 246a EGBGB Rn 94). Die Angabe muss nicht gesondert erfolgen, sondern kann auch in den AGB erfolgen (Spindler/Schuster/Schirmbacher § 246a EGBGB Rn 92). Oftmals wird die Information bereits nach Nr 14 erforderlich sein (BeckOK-BGB/Martens [1. 5. 2024] Art 246a § 1 EGBGB Rn 20).

pp) Stellung finanzieller Sicherheiten (Art 246a § 1 Abs 1 S 1 Nr 16 EGBGB)

45 Art 246a § 1 Abs 1 S 1 Nr 16 EGBGB setzt nahezu wortgetreu Art 6 Abs 1 lit q VerbrRRL um. Falls der Unternehmer das Recht hat, eine Kaution oder eine andere finanzielle Sicherheitsleistung vom Verbraucher zu verlangen, muss er den Verbraucher über diesen Umstand informieren. Diese Vorschrift gewährt dem Unternehmer kein solches Recht, sondern setzt dieses voraus. Ein derartiges Recht kann sich ergeben aus dem Gesetz (etwa § 647 BGB) oder aus der vertraglichen Vereinbarung, bspw den AGB des Unternehmers (BeckOK-BGB/Martens [1. 5. 2024] Art 246a § 1 EGBGB Rn 21). Als andere finanzielle Sicherungsleistung erfasst ist jeder Einbehalt auf Unternehmerseite (Spindler/Schuster/Schirmbacher § 246a EGBGB Rn 97), auch die Sperrung eines Betrags auf der Kredit- oder Debitkarte des Verbrauchers (BT-Drucks 17/12637, 74; Erwägungsgrund 33).

46 Es ist nicht nur über das Bestehen des Rechts eine Sicherheit zu verlangen, zu informieren, sondern auch über dessen Bedingungen. Dies umfasst etwa den Zeitpunkt und die Dauer der Sicherheitsleistung sowie eine etwaige Verzinsung (Spindler/Schuster/Schirmbacher § 246a EGBGB Rn 98).

qq) Funktionalität (Art 246a § 1 Abs 1 S 1 Nr 17 EGBGB)

Beruhend auf Art 6 Abs 1 lit r VerbrRRL hat der Unternehmer den Verbraucher 47 nach Art 246a § 1 Abs 1 S 1 Nr 17 EGBGB ggf zu informieren über die Funktionalität der Waren mit digitalen Elementen oder der digitalen Produkte, einschließlich anwendbarer technischer Schutzmaßnahmen. Die Vorschrift entspricht § 312a Abs 2 BGB iVm Art 246 Abs 1 Nr 7 EGBGB, weshalb auf dessen Kommentierung (s § 312a Rn 33 ff) verwiesen wird.

rr) Kompatibilität und Interoperabilität (Art 246a § 1 Abs 1 S 1 Nr 18 EGBGB)

Gemäß Art 246a § 1 Abs 1 S 1 Nr 18 EGBGB muss der Unternehmer den Verbrau- 48 cher ggf, soweit wesentlich, über die Kompatibilität und die Interoperabilität der Waren mit digitalen Elementen oder der digitalen Produkte unterrichten, soweit diese Informationen dem Unternehmer bekannt sind oder bekannt sein müssen. Diese Regelung setzt Art 6 Abs 1 lit s VerbrRRL um und ist inhaltsgleich mit Art 246 Abs 1 Nr 8 EGBGB. Auf dessen Kommentierung im Rahmen des § 312a Abs 2 BGB (s § 312a Rn 33 ff) wird insofern verwiesen.

ss) Außergerichtliche Beschwerdeverfahren (Art 246a § 1 Abs 1 S 1 Nr 19 EGBGB)

Gemäß Art 246a § 1 Abs 1 S 1 Nr 19 EGBGB muss der Unternehmer in Umsetzung 49 von Art 6 Abs 1 lit t VerbrRRL dem Verbraucher Informationen zur Verfügung stellen über einen möglichen Zugang zu einem **außergerichtlichen Beschwerde- und Rechtsbehelfsverfahren** sowie ggf über die Voraussetzungen für diesen Zugang. Diese Informationspflicht trägt der Entwicklung auf europäischer Ebene Rechnung, verstärkt auf die außergerichtliche Beilegung von Verbraucherstreitigkeiten zu setzen (vgl zur Entwicklung seit der Entschließung des Rates vom 14. 4. 1975 zur außergerichtlichen Streitbeilegung Micklitz, in: Reich/Micklitz [4. Aufl 2003], Europäisches Verbraucherrecht § 32). Die immer stärkere Bedeutung des grenzüberschreitenden Handels und die gewachsene Mobilität des Verbrauchers brachte die Kommission zu der Einsicht, dass grenzüberschreitende Streitigkeiten nicht zufriedenstellend durch gerichtliche Verfahren zu lösen sind. Gegen gerichtliche Verfahren sprechen insbesondere die mitunter sehr streitigen Rechtsfragen des anwendbaren Rechts, die zuständige Gerichtsbarkeit, sowie praktische Hürden wie die Zustellung von Schriftstücken, die Übersetzung von Schriftstücken, die Beweiserhebung und die Vollstreckung von Urteilen (so ausdrücklich die Argumentation der Kommission im Grünbuch „Zugang der Verbraucher zum Recht und Beilegung von Rechtsstreitigkeiten der Verbraucher im Binnenmarkt" v 16. 11. 1993, KOM [1993] 576 endg). Die Komission hat deshalb bereits zwei Netzwerke in das Leben gerufen: Das Netz der Europäischen Verbraucherzentren (European Consumer Centre Network, **ECC-Net**) hilft Verbrauchern, bei grenzüberschreitenden Streitigkeiten das richtige außergerichtliche Streitbeilegungsverfahren in einem anderen Mitgliedstaat zu finden (KOM [2011] 749, 1). Das **FIN-NET** ist ein Netz nationaler Stellen für die außergerichtliche Beilegung von Finanzstreitigkeiten im Fernabsatz in den Ländern des Europäischen Wirtschaftsraums, das 2011 auf Initiative der Europäischen Kommission auf Grundlage von Art 14 Finanzdienstleistungs-Fernabsatz-RL geschaffen wurde. Daneben existieren sektorspezifische Rechtsvorschriften der EU, die die gütliche Beilegung von Streitigkeiten, auch auf dem Gebiet des Verbraucherrechts, voranbringen sollen (KOM [2011] 794, 1 mwNw). Im Besonderen wird auf die Mediations-Richtlinie (ABl L 136 vom 24. 5. 2008, S 3) verwiesen. Die Kommission selbst bewertet die Maßnahmen aber als unzureichend auf

Grund von Zuständigkeitslücken, mangelnder Bekanntheit bei Verbrauchern und Unternehmen und einer uneinheitlichen Qualität der außergerichtlichen Verfahren (KOM [2011] 749, 2), – weshalb nun mit dem FIN-NET und dem ECC-NET ein neuer Versuch, den Verbraucherschutz zu effektiveren, angestoßen wurde.

50 Der Verbraucher muss nicht informiert werden über Einrichtungen, die ihm mitteilen, wie bei grenzüberschreitenden Verbraucherstreitigkeiten am besten vorgegangen werden sollte, sog **Clearingstellen** (so auch Erman/Koch § 312d Rn 22). Ähnlich wie Verbraucherverbände beraten diese den Verbraucher, sind aber selbst keine Schlichtungsstellen im Sinne der Vorschrift. Erfasst sind Beschwerde- und Rechtsbehelfsverfahren, die der Verbraucher selbst in Gang setzten kann (BeckOK-BGB/Martens [1. 5. 2024] Art 246a § 1 EGBGB Rn 24; Erman/Koch § 312d Rn 22). Ein Beispiel für ein solches Beschwerdeverfahren stellt **FIN-NET** dar. Die Schiedsstellen des FIN-Net sind für Streitfälle zwischen Verbrauchern und Finanzdienstleistern wie Banken, Versicherungen oder Wertpapierfirmen zuständig. Nicht erfasst sind solche Verfahren, die nur durch Verbraucherverbände in Anspruch genommen werden können (BeckOK-BGB/Martens [1. 5. 2024] Art 246a § 1 EGBGB Rn 24). Zu nennen hat der Unternehmer nur Verfahren, denen er selbst unterworfen ist. Zudem hat er den Verbraucher über deren Zugangsvoraussetzungen zu informieren.

b) Information betreffend das Widerrufsrecht (Art 246a § 1 Abs 2, 3 EGBGB)

51 Aufgrund der besonderen Bedeutung des Widerrufsrechts für den Verbraucher hat der Gesetzgeber die Anforderungen an die Belehrung betreffend das Widerrufsrecht separat in Art 246a § 1 Abs 2 und 3 EGBGB geregelt (BT-Drucks 17/12637, 75). Die entsprechenden Informationspflichten sind in Art 6 Abs 1 lit h–k VerbrRRL, dort also zusammen mit den übrigen Informationsgegenständen geregelt. Der Verbraucher soll Kenntnis von seinem Widerrufsrecht sowie den Voraussetzungen seiner Ausübung und ggf bestehenden nachteiligen Rechtsfolgen haben (BeckOK-BGB/Martens [1. 5. 2024] Art 246a § 1 EGBGB Rn 25).

52 Gemäß Art 246a § 1 Abs 2 S 1 Nr 1 EGBGB hat der Unternehmer den Verbraucher zwingend zu unterrichten über **Bedingungen, die Fristen und das Verfahren zur Ausübung des Widerrufsrechts**. Als **Bedingungen** sind anzugeben, dass ein Widerrufsrecht besteht, sowie die notwendigen Voraussetzungen für die Inanspruchnahme dieses Rechts. Dazu zählt der Hinweis, dass es einer eindeutigen Widerrufserklärung gegenüber dem Unternehmer bedarf, diese jedoch formlos und ohne Begründung erfolgen kann (Spindler/Schuster/Schirmbacher § 246a EGBGB Rn 113). Die Angaben zu den Bedingungen des Widerrufsrechts beziehen sich auf dessen Ausübung. Nicht erforderlich ist die Information über die Rechtsfolgen des Widerrufs. Zwar enthält die Musterwiderrufsbelehrung einen Passus über die Rechtsfolgen des Widerrufs. Damit geht das Muster jedoch über die gesetzlichen Anforderungen hinaus (Spindler/Schuster/Schirmbacher § 246a EGBGB Rn 114; BeckOK-BGB/Martens [1. 5. 2024] Art 246a § 1 EGBGB Rn 27). Die Rechtsprechung des BGH (31. 1. 2017 – L 6 KR 885/14, NJW 2012, 1197), nach der eine solche Information erforderlich ist, erging zur alten Rechtslage und ist nun obsolet (BeckOK-BGB/Martens [1. 5. 2024] Art 246a § 1 EGBGB Rn 27). Über **Rechtsfolgen** ist **nur** insoweit eine Information erforderlich, als dass **nach Art 246a § 1 Abs 2 S 1 Nr 2 und Nr 3 EGBGB über bestimmte nachteilige Folgen** zu unterrichten ist. Die Belehrung über die **Fristen** muss so erfolgen, dass der Verbraucher sich in klaren darüber ist, innerhalb welches Zeitraums er den Vertrag widerrufen kann. Dazu sind

die regelmäßige Widerrufsfrist von 14 Tagen sowie der Fristbeginn anzugeben (BeckOK-BGB/Martens [1. 5. 2024] Art 246a § 1 EGBGB Rn 29). Die konkrete Bestimmung des Fristbeginns muss dem Verbraucher nicht erläutert werden. Vielmehr genügt die bloße Angabe der für die Fristbestimmung maßgebenden Ereignisse (OLG Karlsruhe 10. 10. 2017 – 17 U 129/16; BGH 24. 1. 2017 – XI ZR 183/15). Nicht erforderlich ist dagegen die Angabe des Fristendes (Spindler/Schuster/Schirmbacher Art 246a EGBGB Rn 115). Dieses kann anhand des Fristbeginns und der Frist berechnet werden. Als Fristbeginn ist der regelmäßige Fristbeginn, dh grds der Vertragsschluss, bei Warenlieferungen die Lieferung der Ware, zu nennen. Es bedarf keines Hinweises auf die längere Frist bei nicht ordnungsgemäßer Widerrufsbelehrung (Spindler/Schuster/Schirmbacher Art 246a EGBGB Rn 115). Zudem hat der Unternehmer den Verbraucher darüber aufzuklären, dass zur Wahrung der Frist die rechtzeitige Abgabe der Widerrufserklärung genügt (BeckOK-BGB/Martens [1. 5. 2024] Art 246a § 1 EGBGB Rn 29). Zwar wird im Gesetz als gesondertes Merkmal eine Information über das **Verfahren** für die Ausübung des Widerrufs genannt. Dies hat jedoch **keine eigenständige Bedeutung** neben der Information über die Bedingungen und Fristen, da schon dort die entsprechenden Informationen zu nennen sind (BeckOK-BGB/Martens [1. 5. 2024] Art 246a § 1 EGBGB Rn 30). Auch ist es ausreichend, einen möglichen Kontaktweg aufzuzeigen. Die Adresse ist bereits nach Art 246a § 1 Abs 1 S 1 Nr 2 EGBGB zu nennen und nicht zwingend zusätzlich in die Widerrufsbelehrung aufzunehmen (Spindler/Schuster/Schirmbacher Art 246a EGBGB Rn 120). Für die Widerrufsbelehrung genannte Kontaktdaten dürfen nicht den Eindruck erwecken, der Verbraucher müsse sich über diesen Weg an den Unternehmer wenden (BeckOK-BGB/Martens [1. 5. 2024] Art 246a § 1 EGBGB Rn 28).

Nach Art 246a § 1 Abs 2 S 1 Nr 1 EGBGB ist stets **über das Muster-Widerrufsformular** 53
in Anlage 2 zu informieren. Das dort enthaltene Muster entspricht wortgleich dem in Anhang I B der VerbrRRL enthaltenen Muster. Es soll dem Verbraucher die Ausübung seines Widerrufsrechts erleichtern (Föhlisch/Dyakova MMR 2013, 71, 74; Schirmbacher/Grasmück ITRB 2014, 20). Der Verbraucher kann durch Nutzung des Musters wirksam seinen Widerruf erklären, ist andererseits aber nicht daran gehindert, auf andere Art und Weise den Vertrag zu widerrufen. Nach dem Wortlaut des Art 246a § 1 Abs 2 S 1 Nr 1 EGBGB ist nicht klar, ob neben dem Hinweis auf das Muster auch das Zugänglichmachen desselben erforderlich ist. Dieses Erfordernis ergibt sich aber aus der englischen und französischen Sprachfassung sowie dem Zweck des Muster-Widerrufsformulars (EuGH 23. 1. 2019 – C-430/17, MMR 2019, 299; BGH 11. 4. 2019 – I ZR 54/16, GRUR 2017, 930; OLG Düsseldorf 18. 2. 2016 – I-15 U 54/15, GRUR-RS 2016, 08022). Es sind aber keine zu hohen Anforderungen an das Zugänglichmachen zu stellen. So muss das Muster nicht etwa zwingend schon vor Vertragsschluss als Dokument oder in Papierform gesendet bzw überreicht werden. Bei einem Vertragsschluss im Internet reicht ein **Link** aus, sofern über diesen ohne Schwierigkeiten auf das Muster zugegriffen werden kann (BeckOK-BGB/Martens [1. 5. 2024] Art 246a § 1 EGBGB Rn 30; zweifelnd Spindler/Schuster/Schirmbacher Art 246a § 1 EGBGB Rn 129). Das Muster muss so, wie es sich zum Zeitpunkt des Vertragsschlusses im Gesetz befindet, vom Unternehmer dem Verbraucher kenntlich gemacht werden (BGH 28. 6. 2011 – XI ZR 349/10, NJW-RR 2012, 183). Es ist unzulässig, vom gesetzlichen Text des Musters abzuweichen. Ergänzungen sind nur dann gestattet, wenn sie getrennt von dem Muster erfolgen (Schirmbacher/Schmidt CR 2014, 107, 117). Denn dem Verbraucher soll das Musterformular und nicht nur ein dem Muster ähnliches Formular zugänglich gemacht werden.

Insbesondere dürfen auch solche Ergänzungen nicht irreführend oder geeignet sein, den Verbraucher vom Gebrauch seines Widerrufsrechts abzuhalten. So ist es nach einem Urteil des LG Kiel (LG Kiel 9. 7. 2010 – 14 O 22/10, K&R 2011, 136) unzulässig, die Widerrufsbelehrung mit dem Zusatz „das Widerrufsrecht besteht nur, wenn Sie Verbraucher im Sinne von § 13 BGB sind" zu versehen. Denn dadurch wird dem Verbraucher die Prüfung auferlegt, ob er Verbraucher ist und damit ein Widerrufsrecht besteht (Spindler/Schuster/Schirmbacher Art 246a § 1 EGBGB Rn 137).

54 Nach Art 246a § 1 Abs 2 S 1 Nr 2 EGBGB hat der Unternehmer **ggf darauf hinzuweisen, dass der Verbraucher im Falle des Widerrufs die Kosten der Rücksendung der Waren zu tragen hat**. Hintergrund der auf Art 6 Abs 1 lit i VerbrRRL beruhenden Regelung ist, dass nach § 357 Abs 6 BGB der Verbraucher die Kosten der Warenrücksendung zu tragen hat, jedoch nur unter der Voraussetzung, dass der Unternehmer ihn darüber unterrichtet hat. Der Unternehmer muss den Verbraucher also nur dann nach Art 246a § 1 Abs 2 S 1 Nr 2 EGBGB über die Kostentragung unterrichten, wenn er die Kosten auch auf den Verbraucher umlegen möchte. Anderenfalls trägt er selbst die Kosten und es besteht keine entsprechende Informationspflicht (BeckOK-BGB/Martens [1. 5. 2024] Art 246a § 1 EGBGB Rn 31; Spindler/Schuster/Schirmbacher Art 246a § 1 EGBGB Rn 141). Soll der Verbraucher die Kosten tragen, so ist nur ein Hinweis auf die **Kostentragungspflicht**, aber keine Information über die **Höhe der Kosten** erforderlich. Nur dann, wenn bei einem Fernabsatzvertrag die Rücksendung aufgrund der Beschaffenheit der Waren nicht über den normalen Postweg möglich ist, ist auch die Höhe der Kosten anzugeben. Diese Pflicht gilt als erfüllt, wenn der Unternehmer zB einen Beförderer (etwa denjenigen, den er mit der Warenlieferung beauftrag hat) und einen Preis für die Warenrücksendung angibt (BT-Drucks 17/12637, 75). Kann der Unternehmer den konkreten Preis für die Rücksendung vernünftigerweise nicht im Voraus berechnen, etwa weil der Unternehmer nicht anbietet, die Rücksendung selbst zu organisieren, so kann naturgemäß auch kein Preis angegeben werden. Dann hat der Unternehmer stattdessen zu erklären, dass Kosten zu entrichten sind und diese hoch sein können, einschließlich einer vernünftigen Schätzung der Höchstkosten, die nach der Gesetzesbegründung auf den Kosten der Lieferung an den Verbraucher basieren könnte (BT-Drucks 17/12637, 75). Letztlich wird bei der Kostenschätzung anhand der Kosten der Warenlieferung zu berücksichtigen sein, dass die Kosten, die dem Verbraucher bei einer selbst organisierten Rücksendung anfallen, wohl höher sein werden als die Kosten, die der Unternehmer bei der massenhaften Abwicklung an das Logistikunternehmen zu zahlen hat (Spindler/Schuster/Schirmbacher Art 246a EGBGB Rn 143).

55 Bei **Dienstleistungen, für die die Zahlung eines Preises vorgesehen ist, und bei Verträgen über die Lieferung von Wasser, Gas oder Strom in nicht bestimmtem Volumen bzw nicht bestimmter Menge oder über die Lieferung von Fernwärme** ist bei Widerruf des Verbrauchers von diesem **nach § 357a Abs 2 BGB ein angemessener Betrag für die bis zum Widerruf erbrachte Leistung geschuldet**, wenn der Verbraucher das Widerrufsrecht ausübt, nachdem er den Unternehmer ausdrücklich zum Beginn der Leistung vor Ablauf der Widerrufsfrist auffordert. Darüber hat der Unternehmer den Verbraucher nach Art 246a § 1 Abs 2 S 1 Nr 3 EGBGB zu informieren. Der Anspruch auf die Zahlung des angemessenen Betrags besteht gemäß § 357a Abs 2 S 1 Nr 3 BGB nur, wenn der Unternehmer den Verbraucher entsprechend informiert hat. Möchte der Unternehmer keinen Wertersatz vom Verbraucher geltend machen, so muss er

diesen auch nicht informieren (BeckOK-BGB/Martens [1. 5. 2024] Art 246a § 1 EGBGB Rn 32). Im Gegensatz zu Art 246a § 1 Abs 2 S 1 Nr 2 EGBGB aE ist im Gesetz nur das Erfordernis enthalten, auf die Kostentragungspflicht hinzuweisen, jedoch kein Erfordernis einer Angabe der Höhe dieser Kosten. Ein solches Erfordernis ergibt sich jedoch aus dem Verweis in dem zugrundeliegenden Art 6 Abs 1 lit j VerbrRRL auf Art 14 Abs 3 VerbrRRL, in dem die Berechnungsmethode für den zu zahlenden Betrag enthalten ist. Der Unternehmer hat den Verbraucher demnach zumindest über diese Berechnungsmethode zu informieren, die in § 357a Abs 2 BGB nachgebildet ist (BeckOK-BGB/Martens [1. 5. 2024] Art 246a § 1 EGBGB Rn 33). Die Angabe eines konkreten Betrags wird in der Regel ohnehin nicht möglich sein, da der Betrag häufig vom konkreten Verbrauch abhängen wird.

Nach Art 246a § 1 Abs 2 S 2 EGBGB kann der Unternehmer seine Informations- 56
pflichten zum Widerruf dadurch erfüllen, dass er das in Anlage 1 vorgesehene **Muster für die Widerrufsbelehrung** nutzt. Eine Pflicht das Muster zu verwenden, besteht jedoch nicht (BT-Drucks 17/12637, 75). Bereits nach alter Rechtslage war im deutschen Recht ein solches Muster enthalten, zunächst in der BGB-InfoV, später in der Anlage 1 zu Art 246 EGBGB aF (bis 12. 6. 2014). Diesem Beispiel folgt nun auch der Unionsgesetzgeber. In Anhang 1 A der VerbrRRL ist ein Muster für die Widerrufsbelehrung enthalten, das der deutsche Gesetzgeber wortgleich in Anlage 1 des EGBGB umgesetzt hat. Das Muster erleichtert den Unternehmern die Erfüllung der Informationspflichten. Bei nicht ordnungsgemäßer Information beginnt gemäß § 356 Abs 3 BGB die Widerrufsfrist nicht, endet aber spätestens nach zwölf Monaten und 14 Tagen. Insbesondere bei der Belehrung über das Widerrufsrecht gibt es viele Einzelheiten, die zu beachten sind. Der Unternehmer kann dadurch leicht einen Fehler begehen und so den Beginn der Widerrufsfrist verhindern. Bei Nutzung des Musters erfüllt der Unternehmer seine Informationspflicht unabhängig davon, ob tatsächlich die zu erteilenden Informationen enthalten sind. Es besteht insoweit eine **gesetzliche Fiktion**. Fehler in der Musterbelehrung gehen nicht zu Lasten des Unternehmers (BGH 1. 12. 2022 – I ZR 28/22, MMR 2023, 421). Diese Rechtsfolge tritt aber nur ein, wenn der Unternehmer das Muster zutreffend unter Beachtung der Gestaltungshinweise ausfüllt und die **Musterbelehrung völlig unverändert übernimmt** (BGH 1. 12. 2002 – I ZR 28/22, MMR 2023, 421; BT-Drucks 17/12637, 75). Grds ist die Widerrufsbelehrung sowohl wörtlich als auch formal 1:1 zu übernehmen (BGH NJW 2009, 3020; NJW 2010, 989; NJW 2011, 1061; NJW-RR 2011, 785; NZG 2012, 427; 18. 3. 2014 – II ZR 109/13, NJW 2014, 2022). Auch dann, wenn der Unternehmer das Muster nur verändert, um es zu verbessern, greift nicht mehr die Privilegierung des Art 246a § 1 Abs 2 S 2 EGBGB. Der Unternehmer trägt dann das Risiko, dass seine Belehrung nicht den gesetzlichen Anforderungen genügt (BGH 18. 3. 2014 – II ZR 109/13, NJW 2014, 2022). In der Rechtsprechung werden aber nur **marginale Änderungen**, solange sie mit keiner inhaltlichen Änderung einhergehen, als unschädlich erachtet (BGH 12. 7. 2016 – XI ZR 564/15, BKR 2016, 463; LG Berlin 4. 2. 2013 – 38 O 317/12; LG Wuppertal 18. 1. 2018 – 2 O 301/16, IBRRS 2018, 1027; OLG Frankfurt 7. 7. 2014 – 23 U 172/13, CR 2015, 319; zustimmend Härting, Internetrecht Rn 1208). Hierfür bleibt jedoch wenig Raum, da auch Änderungen der Schriftgröße oder des Formats nicht mehr zulässig sind (BGH 1. 12. 2002 – I ZR 28/22, MMR 2023, 421). Solange eine inhaltliche Änderung erfolgt, so ist auch deren Umfang irrelevant, denn schon mit Rücksicht auf die Vielgestaltigkeit möglicher individueller Veränderungen des Musters lässt sich keine verallgemeinerungsfähige Grenze ziehen, bei deren Einhaltung eine Schutzwirkung noch gelten und ab deren Überschreitung sie bereits entfal-

len soll (BGH 18. 3. 2014 – II ZR 109/13, NJW 2014, 2022; 28. 6. 2011 – XI ZR 349/10, NJW-RR 2012, 183; 1. 3. 2012 – III ZR 83/11, NZG 2012, 427). In der Praxis empfiehlt es sich stets, die Musterbelehrung ohne jede Veränderung zu übernehmen, um nicht Gefahr zu laufen, die Privilegierungswirkung zu verlieren. Die Musterbelehrung ist **in Textform nach § 126b BGB zu übermitteln**. Dies setzt den Zugang beim Verbraucher voraus. Daher reicht es nicht aus, wenn der Unternehmer den Verbraucher lediglich auf seine Website mit der Möglichkeit zum Download verweist (BT-Drucks 17/12637, 75; EuGH 5. 7. 2012 – C-49/11, NJW 2012, 2637).

57 Nach Art 246a § 1 Abs 3 EGBGB hat der Unternehmer den **Verbraucher darüber zu informieren, dass ihm ggf kein Widerrufsrecht zusteht oder er dieses verlieren kann**. Die Vorschrift dient der Umsetzung von Art 6 Abs 1k VerbrRRL. Der Zweck der Vorschrift liegt darin, den Verbraucher davor zu schützen, dass er irrig von dem Bestehen eines Widerrufsrechts ausgeht. Denn dann wird er eher dazu geneigt sein, voreilig einen Vertrag abzuschließen, da er denkt, sich noch problemlos binnen 14 Tagen von diesem Vertrag lösen zu können (Härting/Schirmbacher DB 2003, 1777, 1779; Spindler/Schuster/Schirmbacher Art 246a EGBGB Rn 160). Dem Verbraucher soll klar sein, dass er an den Vertrag gebunden sein wird und sich somit vor Vertragsschluss endgültig darüber im Klaren sein muss, ob er den Vertrag möchte. Art 246a § 1 Abs 3 EGBGB ist aufgrund seiner Stellung in 246a EGBGB nicht anwendbar auf Verträge, in denen schon deshalb kein Widerrufsrecht besteht, weil für sie nach § 312 Abs 2 BGB nur der Minimalanwendungsbereich gilt. Denn dann gilt auch § 312d Abs 1 BGB nicht, der auf Art 246a EGBGB verweist. Über das fehlende Widerrufsrecht muss dann nicht belehrt werden. Das Schutzbedürfnis des Verbrauchers dürfte in diesen Fällen gleichwohl ähnlich sein (Spindler/Schuster/Schirmbacher Art 246a EGBGB Rn 162). Eine bestimmte Form ist nicht vorgeschrieben.

58 Nach Art 246a § 1 Abs 3 Nr 1 EGBGB ist der Verbraucher zu informieren, wenn ein Widerrufsrecht aufgrund § 312g Abs 2 Nr 1, 2, 5 und 7–13 BGB nicht besteht. Diese Normen beinhalten Fälle, in denen wegen der Art oder des Inhalts des Vertrags dieser nicht widerrufbar ist. Es wird insoweit auf die Kommentierung zu § 312g BGB (Rn 20 ff) verwiesen. Dann bedarf es einer Information darüber, dass der Verbraucher seine Willenserklärung nicht widerrufen kann. Es genügt die Wiedergabe des entsprechenden Gesetzeswortlauts, der Unternehmer muss nicht auf den konkreten Vertragsgegenstand Bezug nehmen (Spindler/Schuster/Schirmbacher § 246a EGBGB Rn 161). Jedoch ist der Unternehmer verpflichtet, deutlich zu machen, dass auf den konkreten Vertrag einer der Ausschlusstatbestände anwendbar ist und somit kein Widerrufsrecht besteht. Er darf nicht ohne weiteren Hinweis bloß die entsprechende Norm abdrucken und die Beurteilung, ob die erworbene Ware unter den Ausschlusstatbestand fällt, dem Verbraucher überlassen. Die gegenteilige Ansicht des BGH (NJW 2010, 992) erging zur alten Rechtslage und ist nun obsolet (BeckOK-BGB/Martens [1. 5. 2024] Art 246a § 1 EGBGB Rn 38). Sie ist nicht mit dem eindeutigen Wortlaut des Art 246a § 1 Abs 3 Nr 1 EGBGB sowie des zugrundeliegenden Art 6 Abs 1 lit k VerbrRRL zu vereinbaren. So herrscht schon vor Vertragsschluss Klarheit darüber, ob der Unternehmer einen der Ausschlusstatbestände für einschlägig hält (Spindler/Schuster/Schirmbacher Art 246a EGBGB Rn 160).

59 Wenn im konkreten Fall das Widerrufsrecht nach § 312g Abs 2 Nr 3, 4 und 6 BGB oder § 356 Abs 4 und 5 BGB vorzeitig erlöschen kann, hat der Unternehmer gemäß

Art 246a § 1 Abs 3 Nr 2 EGBGB den Verbraucher über die Umstände zu informieren, unter denen der Verbraucher das zunächst bestehende Widerrufsrecht verliert. Die entsprechenden Normen regeln Fälle, in denen zunächst ein Widerrufsrecht besteht, der Verbraucher dieses aber durch eine eigene Handlung verliert, etwa durch das Entfernen einer Versiegelung (§ 312g Abs 2 Nr 3 und Nr 6 BGB), die untrennbare Vermischung mit anderen Waren (§ 312g Abs 2 Nr 4 BGB) oder die ausdrückliche Zustimmung zum Beginn der Ausführung der Leistung bei Dienstleistungsverträgen (§ 356 Abs 4 BGB) und Verträgen über die Lieferung digitaler Inhalte (§ 356 Abs 5 BGB). Es wird insofern auf die Kommentierung zu § 312g Nr 3 (Rn 32 ff), § 312g Nr 6 (Rn 46 ff), § 312g Nr 4 (Rn 36 ff)) verwiesen. Die Erklärung des Unternehmers hat so umfassend zu erfolgen, dass einem **verständigen Durchschnittsverbraucher** daraus klar wird, welche Handlungen er zu unterlassen hat, um sein Widerrufsrecht nicht zu verlieren (Spindler/Schuster/Schirmbacher Art 246a EGBGB Rn 163).

Die Verwendung einer Musterwiderrufsbelehrung hat keine Auswirkungen auf die Pflichten nach Art 246a § 1 Abs 3 EGBGB (BeckOK-BGB/Martens [1. 5. 2024] Art 246a § 1 EGBGB Rn 40). Wie sich aus Wortlaut und der systematischen Stellung des Art 246a § 1 Abs 2 S 2 EGBGB ergibt, bezieht sich dieser nur auf die Pflichten nach Art 246a § 1 Abs 2 S 1 EGBGB. **60**

c) Erleichterte Informationspflichten für Reparatur- und Instandhaltungsarbeiten (Art 246a § 2 EGBGB)

aa) Allgemeines

In Art 246a § 2 EGBGB macht der Gesetzgeber von der **Kann-Klausel des Art 7 Abs 4 VerbrRRL** Gebrauch. Demnach bestehen erleichterte Informationspflichten für außerhalb von Geschäftsräumen geschlossene Verträge über Reparatur- und Instandhaltungsarbeiten, wenn die beidseitigen Leistungen sofort erfüllt werden, die vom Verbraucher zu leistende Vergütung 200 € nicht übersteigt und der Verbraucher die Dienste des Unternehmers ausdrücklich angefordert hat. Dadurch sollen **Handwerksbetriebe** vor einer zu hohen Belastung durch vorvertragliche Informationspflichten befreit werden (Spindler/Schuster/Schirmbacher Art 246a EGBGB Rn 166). Denn durch die Figur des außerhalb von Geschäftsräumen geschlossenen Vertrags sind nun auch weitgehend Handwerker Adressaten besonderer Verpflichtungen. Diese überfordern aber in der Regel einfache Handwerksbetriebe. Zwar ist daher die Intention des Gesetzgebers richtig, diese Handwerksbetriebe entlasten zu wollen. Jedoch ist dazu die getroffene Regelung unzureichend. Denn auch die dennoch gemäß Art 246a § 2 Abs 1 und 2 EGBGB bestehenden Informationspflichten sind für gewöhnliche Handwerksbetriebe nur schwer erfüllbar. Zudem müssen sie nach Vertragsschluss die gesamten Informationen des § 1 liefern (BeckOK-BGB/Martens [1. 5. 2024] Art 246a § 2 EGBGB Rn 1; kritisch auch Tamm VuR 2014, 9, 13). Teilweise werden sogar **verfassungsrechtliche Bedenken** gegen die Vorschrift geäußert (BeckOK-BGB/Martens [1. 5. 2024] Art 246a § 2 EGBGB Rn 1). **61**

bb) Anwendungsbereich

Art 246a § 2 EGBGB ist nur anwendbar auf **Verträge über Reparatur- und Instandhaltungsarbeiten**. Der Begriff der Reparatur- und Instandhaltungsarbeiten erfasst alle handwerklichen Leistungen im Haushalt, die dem Erhalt dienen, nicht aber solche, durch die eine neue Einrichtung geschaffen oder installiert wird. Darunter fallen bspw Maler-, Schreiner- und Klempnertätigkeiten (BeckOK-BGB/Martens [1. 5. 2024] **62**

Art 246a § 2 EGBGB Rn 2). Nicht erfasst sind solche Verträge, die selbst keine Reparatur- und Instandhaltungsarbeiten zum Gegenstand haben, sondern nur mit einem derartigen Vertrag in Zusammenhang stehen, wie etwa die Miete eines Trocknungsgeräts bei einem Wasserschaden (LG Münster 4. 11. 2015 – 2 O 127/15, ZMR 2016, 628). Im Übrigen wird auf die Kommentierung zu § 312g Abs 2 Nr 11 BGB verwiesen (§ 312g Rn 70 ff), in dem eine Ausnahme vom Widerrufsrecht für Verträge über Reparatur- und Instandhaltungsverträge enthalten ist. § 312g Abs 2 Nr 11 BGB gilt nur für solche Reparatur- und Instandhaltungsarbeiten, die dringend sind. Eine derartige Einschränkung ist in Art 246a § 2 EGBGB nicht zu finden. Daher ist dieser auch auf nicht dringende Arbeiten anwendbar.

63 Der Vertrag muss **außerhalb von Geschäftsräumen geschlossen** sein. Nicht anwendbar ist die Vorschrift auf Fernabsatzverträge oder im stationären Handel geschlossene Verträge. Zudem ist es erforderlich, dass der **Verbraucher die Dienste des Unternehmers ausdrücklich angefordert** hat. Wird der Vertrag zwar beim Kunden, also außerhalb von Geschäftsräumen geschlossen, jedoch in Rahmen eines herkömmlichen unbestellten Vertreterbesuchs, gelten nicht die Erleichterungen des Art 246a § 2 EGBGB (BT-Drucks 17/12637, 75). Dieses Merkmal ist parallel zur ähnlich formulierten Voraussetzung in § 312g Abs 2 Nr 11 BGB, dass der Verbraucher den Unternehmer ausdrücklich aufgefordert hat, ihn aufzusuchen, auszulegen. Insofern wird auf dessen Kommentierung (§ 312g Rn 73 ff) verwiesen.

64 Des Weiteren bedarf es einer sofortigen Erfüllung der beiderseitigen Leistungen. Die vom Verbraucher zu leistende Vergütung darf dabei **maximal 200 Euro** betragen. Damit soll ein Ausgleich zwischen dem Interesse der Handwerksunternehmen an einem möglichst geringen Verwaltungsaufwand und dem Verbraucherschutz sichergestellt werden. Durch die sofortige Erfüllung wird das Risiko des Vertrags immanent, sodass der Verbraucher dann weniger schutzwürdig erscheint. Der Verwaltungsaufwand durch die Informationspflichten ist gerade dann unverhältnismäßig, wenn er selbst bei geringfügigen Arbeiten anfällt. Bei größeren Arbeiten mit einem Entgelt über 200 € kann dem Handwerksunternehmen dagegen die Erfüllung der vollen vorvertraglichen Informationspflichten zugemutet werden. Wie im Rahmen des § 312 Abs 2 Nr 12 BGB ist die vollständige Leistungserbringung durch beide Seiten iSd § 362 BGB unmittelbar im Anschluss an den Vertragsschluss erforderlich. Ob der Erfolg letztlich eintritt, ist ohne Belang; der Leistende muss nur alles getan haben, um den Leistungserfolg herbeizuführen. Auch Nebenkosten sind mitzuzählen. Selbiges gilt für verbundene Verträge, da eine künstliche Aufspaltung eines einheitlichen Vorgangs in mehrere Teilverträge eine nach § 312k Abs 1 S 1 BGB unzulässige Umgehung darstellen würde (BeckOK-BGB/Martens [1. 5. 2024] Art 246a § 2 EGBGB Rn 3).

cc) Informationspflichten

65 In Art 246a § 2 Abs 1 und 2 EGBGB sind die vom Unternehmer zu erteilenden vorvertraglichen Informationen geregelt. Die Informationspflichten aus Art 246a § 1 EGBGB treffen ihn nicht, außer es wird auf diese im Rahmen des Art 246a § 2 EGBGB verwiesen. Nach Art 246a § 2 Abs 1 Nr 1 EGBGB hat der Unternehmer die Angaben nach Art 246a § 1 Abs 1 S 1 Nr 2 und 3 EGBGB über seine Identität zur Verfügung zu stellen. Zudem hat er gemäß Nach Art 246a § 2 Abs 1 Nr 2 EGBGB über den Preis oder die Art der Preisberechnung zu informieren. Dabei gelten be-

züglich der Begriffe des Preises und der Preisberechnung dieselben Grundsätze wie im Rahmen des Art 246a § 1 Abs 1 S 1 Nr 4 EGBGB. Anders als dort ist jedoch zusätzlich ein **Kostenvoranschlag über den Gesamtkosten** erforderlich. Es erscheint wenig nachvollziehbar, in Bereich des Art 246a § 2 EGBGB, der eine Erleichterung darstellen soll, diese über die entsprechenden Angaben in Art 246a § 1 EGBGB sogar hinausgehende Pflicht zu statuieren (kritisch auch BeckOK-BGB/Martens [1. 5. 2024] Art 246a § 2 EGBGB Rn 4).

Gemäß Art 246a § 2 Abs 2 Nr 1 EGBGB hat der Unternehmer über die **wesentlichen Eigenschaften der Waren oder Dienstleistungen** in dem für die Kommunikationsmittel und die Waren oder Dienstleistungen angemessenen Umfang zu unterrichten, was Art 246a § 1 Abs 1 S 1 Nr 1 EGBGB entspricht (siehe dazu Rn 16 bzw die Kommentierung zu § 312a Rn 11 ff). Art 246a § 2 Abs 2 Nr 2 EGBGB enthält die Pflicht, ggf über die Bedingungen, die Fristen und das Verfahren für die Ausübung des Widerrufsrechts sowie das Muster-Widerrufsformular in der Anlage 2 zu informieren. Es gelten dabei dieselben Grundsätze wie bei Art 246a § 1 Abs 2 S 1 Nr 1 EGBGB (Rn 52 f). Nach Nr 3 ist ggf darüber zu informieren, dass der Verbraucher seine Willenserklärung nicht widerrufen kann, oder über die Umstände, unter denen der Verbraucher ein zunächst bestehendes Widerrufsrecht vorzeitig verliert. Dies entspricht der Informationspflicht des Art 246a § 1 Abs 3 EGBGB (Rn 57 f). 66

Problematisch ist, dass schon die Bereitstellung dieser Informationen, insbesondere, wenn wie etwa bei Art 246a § 2 Abs 2 Nr 3 EGBGB dafür rechtliche Überlegungen erforderlich sind, durchschnittliche Handwerker überfordern wird. Wenn sie trotz aller ihnen zumutbaren Anstrengungen die Informationspflichten verletzen, kann ihnen dennoch kein Verschulden iSd § 276 BGB zu Last gelegt werden (BeckOK-BGB/Martens [1. 5. 2024] Art 246a § 2 EGBGB Rn 5). Es kann von ihnen auch nicht gefordert werden, einen Anwalt hinzuzuziehen, um die Informationspflichten erfüllen zu können. 67

Nach Art 246a § 2 Abs 3 EGBGB hat der Unternehmer in der von ihm zur Verfügung zu stellenden **Abschrift oder Bestätigung des Vertrags** nach § 312f Abs 1 BGB alle Informationen des Art 246a § 1 EGBGB zu erteilen. Die Erleichterung des Art 246a § 2 EGBGB besteht letztlich also nur darin, dass der Unternehmer die entsprechenden Informationen nicht bereits vor, sondern erst nach Vertragsschluss bereitstellen muss. Eine wirkliche Erleichterung für Handwerksbetriebe, wie sie zu Recht bezweckt ist, stellt dies nicht dar. 68

d) Erleichterte Informationspflichten bei begrenzter Darstellungsmöglichkeit (Art 246a § 3 EGBGB)

aa) Allgemeines

Art 246a § 3 EGBGB beruht auf Art 8 Abs 4 VerbrRRL und sieht eine Erleichterung für bestimmte Fernabsatzverträge vor. Die Vorschrift trägt dem Umstand Rechnung, dass manche Fernkommunikationsmittel aufgrund technischer Beschränkungen nur einen begrenzten Raum oder eine begrenzte Zeit für Informationen bieten (BT-Drucks 17/12637, 75). Wäre der Unternehmer dennoch verpflichtet, stets sämtliche Informationen zu erteilen, könnte er einige Kommunikationsmittel nicht mehr für einen Vertragsschluss mit Verbrauchern nutzen. Um diese unwirtschaftliche Folge zu vermeiden, regelt Art 246a § 3 EGBGB, dass über ein für den Vertragsschluss ver- 69 wendetes Fernkommunikationsmittel nur bestimmte, abschließend aufgezählte Kerninformationen zwingend zur Verfügung zu stellen sind (Art 246a § 3 S 1 EGBGB) und die übrigen Informationen auf anderem Wege zugänglich gemacht werden können (Art 246a § 3 S 2 EGBGB).

bb) Anwendungsbereich

70 Die Ausnahmeregelung des Art 246a § 3 EGBGB ist nur bei **Fernabsatzverträgen** anwendbar. Der konkrete Vertrag muss über ein **Fernkommunikationsmittel** geschlossen werden, **das nur einen begrenzten Raum oder eine begrenzte Zeit für Informationen bietet**. Hat der Verbraucher die Wahl zwischen verschiedenen Fernkommunikationsmitteln, so gilt die Erleichterung nach § 3 nur, wenn der Verbraucher ein Kommunikationsmittel für den Vertragsschluss wählt, dass selbst nur die beschränkte Kapazität aufweist. Es genügt nicht schon, dass der Unternehmer Verträge üblicherweise über derartige Kommunikationsmittel abschließt, und dies im konkreten Fall auch möglich gewesen wäre (BeckOK-BGB/Martens [1. 5. 2024] Art 246a § 3 EGBGB Rn 4). Es darf über das Kommunikationsmittel nicht möglich sein, ggf in einer dem Kommunikationsmittel angepassten Form, sämtliche Informationen klar und verständlich darzustellen (OLG Düsseldorf 18. 2. 2016 – I-15 U 54/15, K&R 2016, 354; BeckOK-BGB/Martens [1. 5. 2024] Art 246a § 3 EGBGB Rn 3). Nach dem Zweck, eine transparente Verbraucherinformation zu gewährleisten, ist Art 246a § 3 EGBGB auch dann anwendbar, wenn zwar theoretisch die Möglichkeit bestünde, sämtliche Informationen zur Verfügung zu stellen, dies aber zu einer unübersichtlichen und vom **Durchschnittsverbraucher** in diesem Medium nicht erwarteten Darstellung führen würde und daher zu erwarten wäre, dass der Verbraucher die Informationen nicht richtig wahrnehmen wird (Schirmbacher/Engelbrecht ITRB 2014, 89). So rechnet der Verbraucher während eines telefonischen Werbegesprächs oder eines TV- oder Radiospots nicht mit einer umfassenden Information und wird wohl aufgrund der nur flüchtigen akustischen Mitteilung oder nur kurzfristigen visuellen Einblendung auch kaum in der Lage sein, sämtliche nach § 1 zu erteilende Informationen aufzunehmen, geschweige denn zu reflektieren (OLG Düsseldorf 18. 2. 2016 – I-15 U 54/15, K&R 2016, 354). Als Beispiel für einen Anwendungsfall des Art 246a § 3 EGBGB nennt die Gesetzesbegründung die beschränkte Anzahl an Zeichen auf bestimmten Displays (BT-Drucks 17/12637, 75). Da es auf den konkreten Vertragsschluss ankommt, gilt bei einem Vertragsschluss über eine Website Art 246a § 3 EGBGB nur dann, wenn der Kunde die Website über ein derart kleines Display abruft, dass eine vollständige Wiedergabe der Informationen des Art 246a § 1 EGBGB nicht möglich wäre. Nutzt er dagegen ein Endgerät mit ausreichender Darstellungsmöglichkeit, etwa einen Laptop, müssen sämtliche Informationen zur Verfügung gestellt werden. Der Unternehmer hat also die technischen Gegebenheiten dafür zu schaffen, dass die Website erkennt, über welche Art von Endgerät die Seite abgerufen wird und automatisch die entsprechende Menge an Informationen wiedergibt (BeckOK-BGB/Martens [1. 5. 2024] Art 246a § 3 EGBGB Rn 4). Weder aus dem Wortlaut des Art 246a § 3 EGBGB noch aus dem Wortlaut des zugrundeliegenden Art 8 Abs 4 VerbrRRL ergibt sich, ob darauf abzustellen ist, ob das Fernkommunikationsmittel abstrakt seiner Art nach nur begrenzten Raum oder begrenzte Zeit bietet oder ob es darauf ankommt, ob es im konkreten Fall in seiner vom Unternehmer gewählten Gestaltung nur begrenzte Kapazitäten aufweist. Diese Frage hat der BGH dem EuGH vorgelegt (BGH 14. 6. 2017 – I ZR 54/16, WM 2017, 1474). Der EuGH hat klargestellt, dass hierbei sämtliche technische Eigenschaften der Werbebotschaft des Unternehmers berücksichtigt werden müssen. Es muss geprüft wer-

den, „ob – unter Berücksichtigung des Raumes und der Zeit, die von der Botschaft eingenommen werden, und der Mindestgröße des Schrifttyps, der für einen durchschnittlichen Verbraucher, an den diese Botschaft gerichtet ist, angemessen ist – alle in Art 6 Abs 1 VerbrRRL genannten Informationen objektiv in dieser Botschaft dargestellt werden können." (EuGH 23. 1. 2019 – C-430/17, NJW 2019, 1363). Für **Printmedien** wie Broschüren bedeutet dies, dass diese grds nicht von Art 246a § 3 EGBGB erfasst sind, da sie stets die Möglichkeit bieten, den Umfang durch die Wahl der Seitengröße oder Seitenzahl so zu gestalten, dass Platz für sämtliche Informationen besteht. Anders ist dies bspw bei einer Postkarte, die naturgemäß eine bestimmte, begrenzte Kapazität aufweist. Sollte der Unternehmer Informationen in einem Werbeprospekt wiedergeben, muss die Werbebotschaft nicht gegenüber den Verbraucherinformationen zurücktreten (vgl hierzu BeckOK-BGB/Martens [1. 5. 2024] Art 246a § 3 EGBGB Rn 2).

Im **elektronischen Geschäftsverkehr** werden nicht selten die Willenserklärungen von 71
Unternehmer und Verbraucher über unterschiedliche Kommunikationsmittel abgegeben. Dann ist auf dasjenige Kommunikationsmittel abzustellen, über das der Unternehmer redlicherweise die Pflichtinformationen zur Verfügung stellt (Schirmbacher/Schmidt CR 2014, 107, 110). Setzt der Unternehmer jedoch vor der Erklärung des Verbrauchers noch ein weiteres Kommunikationsmittel ein, das für die vollständige Information geeignet ist, so hat er dort sämtliche nach Art 246a § 1 EGBGB zu erteilende Informationen zur Verfügung zu stellen und kann sich nicht auf Art 246a § 3 EGBGB berufen (Schirmbacher/Schmidt CR 2014, 107, 110).

cc) Im Fernkommunikationsmedium selbst zu erteilende Informationen (Art 246a § 3 S 1 EGBGB)

Nach dem Wortlaut des Art 246a § 3 S 1 EGBGB sind folgende Informationen zur 72
Verfügung zu stellen: **Die wesentlichen Eigenschaften der Waren oder Dienstleistungen** (Nr 1), die **Identität des Unternehmers** (Nr 2), den **Gesamtpreis** oder in den Fällen, in denen der Preis auf Grund der Beschaffenheit der Waren oder Dienstleistungen vernünftigerweise nicht im Voraus berechnet werden kann, die Art der Preisberechnung (Nr 3), ggf die Bedingungen, die Fristen und das Verfahren für die Ausübung des Widerrufsrechts nach § 355 Abs 1 BGB (Nr 4) und ggf die **Vertragslaufzeit und die Bedingungen für die Kündigungen eines Dauerschuldverhältnisses**.

Die deutsche Fassung ist insofern unglücklich formuliert, als dass sie nicht auf die ent- 73
sprechenden Nr des Art 246a § 1 EGBGB verweist und zudem teilweise deutlich von dem Wortlaut der entsprechenden Informationspflichten abweicht. Für die Auslegung der Vorschrift kann für Art 246a § 3 S 1 Nr 1 EGBGB auf die Kommentierung zu Art 246a § 1 Abs 1 S 1 Nr 1 EGBGB (Rn 16 bzw Kommentierung zu § 312a Rn 11 ff), für Art 246a § 3 S 1 Nr 2 auf die Kommentierung zu Art 246a § 1 Abs 1 S 1 Nr 2 EGBGB (Rn 17 ff), für Art 246a § 3 S 1 Nr 3 EGBGB auf die Kommentierung zu Art 246a § 1 Abs 1 S 1 Nr 4 EG-BGB (Rn 23 bzw Kommentierung zu § 312a Rn 23 ff), für Art 246a § 3 S 1 Nr 4 EGBGB auf die Kommentierung zu Art 246a § 1 Abs 2 S 1 Nr 1 EGBGB (Rn 52 f) und für Art 246a § 3 S 1 Nr 5 EGBGB auf die Kommentierung zu Art 246a § 1 Abs 1 S 1 Nr 11 EGBGB (Rn 36 bzw Kommentierung zu § 312a Rn 29 f) verwiesen werden. Dies gilt mit der Einschränkung, dass in Art 246a § 3 S 1 Nr 3 EGBGB zu Recht keine Information über die Anschrift und Telefonnummer verlangt wird. Denn Art 8 Nr 4 VerbrRRL verweist nur auf Art 6 Abs 1 lit b VerbrRRL, der nur die Pflicht zur Angabe der Identität des Unternehmens, bspw seinen Handelsnamen, verlangt, nicht

aber auf lit c. Art 246a § 1 Abs 1 S 1 Nr 2 EGBGB setzt aber zugleich Art 6 Abs 1 lit b und c VerbrRRL um.

74 Auch die Fragen, ob es mit Art 8 Abs 4 und Art 6 Abs 1 lit h VerbrRRL vereinbar ist, die Information über das Widerrufsrecht im Fall begrenzter Darstellungsmöglichkeiten auf die Information über das Bestehen des Widerrufsrechts zu beschränken, und ob auch im Fall einer begrenzten Darstellungsmöglichkeit das Muster-Widerrufsformular beizufügen ist, hat der BGH dem EuGH vorgelegt (BGH 14. 6. 2017 – I ZR 54/16, WM 2017, 1474). Der EuGH hat klargestellt, dass der Unternehmer dem Verbraucher vor Abschluss des Vertrags die Information über die Bedingungen, Fristen und Verfahren für die Ausübung des Widerrufsrechts erteilen muss. Das Musterwiderrufsformular muss der Verbraucher jedoch nicht zeitgleich erhalten – es reicht jede andere Übermittlung, die klar und verständlich für den Verbraucher ist (EuGH 23. 1. 2019 – C-430/17, NJW 2019, 1363).

75 Der Unternehmer ist nicht daran gehindert, auch bei begrenzter Darstellungsmöglichkeit **mehr als die in Art 246a § 3 S 1 EGBGB genannten Informationen** durch das Fernkommunikationsmittel zur Verfügung zu stellen. Die Vorschrift ist eine Ausnahmeregelung zu Gunsten des Unternehmers, der auf die sonstigen Informationen verzichten kann, aber nicht muss. Jedoch dürfen die zusätzlichen Informationen nicht dazu führen, dass die in Art 246a § 3 S 1 EGBGB aufgezählten Kerninformationen für den Verbraucher so unübersichtlich oder unleserlich dargestellt werden, dass ein Durchschnittsverbraucher sie nicht wahrnehmen wird (Spindler/Schuster/Schirmbacher Art 246a EGBGB Rn 185; Buchmann K&R 2014, 221, 224). Denn Art 246a § 3 EGBGB dient auch dem Zweck, sicherzustellen, dass der Verbraucher die wesentlichen Kerninformationen auch bei begrenzter Darstellungsmöglichkeit erhält.

dd) Weitere Angaben (Art 246a § 3 S 2 EGBGB)

76 Auf die restlichen Angaben, die nicht schon nach Art 246a § 3 S 1 EGBGB im Fernkommunikationsmittel zur Verfügung gestellt wurden, kann nicht etwa völlig verzichtet werden. Es besteht nur insoweit eine Erleichterung, dass diese nicht zur Verfügung gestellt werden müssen, sondern es ausreicht, diese dem Verbraucher **in geeigneter Weise zugänglich zu machen**. Der Unterschied besteht darin, dass es keiner aktiven Information seitens des Unternehmers bedarf. Ausreichend ist eine transparente Information darüber, wo und auf welche Weise die Informationen einsehbar sind (Spindler/Schuster/Schirmbacher Art 246a EGBGB Rn 190). Der Unternehmer kann also **auf eine andere Informationsquelle verweisen** (BT-Drucks 17/12637, 75). Es muss dem Verbraucher möglich sein, die zusätzlichen Informationen mit einem zumutbaren Aufwand erreichen bzw abrufen zu können (BeckOK-BGB/Martens [1. 5. 2024] Art 246a § 3 EGBGB Rn 8). In der Gesetzesbegründung werden die Angabe einer **gebührenfreien Telefonnummer** oder eines **Hypertext-Links** zu einer Website des Unternehmers, auf der die Informationen unmittelbar abrufbar und leicht zugänglich sind, als Beispiele genannt. Letztlich kommt es aber stets auf den konkreten Einzelfall an. Die Informationsquelle muss für den Durchschnittsverbraucher, der anhand des Vertragsgegenstands und des genutzten Fernkommunikationsmittels zu ermitteln ist, in zumutbarer Weise erreichbar sein. Zu berücksichtigen sind dabei **die aus den Umständen begründeten Erwartungen des Verkehrs** (BeckOK-BGB/Martens [1. 5. 2024] Art 246a § 3 EGBGB Rn 8; Spindler/Schuster/Schirmbacher Art 246a EGBGB Rn 194). So wird bei einer Werbung für einen Treppenlift in einer Werbung per Telefon oder Fernsehen der Verweis auf einen Link zur

Website nicht geeignet sein. Denn der im konkreten Fall betroffene Verbraucher wird in der Regel ein Rentner sein. Diese Zielgruppe ist meist nicht internetaffin und erwartet gerade bei einer Werbung in herkömmlichen Medien nicht damit, wesentliche Informationen nur über den Besuch einer Website zu erhalten. Dagegen wird bei einer Werbung für Jugendbekleidung, insbesondere wenn diese selbst im Internet erfolgt, ein Link auf die Website des Unternehmens ein geeigneter Weg sein, die Informationen zugänglich zu machen (Schirmbacher/Engelbrecht, ITRB 2014, 89, 92). Eine gebührenfreie Telefonhotline wird stets geeignet sein. Denn ein Anruf sollte grds für keine Zielgruppe ein unzumutbares Hindernis darstellen, an die Informationen zu gelangen. Gebührenfrei meint dabei keine über den Grundtarif hinausgehenden Kosten (Spindler/Schuster/Schirmbacher Art 246a EGBGB Rn 193; Schirmbacher/Engelbrecht, ITRB 2014, 89, 92). Denkbar ist auch das Angebot, dem Verbraucher auf Wunsch die Informationen per Post oder E-Mail zuzusenden. Dabei muss jedoch gewährleistet sein, dass dies zeitnah geschieht (Spindler/Schuster/Schirmbacher Art 246a EGBGB Rn 195). Unzulässig wird es sein, auf einen **Aushang oder Ähnliches im Ladengeschäft des Unternehmers** zu verweisen. Denn dies würde dem Zweck des Fernabsatzgeschäfts zuwiderlaufen. Der Verbraucher wird in der Regel gerade ein Fernabsatzgeschäft tätigen, um nicht den Laden aufsuchen zu müssen. Dann soll er dies auch nicht zur Informationsbeschaffung tun müssen (Spindler/Schuster/Schirmbacher Art 246a EGBGB Rn 196).

Gemäß Art 246a § 3 S 2 EGBGB hat der Unternehmer dem Verbraucher die Infor- **77**
mationen in geeigneter Weise und unter Beachtung von Art 246a § 4 Abs 3 EGBGB zugänglich zu machen. Schon aus dem **Verweis auf** Art 246a § 4 Abs 3 EGBGB ergibt sich, dass die Informationen bereits **vor Vertragsschluss** zugänglich gemacht werden müssen. Der Verbraucher soll die Informationen schon vor Abgabe seiner Vertragserklärung haben, um die Entscheidung über den Vertragsschluss auf ausreichender Grundlage treffen zu können. Daher müssen die Informationen dem Verbraucher so zugänglich gemacht werden, dass es ihm möglich und zumutbar ist, sich diese vor Abgabe seiner Vertragserklärung zu beschaffen (Spindler/Schuster/Schirmbacher Art 246a EGBGB Rn 190). Der Verweis auf die Informationsquelle hat hinreichend transparent zu erfolgen. Der Hinweis darf nicht etwa aufgrund einer Platzierung an einem ungewöhnlichen Ort oder einer zu kleinen Schriftgröße derart versteckt sein, dass ihn ein Durchschnittsverbraucher nicht wahrnimmt (Spindler/Schuster/Schirmbacher Art 246a EGBGB Rn 197). Zudem muss deutlich werden, dass über diese Quelle wesentliche Informationen abgerufen werden. Dabei muss nicht ins Detail gegangen werden; es reicht bspw ein Hinweis, dass dort weitere Informationen zu dem Produkt oder die vollständigen Pflichtangaben enthalten sind (Spindler/Schuster/Schirmbacher Art 246a EGBGB Rn 198).

e) Formale Anforderungen an die Informationspflichten (Art 246a § 4 EGBGB)

aa) Allgemeines

Art 246a § 4 EGBGB dient der Umsetzung von Art 6 Abs 1, 7 Abs 1, 4 lit a und **78**
Art 8 Abs 1, 4 VerbrRRL und enthält Anforderungen an Form und Zeitpunkt der Informationen aus Art 246a §§ 1–3 EGBGB. Art 246a § 4 Abs 1 EGBGB enthält allgemeine Anforderungen sowohl für Fernabsatzverträge als auch für außerhalb von Geschäftsräumen geschlossene Verträge. Dort ist der Zeitpunkt geregelt sowie das Transparenzgebot. Art 246a § 4 Abs 2 EGBGB regelt besondere Formvorschriften für außerhalb von Geschäftsräumen geschlossene Verträge, Art 246a § 4 Abs 3 EGBGB für Fernabsatzverträge.

bb) Allgemeine Anforderungen (Art 246a § 4 Abs 1 EGBGB)

(1) Zeitpunkt

79 Die Informationen nach Art 246a §§ 1–3 EGBGB haben **„vor Abgabe" der Vertragserklärung des Verbrauchers** zu erfolgen. Dies ist eine zeitliche, keine räumliche Vorgabe (OLG Köln 8. 5. 2015 – I-6 U 137/14, GRUR-RR 2015, 447). Zwar kann „vor" grds einen räumlichen Bezug haben. Jedoch lässt sich schon aus dem Wortlaut des Art 246a § 4 Abs 1 EGBGB („vor Abgabe dessen Vertragserklärung") der zeitliche Bezug erkennen. Noch deutlicher wird dies aus der Formulierung in Art 6 Abs 1 VerbrRRL („Bevor der Verbraucher [...] gebunden ist"). Für den deutschen Juristen ungewohnt ist der Begriff **„Vertragserklärung"**. Dieser findet sich zwar auch in § 484 Abs 2 Nr 3 BGB, jedoch wird er dort in einem anderen Zusammenhang verwendet. Zudem ist der Begriff in den ebenfalls in jüngster Zeit aufgrund von Richtlinien eingefügten §§ 651d Abs 1 S 1 und 357a Abs 2 Nr 1 BGB verwendet. Auch der Bundesrat hat sich im Gesetzgebungsverfahren zu § 312c aF (bis 10. 6. 2010) an der Formulierung gestoßen und angeregt, das Wort „Vertragserklärung" durch die gebräuchliche Formulierung „Willenserklärung" zu ersetzen (Stellungnahme des Bundesrats, BT-Drucks 15/2946, 32). Dieser Vorschlag ist leider mit der wenig überzeugenden Begründung abgelehnt worden, der Begriff Vertragserklärung habe den Vorteil, dass er im Unterschied zu dem Begriff „Willenserklärung" stets die zum Vertragsschluss führende Erklärung meine – der Hinweis auf eine „Willenserklärung" sei insoweit nicht ausreichend (Gegenäußerung der Bundesregierung, BT-Drucks 15/2946, 37). Zum Verständnis des Begriffs „Vertragserklärung" lohnt es sich, einen Blick auf die **Parallelvorschrift in der VerbrRRL** zu werfen. Dort heißt es in Art 6 Abs 1, dass der Unternehmer den Verbraucher informieren muss, bevor dieser durch einen Vertrag im Fernabsatz oder einen außerhalb von Geschäftsräumen geschlossenen Vertrag oder ein entsprechendes Vertragsangebot gebunden ist. In diesem Sinne muss auch Art 246a § 4 Abs 1 EGBGB verstanden werden. Der Verbraucher muss dem Schutzzweck der Vorschrift entsprechend die Informationen erhalten, bevor er endgültig über den Vertragsschluss entscheidet. „Vertragserklärung" meint daher jede auf den Abschluss eines Vertrages gerichtete Willenserklärung, gleichgültig, ob es sich um das Angebot oder die Annahme handelt (RegE BT-Drucks 15/2946, 20; Spindler/Schuster/Schirmbacher Art 246a EGBGB Rn 200). Dieses Verständnis entspricht dem Schutzzweck der VerbrRRL. Zu beachten ist, dass gerade auf die Vertragserklärung des Verbrauchers, nicht allein auf den Vertragsschluss abgestellt wird. Der Regelfall eines Fernabsatzvertrages liegt nicht in der individuellen Kommunikation zwischen Unternehmer und Verbraucher. Vielmehr ist es üblich, dass die Kontaktaufnahme durch einen Verkaufskatalog erfolgt, durch den der Verbraucher eingeladen wird, ein Angebot abzugeben (invitatio ad offerendum, vgl OLG Frankfurt MMR 2003, 405, 406; AG Butzbach MMR 2002, 765; AG Westerburg MMR 2003, 609; Bodenstedt MMR 2004, 719). Erst wenn der Unternehmer das Angebot annimmt – zB indem er die Ware ausliefert –, wird der Vertrag geschlossen. Nach altem Recht (bis 2004), das auf den Zeitpunkt des Vertragsschlusses abstellte, konnte der Unternehmer also seine Informationspflichten noch erfüllen, nachdem der Verbraucher bereits durch sein Angebot gemäß § 145 BGB gebunden war. Das reicht jetzt nicht mehr. Vielmehr muss der Unternehmer den Verbraucher in der vorgeschriebenen Art und Weise informieren, bevor dieser ein Angebot abgibt. Hierdurch wird deutlich, dass der Unternehmer den Verbraucher selbst dann informieren muss, wenn es nicht zu einem Vertragsschluss kommt (vgl auch LG Frankfurt aM MMR 2002, 395, 396). Auch die Zustellung eines Werbefaxes ohne die von Art 246a § 1 EGBGB geforderten Pflichtangaben stellt daher einen

wettbewerbsrechtlichen Verstoß dar, der Unterlassungsansprüche nach sich zieht (LG Frankfurt aM MMR 2002, 395, 396).

Im Gegensatz zur vorherigen Gesetzesfassung enthält der Wortlaut nun nur noch die Pflicht, die Informationen vor Abgabe der Vertragserklärung zur Verfügung zu stellen, aber **nicht mehr die Pflicht sie auch „rechtzeitig“ vorher zu erteilen**. Zwar würde nach dem Wortlaut ausreichen, wenn die Informationen erst unmittelbar vor Abgabe der Vertragserklärung, beinahe zeitgleich mit ihr zur Verfügung gestellt werden. Jedoch ist der Zweck der Vorschrift zu beachten, der darin besteht, dass der Verbraucher durch die Informationen in der Lage ist, eine überlegte Entscheidung zu treffen. Daher müssen die Information jedenfalls so **rechtzeitig** erfolgen, dass der Verbraucher noch vor Abgabe der ihn bindenden Erklärung in der Lage ist, die Informationen aufzunehmen und zu verarbeiten (BeckOK-BGB/Martens [1. 5. 2024] Art 246a § 4 EGBGB Rn 2). Wann das der Fall ist, bleibt abzuwarten. Bei einem Kauf auf Probe, bei dem die Absendung des Bestellscheins durch den Kunden ohne weiteres Handeln ein Fernabsatzgeschäft auslöst, hat der BGH entschieden, dass der Unternehmer die Informationen in jedem Falle bereits vor Absendung des Bestellscheins zur Verfügung stellen muss (BGH 11. 4. 2019 – I ZR 54/16, MMR 2020, 235). Stellt der Unternehmer die Informationen in seinen Katalogen, Werbeprospekten oder Internetseiten zur Verfügung, so bleibt damit für den Verbraucher die Möglichkeit gewahrt, in angemessener Zeit eine Entscheidung zu treffen (so auch Fuchs ZIP 2000, 1273, 1277; Kamanabrou WM 2000, 1417, 1422). Daneben wird vertreten, dass zwischen der Erteilung der Informationen und der Abgabe des Angebotes eine Mindestfrist von drei Tagen liegen müsse (so Micklitz, in: Micklitz/Reich [1998], Die Fernabsatzrichtlinie im deutschen Recht A II, 21). Diese Frist ist frei gegriffen. Hiergegen spricht, dass die konkreten Umstände des jeweiligen Einzelfalles häufig eine abweichende Bewertung verlangen werden. Eine solche Frist hat weder im Gesetz noch in der Richtlinie eine Stütze. Es kann unter Umständen auch dann noch rechtzeitig sein, wenn die Informationen unmittelbar vor Abgabe der Willenserklärung übermittelt werden, insbesondere bei telefonisch geschlossenen Bagatellgeschäften (BGH CR 2003, 817; Spindler/Schuster/Schirmbacher Art 246a EGBGB Rn 205; Mankowski CR 2001, 767, 770). Richtigerweise ist entscheidender als der abstrakte Zeitpunkt, dass die Information frei von zeitlichen Druck und ergebnisoffen wahrgenommen werden, der Verbraucher also nicht bereits den Eindruck hat, von der Bestellung nicht mehr Abstand nehmen zu können (LG Bonn WRP 2009, 1314; Spindler/Schuster/Schirmbacher Art 246a EGBGB Rn 202). Zu spät ist daher eine Information erst nachdem der Kunde auf eine Schaltfläche „Bestellen“ klicken muss und die Ware dadurch in den Warenkorb gelangt (Spindler/Schuster/Schirmbacher Art 246a EGBGB Rn 202; Härting, Internetrecht Rn 1149). Bei einer Werbung in Suchmaschinen oder Internet-Anzeigen muss nicht bereits die Information zur Verfügung gestellt werden. Es reicht aus, dass die Information auf der verlinkten Website, über die die Bestellung abgewickelt wird, erfolgt (Spindler/Schuster/Schirmbacher Art 246a EGBGB Rn 203). Wird in der Anzeige oder Suchmaschine ein Preis angezeigt, ist hier schon die Angabe des Gesamtpreises und zusätzlicher Versandkosten erforderlich, da der Unternehmer dazu nach § 1 PAngV in jeder Werbung unter Angaben von Preisen verpflichtet ist (BGH MMR 2010, 245 m Anm Föhlisch). 80

Im Gesetz ist nur geregelt, dass die Information spätestens zu einem bestimmten Zeitpunkt erfolgen kann; es ist dagegen kein **frühester Zeitpunkt** genannt. Aus Sinn und Zweck der Vorschrift, die sicherstellen soll, dass der Verbraucher eine informier- 81 te Entscheidung treffen kann, ergibt sich jedoch, dass auch eine zu frühe Information nicht ausreichend ist. Die Information darf nicht so früh erfolgen, dass damit zu rechnen ist, dass dem Verbraucher die Informationen zum Zeitpunkt der Abgabe seiner Willenserklärung nicht mehr präsent sind (Spindler/Schuster/Schirmbacher Art 246a EGBGB Rn 206 f).

(2) Transparenzgebot

(a) Allgemeines

82 Der Unternehmer hat die Informationen **in klarer und verständlicher Weise** zur Verfügung zu stellen. Das **Transparenzgebot** bezieht sich sowohl auf die Darstellung der Information im jeweiligen Medium als auch auf die Sprache, in der die Informationen abgefasst sind (BT-Drucks 17/12637, 75). Die Informationen müssen so dargestellt und verfasst sein, dass sie ein durchschnittlich verständiger Durchschnittsverbraucher (siehe Rn 76) ohne unzumutbaren Aufwand auffinden und ohne rechtliche Beratung verstehen kann (BeckOK-BGB/Martens [1. 5. 2024] Art 246a § 4 EGBGB Rn 4; Spindler/Schuster/Schirmbacher Art 246a EGBGB Rn 216). Der bloße **Verweis auf Rechtsvorschriften** soll nach einer Literaturansicht nicht ausreichen (BeckOK-BGB/Martens [1. 5. 2024] Art 246a § 4 EGBGB Rn 4). Nach der Rspr jedoch stellt eine Verweisung in einer auf eine konkret bezeichnete gesetzliche Vorschrift, wenn der Gesetzestext für jedermann ohne Weiteres zugänglich ist, keinen Verstoß gegen das Deutlichkeitsgebot dar, sondern dient im Gegenteil der Verständlichkeit, Übersichtlichkeit und Vollständigkeit der Belehrung (BGH 24. 1. 2017 – XI ZR 183/15, MMR 2017, 752). Es dürfen nicht nur unbestimmte und schon recht keine irreführenden Angaben gemacht werden. Dies gilt insbesondere für Angaben betreffend das Widerrufsrecht. Die Widerrufsbelehrung **muss in sich widerspruchsfrei** sein. Es dürfen auch keine zusätzlichen Angaben gemacht werden, die von der Widerrufsbelehrung ablenken oder den Verbraucher verwirren können (BGH NJW-RR 2005, 180; OLG Hamm NJW-RR 2010, 253). Dabei kann ein Verstoß gegen das Transparenzgebot auch dann vorliegen, wenn die Widerrufsbelehrung als solche richtig ist, aber an anderer Stelle ein zu dieser in Widerspruch stehender Hinweis enthalten ist (BGH 12. 3. 2014 – IV ZR 255/13, ZVertriebsR 2014, 194). Unschädlich kann ein im Widerspruch zur Widerrufsbelehrung stehender Hinweis jedoch sein, wenn dieser eindeutig von der Widerrufsbelehrung abgetrennt ist und daher für den Verbraucher erkennbar ist, dass ausschließlich die Widerrufsbelehrung selbst maßgeblich sein soll (BGH 5. 12. 2017 – XI ZR 294/17). Beispiele aus der jüngsten Rechtsprechung sind die Angabe unterschiedlicher Adressaten für die Widerrufserklärung (OLG Hamm 30. 11. 2017 – 4 U 88/17, MMR 2018, 243) und eine Kostenregelung für die Rückabwicklung in einer AGB-Klausel, die zwar nur für Rückabwicklungen außerhalb des Widerrufsrechts gelten sollte, dies für den Verbraucher aber nicht klar erkennbar war (LG Hagen 8. 9. 2017 – 1 S 42/17). Es darf auch nicht von mehreren Voraussetzungen für das Entstehen eines Wertersatzanspruchs des Unternehmers eine der Voraussetzungen unterschlagen werden, da dies beim Verbraucher den Eindruck erweckt, bereits bei geringeren als den gesetzlichen Voraussetzungen entstehe die Wertersatzpflicht, was geeignet ist, ihn von der Ausübung seines Widerrufsrechts abzuhalten (BGH 24. 1. 2017 – XI ZR 183/15, MMR 2017, 752; 3. 7. 2018 – XI ZR 520/16, MDR 2018, 1197; LG Dortmund 9. 6. 2017 – 3 O 119/16 Rn 20, BKR 2017, 338). Die fehlerhafte Widerrufsbelehrung kann auch nicht anhand eines nicht in der Belehrung selbst in Textform dokumentierten gemeinsamen Verständnisses der Parteien präzisiert werden (BGH 3. 7. 2018 – XI ZR 520/16 Rn 21, MDR 2018, 1197; 21. 11. 2017 – XI ZR 106/16 Rn 14, NJW-RR 2018, 303). Zudem muss eindeutig erkennbar sein, auf welchen Ver-

trag sich die Widerrufsbelehrung bezieht. So verstößt eine Widerrufsbelehrung seitens des Maklers gegen das Transparenzgebot, wenn sich diese nur auf den „Vertrag" bezieht und dabei offenbleibt, ob es sich bei diesem „Vertrag" um den Maklervertrag oder den vermittelten Vertrag handelt (OLG Naumburg 1. 6. 2018 – 7 U 13/18). Die Informationen müssen **hinreichend übersichtlich und in einer angemessenen Schriftgröße dargestellt** werden. Befinden die Informationen sich etwa in sehr kleiner Schriftgröße an versteckter Stelle, sodass der Verbraucher auf diese nicht aufmerksam wird bzw nicht mit einer wesentlichen Information rechnet, so verstößt dies gegen das Transparenzgebot (Spindler/Schuster/Schirmbacher Art 246a EGBGB Rn 217). Die konkreten Anforderungen unterscheiden sich bei Fernabsatzverträgen je nach eingesetztem Fernkommunikationsmittel (siehe Rn 93 ff).

(b) Verbraucherleitbild

Im elektronischen Geschäftsverkehr hängt es stärker als in anderen Fällen von den **83**
individuellen Fähigkeiten des Verbrauchers ab, ob den Anforderungen des Transparenzgebots entsprochen wird. Ist der Verbraucher im Umgang mit den modernen Medien geschult, wird es für ihn leichter möglich sein, die Informationen abzurufen. Bei Fernabsatzverträgen stellt sich deshalb die Frage, welche Anforderungen an die Kenntnisse des Verbrauchers zu stellen sind. Die zum Teil geäußerte Vermutung, dass der traditionelle Kunde des Versandhandels „naturgemäß" einfacher aufbereitete Informationen als der Internetnutzer benötige (Reich EuZW 1997, 581, 584), lässt sich in dieser Allgemeinheit nicht halten. Eine solche Differenzierung wäre auch wegen des inzwischen weit verbreiteten Zugangs zum Internet verfehlt und würde den Verbraucher, der sich im elektronischen Geschäftsverkehr bewegt, benachteiligen. Es ist deshalb sachgerecht, auf das vom EuGH im Wettbewerbsrecht entwickelte Bild des **durchschnittlich aufmerksamen und verständigen Durchschnittsverbrauchers** (hierzu EuGH – *Sabel* – Slg 1997, I-6191 Rn 23; EuGH – *Gut Springenheide und Tusky* – Slg 1998, I-4657 Rn 31; EuGH – *Lloyd Schuhfabrik Meyer* – Slg 1999, I-3819 Rn 25 und 26; auch Lütcke [2002] § 312c Rn 56 und Härting, Internetrecht Rn 1176 wollen sich an diesem Leitbild orientieren) abzustellen (siehe zum Verbraucherleitbild auch Sack WRP 1999, 399; Lederer NJOZ 2011, 1833). Die neuere EuGH-Rspr zur Richtlinie 93/13/EWG über missbräuchliche Verbraucherverträge geht von einem normal informierten, angemessen aufmerksamen und verständigen Durchschnittsverbraucher aus (EuGH 30. 4. 2014 – C-26/13 *Kásler ua v OTP Jelzálogbank Zrt*, NJW 2014, 2335). Damit wird wohl derselbe Maßstab gemeint sein. Auf Vorlage des LG Bonn (9. 2. 2018 – 17 O 24/17, VuR 2018, 262) wird der EuGH entscheiden müssen, ob im Rahmen der FernAbsFinanzDienst-RL dieses Verbraucherleitbild zugrunde zu legen ist. Dieses Bild weicht vom Verbraucherleitbild ab, das in der früheren deutschen Rechtsprechung vorherrschte (Emmerich, Das Recht des unlauteren Wettbewerbs 181 kritisiert das [damalige] Verbraucherleitbild als das eines „an der Grenze zur Debilität verharrenden, unmündigen, einer umfassenden Betreuung bedürftigen, hilflosen Verbrauchers"). Mit der Entwicklung des europäischen Begriffs vom verständigen Verbraucher begann jetzt auch die deutsche Rechtsprechung, dem Verbraucher mehr zuzutrauen (BGH GRUR 2000, 619, 621; eine Rückkehr zum alten Verbraucherleitbild aufgrund des neu formulierten § 4 Nr 2 UWG befürchtete freilich Scherer WM 2004, 1355, 1357; vgl BGH 23. 2. 2016 – XI ZR 101/15 Rn 33, NJW 2016, 1881 und 22. 11. 2016 – XI ZR 434/15 Rn 15, NJW 2017, 1306, der das europäische Verbraucherleitbild übernimmt; das LG Bonn [9. 2. 2018 – 17 O 24/17, VuR 2018, 262] legte die Frage, ob für auf der FernAbsFinanzDienst-RL beruhende Informationspflichten das europäische Verbraucherleitbild oder das frühere nationale Verbraucherleitbild zugrunde zu legen ist, dem EuGH vor [dort anhängig unter C-143/18]). Dem Verbraucher kann daher unterstellt werden, dass er über eine gewisse

Intelligenz und Erfahrung verfügt und hierdurch in der Lage ist, die ihm angebotenen Informationen richtig zu verarbeiten (vgl ausführlich zum europäischen Verbraucherleitbild Micklitz, in: Reich/Micklitz [4. Aufl 2003], Europäisches Verbraucherrecht § 6 Rn 6, 9). Für die Informationspflichten im Fernabsatz bedeutet das, dass **keine zu hohen Anforderungen an die Fertigkeiten des Verbrauchers im Umgang mit den modernen Medien zu stellen sind**. Da aber auf einen durchschnittlich verständigen Durchschnittsverbraucher abzustellen ist, braucht auch nicht von einem Verbraucher ausgegangen werden, für den der Umgang mit den modernen Kommunikationsmitteln etwas völlig Unbekanntes ist. Welche Kenntnisse ausreichen, um von einer durchschnittlichen Verständigkeit ausgehen zu können, richtet sich nach den **Umständen des Einzelfalles**. Es ist aber davon auszugehen, dass langfristig die Anforderungen an die Verbraucher mit der weiteren Verbreitung des Internets steigen, die Anforderungen an die Transparenz dagegen sinken werden. Nach Erwägungsgrund 34 der VerbrRRL und der Gesetzesbegründung (BT-Drucks 17/12637, 75) soll der Unternehmer **den besonderen und für ihn vernünftigerweise erkennbaren Bedürfnissen von Verbrauchern Rechnung tragen**, die aufgrund ihrer geistigen oder körperlichen Behinderung, ihrer psychischen Labilität, ihres Alters oder ihrer Leichtgläubigkeit **in einer Weise besonders schutzbedürftig sind**. Daraus ergibt sich jedoch nicht die Pflicht, die Darstellung der Information generell barrierefrei zur Verfügung zu stellen. Nur dann, wenn ein besonderes Bedürfnis des Verbrauchers für den Unternehmer objektiv erkennbar ist, hat er die Darstellung im konkreten Einzelfall anzupassen. Der Unternehmer darf sich einem erkennbaren besonderen Schutzbedürfnis des Verbrauchers nicht verschließen, es besteht jedoch andererseits auch keine Nachforschungspflicht (BeckOK-BGB/Martens [1. 5. 2024] Art 246a § 4 EGBGB Rn 7; **aA** Buchmann K&R 2014, 453, 455).

(c) Einzelfälle

84 Der Unternehmer muss das Druckbild, den Aufbau und den Umfang der Informationen, die er dem Verbraucher präsentiert, an die Anforderungen des Transparenzgebotes anpassen. Die Informationen müssen an gut wahrnehmbarer Stelle zu finden sein und ohne langes Suchen jederzeit wahrgenommen werden können (so die Begründung des Gesetzgebers zum Transparenzgebot aus § 6 TDG, BT-Drucks 14/6098, 21, das auf die E-Commerce-Richtlinie zurückgeht und wegen des gemeinschaftsrechtlichen Hintergrundes dieselbe Bedeutung wie das fernabsatzrechtliche Transparenzgebot hat; vgl LG München NJW-RR 2004, 913; zustimmend Hoenike/Hülsdunk MMR 2002, 415, 416). Eine generelle Präzisierung ist nicht möglich (vgl Lütcke [2002] § 312c Rn 56), einige Beispiele aus der Rechtsprechung mögen das Transparenzgebot jedoch mit Leben füllen. Seinen Anforderungen wird nicht entsprochen, wenn ein **„Impressum"** genannter Link auf einem kommerziellen Internetangebot so platziert ist, dass er erst mittels Scrollens auf der vierten Bildschirmseite sichtbar wird (OLG München MMR 2004, 321, 322 zu § 6 TDG). Die Notwendigkeit des Scrollens verletzt jedoch nicht in jedem Fall das Transparenzgebot. Es bedarf einer Einzelfallbetrachtung, insbesondere unter Berücksichtigung der Länge der Scrollleiste (Härting, Internetrecht Rn 1158). Ebenfalls reicht es nicht aus, wenn die Unterrichtung in kleiner Schrift an versteckter Stelle einer Werbeanzeige erscheint und der Verbraucher nach Sachlage keine Veranlassung hat, nach weiteren Angaben zu suchen, weil er annimmt, die vollständigen Informationen bereits erhalten zu haben (OLG Hamburg NJW 2004, 1114, 1116). Das Transparenzgebot verlangt dagegen nicht, dass die Informationen auf der Eingangsseite des Internetauftritts gegeben werden müssen, solange sichergestellt ist, dass der Verbraucher die Informationen auch tatsächlich zur Kenntnis nehmen kann (LG Stuttgart NJW-RR 2004, 911).

Nach sehr weitgehender Auffassung des BGH gilt, dass für den Verbraucher die Identitätsangabe auf einer Website leicht erkennbar und unmittelbar erreichbar (iSd der der Entscheidung zugrunde liegenden Vorschrift § 6 TDG und § 10 II MDStV) sei, wenn die geforderte Information über einen Link **„Impressum"**, der jedoch wiederum unter dem Direktlink **„Kontakte"** abgelegt ist, einsehbar ist (BGH NJW 2006, 3633). Nach dem OLG München (NJW-RR 2004, 913) sind die Informationen klar und verständlich, wenn sie nur indirekt über einen „Kontakt" genannten Link und dort über einen weiteren Link „Impressum" zur Verfügung gestellt werden. Das OLG Karlsruhe war anderer Meinung (OLG Karlsruhe CR 2002, 682, 683). Es genüge nicht, wenn der Verbraucher durch den Unternehmer lediglich in die Lage versetzt werde, sich die Informationen selbst zu verschaffen (OLG Karlsruhe CR 2002, 682, 683; in die gleiche Kerbe schlägt Ernst GRUR 2003, 759, 760). Im Übrigen sei es unverständlich, wenn über einen als „Kontakt" bezeichneten Link auf die Informationen verwiesen werde. Dieser Begriff bezeichne im Internet nach deutschem Sprachverständnis eine Seite, die den Benutzer in die Lage versetzen soll, mit dem Betreiber der Seite in Kontakt zu treten. Andere Informationen als die E-Mailadresse seien hier nicht zu erwarten. Beide Argumente des OLG Karlsruhe halten einer genaueren Betrachtung nicht stand. Mit der Formulierung „zur Verfügung stellen" stellt das Gesetz klar, dass es ausreicht, wenn der Unternehmer dem Verbraucher die **Möglichkeit** gibt, **die Informationen zur Kenntnis zu nehmen**. Das entsprach entgegen der Auffassung des OLG Karlsruhe auch der früheren Rechtslage. Bereits der Gesetzgeber des Fern-AbsG hielt es für ausreichend, dass der Verbraucher „die Information zur Kenntnis nehmen und dadurch eine informierte Entscheidung treffen kann" (RegE FernAbsG BT-Drucks 14/2658, 38). Dieser Voraussetzung wird entsprochen, wenn der Verbraucher über einen Link die Möglichkeit erhält, die entsprechenden Informationen aufzurufen. Die Informationsmöglichkeit wird auch nicht dadurch vernebelt, dass der Link Kontakt genannt wird. Entgegen der Auffassung des OLG Karlsruhe wird dieser Begriff, sofern er in Beziehung zu Rechtsgeschäften im Internet steht, so verstanden, dass unter ihm nicht nur ein Mailto-Link zu finden ist, sondern Anschrift, Firmenname und ähnliches mitgeteilt werden. Gerade im elektronischen Geschäftsverkehr haben sich die Bezeichnungen „Kontakt" oder „Impressum" durchgesetzt, um den Nutzer auf die Person des Anbieters hinzuweisen (vgl BGH NJW 2006, 3633 Rn 19; OLG München NJW-RR 2004, 913; OLG Hamburg CR 2003, 283, 285; Kaestner/Tews WRP 2002, 1011, 1016; Ott WRP 2003, 945, 949; Hoss CR 2003, 687, 689). Auch andere Begriffe als „Kontakt" sind denkbar. Unter Berücksichtigung des Verbraucherleitbildes sollten auch Links, die „Impressum" oder „Über uns" genannt sind, den Anforderungen des Transparenzgebotes genügen (so auch Hoss WRP 2003, 687, 689). Dem steht auch nicht Art 6 Abs 1 lit c VerbrRRL entgegen, der die Möglichkeit einer schnellen und effizienten Kontaktaufnahme verlangt. Nach Ansicht des OLG Köln (8. 7. 2016 – 6 U 180/15, GRUR-RS 2016, 16575) seien die in Art 6 Abs 1 lit c VerbrRRL genannten Gesichtspunkte „schnell" und „effizient" auch bei der Auslegung des Transparenzgebots zu berücksichtigen und somit eine Information über die Telefonnummer nur über verschiedene, untereinander verschachtelte Links nicht ausreichend. Der BGH weist in seiner Vorlage an den EuGH (5. 10. 2017 – I ZR 163/16, GRUR 2018, 100) jedoch darauf hin, dass das in Art 6 Abs 1 VerbrRRL enthaltene Transparenzgebot nicht die in Art 6 Abs 1 lit c VerbrRRL aufgeführten Kommunikationsmittel selbst betrifft, sondern nur die Anforderungen an die vom Unternehmer zu gebenden Informationen über die Kommunikationsmittel. Aufgrund der entsprechenden Konkretisierung in Art 8 Abs 1 VerbrRRL wird deutlich, dass die Informationen über Kommunikations- **85** mittel nicht an den Maßstäben „schnell" und „verständlich", sondern ausschließlich an den Kriterien der sprachlichen Verständlichkeit und mediengerechten Information zu messen sind. Daher genügt es nach Ansicht des BGH (5. 10. 2017 – I ZR 163/16, GRUR 2018, 100) dem Transparenzgebot, wenn dem Verbraucher ermöglicht wird, über **Links** mit der Bezeichnung **„wie möchten Sie uns kontaktieren"** oder **„allgemeine Hilfsnummer"**, wenn auch erst über mehrere Klicks, an die Telefonnummer des Unternehmers zu gelangen. Verwirrend sei aber die Verlinkung der Widerrufsbelehrung unter ‚Angaben zum Verkäufer' und dort ‚mich', da das Widerrufsrecht Kauf- und nicht Verkäuferbezogen sei (OLG Hamburg NJW 2005, 2319 f). Der EuGH hat in der Rechtssache Bundesverband/Amazon EU (EuGH 10. 7. 2019 – C-649/17, NJW 2019, 3365) hierzu Stellung bezogen und wegweisende Vorgaben gemacht. Der deutsche Gesetzgeber hat hierauf sodann mit der Einführung des Art 246a § 1 Abs 1 S 1 Nr 3 EGBGB reagiert, auf dessen Ausführungen insoweit verwiesen wird (s Rn 21 f). Der BGH hat wiederum im Anschluss an die Entscheidung des EuGH Folgendes klargestellt: Sollte der Unternehmer in seinem Onlineshop vor Abschluss der Bestellung einen mit „Kontaktieren Sie uns" gekennzeichneten Link einfügen und damit dem Verbraucher die Möglichkeit eröffnen, per E-Mail oder Internet-Chat mit dem Verkäufer in Kontakt zu treten, genügt dies den Informationspflichten über die Kontaktmöglichkeiten gem Art 246a § 1 Abs 1 S 1 Nr 2 – gleiches gilt, wenn er ein Rückrufsystem anbietet, wonach der Verbraucher sofort oder innerhalb von fünf Minuten zurückgerufen wird (BGH 19. 12. 2019 – I ZR 163/16, GRUR 2020, 652).

(d) Sprache

86 Ebenfalls unter das Transparenzgebot fällt die Frage, in welcher Sprache die Informationen zu übermitteln sind. Die VerbrRRL verfolgt nicht das Ziel, die sprachlichen Anforderungen an Verbraucherverträge zu harmonisieren. Es ist den Mitgliedsstaaten überlassen, sprachliche Anforderungen in Bezug auf Vertragsinformationen und Vertragsklauseln beizubehalten oder einzuführen (Erwägungsgrund 15). Der deutsche Gesetzgeber hat von dieser Möglichkeit bei der Umsetzung der Richtlinie keinen Gebrauch gemacht. Der Gesetzgeber des FernAbsG hatte jedoch klargestellt, dass es auch für deutsche Unternehmer erforderlich sein kann, die Informationen in einer anderen Sprache als Deutsch zur Verfügung zu stellen (RegE FernAbsG BT-Drucks 14/2658, 38). Entscheidend ist aber immer, mit welcher **Zielgruppe** es der Unternehmer zu tun hat (RegE FernAbsG BT-Drucks 14/2658, 38; zust Lütcke [2002] § 312c aF [bis 10. 6. 2010] Rn 61; Reich EuZW 1997, 581, 584; Fuchs ZIP 2000, 1273, 1277). Diese Grundsätze gelten auch nach neuem Recht. Hierbei fällt es in die Verantwortung des Unternehmers zu überprüfen, ob die von ihm **verwendete Sprache für** seinen **Kundenkreis verständlich** ist (Ring FernAbsG Teil III Art 1 Rn 153; Spindler/Schuster/Schirmbacher Art 246a EGBGB Rn 224). Der Unternehmer wird vor allen Dingen auf eine zusätzliche Sprache zurückgreifen müssen, wenn er grenzüberschreitende Geschäfte tätigt. Da sich **Englisch als lingua franca im Internet** durchgesetzt hat (vgl Reich EuZW 1997, 581, 584), reicht es für den **internationalen Geschäftsbetrieb** des E-Commerce-Unternehmers aus, wenn er die Informationen in englischer Sprache zur Verfügung stellt. Es ist ihm nicht zumutbar, die Mitteilungen in jede denkbare Sprache und in jeden denkbaren Dialekt übersetzen zu lassen (so auch Bodenstedt, Die Umsetzung der Fernabsatzrichtlinie im englischen Recht [2006]). Das wäre aber die Folge einer zum Teil geäußerten Auffassung, der Unternehmer müsse die Informationen in der Sprache seines Heimatlandes und in der Heimatsprache des Verbrauchers zur Verfügung stellen (so Micklitz ZEuP 1999, 875, 884; Micklitz, in: Micklitz/Reich, Die Fernabsatzrichtlinie im deutschen Recht A II,

22); einem Iguschen könnte man dann den E-Commerce nur unter allzu großen Hürden erschließen. Ist der Unternehmer dagegen nur im deutschen Rechtskreis tätig und macht dies durch entsprechende Klauseln auch deutlich, genügt es nicht, Informationen in englischer Sprache zur Verfügung zu stellen. Der Unternehmer wird nicht damit rechnen können, dass der deutsche Durchschnittsverbraucher ohne Weiteres Geschäftsbedingungen oder umfangreiche Leistungsbeschreibungen in englischer Sprache verstehen kann (RegE FernAbsG BT-Drucks 14/2658, 38; Lütcke [2002] § 312c aF [bis 10. 6. 2010] Rn 61). Es wird sich deshalb in der Regel empfehlen, solche Informationen auf Deutsch bereitzuhalten. Hat der Unternehmer die Lieferung seiner Ware auf wenige Länder beschränkt, dann muss er auch in diesen Sprachen informieren. Alle Sprachen der EU aber zu nutzen, wäre erkennbar zu viel.

Es ist gut möglich, dass sich das fernabsatzrechtliche Transparenzgebot **ähnlich** entwickelt **wie** das **AGB-rechtliche Klarheitsgebot**. Dort ist es allgemein anerkannt, dass die Informationen hinreichend klar und verständlich übermittelt werden, wenn dies in der Verhandlungssprache geschieht (statt vieler OLG Hamburg NJW 1980, 1232; BAG 19. 3. 2014 – 5 AZR 252/12 [B], NZA 2014, 1076; Lindacher, in: Wolf/Lindacher/Pfeiffer § 305 Rn 88 ff; Hübner NJW 1980, 2601, 2606; Fuchs ZIP 2000, 1273, 1278). Wenn sich der Verbraucher auf einen **Vertragsschluss in einer ihm unbekannten Sprache einlässt, ist er nicht schutzwürdig** und muss hinnehmen, dass die Informationen nur in dieser Sprache zur Verfügung gestellt werden (aus AGB-rechtlicher Sicht BAG 19. 3. 2014 – 5 AZR 252/12 [B], NZA 2014, 1076). Es spricht einiges dafür, diese Wertung auf die Übermittlung von Informationen im Fernabsatzrecht zu übertragen (so im Ergebnis auch Spindler/Schuster/Schirmbacher Art 246a EGBGB Rn 225; Härting [2000] § 2 Fern-AbsG Rn 66; Grüneberg/Grüneberg Art 246 § 1 EGBGB Rn 4; Rott ZvglRWiss 98 [1999] 382, 406; einschränkend Fuchs ZIP 2000, 1273, 1278, der diese Regel nur anwenden will, wenn die Informationen auch durch AGB übermittelt werden; **aA** Kamanabrou WM 2000, 1417, 1423, die dem Unternehmer abverlangt, die Informationen in der Sprache des Verbrauchers zur Verfügung zu stellen, wenn seine Internetseite nicht regional begrenzt ist). Aus denselben Erwägungen ist der Unternehmer nicht verpflichtet, seinem Internetauftritt einen Hinweis beizufügen, dass eine Lieferung nur in Staaten erfolgt, in denen eine bestimmte Sprache gesprochen wird (so aber Lütcke [2002] § 312c Rn 62). In welcher Sprache sollte ein solcher Hinweis auch erfolgen? 87

(e) Übermittlung der Informationen in AGB

Viel diskutiert wird die Frage, ob die Informationen klar und verständlich übermittelt werden, wenn sie in den AGB des Unternehmers eingearbeitet sind und dem Verbraucher nur in diesen vorgelegt werden. Der Gesetzgeber des FernAbsG war der Auffassung, dass die Informationen auch „im Rahmen von Allgemeinen Geschäftsbedingungen übermittelt werden können, wenn diese den Anforderungen des Fernabsatzrechts entsprechen“ (RegE FernAbsG BT-Drucks 14/2658, 38). Zugleich betonte er aber, dass das Transparenzgebot aus § 312d Abs 1 S 1 BGB iVm Art 246a § 4 EGBGB (ehemals § 312c Abs 1 S 1 iVm Art 246 § 1 Abs 1 EGBGB/§ 312c Abs 1 S 1/§ 2 Abs 2 FernAbsG) je nach den Umständen des Einzelfalles über das AGBrechtliche Transparenzgebot hinausgehen könne (RegE FernAbsG BT-Drucks 14/2658, 38). Diese Aussagen haben für Verwirrung gesorgt (vgl Lütcke [2002] § 312c aF [bis 10. 6. 2010] Rn 59). Licht ins Dunkel konnte auch die Entscheidung des LG Stuttgart nicht bringen (NJW-RR 2004, 911). Das Gericht vertrat hier die Auffassung, dass es gegen das Transparenzgebot verstoße, wenn der Unternehmer seine Anbieterkennzeichnung im Zusammenhang mit Allgemeinen Geschäftsbedingungen bereithalte. Dem Gebot, die 88

Informationen in klarer und verständlicher Weise zur Verfügung zu stellen, werde nicht entsprochen, wenn eine wichtige Mitteilung wie die Anbieterkennzeichnung „quasi anonym als Vorspann einer anderen wichtigen Kategorie (nämlich der AGB) mitgeteilt werde" (LG Stuttgart NJW-RR 2004, 911). Der BGH lässt die **Frage der Inkorporierung in die AGB und die Anforderungen des Transparenzgebots** in diesem Zusammenhang offen (BGH NJW 2006, 211 Rn 13 f). Aus dieser der Entscheidung des LG Stuttgart sollten keine Rückschlüsse über die generelle Zulässigkeit der Verwendung von AGB bei der Erfüllung der Informationspflichten gezogen werden. Vielmehr spricht auch weiterhin vieles dafür, dass der Unternehmer diesen Weg prinzipiell gehen kann (so auch Fuchs ZIP 2000, 1273, 1278; Spindler/Schuster/Schirmbacher Art 246a EGBGB Rn 227 f; mit Einschränkungen Härting [2000] § 2 FernAbsG Rn 73; Micklitz ZEuP 1999, 875, 881; unklar bei Lütcke [2002] § 312c aF [bis 10. 6. 2010] Rn 59; **aA** Reich EuZW 1997, 581, 584). Die Verwendung von AGB darf aber nicht dazu führen, dass Klarheit und Verständlichkeit der Informationen darunter leiden. Das kann leicht passieren, wenn der Unternehmer umfangreiche AGB verwendet. Hier ist das Risiko groß, dass die in Art 246a § 1 EGBGB enthaltenen Informationen in der Flut der anderen Bestimmungen untergehen. Der Unternehmer ist daher in einem solchen Fall gut beraten, die **fernabsatzrechtlichen Informationen an exponierter Stelle der AGB zu platzieren**. Auch durch andere Maßnahmen muss sichergestellt sein, dass der Verbraucher einen raschen Überblick über die Informationen erhält. Es dürfte zwar zu weit gehen, vom Unternehmer zu verlangen, den Umfang seiner AGB zu reduzieren, um klare und verständliche Informationen zu gewährleisten (so aber Härting [2000] § 2 FernAbsG Rn 73). Gleichwohl sollte der Unternehmer die fernabsatzrechtlichen Pflichtangaben unabhängig vom Umfang seiner AGB **besonders hervorheben**. Das kann durch **drucktechnische Maßnahmen** erfolgen **oder** dadurch, dass der Unternehmer die fernabsatzrechtlichen Informationen **in einem gesonderten Abschnitt den AGB voranstellt**. In jedem Fall muss gewährleistet sein, dass der Verbraucher die Informationen ohne langes Suchen finden und jederzeit wahrnehmen kann. Das LG Berlin (LG Berlin 30. 6. 2016 – 52 O 340/15) hat eine Information nach Art 246a § 1 S 1 Nr 11 EGBGB über die Kündigungsbedingungen bei sich automatisch verlängernden Verträgen in den AGB mit einem Hinweis „Kündigungsrecht wie in AGB geregelt" als nicht ausreichend erachtet. Ebenso hat das Gericht die Information über das Widerrufsrecht nach Art 246a § 1 Abs 2 Nr 1 EGBGB in den AGB, die bloß über einen Link mit der Bezeichnung „AGB" abrufbar sind, gerügt. Dagegen wird es wohl ausreichend sein, separate Links mit entsprechender Bezeichnung („Widerrufsbelehrung", „Information über das Kündigungsrecht") bereitzustellen, die direkt zu der jeweiligen Information in den AGB führen (so auch Härting, Internetrecht Rn 1160). Das LG Berlin (30. 6. 2016 – 52 O 340/15) hat diese Frage offengelassen, jedoch mit der Tendenz, dass eine solche Darstellung klar und verständlich und es für den Verbraucher zumutbar sei, sich auf diese Weise die Informationen herauszusuchen.

cc) Besondere Anforderungen bei außerhalb von Geschäftsräumen geschlossenen Verträgen (Art 246a § 4 Abs 2 EGBGB)

89 Die Sonderregelung für außerhalb von Geschäftsräumen geschlossene Verträge setzt Art 7 VerbrRRL um. Der Unternehmer hat die Informationen gemäß Art 246a § 4 Abs 2 S 1 EGBGB grds **auf Papier** zur Verfügung zu stellen oder, **falls der Verbraucher zustimmt, stattdessen auf einem dauerhaften Datenträger**. Die Zustimmung des Verbrauchers muss in diesem Fall – anders als bei der Zustimmung nach Art 246a § 4 Abs 2 S 4 EGBGB – nicht ausdrücklich erfolgen. Es reicht jede nach allgemeinen

Auslegungskriterien §§ 133, 157 BGB als Zustimmung zu wertende Willensbetätigung des Verbrauchers, also auch eine konkludente Zustimmung (BeckOK-BGB/Martens [1. 5. 2024] Art 246a § 4 EGBGB Rn 8). In den Fällen des Art 246a § 4 Abs 2 S 1 EGBGB – unabhängig davon, ob die Informationen auf Papier oder auf einem dauerhaften Datenträger zur Verfügung gestellt werden – müssen die Informationen **lesbar sein** (S 2) und die **Person des Unternehmers genannt werden** (S 3). Die Nennung der Person des Unternehmers kann sowohl als Unterschrift als auch in der Kopfzeile erfolgen. Ein bestimmter Ort ist nicht vorgeschrieben (MünchKommBGB/Einsele § 126b Rn 7).

Der Begriff des **dauerhaften Datenträgers** wird im deutschen Recht erstmals definiert in § 126b S 2 BGB. Eine Definition befindet sich in Art 2 Nr 10 VerbrRRL. Demnach ist unter einem dauerhaften Datenträger jedes Medium zu verstehen, das es dem Verbraucher ermöglicht, eine auf dem Datenträger befindliche, an ihn persönlich gerichtete Erklärung so aufzubewahren oder zu speichern, dass sie ihm während eines für ihren Zweck angemessenen Zeitraum einsehen kann, und geeignet ist, die Erklärung unverändert wiederzugeben. Die Definition in angelehnt an die Definition in Art 2 Nr 10 VerbrRRL. Eine zur Definition in der VerbrRRL inhaltlich und auch sprachlich nahezu identische Definition war bereits in Art 2 lit f FernAbs-FinanzDienstRL enthalten. Dem Wortlaut insbesondere des Art 246a § 4 Abs 2 S 2 wird nur entsprochen, wenn der Sinngehalt der Informationen **durch Text, also Schriftzeichen, verkörpert** wird (so zum insoweit inhaltsgleichen Begriff des dauerhaften Datenträgers bereits der RegE FernAbsG BT-Drucks 14/2658, 41). Es kann daher nicht reichen, wenn der Unternehmer die Informationen auf sprachlichem Wege, etwa durch Tonbandaufnahmen, übermittelt (vgl RegE FernAbsG BT-Drucks 14/2658, 41; Lütcke [2002] § 312c aF [bis 10. 6. 2010] Rn 111; MünchKommBGB/Einsele § 126b Rn 4). Nach Erwägungsgrund 23 der VerbrRRL und der Gesetzesbegründung zu § 126b BGB (BT-Drucks 17/12637, 44) sollen **USB-Sticks, CD-Roms, Speicherkarten, Festplatten und E-Mails** den Anforderungen genügen. Jedoch ist die Aktualität dieser Aufzählung anhand der weiteren technischen Entwicklung zu überprüfen und gegebenenfalls anzupassen. Das zeigt sich ua im Gesetzgebungsverfahren zum Fernabsatzgesetz. Dort ging man davon aus, dass zwar vorausgesetzt werden könne, dass der Verbraucher über ein funktionsfähiges Diskettenlaufwerk verfüge, nicht aber, dass er auch Zugriff auf ein CD-Rom Laufwerk habe (BT-Drucks 14/2658, 41; zust Kamanabrou WM 2000, 1417, 1419; Lütcke [2002] § 312c aF [bis 10. 6. 2010] Rn 11). Heute dürfte kein PC serienmäßig mit einem Diskettenlaufwerk ausgestattet sein. Nach dem Zweck der Vorschrift sollte es jedoch erforderlich sein, dass die Informationen für den Verbraucher aufgrund seiner technischen Möglichkeiten lesbar sind. Wie sich aus der Auflistung von bspw CD-Roms als zulässig ergibt, ist eine pauschale Betrachtung im Sinne des Unions- als auch des nationalen Gesetzgebers. Medien, die nach dem Stand der Technik so gängig sind, dass mit einiger Sicherheit davon auszugehen ist, dass der Verbraucher die Informationen tatsächlich wahrnehmen kann, stellen somit taugliche Datenträger dar. Nicht erforderlich wird es sein, dass der Unternehmer sich zuvor erkundigt, ob der konkrete Vertragspartner über die entsprechenden technischen Voraussetzungen (etwa ein CD-Laufwerk) verfügt. Es darf aber kein ungewöhnliches Dateiformat genutzt werden, dass nur mit einem zusätzlichen, nicht standardmäßigen Programm geöffnet werden kann (RegE FernAbsG BT-Drucks 14/2658, 41). 90

Erforderlich ist weiterhin, dass die genutzten Schriftzeichen geeignet sind, die Informationen dauerhaft wiederzugeben. **Dauerhaft** meint – wie sich aus der Definition in 91

Art 2 Nr 10 VerbrRRL und in § 126b S 2 BGB ergibt – nicht ewig, sondern nur **für eine angemessene Zeit**. Wann der Zeitraum angemessen ist, richtet sich nach den **Umständen des Einzelfalles**. Selbst wenn die Vorschrift an den jeweiligen Einzelfall angepasst wird und sie einer allgemeingültigen Erläuterung nur schwer zugänglich ist, können doch einige Anhaltspunkte genannt werden. Nach Erwägungsgrund 23 der VerbrRRL sollen die Informationen so lange gespeichert werden können, wie es für den Schutz der Interessen des Verbrauchers in den Beziehungen zum Unternehmer erforderlich ist. So dauert eine **„für die Interessen des Verbrauchers in den Beziehungen zum Unternehmen" entsprechende Zeit** zumindest während der fernabsatzrechtlichen **Widerrufsfrist** an. Darüber hinaus wird man aber richtigerweise davon ausgehen müssen, dass die genutzten Schriftzeichen auch die geltenden **Garantie- und Gewährleistungsfristen** überdauern müssen. Wird der Vertrag zwischen Verbraucher und Unternehmer für einen unbestimmten Zeitraum geschlossen, so muss die Verfügbarkeit in entsprechendem Umfang gewährleistet sein. In keinem Fall reicht es aus, dass die Informationen in flüchtigen Speichermedien wie etwa dem Arbeitsspeicher eines Computers übermittelt werden (so bereits der RegE FernAbsG BT-Drucks 14/2658, 41, zust Lütcke [2002] § 312c aF [bis 10. 6. 2010] Rn 112). CD-Roms dagegen dürften gerade in Anbetracht ihrer Langlebigkeit die Voraussetzung der Dauerhaftigkeit erfüllen. Es kommt entscheidend darauf an, dass der Unternehmer die Daten nicht mehr nachträglich abändern kann, nachdem sie in den Machtbereich des Verbrauchers gelangt sind. Ohnehin bezieht sich nach dem Schutzzweck der Vorschrift die **Unveränderlichkeit** nur auf die Seite des Unternehmers. Ein Medium, auf der durch den Verbraucher nachträglich Änderungen vorgenommen werden können, reicht aus, wenn es dem Unternehmer nicht mehr möglich ist, die Veränderungen selbst vorzunehmen (RegE FernAbsG BT-Drucks 14/2658, 41; BGH NJW-RR 2007, 839, 840; Lütcke [2002] § 312c aF [bis 10. 6. 2010] Rn 112). Unter Berücksichtigung dieser Voraussetzungen kann es nicht ausreichen, wenn die Daten dem Verbraucher nur zur Ansicht zur Verfügung gestellt werden. Der Unternehmer erfüllt deshalb seine Pflicht nicht, wenn er die Informationen über einen Fax-Abruf zur Verfügung stellt oder auf seiner Homepage veröffentlicht (ausdrücklich in weiteren ebay-Entscheidung BGH NJW 2010, 3566 Rn 19 f; KG NJW 2006, 3215, 3216; so auch BGH NJW Rn 9; 2014, 2857; EuGH 5. 7. 2012 – C-49/11 *Content Services Ltd v Bundesarbeitskammer,* NJW 2012, 2637; Lütcke [2002] § 312c aF [bis 10. 6. 2010] Rn 114; **aA** für den Begriff des dauerhaften Datenträgers in § 8 VerbrKrG aF [bis 31. 12. 2001] OLG München K&R 2001, 313, 316, vgl hierzu Härting K&R 2001, 310 ff). Denn dann hat es der Empfänger in der Hand, ob er die Informationen speichert oder nicht. Damit ist noch nicht sichergestellt, dass die Informationen für eine angemessene Zeit unverändert zugänglich sind (BT-Drucks 17/12637, 44). Zulässig ist es dagegen, wenn der Unternehmer seinen Informationspflichten durch die Versendung von E-Mails oder Computerfaxen nachkommt (BGH NJW-RR 2007, 839, 840; Lütcke [2002] § 312c aF [bis 10. 6. 2010] Rn 113; zweifelnd OLG München K&R 2001, 313, 316). Das war auch vom Gesetzgeber so vorgesehen (RegE FernAbsG BT-Drucks 14/2658, 41). Die in der E-Mail enthaltenen Schriftzeichen können dauerhaft wiedergegeben werden, wenn die Nachricht auf dem Server vom Provider des Verbrauchers eingegangen ist und der Verbraucher die Möglichkeit hat, darauf zuzugreifen. Zum Teil wurde in diesem Zusammenhang unter dem Stichwort **„Zugangsvereitelung"** diskutiert, ob es dem Verbraucher zum Nachteil gereichen kann, wenn er die E-Mail, in der die Informationen enthalten sind, aus Angst vor einer möglichen Verseuchung durch Viren nicht öffnen mag. Richtigerweise wird man hier nach der Art der Datei, die der Unternehmer an den Verbraucher versendet, unterscheiden müssen (so der überzeugende Vorschlag von Münch-

KommBGB/WENDEHORST [6. Aufl 2012] § 312c aF [bis 10. 6. 2010] Rn 114). Grundsätzlich bleibt es der alleinigen Entscheidung des Verbrauchers überlassen, ob er eine E-Mail, die sich in seiner Mailbox befindet, öffnet oder nicht (so bereits BÜLOW/ARTZ NJW 2000, 2049, 2055; GAERTNER/GIERSCHMANN DB 2000, 1601, 1602; KAMANABROU WM 2000, 1417, 1423). Handelt es sich daher um eine vergleichsweise sichere Datei (MünchKommBGB/WENDEHORST [6. Aufl 2012] § 312c aF [bis 10. 6. 2010] Rn 114 nennt als Beispiel eine sog pdf-Datei) und weist der Unternehmer den Verbraucher zugleich auf Möglichkeiten hin, einer Gefahr durch Viren vorzubeugen, ist es dem Verbraucher zuzumuten, die Datei zu öffnen. Unterlässt er das, so verhindert er den Zugang der Nachricht und muss mit den hieraus folgenden Nachteilen leben. Insbesondere muss er sich so behandeln lassen, als sei ihm die Nachricht zugegangen, sodass er nicht auf eine verlängerte Widerrufsfrist hoffen kann. Zu einem anderen Ergebnis gelangt man, wenn der Unternehmer die Informationen in einer Dateiform verpackt, die für den Virusbefall anfällig ist, wie es bei einer Word-Datei der Fall ist. Hier ist es dem Verbraucher nicht zuzumuten, das Risiko einzugehen, das entsteht, wenn er eine Datei ihm unbekannten Inhalts öffnet.

Eine **Formerleichterung** ist in Art 246a § 4 Abs 2 S 4 EGBGB für die Fälle der **erleichterten Informationserteilung bei Reparatur- und Instandhaltungsarbeiten** vorgesehen. In anderer Form als auf Papier oder einem dauerhaften Datenträger, also **formlos**, kann der Unternehmer aber auch dann die Informationen nur erteilen, **wenn sich der Verbraucher ausdrücklich damit einverstanden erklärt** hat, Art 246a § 4 Abs 2 S 4 EGBGB. Es herrschen höhere Anforderungen als an die Zustimmung gemäß Art 246a § 4 Abs 2 S 1 EGBGB. Eine konkludente Erklärung reicht nicht aus. Zu beachten ist, dass nur auf Art 246a § 2 Abs 2 EGBGB, nicht auch auf Art 246a § 2 Abs 1 EGBGB verwiesen wird. Die Formerleichterung gilt somit nur für die nach Art 246a § 2 Abs 2 EGBGB zu erteilenden Informationen. Die Angabe zur Identität und zum Preis nach Art 246a § 2 Abs 1 EGBGB müssen den Formanforderungen nach Art 246a § 4 Abs 2 S 1–3 EGBGB genügen (BeckOK-BGB/MARTENS [1. 5. 2024] Art 246a § 4 EGBGB Rn 8 f). 92

dd) Besondere Anforderungen bei Fernabsatzverträgen (Art 246a § 4 Abs 3 EGBGB)

(1) Allgemein

Art 246a § 4 Abs 3 EGBGB schreibt in Umsetzung von Art 8 Abs 1 VerbrRRL vor, dass die Informationen im Fernabsatz **in einer dem benutzten Fernkommunikationsmittel angepassten Weise** zur Verfügung gestellt werden müssen. Der Unternehmer ist also an keine besondere Form gebunden. Vielmehr wird durch die Formulierung, die den Wortlaut der Fernabsatzrichtlinie wörtlich übernimmt, dem Umstand Rechnung getragen, dass nicht bei allen Fernkommunikationsmitteln eine Informationsübermittlung in gleicher Weise möglich ist (so auch der RA BT-Drucks 14/3195, 31). Zudem soll so sichergestellt werden, dass die Informationserteilung an die jeweiligen Erwartungen bzw Gepflogenheiten angepasst wird (SPINDLER/SCHUSTER/SCHIRMBACHER Art 246a EGBGB Rn 231). So dürfte es bei Vertragsabschlüssen im Briefverkehr kaum Schwierigkeiten bereiten, dem Verbraucher die erforderlichen Informationen auf einem gesonderten Papier zur Verfügung zu stellen. Bei telefonischen Vertragsabschlüssen bietet es sich dagegen an, dass dem Verbraucher die Informationen von einem Band vorgespielt werden. Im Internet entspricht es wiederum dem Wesen des eingesetzten Fernkommunikationsmittels am ehesten, die Informationspflichten durch einen deut- 93 lich gestalteten Link zu erfüllen (so zur „Kenntnisverschaffung" iSd § 305 Abs 2 Nr 2: BGH NJW 2006, 2976, 2977; sehr weitgehend BGH NJW 2006, 3633, der die Identitätsangabe unter der mittelbaren Verlinkung „Impressum" unter dem Direktlink „Kontakte" für zulässig befindet). Dagegen können bei einem Katalog die Mitteilungen im Bestellformular aufgenommen werden (LÜTCKE [2002] § 312c aF [bis 10. 6. 2010] Rn 65 nennt als weiteres Beispiel Angebote im Videotext, die eines deutlich sichtbaren Hinweises auf eine andere Seite bedürfen, unter der die Informationen eingesehen werden können).

94 Die Anforderungen variieren je nach dem im konkreten Einzelfall eingesetzten Fernkommunikationsmittel. Die Darstellung der Informationen ist an die Informationserteilung in diesem Medium **berechtigterweise bestehenden objektiven Verkehrserwartungen** anzupassen (BeckOK-BGB/MARTENS [1. 5. 2024] Art 246a § 4 EGBGB Rn 12). Es kann nicht ausreichen, wenn der Verbraucher auf ein weiteres Fernkommunikationsmittel verwiesen wird, durch das ihm dann die Informationen zur Verfügung gestellt werden. Hierdurch würde der Verbraucher unangemessen benachteiligt, da er nicht in jedem Fall über ein weiteres Fernkommunikationsmittel verfügt. Unzulässig ist es daher, wenn der Verbraucher im Versandhandel darauf hingewiesen wird, dass er weitere Einzelheiten über die Servicenummer des Unternehmers erfahren kann (so auch LÜTCKE [2002] § 312c aF [bis 10. 6. 2010] Rn 65). Dies ergibt sich schon aus einem Umkehrschluss zu Art 246a § 3 S 2 EGBGB iVm Art 246a § 4 Abs 3 S 3 EGBGB. Nur im Anwendungsbereich dieser Sonderregelung für Medien mit begrenzter Darstellungsmöglichkeit ist ein Verweis auf ein anderes Fernkommunikationsmittel zulässig, und auch nur für die sonstigen Informationen, die nicht zu den in § 3 S 1 genannten Kerninformationen gehören. Dann können diese Informationen nach Art 246a § 4 Abs 3 S 3 EGBGB abweichend von Art 246a § 4 Abs 3 S 1 EG-BGB in geeigneter Weise zugänglich gemacht werden. Art 246a § 4 Abs 3 S 2 EG-BGB sieht vor, dass die Informationen auch auf einem **dauerhaften Datenträger** zur Verfügung gestellt werden können. Dann müssen die Informationen lesbar sein und die Person des erklärenden Unternehmers genannt sein. Hierbei gelten dieselben Grundsätze wie im Rahmen des Art 246a § 4 Abs 2 S 1–3 EGBGB (Rn 89 ff).

95 Art 246a § 4 Abs 3 EGBGB ist nicht etwa als Erleichterung im Vergleich zum Transparenzgebot des Art 246a § 4 Abs 1 EGBGB zu verstehen (SPINDLER/SCHUSTER/SCHIRMBACHER Art 246a EGBGB Rn 232). Es handelt sich um ein zusätzliches Gebot der mediengerechten Information. Auch in den Fällen des Art 246a § 4 Abs 3 EGBGB – sogar im Rahmen des S 3 – ist stets das Transparenzgebot des Art 246a § 4 Abs 1 EGBGB zu beachten. Auch kann eine den Fernkommunikationsmitteln angepasste Darstellung nicht eine Reduzierung des Umfangs der Informationen begründen. Es muss stets der gesamte Katalog des Art 246a § 1 EGBGB enthalten sein.

(2) Einzelfälle

96 **Telefonische Informationen** dürfen nicht zu schnell gesprochen werden. Die **Sprachgeschwindigkeit** muss angepasst werden. Die Informationserteilung kann auch durch eine vorgeschaltete **Bandansage** erfolgen. Es ist auch ausreichend, die Information nur anzubieten und erst auf Wunsch des Kunden und nicht etwa unaufgefordert zu erteilen. Dies kann ggf auf die Weise erfolgen, dass der Kunde die Information durch das Drücken einer bestimmten Taste abrufen kann (HÄRTING CR 2000, 693; SPINDLER/SCHUSTER/SCHIRMBACHER Art 246a EGBGB Rn 2234). Wenn die Informationen in Textform zur Verfügung gestellt werden, reicht es auch aus, dass der Verbraucher die Möglich-

keit der Kenntnisnahme hat, es muss nicht etwa sichergestellt werden, dass der Verbraucher die Informationen tatsächlich wahrnimmt (Aigner/Hofmann MMR Beilage 8/2001, 32; Fuchs ZIP 2000, 1277). Nichts anderes kann gelten bei einem verbalen Zurverfügungstellen per Telefon. Er wäre auch unpraktikabel, wenn der Unternehmer stets unaufgefordert die gesamten Informationen vorlesen müsse. Der Verbraucher würde das Telefonat wohl regelmäßig beenden, bevor der Unternehmer sein Angebot vortragen kann.

Eine **mediengerechte Darstellung im Internet** setzt zunächst voraus, dass eine realistische Chance der Wahrnehmung durch den Verbraucher besteht. Unzulässig ist es, wenn die Informationen durch **PopUp-Fenster** mit anderen Inhalten (bspw Werbung) überlagert werden. Von der Aufnahme der Informationen des Art 246a § 1 EGBGB selbst in PopUp-Fenstern ist abzuraten, da mittlerweile PopUp-Blocker derart verbreitet sind, dass für eine Vielzahl an Kunden die Informationen erst gar nicht erscheinen. Erst recht unzureichend sind sog **PopUnders**, bei denen sich ein neues Fenster öffnet, aber dieses unter dem bereits geöffneten Fenster liegt (Spindler/Schuster/Schirmbacher Art 246a EGBGB Rn 237). Selbst wenn hier kein PopUp-Blocker eingreift, ist nicht davon auszugehen, dass der Verbraucher auf das unauffällig geöffnete Fenster wechselt und die dort enthaltenen Informationen wahrnimmt. Im Internet entspricht es den Erwartungen, dass Inhalte beliebig lange zur Verfügung stehen. Daher ist das Gebot der mediengerechten Darstellung verletzt, wenn wie in Fernsehspots die Informationen nur für einen kurzen Zeitraum eingeblendet werden (Aigner/Hofmann MMR Beilage 8/2001, 32; Spindler/Schuster/Schirmbacher Art 246a EGBGB Rn 238). Die Informationen dürfen nicht erst durch übermäßiges Scrollen sichtbar sein (Spindler/Schuster/Schirmbacher Art 246a EGBGB Rn 245). Es ist nicht notwendig, den Verbraucher die Kenntnisnahme der Informationen bestätigen zu lassen, damit dieser den Bestellvorgang abschließen kann. Auch müssen nicht sämtliche Informationen in einem Block dargestellt werden. Es kann sogar für den Verbraucher angenehmer sein, die entsprechenden Informationen an passender Stelle separat zu erhalten, um nicht von einer übermäßigen Flut an Information überwältigt zu werden (Spindler/Schuster/Schirmbacher Art 246a EGBGB Rn 241). Möglich ist es grds, die Informationen über einen **Hyperlink** zur Verfügung zu stellen (BGH 5. 10. 2017 – I ZR 163/16, GRUR 2018, 100; BGH NJW 2006, 211 Rn 16; Spindler/Schuster/Schirmbacher Art 246a EGBGB Rn 242). Dies stellt eine im Internet gängige und vom Verkehr erwartete Art der Information dar (BGH NJW 2006, 211 Rn 16; Hoenike/Hülsdunk MMR 2002, 415, 417). Die Links müssen jedoch entsprechend bezeichnet sein, damit für den Verbraucher auch erkennbar ist, wo er die Informationen einsehen kann. Sonst liegt ein Verstoß gegen das Transparenzgebot des Art 246a § 4 Abs 1 EGBGB vor. **97**

Im **Teleshopping** besteht die Erleichterung nach Art 246a § 3 EGBGB. Die Kerninformationen nach Art 246a § 3 S 1 EGBGB müssen jedoch mediengerecht wiedergegeben werden. Naturgemäß können hier die Informationen nur für eine begrenzte Dauer eingeblendet werden. Eine allzu flüchtige Einblendung nur zu Beginn oder am Ende des Werbespots kann nicht genügen. Die wichtigsten Informationen sollten für die gesamte Dauer der Werbung am Bildrand eingeblendet werden (Spindler/Schuster/Schirmbacher Art 246a EGBGB Rn 257). **98**

2. Informationspflichten für Verträge über Finanzdienstleistungen (§ 312d Abs 2 iVm Art 246b EGBGB)

a) Allgemeines

99 In § 312d Abs 2 BGB iVm Art 246b EGBGB sind **eigene Informationspflichten für Finanzdienstleistungsverträge** geregelt. Dies beruht darauf, dass die FernAbsFinanzDienstRL entsprechende Informationspflichten enthält, die sich von denen der VerbrRRL unterscheiden. Zwar ist die FernAbsFinanzDienstRL nur anwendbar auf **Fernabsatzverträge**. Der deutsche Gesetzgeber setzt die Art 3 – 5 der FernAbsFinanzDienstRL insoweit überschießend um, als dass er nach § 312d Abs 2 BGB die Informationspflichten **auch auf außerhalb von Geschäftsräumen geschlossene Verträge** ausweitet. In der Gesetzesbegründung heißt es, dass der Verbraucher auch bei dieser Vertriebsform ebenso schutzbedürftig sei und so eine Regelungslücke vermieden werde (BT-Drucks 17/12637, 76). Dagegen gelten die Informationspflichten des § 312d Abs 2 BGB nicht für Verträge im stationären Handel. Finanzdienstleistungsverträge sind zudem aus dem Anwendungsbereich der Informationspflichten im stationären Handel gemäß § 312a Abs 2 S 3 BGB ausgenommen. Dadurch entsteht gerade eine **Schutzlücke für Finanzdienstleistungsverträge im stationären Handel**, da für diese keine Informationspflichten gelten – weder die aus § 312a Abs 2 BGB iVm Art 246 EGBGB, noch die aus § 312d Abs 2 BGB iVm Art 246b EGBGB.

100 Art 246b EGBGB liegt entsprechend Art 3–5 FernAbsFinanzDienstRL ein **dreistufiges Konzept an Informations- und Dokumentationspflichten** zu Grunde (BeckOK-BGB/Martens [1. 5. 2024] Art 246b § 1 EGBGB Rn 3; § 2 Rn 2). Art 246b § 1 EGBGB regelt in Umsetzung von Art 3 FernAbsFinanzDienstRL Vorabinformationen, die dem Verbraucher vor seiner Vertragserklärung zur Verfügung zu stellen sind. Art 246b § 2 Abs 1 EGBGB sieht entsprechend Art 5 Abs 1, 2 FernAbsFinanzDienstRL zudem vor, dass dem Verbraucher diese und weitere Informationen vor der Vertragserklärung des Verbrauchers auf einem dauerhaften Datenträger übermittelt werden müssen. Überdies kann der Verbraucher auch während der Vertragslaufzeit jederzeit verlangen, vom Unternehmer die Vertragsbedingungen einschließlich der AGB in Papierform zur Verfügung gestellt zu bekommen (Art 246b § 2 Abs 2 EGBGB, Art 5 Abs 3 S 1 FernAbsFinanzDienstRL). Dieses Konzept erscheint schon deshalb verfehlt, da der Verbraucher so eine Flut an teilweise doppelten Informationen enthält, was für ihn unübersichtlich sein kann. In der Praxis wird der Unternehmer oftmals – um sich und dem Verbraucher eine doppelte Information zu ersparen – die Informationspflichten des Art 246b § 1 Abs 1 EGBGB und des Art 246b § 2 Abs 1 EGBGB gemeinsam in der strengeren Form des Art 246b § 2 Abs 1 EGBGB erfüllen (BeckOK-BGB/Martens [1. 5. 2024] Art 246b § 2 EGBGB Rn 2).

b) Allgemeine vorvertragliche Informationspflichten (Art 246b § 1 EGBGB)

aa) Informationsgegenstände

(1) Identität und Register (Art 246b § 1 Abs 1 Nr 1 EGBGB)

101 Art 246b § 1 Abs 1 Nr 1 EGBGB verpflichtet den Unternehmer, dem Verbraucher gegenüber seine **Identität** anzugeben sowie ihm das öffentliche Unternehmensregister, bei dem der Rechtsträger eingetragen ist, und die zugehörige Registernummer oder gleichwertige Kennung mitzuteilen. Der Unternehmer hat seinen Namen (dh Vor- und Nachnamen) bzw seine Firma (§ 17 Abs 1 HGB) mit Rechtsformzusatz anzugeben (BeckOK-BGB/Martens [1. 5. 2024] Art 246b § 1 EGBGB Rn 11). Der Unterneh-

mer erfüllt seine Pflicht nicht, wenn er dem Verbraucher gegenüber nur eine Zuordnungsbezeichnung angibt, die keine Rückschlüsse auf die Rechtspersönlichkeit des Unternehmers erlaubt. So verletzt der Unternehmer die Pflicht aus Art 246b § 1 Abs 1 Nr 1 EGBGB, wenn er bei der Werbung für einen Filmkalender, der von der Zeitschrift „Cinema“ herausgegeben wird, als Identität den **„Cinema Leserservice“** angibt (OLG Hamburg NJW 2004, 1114, 1115). Aus dieser Bezeichnung wird die Rechtspersönlichkeit des Unternehmers nicht hinreichend deutlich. Vielmehr wird nur eine Abteilung des Unternehmers genannt. Dadurch kann der Verbraucher keine ausreichenden Rückschlüsse auf seinen Vertragspartner ziehen. Dagegen geht das Kammergericht sehr weit, wenn es die abkürzende Angabe des Vornamens in Form des ersten Initials in Verbindung mit dem vollen Nachnamen als nicht ausreichend zur Identitätsangabe beurteilt (KG NJW 2007, 1050, 1501).

Die Pflicht zur Information auch über die **Registernummer oder gleichwertige Kennung** 102
entspricht Art 3 Abs 1 lit d FernAbsFinanzDienstRL. Der Begriff „Unternehmensregister“ erfasst hierbei neben dem Handelsregister alle denkbaren weiteren Register, etwa solche für Genossenschaften, Vereine oder Partnerschaftsgesellschaften (RegEBT-Drucks 15/2946, 25). Die Informationspflicht wurde auf dem Hintergrund eines sich abzeichnenden europaweiten elektronischen Handelsregisters ergänzt. Die entsprechende Richtlinie ist mittlerweile ergangen (vgl SLIM-IV-Richtlinie 2003/58/EG) und mit dem Gesetz über elektronische Handelsregister und Genossenschaftsregister sowie durch das Unternehmensregister (EHUG, s BGBl I 2553 [Nr 52]) vom 10. 11. 2006 umgesetzt worden; alle Register sind online einsehbar. Ebenso ist die Pflicht zur Information über „gleichwertige Kennungen“ auf die Zukunft gerichtet. Zurzeit existieren keine Kennungen, die hierunter fallen würden. Denkbar ist aber die künftige Einführung einer einheitlichen Wirtschaftsnummer oä für Unternehmen, die dem Verbraucher dann ebenfalls mitgeteilt werden müsste (RegEBT-Drucks 15/2946, 25).

Die Pflicht zur Angabe einer **Handelsregisternummer** gilt auch für ausländische Gesell- 103
schaften hinsichtlich des ausländischen Registers (LG Frankfurt aM MMR 2003, 597, 598 zu der aufgehobenen Parallelvorschrift § 6 Nr 4 TDG). Von dieser Pflicht ist die ausländische Gesellschaft befreit, wenn sie in ein inländisches Handelsregister eingetragen ist. Auch für im Ausland registrierte Unternehmer, die im Inland ihre Geschäftstätigkeit entfalten, gilt das **Transparenzgebot**. Der Verbraucherschutz würde geschwächt, wenn es im Ausland registrierten Gesellschaften gestattet wäre, ihre Registernummern geheim zu halten und sich in der Anonymität eines **„Limited“-Zusatzes** zu verlieren (LG Frankfurt aM MMR 2003, 597, 598). Gerade im Ausland besteht für den Verbraucher ein berechtigtes Interesse, leicht erkennbare und unmittelbar erreichbare Informationen darüber zu erlangen, welchem Recht die ausländische „Limited“ unterliegt, wer die Gesellschafter sind und wie die Vertretungsverhältnisse der Gesellschaft im Einzelnen aussehen (so auch das LG Frankfurt aM MMR 2003, 597, 598). Der Begriff **Handelsregisternummer ist deshalb weit zu verstehen** und erfasst bei in Deutschland nicht registrierten Unternehmen deren **ausländische Registereintragungen** (so auch BeckOK-BGB/Martens [1. 5. 2024] Art 246b § 1 EGBGB Rn 11).

(2) Hauptgeschäftstätigkeit und Aufsichtsbehörde (Art 246b § 1 Abs 1 Nr 2 EGBGB)

Art 246b § 1 Abs 1 Nr 2 EGBGB dient der Umsetzung von Art 3 Abs 1 Nr 1 lit a 104
und e) FernAbsFinanzDienstRL. Der Unternehmer muss den Verbraucher über sei-

ne **Hauptgeschäftstätigkeit** und die für seine Zulassung zuständige **Aufsichtsbehörde** informieren. Information über die Hauptgeschäftstätigkeit des Unternehmers ist dem Verbraucher vor allem von Nutzen, wenn der angestrebte Vertragsabschluss nicht der Hauptgeschäftstätigkeit des Unternehmers zugerechnet werden kann (vgl Härting/Schirmbacher DB 2003, 1777, 1779). In diesem Fall wird der Verbraucher besonders vorsichtig sein, einen Vertrag abzuschließen. Dagegen dürfte sein Vertrauen in den Unternehmer gestärkt sein, wenn der Zweck des Vertrags für diesen das tägliche Brot darstellt. Es sind allerdings keine zu hohen Anforderungen an die Präzisierung der Hauptgeschäftstätigkeit zu stellen. So ist es ausreichend, wenn der Unternehmer „Finanzdienstleistungen" als Hauptgeschäftstätigkeit nennt. Er muss diesen weiten Begriff nicht näher präzisieren, insbesondere ist es zulässig, verschiedene Tätigkeiten desselben Gebietes zusammenzufassen.

105 Wann von einer **Hauptgeschäftstätigkeit** gesprochen werden kann, lässt sich nicht an der prozentualen Verteilung der verschiedenen Tätigkeiten ablesen. Entscheidend ist vielmehr, dass die Tätigkeit für den geschäftlichen Verkehr des Unternehmers prägend ist. Das kann durchaus bei Tätigkeiten zu bejahen sein, die weniger als 50 % des unternehmerischen Geschäftsbetriebes ausmachen. Das Bild des Unternehmers in der Öffentlichkeit muss aber von dieser Tätigkeit bestimmt sein. Nur so ist gewährleistet, dass er eine gewisse Routine in diesem Bereich besitzt und dass der Verbraucher sicher sein kann, sich in guten Händen zu befinden. Es wäre nicht sachgerecht, auf eine strikte prozentuale Verteilung abzustellen. Es ist bereits problematisch, eine angemessene zeitliche Bemessungsgrundlage für die prozentuale Verteilung der verschiedenen Tätigkeitsfelder zu finden. Berücksichtigt man nur die jüngere Zeit, besteht die Gefahr, dass der Unternehmer gerade in diesem Abschnitt eher in Nebengebieten tätig geworden ist. Berücksichtigt man dagegen einen längeren Zeitraum, wird man dem Unternehmer nicht gerecht, der den Schwerpunkt seiner Geschäftstätigkeit geändert hat.

106 Der Unternehmer muss den Verbraucher auch über seine **Aufsichtsbehörde** informieren, soweit eine Zulassung erforderlich ist. Gedacht ist hierbei zB an eine Erlaubnis nach § 32 KWG oder § 34c GewO. In diesen Fällen werden an die Zuverlässigkeit des Unternehmers besondere Anforderungen gestellt, die von der zuständigen Behörde überwacht werden. Der Verbraucher soll die Möglichkeit haben, die Behörde von Umständen in Kenntnis zu setzen, die dazu führen würden, dass dem Unternehmer die Erlaubnis zum Betrieb seines Gewerbes entzogen wird. Die Informationspflicht dient damit neben dem individuellen Verbraucherschutz auch der Generalprävention. Sofern der Unternehmer der die Genehmigung verschiedener Behörden benötigt, so hat er alle diese Behörden anzugeben (BeckOK-BGB/Martens [1. 5. 2024] Art 246b § 1 EGBGB Rn 13).

(3) Identität des Vertreters im Mitgliedstaat des Verbrauchers (Art 246b § 1 Abs 1 Nr 3 EGBGB)

107 Der Unternehmer muss dem Verbraucher gemäß Art 246b § 1 Abs 1 Nr 3 EGBGB die **Identität seines Vertreters** in dem Mitgliedstaat, in dem der Verbraucher seinen Wohnsitz hat, mitteilen. Zudem hat er den Verbraucher über die Identität **einer anderen gewerblich tätigen Person** als dem Anbieter, wenn der Verbraucher mit diesem geschäftlich zu tun hat, und die Eigenschaft, in der diese Person gegenüber dem Verbraucher tätig wird, zu informieren. Art 246b § 1 Abs 1 Nr 3 EGBGB geht auf **Art 3**

Abs 1 Nr 1 lit b und c) FernAbsFinanzDienstRL zurück. In der Richtlinie ist die Pflicht der Angabe einer anderen gewerblichen Person im Gegensatz zur Formulierung in Art 246b Abs 1 Nr 3 EGBGB nicht nur alternativ für den Fall vorgesehen, dass es keinen Vertreter gibt, sondern besteht kumulativ neben der Pflicht zur Angabe des Vertreters. In diesem Sinne ist auch Nr 3 richtlinienkonform auszulegen (BeckOK-BGB/Martens [1. 5. 2024] Art 246b § 1 EGBGB Rn 14). Der Verbraucher bedarf der genaueren Information über die Identität von Vertretern und „Beauftragten" des Unternehmers aus denselben Gründen, die eine Information über die Identität des Unternehmers erforderlich machen. Bevor er sich vertraglich bindet, soll er wissen, mit wem er es zu tun hat. Das gilt besonders, wenn es sich bei seinem Vertragspartner um ein **ausländisches Unternehmen** handelt. Nutzt ein ausländischer Unternehmer einen Dritten, um die Geschäfte mit dem Verbraucher abzuwickeln, richtet sich das Interesse des Verbrauchers auch auf die Person des Dritten. Durch die weite Formulierung erfasst die Vorschrift alle Personen, die als Vertreter im rechtstechnischen Sinne oder im Auftrag des Unternehmers im Staat des Verbrauchers tätig werden und die am Vertragsschluss mit dem Verbraucher beteiligt sind (zur Notwendigkeit des ausgeschriebenen Vornamens zur Identitätsangabe bezüglich des Vertreters erneut KG GRUR-RR 2008, 352). Es kommt nicht auf die rechtliche Qualifikation an (BeckOK-BGB/Martens [1. 5. 2024] Art 246b § 1 EGBGB Rn 14).

(4) Ladungsfähige Anschrift (Art 246b § 1 Abs 1 Nr 4 EGBGB)

Die Informationspflicht des Unternehmers umfasst gemäß Art 246b § 1 Abs 1 Nr 4 **108** EGBGB auch seine **ladungsfähige Anschrift (§§ 253 Abs 2 Nr 1, 130 Nr 1 ZPO)** und **jede andere Anschrift, die für die Geschäftsbeziehung** zwischen dem Unternehmer, seinem Vertreter oder einer anderen gewerblich für ihn tätigen Person und dem Verbraucher **maßgeblich ist**. Bei juristischen Personen, Personenvereinigungen oder Personengruppen ist dem Verbraucher auch der Name des Vertretungsberechtigten zu nennen. Der Gesetzgeber sprach missverständlich davon, dass vor Umsetzung der FernAbsFinanzDienstRL die Mitteilung der ladungsfähigen Anschrift nur als nachvertragliche Informationspflicht existierte (RegEBT-Drucks 15/2946, 25). Das ist nicht richtig. § 1 Abs 1 Nr 2 BGB-InfoV aF (bis 7. 12. 2004) verpflichtete den Unternehmer seit dem OLG-Vertretungsänderungsgesetz, den Verbraucher rechtzeitig vor Abschluss des Fernabsatzvertrags über seine ladungsfähige Anschrift zu informieren. Die Umsetzung der FernAbsFinanzDienstRL führte dazu, dass die Vorschrift ergänzt und an Art 3 Abs 1 lit a–c FernAbsFinanzDienstRL angepasst wurde.

Die Angabe der ladungsfähigen Anschrift soll den Verbraucher in die Lage verset- **109** zen, seine Ansprüche schnell und effektiv gerichtlich durchsetzen zu können (BeckOK-BGB/Martens [1. 5. 2024] Art 246b § 1 EGBGB Rn 15). In diesem Zusammenhang hat ein BGH-Urteil zum Begriff der Anschrift iS des § 355 Abs 2 aF (bis 31. 7. 2002) für Aufsehen gesorgt (BGH NJW 2002, 2391). Der BGH vertrat hier die Auffassung, dass eine **Postfachanschrift** genüge. Es ist freilich unzulässig, aus diesem Urteil Rückschlüsse auf das Verständnis der ladungsfähigen Anschrift des Art 246b § 1 Abs 1 Nr 4 EGBGB zu ziehen (so auch OLG Hamburg NJW 2004, 1114, 1115 zur § 1 Abs 1 BGB-InfoV aF [bis 10. 6. 2010]). Schon der unterschiedliche Wortlaut der Vorschriften verbot es, von einem identischen Verständnis auszugehen. § 355 Abs 2 S 1 aF (bis 31. 7. 2002) verpflichtet den Unternehmer, dem Verbraucher „Namen und Anschrift" mitzuteilen, in Art 246b § 1 Abs 1 Nr 4 EGBGB heißt es dagegen ausdrücklich, dass der Unternehmer seine ladungsfähige Anschrift offenlegen muss. Für den Begriff der ladungsfähigen Anschrift ist es allgemein anerkannt, dass die Angabe eines Postfachs nicht ausreicht (OLG Hamburg NJW 2004, 1114, 1115). Anzugeben ist die **geographische Adresse** mit Straße, Hausnummer, Postleitzahl, Stadt und Land (BeckOK-BGB/Martens [1. 5. 2024] Art 246b § 1 EGBGB Rn 16).

110 Es entspricht dem Sinn und Zweck der Vorschrift, dem Verbraucher umfangreiche Kontaktinformationen des Unternehmers zur Verfügung zu stellen. Hierzu gehören neben dessen eigener ladungsfähiger Anschrift auch die Anschriften seiner Vertreter und „Beauftragten". Ebenso gebietet es die Ratio der Vorschrift, dass der Unternehmer die **Namen seines Vertretungsberechtigten** angibt. Der Verbraucher kann gegen den Unternehmer nur dann gerichtlich vorgehen, wenn er weiß, gegen wen die Klage zu richten ist. Vertreter und Beauftragte sind nach dem Sinn und Zweck der Vorschrift nur solche Personen, an die auch eine wirksame Zustellung iSd §§ 170 ff ZPO erfolgen kann (BeckOK-BGB/Martens [1. 5. 2024] Art 246b § 1 EGBGB Rn 17).

(5) Wesentliche Merkmale und Vertragsschluss (Art 246b § 1 Abs 1 Nr 5 EGBGB)

111 Art 246b § 1 Abs 1 Nr 5 EGBGB setzt Art 3 Abs 1 Nr 2 lit a FernAbsFinanzDienstRL um, wonach eine Beschreibung der **wesentlichen Merkmale der Finanzdienstleistung** erforderlich ist. Darüber hinaus verlangt Art 246b § 1 Abs 1 Nr 5 EGBGB die Information darüber, wie der Vertrag zustande kommt. Eine solche Pflicht ist in der FernAbsFinanzDienstRL nicht vorgesehen. Allerdings ist dies in Hinblick auf Art 4 Abs 2 FernAbsFinanzDienstRL zulässig, da der Unternehmer hierdurch nicht übermäßig belastet wird, weil diese Angaben in engem Zusammenhang zu der auch nach der FernAbsFinanzDienstRL vorgesehenen Informationspflicht über anwendbares Recht und Vertragssprache stehen (vgl RegE BT-Drucks 15/2946, 25).

112 Bei der Pflicht zur Information über die wesentlichen Merkmale gelten grds dieselben Grundsätze wie im Rahmen der Art 246 Abs 1 Nr 1 (siehe Kommentierung zu § 312a Rn 18 ff) bzw Art 246a § 1 Abs 1 S 1 Nr 1 EGBGB (Rn 16). Die Merkmale der Finanzdienstleistung ergeben sich im Wesentlichen aus dem Vertragsinhalt. Die Vertragsbedingungen unterliegen der Informationspflicht aus Art 246b § 2 Abs 1 S 1 Nr 1 EGBGB, die von der Pflicht nach Art 246b § 1 Abs 1 Nr 5 EGBGB zu unterscheiden ist. Die Pflicht der Art 246b § 1 Abs 1 Nr 5 EGBGB verlangt nur eine knappe Zusammenfassung der wesentlichen Vertragsbedingungen, damit sich der Verbraucher ein angemessenes Verständnis von der Finanzdienstleistung machen kann (BeckOK-BGB/Martens [1. 5. 2024] Art 246b § 1 EGBGB Rn 18).

113 Die Pflicht zur Information über das **Zustandekommen des Vertrags** umfasst keine ausführliche Rechtsberatung. Es ist lediglich darüber aufzuklären, welche Rechtshandlungen der Verbraucher zu tätigen hat, um den Vertragsschluss herbeizuführen. Dabei kann sich auf den Normalfall beschränkt werden, theoretisch denkbare Sonderfälle müssen nicht erläutert werden (BeckOK-BGB/Martens [1. 5. 2024] Art 246b § 1 EGBGB Rn 19). Der Unternehmer erfüllt seine Informationspflicht nicht, wenn er dem Verbraucher fehlerhafte oder widersprüchliche Angaben zum Zustandekommen des Vertrags zur Verfügung stellt (LG Magdeburg NJW-RR 2003, 409). Die Pflicht aus Art 246b § 1 Abs 1 Nr 5 EGBGB wird deshalb verletzt, wenn der Unternehmer dem Verbraucher Bedingungen über das Zustandekommen des Vertrags mitteilt, die von seinen AGB abweichen.

(6) Gesamtpreis (Art 246b § 1 Abs 1 Nr 6 EGBGB)

Nach Art 246b § 1 Abs 1 Nr 6 EGBGB hat der Unternehmer den Verbraucher zu informieren über den **Gesamtpreis** der Leistung einschließlich aller über den Unternehmer abgeführten Steuern und sonstiger Preisbestandteile. Der zugrundeliegende Art 3 Abs 1 Nr 2 lit b FernAbsFinanzDienstRL nennt ausdrücklich Provisionen, Gebühren und Abgaben als in den Gesamtpreis einzuberechnende Bestandteile. Es reicht nicht aus, nur die einzelnen Preisbestandteile aufzulisten. Es muss die gesamte dem Verbraucher vom Unternehmer in Rechnung gestellte Belastung als ein Gesamtpreis ausgewiesen werden. Zusätzlich können die einzelnen Bestandteile gelistet werden, vorgeschrieben ist dies jedoch nicht (BeckOK-BGB/Martens [1. 5. 2024] Art 246b § 1 EGBGB Rn 20). Kosten, die nicht vom Unternehmen gefordert werden, sondern von Dritter Seite anfallen, sind nicht in den Gesamtpreis nach Art 246b § 1 Abs 1 Nr 6 EGBGB einzuberechnen, sondern getrennt davon nach Art 246b § 1 Abs 1 Nr 7 EGBGB anzugeben (BeckOK-BGB/Martens [1. 5. 2024] Art 246b § 1 EGBGB Rn 20). 114

Der zweite Halbsatz der Vorschrift wurde aus Art 3 Abs 1 N 2 lit b FernAbsFinanzDienstRL wörtlich übernommen und dient dazu, die Entwicklung der Preise möglichst transparent zu halten. Er gewinnt etwa dann an Bedeutung, wenn der Unternehmer auf dritte Parteien angewiesen ist, um die versprochene Leistung erbringen zu können. Demnach hat der Unternehmer dann, wenn kein genauer Gesamtpreis angegeben werden kann, die **Berechnungsgrundlage** zu nennen, die dem Verbraucher eine Überprüfung des Preises ermöglicht. Es gelten dabei dieselben Grundsätze wie bei Art 246 Abs 1 Nr 3 (siehe Kommentierung zu § 312a Rn 23 ff) bzw Art 246a § 1 Abs 1 Nr 4 EGBGB (Rn 23). 115

(7) Zusätzliche Kosten (Art 246b § 1 Abs 1 Nr 7 EGBGB)

Die Vorschrift dient der Umsetzung von Art 3 Abs 1 Nr 2 lit d FernAbsFinanzDienstRL. Der Unternehmer hat den Verbraucher zu informieren über ggf zusätzlich anfallende Kosten und hinzuweisen auf mögliche weitere Steuern und Kosten, die über den Unternehmer abgeführt oder von diesem in Rechnung gestellt werden. Erfasst sind in Abgrenzung zu Art 246b § 1 Abs 1 Nr 6 EGBGB also diejenigen **Kosten**, die nicht **gegenüber dem Unternehmer zu entrichten** sind. In Betracht kommen bspw Notarkosten oder Handelsregistergebühren (BeckOK-BGB/Martens [1. 5. 2024] Art 246b § 1 EGBGB Rn 22). Durch die Kombination von Art 246b § 1 Abs 1 Nr 6 EG-BGB und Art 246b § 1 Abs 1 Nr 7 EGBGB kann der Verbraucher die gesamte finanzielle Belastung abschätzen, die auf ihn zukommt. 116

(8) Besondere Risiken von Finanzinstrumenten (Art 246b § 1 Abs 1 Nr 8 EGBGB)

Art 246b § 1 Abs 1 Nr 8 EGBGB schreibt eine Information des Verbrauchers darüber vor, dass sich die Finanzdienstleistung auf Finanzinstrumente bezieht, die wegen ihrer spezifischen Merkmale oder der durchzuführenden Vorgänge mit **speziellen Risiken** behaftet sind oder deren **Preis Schwankungen auf dem Finanzmarkt unterliegt**, auf die der Unternehmer keinen Einfluss hat. Ferner muss dem Verbraucher mitgeteilt werden, dass in der Vergangenheit erwirtschaftete Erträge kein Indikator für künftige Erträge sind. Diese Informationspflicht setzt Art 3 Abs 1 Nr 2 lit c FernAbsFinanzDienstRL um und **betrifft insbesondere Börsengeschäfte** und andere Finanzmarktgeschäfte, bei denen das Risiko von Preisschwankungen und vergleichbaren Unsicherheiten besteht (Härting/Schirmbacher CR 2002, 809, 811). Die Informations- 117 pflicht greift auch dann, wenn der Preis selbst keinen Schwankungen auf dem Finanzmarkt unterliegt, sondern nur mittelbar durch solche Schwankungen beeinflusst ist. Dies ist bspw dann der Fall, wenn der Preis von einem Basiswert abhängt, der seinerseits Schwankungen auf dem Finanzmarkt unterliegt (BGH 27. 11. 2012 – XI ZR 439/11, NZG 2013, 424; BeckOK-BGB/Martens [1. 5. 2024] Art 246b § 1 EGBGB Rn 23). Der Verbraucher ist in diesem Bereich in besonderem Maße schutzbedürftig, weil er oftmals keinen Einblick in die Umstände hat, die die Entwicklung der Anlageprodukte bestimmen. Bereits vor Umsetzung der FernAbsFinanzDienstRL musste der Verbraucher bei solchen Risikogeschäften besonders aufgeklärt werden. Der Umfang der Aufklärung richtete sich dabei zwar auch nach dem Wissensstand des Kunden und dessen Risikobereitschaft (vgl BGH MDR 1993, 861). Die von Art 246b § 1 Abs 1 Nr 8 EGBGB geforderten **Basisinformationen** müssen aber auch dem erfahrensten Kunden zur Verfügung gestellt werden.

(9) Befristung der Gültigkeitsdauer der Informationen (Art 246b § 1 Abs 1 Nr 9 EGBGB)

118 Der Verbraucher muss gemäß Art 246b § 1 Abs 1 Nr 9 EGBGB gegebenenfalls über eine Befristung der Gültigkeitsdauer der zur Verfügung gestellten Informationen informiert werden. Hierunter fallen Informationen über die Gültigkeitsdauer befristeter Angebote, insbesondere hinsichtlich des Preises. Die Informationspflicht nach § 1 Abs 1 Nr 12 BGB-InfoV aF (bis 10. 6. 2010) beschränkte sich auf die Pflicht, die Gültigkeitsdauer befristeter Angebote, insbesondere hinsichtlich des Preises, zu benennen (vgl hierzu Staudinger/Thüsing [2003] Art 240 EGBGB Rn 21). Bei der Umsetzung der FernAbsFinanzDienstRL hat der Gesetzgeber die sich infolge der Umsetzung von Art 3 Abs 1 Nr 2 lit e FernAbsFinanzDienstRL bietende Gelegenheit genutzt und die Informationspflicht weiter präzisiert. Erfasst werden jetzt nicht nur befristete Angebote, sondern alle Informationen, deren Gültigkeit zeitlich begrenzt ist. In der Praxis wird es freilich dabei bleiben, dass die Information am häufigsten ein befristetes Angebot betrifft. Denkbar ist aber auch, dass sich die ladungsfähige Anschrift des Unternehmers in näherer Zukunft ändert. In einem solchen Fall müssen dem Verbraucher die aktuelle und die zukünftige Adresse zur Verfügung gestellt werden.

(10) Einzelheiten hinsichtlich Zahlung und Erfüllung (Art 246b § 1 Abs 1 Nr 10 EGBGB)

119 Wie schon nach altem Recht muss der Unternehmer dem Verbraucher Informationen über die Einzelheiten hinsichtlich der Zahlung und der Lieferung oder Erfüllung zur Verfügung stellen (vgl hierzu umfassend Staudinger/Thüsing [2003] Art 240 EGBGB Rn 17). Art 246b § 1 Abs 1 Nr 10 EGBGB setzt Art 3 Abs 1 Nr 2 lit f FernAbsFinanzDienstRL um. Hinsichtlich der Zahlung ist der Verbraucher zu informieren über das **Zahlungsziel** (bspw „30 Tage nach Erhalt der Rechnung") und die **Zahlungsmodalitäten**. Letztere umfassen etwa den Zahlungsort, die Währung und insbesondere die Zahlungsart (BeckOK-BGB/Martens [1. 5. 2024] Art 246b § 1 EGBGB Rn 26). Diese Pflicht erfüllt der Unternehmer nicht, wenn er den Verbraucher nur über die Möglichkeit informiert, per Bankeinzug zu bezahlen (LG Magdeburg NJW-RR 2003, 409). Alle zulässigen Zahlungsmethoden, also die Leistung per Scheck, Banküberweisung oder Barzahlung, müssen genannt und erläutert werden. Hierbei kann der Unternehmer die zulässigen Zahlungsmittel frei beschränken. Insbesondere kann er entscheiden, ob die Zahlung per Lastschriftverfahren oder Kreditkarte zulässig sein soll und ob er auf Vorauszahlung besteht. Erfüllung iSd Vorschrift meint die Pflicht des Finanzdienstleisters. Dabei kommt es zu einer Überschneidung mit der Pflicht zur Information über die wesentlichen Merkmale der Finanzdienstleistung nach Nr 5 (BeckOK-BGB/Martens [1. 5. 2024] Art 246b § 1 EGBGB Rn 26).

(11) Zusätzliche Kosten für Fernkommunikationsmittel (Art 246b § 1 Abs 1 Nr 11 EGBGB)

120 Art 246b § 1 Abs 1 Nr 11 EGBGB dient der Umsetzung von Art 3 Abs 1 Nr 2 lit g FernAbsFinanzDienstRL. Der Verbraucher ist über zusätzliche Kosten für die Nutzung eines Fernkommunikationsmittels zu informieren, die er zu tragen hat. Nach dem Wortlaut des Art 246b § 1 Abs 1 Nr 11 EGBGB gilt dies nur, wenn diese Kosten dem Verbraucher vom Unternehmer in Rechnung gestellt werden. Zwar erfolgt in Art 3 Abs 1 Nr 2 lit g FernAbsFinanzDienstRL nur die Einschränkung „wenn solche zusätzlichen Kosten in Rechnung gestellt werden", ohne ausdrücklich klarzustellen, dass sie vom Unternehmer in Rechnung gestellt werden. Deshalb wird vertreten, in richtlinienkonformer Auslegung sei auch über solche Kosten zu informieren, die von Dritten in Rechnung gestellt werden (so BeckOK-BGB/Martens [1. 5. 2024] Art 246b § 1 EGBGB Rn 27). Jedoch wäre dann der Zusatz „wenn […] in Rechnung gestellt werden" neben dem Merkmal „die der […] Verbraucher zu tragen hat" überflüssig. Denn wie soll der Verbraucher die Kosten zu tragen haben, ohne dass sie ihm von irgendjemand – sei es einem Dritten – in Rechnung gestellt werden? Daraus ergibt sich, dass der Richtliniengeber mit der zusätzlichen Einschränkung des in Rechnung Stellens ein Fordern der Zahlung von Seiten des Unternehmers im Blick hatte. Der deutsche Gesetzgeber hat dies nur klarer formuliert, weicht aber damit nicht von der Richtlinie ab. Erfasst sind nur zusätzliche Kosten. Nach dem Zweck der Vorschrift meint dies wie bei Art 246a § 1 Abs 1 S 1 Nr 6 EGBGB, der von Kosten, die über solche für die bloße Nutzung des Fernkommunikationsmittels hinausgehen, spricht (Rn 25 ff), solche Kosten, die über den Grundtarif hinausgehen (EuGH 2. 3. 2017 – C-568/15, NJW 2017, 1229 zu Art 246a § 1 Abs 1 S 1 Nr 6 EGBGB).

(12) Widerrufsrecht (Art 246b § 1 Abs 1 Nr 12 EGBGB)

121 Nach Art 246b § 1 Abs 1 Nr 12 EGBGB hat der Unternehmer den Verbraucher zu informieren über das Bestehen oder Nichtbestehen eines Widerrufsrechts sowie die Bedingungen, Einzelheiten der Ausübung, insbesondere Namen und Anschrift desjenigen, gegenüber dem der Widerruf zu erklären ist, und die Rechtsfolgen des Widerrufs einschließlich Informationen über den Betrag, den der **Verbraucher im Falle des Widerrufs nach § 357a BGB** für die erbrachte Leistung zu zahlen hat. Diese Informationspflicht ist nach Umsetzung von Art 3 Abs 1 Nr 3 lit a und d) FernAbsFinanzDienstRL wesentlich umfangreicher geworden. Zuvor musste der Verbraucher vor Abschluss des Vertrags lediglich über das Bestehen eines Widerrufs- und Rückgaberechts informiert werden (vgl hierzu Staudinger/Thüsing [2003] Art 240 EGBGB Rn 18 f). Umfangreichere Angaben, wie sie nach neuem Recht bereits vor Vertragsschluss zur Verfügung gestellt werden müssen, waren nach § 1 Abs 3 Nr 1 BGB-InfoV aF (bis 7. 12. 2004) nur nach Vertragsschluss erforderlich (vgl hierzu ausführlich Staudinger/Thüsing [2003] Art 240 EGBGB Rn 25 ff).

122 Die Information über die **Bedingungen und die Einzelheiten der Ausübung des Widerrufsrechts** entsprechen im Wesentlichen der Pflicht in Art 246a § 1 Abs 2 Nr 1 EGBGB. Bezüglich der **Rechtsfolgen** schreibt Art 246b § 1 Abs 1 Nr 12 EGBGB ausdrücklich vor, dass dem Verbraucher der **Betrag** genannt wird, den er an den Unter-

nehmer zu entrichten hat, **wenn er vor Ablauf der Widerrufsfrist von seinem Widerrufsrecht Gebrauch gemacht und der Unternehmer bereits mit der Ausführung der Dienstleistung begonnen hat**. Im Falle des Nichtbestehens des Widerrufsrechts reicht es wie im Rahmen des Art 246a § 1 Abs 3 Nr 1 EGBGB nicht aus, bloß den Gesetzeswortlaut eines Ausschlusstatbestands wiederzugeben. Der Unternehmer muss deutlich machen, dass nach seiner Auffassung kein Widerrufsrecht besteht.

123 Der Verbraucher muss auch über das Widerrufsrecht informiert werden, wenn der Unternehmer sich einer **Internet-Auktionsplattform** wie **eBay** zur Veräußerung seiner Waren bedient (LG Memmingen NJW 2004, 2389, 2390 – nicht rechtskräftig; LG Schweinfurt 30. 12. 2003 – 110 O 32/03). Die Pflicht besteht unabhängig davon, ob sich der Unternehmer der „Sofortkauf-Option" bedient oder ob er seine Bereitschaft erklärt, die Ware an denjenigen zu veräußern, der nach Ablauf eines bestimmten Zeitraums das höchste Gebot abgegeben hat.

(13) Mindestlaufzeit (Art 246b § 1 Abs 1 Nr 13 EGBGB)

124 Der Unternehmer hat nach Art 246b § 1 Abs 1 Nr 13 EGBGB den Verbraucher bei Verträgen über eine **dauernde oder regelmäßig wiederkehrende Leistung** über die **Mindestlaufzeit** des Vertrags zu informieren. Damit wird Art 3 Abs 1 Nr 3 lit b FernAbsFinanzDienstRL umgesetzt. Als Mindestdauer ist entweder, falls vorhanden, ein fester Termin als **Vertragsende** oder bei auf unbegrenzte Zeit geschlossenen Verträgen der erste mögliche Termin einer Vertragsbeendigung durch **ordentliche Kündigung** anzugeben. Für Einzelheiten siehe die Kommentierung zu Art 246a § 1 Abs 1 S 1 Nr 12 EGBGB (Rn 37), der Art 246b § 1 Abs 1 Nr 13 EGBGB entspricht.

(14) Kündigungsbedingungen einschließlich Vertragsstrafen (Art 246b § 1 Abs 1 Nr 14 EGBGB)

125 Der Verbraucher muss gemäß Art 246b § 1 Abs 1 Nr 14 EGBGB gegebenenfalls ferner über die **vertraglichen Kündigungsbedingungen einschließlich etwaiger Vertragsstrafen** informiert werden. Diese Informationspflicht wird besonders bei Fernabsatzverträgen über längerfristige Finanzdienstleistungen, wie etwa Kapitallebensversicherungen relevant. Durch die lange Laufzeit entstehen für den Verbraucher besondere Risiken. Er muss seine finanziellen Verhältnisse für einen nicht unbeträchtlichen Zeitraum einschätzen und bedarf daher einer besonders umfassenden Beratung. Der Verbraucher ist nur in der Lage, sämtliche Risiken zu überblicken, wenn er zugleich über die Kündigungsmöglichkeiten der Finanzdienstleistung sowie die damit verbundenen Kosten informiert ist. Nur dann kann er abschätzen, ob die Finanzdienstleistung für seinen persönlichen Lebensplan geeignet ist. Der Unternehmer muss dem Verbraucher deshalb bei Fernabsatzverträgen über Kapitallebensversicherungen auch den **Rückkaufswert der Lebensversicherung** nennen. Hierbei handelt es sich um die Summe, die im Falle einer vorzeitigen Beendigung der Versicherung durch Rücktritt, Anfechtung oder Kündigung an den Verbraucher ausgezahlt wird. Der Rückkaufswert wird als Zeitwert der laufenden Versicherungsperiode nach den Grundsätzen der Versicherungsmathematik berechnet und ergibt sich aus dem vorhandenen Deckungskapital abzüglich eines angemessenen Abschlags. Der Rückkaufswert einer Kapitallebensversicherung ist Bestandteil ihrer vertraglichen Kündigungsbedingungen und muss dem Verbraucher somit gemäß Art 246b § 1 Abs 1 Nr 14 EGBGB mitgeteilt werden.

Dem Wortlaut der Vorschrift nach ist nur das vertragliche Kündigungsrecht erfasst. Der Zweck der Vorschrift, den Verbraucher in die Lage zu versetzen, die Möglichkeiten einer Vertragsbeendigung und die damit verbundenen Risiken abschätzen zu können, verlangt jedoch eine weite Auslegung dahingehend, dass auch über ein **gesetzliches Kündigungsrecht** aufzuklären ist (BeckOK-BGB/Martens [1. 5. 2024] Art 246b § 1 EGBGB Rn 31). Es kann auch nicht davon ausgegangen werden, dass der Durchschnittsverbraucher die gesetzlichen Kündigungsmöglichkeiten kennt. Der Unternehmer muss den Verbraucher über die **Voraussetzungen** informieren, **unter denen dieser den Vertrag kündigen kann**. Hierunter fallen zunächst Umstände, die eine ordentliche oder eine außerordentliche Kündigung rechtfertigen. Ebenso muss ihm die Kündigungsfrist und die Form, in der die Kündigung zu erfolgen hat, mitgeteilt werden. Ähnlich detailliert muss die Information über drohende Vertragsstrafen sein. Genannt werden muss das mit Strafe bedrohte Verhalten (in der Regel die Kündigung des Vertrages) sowie die Höhe der zu erwartenden Strafe. Bei der Information über die Höhe der Vertragsstrafe ist es besonders wichtig, dass die Mitteilung hinreichend bestimmt ist. Wenn es dem Unternehmer nicht möglich ist, die Höhe der Vertragsstrafe exakt zu bestimmen, so muss er dem Verbraucher die Höchstgrenze und die Kriterien zur Bestimmung der Strafe im Einzelfall mitteilen. Dies entspricht der Rspr zur AGB-Kontrolle von arbeitsrechtlichen Vertragsstrafen (BAG NZA 2008, 170; NZA 2005, 1053; NZA 2006, 34). Es spricht viel dafür, diese Kriterien zu übertragen. 126

(15) Anwendbares Recht für die Aufnahme von rechtlichen Beziehungen (Art 246b § 1 Abs 1 Nr 15 EGBGB)

Dem Verbraucher müssen gemäß Art 246b § 1 Abs 1 Nr 15 EGBGB die Mitgliedstaaten der Europäischen Union benannt werden, deren Recht der Unternehmer der Aufnahme von Beziehungen zum Verbraucher vor Abschluss des Fernabsatzvertrags zugrunde legt. Die Informationspflicht setzt Art 3 Abs 1 Nr 3 lit e FernAbsFinanzDienstRL um. Es reicht aus, wenn er das **Recht** benennt, **dem die Kontaktaufnahme zum Verbraucher unterliegt**, jedoch hat diese Mitteilung – weil keine einseitige Rechtswahlklausel möglich ist, dazu sogleich Rn 129 – keine Konsequenzen für das tatsächlich anwendbare Recht (Härting/Schirmbacher DB 2003, 1777, 1780; Heiss IPRax 2003, 100, 102). Anzugeben ist das Recht, welches nach – möglicherweise unzutreffender – Auffassung des Unternehmers anwendbar ist. Es wäre dem Unternehmer nicht zuzumuten, zunächst umfangreiche und kostspielige Gutachten zur Bestimmung des anwendbaren Rechts erstellen zu lassen, bevor er seine Informationspflicht erfüllen kann. Irrt er, dann handelt er, soweit er gutgläubig handelt, nicht wettbewerbswidrig; die falsche Information kann dann auch nicht wie eine fehlende Information behandelt werden. Alles andere hieße die Pflichten des Unternehmers zu überdehnen. 127

Die Information kann sehr knappgehalten werden. Der Unternehmer erfüllt sie, indem er dem Verbraucher mitteilt, dass sich die Kontaktaufnahme bspw nach deutschem Recht richtet. Erforderlich ist dagegen nicht, dass er die einzelnen Vorschriften benennt. Der Wortlaut der Norm spricht prima facie dafür, dass der Unternehmer selbst entscheiden kann, welches mitgliedstaatliche Recht bei der Kontaktaufnahme zum Verbraucher gelten soll (ein Wahlrecht des Finanzdienstleisters wird auch von Härting/Schirmbacher CR 2002, 809, 812 angenommen). Er wäre hierbei völlig frei und insbesondere nicht auf eine Rechtsordnung angewiesen, in dem der Verbraucher seinen gewöhnlichen Aufenthalt hat oder die eine objektive Beziehung zu dem Vertragsverhältnis hat, Art 6 Rom-I-VO. Auch die Rechtswahl nach Art 3 Rom-I-VO ist 128 jedoch immer durch beide Vertragspartner konzediert, kann also nicht durch einseitige Erklärung oktroyiert werden. Zur Bestimmung des Rechtsstatuts für vorvertragliche Rechtsbeziehungen s Art 10 Abs 1 und Art 12 Abs 1 lit c und e Rom-I-VO sowie die dortige Kommentierung.

(16) Rechtswahl – und Gerichtsstandklausel (Art 246b § 1 Abs 1 Nr 16 EGBGB)

129 Art 246b § 1 Abs 1 Nr 16 EGBGB verpflichtet den Unternehmer, dem Verbraucher gegebenenfalls eine Vertragsklausel über das auf den Fernabsatzvertrag anwendbare Recht oder über das zuständige Gericht mitzuteilen. Diese Pflicht entspricht Art 3 Abs 1 Nr 3 lit f FernAbsFinanzDienstRL und soll dazu dienen, dem Verbraucher möglichst frühzeitig, und zwar rechtzeitig vor Abgabe der Vertragserklärung, klarzumachen, auf welches Recht er sich einzustellen hat. Die Formulierung „Vertragsklausel" ist in diesem Zusammenhang missverständlich. Die Pflicht muss vor Abschluss des Vertrags erfüllt werden, sodass eine Vertragsklausel schon begrifflich nicht vorliegen kann. Möglich ist es aber, dass der Unternehmer den Verbraucher bereits in diesem frühen Stadium der gegenseitigen Rechtsbeziehungen darauf hinweist, dass seine AGB-Klauseln Regelungen über das anwendbare Recht oder über das zuständige Gericht enthalten. Zu diesem Zweck bietet es sich an, dem Verbraucher bereits im Vorfeld des Vertragsschlusses die AGB zur Verfügung zu stellen. Hierdurch verstößt der Unternehmer nicht per se gegen das Transparenzgebot aus Art 246b § 1 Abs 1 EGBGB (vgl Rn 77). Es empfiehlt sich aber, die Pflichtangaben aus Art 246b § 1 Abs 1 und 2 EGBGB – und damit auch die **Information über eine Rechtswahl- oder Prorogationsklausel** – besonders deutlich zu machen (so auch BeckOK-BGB/Martens [1. 5. 2024] Art 246b § 1 EGBGB Rn 33). Dieses Ziel kann erreicht werden, indem die einzelnen Punkte drucktechnisch besonders hervorgehoben werden. So wird der Gefahr entgegengewirkt, dass die Pflichtangaben in einer Flut von AGB untergehen und es bleibt gewährleistet, dass der Verbraucher zumindest durch einen besonders deutlichen Hinweis auf sie aufmerksam gemacht wird. Ob das freilich zu einem höheren Verbraucherschutz führt, steht auf einem anderen Blatt. Nach wie vor muss der Verbraucher eine Vielzahl von Informationen verarbeiten, was dazu führen kann, dass einzelne Informationen nicht in angemessener Form wahrgenommen werden können. Die allgemeinen Wirksamkeitsvoraussetzungen an Rechtswahl- und Gerichtsstandklauseln werden von der Information nach Art 246b § 1 Abs 1 Nr 16 EGBGB unberührt gelassen (BeckOK-BGB/Martens [1. 5. 2024] Art 246b § 1 EG-BGB Rn 34; Härting, Internetrecht Rn 1229). Der Unternehmer hat den Gerichtsstand und das Recht, das nach seiner – ggf unzutreffenden – Ansicht anwendbar ist, anzugeben (Härting, Internetrecht Rn 1229).

(17) Zu verwendende Sprachen (Art 246b § 1 Abs 1 Nr 17 EGBGB)

130 Der Unternehmer muss gemäß Art 246b § 1 Abs 1 Nr 17 EGBGB dem Verbraucher die Sprachen mitteilen, in denen die Vertragsbedingungen und die in dieser Vorschrift genannten Vorabinformationen mitgeteilt werden, sowie die Sprachen, in welchen sich der Unternehmer verpflichtet, mit Zustimmung des Verbrauchers die Kommunikation während der Laufzeit des Vertrags zu führen. Diese Vorschrift setzt Art 3 Abs 1 Nr 3 lit g FernAbsFinanzDienstRL um und wird besonders bei grenzüberschreitenden Geschäften praktisch relevant. Wickelt der Unternehmer seine Geschäfte nur im deutschsprachigen Raum ab, wird es keine Schwierigkeiten geben, dem Verbraucher mitzuteilen, dass die weitere Kommunikation auf Deutsch stattfinden soll. Schwieriger wird es, wenn der Unternehmer auch mit Verbrauchern, die

nicht im deutschen Sprachraum leben, Geschäfte tätigen will. In welcher Sprache soll etwa ein schwedischer Verbraucher angesprochen werden? Der Wortlaut der Vorschrift legt es nahe, dass der Unternehmer wählen kann, welche Sprache er verwenden will. Das könnte jedoch kaum bedeuten, dass der schwedische Verbraucher auf Serbokroatisch angesprochen werden soll. Vielmehr ist auch in diesem Zusammenhang das **Transparenzgebot aus Art 246b § 1 Abs 1 EGBGB** zu beachten (vgl hierzu Rn 103). Der Unternehmer wird daher seine Pflicht aus Art 246b § 1 Abs 1 Nr 17 EGBGB erfüllen, wenn er dem (nicht deutschsprachigen) Verbraucher auf Englisch mitteilt, in welcher Sprache die Vertragsbedingungen und die Vorabinformationen mitgeteilt werden. Damit schließt sich der Kreis. Auch das Transparenzgebot verlangt im Grundsatz, dass der Unternehmer seine Informationspflichten aus § 312d Abs 2 BGB iVm Art 246b §§ 1, 2 EGBGB im internationalen Geschäftsverkehr auf Englisch erfüllt. Das führt letztlich dazu, dass die Informationspflicht des Art 246b § 1 Abs 1 Nr 17 EGBGB recht formelle Züge erhält. Der Unternehmer muss nämlich dem Verbraucher auf Englisch mitteilen, dass er ihm die erforderlichen Informationen auf Englisch zur Verfügung stellen wird. Das wird aber selbst ein unterdurchschnittlich verständiger Verbraucher mit dem ersten Wort der Vorabinformationen erkannt haben. Art 246b § 1 Abs 1 Nr 17 EGBGB stärkt daher weder den Verbraucherschutz, noch hat die Vorschrift sonst einen erkennbaren Nutzen. Bedeutung erlangt die Informationspflicht, wenn überhaupt nur in dem Fall, dass ein Unternehmer verschiedene Sprachen zur Verfügung stellt. Die Aufnahme von Buttons auf einer Website mit den jeweiligen Länderflaggen, durch deren Anklicken die Sprache der Website umgestellt werden kann, reicht alleine nicht aus, da hier nicht klar und verständlich mitgeteilt wird, ob neben der Werbung auch der Vertrag, die Vorabinformationen und die weitere Kommunikation in dieser Sprache erfolgt (OLG Hamm MMR 2011, 586).

(18) Außergerichtliches Beschwerdeverfahren (Art 246b § 1 Abs 1 Nr 18 EGBGB)

Gemäß Art 246b § 1 Abs 1 Nr 18 EGBGB muss der Unternehmer dem Verbraucher **131** Informationen zur Verfügung stellen über einen möglichen Zugang zu einem außergerichtlichen Beschwerde- und Rechtsbehelfsverfahren sowie gegebenenfalls über die Voraussetzungen für diesen Zugang. Diese auf Art 3 Abs 1 Nr 4 lit a FernAbsFinanzDienstRL beruhende Informationspflicht trägt der Entwicklung auf europäischer Ebene Rechnung, verstärkt auf die außergerichtliche Beilegung von Verbraucherstreitigkeiten zu setzen (vgl zur Entwicklung seit der Entschließung des Rates vom 14. 4. 1975 zur außergerichtlichen Streitbeilegung Micklitz, in: Reich/Micklitz [4. Aufl 2003] Europäisches Verbraucherrecht § 32). Die Vorschrift entspricht wortgetreu Art 246a § 1 Abs 1 S 1 Nr 16 EGBGB, auf dessen Kommentierung insofern verwiesen wird (Rn 45 f).

(19) Garantiefonds (Art 246b § 1 Abs 1 Nr 19 EGBGB)

Der Unternehmer muss den Verbraucher schließlich gemäß Art 246b § 1 Abs 1 **132** Nr 19 EGBGB gegebenenfalls über das Bestehen von **Garantiefonds oder anderen Entschädigungsregelungen** informieren. Keine Informationspflicht besteht dagegen, wenn es sich um Garantiefonds nach der Richtlinie über Einlagensicherungssysteme (Richtlinie 2014/49/EU des Europäischen Parlaments und des Rates v 16. 4. 2014 über Einlagensicherungssysteme, AblEG Nr L 173, 149; AblEG Nr L 212, 47; AblEG Nr L 309, 37) oder der Anlegerentschädigungsrichtlinie (Richtlinie 97/9/EG des Europäischen Parlaments und des Rates vom 3. 3. 1997 über Systeme für die Entschädigung der Anleger, AblEG Nr L 84, 22) handelt. Diese Richtlinien sehen spezielle Informationspflichten für den Anbieter vor, die die allgemeineren Informationspflichten nach der FernAbsFinanzDienstRL verdrängen.

133 Der Unternehmer muss den Verbraucher nur nach Art 246b § 1 Abs 1 Nr 19 EGBGB informieren, wenn tatsächlich ein Garantiefonds oder eine vergleichbare Entschädigungsregelung für die konkrete Finanzdienstleistung existiert. Ist ein solches **Sicherungsinstrument nicht vorgesehen,** muss der Unternehmer den Verbraucher auch **nicht informieren.** Garantiefonds sollen dem Anleger eine Art „Kapital-zurück-Garantie" mit der Aussicht auf eine gewisse Wertentwicklung unter Voraussetzung einer längerfristigen Kapitalbindung bieten. In Deutschland beruhte der Anlegerschutz traditionell auf einem System freiwillig errichteter und organisierter Sicherungsfonds. Hierbei handelt es sich um private Selbsthilfeeinrichtungen der Bankengruppen (vgl zu freiwilligen Sicherungsfonds Süchting/Paul 490 ff; Weber Die Bank 1994, 476, 478; Böcking/Bierschwale BB 1999, 2235, 2238). Lange Zeit wurde daher keine Notwendigkeit gesehen, gesetzlich vorgeschriebene Sicherungsfonds, wie sie in anderen Ländern existieren, aufzubauen. Erst durch die Umsetzung der EU-Richtlinien zur Mindestharmonisierung der Einlagensicherung und Anlegerentschädigung wurde auch in Deutschland zusätzlich zu den freiwilligen Sicherungssystemen eine gesetzliche Einlagensicherung etabliert. Die Richtlinien wurden durch das **Einlagensicherungs- und Anlegerentschädigungsgesetz (EAEG)** umgesetzt, das am 1. 8. 1998 in Kraft trat. Seitdem bestehen in Deutschland nebeneinander zwei getrennte Systeme von Sicherungseinrichtungen, freiwillige und gesetzliche. Für den Anleger hat sich mit der Einführung der gesetzlichen Sicherungssysteme nichts Wesentliches geändert, das Schutzniveau der freiwilligen Einlagensicherungssysteme ist erhalten geblieben (vgl Wagner, Die Einlagensicherung nach dem Einlagensicherungs- und Anlegerentschädigungsgesetz 57 ff; Sieger/Hasselbach BB 1999, 645, 648; Rümker, in: Schimansky/Bunte/Lwowsky § 124 Rn 42 ff). Gleichwohl wurde erstmals eine gesetzliche Regelung für die Entschädigung von Einlegern und Anlegern geschaffen. Die entsprechenden Regelungen sind seit dem 3. 7. 2015 im **Anlegerentschädigungsgesetz (AnlEntG)** enthalten, das der Umsetzung der neuen Richtlinie 2014/49/EU dient. Alle privaten und öffentlich-rechtlichen Einlagenkreditinstitute und alle Wertpapierhandelsunternehmen müssen ihre Einlagen und ihre Verbindlichkeiten aus Wertpapiergeschäften durch die Zugehörigkeit zu einer gesetzlichen Entschädigungseinrichtung sichern. Dies gilt auch für diejenigen Institute, die bereits freiwilligen Sicherungssystemen der Bankenverbände angehören. Ausgenommen sind nur diejenigen Einlagensicherungssysteme, deren freiwilliges Einlagensicherungssystem den Bestand eines Kreditinstituts selbst sichert.

134 Die Informationspflicht des Unternehmers bezieht sich in erster Linie auf die freiwilligen Sicherungsfonds, da die gesetzlich verankerten Garantiefonds als Folge der Umsetzung der Richtlinien über Einlagensicherungssysteme bzw der Anlegerentschädigungssysteme von der Informationspflicht ausdrücklich ausgeschlossen sind. **„Andere Entschädigungsregelungen"** iSd Art 246b § 1 Abs 1 Nr 19 EGBGB sind Sicherungssysteme, die nicht in Fonds strukturiert sind und die dem Schutz des Anlegers vor dem Verlust seines Kapitals dienen.

(20) Erleichterte Informationspflichten bei Telefonanrufen (Art 246b § 1 Abs 2 EGBGB)

135 Art 246b § 1 Abs 2 EGBGB enthält eine Erleichterung für die vorvertragliche Informationserteilung per Telefon. Die Regelung dient der Umsetzung von Art 3 Abs 3

FernAbsFinanzDienstRL. Die Vorschrift trägt dem Umstand Rechnung, dass der Verbraucher die Fülle an Informationen, die an sich nach Art 246b § 1 Abs 1 EGBGB zu erteilen wären, bei einem Telefongespräch kaum aufnehmen und verarbeiten können wird (BeckOK-BGB/Martens [1. 5. 2024] Art 246b § 1 EGBGB Rn 42). Unter **„Telefongesprächen"** iSd Vorschrift sind nicht nur Anrufe über Telefone im technischen Sinn zu verstehen, sondern **jede Art der technisch vermittelten mündlichen Kommunikation.** Erfasst ist daher auch bspw ein Sprach- oder Videoanruf über Internetdienste wie **Skype** oder **WhatsApp** (BeckOK-BGB/Martens [1. 5. 2024] Art 246b § 1 EGBGB Rn 41).

Art 246b § 1 Abs 2 S 1 EGBGB enthält einen Katalog aus lediglich fünf Informationen, die bei Telefonanrufen erteilt werden müssen: Nach Art 246b § 1 Abs 2 S 1 Nr 1 EGBGB ist zu informieren über die Identität der Kontaktpersonen des Verbrauchers und deren Verbindung zum Unternehmer. Hinsichtlich der Identität der Kontaktperson sind dieselben Angaben zu machen wie im Rahmen des Art 246b § 1 Abs 1 S 1 Nr 1 und Nr 3 EGBGB (Rn 101 ff, 107). Nach Art 246b § 1 Abs 2 S 1 Nr 2 EGBGB ist eine Beschreibung der Hauptmerkmale der Finanzdienstleistung erforderlich. Trotz des abweichenden Wortlauts sind damit wie bei Art 246b § 1 Abs 1 Nr 5 EGBGB (Rn 111 ff) die wesentlichen Merkmale der Finanzdienstleistung zu verstehen (BeckOK-BGB/Martens [1. 5. 2024] Art 246b § 1 EGBGB Rn 44). In der englischen und französischen Fassung der Richtlinie bspw wurde auch insofern der identische Wortlaut verwendet. Art 246b § 1 Abs 2 S 1 Nr 3 EGBGB fordert dieselben Informationen wie Art 246b § 1 Abs 1 Nr 6 EGBGB über den Gesamtpreis (Rn 114 ff). Art 246b § 1 Abs 2 S 1 Nr 4 EGBGB entspricht Art 246b § 1 Abs 1 Nr 7 EGBGB über zusätzliche Kosten und Steuern (Rn 116). Nach Art 246b § 1 Abs 2 S 1 Nr 5 EGBGB ist eine mit Art 246b § 1 Abs 1 Nr 12 EG-BGB identische Belehrung über das Widerrufsrecht und dessen Folgen (Rn 121 ff) zu erteilen.

Nicht in jedem Fall werden die Informationspflichten für den Fall telefonischer Kon- **136**
taktaufnahme beschränkt. Nach Art 246b § 1 Abs 2 S 2 EGBGB soll der Unternehmer nur dann diese Vergünstigungen genießen können, wenn er den Verbraucher darüber informiert hat, dass auf Wunsch weitere Informationen übermittelt werden können, und welcher Art diese Informationen sind. Dabei muss der Unternehmer nicht ins Detail gehen, es genügt eine verständliche Zusammenfassung, die sich bspw an der Gliederung in Art 3 Abs 1 FernAbsFinanzDienstRL in Informationen betreffend den Anbieter, die Finanzdienstleistung, den Fernabsatzvertrag und den Rechtsbehelf orientieren kann (BeckOK-BGB/Martens [1. 5. 2024] Art 246b § 1 EGBGB Rn 42). Der Verbraucher muss darüber hinaus ausdrücklich auf die Übermittlung der weiteren Informationen vor Abgabe seiner Vertragserklärung verzichtet haben. Aus dem Erfordernis einer **ausdrücklichen Zustimmung** ergibt sich, dass gerade keine Zustimmung durch Schweigen oder konkludentes Handeln ausreicht. In Betracht kommt nur ein aktives Handeln des Verbrauchers etwa durch ein zustimmendes „Ja" oder die Wahl eines Buttons (BeckOK-BGB/Martens [1. 5. 2024] Art 246b § 1 EGBGB Rn 43). Möglich ist auch ein Teilverzicht des Verbrauchers in dem Sinne, dass er nur auf manche der Informationen aus Art 246b § 1 Abs 1 EGBGB verzichtet. Ein Verzicht auf die in Art 246b § 1 Abs 2 S 1 EGBGB aufgelisteten Kerninformationen ist jedoch in keinem Fall möglich (BeckOK-BGB/Martens [1. 5. 2024] Art 246b § 1 EGBGB Rn 43).

bb) Zeitpunkt und Form

137 Die Informationen müssen dem Verbraucher **„rechtzeitig vor Abgabe von dessen Vertragserklärung“** zur Verfügung gestellt werden. Im Wortlaut des Art 246b § 1 Abs 1 EGBGB ist noch das Merkmal „rechtzeitig“ enthalten. Auch wenn dies bei Art 246a § 4 EGBGB nicht der Fall ist, muss auch dort die Information rechtzeitig erfolgen. Es gelten daher trotz des in dieser Hinsicht abweichenden Wortlauts dieselben Grundsätze, sodass auf die Kommentierung zu Art 246a § 4 EGBGB verwiesen werden kann (Rn 783 ff).

138 Auch im Rahmen des Art 246b § 1 Abs 1 EGBGB gilt das als **Transparenzgebot** bezeichnete Erfordernis einer klaren und verständlichen Information. Siehe dazu Rn 78. Wie bei § 312a Abs 1 BGB (siehe § 312a Rn 5) muss zudem eine **Angabe des geschäftlichen Zwecks** erfolgen. Wird ein Fernkommunikationsmittel für die Informationserteilung verwendet, so hat diese in einer **dem benutzten Fernkommunikationsmittel angepassten Weise** zu erfolgen (siehe dazu Rn 93 ff).

c) Weitere Informationspflichten (Art 246b § 2 EGBGB)

aa) Übermittlung von Informationen vor Vertragserklärung des Verbrauchers

139 **Sämtliche in Art 246b § 1 Abs 1 S 1 Nr 1 EGBGB genannten Informationen** hat der Unternehmer dem Verbraucher rechtzeitig vor Abgabe von dessen Vertragserklärung auf einem dauerhaften **Datenträger** mitzuteilen (zum Begriff des dauerhaften Datenträgers siehe Rn 90 ff). Dies gilt auch in dem Fall, dass zunächst die Informationen über ein Telefongespräch erteilt werden. Die Erleichterung nach Art 246b § 1 Abs 2 EGBGB gilt nicht im Bereich des Art 246b § 2 EGBGB. Dieselbe Pflicht besteht hinsichtlich der **Vertragsbestimmungen einschließlich der Allgemeinen Geschäftsbedingungen** nach Art 246b § 2 Abs 1 Nr 2 EGBGB. Unter die Vertragsbestimmungen, die dem Verbraucher mitzuteilen sind, fallen nicht sämtliche Informationen, die den Vertrag betreffen. Insbesondere ist die Formulierung nicht als Oberbegriff der Informationen zu verstehen, die an anderer Stelle in Art 246b EGBGB zu finden sind. Vielmehr ist hiermit nur der eigentliche Vertragstext einschließlich der Allgemeinen Geschäftsbedingungen gemeint (vgl RegE BT-Drucks 15/2946, 21).

140 In Art 5 Abs 1 FernAbsFinanzDienstRL findet sich kein ausdrücklicher Hinweis darauf, dass der Unternehmer dem Verbraucher die Allgemeinen Geschäftsbedingungen zur Verfügung stellen muss. Der Gesetzgeber des Umsetzungsgesetzes hat sich jedoch „der Klarheit halber und wegen ihrer besonderen praktischen Relevanz“ dazu entschlossen, die AGB gesondert aufzuführen (RegEBT-Drucks 15/2946, 21). Eine solche Klarstellung war nicht notwendig. Hierfür spricht insbesondere, dass (ordnungsgemäß einbezogene) AGB wegen **§ 305 Abs 2 BGB** Bestandteil des Vertrags werden. Wenn sie aber Bestandteil des Vertrages sind, gehören sie ohne Weiteres auch zum Vertragstext, sodass der Unternehmer sie bereits deshalb zur Verfügung stellen muss. Einer weiteren Erwähnung hätte es nicht bedurft, auch wenn für die wirksame Einbeziehung der AGB nicht zwingend eine Mitteilung in Textform bzw auf einem dauerhaften Datenträger erforderlich ist (so aber die Begründung des Gesetzgebers, BT-Drucks 15/2946, 21). Wenn die Vertragsbestimmungen wirksam in den Vertrag einbezogen worden sind, werden sie dessen Bestandteil. Dadurch gehören sie zu den Vertragsbestimmungen, die dem Verbraucher mitgeteilt werden müssen.

Wird der Vertrag auf Verlangen des Verbrauchers **telefonisch oder unter Verwendung eines anderen Fernkommunikationsmittels** geschlossen, welches die **Mitteilung auf einem dauerhaften Datenträger vor Vertragsschluss nicht gestattet**, reicht es nach Art 246b § 2 Abs 1 S 2 EGBGB aus, wenn der Unternehmer dem Verbraucher die Informationen auf einem dauerhaften Datenträger **unverzüglich nach Abschluss des Fernabsatzvertrages** mitteilt. Durch diese Ausnahmeregelung wird Art 5 Abs 2 FernAbsFinanzDienst-RL umgesetzt. Die Vorschrift dient zwei Zielen des Fernabsatzrechts: Einerseits soll der fernabsatzrechtliche Geschäftsverkehr nicht durch übertriebene Förmelei behindert werden. Das wäre aber letztlich die Konsequenz, wenn die Ausnahme nicht ins Gesetz aufgenommen wäre. Ein Fernabsatzvertrag über Finanzdienstleistungen könnte dann nicht über das Telefon oder ähnliche Fernkommunikationsmittel geschlossen werden, ohne dass der Unternehmer seine Informationspflichten vernachlässigt. Denn es liegt in der Natur der Sache, dass es bei telefonischen Vertragsschlüssen kaum möglich ist, Informationen auf einem dauerhaften Datenträger zu übermitteln. Zum anderen wird durch die Voraussetzungen der Ausnahmevorschrift auch den Zielen des Verbraucherschutzes Genüge getan. Die Regelung kann nur angewandt werden, wenn die **Initiative zum Vertragsschluss** vom Verbraucher ausgegangen ist. In einem solchen Fall ist der Verbraucher weniger schutzbedürftig als wenn er durch einen Telefonanruf des Unternehmers überrumpelt wird. Im Übrigen müsste der Verbraucher nicht gänzlich auf die perpetuierten Informationen verzichten. Der Unternehmer muss sie ihm vielmehr nach wie vor unverzüglich nach Vertragsschluss zur Verfügung stellen, zu einem Zeitpunkt also, in der sich der Verbraucher immer noch durch seinen Widerruf vom Vertrag lösen kann. 141

Der Vertragsschluss erfolgt nur dann **auf Verlangen des Verbrauchers**, wenn die Initiative von diesem ausgeht. Der Begriff setzt ein klar erkennbares Handeln oder Bekunden des Verbrauchers voraus. Es reicht nicht aus, auf den konkludent erklärten Willen des Verbrauchers zurückzugreifen. Ebenso wenig kann es dem Schutzzweck des Gesetzes entsprechen, wenn der Verbraucher eine vorformulierte Erklärung unterzeichnet, in der er sich damit einverstanden erklärt, dass er von dem Unternehmer zum Zwecke eines nicht näher spezifizierten Vertragsschlusses angerufen wird. Hierbei handelt es sich um eine bloß untergeschobene Erklärung, die nicht auf der Initiative des Verbrauchers beruht. Es darf daher **kein unmittelbarer zeitlicher Zusammenhang** zwischen der Aktion des Unternehmers und der Reaktion des Verbrauchers bestehen. Ebenso wenig erfolgt der Vertragsschluss auf Veranlassung des Verbrauchers, wenn dieser dem Unternehmer eine generelle Ermächtigung erteilt hat. Abzustellen ist auf den konkreten Vertragsschluss, der vom Verbraucher ausgegangen sein muss. Nicht unbedingt erforderlich ist dagegen, dass es der Verbraucher ist, der den Anruf tätigt. Der Vertragsschluss erfolgt auch dann auf Verlangen des Verbrauchers, wenn der Verbraucher dem Unternehmer in einem Brief mitteilt, dass er einen Vertrag über eine Finanzdienstleistung abschließen möchte und dass der Unternehmer ihn zu diesem Zwecke anrufen möchte. Die Vorschrift stellt ihrem Wortlaut nach darauf ab, dass das Verlangen des Verbrauchers darauf zielt, den Vertragsschluss telefonisch oder ähnlich über die Bühne zu bringen. Die Vorschrift trifft keine Aussage darüber, welche der Vertragsparteien anzurufen hat. 142

Der Vertrag muss via **Telefon oder durch ein anderes Fernkommunikationsmittel** geschlossen werden, das die Mitteilung in Textform vor Vertragsschluss nicht gestattet. Entscheidend ist, dass das Gerät die Kommunikation durch direkte Sprachübermitt- 143 lung gestattet. Der Begriff „Telefon“ ist hierbei im Sinne der Vorschrift weit auszulegen. Hierunter fallen daher neben dem klassischen Festnetzanschluss auch Mobil- und Satellitentelefone. Indem der Gesetzgeber auch andere Fernkommunikationsmittel in den Anwendungsbereich der Vorschrift einbezieht, ermöglicht er deren Anpassung an künftige technische Gegebenheiten. Ein Fernkommunikationsmittel, das die Mitteilung auf einem dauerhaften Datenträger vor Vertragsschluss nicht gestattet, ist neben dem Telefon noch das Funkgerät. Auch Bildtelefone fallen unter den Anwendungsbereich der Vorschrift. Dagegen ist **der Online-Chat kein dem Telefon ähnliches Fernkommunikationsmittel**. Hierbei wird der Verbraucher während der Kommunikation nicht in derselben Form unter Druck gesetzt, wie es bei einem Telefonat der Fall ist. Im Unterschied zum persönlichen Gespräch kann sich der Verbraucher seine Antworten in Ruhe überlegen und steht nicht unter zeitlichem Zugzwang. Eine umfassende Information ist hier ohne Weiteres möglich. Nutzt der Verbraucher ein Endgerät, welches nach Display und Funktion grundsätzlich geeignet ist, die in Rede stehenden Information zu empfangen, muss richtigerweise nach dem vom Verbraucher gewählten Kontaktweg unterschieden werden: Nutzt er das multifunktionale Endgerät als Telefon, greift die Ausnahme. Dem Unternehmer fehlt jede Information über das Gerät, von welchem er kontaktiert wird. Genauso muss der Verbraucher, der etwa sein „Smartphone“ zum Versenden eine E-Mail nutzt, darauf einstellen, die Informationen auf sein Smartphone gesandt zu bekommen. Der Unternehmer darf in diesem Fall darauf vertrauen, dass die technischen Voraussetzungen zum Lesen gegeben sind (MünchKommBGB/Wendehorst [6. Aufl 2012] § 312c aF [bis 12. 6. 2014] Rn 126).

144 Der Unternehmer muss dem Verbraucher die Informationen **unverzüglich nach Abschluss des Fernabsatzvertrages** mitteilen. „Unverzüglich“ wird in § 121 Abs 1 S 1 BGB definiert als „ohne schuldhaftes Zögern“. Diese Definition kann auch für Art 246b § 2 Abs 1 S 2 EGBGB übernommen werden, obwohl die Vorschrift auf europarechtliche Vorgaben zurückgeht und EG-Richtlinien grundsätzlich autonom auszulegen sind. Schon das Reichsgericht wusste zwar, dass „unverzüglich“ nicht gleichbedeutend mit „sofort“ ist (RGZ 125, 115, 118) und dass dem Anfechtenden in den Fällen der §§ 119, 120 BGB eine **angemessene Überlegungszeit** zur Verfügung stehen müsse. Das kann jedoch nicht für den Unternehmer gelten, der seine Informationspflichten zu erfüllen hat. Dieser benötigt keine Überlegungsfrist, in der er sich entscheiden kann, welche Informationen er erfüllen will. Vielmehr sind der Umfang und die Form seiner Informationspflicht gesetzlich festgelegt und hieran hat er sich zu halten. Unter Berücksichtigung dieser Argumente verzögert der Unternehmer die Erfüllung seiner Informationspflichten schuldhaft, wenn er nicht spätestens am Tag nach dem Vertragsschluss dem Verbraucher die Informationen auf einem dauerhaften Datenträger mitteilt (so auch BeckOK-BGB/Martens [1. 5. 2024] Art 246b § 2 EGBGB Rn 7). Keinen Unterschied kann es hier machen, ob der Vertrag an einem Werktag oder an einem Feiertag geschlossen wird. Der Unternehmer ist bei der formgerechten Erfüllung seiner Informationspflichten nicht auf die Öffnungszeiten der Post angewiesen. Dem Formerfordernis ist Genüge getan, wenn der Unternehmer den Verbraucher per E-Mail informiert. Das ist auch an einem Sonntag möglich.

bb) Anspruch auf Überlassung in Papierform (Art 246b § 2 Abs 2 EGBGB)

145 Art 246b § 2 Abs 2 EGBGB entspricht Art 5 Abs 3 S 1 FernAbsFinanzDienstRL. Demnach ist der Unternehmer verpflichtet, dem Verbraucher während der Laufzeit des Vertrages auf Wunsch jederzeit die Vertragsbestimmungen einschließlich der AGB (vgl hierzu oben Rn 140) in einer Urkunde zur Verfügung zu stellen. Da sich gerade bei Finanzdienstleistungsverträgen der Vertragsinhalt erst aus den Vertragsbedingungen ergibt, soll der Verbraucher die Möglichkeit haben, eine Dokumentation der Vertragsbedingungen zu erhalten, die ihm bei Streitigkeiten eine Beweisführung erleichtert (BeckOK-BGB/Martens [1. 5. 2024] Art 246b § 2 EGBGB Rn 10).

Die Vorschrift berechtigt den Verbraucher, während der gesamten Vertragslaufzeit vom Unternehmer zu verlangen, dass ihm dieser die Informationen zur Verfügung stellt. Weder Art 246b § 2 Abs 2 EGBGB noch Art 5 Abs 3 S 1 FernAbsFinanzDienstRL enthalten eine Einschränkung auf ein einmaliges Verlangen des Verbrauchers. Dieser kann also das Begehren nach Art 246b § 2 Abs 2 EGBGB auch mehrfach geltend machen, etwa wenn er die Unterlagen verloren hat. Nur dann, wenn er kein berechtigtes Interesse an einer erneuten Zusendung hat, wird der Unternehmer das Verlangen nach **§ 242 BGB** zurückweisen können. Zwar besteht der Anspruch nach dem Wortlaut nur während der Vertragslaufzeit. Jedoch kann auch nach Ende der Vertragslaufzeit ein berechtigtes Interesse des Verbrauchers bestehen, die Vertragsinformationen in Papierform zu erhalten, etwa wenn nach Ende der Vertragslaufzeit noch rechtliche Streitigkeiten bestehen. Auch dann erfordert der Zweck der Vorschrift eine verlässliche Dokumentation. In der englischen und französischen Sprachfassung des Art 5 Abs 3 S 1 FernAbsFinanzDienstRL („contractual relationship"; „relation contractuelle") wird daher richtigerweise auf die Dauer der Vertragsbeziehungen und nicht nur die reine Vertragslaufzeit abgestellt. Solange nach Vertragsende noch ein berechtigtes Interesse des Verbrauchers besteht, kann dieser den Anspruch nach Art 246b § 2 Abs 2 EGBGB geltend machen (BeckOK-BGB/Martens [1. 5. 2024] Art 246b § 2 EGBGB Rn 12). **146**

Hierdurch dürfen dem Verbraucher keine Kosten entstehen (vgl RegE BT-Drucks 15/2946, 22). Auch bei wiederholter Zusendung hat der Unternehmer die gesamten Kosten nach allgemeinen Grundsätzen zu tragen (BeckOK-BGB/Martens [1. 5. 2024] Art 246b § 2 EGBGB Rn 11). **147**

cc) Muster-Widerrufsbelehrung (Art 246b § 2 Abs 3 EGBGB)

In den **Anlagen 3, 3a und 3b** sind **Muster-Widerrufsbelehrungen** enthalten, die der Unternehmer nach Art 246b § 2 Abs 3 EGBGB nutzen kann, um seiner Belehrungspflicht aus Art 246b § 2 Abs 1 S 1 Nr 2 iVm Art 246b § 1 Abs 1 Nr 12 EGBGB nachzukommen. Die Muster sind zum 15. 6. 2021 neugestaltet worden, um die Verweise in der Anlage 3 aF aufzugeben, die der EuGH für europarechtswidrig erklärt hat (EuGH 26. 3. 2020 – C-66/19, NJW 2020, 1423). Die Muster haben keinen Ursprung in der VerbrRRL. Denn diese gilt nur für Verträge, die keine Finanzdienstleistungen zum Gegenstand haben Art 3 Abs 3 lit d VerbrRRL. Daher musste der deutsche Gesetzgeber eigene Muster schaffen (BT-Drucks 19/29391, 40). Dabei orientierte er sich jedoch an derMusterbelehrung der VerbrRRL. Im Gegensatz zu Art 246a § 1 Abs 2 S 2 EGBGB (Rn 56) enthält Art 246b § 2 Abs 3 EGBGB keine Fiktion dahingehend, dass die Informationspflicht durch Verwendung des Musters stets als erfüllt gilt. Dennoch wird im Ergebnis der Unternehmer seiner Verpflichtung nachkommen, wenn er das Muster aus Anlage 3 dem Verbraucher **zutreffend ausgefüllt in Textform übermittelt** (BeckOK-BGB/Martens [1. 5. 2024] Art 246b § 2 EGBGB Rn 14). Grds sollte das Muster unverändert verwendet werden; bei Anpassungen bzw Veränderungen geht der Unter- **148** nehmer das Risiko ein, dass dadurch das Muster den gesetzlichen Anforderungen an die Widerrufsbelehrung nicht genügt (vgl dazu auch Rn 56).

V. Rechtsfolgen

1. Einbeziehung der Pflichtangaben als Vertragsinhalt (Abs 1 S 2)

149 Abs 1 S 2 setzt Art 6 Abs 5 VerbrRRL um und bestimmt, dass die vom Unternehmer nach Abs 1 S 1 erteilten Pflichtinformationen Vertragsinhalt werden, wenn die Vertragsparteien nicht ausdrücklich etwas anderes vereinbart haben. Die Regelung dient dem Schutz des Verbrauchers. Wenn ihm die Informationen gemäß S 1 vom Unternehmer erteilt werden, soll dieser sich auch daran festhalten lassen müssen (MünchKommBGB/Wendehorst § 312d Rn 7). Aus der reinen verbraucherschützenden Funktion der Norm ergibt sich, dass sich aus dieser keine für den Verbraucher nachteiligen Umkehrschlüsse ziehen lassen. So kann nicht geschlussfolgert werden, dass Angaben, die nicht nach S 1 übermittelt worden sind, nicht Vertragsinhalt werden können (MünchKommBGB/Wendehorst § 312d Rn 6). Auch lässt sich daraus, dass eine entsprechende Regelung in Abs 2 fehlt, nicht begründen, dass die nach Abs 2 zur Verfügung gestellten Informationen bei Finanzdienstleistungen nicht Vertragsbestandteil werden. Grds gelten die Grundsätze des Abs 1 S 2 auch für Finanzdienstleistungsverträge (BeckOK-BGB/Martens [1. 5. 2024] § 312d Rn 7; GrünebergGrüneberg § 312d Rn 3).

150 Nicht alle der Pflichtangaben nach S 1 sind sinnvollerweise geeignet, bindender Inhalt des Vertrags zu werden. So kann nicht bezweckt sein, den Unternehmer an die vor Vertragsschluss angegebene Telefonnummer zu binden, sodass dieser die Nummer während der Vertragslaufzeit aufrechterhalten muss. Auch sollte es dem Unternehmer trotz entsprechender Information möglich sein, aus einem Verhaltenskodex, dem er vor Vertragsschluss unterworfen war, später auszutreten. Insoweit bedarf es also einer **teleologischen Reduktion**. Gemäß § 242 BGB kann der Unternehmer jedoch verpflichtet sein, dem Verbraucher bei Wechsel der Kontaktmöglichkeit etwa seine neue Telefonnummer mitzuteilen (MünchKommBGB/Wendehorst § 312d Rn 10; BeckOK-BGB/Martens [1. 5. 2024] § 312d Rn 9).

151 Die Vorschrift ist insofern unglücklich formuliert, als dass sich auf Informationen, die zum Vertragsinhalt werden, grds beide Vertragspartner, also auch der Unternehmer, berufen können. Zweck der Vorschrift ist aber allein der Schutz des Verbrauchers. Dem intendierten Verbraucherschutz würde es gerade zuwiderlaufen, wenn sich der Unternehmer gegenüber dem Verbraucher auf die erteilten Informationen berufen könnte, selbst dann, wenn eine abweichende, für den Verbraucher günstigere, aber nicht ausdrückliche Vereinbarung vorliegt. Daher ist **S 2 teleologisch einseitig auszulegen**. Nur der Verbraucher soll sich gemäß S 2 auf die nach S 1 erteilten Pflichtangaben berufen können. Für den Verbraucher günstigere Abreden können jederzeit auch konkludent getroffen werden (BeckOK-BGB/Martens [1. 5. 2024] § 312d Rn 8; MünchKommBGB/Wendehorst § 312d Rn 9).

152 Zwar können die Informationen denklogisch nur dann zum Vertragsinhalt werden, wenn es bereits zu einem Vertragsschluss gekommen ist. Die Vorschrift ist jedoch entsprechend anzuwenden, wenn (noch) kein Vertrag geschlossen wurde. Auch dann soll der Verbraucher sich gegenüber dem Unternehmer auf diese Angaben berufen können (BeckOK-BGB/MARTENS [1. 5. 2024] § 312d Rn 8).

Der Unternehmer kann sich nur auf eine nachträgliche Änderung berufen, wenn diese ausdrücklich vereinbart wurde. Das Merkmal der **Ausdrücklichkeit** ist dabei so auszulegen wie im Rahmen des § 312a Abs 3 BGB (siehe § 312a Rn 51). Es bedarf grds einer von der für den Vertragsschluss abgetrennten Willenserklärung durch aktives Tun. Eine Zustimmung durch Schweigen oder konkludentes Handeln scheidet aus (so auch DAUNER-LIEB/LANGEN/RING Rn 10). Zwar ist eine ausdrückliche Zustimmung durch AGB denkbar (BT-Drucks 17/12637, 54). Jedoch reicht die bloße Zustimmung zu den AGB als solchen mit einer darin versteckten Klausel nicht aus. Erforderlich ist vielmehr, dass der Unternehmer den Verbraucher einen ausdrücklichen Hinweis auf die in den AGB enthaltene Klausel gibt und der Verbraucher sich damit einverstanden erklärt (siehe dazu auch die Kommentierung zu § 312a Rn 51). Werden AGB gleichzeitig mit den Informationen nach S 1 übermittelt, so kann sich der Unternehmer schon deshalb nicht auf die abweichenden AGB berufen, weil er sich **widersprüchlich** verhält, indem er zeitgleich zwei divergierende Erklärungen abgibt (§ 242 BGB; BT-Drucks 17/12637, 54). Es gilt dann die jeweils für den Verbraucher günstigere Regelung aus den AGB oder den Pflichtangaben des S 1 (MünchKommBGB/WENDEHORST § 312d Rn 11). 153

2. Rechtsfolgen bei Verstoß gegen die Informationspflichten

a) Spezielle Sanktionen der §§ 312 ff und § 355 ff BGB

Die einzige spezielle Sanktion für den Verstoß gegen Informationspflichten aus § 312d BGB ist in § 312e BGB geregelt. Wird der Verbraucher nicht nach § 312d Abs 1 BGB iVm Art 246a § 1 Abs 1 S 1 Nr 4 EGBGB über Fracht-, Liefer- oder Versandkosten und sonstige Kosten informiert, kann der Unternehmer diese nicht verlangen. 154

Weitere Sanktionen sind in den §§ 355 ff BGB vorgesehen. So beginnt die Widerrufsfrist gemäß § 356 Abs 3 S 1 BGB nicht vor Erteilung der Informationen nach Art 246a § 1 Abs 2 S 1 Nr 1 oder Art 246b § 2 Abs 1 EGBGB. Das Widerrufsrecht besteht dann aber nicht ewig, sondern erlischt auch ohne Information spätestens zwölf Monate und 14 Tage nach dem sonstigen Beginn der Widerrufsfrist § 356 Abs 3 S 2 BGB. Faktisch verlängert sich also die Widerrufsfrist. Auf Finanzdienstleistungsverträge ist S 2 gemäß S 3 nicht anwendbar, sodass hier das Widerrufsrecht sogar dauerhaft besteht und nicht nach einer bestimmten Zeit endet. Dies beruht darauf, dass zwar Art 10 Abs 1 VerbrRRL vorsieht, dass im Falle fehlender Information die Widerrufsfrist 12 Monate nach Ablauf der ursprünglichen Widerrufsfrist abläuft, Art 6 Abs 1 FernAbsFinanzDienstRL aber die Erfüllung der Informationspflicht als Voraussetzung für den Fristlauf nennt, ohne ein Erlöschen des Widerrufsrechts ohne Informationserteilung vorzusehen. Zudem kann der Unternehmer die Kosten der Rücksendung der Waren gemäß § 357 Abs 6 S 1 BGB nur dann auf den Verbraucher abwälzen, wenn er diesen nach Art 246a § 1 Abs 2 S 1 Nr 2 EGBGB über die Kostentragung unterrichtet hat. Auch die Wertersatzpflicht nach § 357 Abs 7 BGB hängt nach Nr 2 davon ab, ob der Unternehmer seiner Informationspflicht aus Art 246a § 1 Abs 2 Nr 1 EGBGB nachgekommen ist. Nach dieser Norm ist aber nur eine Information über die Bedingungen, die Fristen und das Verfahren für die Ausübung des Wi- 155 derrufsrechts erforderlich, jedoch keine Belehrung über das Entstehen eines Wertersatzanspruchs. Daher wird teilweise in einer **Analogie zu § 357 Abs 6 S 1 und Abs 8 S 2 BGB** befürwortet, den Wertersatzanspruch entfallen zu lassen, wenn nicht über die Rechtsfolge des Wertersatzes informiert wurde (Janal VuR 2015, 43, 46; zustimmend wohl MünchKommBGB/Wendehorst § 312d Rn 143). Jedoch erscheint es widersprüchlich, keine Pflicht zu dieser Information anzunehmen, aber eine Sanktion an die Nichterteilung dieser gesetzlich nicht notwendigen Information zu knüpfen. Gemäß § 357 Abs 8 BGB kann ein Wertersatz für die bis zum Widerruf erbrachte Leistung bei Verträgen über die Erbringung von Dienstleistungen oder über die Lieferung von Wasser, Gas oder Strom oder Fernwärme nicht verlangt werden, wenn der Unternehmer den Verbraucher gemäß Art 246a § 1 Abs 2 S 1 Nr 1 und 3 EGBGB informiert hat. Eine entsprechende Regelung befindet sich für Finanzdienstleistungen in § 357a Abs 2 BGB.

b) Weitere Rechtsfolgen

156 Aus allgemeinen Grundsätzen kommen insbesondere Schadensersatzansprüche wegen Nebenpflichtverletzung in Betracht, **§§ 280 Abs 1, 241 Abs 2 BGB**, bei vorvertraglichen Informationspflichten iVm § 311 Abs 2 BGB (cic). Besteht ein Widerrufsrecht, so entfällt jedoch regelmäßig der Schaden (Fuchs ZIP 2000, 1273, 1280; MünchKommBGB/Wendehorst § 312d Rn 19). Ist der Verbraucher aber wegen fehlenden Widerrufsrechts oder nach Ablauf der Widerrufsfrist an den Vertrag gebunden, kann ein Schaden vorliegen. Ist der Vertrag für den Verbraucher nachteilig, kann er entsprechend den Grundsätzen der **Rspr zur fahrlässigen Täuschung** (BGH NJW 2005, 1579; NJW 2000, 3642; NJW 1991, 1673) als Naturalrestitution gem § 249 Abs 1 BGB sogar eine Vertragsaufhebung verlangen (BeckOK-BGB/Martens [1. 5. 2024] § 312d Rn 14; MünchKommBGB/Wendehorst § 312d Rn 147; MünchKommBGB/Emmerich § 311 Rn 77 f). Ein Rücktrittsrecht nach § 324 wird nur in Ausnahmefällen in Betracht kommen (BeckOK-BGB/Martens [1. 5. 2024] § 312d Rn 14). Denkbar ist zudem eine Anfechtung nach § 119 BGB oder § 123 BGB (MünchKommBGB/Wendehorst § 312d Rn 147; Tamm VuR 2014, 9, 16). Ein auf einer Informationspflichtverletzung beruhender Inhalts- oder Erklärungsirrtum ist kaum vorstellbar. In Betracht kommt jedoch ein Eigenschaftsirrtum § 119 Abs 2 BGB, insbesondere in den Fällen einer fehlenden oder falschen Information über die wesentlichen Eigenschaften iSd § 312d Abs 1 BGB iVm Art 246a § 1 Abs 1 S 1 Nr 1 EGBGB bzw Merkmale iSd § 312d Abs 2 BGB iVm Art 246b § 1 Abs 1 Nr 5 EGBGB des Vertragsgegenstandes. Zu beachten ist die Beweislastumkehr des § 312k Abs 2 BGB. Der Unternehmer hat gegenüber dem Verbraucher die Erfüllung der Informationspflichten zu beweisen.

157 Den Unternehmer erwarten bei Missachtung seiner Informationspflichten auch **wettbewerbsrechtliche Sanktionen**. Er kann ein Unterlassungsanspruch nach § 2 UKlaG, und, falls fehlerhafte Informationen in AGB enthalten sind, auch nach § 1 UKlaG bestehen. Hat die Verletzung der Informationspflicht nicht nur unwesentliche Auswirkungen, die geeignet sind, den Kunden zum Vertragsschluss zu bewegen (insbesondere bei irreführenden oder fehlenden Angaben bezüglich den wesentlichen Merkmalen der Ware oder Dienstleistung, dem Preis oder sonstigen Kosten), kommen zudem Ansprüche nach §§ 8 ff UWG in Betracht (Alexander WRP 2014, 501, 507; MünchKommBGB/Wendehorst § 312d Rn 144).

§ 312e
Verletzung von Informationspflichten über Kosten

Der Unternehmer kann von dem Verbraucher Fracht-, Liefer- oder Versandkosten und sonstige Kosten nur verlangen, soweit er den Verbraucher über diese Kosten entsprechend den Anforderungen aus § 312d Absatz 1 in Verbindung mit Artikel 246a § 1 Absatz 1 Satz 1 Nummer 7 des Einführungsgesetzes zum Bürgerlichen Gesetzbuche informiert hat.

Materialien: Zum Gesetz zur Umsetzung der Verbraucherrechterichtlinie und zur Änderung des Gesetzes zur Regelung der Wohnungsvermittlung: Richtlinie 2011/83/EU über die Rechte der Verbraucher, zur Änderung der Richtlinie 93/13/EWG des Rates und der Richtlinie 1999/44/EG des Europäischen Parlaments und des Rates sowie zur Aufhebung der Richtlinie 85/577/EWG des Rates und der Richtlinie 97/7/EG des Europäischen Parlaments und des Rates (ABlEU Nr L 304/64); Richtlinie 2002/65/EG des Europäischen Parlaments und des Rates vom 23. September 2002 über den Fernabsatz von Finanzdienstleistungen an Verbraucher und zur Änderung der Richtlinie 90/619/EWG des Rates und der Richtlinien 97/7/EG und 98/27/EG (ABlEG Nr L 271/16); Art 246a EGBGB (BGBl I Nr 48, 2394); Regierungsentwurf BT-Drucks 17/12637.

Systematische Übersicht

I. Allgemeines

1 § 312e BGB setzt Art 6 Abs 6 VerbrRRL hinsichtlich der Information über zusätzliche Kosten um. **Zusätzliche Fracht-, Liefer-, oder Versandkosten oder sonstige Kosten** kann der Unternehmer gemäß § 312e BGB **nur verlangen, soweit** er den Verbraucher über diese Kosten **entsprechend § 312d Abs 1 BGB iVm Art 246a § 1 Abs 1 S 1 Nr 7 EGBGB informiert** hat. Dieser besonderen Sanktion liegt der Gedanke des informierten, angemessen aufmerksamen und verständigen Durchschnittsverbrauchers (vgl Kommentierung zu § 312d Rn 77) zugrunde, der eine freiverantwortliche Entscheidung nur dann treffen kann, wenn ihm alle wesentlichen Informationen zur Verfügung stehen. Ohne entsprechende Informationen über zusätzliche Kosten sollen diese dem Verbraucher auch nicht auferlegt werden. Er soll vorher wissen, worauf er sich einlässt.

2 Zwar hat der Verbraucher auch nach allgemeinen Grundsätzen zusätzliche Kosten ohne entsprechende Information regelmäßig nicht zu tragen. So entspricht auch nach der Gesetzesbegründung die Regelung weitgehend der bisherigen Rechtslage (BT-Drucks 17/12637, 54). Denn ohne Einigung zwischen Unternehmer und Verbraucher über zusätzliche Kosten entsteht kein Anspruch auf Zahlung. Jedoch sind bei der Auslegung alle Begleitumstände des Vertragsschlusses zu berücksichtigen. Es

kann Fälle geben, in denen die Auslegung ergibt, dass der Verbraucher zB die Versandkosten in üblicher Höhe tragen soll, ohne dass eine den Anforderungen des § 312d Abs 1 BGB iVm Art 246a § 1 Abs 1 S 1 Nr 7 EGBGB entsprechende Information vorlag (BT-Drucks 17/12637, 54 f). Hier verhindert erst die Regelung des § 312e BGB eine Zahlungspflicht des Verbrauchers. Zudem besteht aufgrund von § 312e BGB größere Rechtsklarheit, da es ohne eine entsprechende Information auch nicht auf strittige Auslegungsfragen ankommt, und damit einhergehend ein höheres Verbraucherschutzniveau (BeckOK-BGB/Martens [1. 5. 2024] § 312e Rn 3; MünchKommBGB/Wendehorst § 312e BGB Rn 2) begründet wird.

II. Anwendungsbereich

3 § 312e BGB verweist auf die Informationspflichten des § 312d Abs 1 BGB iVm Art 246a § 1 Abs 1 S 1 Nr 7 EGBGB und betrifft daher lediglich diejenigen Verträge, auf die die in Bezug genommenen Informationspflichten anwendbar sind (BT-Drucks 17/12637, 55). Daraus ergibt sich, dass auch § 312e BGB nur anwendbar ist auf **Verbraucherverträge**, die im **Fernabsatz oder außerhalb von Geschäftsräumen** geschlossen wurden. Zudem gilt § 312e BGB nicht für Finanzdienstleistungsverträge, auf die § 312d Abs 1 BGB keine Anwendung findet. Da auf die **Nichtanwendbarkeit auf Finanzdienstleistungsverträge** auch die Gesetzesbegründung ausdrücklich hinweist (BT-Drucks 17/12637, 55), besteht keine unbeabsichtigte Regelungslücke; eine Analogie scheidet daher aus (BeckOK-BGB/Martens [1. 5. 2024] § 312e Rn 4). Die FernAbsFinanzDienstRL sieht keine solche Sanktion vor. Dennoch ist eine ähnliche Regelung in § 494 Abs 4 S 1 BGB enthalten.

4 § 312e BGB beinhaltet selbst keine Informationspflichten, sondern knüpft an die nach § 312d Abs 1 BGB iVm Art 246a § 1 Abs 1 S 1 Nr 7 EGBGB bestehenden Pflichten an. Zu informieren ist über **Fracht-, Liefer-, oder Versandkosten** oder **sonstige Kosten**. Sonstige Kosten iSd Vorschrift sind insbesondere **Bearbeitungs- und Verwaltungskosten**. Können diese zusätzlichen Kosten im Voraus nicht vernünftigerweise berechnet werden, so ist auf die Tatsache hinzuweisen, dass solche Kosten entstehen können (vgl dazu die Kommentierung zu § 312d Rn 23 bzw § 312a Rn 23 ff). Der Tatbestand des § 312e BGB ist erfüllt, soweit der Unternehmer diese Informationspflicht verletzt.

III. Rechtsfolge

5 Ohne Information über die Kosten können diese vom Verbraucher nicht verlangt werden. Der Unternehmer hat dann also – selbst wenn nach allgemeinen Grundsätzen eine Einigung über die Kostentragung vorliegt – **keinen Anspruch gegen den Verbraucher auf Zahlung**. Bereits entrichtete Kosten sind bereicherungsrechtlich nach § 812 Abs 1 S 1 Fall 1 BGB zurück zu gewähren (BT-Drucks 17/12637, 54). Aus der Formulierung „soweit" ergibt sich, dass die Sanktion des § 312e BGB stets nur die Kosten betrifft, über die nicht ordnungsgemäß informiert wurde. Wenn also ordnungsgemäß über zusätzliche Frachtkosten, jedoch nicht ordnungsgemäß über Lieferkosten belehrt wurde, so hat der Unternehmer keinen Anspruch auf Zahlung der Lieferkosten; ein Anspruch auf Zahlung der Frachtkosten kann dennoch bestehen. Die Norm regelt nur das Verhältnis zwischen Verbraucher und Unternehmer. Sofern Direktansprüche Dritter – etwa von Zollbehörden – bestehen, so bleiben diese durch § 312e BGB unberührt (Spindler/Schuster/Schirmbacher § 312e Rn 5).

IV. Abgrenzung zu sonstigen Vorschriften

§ 312e BGB regelt nur einen Fall, in dem ein Anspruch auf Zahlung zusätzlicher Kosten ausscheidet. Daraus lässt sich nicht der Umkehrschluss ziehen, dass bei ordnungsgemäßer Information stets ein Anspruch besteht. Neben der Information muss nach § 312a Abs 3 S 1 BGB eine ausdrückliche Vereinbarung über die Kostentragung vorliegen (vgl Kommentierung zu § 312a Rn 41 ff). Diese beiden Normen sind nebeneinander anwendbar (so auch BeckOK-BGB/Martens [1. 5. 2024] § 312e Rn 8). Es bestehen zwar oft Überschneidungen, jedoch hat § 312e BGB neben § 312a Abs 3 S 1 BGB eine eigene Bedeutung, wenn zwar eine ausdrückliche Vereinbarung über die zusätzliche Kostentragung besteht, dabei aber die Kosten – obwohl bekannt – nicht konkret beziffert sind (BT-Drucks 17/12637, 55). Denn dann liegt zwar kein Verstoß gegen § 312a Abs 3 S 1 BGB, jedoch gegen § 312e BGB vor. 6

§ 312a Abs 2 S 2 BGB enthält eine zu § 312e BGB identische Regelung, die auf Verträge im stationären Handel anwendbar ist. § 357 Abs 5 BGB dient ebenso der Umsetzung von Art 6 Abs 6 VerbrRRL. § 357 Abs 5 BGB betrifft dabei die Rücksendekosten und stellt eine gegenüber § 312e BGB speziellere Regelung dar (BT-Drucks 17/12637, 55). 7

§ 312f
Abschriften und Bestätigungen

(1) Bei außerhalb von Geschäftsräumen geschlossenen Verträgen ist der Unternehmer verpflichtet, dem Verbraucher alsbald auf Papier zur Verfügung zu stellen

1. **eine Abschrift eines Vertragsdokuments, das von den Vertragsschließenden so unterzeichnet wurde, dass ihre Identität erkennbar ist, oder**

2. **eine Bestätigung des Vertrags, in der der Vertragsinhalt wiedergegeben ist.**

Wenn der Verbraucher zustimmt, kann für die Abschrift oder die Bestätigung des Vertrags auch ein anderer dauerhafter Datenträger verwendet werden. Die Bestätigung nach Satz 1 muss die in Artikel 246a des Einführungsgesetzes zum Bürgerlichen Gesetzbuche genannten Angaben nur enthalten, wenn der Unternehmer dem Verbraucher diese Informationen nicht bereits vor Vertragsschluss in Erfüllung seiner Informationspflichten nach § 312d Absatz 1 auf einem dauerhaften Datenträger zur Verfügung gestellt hat.

(2) Bei Fernabsatzverträgen ist der Unternehmer verpflichtet, dem Verbraucher eine Bestätigung des Vertrags, in der der Vertragsinhalt wiedergegeben ist, innerhalb einer angemessenen Frist nach Vertragsschluss, spätestens jedoch bei der Lieferung der Ware oder bevor mit der Ausführung der Dienstleistung begonnen wird, auf einem dauerhaften Datenträger zur Verfügung zu stellen. Die Bestätigung nach Satz 1 muss die in Artikel 246a des Einführungsgesetzes zum Bürgerlichen Gesetzbuche genannten Angaben enthalten, es sei denn, der Unternehmer hat dem Verbraucher diese Informationen bereits vor Vertragsschluss in Erfüllung seiner Informationspflichten nach § 312d Absatz 1 auf einem dauerhaften Datenträger zur Verfügung gestellt.

(3) Bei Verträgen über digitale Inhalte (§ 327 Absatz 2 Satz 1), die nicht auf einem körperlichen Datenträger bereitgestellt werden, ist auf der Abschrift oder in der Bestätigung des Vertrags nach den Absätzen 1 und 2 gegebenenfalls auch festzuhalten, dass der Verbraucher vor Ausführung des Vertrags

1. ausdrücklich zugestimmt hat, dass der Unternehmer mit der Ausführung des Vertrags vor Ablauf der Widerrufsfrist beginnt, und

2. seine Kenntnis davon bestätigt hat, dass er durch seine Zustimmung mit Beginn der Ausführung des Vertrags sein Widerrufsrecht verliert.

(4) Diese Vorschrift ist nicht anwendbar auf Verträge über Finanzdienstleistungen.

Materialien: Regierungsentwurf des Gesetzes über Fernabsatzverträge und andere Fragen des Verbraucherrechts sowie zur Umstellung von Vorschriften auf Euro BT-Drucks 14/2658; Zum Gesetz zur Umsetzung der Verbraucherrechterichtlinie und zur Änderung des Gesetzes zur Regelung der Wohnungsvermittlung: Richtlinie 2011/83/EU über die Rechte der Verbraucher, zur Änderung der Richtlinie 93/13/EWG des Rates und der Richtlinie 1999/44/EG des Europäischen Parlaments und des Rates sowie zur Aufhebung der Richtlinie 85/577/EWG des Rates und der Richtlinie 97/7/EG des Europäischen Parlaments und des Rates (ABlEU Nr L 304/64); Regierungsentwurf BT-Drucks 17/12637.

Systematische Übersicht

Alphabetische Übersicht

I. Allgemeines

1 § 312f BGB statuiert die Pflicht des Unternehmers zur Erteilung von **Vertragsinformationen** bei Fernabsatzverträgen oder außerhalb von Geschäftsräumen geschlossenen Verträgen. Die Vorschrift setzt Art 7 Abs 2 und Art 8 Abs 7 VerbrRRL um und dient dem **Schutz des Verbrauchers durch umfassende Dokumentation**. Der Verbraucher soll dokumentieren können, welche vertraglichen Rechte und Pflichten bestehen (BT-Drucks 17/12637, 55). Die sichere Kenntnis und Dokumentation kann dem Verbraucher auch bei ggf aufkommenden Rechtsstreitigkeiten helfen, seine Rechte durchzusetzen (Erman/Koch § 312f Rn 1; BeckOK-BGB/Martens [1. 5. 2024] § 312f Rn 1). Anders als bei den vorvertraglichen Informationen, die dazu dienen, dem Verbraucher eine überlegte Entscheidung über den Vertragsschluss zu ermöglichen, stehen hier auch **Beweiszwecke** im Vordergrund (Bierkenhoven/Crone MMR 2013, 687, 689; Schirmbacher/Schmidt CR 2014 107, 108; Spindler/Schuster/Schirmbacher Rn 1). Zudem wird so sichergestellt, dass der Verbraucher über alle Informationen verfügt, die er für eine **„überlegte Entscheidung über die Ausübung seines Widerrufsrechts“** benötigt (BeckOK-BGB/Martens [1. 5. 2024] § 312f Rn 1).

2 Abs 1 betrifft die nachvertragliche Dokumentation bei außerhalb von Geschäftsräumen geschlossenen Verträgen und setzt damit Art 7 Abs 2 VerbrRRL um. Abs 2 hingegen regelt in Umsetzung von Art 8 Abs 7 VerbrRRL die Dokumentationspflichten nach Abschluss eines Fernabsatzvertrags. Nach Abs 3 ist in Umsetzung von Art 7 Abs 2 und Art 8 Abs 7 VerbrRRL bei Verträgen über digitale Inhalte ggf die zusätzliche Dokumentation von bestimmten Erklärungen, die zum Wegfall des Widerrufsrechts führen, erforderlich. Nach Abs 4 sind Finanzdienstleistungsverträge vom Anwendungsbereich der Norm ausgeschlossen.

II. Außerhalb von Geschäftsräumen geschlossene Verträge (Abs 1)

1. Abschriften und Bestätigungen

3 Der Unternehmer hat dem Verbraucher bei außerhalb von Geschäftsräumen geschlossenen Verträgen **entweder** eine **Abschrift des Vertragsdokuments** (S 1 Nr 1) **oder** eine **Bestätigung des Vertrags** (S 1 Nr 2) zur Verfügung zu stellen. Die Abschrift bezieht sich auf die Vertragsurkunde, in der die vollen beidseitigen Erklärungen der Parteien, die zum Vertragsschluss führten, enthalten sind (MünchKommBGB/Wendehorst § 312f Rn 4). Dieses Dokument muss so von den Parteien unterzeichnet sein, dass deren Identität erkennbar ist. Das Dokument muss dabei nicht der Schriftform iSd § 126 BGB genügen. Es reichen in Hinblick auf die Dokumentationszwecke statt einer Namensunterschrift auch sonstige Identifizierungszeichen wie etwa Stempel oder computergefertigte Unterschriften aus (BT-Drucks 17/12637, 55; MünchKommBGB/Wendehorst § 312f Rn 5). Erforderlich ist nur, dass aus der Urkunde hervorgeht, dass und welche Parteien einen Vertrag bestimmten Inhalts getroffen haben und das Dokument für eine Beweisführung verwendet werden kann. Es muss nur die Originalurkunde entsprechend unterzeichnet sein, nicht die zur Verfügung zu stellende Abschrift (LG Duisburg 24. 10. 2017 – 12 O 7/17, BeckRS 2017, 150077 Rn 23; MünchKommBGB/Wendehorst § 312f Rn 5). Da der Vertragsschluss nicht zwingend durch ein unterzeichnetes Vertragsdokument geschlossen werden muss, gibt es Fälle, in denen mangels eines solchen Vertragsdokuments nur eine Bestätigung des Vertrags (S 1 Nr 2) in Be-

tracht kommt. Die Bestätigung des Vertrags stellt eine einseitige Wissenserklärung des Unternehmers dar, dass er einen Vertrag mit dem Verbraucher geschlossen hat und mit welchem Inhalt (MünchKommBGB/Wendehorst § 312f Rn 4). Sofern ein den Anforderungen genügendes Vertragsdokument vorhanden ist, hat der Unternehmer die Wahl, ob er eine Abschrift von diesem oder eine Bestätigung übermittelt (Dauner-Lieb/Langen/Ring Rn 5; Hk-BGB/Schulte-Nölke § 312f Rn 2).

4 Obwohl der Wortlaut in S 1 Nr 1 und Nr 2 unterschiedlich verfasst ist, sind bei **beiden Alternativen dieselben Anforderungen an den Inhalt** zu stellen. Denn sowohl die Abschrift als auch die Bestätigung dienen demselben Dokumentationszweck. Daher kann es nicht einleuchten, verschiedene Inhalte zu fordern. Nicht nur die Abschrift muss die Identität der Vertragspartner erkennen lassen, sondern auch die Bestätigung. Der Vertragsinhalt muss nicht nur in der Bestätigung enthalten sein, sondern genauso in der Abschrift. Offenbar ging der Gesetzgeber davon aus, dass das Vertragsdokument **stets den gesamten Vertragsinhalt** enthält und hielt es deshalb nicht für notwendig, dieses Erfordernis in S 1 Nr 1 explizit aufzunehmen. Vertragsinhalt sind auch die **wirksam einbezogenen AGB**, sodass diese in der Abschrift oder Bestätigung enthalten sein müssen (BT-Drucks 17/12637, 55). Dies gilt auch dann, wenn die AGB nicht in dem Vertragsdokument selbst enthalten sind.

5 Grundsätzlich muss die Abschrift oder Bestätigung auch die **bereits vorvertraglich nach § 312d Abs 1 BGB iVm Art 246a EGBGB zu erteilenden Informationen** enthalten. Diese sind nach § 312d Abs 1 S 2 BGB Vertragsinhalt. Nach § 312f Abs 1 S 3 BGB ist eine (nochmalige) Information nach § 312f BGB jedoch nicht erforderlich, wenn der Unternehmer diese Informationen dem Verbraucher bereits in Erfüllung seiner vorvertraglichen Informationspflicht auf einem dauerhaften Datenträger zur Verfügung gestellt hat. Im Ergebnis hat der Unternehmer nur dann eine Abschrift oder Bestätigung nach § 312f Abs 1 S 1 BGB zur Verfügung zu stellen, wenn er entweder zulässigerweise aufgrund der Erleichterung nach Art 246a § 2 EGBGB für Reparatur- und Instandhaltungsarbeiten Informationen nicht oder in anderer Form als auf einem dauerhaften Datenträger erteilt oder seiner Informationspflicht nicht nachgekommen ist (vgl MünchKommBGB/Wendehorst § 312f Rn 9).

2. Form

6 Grds ist die Abschrift oder Bestätigung **auf Papier** zu übermitteln. Davon abweichend kann der Unternehmer dem Verbraucher die Informationen auch **auf einem anderen dauerhaften Datenträger** gem § 126b S 2 BGB (zur Begrifflichkeit wird auf die Kommentierung zu § 312d Rn 90 verwiesen) zur Verfügung stellen, jedoch nur unter der Voraussetzung der **vorherigen Zustimmung des Verbrauchers**. Diese braucht nicht ausdrücklich sein, sondern kann auch konkludent erfolgen. Sie ist formlos möglich (BeckOK-BGB/Martens [1. 5. 2024] § 312f Rn 5). Die Abschrift oder Bestätigung muss dem Verbraucher **zugehen**, § 130 BGB. Nicht ausreichend ist es, den Verbraucher auf die Website des Unternehmers oder eine Abholmöglichkeit zu verweisen (BT-Drucks 17/12637, 55; Hk-BGB/Schulte-Nölke § 312f Rn 2; Dauner-Lieb/Langen/Ring Rn 10).

7 § 312f BGB enthält **kein ausdrückliches Transparenzgebot**, wie es in Art 246a § 4 und Art 246b § 1 EGBGB vorgesehen ist. Jedoch gilt aus dem Sinn und Zweck der Vorschrift heraus, dass auch die Information nach § 312f BGB klar und verständlich er-

folgen muss, da sie sonst dem Verbraucher wenig nützt (so im Ergebnis auch MünchKommBGB/Wendehorst § 312f Rn 3 als allgemeinen Rechtsgrundsatz der EU). So darf die Bestätigung nicht ohne weiteres in einer fremden Sprache verfasst werden. Zu weiteren Details siehe die Kommentierung zu § 312d Rn 82. Es müssen jedoch nicht sämtliche Informationen in einem Dokument übermittelt werden. Eine Aufspaltung in mehrere Dokumente ist zulässig, etwa eine getrennte Übermittlung vom eigentlichen Vertragstext und den AGB (MünchKommBGB/Wendehorst § 312f Rn 12; Spindler/Schuster/Schirmbacher Rn 14; BeckOK-BGB/Martens [1. 5. 2024] § 312f Rn 5).

3. Zeitpunkt

8 Die Informationen nach § 312f Abs 1 BGB müssen **„alsbald"** zur Verfügung gestellt werden. Dieser Begriff wird nicht näher definiert. Dieselbe Begrifflichkeit wird im BGB auch an anderen Stellen verwendet (§ 555a Abs 1 Nr 2 BGB, § 1900 Abs 2 S 2 BGB, § 2263 BGB). Es besteht aber jeweils ein äußerst unterschiedlicher Kontext, sodass sich aus diesen Normen keine allgemeine Bedeutung ableiten lässt (BeckOK-BGB/Martens [1. 5. 2024] § 312f Rn 6). Das Erfordernis einer Übermittlung „alsbald" befand sich auch im früheren Fernabsatzrecht in § 2 Abs 3 S 1 FernAbsG. Damit hatte der Gesetzgeber bewusst ein weniger strenges Erfordernis als eine Information „spätestens unmittelbar nach Vertragsschluss" gewählt, wie es noch im vorherigen Gesetzesentwurf vorgesehen war (BT-Drucks 14/2658, 5). Nun ist jedoch für den Fernabsatz eine abweichende Regelung in § 312f Abs 2 BGB enthalten, wonach entsprechend Art 8 Abs 7 VerbrRRL eine Informationserteilung „innerhalb einer angemessenen Zeit nach Vertragsschluss" zu erfolgen hat. Eine alsbaldige Information ist dagegen nun bei außerhalb von Geschäftsräumen geschlossenen Verträgen vorgesehen. Schon daher ist der Begriff nicht zwingend so auszulegen wie im Rahmen des damaligen § 2 Abs 3 S 1 FernAbsG. Zudem enthält der zugrundeliegende Art 7 Abs 2 VerbrRRL keine zeitliche Vorgabe. Dem Schutz des Verbrauchers dient eine möglichst frühe Dokumentation. Insbesondere da der Unternehmer schon vorvertraglich zu einer entsprechenden Information verpflichtet ist, scheint ihm eine sehr zeitnahe Dokumentation auch zumutbar. Daher ist der Begriff dahingehend auszulegen, dass die Dokumentation bereits bei Vertragsschluss (so MünchKommBGB/Wendehorst § 312f Rn 13) oder jedenfalls **in engem zeitlichen Zusammenhang mit dem Vertragsschluss** zu erfolgen hat (BeckOK-BGB/Martens [1. 5. 2024] § 312f Rn 7; Hk-BGB/Schulte-Nölke § 312f Rn 2).

4. Rechtsfolgen

9 Der Unternehmer hat die tatsächlichen Vertragsbedingungen mit der Abschrift oder Bestätigung zu übermitteln. Weicht er davon ab, **kann dem Verbraucher** daraus **kein Nachteil erwachsen**. Auch können nicht etwa die Grundsätze des kaufmännischen Bestätigungsschreibens herangezogen werden (BT-Drucks 17/12637, 55). Es **gelten stets die für den Verbraucher günstigeren Bedingungen entweder aus dem Vertragsschluss selbst oder aus der Bestätigung** (MünchKommBGB/Wendehorst § 312f Rn 10; vgl auch Kommentierung zu § 312d Rn 153). Die Verletzung der Dokumentationspflicht aus § 312f BGB kann zudem einen **Schadensersatzanspruch wegen Nebenpflichtverletzung §§ 280 Abs 1, 241 Abs 2 BGB** und im Einzelfall auch einen **Rücktrittsgrund nach § 324 BGB begründen** (BT-Drucks 17/12637, 55). Ein Schaden wird regelmäßig ausscheiden, ist aber denkbar etwa in dem Fall, dass der Verbraucher bei Erhalt der Vertragsinformationen

von seinem Widerrufsrecht Gebrauch gemacht hätte. Dann kann er nach § 249 Abs 1 BGB im Wege der Naturalrestitution verlangen, vom Vertrag befreit zu werden (BeckOK-BGB/Martens [1. 5. 2024] § 312f Rn 18). Ein Rücktritt nach § 324 BGB wird nur in absoluten Ausnahmefällen möglich sein, da die Verletzung einer Informations- bzw Dokumentationspflicht grds nicht schon die Unzumutbarkeit des Festhaltens am Vertrag begründet (BeckOK-BGB/Martens [1. 5. 2024] § 312f Rn 18). Wie bei der Verletzung der Informationspflichten nach § 312d BGB (siehe dazu die Kommentierung zu § 312d Rn 157) kommen zudem wettbewerbsrechtliche Sanktionen in Betracht (Spindler/Schuster/Schirmbacher Rn 47). Dieselben Rechtsfolgen treten ein bei einem Verstoß gegen § 312f Abs 2 BGB und dem Grunde nach auch bei einem Verstoß gegen Abs 3, wobei dort ein Schaden wegen des mangelnden Nutzens der Information (siehe Rn 17) kaum denkbar ist.

III. Fernabsatzverträge (Abs 2)

1. Bestätigung

10 Bei Fernabsatzverträgen hat der Unternehmer dem Verbraucher nach Vertragsschluss eine **Bestätigung des Vertrags** zur Verfügung zu stellen. Anders als bei Abs 1 ist hier keine Abschrift des Vertragsdokuments vorgesehen. Denn im Fernabsatz wird eine entsprechende Vertragsurkunde wohl kaum zustande kommen. Sollte trotz Vertragsschluss ausschließlich unter Verwendung von Fernkommunikationsmitteln eine solche Vertragsurkunde bestehen, so wird es in teleologischer Auslegung und in Analogie zu Abs 2 Nr 1 auch ausreichend sein, eine Abschrift dieser Urkunde zu übermitteln. Wie im Rahmen des Abs 1 hat die Bestätigung **sämtliche Vertragsbedingungen samt wirksam einbezogener AGB** zu enthalten (MünchKommBGB/Wendehorst § 312f Rn 14). Es gelten dieselben Grundsätze wie bei Abs 1 (so auch BeckOK-BGB/Martens [1. 5. 2024] § 312f Rn 8). Auch die **Informationen nach Art 246a EGBGB** müssen enthalten sein, es sei denn, der Unternehmer hat diese dem Verbraucher bereits vor Vertragsschluss in Erfüllung seiner Informationspflichten nach § 312d Abs 1 BGB auf einem dauerhaften Datenträger zur Verfügung gestellt. Im Gegensatz zu einem Vertragsschluss außerhalb von Geschäftsräumen ist der Unternehmer im Fernabsatz vor Vertragsschluss aber nicht zu einer Übermittlung der Informationen auf einem dauerhaften Datenträger, sondern nur in einer dem Fernkommunikationsmittel angepassten Weise Art 246a § 4 Abs 3 S 1 EGBGB, verpflichtet; eine vorvertragliche Information auf einem dauerhaften Datenträger steht ihm lediglich nach Art 246a § 4 Abs 3 S 2 EGBGB frei. Daher besteht bei Fernabsatzverträgen häufiger die Pflicht des Unternehmers zur nachvertraglichen Dokumentation nach § 312f BGB (vgl auch BeckOK-BGB/Martens [1. 5. 2024] § 312f Rn 9).

2. Form

11 Anders als bei außerhalb von Geschäftsräumen geschlossenen Verträgen hat die Übermittlung nicht in Papier zu erfolgen. Dies wäre im Fernabsatz auch unpraktikabel. Es reicht grds jeder **dauerhafte Datenträger** aus. Jedoch darf der Unternehmer keinen derart ungewöhnlichen Datenträger nutzen, dass nicht mit einer tatsächlichen Kenntnisnahme des Verbrauchers gerechnet werden kann. So wird eine Diskette wohl mittlerweile unzulässig sein, da kaum noch Computer mit einem Diskettenlaufwerk im Umlauf sind. Dies würde eine unzulässige Umgehung der Vorschrift iSv

§ 312k Abs 1 S 2 BGB darstellen (BeckOK-BGB/Martens [1. 5. 2024] § 312f Rn 10; MünchKommBGB/Wendehorst § 312f Rn 16). Wie im Rahmen des Abs 1 liegt ein zur Verfügung stellen nur bei **Zugang** iSd § 130 BGB vor. Ein Verweis auf die Webseite reicht auch hier nicht aus (BT-Drucks 17/12637, 55; vgl auch BGB NJW 2010, 3566; **aA** Härting, Internetrecht Rn 879).

3. Zeitpunkt

12 Abs 2 schreibt vor, die Bestätigung innerhalb einer **angemessenen Zeit nach Vertragsschluss**, spätestens jedoch bei der Lieferung der Ware oder vor Beginn der Dienstleistung zur Verfügung zu stellen, was auf der entsprechenden Vorgabe in Art 8 Abs 7 VerbrRRL beruht. Gemeint ist damit nicht unverzüglich iSd § 121 BGB. Welcher Zeitraum angemessen ist, muss nach den Umständen des Einzelfalls bestimmt werden. Dabei sind neben dem Interesse des Verbrauchers an einer zeitnahen Dokumentation auch die Komplexität des Vertrags und der Aufwand des Unternehmers zur Übermittlung der Bestätigung zu berücksichtigen. Dieser Aufwand wird regelmäßig eher gering sein, sodass in den meisten Fällen ein Zurverfügungstellen in einem engen zeitlichen Zusammenhang mit dem Vertragsschluss zu fordern ist (Spindler/Schuster/Schirmbacher Rn 20; Dauner-Lieb/Langen/Ring Rn 14; im Ergebnis auch Hk-BGB/Schulte-Nölke § 312f Rn 5, der die Abweichung zu Abs 1 „alsbald" auf ein mögliches redaktionelles Versehen zurückführt).

13 Die **Lieferung der Ware oder der Zeitpunkt vor Beginn der Dienstleistung** stellen lediglich **Höchstgrenzen** dar, was sich aus der Formulierung „spätestens" ergibt. Demnach ist dieser Zeitpunkt nicht stets noch angemessen. Bei **Warenlieferungen** wird im Ergebnis aber regelmäßig die Übermittlung zum Zeitpunkt der Lieferung – etwa durch Beifügen der Bestätigung an den Lieferschein bzw sonstige Begleitpapiere – angemessen sein. Denn vor der Lieferung beginnt auch nicht die Widerrufsfrist, sodass der Verbraucher die Informationen dann immer noch rechtzeitig erhält, um eine überlegte Entscheidung über die Geltendmachung dieses Rechts treffen zu können (MünchKommBGB/Wendehorst § 312f Rn 17; Spindler/Schuster/Schirmbacher Rn 20 ff). Bei **Dienstleistungen** wird es jedoch regelmäßig nicht ausreichen, die Informationen erst unmittelbar vor Beginn der Dienstleistung zur Verfügung zu stellen. Denn wenn unmittelbar nach Informationserteilung bereits mit der Dienstleistung begonnen werden soll, wird der Verbraucher kaum in der Lage sein, vorher die Informationen wahrzunehmen und auch keine Zeit haben, sich bis zu Beginn der Dienstleistung Gedanken über sein Widerrufsrecht zu machen. Dies wäre aber unter dem Gesichtspunkt, dass mit Beginn der Dienstleistung oft bereits eine Wertersatzpflicht im Falle des späteren Widerrufs entsteht und die Widerrufsfrist nach § 355 Abs 2 BGB bereits mit Vertragsschluss beginnt, nötig. Daher wird der Unternehmer regelmäßig nicht die Höchstgrenze – den Zeitpunkt unmittelbar vor Beginn der Dienstleistung – abwarten dürfen. Angemessen wird grds nur eine Übermittlung sein, die deutlich vor Ablauf der Widerrufsfrist und so rechtzeitig erfolgt, dass der Verbraucher noch genug Zeit hat, um die Informationen noch vor Beginn der Dienstleistung wahrzunehmen und zu verarbeiten (vgl MünchKommBGB/Wendehorst § 312f Rn 18 f; im Ergebnis auch BeckOK-BGB/Martens [1. 5. 2024] § 312f Rn 11).

IV. Verträge über digitale Inhalte (Abs 3)

14 Abs 3 enthält auf Art 7 Abs 2 und Art 8 Abs 7 VerbRRL beruhende **zusätzliche Vorgaben** an die nachvertragliche Dokumentation **für Verträge über digitale Inhalte**. Die Vorschrift ist dabei nicht etwa anstelle von Abs 1 oder Abs 2 anzuwenden, sondern neben diesen. Wird ein Vertrag über digitale Inhalte außerhalb von Geschäftsräumen geschlossen, ist somit eine Abschrift oder Bestätigung nach den Anforderungen des Abs 1 und ggf mit den zusätzlichen Angaben nach Abs 3 zur Verfügung zu stellen, bei Vertragsschluss im Fernabsatz hat eine Bestätigung nach Abs 2 ggf mit den zusätzlichen Angaben des Abs 3 zu erfolgen. Bei Vertragsschluss im stationären Handel greift Abs 3 nicht, da dieser an eine bestehende Dokumentationspflicht nach Abs 1 oder Abs 2 anknüpft. In der Praxis wird meist ein Fernabsatzvertrag vorliegen (BeckOK-BGB/Martens [1. 5. 2024] § 312f Rn 15).

15 Hintergrund der Regelung ist, dass auch bei Verträgen über digitale Inhalte der Verbraucher zunächst ein **Widerrufsrecht** hat. Dieses **erlischt** jedoch gemäß **§ 356 Abs 5 BGB vorzeitig**, wenn der Unternehmer mit vorheriger ausdrücklicher Zustimmung des Verbrauchers und der Bestätigung von dessen Kenntnisnahme, dass er hierdurch sein Widerrufsrecht verliert, begonnen hat und der Unternehmer die Bestätigung nach § 312f BGB zur Verfügung gestellt hat (siehe zu Letzterem Rn 17). Daher muss die Abschrift oder Bestätigung iSd Abs 1 oder Abs 2 in einem solchen Fall auch die **vorherige Zustimmung des Verbrauchers zur Ausführung des Vertrags sowie die Bestätigung der Kenntnis des Verbrauchers vom Verlust des Widerrufsrechts dokumentieren** (vgl BT-Drucks 17/12637, 55 f).

16 Abs 3 ist anwendbar auf die Lieferung nicht auf einem körperlichen Datenträger befindlicher digitaler Inhalte. Während Abs 3 aF noch eine Legaldefinition der digitalen Inhalte enthielt, wurde im Zuge der Umsetzung der Digitale-Inhalte-RL ein Verweis auf die nun in § 327 Abs 2 S 1 BGB enthaltene Legaldefinition aufgenommen. Nach § 327 Abs 2 S 1 BGB sind digitale Inhalte Daten, die in digitaler Form hergestellt und bereitgestellt werden. Darunter fallen bspw **Computerprogramme, Anwendungen (Apps), Spiele, Musik, Videos oder Texte**. Unerheblich ist dabei, ob die Daten heruntergeladen, gespeichert und hiernach sichtbar gemacht werden oder beim sog Streaming während des Herunterladens in Echtzeit sichtbar gemacht werden (BT-Drucks 17/12637, 55; Erwägungsgrund 19). Der Begriff ist bewusst offen gefasst, sodass auch zukünftige technische Entwicklungen berücksichtigt werden können (BeckOK-BGB/Martens [1. 5. 2024] § 312f Rn 12). Nach einer Entscheidung des LG Karlsruhe (LG Karlsruhe 25. 5. 2016 – 18 O 7/16, MMR 2017, 51, nicht rechtskräftig, Berufung anhängig beim OLG Karlsruhe unter 6 U 106/16) stellt auch **virtuelles Spielgeld** innerhalb eines Computerspiels digitale Inhalte iSd § 312f Abs 3 BGB dar. Da von Abs 3 ausdrücklich **auf einem körperlichen Datenträger befindliche Daten nicht erfasst** sind, fallen Daten auf CDs, DVDs einem USB-Stick uä aus dem Anwendungsbereich heraus. Daten, die auf einem solchen körperlichen Datenträger bereitgestellt werden, sind als Waren zu behandeln (Erwägungsgrund 19). § 312f Abs 3 BGB gilt somit nur für online gelieferte Daten (BeckOK-BGB/Martens [1. 5. 2024] § 312f Rn 13). Schwierig erweist sich **in Streaming-Fällen** die **Abgrenzung zu digital erbrachten Dienstleistungen**, die nicht unter § 312f Abs 3 BGB fallen. Diese Abgrenzung ist zudem für § 356 Abs 4 und 5 BGB bedeutsam. Die Abgrenzung hat danach zu erfolgen, ob ein digitales Produkt geliefert wird (dann handelt es sich um digitale Inhalte) oder eine digitale Tätigkeit er-

bracht wird (dann handelt es sich um eine Dienstleistung). Entscheidend ist hierfür die Verkehrsauffassung. So wird das Streamen eines Videos als Lieferung eines Produkts und somit als digitaler Inhalt angesehen, während bei einer Online-**Wartung** bspw einer Datenbank von einer (lediglich digital erbrachten) Dienstleistung auszugehen ist (vgl MünchKommBGB/Wendehorst § 312f Rn 24).

Die Bestätigung nach Abs 3 muss nur bereits vor Beginn der Ausführung abgesandt sein. Ein **Zugang** bereits vor Beginn der Ausführung ist nicht erforderlich (BeckOK-BGB/Martens [1. 5. 2024] § 312f Rn 17; MünchKommBGB/Wendehorst § 312f Rn 27; so auch GD Justiz S 44 f, verfügbar unter https://www.cr-online.de/29574.htm#materialien [letzter Abruf: 24. 7. 2024]). Dies entspricht letztlich auch dem Interesse des Verbrauchers an einer möglichst schnellen Bereitstellung der digitalen Inhalte (Spindler/Schuster/Schirmbacher Rn 42). Diese Bestätigung hat für den Verbraucher **keinen Nutzen**. Er hat bei Zugang sein Widerrufsrecht in der Regel bereits verloren und enthält auch keine ihm neuen Informationen, sondern nur eine Bestätigung seiner eigenen Erklärung (BeckOK-BGB/Martens [1. 5. 2024] § 312f Rn 17; MünchKommBGB/Wendehorst § 312f Rn 30). Auch die Gesetzesbegründung weist lediglich auf die Beweiszwecke des Unternehmers hin. Dieser könne, ohne dass die Zustimmung des Verbrauchers zur vorzeitigen Ausführung in Kenntnis des Verlusts des Widerrufs in der Abschrift oder Bestätigung enthalten ist, diesen Umstand nur schwer beweisen (BT-Drucks 17/12637, 56). Fraglich erscheint indes, welche Beweiskraft eine ausschließlich vom Unternehmer erstellte Bestätigung hat. Zwar wird die Aufnahme der Erklärungen des Verbrauchers in das Vertragsdokument den Beweis tatsächlich erleichtern. Jedoch wird es auch für den Unternehmer keinen weiteren Vorteil mit sich bringen, diese dokumentierte Erklärung auch dem Verbraucher zur Verfügung zu stellen. Insgesamt bringt die Regelung des § 312f Abs 3 BGB daher keiner Partei einen wirklichen Nutzen (kritisch auch MünchKommBGB/Wendehorst § 312f Rn 28 ff). Dennoch sei dem Unternehmer die Befolgung der Pflichten aus § 312f Abs 3 BGB zu raten, da über die Änderung der §§ 356 Abs 5, 357a Abs 3 BGB nun negative Rechtsfolgen für den Unternehmer bei der Missachtung zu befürchten sind. Denn während der deutsche Gesetzgeber die Sanktion des Art 14 Abs 4 lit b iii VerbrRRL zunächst nicht umgesetzt hat, wonach der Verbraucher bei fehlender Vertragsbestätigung gemäß Art 7 Abs 2 und 8 Abs 7 nicht für die Kosten der Bereitstellung nicht auf einem körperlichen Datenträger gelieferten digitalen Inhalte aufzukommen hat, kam er diesem in Umsetzung der RL 2019/2161/EU durch Neufassung der § 356 Abs 5 und § 357a Abs 3 BGB nach (BeckOK-BGB/Martens [1. 5. 2024] § 312f Rn 20; MünchKommBGB/Wendehorst § 312f Rn 32). Somit erlischt das Widerrufsrecht nach § 356 Abs 5 BGB nur dann, wenn der Unternehmer dem Verbraucher gem § 312f BGB eine Bestätigung zur Verfügung gestellt hat. Doch auch wenn das Widerrufsrecht nicht erlischt, wird der Wertersatzanspruch des Unternehmers nach § 357 Abs 3 BGB ausgeschlossen. Diese Rechtsfolgen können jedoch kritisch gesehen werden, denn es erscheint sinnwidrig und völlig überzogen, für die Nichterteilung einer Information, die dem Empfänger keinerlei Nutzen bringt, eine derart drastische Sanktion vorzusehen. **17**

V. Unanwendbarkeit auf Finanzdienstleistungsverträge (Abs 4)

Nach Abs 4 findet § 312f BGB **keine Anwendung auf Finanzdienstleistungsverträge**. Die Gesetzesbegründung nennt als Grund, dass hierfür **Sonderregelungen** bestehen (BT-Drucks 17/12637, 55). In der Tat: Gemäß § 312d Abs 2 BGB iVm Art 246b § 2 Abs 1 EG- **18**

BGB hat der Unternehmer bereits vor Vertragsschluss dem Verbraucher die entsprechenden Informationen auf einem dauerhaften Datenträger zu übermitteln. Nach § 312d Abs 2 BGB iVm Art 246b § 2 Abs 2 EGBGB kann der Verbraucher zudem jederzeit während der Laufzeit des Vertrags die Aushändigung der Vertragsbedingungen in Papierform verlangen, sodass eine ausreichende Dokumentation bereits durch diese Regelungen sichergestellt ist.

§ 312g
Widerrufsrecht

(1) Dem Verbraucher steht bei außerhalb von Geschäftsräumen geschlossenen Verträgen und bei Fernabsatzverträgen ein Widerrufsrecht gemäß § 355 zu.

(2) Das Widerrufsrecht besteht, soweit die Parteien nichts anderes vereinbart haben, nicht bei folgenden Verträgen:

1. **Verträge zur Lieferung von Waren, die nicht vorgefertigt sind und für deren Herstellung eine individuelle Auswahl oder Bestimmung durch den Verbraucher maßgeblich ist oder die eindeutig auf die persönlichen Bedürfnisse des Verbrauchers zugeschnitten sind,**

2. **Verträge zur Lieferung von Waren, die schnell verderben können oder deren Verfallsdatum schnell überschritten würde,**

3. **Verträge zur Lieferung versiegelter Waren, die aus Gründen des Gesundheitsschutzes oder der Hygiene nicht zur Rückgabe geeignet sind, wenn ihre Versiegelung nach der Lieferung entfernt wurde,**

4. **Verträge zur Lieferung von Waren, wenn diese nach der Lieferung auf Grund ihrer Beschaffenheit untrennbar mit anderen Gütern vermischt wurden,**

5. **Verträge zur Lieferung alkoholischer Getränke, deren Preis bei Vertragsschluss vereinbart wurde, die aber frühestens 30 Tage nach Vertragsschluss geliefert werden können und deren aktueller Wert von Schwankungen auf dem Markt abhängt, auf die der Unternehmer keinen Einfluss hat,**

6. **Verträge zur Lieferung von Ton- oder Videoaufnahmen oder Computersoftware in einer versiegelten Packung, wenn die Versiegelung nach der Lieferung entfernt wurde,**

7. **Verträge zur Lieferung von Zeitungen, Zeitschriften oder Illustrierten mit Ausnahme von Abonnement-Verträgen,**

8. **Verträge zur Lieferung von Waren oder zur Erbringung von Dienstleistungen, einschließlich Finanzdienstleistungen, deren Preis von Schwankungen auf dem Finanzmarkt abhängt, auf die der Unternehmer keinen Einfluss hat und die innerhalb der Widerrufsfrist auftreten können, insbesondere Dienstleistungen im Zusammenhang mit Aktien, mit Anteilen an offenen Investmentvermögen im**

Sinne von § 1 Absatz 4 des Kapitalanlagegesetzbuchs und mit anderen handelbaren Wertpapieren, Devisen, Derivaten oder Geldmarktinstrumenten,

9. Verträge zur Erbringung von Dienstleistungen in den Bereichen Beherbergung zu anderen Zwecken als zu Wohnzwecken, Beförderung von Waren, Kraftfahrzeugvermietung, Lieferung von Speisen und Getränken sowie zur Erbringung weiterer Dienstleistungen im Zusammenhang mit Freizeitbetätigungen, wenn der Vertrag für die Erbringung einen spezifischen Termin oder Zeitraum vorsieht,

10. Verträge, die im Rahmen einer Vermarktungsform geschlossen werden, bei der der Unternehmer Verbrauchern, die persönlich anwesend sind oder denen diese Möglichkeit gewährt wird, Waren oder Dienstleistungen anbietet, und zwar in einem vom Versteigerer durchgeführten, auf konkurrierenden Geboten basierenden transparenten Verfahren, bei dem der Bieter, der den Zuschlag erhalten hat, zum Erwerb der Waren oder Dienstleistungen verpflichtet ist (öffentlich zugängliche Versteigerung),

11. Verträge, bei denen der Verbraucher den Unternehmer ausdrücklich aufgefordert hat, ihn aufzusuchen, um dringende Reparatur- oder Instandhaltungsarbeiten vorzunehmen; dies gilt nicht hinsichtlich weiterer bei dem Besuch erbrachter Dienstleistungen, die der Verbraucher nicht ausdrücklich verlangt hat, oder hinsichtlich solcher bei dem Besuch gelieferter Waren, die bei der Instandhaltung oder Reparatur nicht unbedingt als Ersatzteile benötigt werden,

12. Verträge zur Erbringung von Wett- und Lotteriedienstleistungen, es sei denn, dass der Verbraucher seine Vertragserklärung telefonisch abgegeben hat oder der Vertrag außerhalb von Geschäftsräumen geschlossen wurde, und

13. notariell beurkundete Verträge; dies gilt für Fernabsatzverträge über Finanzdienstleistungen nur, wenn der Notar bestätigt, dass die Rechte des Verbrauchers aus § 312d Absatz 2 gewahrt sind.

(3) Das Widerrufsrecht besteht ferner nicht bei Verträgen, bei denen dem Verbraucher bereits auf Grund der §§ 495, 506 bis 513 ein Widerrufsrecht nach § 355 zusteht, und nicht bei außerhalb von Geschäftsräumen geschlossenen Verträgen, bei denen dem Verbraucher bereits nach § 305 Absatz 1 bis 6 des Kapitalanlagegesetzbuchs ein Widerrufsrecht zusteht.

Materialien: Gesetzesentwurf des Bundesrates über den Widerruf von Haustürgeschäften und ähnlichen Geschäften v 15. 2. 1985, BT-Drucks 10/2876; Richtlinie 97/7/EG des europäischen Parlaments und des Rates vom 20. 5. 1997 über den Verbraucherschutz bei Vertragsabschlüssen im Fernabsatz (Fernabsatzrichtlinie), ABl Nr L 144, 19; Gesetzesentwurf der Bundesregierung über Fernabsatzverträge und andere Fragen des Verbraucherrechts sowie zur Umstellung von Vorschriften auf Euro v 9. 2. 2000, BT-Drucks 14/2658; Richtlinie 2002/65/EG des Europäischen Parlaments und des Rates vom 23. 9. 2002 über den Fernabsatz von Finanzdienstleistungen an Verbraucher und zur Änderung der Richtlinie 90/619/EWG des Rates und der Richtlinien 97/7/EG und 98/27/EG, ABl Nr L 271, 16; Richtlinie 2011/83/EU des Europäischen Parlaments und des Rates vom 25. 10. 2011 über die Rechte der Verbraucher, zur Abänderung der Richtlinie 93/

13/EWG des Rates und der Richtlinie 1999/44/EG des Europäischen Parlaments und des Rates sowie zur Aufhebung der Richtlinie 85/577/EWG des Rates und der Richtlinie 97/7/EG des Europäischen Parlaments und des Rates (VerbrRRL), ABl Nr L 304, 64; Gesetzesentwurf der Bundesregierung zur Umsetzung der Verbraucherrechterichtlinie und zur Änderung des Gesetzes zur Regelung der Wohnungsvermittlung v 6. 3. 2013, BT-Drucks 17/12637; Beschlussempfehlung und Bericht des Rechtsausschusses (6. Ausschuss) zu dem Gesetzentwurf der Bundesregierung (BT-Drucks 17/12637) v 12. 6. 2013, BT-Drucks 17/13951; Gesetz zur Umsetzung der Verbraucherrechterichtlinie und zur Änderung des Gesetzes zur Regelung der Wohnungsvermittlung v 27. 9. 2013, BGBl I 2013, 3642; Drittes Gesetz zur Änderung reiserechtlicher Vorschriften vom 17. 7. 2017, BGBl I 2017, 2394.

Systematische Übersicht

Alphabetische Übersicht

I. Allgemeines

Vor der Umsetzung der VerbrRRL war das Bestehen eines Widerrufsrechts für Haustürgeschäfte einerseits und Fernabsatzverträge andererseits innerhalb der §§ 312 ff aF (bis 12. 6. 2014) getrennt in § 312 Abs 1 S 1 aF bzw § 312d Abs 1 S 1 aF geregelt. Nun findet sich in § 312g BGB der **einheitliche Anknüpfungspunkt** sowohl für außerhalb von Geschäftsräumen geschlossene Verträge als auch für Fernabsatzverträge (vgl auch BT-Drucks 17/12637, 56). Die Vereinheitlichung entspricht der Vorgabe aus Art 9 Abs 1 VerbrRRL. Daraus folgt zudem, dass einige Ausschlusstatbestände, die zuvor nur im Hinblick auf Fernabsatzverträge galten, nun ebenso für außerhalb von Geschäftsräumen geschlossene Verträge gelten (Jauernig/Stadler § 312g Rn 5). Im Übrigen stellt die Norm im Wesentlichen die Umsetzung von Art 16 VerbrRRL und Art 6 FernAbsFinanzDienstRL dar. Durch den Verweis in § 312g Abs 1 BGB wird jedoch deutlich, 1 dass auch für das fernabsatzrechtliche Widerrufsrecht die Einzelheiten in § 355 BGB geregelt sind (s dazu auch Rn 7 ff).

II. Normzweck

2 In Erwägungsgrund 37 der VerbrRRL heißt es: „Da der Verbraucher im Versandhandel die Waren nicht sehen kann, bevor er den Vertrag abschließt, sollte ihm ein Widerrufsrecht zustehen. Aus demselben Grunde sollte dem Verbraucher gestattet werden, die Waren, die er gekauft hat, zu prüfen und zu untersuchen, um die Beschaffenheit, die Eigenschaften und die Funktionsweise der Waren festzustellen. Bei außerhalb von Geschäftsräumen geschlossenen Verträgen sollte dem Verbraucher aufgrund des möglichen Überraschungsmoments und/oder psychologischen Drucks das Recht auf Widerruf zustehen. Der Widerruf des Vertrags sollte die Verpflichtung der Parteien beenden, den Vertrag zu erfüllen."

3 Für die Geltung des Widerrufsrechts kommt es zunächst ausschließlich darauf an, dass ein außerhalb von Geschäftsräumen geschlossener Vertrag iSv § 312b Abs 1 S 1 BGB oder ein Fernabsatzvertrag iSv § 312c Abs 2 BGB vorliegt. In diesen Situationen sieht der Gesetzgeber die Notwendigkeit, dass sich der Verbraucher ohne besonderen Grund vom Vertrag lösen können muss. Entscheidend ist nicht, dass der Verbraucher im konkreten Fall überrumpelt worden war oder nicht in der Lage war, eine hinreichend fundierte Entscheidung zu treffen. Das Widerrufsrecht stellt vielmehr ein Schutzinstrument dar, das auf eine **typisierte Schutzbedürftigkeit** des Verbrauchers abstellt, sodass es darüber hinaus auch keiner Begründung für dessen Ausübung bedarf (MünchKommBGB/Wendehorst § 312g Rn 1; BeckOK-BGB/Martens [1. 5. 2024] § 312g Rn 3).

4 Erst die Möglichkeit, sich durch einseitige Erklärung vom Vertrag zu lösen, stellt ein **wirksames Instrument des Verbraucherschutzrechts dar**. Der Verbraucher kann in Kenntnis des ihm zustehenden Widerrufsrechts unbesorgt außerhalb von Geschäftsräumen oder im Fernabsatz Verträge schließen, die Ware in Ruhe überprüfen und sie – sollte sie ihm nicht gefallen – an den Unternehmer zurücksenden. Hierdurch wird der Verbraucher in eine Lage versetzt, die für ihn sogar komfortabler ist als bei Verträgen, die im stationären Handel abgeschlossen werden. Dort kann er sich nur unter wesentlich strengeren Voraussetzungen von dem Vertragsschluss lösen; Voraussetzung hierfür ist grundsätzlich, dass die Ware mangelhaft ist. Schließt der Verbraucher hingegen einen Vertrag über die identische Ware im Fernabsatz, kann er den Vertragsschluss ohne Rücksicht auf die Mangelhaftigkeit der Ware widerrufen. Hat der Verbraucher die Ware vor der Rückgabe nur auf die Funktionsfähigkeit getestet, muss er nach § 357 Abs 7 BGB nur für den Wertverlust haften, der auf einen Umgang mit den Waren zurückzuführen ist, der zur Prüfung der Beschaffenheit, der Eigenschaften und der Funktionsweise der Waren nicht notwendig war. Im Übrigen trägt also der Unternehmer das Risiko dafür, dass er die Ware nur noch zu einem reduzierten Preis verkaufen kann, nachdem der Verbraucher sein Widerrufsrecht genutzt hat. Diese Belastung des Unternehmers ist schon in der Richtlinie angelegt. Die Erklärung des Widerrufs muss in der Berufung auch dann berücksichtigt werden, wenn sie erst nach Schluss der erstinstanzlichen mündlichen Verhandlung erfolgt, obwohl der Verbraucher die Möglichkeit des Gestaltungsrechts kannte (BGH 17. 10. 2018 – VIII ZR 212/17).

Auch bei **Verträgen über Dienstleistungen**, die unter ausschließlicher Verwendung von Fernkommunikationsmitteln geschlossen werden, steht dem Verbraucher ein Widerrufsrecht zu (vgl zum Begriff der Dienstleistung die Kommentierung zu § 312 Rn 3). Bei dieser Art von Verträgen ist der Verbraucher aus denselben Gründen schutzbedürftig wie bei Verträgen über die Lieferung von Waren. Bevor der Vertrag geschlossen wird, kann er sich keinen eigenen Eindruck von der Qualität der angebotenen Dienstleistung verschaffen. Im Unterschied zu Verträgen über die Lieferung von Waren bietet das Widerrufsrecht bei Verträgen über Dienstleistungen freilich nur begrenzten Schutz. Es erlischt gemäß § 356 Abs 4 Nr 2 BGB, wenn der Unternehmer die Dienstleistung vollständig erbracht hat und mit der Ausführung der Dienstleistung erst begonnen hat, nachdem der Verbraucher dazu seine ausdrückliche Zustimmung gegeben hat und gleichzeitig seine Kenntnis davon bestätigt hat, dass er sein Widerrufsrecht bei vollständiger Vertragserfüllung durch den Unternehmer verliert. Trotz der strengen Anforderungen an die Zustimmung des Verbrauchers (vgl MünchKommBGB/Fritsche § 356 Rn 40) hat der Verbraucher also in aller Regel nicht die Möglichkeit, sich von dem Vertrag zu lösen, nachdem er die Ausführung der Dienstleistung bewerten konnte. Ein Bild von der Qualität, in der der Unternehmer die Dienstleistung ausführt, kann sich der Verbraucher nur machen, wenn er den Unternehmer dabei beobachtet, wie er dieselbe Dienstleistung für einen anderen Verbraucher ausführt. **Sinn und Zweck des Widerrufsrechts bei Verträgen über Dienstleistungen** ist daher in erster Linie dem Verbraucher eine **verlängerte Überlegungsfrist** zu gewähren (so auch MünchKommBGB/Wendehorst [6. Aufl 2012] § 312d aF Rn 2; Fuchs ZIP 2000, 1273, 1280). Dem Verbraucher können aber durch die besondere Konstruktion des Widerrufsrechts bei Verträgen über Dienstleistungen durchaus auch andere Vorteile entstehen. Nach § 356 Abs 3 S 1 BGB beginnt die Widerrufsfrist nicht, bevor der Unternehmer den Verbraucher entsprechend den Anforderungen des Art 246a § 1 Abs 2 S 1 Nr 1 oder des Art 246b § 2 Abs 1 EGBGB unterrichtet hat. Hierdurch erhält der Verbraucher die Möglichkeit, sich umfassend über die Details des unternehmerischen Angebots zu informieren. Anders als bei einem Vertrag, durch den sich der Unternehmer dazu verpflichtet, eine Dienstleistung zu erbringen, und der unter gleichzeitiger Anwesenheit der Vertragsparteien geschlossen wird, kann der Verbraucher bei Fernabsatzverträgen den Unternehmer nicht zu den Einzelheiten der angebotenen Dienstleistung befragen. Ebenso wenig kann er sich ein genaueres Bild von persönlichen Eigenschaften des Unternehmers wie dessen Zuverlässigkeit oder Seriosität machen. Bei außerhalb von Geschäftsräumen geschlossenen Verträgen ergeben sich aufgrund der für sie typischen Überrumpelungssituation vergleichbare Schwierigkeiten. Es ist daher gut möglich, dass sich der Verbraucher vom Vertrag lösen möchte, nachdem er sich erstmals mit den näheren Einzelheiten der angebotenen Dienstleistung beschäftigt hat. Diese Möglichkeit wird ihm durch das Widerrufsrecht auch bei Verträgen über Dienstleistungen gegeben (grundsätzlich zum Widerrufsrecht: Heinrichs, in: FS Medicus [1999] 177 ff; Meller-Hannich JURA 2003, 369 ff; Mankowski CR 2001, 767 ff). 5

Bevor die Fernabsatzrichtlinie umgesetzt wurde, waren **Widerrufsrechte in den verschiedenen Verbraucherschutzgesetzen** unterschiedlich gestaltet, insbesondere fanden sich unterschiedliche Regelungen über Fristen und Rechtsfolgen des jeweiligen Widerrufsrechts. Mit Umsetzung der Richtlinie wurde dann ein erster Schritt unternommen, die Voraussetzungen, unter denen das Widerrufsrecht ausgeübt werden kann, zu vereinheitlichen. Um das Verbraucherschutzrecht übersichtlicher zu gestalten und um es den Gerichten zu erleichtern, das jeweils geltende Recht anzuwenden (RegE Fern- 6

AbsG BT-Drucks 14/2658, 42), wurden mit Umsetzung der Fernabsatzrichtlinie nicht nur deren Vorgaben ins Fernabsatzgesetz übernommen. Darüber hinaus fügte der Gesetzgeber eine Vorschrift über Widerrufsrechte bei Verbraucherverträgen in das BGB ein. Die Vorschriften über Widerrufsrechte in anderen Verbraucherschutzgesetzen (AGBG, FernUSchG, VerbrKrG, HWiG) verwiesen von nun an auf die §§ 355 ff BGB.

III. Grundsatz: Bestehen des Widerrufsrechts

7 Nach § 312g Abs 1 BGB steht dem Verbraucher bei außerhalb von Geschäftsräumen geschlossenen Verträgen und bei Fernabsatzverträgen ein Widerrufsrecht gemäß **§ 355 BGB** zu. Details darüber, wann und wie das Widerrufsrecht ausgeübt werden kann, enthält § 312g BGB damit selbst nicht. Der Verbraucher kann seine zum Vertragsschluss führende Willenserklärung widerrufen, wenn er mit dem Unternehmer einen Fernabsatzvertrag oder außerhalb von Geschäftsräumen einen Vertrag geschlossen hat, den Widerruf dem Unternehmer gegenüber innerhalb der Widerrufsfrist erklärt hat und das Widerrufsrecht nicht aus anderen Gründen erloschen oder gemäß ausgeschlossen ist.

1. Wirksamer Vertrag erforderlich?

8 Der Verbraucher kann nach § 312g Abs 1 BGB iVm § 355 Abs 1 S 1 BGB seine „auf den Abschluss eines Vertrages gerichtete Willenserklärung" widerrufen. Unerheblich ist, ob er mit der Willenserklärung ein Angebot zum Vertragsschluss abgegeben oder angenommen hat. Unklar ist damit, ob die Willenserklärung und der durch sie geschlossene Vertrag wirksam sein müssen, damit der Verbraucher widerrufen kann. Dies ließe sich mit der Argumentation verneinen, dass keine Veranlassung besteht, dem Verbraucher die Erleichterungen vorzuenthalten, die durch § 355 BGB gewährt werden, nur weil der Vertrag unwirksam ist (BGH NJW 2010, 610 mwNw aus der Literatur). Hierfür spricht, dass nichtige Verträge über das Bereicherungsrecht rückabgewickelt werden, wodurch dem Verbraucher Nachteile entstehen können. Insbesondere würde er nicht durch die Regelungen in § 357 BGB privilegiert werden und auch die sonstigen verbraucherschützenden Bestimmungen in §§ 355 ff BGB, die es ihm erleichtern, seine Rechte gegenüber dem Unternehmer durchzusetzen, könnte er nicht nutzen. Allerdings widerspricht es den dogmatischen Strukturen des Vertragsrechts, wenn auch nichtige Verträge nach den Rücktrittsvorschriften rückabgewickelt werden. Um von einem Vertrag zurücktreten zu können, muss dieser zunächst einmal wirksam geschlossen sein. Nichtige oder angefochtene Verträge sind aber als *ex tunc* unwirksam anzusehen, sodass schon begrifflich kein Vertrag besteht, von dem der Verbraucher zurücktreten könnte. Derartige dogmatische Bedenken können wohl nicht mit Argumenten beseitigt werden, die in erster Linie den Schutz des Verbrauchers im Sinn haben (so auch Lütcke [2002] § 312d Rn 17; ebenfalls zweifelnd Jauernig/Stadler § 312g Rn 4; Ludwig ZGS 2010, 490). Der Verbraucher würde privilegiert, wenn die Nichtigkeit des Vertrags auf Umständen beruht, die er zu vertreten hat, und ihm dennoch die günstigen Regelungen von §§ 355 ff BGB zur Verfügung stehen. Dem Missbrauch stünden Tür und Tor offen. Zudem geht auch die VerbrRRL dem Grundsatz nach von dem Erfordernis eines wirksamen Vertrages aus (Friesen VuR 2016, 174, 179). Letztlich ist es die allgemeine Frage nach der **Doppelwirkung im Recht**, die eine allgemeine Antwort nicht erlaubt (grundlegend Kipp, in: FS vMartitz [1911] 211 ff, 224 ff; für eine Anfechtbarkeit widerruflicher oder nichtiger Rechtsgeschäfte Flume Bd 2, § 31, 6 [566 ff]).

Dennoch hat der BGH seine Rechtsprechung auf weitere Fälle der Nichtigkeit erweitert: Weder die Kündigung (BGH 29. 7. 2015 – IV ZR 384/14, WM 2015, 1614 mwNw) noch die Aufhebung (BGH 11.10.16 – XI ZR 482/15, NJW 2017, 243 Rn 28) eines Vertrages stehen demnach der Widerruflichkeit des Vertrages entgegen. Im Unterschied zu Fällen der Sittenwidrigkeit oder nach erfolgreicher Anfechtung, ist der Vertrag infolge Aufhebung oder Kündigung jedoch regelmäßig nur *ex nunc* nichtig. Damit hat zumindest zu einem bestimmten Zeitpunkt ein wirksamer Vertrag bestanden. Aus diesem Grund bestehen im Hinblick auf diese Fortführung der Rechtsprechung nicht die gleichen durchgreifenden Bedenken wie im Falle der *ex tunc* Nichtigkeit. **9**

2. Widerrufserklärung

Der Verbraucher muss erklären, dass er seine zum Vertragsschluss führende Willenserklärung widerrufen möchte, § 355 Abs 1 S 1, 2 BGB. Nutzt er dieses Recht, so muss er sich zuvor darüber im Klaren sein, welcher Form seine Erklärung bedarf, wie er den Widerruf zu formulieren hat und wem gegenüber er ihn erklären muss. **10**

a) Form der Widerrufserklärung

Der Fernabsatzrichtlinie selbst, auf die das Widerrufsrecht in seiner alten Fassung maßgeblich zurückzuführen war, ließ sich kein Hinweis für die Form entnehmen, die der Verbraucher zu beachten hatte, wenn er seine Willenserklärung widerrief. Bevor die Richtlinie umgesetzt wurde, galt für andere verbraucherschützende Rechte, dass der Widerruf in Schriftform zu erfolgen hat. Mit Umsetzung der Richtlinie wurde den geänderten technischen Gegebenheiten Rechnung getragen und die Formerfordernisse lockerten sich. § 3 Abs 1 FernAbsG verwies auf § 361a Abs 1 S 2 aF (bis 31. 12. 2001) und nach dieser Vorschrift konnte der Verbraucher den Widerruf auf anderen Datenträgern erklären, sowie dadurch, dass er dem Unternehmer die Ware zurücksandte. Auch nach der **Schuldrechtsreform** sind die **Formvorschriften** zunächst nicht verschärft worden. § 355 Abs 1 S 2 aF (bis 12. 6. 2014) sprach weiterhin davon, dass der **Widerruf „in Textform“** oder durch Rücksendung der Ware erklärt werden konnte. Dies erfuhr jedoch eine grundlegende Neukonzeption im Rahmen der Umsetzung der sog „Verbraucherrechterichtlinie“ (RL 2011/83/EU) zum 13. 6. 2014. Nunmehr bedarf die Widerrufserklärung des Verbrauchers keiner bestimmten Form mehr, kann mithin auch mündlich erfolgen. Irreführend ist insoweit § 355 Abs 1 S 5 BGB, der von der „Absendung“ des Widerrufs spricht, was eine verkörperte Erklärung nahelegt. Dies bezieht sich indes allein auf die Rechtzeitigkeit der Erklärung, nicht jedoch auf ihre Form (MünchKommBGB/Fritsche § 355 Rn 48). Die Textform des § 126b BGB ist mithin – anders als noch in § 355 Abs 1 S 2 aF (bis 12. 6. 2014) – nicht mehr erforderlich, allerdings bleibt sie auch künftig jedenfalls aus Beweisgründen für den Verbraucher anzuraten (vgl BeckOK-BGB/Müller-Christmann [1. 5. 2024] § 355 Rn 27). **11**

Nicht mehr ausreichend ist jedoch die kommentarlose Rücksendung der Ware, wie dies noch § 355 Abs 1 S 2 aF (bis 12. 6. 2014) vorsah (insofern kritisch Hoffmann/Schneider NJW 2015, 2529). Nunmehr muss der Rücksendung eine – freilich formlos mögliche – Erklärung beigefügt sein, aus der sich eindeutig der Wunsch des Verbrauchers zum Widerruf seiner auf den Vertragsschluss gerichteten Willenserklärung ergibt (Erwägungsgrund Nr 44 RL 2011/83/EU). Allerdings bleibt es den Vertragsparteien unbenommen zu vereinbaren, dass die Rücksendung der Ware durch den Verbrau- **12** cher zur Erklärung des Widerrufs ausreichen soll, da dies eine für den Verbraucher günstigere Regelung darstellt (BT-Drucks 17/12637, 60).

b) Inhalt

13 Auch an den Inhalt der Widerrufserklärung sind keine allzu hohen Anforderungen zu stellen. Einzige ausdrücklich durch das Gesetz normierte Voraussetzung ist gem § 355 Abs 1 S 3 BGB, dass der Entschluss des Verbrauchers zum Widerruf des Vertrages eindeutig aus seiner Erklärung hervorgehen muss. Dabei reicht es aus, wenn sich der Erklärung des Verbrauchers nach **allgemeinen Auslegungsregeln** unzweifelhaft entnehmen lässt, dass er nicht mehr an die Willenserklärung gebunden sein möchte. Keinesfalls ist erforderlich, dass der Verbraucher das Wort „Widerruf" verwendet (BeckOK-BGB/Müller-Christmann [1. 5. 2024] § 355 Rn 24). Es genügt mithin, wenn sich aus den Umständen der Erklärung ergibt, dass der Verbraucher sich vom Vertrag lösen möchte. Zu weit geht aber die Auffassung des OLG Karlsruhe, das entschieden hat, dass der Verbraucher bereits dann seine Willenserklärung widerruft, wenn er anzeigt, dass er sich gegen eine Klage verteidigen möchte, die aus dem zwischen ihm und dem Unternehmer geschlossenen Vertrag erhoben wird (so aber OLG Karlsruhe NJW-RR 1998, 1438, 1439; wie hier BGH 12.1.17 – I ZR 198/15, NJW 2017, 2337 Rn 43). Dagegen kann wohl auch vor dem Hintergrund des Erfordernisses der Eindeutigkeit der Erklärung aus der Ankündigung, eine Rechnung nicht zu bezahlen, geschlossen werden, dass der Verbraucher seine Vertragserklärung widerrufen möchte (so zu Recht AG Braunschweig CR 2004, 752, 753). Der Verbraucher verdeutlicht durch eine solche Aussage, dass er sich an einen Vertrag nicht gebunden fühlt. Hierin enthalten ist die Erklärung, die zum Vertragsschluss führende Erklärung widerrufen zu wollen. Erforderlich ist aber, dass der Verbraucher zu erkennen gibt, von welchem Vertrag er sich lösen möchte. Sind zwischen Verbraucher und Unternehmer mehrere gleichartige Verträge geschlossen worden, so wird es erforderlich sein, dass der Verbraucher den Vertrag, von dem er sich lösen möchte, dadurch genau bezeichnet, dass er Geschäftsnummer oä und Datum, an dem der Vertrag geschlossen wurde, in seiner Erklärung angibt. Das Widerrufsrecht ist nicht an Bedingungen geknüpft. Insbesondere kann der Verbraucher auch dann seine Willenserklärung widerrufen, wenn ihm kein **Gewährleistungsrecht** zusteht. Es ist nach § 355 Abs 1 S 4 BGB auch nicht erforderlich, dass der Verbraucher den Widerruf begründet. Unschädlich ist es also erst recht, wenn der Verbraucher in seiner Widerrufserklärung fehlerhafte Begründungen angibt, etwa die Rückgabe der Sache unzutreffend damit begründet, dass sie fehlerbehaftet sei. In diesem Fall wird jedoch durch Auslegung zu ermitteln sein, ob tatsächlich noch von einer eindeutigen Widerrufserklärung im Sinne des § 355 Abs 1 S 3 BGB ausgegangen werden kann oder ob eine solche Erklärung vielmehr darauf ausgerichtet ist, die dem Verbraucher zustehenden Gewährleistungsrechte in Anspruch zu nehmen. Etwas anderes gilt freilich, wenn der Verbraucher ausdrücklich kaufrechtliche Gewährleistungsansprüche wie Nacherfüllung gemäß § 437 Nr 1 BGB oder Minderung gemäß § 437 Nr 2 BGB, zweite Alt geltend macht. Diese Rechte sind an bestimmte Voraussetzungen, insbesondere die Mangelhaftigkeit der verkauften Ware, geknüpft, die der Verbraucher darzulegen hat. Kommt sowohl ein Widerruf als auch eine Anfechtung in Betracht, so wird eine eindeutige Auslegung einer Erklärung, sich vom Vertrag lösen zu wollen, nicht immer möglich sein. Anstelle der Irrtumsanfechtung wird jedoch regelmäßig der Widerruf gewollt sein, da seine Voraussetzungen für den Verbraucher leichter darzulegen sind und im Zweifel der Verbraucher den für ihn günstigeren Rechtsbehelf wählen wollte.

c) Adressat des Widerrufs

14 Der Verbraucher hat den Widerruf gemäß § 355 Abs 1 S 2 BGB **gegenüber dem Unternehmer zu erklären**. Die Erklärung des Widerrufs ist eine empfangsbedürftige Willenserklärung, die nach § 130 Abs 1 S 1 BGB mit Zugang wirksam wird. Die Widerrufserklärung ist als Gestaltungsrecht nach ihrem Zugang beim Adressaten nicht mehr zurücknehmbar (BGH 7.11.17 – XI ZR 369/16, NJW-RR 2018, 301 Rn 29). Die Beweislast dafür, dass der Widerruf dem Unternehmer auch tatsächlich zugegangen ist, trägt nach den allgemeinen Regeln der Verbraucher. Auch wenn § 355 Abs 1 S 5 BGB für den Fall des Widerrufs durch verkörperte Willenserklärung unter Abwesenden etwas anderes vermuten lässt, liegt das Zugangsrisiko ebenfalls beim Verbraucher. Trotz des missverständlichen Wortlauts („zur Fristwahrung genügt die rechtzeitige Absendung des Widerrufs") meint die Vorschrift jedoch nur, dass es unschädlich ist, wenn der Widerruf den Unternehmer nach **Fristablauf** erreicht, solange der Widerruf nur fristgemäß erklärt wurde. Damit trägt der Verbraucher zwar das Zugangsrisiko, der Unternehmer hingegen das Risiko einer Verzögerung der Widerrufserklärung (ebenso BeckOK-BGB/MÜLLER-CHRISTMANN [1. 5. 2024] § 355 Rn 31). Geht der Widerruf dem Unternehmer gar nicht zu, muss er nach der Wertung des § 130 Abs 1 S 1 BGB als unwirksam angesehen werden (LORENZ JuS 2000, 833, 836). Es wird jedoch aus Gründen des Verkehrsschutzes allgemein für zulässig gehalten, dass der Verbraucher die Widerrufserklärung nachholt, wenn die Erklärung auf dem Transportweg verloren gegangen ist (MünchKommBGB/FRITSCHE § 355 Rn 57 mwNw). Die Schwierigkeit in diesem Fall liegt freilich darin, die Erklärung des Widerrufs und den Verlust auf dem Transportweg nachzuweisen. Dies mag durch ein Ausgangs-Protokoll eines Faxes geschehen, das zwar keinen Anscheinsbeweis für den Zugang der Erklärung, wohl aber Beweis für dessen Versendung erbringen kann (BGH NJW 1995, 665 mwNw; **aA** OLG München MDR 1999, 286 bei damit verbundener eidesstattlicher Versicherung; zur E-Mail wie hier HÜLBACH, in: SCHUSTER [Hrsg], Vertragshdb Telemedia [2001] Kap 13 Rn 33; ERNST MDR 2003, 1091, 1092).

15 Der Unternehmer kann **Empfangsboten oder Empfangsvertreter** einsetzen. Erforderlich ist insofern jedoch, dass dem Verbraucher die Anschrift des Widerrufsempfänger so eindeutig mitgeteilt wird, dass er keinem Zweifel unterliegen kann, an wen er den Widerruf zu richten hat (OLG Hamm 21. 12. 2015 – I-31 U 56/15, 31 U 56/15, WM 2016, 116). Der Unternehmer wird aus Praktikabilitätsgründen dazu neigen, den Empfänger des Widerrufs an einer Niederlassung anzusiedeln, die auch für Reklamationen zuständig ist. Widerrufsempfänger kann, abhängig von der Vertriebsstruktur des Unternehmers, auch ein Dritter sein.

3. Widerrufsfrist

16 § 355 Abs 2 BGB regelt die Frist, innerhalb derer bei Verbraucherverträgen das Widerrufsrecht ausgeübt werden muss. §§ 355 ff BGB können aber nach § 355 Abs 1 S 1 BGB nur angewandt werden, wenn „einem Verbraucher durch Gesetz ein Widerrufsrecht nach dieser Vorschrift" eingeräumt wird.

a) Dauer der Widerrufsfrist

17 Die Widerrufsfrist beträgt für den Verbraucher gem § 355 Abs 2 S 1 BGB **14 Tage**. Ein zeitlich unbegrenztes Widerrufsrecht gibt es im Gegensatz zur früheren Rechtslage (vgl EuGH NJW 2002, 281) nicht mehr. Der gesetzliche Regelfall ist die Frist von 14 Tagen

(§ 355 Abs 2 S 1 BGB), die auch für den Fall, dass der Unternehmer eine ordnungsgemäße Widerrufsbelehrung zunächst unterlässt, diese aber nach Vertragsschluss nachholt, unverändert bleibt (BeckOK-BGB/Müller-Christmann [1. 5. 2024] § 355 Rn 28). In diesem Fall kommt es nicht mehr zu einer gesetzlich angeordneten Verlängerung der Frist – wie es nach § 355 Abs 2 S 3 aF (bis 12. 6. 2014) noch vorgesehen war. Eine Sonderregelung besteht insofern allein für den Fall der Verbraucherdarlehensverträge gem § 356b Abs 2 S 3 BGB, der eine Fristverlängerung auf einen Monat im Falle der nicht ordnungsgemäßen Erfüllung bestimmter Informationspflichten, die jedoch später nachgeholt werden, vorsieht. In jedem Fall erlischt das Widerrufsrecht jedoch spätestens ein Jahr und 14 Tage nach dem Vertragsschluss (§ 356 Abs 3 S 2, § 356a Abs 3 S 2, § 356b Abs 2 S 3, § 356c Abs 2 S 2, § 356d S 2, § 356e S 2 BGB), unabhängig davon ob die Widerrufsbelehrung bis dahin erfolgt ist. Die einzige Ausnahme findet sich insofern in § 356b Abs 2 S 2, 3 BGB. Der Begriff „spätestens" zeigt, dass die Widerrufsfrist durch die Nachholung der erforderlichen Belehrung jedoch weiterhin in Gang gesetzt werden kann, sodass es auf das gesetzlich vorgesehene Erlöschen des Widerrufsrechts nicht ankommt. Im Übrigen ergibt sich aus § 361 Abs 2 BGB, dass die Widerrufsfrist nicht durch die Vertragsparteien verkürzt werden darf, woraus sich im Umkehrschluss jedoch ableiten lässt, dass eine Verlängerung der Frist zugunsten des Verbrauchers zulässig ist. Für die Berechnung der Frist ist auf die allgemeinen Regeln, insbesondere auf §§ 186 ff BGB zurückzugreifen.

18 Damit sind die gesetzlichen Regelungen gegenüber der zuvor bestehenden Rechtslage deutlich vereinfacht und für den Unternehmer berechenbarer geworden (ebenso MünchKommBGB/Fritsche § 355 Rn 54). Nach der früheren Rechtslage konnte dem Verbraucher im Falle der fehlenden Belehrung durch den Unternehmer ein gänzlich unbefristetes Widerrufsrecht zustehen, § 355 Abs 4 S 3 aF (bis 12. 6. 2014). Die Vorschrift wurde als Folge der Entscheidung des EuGH in der Sache Heininger durch das **OLG-Vertretungsänderungsgesetz** eingefügt (vgl hierzu Meinhof NJW 2002, 2273, 2274; Rott BB 2005, 53; Felke/Jordans NJW 2005, 710; Härting/Schirmacher CR 2005, 48; Kocher DB 2004, 2679). Trotz der insofern zum Schutz des Unternehmers nunmehr eingefügten Begrenzung des Widerrufsrechts auf maximal ein Jahr und 14 Tage (§ 356 Abs 3 S 2, § 356a Abs 3 S 2, § 356c Abs 2 S 3, § 356c Abs 2 S 2, § 356d S 2, § 356e S 2 BGB) empfiehlt es sich in der Praxis zu wissen, welche konkreten Anforderungen erfüllt sein müssen, um die 14-tägige Widerrufsfrist in Gang zu setzen (s u) und damit nicht der Ausschlussfrist von einem Jahr und 14 Tagen ausgesetzt zu werden.

b) Beginn der Widerrufsfrist

19 Die Widerrufsfrist beginnt nach § 355 Abs 2 S 1 BGB mit Vertragsschluss zu laufen, sofern nicht gesetzlich etwas anderes bestimmt ist oder die Parteien etwas anderes vereinbart haben. Damit ist der nach dem bisherigen Recht bestehende regelmäßige Anknüpfungspunkt der ordnungsgemäßen Belehrung über das Widerrufsrecht entfallen. Jedoch ist zu beachten, dass eine Reihe speziellerer Vorschriften – namentlich §§ 356 Abs 2, 3, 356a Abs 2, 356b Abs 1, 2, 356c Abs 1, 2, § 356d, 356e BGB – weiterhin neben dem Vertragsschluss zusätzliche Voraussetzungen für den Beginn der Widerrufsfrist festlegen, sodass dieser Zeitpunkt tatsächlich häufig erst nach Vertragsschluss liegt. Stets bleibt jedoch der Vertragsschluss jedenfalls eine der Voraussetzungen für den Fristbeginn, sodass dieser nicht vor dem Zeitpunkt des Vertragsschlusses liegen kann. Die genannten speziellen Vorschriften stellen für den Fristbeginn regelmäßig auf die Erfüllung dort benannter Informationspflichten, namentlich insbesondere derjenigen der Art 246 ff EGBGB ab. Zu beachten ist, dass die gesetzlichen Regelungen über den Beginn der Widerrufsfrist den Verbraucher jedoch nicht daran hindern, den Widerruf schon vor Fristbeginn wirksam zu erklären (Schulze/Schulze § 355 Rn 10).

IV. Ausschlusstatbestände (Abs 2)

Durch § 312g Abs 2 Nr 1–13 BGB werden einige Tatbestände von dem nach § 312g Abs 1 BGB grundsätzlich umfassenden Widerrufsrecht ausgenommen. Wichtig ist dabei, dass diese Herausnahme jedoch nur das Widerrufsrecht selbst betrifft – die **Informationspflichten nach § 312d BGB** bleiben unabhängig von den in § 312g Abs 2 BGB aufgeführten Tatbeständen bestehen (Hk-BGB/Schulte-Nölke § 312g Rn 2; Jauernig/Stadler § 312g Rn 2; Erman/Koch § 312g Rn 4; Dauner-Lieb/Langen/Ring Rn 9). Inhaltlich wird in § 312g Abs 2 BGB der vollharmonisierte, abschließende Katalog aus Art 16 VerbrRRL umgesetzt. Die schon vor der Novellierung enthaltenen Ausnahmen vom Widerrufsrecht bei im Fernabsatz geschlossenen Verträgen über Finanzdienstleistungen sind bestehen geblieben und wurden zusätzlich auf außerhalb von Geschäftsräumen geschlossene Verträge über Finanzdienstleistungen erweitert (BT-Drucks 17/12637, 56). In Erwägungsgrund 49 wird dazu ausgeführt, dass ein Widerrufsrecht in bestimmten Fällen aufgrund der Beschaffenheit bestimmter Waren oder Dienstleistungen unzweckmäßig sein könne, weshalb in diesen Fällen die Zubilligung eines Widerrufsrechts auszuschließen sei. Innerhalb der §§ 312 ff BGB sind jedoch auch außerhalb der Ausnahmetatbestände des § 312g Abs 2 BGB weitere Regelungen zu beachten, die den Anwendungsbereich des Widerrufsrechts einschränken. Dies betrifft neben § 312 Abs 2, 4, 5 und 6 BGB auch § 312g Abs 3 BGB (MünchKommBGB/Wendehorst § 312g Rn 3; BeckOK-BGB/Martens [1. 5. 2024] § 312g Rn 6). Trotz dieser zahlreichen Einschränkungen bleibt es bei dem Grundsatz des Bestehens eines Widerrufsrechts bei außerhalb von Geschäftsräumen geschlossenen Verträgen und Fernabsatzverträgen. Insofern stellen die Ausschlusstatbestände **Ausnahmen** dar, die grundsätzlich **eng auszulegen** sind (BGH 15.11.17 – VIII ZR 194/16, NJW 2018, 453 Rn 10; AG Bad Segeberg 13.4.15 – 17 C 230/14, NJW-RR 2015, 921; LG Wuppertal 4. 4. 2022 – 2 O 218/20, BeckRS 2022, 7425 Rn 14 ff; MünchKommBGB/Wendehorst § 312g Rn 6; Erman/Koch § 312g Rn 5; BeckOK-BGB/Martens [1. 5. 2024] § 312g Rn 11; Becker/Föhlisch NJW 2008, 3751, 3752). Die Beweislast für ihr Vorliegen trägt nach allgemeinen Grundsätzen derjenige, der davon profitiert und sich deshalb darauf beruft: Hier also ganz regelmäßig der Unternehmer (Spindler/Schuster/Schirmbacher Rn 8; MünchKommBGB/Wendehorst § 312g Rn 60). 20

1. Kundenspezifikation (Nr 1)

Nach § 312g Abs 2 Nr 1 BGB besteht kein Widerrufsrecht im Hinblick auf Verträge zur Lieferung von Waren, die nicht vorgefertigt sind und für deren Herstellung eine individuelle Auswahl oder Bestimmung durch den Verbraucher maßgeblich ist oder die eindeutig auf die persönlichen Bedürfnisse des Verbrauchers zugeschnitten sind. Diese Ausnahme entspricht den Vorgaben von Art 16 lit c VerbrRRL und fand sich in vergleichbarer Form bereits in § 312d Abs 4 Nr 1 aF (bis 12. 6. 2014). Nach Verbraucherspezifikation angefertigte Waren sind nach Art 2 Nr 4 VerbrRRL solche, „die nicht vorgefertigt sind und für deren Herstellung eine individuelle Auswahl oder Entscheidung durch den Verbraucher maßgeblich ist“. Zur Begriffsbestimmung 21 führt die Richtlinie in Erwägungsgrund 49 als Beispiel **nach Maß** gefertigte Vorhänge an. Werkverträge werden im Gegensatz zu Kauf- und Werklieferungsverträgen grundsätzlich jedoch nicht erfasst (BGH 30.8.18 – VII ZR 243/17, WM 2018, 1902).

a) Hintergrund der Ausnahme

22 Der Begriff ist enger als der der nicht vertretbaren Sache iSd § 91 BGB (s zu Beispielen zu diesem Begriff STAUDINGER/STIEPER [2021] § 91 Rn 5). Die rechtspolitische Begründung dieser Ausnahme liegt auf der Hand. Anders als bei Massenprodukten, die der Unternehmer bei einem fehlgeschlagenen Vertrag an andere Verbraucher weitergeben kann, können maßgefertigte Waren nicht mehr zu einem wettbewerbsfähigen Preis weiterverkauft werden. Nach Kundenspezifikation angefertigt sind etwa Maßanzüge, mit einer persönlichen Gravur versehene Schmuckstücke oder Grabsteine (2004 wurde das Internet von deutschen Steinmetzen als Wirtschaftsraum entdeckt, über das sich auch Grabsteine vertreiben lassen, FAZ v 1. 3. 2004, S 13). Während Kundenspezifikation schon dem Wortsinn nach bedeutet, dass der Verbraucher detaillierte Vorgaben über den Zuschnitt der Ware macht und diese den Angaben entsprechend angefertigt wird, ist den persönlichen Bedürfnissen des Verbrauchers bereits entsprochen, wenn er aus dem Angebot des Unternehmers eine Ware komponiert, die von anderen Verbrauchern zumindest nicht regelmäßig angefordert wird und vom Unternehmer daher nicht ohne weiteres erneut veräußert werden kann (in diesem Sinne auch BAMBERGER/ROTH/SCHMIDT-RÄNTSCH [2. Aufl 2007] § 312d aF Rn 34; MünchKommBGB/WENDEHORST [5. Aufl 2007] § 312d aF Rn 22). Auf die persönlichen Bedürfnisse des Verbrauchers zugeschnitten wären dementsprechend Möbel, die aus einer Angebotspalette des Unternehmers individuell zusammengestellt werden, und Kraftfahrzeuge, die vom Verbraucher gewünschte Extras enthalten.

b) Unzumutbarkeit der Rückabwicklung

23 Um einen effektiven Verbraucherschutz zu gewährleisten, darf die **Ausnahmeregelung jedoch nicht zu weit verstanden** werden (für eine enge Auslegung ebenfalls JAUERNIG/STADLER § 312g Rn 5). Im Sinne des Schutzzweckes der Vorschrift, der darin liegt, dass eine Rückabwicklung des Vertrages für den Unternehmer unzumutbar ist, kommt es darauf an, ob dem Unternehmer durch die Rücknahme der Ware erhebliche wirtschaftliche Nachteile entstehen, weil die Ware erst auf Bestellung des Kunden nach dessen besonderen Wünschen angefertigt wurde (vgl schon zum Fernabsatzrecht BGH NJW 2003, 1665, 1666; Anmerkungen hierzu von WENDEHORST BGH EWiR § 3 FernAbsG 1/03, 711; FISCHER DB 2003, 1103). Nicht ausreichend in diesem Zusammenhang ist das allgemeine Risiko, das der Unternehmer bei jedem Fernabsatzgeschäft oder außerhalb von Geschäftsräumen geschlossenen Vertrag eingeht und das im Widerrufsrecht des Verbrauchers begründet ist. Dieses Risiko hat der Unternehmer nach dem Willen des Gesetzgebers zu tragen, und es wird durch die Vorteile, die diese Vertriebsformen für ihn mit sich bringen, ausgeglichen.

24 Die **Rechtsprechung** nennt zwei Voraussetzungen, die kumulativ erfüllt sein müssen, damit angenommen werden kann, dass dem Unternehmer durch die Rücknahme der Ware ein erhöhtes wirtschaftliches Risiko entsteht (vgl hierzu ausführlich BGH MDR 2003, 732, 733). Zum einen darf der Unternehmer die vom Kunden veranlasste Anfertigung der Ware nicht ohne weiteres rückgängig machen können. Hierzu ist erforderlich, dass es einen unvertretbaren wirtschaftlichen Aufwand erfordert, die Bestandteile der Ware wieder in den Zustand zu versetzen, in dem sie sich vor der Zusammenset-

zung befunden haben. Der BGH hat im Fall eines im **Baukastensystem** (sog built-to-order-Verfahren) hergestellten **Notebooks** festgelegt, dass die Schwelle zum unvertretbaren wirtschaftlichen Aufwand nicht überschritten ist, wenn der Wert der aufgewandten Arbeitszeit **weniger als 5 % des Warenwertes** beträgt (BGH NJW 2003, 1665, 1666). Aus dieser Entscheidung kann jedoch nicht abgeleitet werden, dass im Einzelfall nicht auch höhere Kosten vom Unternehmer hinzunehmen sind (so auch Brönneke MMR 2004, 127 Fn 7), jedoch ist die 5 % Marke ein erster wichtiger Fingerzeig in diesem Zusammenhang. Jedenfalls bemisst sich die Grenze zum unvertretbaren wirtschaftlichen Aufwand nicht nach absoluten Beträgen. Abzustellen ist auf einen Prozentwert, dessen Höhe von den konkreten Umständen des Einzelfalles abhängt, maßgeblich beeinflusst von der durchschnittlichen Umsatzrendite des Unternehmers. Von der Fortgeltung dieser Rechtsprechung ist auch nach dem neuen Verbraucherwiderrufsrecht auszugehen (Hoeren/Föhlisch CR 2014, 242, 244; Schirmbacher/Schmidt CR 2014, 107, 112; Buchmann K&R 2014, 369, 372).

Zum anderen müssen die Angaben des Verbrauchers die Sache so individualisiert **25**
haben, dass der Unternehmer sie wegen ihrer besonderen Gestalt nicht mehr oder nur noch mit erheblichen wirtschaftlichen Verlusten weiter veräußern kann (Grüneberg/Grüneberg § 312g Rn 4; Dauner-Lieb/Langen/Ring Rn 16). Vor diesem Hintergrund wurde die Anfertigung nach Kundenspezifikation oder der Zuschnitt auf die besonderen persönlichen Bedürfnisse bei einem im built-to-order Verfahren erstellten Notebook ebenso verneint (BGH MDR 2003, 732, 733) wie bei einem Standard-Notebook, bei dem nach Bestellung des Kunden gängige Zusatzkomponenten wie Netzteil, zweiter Akku, ISDN-Karte, TV-Karte und CD-Brenner eingefügt wurden (BGH NJW 2003, 1665, 1666; zuvor OLG Frankfurt CR 2002, 638, 639). Die Anfertigung darf sich insofern jedenfalls nicht auf die Zusammenfügung bereits vorgefertigter Standardbauteile beschränken (LG Düsseldorf 12. 4. 2014 – 23 S 111/13, CR 2014, 397). Ebenso wenig genügt es, wenn zwar die Herstellung der Sache an sich erst auf Wunsch des Kunden hin erfolgt, dieser Wunsch aber lediglich Anlass einer der Nachfragehäufigkeit entsprechenden Produktion ist und es sich im Übrigen um ein Standardprodukt handelt (OLG Brandenburg 14.11.17 – 6 U 12/16, MDR 2018, 264; LG Düsseldorf 14.9.16 – 12 O 357/15; BeckOK-BGB/Martens [1. 5. 2024] § 312g Rn 17). Sofern der Verbraucher die Ware aus vom Unternehmer vorgegebenen Standardoptionen auswählt und so etwa Farbe oder Zusatzausstattung eines PKW bestimmt, kann aus Sicht des OLG München aufgrund des Gebrauchtwagenmarktes nicht davon ausgegangen werden, dass für den Unternehmer eine Weiterveräußerung erheblich erschwert sei (OLG München 18. 6. 2020 – 32 U 7119/19). Auch eine **Persönlichkeitsanalyse**, die überwiegend aus „vorgefertigten allgemeinen Ausführungen“ besteht, stellt kein hinreichend personalisiertes Produkt dar (LG Berlin 26. 3. 2013 – 16 O 180/12, BeckRS 2013, 11651). Für weitere Beispiele kann auf den Umsetzungsleitfaden GD Justiz verwiesen werden.

Für die Anwendbarkeit der Ausnahmevorschrift kommt es zudem nicht drauf an, ob **26**
der Unternehmer die Spezifikation selbst vorgenommen hat oder die Ware auf Kundenwunsch hin hat anfertigen lassen (MünchKommBGB/Wendehorst § 312g Rn 18; BeckOK-BGB/Martens [1. 5. 2024] § 312g Rn 17). Lange wurde vertreten, dass die Ausnahmeregelung aus teleologischen Erwägungen nicht anwendbar sei, wenn mit der spezifizierten Anfertigung tatsächlich noch nicht begonnen wurde (AG München 13.9.16 – 224 C 18398/15, VuR 2017, 191; so noch in der 8. Aufl 2019 MünchKommBGB/Wendehorst § 312g Rn 18). Alleine die Tatsache, dass sich insofern für den Verbraucher nur schwer

zu überwindende Beweishindernisse ergeben, kann diesem Ergebnis nicht entgegengehalten werden – dies würde zu einer Verkehrung des Verbraucherschutzes führen. Das OLG Stuttgart stellte dementgegen heraus, dass das Gesetz in § 312g Abs 2 BGB danach unterscheidet, ob das Widerrufsrecht von Anfang an ausgeschlossen ist oder ob es aufgrund von Umständen, die erst nach Vertragsschluss eintreten, erlischt (arg ex Art 246a § 1 Abs 3 EGBGB), wobei § 312g Abs 2 Nr 1 BGB einen Fall eines anfänglich nicht bestehenden Widerrufsrechts darstellt (OLG Stuttgart 19.9.17 – 6 U 76/16; zustimmend auch Föhlisch/Löwer VuR 2018, 11, 17; BeckOK-BGB/Martens [1. 5. 2024] § 312g Rn 18). Auch der EuGH stellt klar, dass der Ausschlussgrund nicht voraussetzt, dass die Ware tatsächlich bereits hergestellt ist oder der Herstellungsprozess begonnen wurde (21. 10. 2020 – C-529/19, BeckRS 2020, 27321).

2. Schnell verderbliche Waren (Nr 2)

27 Weiterhin sind nach § 312g Abs 2 Nr 2 BGB – entsprechend Art 16 lit d VerbrRRL – Verträge zur Lieferung von Waren, die schnell verderben können oder deren Verfallsdatum schnell überschritten würde, vom Grundsatz des Bestehens eines Widerrufsrechts ausgenommen. Dieser Ausschlussgrund entspricht weitestgehend § 312d Abs 4 Nr 1 Alt 4 und 5 aF (bis 12. 6. 2014). Die **Formulierung der „schnellen Verderblichkeit“** wirft zwei Fragen auf: Wie ist der Begriff „schnell“ in diesem Zusammenhang zu verstehen? Muss der konkret gelieferte Gegenstand schnell verderblich sein oder reicht es aus, dass vergleichbare Gegenstände grundsätzlich schnell verderblich sind?

a) Schnelle Verderblichkeit

28 Zuweilen geht man davon aus, dass Waren schnell verderblich sind, wenn sie innerhalb von sechs Wochen üblicherweise verderben (so Lütcke [2002] § 312d aF Rn 77; ähnlich auch Oelrichs ZLR 2001, 45, 63). Es ist aber zweifelhaft, ob ein fester Zeitrahmen den Besonderheiten des jeweiligen Vertragstyps gerecht werden kann. Im Einzelfall lassen sich sachgerechte Ergebnisse eher erzielen, wenn die Definition nicht an einen konkreten Zeitrahmen geknüpft ist. Schnell verderbliche **Lebensmittel** sind daher solche, deren typische Lebensdauer nach der Transportzeit und einer angemessenen Verweilzeit beim Verbraucher zu einem überwiegenden Teil abgelaufen ist (ähnlich MünchKommBGB/Wendehorst § 312g Rn 22). Die Transportzeit ist hierbei in Anlehnung an die gesetzlich vermutete Postlaufzeit (zB § 41 Abs 2 VwVfG) zu berechnen und beträgt daher in der Regel drei Tage. Die angemessene Verweilzeit beim Verbraucher ist nach der Widerrufsfrist zu bestimmen und beträgt somit zwei Wochen. Bei **Arzneimitteln** ist weiterhin zu beachten, dass diese nicht an sich schon verderbliche Waren iSv § 312g Abs 2 Nr 2 BGB sind: Ein solcher Ausschluss wurde bereits nach altem Recht diskutiert, dennoch hat der Gesetzgeber bei der Neufassung des § 312g BGB einen solchen nicht aufgenommen, weshalb es sich bei Arzneimitteln nicht schon grundsätzlich um von § 312g Abs 2 Nr 2 oder 3 BGB (vgl dazu Rn 32 ff) erfasste Waren handelt (OLG Karlsruhe 9.2.18 – 4 U 87/17, A & R 2018, 68; OLG Naumburg 22.6.17 – 9 U 19/17; s dazu auch Mand WRP 2017, 1529; Laoutoumai K&R 2017, 621; Föhlisch/Löwer VuR 2018, 11, 17).

29 Ob eine Ware schnell verderblich ist oder nicht, muss anhand einer ex ante-Beurteilung entschieden werden (so auch MünchKommBGB/Wendehorst § 312g Rn 23; Meisterernst ZLR 2001, 489, 491). So besteht am ehesten die Möglichkeit, einen Missbrauch

der Vorschrift durch Unternehmer oder Verbraucher zu verhindern. Der Verbraucher kann sich dann nicht darauf berufen, dass Ware, die der Unternehmer im Überschuss produziert hat (etwa Schokoladen-Ostereier), im Lager des Unternehmers ohnehin verderben würde und daher der Ausnahmetatbestand nicht einschlägig sei. Dem Unternehmer wiederum bleibt es verwehrt, Ware so lange zurückzuhalten, bis sie in naher Zukunft verderben würde. Von dem Ausschluss des Widerrufsrechts in § 312g Abs 2 Nr 2 BGB können Unternehmer profitieren, die **Lebensmittel, Kosmetika, Arzneimittel oder Schnittblumen** im Fernabsatz oder außerhalb von Geschäftsräumen vertreiben.

Die Vorschrift kann nicht analog angewandt werden auf Fernabsatzverträge über **30**
Waren, die an ein bestimmtes Ereignis gebunden sind. Zu denken ist hierbei etwa an Fanartikel, die zu der Fußball-Weltmeisterschaft eines bestimmten Jahres hergestellt werden. § 312g Abs 2 Nr 2 BGB schließt nur Verträge über Waren aus, die nach Ablauf einer bestimmten Zeit nicht mehr zu gebrauchen sind. Aber auch bei anlassbezogenen Gegenständen ist ein völliger Funktionsausschluss bei Ablauf des Anlasses nur selten gegeben (vgl auch MünchKommBGB/Wendehorst § 312g Rn 22). Jedenfalls kann in Anbetracht der detaillierten Regelungen in den §§ 312 ff BGB nicht ohne weiteres von einer planwidrigen Regelungslücke ausgegangen werden, sodass eine analoge Anwendung auch insoweit nicht zulässig ist.

b) Überschreitung des Verfallsdatums

Ware, deren **Verfallsdatum überschritten** würde, ist naturgemäß auch Ware, die schnell **31**
verderben kann. Abs 2 Nr 2, Alt 2 ist also ein Unterfall von Abs 2 Nr 1, Alt 1. Unklar bleibt, warum der Gesetzgeber hier den Konjunktiv verwandt hat. Das Verfallsdatum muss in Übereinstimmung mit anerkannten technischen Normen festgesetzt worden sein (so auch Grüneberg/Grüneberg § 312g Rn 5; Erman/Koch § 312g Rn 8; BeckOK-BGB/Martens [1. 5. 2024] § 312g Rn 26). Hierzu zählen Haltbarkeitsfristen, die nach den gesetzlichen Bestimmungen für **Arzneimittel, Lebensmittel oder Kosmetika** berechnet wurden. Nur wenn ein Datum, das auf solch objektive Weise berechnet ist, überschritten würde, ist das Widerrufsrecht ausgeschlossen. Andernfalls bestünde für den Unternehmer die Möglichkeit, sich des Risikos eines widerrufenen Vertrages zu entledigen, indem er selbst ein besonders kurzes Verfallsdatum bestimmt. Der Unternehmer braucht keinen Widerruf zu befürchten bei Verträgen über Waren, deren Verfallsdatum innerhalb der Widerrufsfrist zuzüglich drei Tage Versanddauer abläuft. Um zu verhindern, dass der Unternehmer die für ihn günstige Regelung in § 312g Abs 2 Nr 2 BGB ausnutzt und ältere Waren veräußert, deren Verfallsdatum überschritten würde, ist die Vorschrift einschränkend auszulegen. Sie gilt nur für Waren, die ohnehin nur eine kurze Haltbarkeitsfrist haben oder bei denen das in Kürze erreichte Verfallsdatum eine vertraglich vereinbarte Eigenschaft darstellt. Erfüllt der Unternehmer seine Informationspflichten nach Art 246a § 1 Abs 2 S 1 Nr 1 oder Art 246b § 2 Abs 1 EGBGB nicht (ordnungsgemäß), weshalb die Widerrufsfrist nach § 356 Abs 3 S 1 BGB nicht zu laufen beginnt und das Widerrufsrecht nach S 2 spätestens nach 12 Monaten und 14 Tagen erlischt, kann sich der Unternehmer nicht auf § 312g Abs 2 Nr 2 BGB berufen. Das würde zu einem Wertungswiderspruch innerhalb des Gesetzes führen: § 356 Abs 3 BGB bestraft den Unternehmer, der seinen Informationspflichten nicht vollständig nachgekommen ist. Es wäre widersprüchlich, wenn derselbe Unternehmer zugleich privilegiert wäre, indem er nicht befürchten müsste, dass der Verbraucher von seinem Widerrufsrecht Gebrauch macht (so auch MünchKommBGB/Wendehorst

§ 312g Rn 22; BeckOK-BGB/Martens [1. 5. 2024] § 312g Rn 23; **aA** anscheinend Lütcke [2002] § 312d Rn 77).

3. Versiegelte Ware (Nr 3)

32 Ebenfalls vom Bestehen eines Widerrufsrechts ausgeschlossen sind nach § 312g Abs 2 Nr 3 BGB Verträge zur Lieferung versiegelter Waren, die aus Gründen des Gesundheitsschutzes oder der Hygiene nicht zur Rückgabe geeignet sind, wenn ihre Versiegelung nach der Lieferung entfernt wurde. Die Aufnahme dieses Ausschlusstatbestandes entspricht Art 16 lit e VerbrRRL.

a) Gründe des Gesundheitsschutzes oder der Hygiene

33 Der Begriff des Gesundheitsschutzes enthält ein objektiv feststellbares Element und ist dann einschlägig, wenn durch das Öffnen der Ware sich diese entweder in gesundheitsgefährdender Weise verändern kann oder eine Verunreinigung mit Krankheitserregern zu befürchten ist (Buchmann K&R 2014, 369, 373). Durch den Begriff der Hygiene wird der Anwendungsbereich der Ausnahme ausgeweitet (Hilbig-Lugani ZJS 2014, 441, 449; Buchmann K&R 2014, 369, 373).

34 Zuweilen wird der Begriff der Waren, die aus Gründen des Gesundheitsschutzes oder der Hygiene nicht rückgabefähig sind, entgegen der europarechtlichen Grundsätze zur Auslegung von Ausnahmevorschriften weit verstanden: Es sei bereits die abstrakte Gefahr ausreichend, dass die Ware auf Grund nicht fachgerechter Lagerung, Behandlung oder Reinigung durch den Verbraucher an Sicherheit eingebüßt hat und daher nicht mehr an andere Verbraucher abgegeben werden kann bzw darf (Hoeren/Föhlisch CR 2014, 242, 246; MünchKommBGB/Wendehorst § 312g Rn 24). Teilweise wird auch auf eine objektive Gesundheitsgefahr verzichtet und stattdessen auf ein typischerweise bestehendes **Ekelgefühl** abgestellt (MünchKommBGB/Wendehorst § 312g Rn 24; vgl auch OLG Hamm 22.11.16 – I-4 U 65/15, 4 U 65/15, GRUR-RR 2017, 277 bzgl Erotikartikel). Der BGH hatte dem EuGH die Frage zur Vorabentscheidung vorgelegt, ob von dem Ausschlusstatbestand auch solche Waren erfasst sein sollen, die bei bestimmungsgemäßem Gebrauch eng mit dem menschlichen Körper in Kontakt kommen können, aber durch geeignete (Reinigungs-)Maßnahmen des Unternehmers wieder verkehrsfähig gemacht werden können (BGH 15.11.17 – VIII ZR 194/16, NJW 2018, 453; dafür LG Düsseldorf 14.9.16 – 12 O 357/15; Grüneberg/Grüneberg § 312g Rn 6). Umstritten war bspw die Eignung zur Rückgabe bei **Matratzen** (vgl gegen einen Ausschluss des Widerrufsrechts LG Mainz 10.8.16 – 3 S 191/15, VuR 2017, 435). Der BGH selbst sprach sich im Anschluss an eine bereits zuvor in der Literatur vorhandene Meinung dafür aus, dass trotz einer mit dem Öffnen der Versiegelung verbundenen Wertminderung der Ware der Weiterverkauf für den Unternehmer in solchen Fällen weiterhin zumutbar sei, weil dieser Rückläuferquoten bei der Preisbemessung mit einkalkulieren kann (BGH 15.11.17 – VIII ZR 194/16, NJW 2018, 453 Rn 11; Spindler/Schuster/Schirmbacher Rn 26). Generalanwalt Saugmandsgaard Øe hatte sich in seinen Schlussanträgen dem Ergebnis des BGH angeschlossen und dabei darauf abgestellt, dass die Möglichkeit besteht, die Matratze zu reinigen und diese insofern mit einem Kleidungsstück vergleichbar ist, dessen Rückgabe an den Unternehmer der Gesetzgeber ausdrücklich vorgesehen hat (Schlussanträge des Generalanwalts 19. 12. 2018 – C-681/17, juris Rn 34). Der EuGH stellte in seinem Urteil fest, dass eine in Schutzfolie verpackte Matratze nicht unter den Begriff der versiegelten Ware fällt

(EuGH 27. 3. 2019 – C-681/17, NJW 2019, 1507). Hierbei macht sich das Gericht die Argumentation des Generalanwalts zu eigen, dass nach einer Reinigung einem erneuten Inverkehrbringen nichts entgegensteht. Trotz der grundsätzlich eng zu verstehenden Ausnahmetatbestände ist jedoch auch zu bedenken, dass im Fall der Matratze durch die längere und intensivere Testmöglichkeit beim Erwerb im Fernabsatz ein deutlich umfangreicheres Prüfungsrecht entsteht, als es dem Käufer im stationären Handel zustünde (SCHNELL BB 2018, 138, 139).

b) Anforderungen an die Versiegelung und Informationspflicht

Auch die Fragen, welche Voraussetzungen die Verpackung einer Ware erfüllen muss, **35** damit eine entsprechende Versiegelung angenommen werden kann, und ob der Verbraucher über den mit der Entfernung der Versiegelung verbundenen Verlust seines Widerrufsrechts informiert werden muss, wurden dem EuGH zur Vorabentscheidung vorgelegt (BGH 15.11.17 – VIII ZR 194/16, NJW 2018, 453). Aufgrund der Verneinung der ersten Frage, hat der EuGH auf eine Beantwortung dieser zweiten Frage jedoch verzichtet (EuGH 27. 3. 2019 – C-681/17, NJW 2019, 1507). Trotz der ähnlichen Begrifflichkeit sind an die Versiegelung jedenfalls nicht die gleichen strengen Maßstäbe zu setzen, wie dies bei § 312g Abs 2 Nr 6 BGB der Fall ist (so auch SPINDLER/SCHUSTER/SCHIRMBACHER Rn 30; MünchKommBGB/WENDEHORST § 312g Rn 25; HOEREN/FÖHLISCH CR 2014, 242, 245; HILBIG-LUGANI ZJS 2013, 441, 450; BUCHMANN K&R 2014, 369, 373). Dementsprechend kann auch eine **Cellophan-Hülle** grundsätzlich ein hinreichendes Siegel darstellen, dessen Entfernung mit dem Verlust des Widerrufsrechts einhergeht (HILBIG-LUGANI ZJS 2013, 441, 450; JAUERNIG/STADLER § 312g Rn 6; ablehnend GRÜNEBERG/GRÜNEBERG § 312g Rn 6; DAUNER-LIEB/LANGEN/RING Rn 19). Die Versiegelung muss so gestaltet sein, dass der Verbraucher diese einerseits als Originalverpackung erkennen kann, und ihm andererseits bewusst wird, dass das Öffnen eine Grenze der Zueignung überschreitet (BeckOK-BGB/MARTENS [1. 5. 2024] § 312g Rn 28; MünchKommBGB/WENDEHORST § 312g Rn 25; SPINDLER/SCHUSTER/SCHIRMBACHER Rn 30 f). Generalanwalt Saugmandsgaard Øe nennt insofern als Beispiele eine verschweißte Plastikfolie oder eine verschweißte metallische Umhüllung (Schlussanträge des Generalanwalts 19. 12. 2018 – C-681/17, juris Rn 45). Je einfacher die Versiegelung jedoch in der Praxis ausgestaltet ist, desto eher wird der Verbraucher sie entfernen, um das Produkt in Augenschein zu nehmen, ohne daran zu denken, dass er so sein Widerrufsrecht verliert. Aus dem Blickwinkel des Verbraucherschutzes ist zudem auch die erhöhte Missbrauchsgefahr durch den Unternehmer zu bedenken. Umstritten ist daher, ob es erforderlich ist, dass der Unternehmer den Verbraucher auf den möglichen Verlust des Widerrufsrechts aufmerksam zu machen hat. Sind die im Hinblick auf den Gesundheitsschutz oder die Hygiene bestehenden Gefahren bei einem Produkt nicht hinreichend objektiv erkennbar, so ist der Unternehmer im Zweifel verpflichtet, die Ware entsprechend zu kennzeichnen und auf den Verlust des Widerrufsrechts hinzuweisen (BeckOK-BGB/MARTENS [1. 5. 2024] § 312g Rn 28; gegen eine Kennzeichnungspflicht Schlussanträge des Generalanwalts 19. 12. 2018 – C-681/17, juris Rn 47; SPINDLER/SCHUSTER/SCHIRMBACHER Rn 30).

4. Untrennbar vermischte Waren (Nr 4)

Ein weiterer Ausschlusstatbestand besteht nach § 312g Abs 2 Nr 4 BGB für Verträge **36** zur Lieferung von Waren, wenn diese nach der Lieferung auf Grund ihrer Beschaffenheit untrennbar mit anderen Gütern vermischt wurden. Es handelt sich um die Umsetzung von Art 16 lit f VerbrRRL (vgl auch Erwägungsgrund 49 VerbrRRL).

Dieser Fall war zuvor bereits in § 312d Abs 4 Nr 1 aF (bis 12. 6. 2014) enthalten, weil es sich gleichermaßen um Waren handelt, die sich aufgrund ihrer Beschaffenheit nicht zur Rücksendung eignen – wie etwa **Heizöl** (BT-Drucks 17/12637, 56).

37 Zum Teil wird eine hinreichende Vermischung iSv § 312g Abs 2 Nr 5 BGB erst dann angenommen, wenn der Verbraucher nach § 947 Abs 1 BGB oder § 948 BGB Eigentum an der Ware erwirbt (Buchmann K&R 2014, 369, 374). Dem ist allerdings entgegen zu halten, dass der Begriff der Vermischung im Sinne des Europarechts autonom auszulegen ist (BeckOK-BGB/Martens [1. 5. 2024] § 312g Rn 29). Die untrennbare Vermischung ist daher grundsätzlich weit zu verstehen, sodass davon jede bestimmungsgemäße Verbindung mit einer anderen Sache erfasst wird, die nicht ohne eine **Substanzverletzung** wieder aufgehoben werden kann (MünchKommBGB/Wendehorst § 312g Rn 29; BeckOK-BGB/Martens [1. 5. 2024] § 312g Rn 29). Andererseits liegt eine untrennbare Vermischung dann sicher nicht vor, wenn bei dem Zusammenbau einer Sache aus mehreren Teilen diese – trotz zwischenzeitlich fester Verbindung – unproblematisch wieder auseinandergebaut werden können (dies wird teilweise als „enge" Auslegung bezeichnet Schirmbacher/Schmidt CR 2014, 107, 113; Spindler/Schuster/Schirmbacher Rn 35). Gleiches gilt, wenn die Ware lediglich aufgestellt und an den Strom angeschlossen wird (AG Bonn 8.7.15 – 103 C 173/14, VuR 2015, 400).

a) Leitungsgebundene Lieferung von Strom und Gas

38 Im Rahmen von § 312d Abs 4 Nr 1 Alt 3 aF (bis 12. 6. 2014) war umstritten, ob auch bei einer leitungsgebundenen Lieferung von Strom und Gas ein Widerrufsrecht besteht. Hintergrund war dabei, dass die genaue Bestimmung des Merkmals der zur Rücksendung ungeeigneten Beschaffenheit in der Rechtsprechung des BGH nicht vollständig geklärt war. Dem BGH war eine Entscheidung des LG Aachen zur Revision vorgelegt worden, wonach der Kläger seinen Strom- und Gasliefervertrag vor Bezugsbeginn widerrufen wollte. Die Vorinstanz sah das Widerrufsrecht nach § 312d Abs 4 Nr 1 Alt 3 aF (bis 12. 6. 2014) ausgeschlossen (LG Aachen 16. 5. 2008 – 5 S 233/07). Der BGH setzte die Revisionsentscheidung aus, um den EuGH anzurufen. In seinem Vorlagebeschluss formulierte der 8. Senat des BGH die Frage, ob Art 6 Abs 3 Spiegelstrich 3 Fall 3 der Richtlinie 1997/7/EG (FernAbsRL) dahin auszulegen sei, dass ein Widerrufsrecht nicht bei fernabsatzrechtlichen Verträgen über die leitungsgebundene Lieferung von Strom und Gas bestehe (BGH NJW 2009, 2240 mit Gründen in VIII ZR 149/08). Zu einer Entscheidung des EuGH kam es aber aufgrund von Erledigung letztlich nicht (EuGH ABl EU 2009, Nr C 153, 26).

39 Das LG Aachen argumentierte mit dem sofortigen zwangsläufigen Verbrauch der Leistung, sodass diese nicht nur nicht rückstandlos, sondern gar nicht zurückgegeben werden könne. Zudem sei der Schutzzweck des Fernabsatzrechts, wonach der Verbraucher die fehlende direkte Überprüfung von Beschaffenheit und Qualität nachholen könne hier gar nicht einschlägig. Der BGH sah die Wertung des LG Aachen dem Wortlaut der Norm nach bestätigt. Aus seinen Ausführungen ging zudem hervor, dass dieser für den Fall wiederkehrender Lieferung gleichartiger Waren die Zumutbarkeit des Widerrufs bejaht, wenn im Gegenzug Wertersatz geschuldet sei (BGH 18. 3. 2009 – VIII ZR 149/08, juris Rn 21). Dem war im Ergebnis zuzustimmen, zumal im vorliegenden Fall noch keine Leistungen erbracht wurden. Die Ausübung des Widerrufs eines Verbrauchers gegenüber dem Dienstleister findet seine Grenze in § 312d Abs 3 aF (bis 12. 6. 2014) und damit beim rechtsmissbräuchlichen Verhalten des Verbrauchers, nicht bei dem grundlegenden Risiko aller Dienstleister, dass die Dienstleistung im Widerrufsfall nicht in natura zurückgewährt werden kann.

Die Formulierung des neuen § 312g Abs 2 Nr 4 BGB passt indes nicht auf die leitungsgebundene Lieferung. Zwar kann innerhalb der Leitung durchaus in geringem Umfang eine entsprechende Vermischung stattfinden. Entscheidend ist aber, dass bei der leitungsgebundenen Energielieferung **keine Lagerung**, sondern der in der Regel **sofortige Verbrauch** stattfindet, sodass allenfalls eine Wertersatzpflicht nach § 357a Abs 2 BGB in Betracht kommt. Diese Norm zeigt zudem ebenso wie die Bestimmung der Widerrufsfrist in diesen Fällen nach § 356 Abs 2 Nr 2 BGB, dass bei leitungsgebundener Lieferung grundsätzlich die Möglichkeit des Widerrufs besteht. Eine Ausnahme vom Widerrufsrecht besteht insofern nicht (Hk-BGB/Schulte-Nölke § 312g Rn 4; Jauernig/Stadler § 312g Rn 7; Erman/Koch § 312g Rn 10; zustimmend aber kritisch MünchKommBGB/Wendehorst § 312g Rn 30; **aA** Grüneberg/Grüneberg § 312g Rn 5, der im Verbrauch einen Unterfall des Verderbs sieht und deshalb Nr 2 für einschlägig hält). **40**

b) Software und andere digitale Inhalte

Auch in anderen Fällen war nach altem Recht strittig, wann eine „rückstandslose“ (RegE FernAbsG BT-Drucks 14/2658, 44) Rückgabe der Waren nicht möglich ist. Es bot sich dabei an, unter Berücksichtigung von Sinn und Zweck der Vorschrift darauf abzustellen, ob bei der Rücksendung ausgeschlossen ist, dass der **Verbraucher auch weiterhin wirtschaftlich von ihr profitiert** (Bamberger/Roth/Schmidt/Räntsch [2. Aufl 2007] § 312d aF Rn 36; MünchKommBGB/Wendehorst [6. Aufl 2012] § 312d Rn 272; Lorenz JuS 2000, 834, 839; Roth/Schulze RIW 1999, 924, 928; missverstanden von Micklitz/Reich BB 1999, 2093, 2094). Das konnte bei literarischen oder wissenschaftlichen Werken, die als Dateien auf elektronischem Wege vertrieben werden bejaht werden (sog E-Books; dieses Beispiel hat der Gesetzgeber gewählt, vgl RegE FernAbsG BT-Drucks 14/2658, 44). Bezieht der Verbraucher Dateien auf diesem Weg, hätte er bei Bestehen eines Widerrufsrechts vor Ablauf der Widerrufsfrist die Möglichkeit, die Daten auf seinem Rechner zu speichern und sich dadurch ihren wirtschaftlichen Wert zu sichern. Der Unternehmer hingegen hat kein Interesse daran, dass der Verbraucher eine im Wege des **Downloads** erworbene Datei an ihn zurückgibt. Ein Ausschluss des Widerrufsrechts bei solchen Verträgen, stellte eine Privilegierung des elektronischen Vertriebs gegenüber anderen Formen des Fernabsatzes dar. **41**

Zwar kommt es inzwischen nicht mehr auf die Ungeeignetheit zur Rücksendung, sondern auf eine untrennbare Vermischung an – ein vergleichbarer Interessenkonflikt besteht aber auch unter Geltung von § 312g Abs 2 Nr 4 BGB (vgl Peintinger MMR 2016, 3, 4). Das Interesse des Unternehmers ist jedoch für das Eingreifen der Ausnahme ohne Belang, solange durch die Installation also keine untrennbare Verbindung zwischen Soft- und Hardware hergestellt wird, liegen die tatbestandlichen Voraussetzungen nicht vor (Peintinger MMR 2016, 3, 4; ebenfalls iE gegen das Eingreifen eines Ausnahmetatbestandes Meyer NJW 2015, 3686, 3689). **42**

c) Abgrenzung zum sonstigen Umgang mit der Ware

Wird die Ware untrennbar mit anderen Sachen vermischt, dann ist eine Aufhebung der dadurch entstehenden Verbindung nach der hier vertretenen Ansicht nur einhergehend mit einer Substanzverletzung möglich. Regelmäßig würde dies auch einen **Wertverlust** der Ware bedeuten. Nach § 357 Abs 7 BGB muss der Verbraucher – so- **43** weit der Unternehmer den Verbraucher nach Art 246a § 1 Abs 2 S 1 Nr 1 EGBGB über sein Widerrufsrecht unterrichtet hat – Wertersatz für einen Wertverlust der Ware leisten, wenn der Wertverlust auf einen Umgang mit den Waren zurückzuführen ist, der zur Prüfung der Beschaffenheit, der Eigenschaften und der Funktionsweise der Waren nicht notwendig war. Die untrennbare Vermischung ist insofern von einem sonstigen Umgang mit der Ware abzugrenzen. Teilweise wird diesbezüglich darauf abgestellt, dass zwischen der Lieferung und der Vermischung ein enger zeitlicher Zusammenhang besteht (MünchKommBGB/Wendehorst § 312g Rn 28). Sachgerechter erscheint es jedoch darauf abzustellen, ob die Vermischung auf der **bestimmungsgemäßen Verwendung** der Ware beruht (BeckOK-BGB/Martens [1. 5. 2024] § 312g Rn 30; vgl aber auch zu den so entstehenden, jedoch in der VerbrRRL angelegten Wertungswidersprüchen MünchKommBGB/Wendehorst § 312g Rn 29).

5. Alkoholische Getränke (Nr 5)

44 Nach § 312g Abs 2 Nr 5 BGB sind zudem Verträge zur Lieferung alkoholischer Getränke, deren Preis bei Vertragsschluss vereinbart wurde, die aber frühestens 30 Tage nach Vertragsschluss geliefert werden können und deren aktueller Wert von Schwankungen auf dem Markt abhängt, auf die der Unternehmer keinen Einfluss hat, von der Ausübung des Widerrufsrechts ausgeschlossen. Nach Erwägungsgrund 49 der VerbrRRL sollen davon beispielsweise Verträge über Wein erfasst werden, der erst lange nach Abschluss eines Vertrags spekulativer Art geliefert wird – sog **vin en primeur** (BT-Drucks 17/12637, 56). Die Besonderheit, die der Ausnahmeregelung zugrunde liegt, ergibt sich bei solchen Verträgen daraus, dass der Wein bereits im Frühjahr bestellt wird – zu einem Zeitpunkt, zu dem sich der Wein noch in der Gärung befindet und seine endgültige Qualität noch nicht feststeht –, die Auslieferung aber erst zu einem deutlich späteren Zeitpunkt erfolgt (Spindler/Schuster/Schirmbacher Rn 38; BeckOK-BGB/Martens [1. 5. 2024] § 312g Rn 31). Dieser Umstand würde es dem Verbraucher bei Zubilligung eines Widerrufsrechts ermöglichen, von dem Vertrag Abstand zu nehmen, wenn sich der Marktpreis für den Wein aus Sicht des Unternehmers nachträglich ungünstig entwickelt (Spindler/Schuster/Schirmbacher Rn 38; BeckOK-BGB/Martens [1. 5. 2024] § 312g Rn 31).

45 Dieser Ausnahmetatbestand fand sich in ähnlicher, aber deutlich weiterer Form bereits in § 312d Abs 4 Nr 6 aF (bis 12. 6. 2014). Danach waren insgesamt Verträge vom Widerrufsrecht ausgenommen, die Waren oder (Finanz-)Dienstleistungen zum Gegenstand haben, deren Preis auf dem Finanzmarkt Schwankungen unterliegt, auf die der Anbieter keinen Einfluss hat. Gemeinsam ist auch diesen Verträgen, dass sie ein hohes spekulatives Element, das Verbraucher und Unternehmer zu gleichen Teilen tragen, beinhalten. Es sollte vermieden werden, dass das Risiko einseitig dem Unternehmer aufgebürdet wird, indem der Verbraucher den Vertragsschluss widerrufen kann, wenn sich das Wertpapier nicht in der von ihm gewünschten Weise entwickelt. Dass sich das spekulative Element nun nur noch im Hinblick auf ganz bestimmte Waren im Ausnahmekatalog wiederfindet, ist wohl auch auf erfolgreiche Lobbyarbeit zurückzuführen (insofern kritisch Föhlisch MMR 2013, 71, 73; Buchmann K&R 2014, 369, 374).

6. Versiegelte Ton- und Videoaufnahmen, Computersoftware (Nr 6)

Ebenfalls kein Widerrufsrecht steht dem Verbraucher zu bei Verträgen zur Lieferung von Ton- oder Videoaufnahmen oder Computersoftware in einer versiegelten Packung, wenn die Versiegelung nach der Lieferung entfernt wurde. Dieser Ausnahmetatbestand betrifft insbesondere Ton- und Videoaufnahmen sowie Computersoftware, die auf einem versiegelten körperlichen Datenträger, wie zB CD-ROM oder DVD, geliefert werden und entspricht dem bisherigen § 312d Abs 4 Nr 2 aF (bis 12. 6. 2014) (BT-Drucks 17/12637, 56). Es handelt sich um die Umsetzung von Art 16 lit i VerbrRRL. 46

Die Begriffe Audio- und Videoaufzeichnungen sowie Software sind weit zu verstehen und umfassen **jede nur denkbare Form von Datenträgern**. Als Beispiele sind zu nennen: Diskette, ZIP-Diskette, CD, CD-Rom, DVD, DAT-Band, Speicherkarte, USB-Drive, Schallplatte, Videokassette uä. Die Ausnahmeregelung will das Urheberrecht schützen (vgl zu § 312d Abs 4 Nr 2 aF [bis 12. 6. 2014] RegE FernAbsG BT-Drucks 14/2658, 44) und trägt den Entwicklungen der Technik Rechnung, die es ohne weiteres ermöglichen, dass der Verbraucher die Datenträger innerhalb der Widerrufsfrist kopiert und sich dadurch ihren wirtschaftlichen Wert zueignet. Es wäre dem Unternehmer nicht zuzumuten, wenn er dennoch die Datenträger zurücknehmen müsste. Nicht unter § 312g Abs 2 Nr 6 BGB fallen **Musik- oder Videodaten und Software, die per Download erworben** wurden. Aufgrund des besonderen Vertriebsweges werden diese gerade nicht als versiegelte Datenträger geliefert (ebenso Grüneberg/Grüneberg § 312g Rn 9). Eine analoge Anwendung der Vorschrift verbietet sich aufgrund ihres eng zu begreifenden Ausnahmecharakters. Im Anwendungsbereich von § 312g Abs 2 Nr 6 BGB ist stets ein körperlicher Datenträger erforderlich, sodass keine Überschneidungen zu den §§ 356 Abs 2, 357 Abs 9 BGB bestehen.

a) Anforderungen an die Versiegelung

Die Norm setzt aber voraus, dass der Unternehmer die Ware versiegelt hat. Der **Begriff des Siegels** darf hierbei nicht zu eng verstanden werden, insbesondere kann nicht auf § 136 StGB zurückgegriffen werden. § 136 StGB soll die staatliche Autorität schützen, indem es unter Strafe gestellt wird, wenn ein amtliches Kennzeichen mit Beglaubigungscharakter (Schönke/Schröder/Sternberg-Lieben § 136 StGB Rn 19) beschädigt wird. § 312g Abs 2 Nr 6 BGB verfolgt einen weit trivialeren Zweck. Das Urheberrecht soll geschützt werden und zu diesem Zweck soll verhindert werden, dass der Verbraucher den Datenträger illegal kopieren kann. Der Datenträger muss deshalb durch besondere Vorkehrungen vor illegalen Kopien und damit vor der irreversiblen Zueignung des wirtschaftlichen Wertes geschützt sein (Erman/Koch § 312g Rn 12; MünchKommBGB/Wendehorst § 312g Rn 33). Unklar ist damit, ob es hierfür ausreicht, wenn der Datenträger so verpackt ist, dass der Verbraucher die Verpackung entfernen muss, um auf ihn zugreifen zu können. Entsiegelung in diesem Sinne meint, dass der Verbraucher die Software nutzen kann, nachdem er eine erkennbar zur Wahrung eines Urheberrechts geschaffene Sperre überwunden hat, etwa indem eine verschlossene und damit durch die Aufschrift äußerlich erkennbar „versiegelte“ Hülle um eine CD-Rom geöffnet wird (LG Frankfurt aM CR 2003, 412, 413). Nach Ansicht des OLG Hamm stellte eine solche **Cellophanhülle** keine Versiegelung iSv § 312d Abs 4 Nr 2 aF (bis 12. 6. 2014) dar, denn da diese Verpackung auch andere Zwecke wie den Schutz vor Verschmutzung erfüllen kann, sei sie nicht als Versiegelung erkenn- 47 bar – diese müsse dem Verbraucher deutlich machen, dass er die Ware behalten muss, wenn er diese spezielle Verpackung öffnet (OLG Hamm MMR 2010, 684; zust Jauernig/Stadler § 312g Rn 8; Hk-BGB/Schulte-Nölke § 312g Rn 4; **aA** Schirmbacher/Schmidt CR 2014, 107, 113). Im Ergebnis muss es jedenfalls als ausreichend betrachtet werden, wenn der Verbraucher entweder durch ausdrücklichen Hinweis oder durch eine anderweitige entsprechende Gestaltung auf die Endgültigkeit seiner Entscheidung aufmerksam gemacht wird (Erman/Koch § 312g Rn 12; MünchKommBGB/Wendehorst § 312g Rn 34; BeckOK-BGB/Martens [1. 5. 2024] § 312g Rn 32; Hoeren/Föhlisch CR 2014, 242, 245).

48 Zu § 312d Abs 4 Nr 2 aF (bis 12. 6. 2014) war anerkannt, dass auch **eine elektronische Versiegelung** ausreichen konnte (vgl Schmidt-Räntsch VuR 2000, 427, 432). Es reichte daher aus, wenn der Verbraucher im Menü einer Software das Zustandekommen einer Lizenzvereinbarung zu den Bedingungen des Herstellers der Software bestätigte. Ob ein solches elektronisches Siegel auch nach der neuen Rechtslage noch ausreichen kann, ist umstritten, denn der Wortlaut der Norm stellt auf eine „versiegelte Packung“ ab. Teilweise wird deshalb verlangt, dass der Verbraucher einen etwaig erforderlichen Code durch einen bewussten und qualifizierten Akt wie etwa das „Freirubbeln“ oder das Aufreißen eines versiegelten Umschlags erfahren hat (MünchKommBGB/Wendehorst § 312g Rn 35). Andere sehen in der Änderung des Wortlauts eine Klarstellung dahingehend, dass eben nur noch physische Versiegelungen und damit elektronische Versiegelungen nicht mehr in Betracht kommen (Spindler/Schuster/Schirmbacher Rn 44; BeckOK-BGB/Martens [1. 5. 2024] § 312g Rn 33; Grüneberg/Grüneberg § 312g Rn 9; Schab/Hromek JZ 2015, 271; **aA** Jauernig/Stadler § 312g Rn 8, der weiterhin von der Möglichkeit elektronischer Versiegelung ausgeht).

b) Software zur Steuerung von Hardware

49 Das Widerrufsrecht ist nicht ausgeschlossen, wenn der Verbraucher Software, die zur Steuerung eines Gerätes dient, entsiegelt (so auch Brönneke MMR 2004, 127, 128; Grüneberg/Grüneberg § 312g Rn 9; vgl auch AG Berlin-Mitte 1.10.12 – 7 C 67/12, MDR 2012, 1455; AG Kelheim 20.12.12 – 1 C 754/12, DAR 2013, 388). In diesem Fall greift der Schutzzweck der Norm nicht ein. Der Unternehmer muss durch die illegale Verbreitung von **Treibersoftware** in der Regel keinen wirtschaftlichen Schaden befürchten. Zum einen sind derartige Dateien regelmäßig im Internet frei verfügbar. Zum anderen dürfte die kopierte Software, nachdem der Verbraucher die dazugehörige Hardware zurückgegeben hat, nutzlos sein, da sie nur im Zusammenhang hiermit gebraucht werden kann. Anders ist die Situation zu bewerten, wenn die mitgelieferte Software unabhängig von der Hardware gebraucht werden kann. Wird eine solche Software, die einen eigenen wirtschaftlichen Wert darstellt, vom Verbraucher entsiegelt, ist von der Möglichkeit eines Teilwiderrufs nur bzgl der mitgelieferten Hardware auszugehen (vgl die Beispiele bei Brönneke MMR 2004, 127, 128). Für die Software bleibt dagegen das Widerrufs- und Rückgaberecht des Verbrauchers ausgeschlossen.

7. Zeitungen, Zeitschriften und Illustrierte (Nr 7)

50 Durch § 312g Abs 2 Nr 7 BGB werden Verträge zur Lieferung von Zeitungen, Zeitschriften oder Illustrierten mit Ausnahme von Abonnement-Verträgen von der Ausübung des Widerrufsrechts ausgenommen. Die Ausnahme geht auf Art 16 lit j VerbrRRL zurück und orientiert sich an der bisherigen Ausnahme in § 312d Abs 4 Nr 3 aF (bis 12. 6. 2014) (BT-Drucks 17/12637, 56). Ausweislich der Gesetzesbegründung kommt es aber nun nicht mehr zwingend darauf an, dass der Verbraucher seine Vertragserklärung telefonisch abgegeben hat (BT-Drucks 17/12637, 56).

a) Printmedien

Der Gesetzgeber ging davon aus, dass solche Produkte nur eine **geringe Halbwertszeit** 51
besitzen, da sie stets an aktuelle Ereignisse geknüpft sind und ihr wirtschaftlicher Wert deswegen nach Benutzung rapide sinkt (vgl bereits RegE FernAbsG BT-Drucks 14/2658, 44). Nichts ist älter als die Zeitung von gestern. Zeitschriften sind Publikationen, die im Unterschied zu Zeitungen nicht täglich, sondern regelmäßig erscheinen. Illustrierte sind eine besondere Form von Zeitschriften, ihre gesonderte Erwähnung ist allein beispielhaft. Bei **Kalendern** handelt es sich dagegen nicht um eine der privilegierten Gruppen (vgl OLG Hamburg NJW 2004, 1114, 1115 die Zeitschrifteneigenschaft eines Filmkalenders verneinend). Aus der Formulierung wird deutlich, dass nur **Druckerzeugnisse** vom Anwendungsbereich der Ausnahmeregelung betroffen sind (so auch Härting [2000] § 3 FernAbsG Rn 86). Andere Publikationsformen, insbesondere sog E-Paper, werden von dem Ausnahmetatbestand nicht erfasst (so aber MünchKommBGB/Wendehorst § 312g Rn 37; BeckOK-BGB/Martens [1. 5. 2024] § 312g Rn 35; Erman/Koch § 312g Rn 13). Es gibt keinen überzeugenden Grund dafür, § 312g Abs 2 Nr 7 BGB weit auszulegen und elektronische Publikationsformen mit einzubeziehen. Der Wortlaut der Vorschrift spricht klar gegen ein solches Verständnis.

b) Bücher

Auch **Bücher** sind nicht von der Ausnahmeregelung erfasst. Warum das so sein soll, 52
erschließt sich mir nicht ohne weiteres (ebenfalls rätselnd HK-VertriebsR/Micklitz [2002] § 312d aF Rn 34; Spindler/Schuster/Schirmbacher Rn 48). Will man den entscheidenden Grund für den Ausschluss eines Widerrufsrechts bei Publikationen in der Aktualität des Druckerzeugnisses sehen (so offenbar MünchKommBGB/Wendehorst § 312g Rn 38; Jauernig/Stadler § 312g Rn 9), so rechtfertigt sich eine unterschiedliche Behandlung von Büchern und Zeitschriften nicht ohne weiteres. Gerade solche Zeitschriften, die sich mit wissenschaftlichen Themen beschäftigen, stellen zwar aktuelle Entwicklungen dar, verlieren aber nicht an Wert, wenn sie älter werden. Warum der Unternehmer bei Verträgen über solche Zeitschriften kein Widerrufsrecht befürchten muss, bei Verträgen über Bücher aber schon, leuchtet nicht ein. Auch kann Büchern nicht stets ein aktueller Bezug abgesprochen werden. So ist es zB denkbar, dass ein **Reiseführer** erworben wird, der nur zur Vorbereitung auf eine spezielle Reise geeignet ist, danach für den Verbraucher aber keinen Wert mehr besitzt. Der Verbraucher kann sich hierbei den wirtschaftlichen Wert des Buches in gleicher Weise aneignen, wie das bei Zeitschriften möglich ist. Warum steht ihm dann aber in einem solchen Fall ein Widerrufsrecht zu? Eine unterschiedliche Behandlung lässt sich auch nicht dadurch rechtfertigen, dass sich Zeitschriften leicht kopieren lassen und der Verbraucher sich ihren Wert deshalb leichter zueignen kann, als das bei Büchern der Fall ist (so offenbar Ende/Klein, Grundzüge des Vertriebsrechts im Internet [2001] 196). Auch Bücher lassen sich ohne weiteres in kürzester Zeit kopieren, sodass eine unterschiedliche Behandlung auch aus diesen Gründen fragwürdig ist. Die Fallgruppenbildung ist daher unglücklich und hätte genauer präzisiert werden müssen.

c) Abonnements

Während Zeitungen, Zeitschriften und Illustrierte also grundsätzlich vom Widerrufs- 53
recht ausgeschlossen werden, gilt dies nicht soweit über den Bezug dieser Medien

ein Abonnement-Vertrag abgeschlossen wurde. Die Rückausnahme gilt für die **wiederkehrende Lieferung** dieser Presseerzeugnisse, wobei eine besondere Laufzeit oder ein unbefristeter Vertrag nicht notwendig erforderlich sind (SPINDLER/SCHUSTER/SCHIRMBACHER Rn 49; BeckOK-BGB/MARTENS [1. 5. 2024] § 312g Rn 36). Für den Abonnement-Vertrag ist typisch, dass dieser mit größeren finanziellen Belastungen des Verbrauchers einhergeht, als dies bei sonstigen Käufen entsprechender Printmedien der Fall ist, woraus sich eine andere Behandlung rechtfertigt (BeckOK-BGB/MARTENS [1. 5. 2024] § 312g Rn 36; ERMAN/KOCH § 312g Rn 13). Zu beachten jedoch, dass bei Abonnement-Verträgen uU schon ein Widerrufsrecht nach § 510 Abs 2 BGB bestehen kann, das nach § 312g Abs 3 BGB unberührt bleibt (ERMAN/KOCH § 312g Rn 13; BUCHMANN K&R 2014, 369, 374, BeckOK-BGB/MARTENS [1. 5. 2024] § 312g Rn 36; MünchKommBGB/WENDEHORST § 312g Rn 37).

8. Schwankungen auf dem Finanzmarkt (Nr 8)

54 Durch § 312g Abs 2 Nr 8 BGB werden weiterhin Verträge zur Lieferung von Waren oder zur Erbringung von Dienstleistungen, einschließlich Finanzdienstleistungen, deren Preis von Schwankungen auf dem Finanzmarkt abhängt, auf die der Unternehmer keinen Einfluss hat und die innerhalb der Widerrufsfrist auftreten können, insbesondere Dienstleistungen im Zusammenhang mit Aktien, mit Anteilen an offenen Investmentvermögen im Sinne von § 1 Abs 4 des Kapitalanlagegesetzbuchs und mit anderen handelbaren Wertpapieren, Devisen, Derivaten oder Geldmarktinstrumenten von der Ausübung des Widerrufsrechts ausgenommen. Die Norm entspricht der bisher in § 312d Abs 4 Nr 6 aF (bis 12. 6. 2014) enthaltenen Ausnahme und beruht hinsichtlich Waren und Dienstleistungen auf Art 16 lit b der VerbrRRL und für Finanzdienstleistungen auf Art 6 Abs 2 lit a der Fernabsatzfinanzdienstleistungsrichtlinie (BT-Drucks 17/12637, 56).

55 Die Ausnahmeregelung betrifft Verträge über Waren wie Edelmetalle und Verträge über Dienstleistungen im Zusammenhang mit **Devisen, Geldmarktinstrumenten**, handelbaren Wertpapieren, Anteilen an Aktiengesellschaften, Finanztermingeschäften, Zinstermingeschäften, Zins- und **Devisenswaps** sowie Swaps auf Aktien- oder Aktienindexbasis (sog „equity swaps“), Kaufoptionen uä. Diese Verträge beinhalten ein hohes spekulatives Element, das Verbraucher und Unternehmer zu gleichen Teilen tragen. Es wäre unangemessen, das Risiko einseitig dem Unternehmer aufzubürden, indem der Verbraucher den Vertragsschluss widerrufen kann, wenn sich das Wertpapier nicht in der von ihm gewünschten Weise entwickelt (so auch BT-Drucks 17/12637, 56).

56 Uneinigkeit bestand schon nach altem Recht hinsichtlich der Frage, ob die Ausnahmebestimmung auch für Derivate bzw Zertifikate oder Finanzprodukte vor Börsennotierung gelten kann. So wird vertreten, dass bereits in der Zeichnungsphase Preisschwankungen auftreten können, wenn der Preis des Finanzproduktes von der Entwicklung eines schwankenden Basiswerts abhängig sei (OLG Düsseldorf 22. 7. 2011 – 17 U 117/10; OLG Karlsruhe 13. 9. 2011 – 17 U 104/10; OLG Frankfurt 14. 3. 2011 – 31 U 162/10). Dem ist zuzustimmen. Sofern kritisiert wird, durch Ausweitung der Ausnahme auf ein Festpreis-Produkt würde das Merkmal „Finanzmarkt“ übergangen (STOLL EWiR § 312b BGB 1/12, 9, 10), wird übersehen, dass die Ausnahme auch für mittelbar den beschriebenen Preisschwankungen ausgesetzte Finanzprodukte gilt

(**aA** LG Krefeld BKR 2011, 32; MünchKommBGB/Wendehorst § 312g Rn 40). Dies geht insbesondere aus der beispielhaften Aufzählung erfasster Finanzprodukte in Art 6 Abs 2 lit a FernAbsDienstRL hervor (Blankenheim WuB IV D. § 312d BGB 2. 11, 671, 673 f; ebenso Simon EWiR § 312d BGB 3/11, 801, 802). Darüber hinaus ist der Begriff des Finanzmarktes weit auszulegen (BeckOK-BGB/Martens [1. 5. 2024] § 312g Rn 38). Entscheidend zur Abgrenzung ist jedoch, dass die Ware bzw das Finanzprodukt am Finanzmarkt, wenn nicht gehandelt, dann zumindest beschafft wird (BeckOK-BGB/Schmidt-Räntsch [2014] § 312g Rn 57). Hier erklärt sich, warum der als Gegenargument vielgenannte **Goldring** (MünchKommBGB/Wendehorst § 312g Rn 41) sowie die Lieferung von **Heizöl** an den Verbraucher (BGH NJW 2015, 2959; Grüneberg/Grüneberg § 312g Rn 11) gegenüber den genannten Finanzprodukten der Ausnahme nicht unterfallen.

Inzwischen hat auch der BGH bestätigt, dass es nicht zwingend darauf ankommt, **57** dass es sich um einen unmittelbar auf dem Finanzmarkt gebildeten Börsenpreis handelt, sondern auch ein wertbestimmendes Underlying (Basiswert), das seinerseits Schwankungen auf dem Finanzmarkt unterliegt, vom Ausnahmetatbestand erfasst ist (BGH 27.11.12 – XI ZR 384/11, NJW 2013, 1223). Soweit ein Zertifikat Wertschwankungen unterliegt, ist ein Widerrufsrecht des Verbrauchers bereits unabhängig vom Fixing und vor dem ersten Feststellungstag ausgeschlossen (OLG Hamburg 11.6.14 – 13 U 17/13, WM 2014, 1538; Grüneberg/Grüneberg § 312g Rn 11).

9. Termingebundene Dienstleistungen (Nr 9)

Ebenfalls kein Widerrufsrecht steht dem Verbraucher nach § 312g Abs 2 Nr 9 BGB **58** bei Verträgen zur Erbringung von Dienstleistungen in den Bereichen Beherbergung zu anderen Zwecken als zu Wohnzwecken, Beförderung von Waren, Kraftfahrzeugvermietung, Lieferung von Speisen und Getränken sowie zur Erbringung weiterer Dienstleistungen im Zusammenhang mit Freizeitbetätigungen, wenn der Vertrag für die Erbringung einen spezifischen Termin oder Zeitraum vorsieht. Es handelt sich dabei um Verträge, die bislang – mit Ausnahme der Kraftfahrzeugvermietung – nach § 312b Abs 3 Nr 6 aF (bis 12. 6. 2014) vom Anwendungsbereich der Fernabsatzverträge ausgenommen waren (BT-Drucks 17/12637, 57). Zur Beförderung von Personen vgl Kommentierung zu § 312 Rn 33 f. Es handelt sich um einen sektorspezifischen und die erfassten Sachverhalte abschließend nennenden Ausnahmetatbestand (BeckOK-BGB/Martens [1. 5. 2024] § 312g Rn 41). In Anbetracht der Entscheidung, dass das Fernabsatzrecht für Verträge über Unterhaltungsdienstleistungen nicht gelten soll, entsteht die Frage, warum für andere Dienstleistungen, bei denen der Unternehmer ebenso darauf angewiesen ist, dass der Verbraucher mit ihm kooperiert, das Fernabsatzrecht gelten soll. Eine sachliche Rechtfertigung dafür, einem Friseur, dem ja wie dem Theaterbetreiber nur eine **begrenzte Kapazität an Plätzen** zur Verfügung steht, die Pflichten des Fernabsatzrechts aufzuerlegen, dem Betreiber des **Kinos** oder des **Theaters** jedoch nicht, ist der Gesetzgeber schuldig geblieben (vgl dazu auch MünchKommBGB/Wendehorst § 312g Rn 44).

a) Vertraglich festgelegter Termin oder Zeitraum

Die Ausnahme gilt nur dann, wenn der Unternehmer sich verpflichtet, die Dienstleis- **59** tung zu einem bestimmten Zeitpunkt oder innerhalb eines bestimmten Zeitraums zu erbringen. Hintergrund des Ausschlusses vom Widerrufsrecht ist der Umstand, dass der Unternehmer bei diesen Verträgen Kapazitäten bereitstellt, die er bei einem Widerruf möglicherweise nicht mehr anderweitig nutzen kann (Erwägungsgrund 49 VerbrRRL; BT-Drucks 17/12637, 57). Dies wäre nach Erwägungsgrund 49 VerbrRRL beispielsweise bei **Reservierungen in Hotels, für Ferienhäuser oder Kultur- oder Sportveranstaltungen** der Fall. Diese Dienstleistungen sind stets an Reservierungen gebunden, sodass der Unternehmer besondere Vorkehrungen treffen muss, um die geschuldete Leistung zum vereinbarten Termin erbringen zu können. Durch eine kurzfristige Stornierung werden diese Unternehmer unverhältnismäßig belastet (EuGH NJW 2005, 3055, 3056). Der Gesetzgeber wollte diese ungleiche Lastenverteilung in Übereinstimmung mit der europäischen Vorgabe vermeiden.

60 Eine hinreichende zeitliche Festlegung hat das OLG Frankfurt etwa bei einer Bahnfahrkarte angenommen, die den Käufer innerhalb eines Zeitraums von 11 Wochen zu zwei einfachen Bahnfahrten seiner Wahl berechtigt (OLG Frankfurt MMR 2010, 535). Verneint wurde hingegen der Ausnahmetatbestand durch das LG Halle, wenn lediglich ein breites Spektrum verschiedener Veranstaltungen angeboten ist, bei denen ohnehin naheliegt, dass ein Vertragspartner nur einen für die Beklagte nicht vorab vorhersehbaren Ausschnitt dieses Spektrums wahrnehmen wird (hier Angebot von Veranstaltungen innerhalb eines Partnervermittlungsvertrages, LG Halle 3.1.17 – 4 O 110/16).

b) Erfasste Dienstleistungen

61 In der Gesetzesbegründung werden beispielhaft die Anmietung von Hotelzimmern und Mietwagen sowie die Bestellung von Catering genannt (BT-Drucks 17/12637, 57). Da der Begriff der „Ware" nach der in § 241a Abs 1 BGB vorgesehenen Legaldefinition nicht voraussetzt, dass die jeweilige bewegliche Sache handelbar ist, umfasst die Ausnahme auch bewegliche Sachen, die zB im Rahmen eines Umzugs oder zur Entsorgung befördert werden (BT-Drucks 17/12637, 57).

62 Der Ausnahmetatbestand deckt sich zT mit § 312 Abs 2 Nr 8 BGB bei Verträgen über die Lieferung von Speisen und Getränken, also bei Konstellationen, in denen der Verbraucher eine telefonische Reservierung in einem Restaurant abgibt oder einen Catering-Service zu einem bestimmten Termin in Anspruch nimmt. Entscheidender Unterschied zwischen den Bereichsausnahmen ist der zeitliche Faktor: § 312g Abs 2 Nr 9 BGB verlangt die Lieferung zu einem bestimmten Zeitpunkt oder innerhalb eines bestimmten Zeitraums (vgl dazu Rn 59), § 312 Abs 2 Nr 8 BGB stellt demgegenüber auf eine kontinuierliche Lieferung ab, die nicht an einen bestimmten Zeitpunkt gebunden ist. Verbreitet wird es nicht als ausreichend betrachtet, wenn die Dienstleistung in der bloßen Lieferung von (unzubereiteten) Lebensmitteln und Getränken besteht (Ernst VuR 2015, 337, 338; Spindler/Schuster/Schirmbacher Rn 58). Die Ausnahmevorschrift sei „im Zusammenhang mit den übrigen genannten verbraucher- und freizeitbezogenen Dienstleistungen" zu verstehen, weshalb es sich um verzehrfertige Speisen und Getränke handeln müsse (BeckOK-BGB/Martens [1. 5. 2024] § 312g Rn 43). Typisches Beispiel neben der Bestellung eines Caterings ist auch der **Pizza-Lieferdienst** (Spindler/Schuster/Schirmbacher Rn 58; Grüneberg/Grüneberg § 312g Rn 12; **aA** Ernst VuR 2015, 337, 338).

63 Mit Unterbringung ist nur die vorübergehende Beherbergung in einem **Hotelzimmer** oder ähnlichem gemeint, nicht aber die ständige Gebrauchsüberlassung von Wohnraum, wie sie durch einen Wohnraummietvertrag vereinbart wird. Gemeint ist insbesondere die touristische Unterbringung (Spindler/Schuster/Schirmbacher Rn 55; Beck-

OK-BGB/Martens [1. 5. 2024] § 312g Rn 42). Verträge über Beförderungsleistungen betreffen nicht nur jede Form des organisierten Transports, auch alle Verträge, die eine Tätigkeit betreffen, die als solche nicht in der Beförderung des Kunden oder seiner Waren besteht, sondern darauf gerichtet ist, dem Kunden die Durchführung dieser Beförderung zu ermöglichen (EuGH NJW 2005, 3055 Rn 23). Erfasst sind folglich auch Verträge zur Autovermietung. Nicht erfasst ist demgegenüber das Kfz-Leasing (OLG München 18. 6. 2020 – 32 U 7119/19, DAR 2020, 515; BeckOK-BGB/Martens [1. 5. 2024] § 312g Rn 42; **aA** LG Stuttgart 29. 6. 2021 – 8 O 30/21). Auch wenn der Schwerpunkt bei § 312g Abs 2 Nr 9 BGB auf touristischen Dienstleistungen liegt, umfasst die Bereichsausnahme doch auch Beförderungsverträge, die außerhalb des touristischen Sektors geschlossen werden. Nutzt der Verbraucher öffentliche Verkehrsmittel oder bedient er sich eines Taxis, so ist er nicht schutzbedürftig im Sinne des Fernabsatzrechts – hierbei handelt es sich schwerlich um Dienstleistungen, bei denen der Verbraucher vom Inhalt der Dienstleistung oder der Person seines Vertragspartners in besonderer Weise überrascht werden könnte (so bereits HK-VertriebsR/Micklitz [2002] § 312b aF Rn 89; Härting [2000] § 1 Rn 150). Dienstleistungen in der Freizeitgestaltung haben Unterhaltungsdienstleistungen zum Gegenstand. Gedacht ist hierbei insbesondere an den Konzertkartenverkauf uä (vgl Schmidt-Räntsch VuR 2000, 427, 429; Grüneberg/Grüneberg § 312g Rn 12). Insbesondere bei Verträgen über die Eintrittskarten zu Veranstaltungen ist das erhöhte Schutzbedürfnis des Unternehmers zu beachten, der die Veranstaltung nicht mit hinreichender Planungssicherheit organisieren kann, wenn er davon ausgehen muss, dass die Verbraucher von ihrem Widerrufsrecht Gebrauch machen.

c) Besonderheiten bei Pauschalreisen

Die in § 312g Abs 2 Nr 9 BGB genannten Dienstleistungen können auch miteinander verschmolzen werden und im neuen Gewand als Pauschalreise angeboten werden. Die entsprechende Ausnahmeregelung des § 312b Abs 3 Nr 6 aF (bis 12. 6. 2014) hatte der Gesetzgeber bereits ua damit begründet, dass der Verbraucher bei den genannten Verträgen zumindest teilweise durch die Pauschalreiserichtlinie und deren Umsetzung in §§ 651a ff BGB geschützt sei (BT-Drucks 14/2658, 33). Dies konnte nur bedeuten, dass Pauschalreisen unter die Ausnahme fallen und damit nicht dem Widerrufsrecht unterliegen sollten. Der in Umsetzung der VerbrRRL eingefügte **§ 312g Abs 2 S 2 aF (13. 6. 2014 bis 30. 6. 2018)** erklärte die Ausnahme des § 312g Abs 2 Nr 9 BGB jedoch für nicht anwendbar auf Verträge über Reiseleistungen nach § 651a BGB, wenn diese außerhalb von Geschäftsräumen geschlossen worden sind, es sei denn, die mündlichen Verhandlungen, auf denen der Vertragsschluss beruht, wurden auf vorhergehende Bestellung des Verbrauchers geführt. Für bestimmte Pauschalreisen galt damit eine Rückausnahme. Der Regelungsgehalt des § 312g Abs 2 S 2 aF (13. 6. 2014 bis 30. 6. 2018) ging jedoch nicht über § 312 Abs 2 Nr 4 aF (bis 30. 6. 2018) hinaus, was mit der zunächst geplanten vollständigen Herausnahme von Pauschalreisen aus dem Anwendungsbereich des Verbraucherwiderrufsrechts zusammenhing (vgl dazu BeckOK-BGB/Martens [1. 2. 2024] § 312g Rn 43; MünchKommBGB/Wendehorst § 312g Rn 46; Erman/Koch § 312g Rn 17). Gerade nicht durch den Ausnahmetatbestand betroffen sein sollten aber Pauschalreisen, die auf Kaffeefahrten abgeschlossen werden (BeckOK-BGB/Martens [1. 2. 2024] § 312g Rn 43; MünchKommBGB/Wendehorst § 312g Rn 46; Erman/Koch § 312g Rn 17). 64

Durch das Dritte Gesetz zur Änderung reiserechtlicher Vorschriften vom 17. 7. 2017 (BGBl I 2017 I S 2394) wurde jedoch § 312g Abs 2 S 2 aF (bis 30. 6. 2018) gestrichen 65 und § 312 Abs 2 Nr 9 BGB entsprechend angepasst. Es handelt sich dabei um eine Folgeanpassung anlässlich des neuen § 312 Abs 7 S 2 BGB (BeckOK-BGB/Martens [1. 2. 2024] § 312g Rn 44; vgl auch Kommentierung § 312 Rn 94 ff). Ausweislich der Gesetzesbegründung „soll Verbrauchern das Widerrufsrecht belassen werden, das ihnen nach bislang geltender Rechtslage zusteht, wenn sie einen Pauschalreisevertrag außerhalb von Geschäftsräumen geschlossen haben und die mündlichen Verhandlungen, auf denen der Vertragsschluss beruht, nicht auf ihre vorhergehende Bestellung stattgefunden haben“ (BT-Drucks 18/12600, 13).

10. Öffentlich zugängliche Versteigerungen (Nr 10)

66 Gemäß § 312g Abs 2 Nr 10 BGB ist das Widerrufsrecht ebenfalls bei öffentlich zugänglichen Versteigerungen ausgeschlossen. Der Verbraucher befindet sich auch bei Versteigerungen in einer für im Fernabsatz oder außerhalb von Geschäftsräumen abgeschlossene Verträge typischen Gefährdungslage. Er kann die Ware oft nicht begutachten, bevor er ein Gebot abgibt. Deshalb ist es gerechtfertigt, Versteigerungen in den grundsätzlichen Anwendungsbereich des Verbraucherwiderrufsrechts einzubeziehen. Durch die weiterhin bestehenden Informationspflichten des Unternehmers bleiben die Interessen des Verbrauchers in ausreichendem Maße gewahrt. Die Versagung eines Widerrufsrechts ist dennoch sinnvoll, denn dessen Einräumung könnte „den einer Versteigerung eigenen Preisfindungsprozess untergraben“ (Jauernig/Stadler § 312g Rn 10).

67 Es handelt sich um die Umsetzung von Art 16 lit k VerbrRRL. Öffentlich zugängliche Versteigerungen werden entsprechend Art 2 Nr 13 VerbrRRL als Verträge, die im Rahmen einer Vermarktungsform geschlossen werden, bei der der Unternehmer Verbrauchern, die persönlich anwesend sind oder denen diese Möglichkeit gewährt wird, Waren oder Dienstleistungen anbietet, und zwar in einem vom Versteigerer durchgeführten, auf konkurrierenden Geboten basierenden transparenten Verfahren, bei dem der Bieter, der den Zuschlag erhalten hat, zum Erwerb der Waren oder Dienstleistungen verpflichtet ist, legaldefiniert. Eine ähnliche Regelung fand sich im alten Recht allgemein für Versteigerungen in § 312d Abs 4 Nr 5 aF (bis 12. 6. 2014). Ausweislich der Gesetzesbegründung sind mit der Legaldefinition keine inhaltlichen Änderungen verbunden (BT-Drucks 17/12637, 57). Entscheidend ist weiterhin, dass es sich um eine **Versteigerung im Sinne des § 156 BGB** handelt (Grüneberg/Grüneberg § 312g Rn 13; Erman/Koch § 312g Rn 19; Jauernig/Stadler § 312g Rn 10; Dauner-Lieb/Langen/Ring Rn 42; zum Begriff Staudinger/Bork [2022] § 156 Rn 1).

68 Vor der Novellierung des Verbraucherwiderrufsrechts war insbesondere strittig, inwiefern **Versteigerungen im Internet** von der Ausnahmevorschrift erfasst werden. Der Erwerb von gebrauchten und neuen Gegenständen über Auktionsplattformen des Internets erfreut sich nach wie vor steigender Beliebtheit und für seine Abwicklung spielt es eine nicht unerhebliche Rolle, ob dem Verbraucher ein Widerrufsrecht zusteht oder nicht. Ob die sog Internet-Auktionen Versteigerungen im Rechtssinne sind, war lange Zeit zweifelhaft (vgl zum Streitstand mit ausführlichen Verweisen auf das Schrifttum MünchKommBGB/Wendehorst [2003] § 312d aF Rn 45). Nachdem sich bereits in der instanzgerichtlichen Rechtsprechung mit guten Gründen die Auffassung durchgesetzt hatte, dass wegen der zugrundeliegenden besonderen Vertragsbedingungen zumindest Verträge, die über die populärste Online-Auktionsplattform **eBay** geschlossen

werden, als Kaufverträge und nicht als Verträge, die bei einer Versteigerung geschlossen werden, zu bewerten sind, hat auch der BGH Stellung bezogen (zuletzt BGH 24. 8. 2016 – VIII ZR 100/15, NJW 2017, 468; Fortführung von: BGH ZIP 2004, 2334: In dieser vielbeachteten eBay-Entscheidung stellte der BGH fest, dass das Widerrufsrecht des Verbrauchers bei einem über eBay mit einem Unternehmer geschlossenen Kaufvertrag nicht ausgeschlossen ist, vgl zu der Entscheidung auch HANSEN ZGS 2004, 455; BGH NJW 2002, 363, 364; AG Kehl CR 2004, 60, 61; AG Schwäbisch Gmünd 23. 7. 2002 – 8 C 130/01; LG Hof CR 2003, 854; LG Hof CR 2002, 844; AG Kehl NJW-RR 2003, 1060; LG Memmingen NJW 2004, 2389, 2390; LG Konstanz CR 2004, 862 [Ls]; AG Menden MMR 2004, 502; **aA** AG Osterholz-Scharmbeck 23. 8. 2002 – 3 C 415/02; AG Bad Hersfeld MMR 2004, 500). Die Verträge kommen hierbei nach den allgemeinen Regeln der §§ 145 ff BGB zustande. Das online abgegebene Höchstgebot des Käufers ist eine wirksame, auf den Abschluss eines Kaufvertrages mit dem Verkäufer gerichtete Willenserklärung, die der Verkäufer dadurch annimmt, dass er auf der Online-Auktionsplattform eine Angebotsseite für die Versteigerung des Kaufgegenstandes einrichtet und hierbei ausdrücklich erklärt, er nehme bereits zu diesem Zeitpunkt das höchste, wirksam abgegebene Kaufangebot an. Solche Verträge unterliegen ohne weiteres den Bestimmungen des Verbraucherschutzrechts und der Ausschluss des Widerrufsrechts nach § 312g Abs 2 Nr 10 BGB greift nicht durch. Ebenfalls keine Versteigerung liegt vor, wenn der Verkäufer einen Artikel in die Internetseiten von **eBay** einstellt und dem Käufer hierbei die Option gibt, die Ware per „Sofortkauf" zu erwerben (vgl AG Moers NJW 2004, 1330). Der Verkäufer gibt ein verbindliches Angebot ab, indem er erklärt, die angebotene Ware zu dem ausgewiesenen Preis zu verkaufen. Versteigerungen im Sinne des § 156 BGB zeichnen sich im Gegensatz hierzu dadurch aus, dass der **Vertrag unmittelbar durch den Zuschlag zustande** kommt und ein abgegebenes Gebot erlischt, wenn ein höheres Gebot abgegeben wurde oder die Versteigerung ohne Erteilung des Zuschlags geschlossen wird.

69 Neben die fehlenden Voraussetzungen einer Versteigerung im rechtlichen Sinne tritt die Tatsache, dass nach Erwägungsgrund 24 VerbrRRL die Verwendung von Online-Plattformen, die Verbrauchern und Unternehmern zu Versteigerungszwecken zur Verfügung stehen, nicht als öffentliche Versteigerung im Sinne der Richtlinie gelten soll. Es fehlt zudem bei der Nutzung von Online-Angeboten an der persönlichen Anwesenheit bzw der diesbezüglichen Möglichkeit des Verbrauchers (MünchKommBGB/WENDEHORST § 312g Rn 47). Nimmt der Verbraucher die Möglichkeit wahr, beispielsweise telefonisch an einer Versteigerung iSv § 156 BGB teilzunehmen, so liegt wiederum unproblematisch ein Fall des § 312g Abs 2 Nr 10 BGB vor (MünchKommBGB/WENDEHORST § 312g Rn 48; Beck-OK/MARTENS [1. 11. 2018] § 312g Rn 44; SPINDLER/SCHUSTER/SCHIRMBACHER Rn 67; ERMAN/KOCH § 312g Rn 19; Hk-BGB/SCHULTE-NÖLKE § 312g Rn 6; GRÜNEBERG/GRÜNEBERG § 312g Rn 13).

11. Dringende Reparatur- und Instandhaltungsaufgaben (Nr 11)

70 Außerdem sind nach § 312g Abs 2 Nr 11 BGB Verträge, bei denen der Verbraucher den Unternehmer ausdrücklich aufgefordert hat, ihn aufzusuchen, um dringende Reparatur- oder Instandhaltungsarbeiten vorzunehmen, vom Widerrufsrecht ausgenommen, wovon jedoch weitere bei dem Besuch erbrachte Dienstleistungen, die der Verbraucher nicht ausdrücklich verlangt hat, oder hinsichtlich solcher bei dem Besuch gelieferter Waren, die bei der Instandhaltung oder Reparatur nicht unbedingt als Ersatzteile benötigt werden, nicht erfasst werden. Dies entspricht Art 16 lit h

VerbrRRL. Der Gesetzgeber geht davon aus, dass in der Praxis hiervon ganz überwiegend außerhalb von Geschäftsräumen geschlossene Verträge betroffen sein werden, weil bei Reparatur- und Instandhaltungsarbeiten der eigentliche Vertragsschluss regelmäßig erst dann erfolgt, wenn sich der Unternehmer an Ort und Stelle einen Eindruck von den zu erbringenden Leistungen gemacht hat (BT-Drucks 17/12637, 57).

a) Dringend

71 Unklar ist damit, wann solche Reparatur- und Instandhaltungsarbeiten als dringend bezeichnet werden können. Nach einer teilweise in der Literatur vertretenen Ansicht sind an dieses Erfordernis keine besonders hohen Anforderungen zu stellen. Demnach müsse es genügen, wenn sich die Arbeiten aus der Sicht eines objektiven Betrachters in der Person des Unternehmers so darstellen, dass mit ihrer Ausführung nicht mindestens **14 Tage** gewartet werden kann, also eine etwaige Widerrufsfrist nicht abgewartet werden kann (MünchKommBGB/Wendehorst § 312g Rn 51; BeckOK-BGB/Martens [1. 2. 2024] § 312g Rn 50). Nach der vorzugswürdigen Ansicht – auch der Rechtsprechung – werden an das Kriterium der Dringlichkeit strengere Anforderungen gesetzt. Danach sind die Arbeiten nur dann dringend, wenn sie zur sofortigen Wiederherstellung der Funktionstauglichkeit erforderlich sind und der Verbraucher **darauf angewiesen** ist (OLG Köln 26.2.16 – 6 U 102/15; LG Münster 4.11.15 – 2 O 127/15, ZMR 2016, 628; AG Bad Segeberg 13.4.15 – 17 C 230/14, NJW-RR 2015, 921; ebenso Grüneberg/Grüneberg § 312g Rn 14; Dauner-Lieb/Langen/Ring Rn 44). Angesichts des Ausnahmecharakters der Vorschrift ist diesem restriktiven Verständnis zuzustimmen.

72 Im Hinblick auf das Begriffsverständnis von dringenden Reparatur- und Instandsetzungsarbeiten ist zudem strittig, inwiefern darunter die **Türöffnung durch einen Schlüsseldienst** fallen kann. In einem solchen Fall muss die Tür zwar regelmäßig geöffnet werden, Grund dafür ist aber nicht zwingend eine Beschädigung des Türschlosses. Der Wortlaut der Reparatur- und Instandsetzungsarbeiten legt aber nahe, dass sie eine Rückversetzung der Sache in der Soll-Zustand voraussetzen (siehe ausführlich zum Begriffsverständnis und zur Problematik bei Türöffnungen im Allgemeinen Klocke NJW 2017, 2151, 2153). Nach der Ansicht des OLG Köln darf es jedoch aufgrund des eng zu verstehenden Dringlichkeitsbegriffs keinen Unterschied machen, ob der Beklagte zu einer Türöffnung gerufen wird, weil der Verbraucher seinen Schlüssel verloren oder in der Wohnung gelassen hat, oder weil das Türschloss defekt ist (OLG Köln 26.2.16 – 6 U 102/15).

b) Aufforderung durch den Verbraucher

73 Entscheidend für den Ausnahmetatbestand ist, dass der Verbraucher den Unternehmer zuvor ausdrücklich aufgefordert hat, ihn aufzusuchen, um die genannten Arbeiten durchzuführen. Die Ausnahme geht ausweislich der Gesetzesbegründung auf § 312 Abs 3 Nr 1 aF (bis 12. 6. 2014) zurück (BT-Drucks 17/12637, 57).

74 Erforderlich ist also die ausdrückliche Aufforderung des Unternehmers durch den Verbraucher. Es handelt sich hierbei nicht um eine Willenserklärung, sondern um eine **geschäftsähnliche Handlung** (Grüneberg/Grüneberg § 312g Rn 14; Jauernig/Stadler § 312g Rn 11). Die vorhergehende Aufforderung hat nach dem klaren Gesetzeswortlaut von dem Verbraucher iSd § 13 BGB auszugehen. Der bestellende Verbraucher kann sich bei der Aufforderung eines Dritten bedienen, indem er ihn hierzu ermächtigt (entspr § 164 BGB). Diese Ermächtigung setzt eine Äußerung des Verbrauchers

voraus. Ein lediglich am Vertragsschluss bestehendes Interesse eines Dritten (Ehepartner etc) genügt dagegen nicht (Grüneberg/Grüneberg § 312g Rn 14; BGH NJW 1983, 868, 869; 1991, 923, 924 zu § 55 GewO).

75 Die Aufforderung ist nicht formbedürftig, sie kann also schriftlich, mündlich oder telefonisch erfolgen (BGH NJW 2001, 509; Grüneberg/Grüneberg § 312g Rn 14). Sie muss allerdings eindeutig den Wunsch des Verbrauchers zum Ausdruck bringen, dass Vertragsverhandlungen über ein konkretes Projekt gewünscht sind, dh auf Vertragsverhandlungen gerichtet Ort und Zeitpunkt des gewünschten Gespräches festlegen. Ein konkludentes Verhalten wird diesen Anforderungen regelmäßig nicht genügen (so noch MünchKommBGB/Wendehorst [7. Aufl 2016] § 312g Rn 49).

c) Keine Ausstrahlungswirkung auf weitere Geschäfte

76 Schon nach alter Rechtslage galt: Hat der Verbraucher den Unternehmer zu einer Verhandlung über einen hinreichend bestimmten Vertragsgegenstand bestellt, kommt aber ein **Vertrag über eine andere Leistung** zustande, liegt ebenfalls der Vertrag außerhalb der erbetenen konkreten Vertragsverhandlungen und beruht nicht auf der vorhergehenden Bestellung (BT-Drucks 10/2876, 12; BGH NJW 2010, 2868 Rn 15, 17; 1990, 1048, 1049; 1992, 425, 426; OLG Koblenz NJW-RR 1990, 56; LG Hamburg NJW-RR 1988, 824, 825; Gilles NJW 1986, 1131, 1142). Diese Beschränkung findet sich auch im Wortlaut des neuen § 312g Abs 2 Nr 11 BGB wieder, indem weitere bei dem Besuch erbrachte Dienstleistungen, die der Verbraucher nicht ausdrücklich verlangt hat, oder hinsichtlich solcher bei dem Besuch gelieferter Waren, die bei der Instandhaltung oder Reparatur nicht unbedingt als Ersatzteile benötigt werden, aus dem Ausnahmetatbestand herausgenommen werden. Wird nach einer dringenden Türöffnung durch einen Schlüsseldienst noch eine Alarmanlage eingebaut, so gilt der Ausnahmetatbestand jedenfalls nicht für das zweite Geschäft (Hk-BGB/Schulte-Nölke § 312g Rn 7).

12. Wett- und Lotteriedienstleistungen (Nr 12)

77 Nach § 312g Abs 2 Nr 12 BGB sind weiterhin Verträge zur Erbringung von Wett- und Lotteriedienstleistungen von der Möglichkeit des Widerrufs ausgeschlossen, es sei denn, dass der Verbraucher seine Vertragserklärung telefonisch abgegeben hat oder der Vertrag außerhalb von Geschäftsräumen geschlossen wurde. Ausweislich der Gesetzesbegründung sollen die genannten Verträge so in Anlehnung an die bisherige Ausnahme in § 312d Abs 4 Nr 4 aF (bis 12. 6. 2014) auch zukünftig vom Widerrufsrecht ausgeschlossen sein, soweit sie im Fernabsatz geschlossen wurden (BT-Drucks 17/12637, 57). Der Ausnahmetatbestand hat jedoch kein Vorbild im Katalog des Art 16 VerbrRRL, weil Glücksspiele und Wetten gem Art 3 Abs 3 lit c VerbrRRL insgesamt vom Anwendungsbereich der Richtlinie ausgenommen sind (Spindler/Schuster/Schirmbacher Rn 72).

a) Zweck der Herausnahme

78 Verträge über Wett- und Lotteriedienstleistungen beinhalten ein **spekulatives Element** (vgl bereits RegE FernAbsG BT-Drucks 14/2658, 44) und sind dadurch gekennzeichnet, dass die Beteiligten zur Unterhaltung oder aus Gewinnstreben über den Gewinn oder Verlust eines Vermögenswerts ein ungewisses Ereignis entscheiden lassen, dessen Eintritt nicht in ihren Händen liegt (vgl zu den unionsrechtlichen Problemen im Zusammenhang mit Online-Casinos Kubiciel EuZW 2017, 494). **Kein Vertrag zur Erbringung einer**

Wett- oder Lotteriedienstleistung liegt dagegen vor, wenn der Unternehmer vom Verbraucher online abgegebene Lottotipps an eine Lottogesellschaft weiterleitet. Hierbei handelt es sich um einen reinen Geschäftsbesorgungsvertrag ohne spekulativen Charakter, durch den dem Verbraucher für seine Gegenleistung keine Gewinnchance eingeräumt wird (so zu Recht OLG Karlsruhe CR 2002, 682, 683). Das konkrete Geschäft muss nicht notwendigerweise als Wette oder Lotterie bezeichnet werden, auch bei Gewinnspielen, Tombolas, Preisausschreiben und Auslosungen bleibt das Widerrufsrecht ausgeschlossen. Warum das so ist, liegt auf der Hand: Das Risiko eines Geschäftes über Wett- oder Lotteriedienstleistungen würde einseitig auf die Schultern des Unternehmers gelegt, wenn der Verbraucher nach Eintritt des Ereignisses, das über Wohl oder Wehe seines Einsatzes entscheidet, seine Willenserklärung widerrufen kann (so auch BeckOK-BGB/Martens [1. 5. 2024] § 312g Rn 52; Erman/Koch § 312g Rn 22).

b) Verhältnis zu §§ 762, 763 BGB

79 Streitig ist, welche Auswirkungen die **in §§ 762, 763 BGB getroffene Wertung** auf den Ausnahmetatbestand hat. Nach § 762 Abs 1 S 2 BGB kann der Verbraucher bei Spiel oder Wette seinen Einsatz nicht zurückfordern, „weil eine Verbindlichkeit nicht bestanden hat". Verträge über Wett- und Lotteriedienstleistungen sind unvollkommene Verbindlichkeiten und lösen nach §§ 762, 763 BGB grundsätzlich gerade keine voll gültigen Verbindlichkeiten aus, sodass der Verbraucher eigentlich nicht verpflichtet wäre, den Vertrag zu erfüllen. Gerade hiervor will ihn auch das Fernabsatzrecht schützen. Der Verbraucher soll nicht einen Vertrag erfüllen müssen, den er bei Kenntnis aller Umstände nicht abgeschlossen hätte. Dieser Zweck kann nicht mehr erreicht werden, wenn der Vertrag ohnehin nicht zur Leistung verpflichtet, sondern im Falle der Leistung nur einen Rechtsgrund darstellt. Dem Verbraucher bleibt es bei solchen Verträgen ohnehin unbenommen, sie nicht zu erfüllen und dadurch seine Entscheidungsfreiheit zu wahren. Um dem fernabsatzrechtlichen Schutzzweck gerecht zu werden, ist § 312g Abs 2 Nr 11 BGB daher in **teleologischer Reduktion** nur auf solche Verträge anzuwenden, bei denen der Verbraucher zur Leistung verpflichtet ist, was regelmäßig bei staatlich genehmigten Lotterien oder Ausspielungen der Fall ist, § 763 S 1 BGB (in diesem Sinne auch Grüneberg/Grüneberg § 312g Rn 15; Erman/Koch § 312g Rn 22; **aA** MünchKommBGB/Wendehorst § 312g Rn 54, die dem Verbraucher ein Widerrufsrecht so lange belassen will, wie die Ziehung noch nicht erfolgt ist und Zahl und Höhe der insgesamt von allen Teilnehmern geleisteten Einsätze keinen Einfluss auf den weiteren Fortgang des Geschäfts haben; ähnlich auch BeckOK-BGB/Martens [1. 5. 2024] § 312g Rn 54; OLG Karlsruhe CR 2002, 682, 683 vertritt die Auffassung, dass alle Dienstleistungen unter die Ausnahmeregelung fallen, denen ein spekulatives oder aleatorisches Element innewohne, da die Herausnahme auf europäisches Recht zurückgehe und daher nicht nach den Begrifflichkeiten des deutschen Zivilrechts auszulegen sei). Es stellt sich die Frage, warum § 312g Abs 2 Nr 11 BGB nicht auf solche Verträge über Wett- und Lotteriedienstleistungen beschränkt bleibt, die sich etwa auf den einmaligen Kauf eines Lotterieloses beschränken. Bei Dauerschuldverhältnissen wie einem Jahreslos wäre es sachgerechter gewesen, wenn dem Verbraucher die Möglichkeit gegeben worden wäre, sich mit *ex nunc*-Wirkung von dem Vertrag zu lösen (so auch Lütcke [2002] § 312d aF Rn 87). In das Gesetz *de lege lata* hineinlesen kann man dies freilich nicht.

c) Telefonische Abgabe der Willenserklärung

80 Auch weiterhin greift die Ausnahme nicht ein, wenn der Verbraucher seine Vertragserklärung telefonisch abgegeben hat. Hier sind Verbraucher vor Verträgen zu schüt-

zen, die gerade im Rahmen unerbetener Telefongespräche geschlossen werden. Für Verträge, die außerhalb von Geschäftsräumen geschlossen werden, bleibt das Widerrufsrecht ebenfalls wie im bisherigen Recht bestehen (BT-Drucks 17/12637, 57).

Der Gesetzgeber verweist im Rahmen des Gesetzes zur Bekämpfung unerlaubter **Telefonwerbung** und zur Verbesserung des Verbraucherschutzes bei besonderen Vertriebsformen (BGBl 2009 I Nr 49, S 24/13) auf einen gegenüber der Praxis im Vertrieb von Zeitungen, Zeitschriften und Illustrierten noch erhöhtes unlauteres Geschäftsbaren im Sinne unerbetener Telefonwerbung im Bereich der Wett- und Lotterie-Dienstleistungen (BT-Drucks 16/10734, 11). Es bleibt damit unklar, inwiefern diese Maßnahmen ausreichend sind, um das **Cold Calling**, die unerwünschte Telefonwerbung, einzudämmen (auch der Bundesrat sieht hier noch Handlungsbedarf BT-Drucks 19/2538). Es liegt für die Werber nahe, die Vertragserklärung des Verbrauchers, nach telefonischer Anwerbung, per E-Mail oder Post einzufordern und damit die Neuregelung zu unterwandern (Wendehorst MMR 2009, 515, 517), vgl aber § 7 Abs 2 Nr 2 UWG. 81

13. Notariell beurkundete Verträge (Nr 13)

Nach § 312g Abs 2 Nr 13 BGB werden notariell beurkundete Verträge vom Widerrufsrecht ausgenommen. In vergleichbarer Form fand sich dieser Ausschlussgrund bereits in § 312 Abs 3 Nr 3 aF (bis 12. 6. 2014). Hintergrund der Aufnahme in den Katalog der Ausschlusstatbestände sind die Regelungen in Art 6 Abs 3 lit c Fern-AbsFinanzDienstRL und Art 14 Abs 6 Verbraucherkredit-RL (Hk-BGB/Schulte-Nölke § 312g Rn 8). 82

a) Zweck der Herausnahme

Der Notar tritt gem § 14 Abs 1 BNotO als unabhängiger und unparteiischer Betreuer der Beteiligten auf. Der Gesetzgeber geht davon aus, dass durch die ihm im Rahmen der Beurkundung obliegenden **Verlesungs-, Prüfungs- und Belehrungspflichten** (§ 13 Abs 1 und § 17 des BeurkG) einer Überforderung oder Überrumpelung des Verbrauchers wirksam begegnet wird, weshalb für ein Widerrufsrecht in diesen Fällen wegen der verbraucherschützenden Wirkung der notariellen Beurkundung mithin keine Notwendigkeit besteht (BT-Drucks 17/12637, 57). Der Verbraucher ist weder überrascht noch überrumpelt. Es ist daher unerheblich, ob der Vertrag erst vor dem Notar oder bereits vorher ausgehandelt worden ist (Erman/Saenger [13. Aufl 2011] § 312 aF Rn 90; kritisch Gilles NJW 1986, 1131, 1143). Nach dem OLG Stuttgart (BB 1999, 1453, 1454) ist die Anwendung des Ausschlusstatbestandes bei notarieller Beurkundung nicht beurkundungsbedürftiger Willenserklärungen jedoch dann nicht gerechtfertigt, wenn der Verbraucher aufgrund anbieterinitiierter vorausgegangener Verhandlungen bereits zum Vertragsabschluss bestimmt worden ist und die notarielle Beurkundung sich aus seiner Sicht als reine Formalität darstellt. Eine solche Beurkundung kann dem Verbraucher ein Widerrufsrecht abschneiden, obwohl der entsprechende Tatbestand nach dem Willen des Gesetzgebers erfasst sein sollte (Erman/Saenger [13. Aufl 2011] § 312 aF Rn 91; Grüneberg/Grüneberg § 312g Rn 16; **aA** Staudinger/Werner [2001] HWiG (außer Kraft) § 1 Rn 149; OLG Brandenburg 17. 7. 2008 – 5 U 8/06). 83

b) Anwendungsbereich

Der Ausschlussgrund setzt die **Beurkundung des Vertrages selbst** voraus, allein die Beurkundung der Vollmacht für den Vertrag genügt nicht (BGH ZIP 1999, 2007 f). Die no- 84 tarielle Beurkundung selbst richtet sich nach **§ 128 BGB**. Der Beurkundung steht die richterliche Protokollierung gem § 127a BGB gleich (AG Hanau 10.8.15 – 34 C 223/15 [14], WuM 2015, 543; Grüneberg/Grüneberg § 312g Rn 16; BeckOK-BGB/Martens [1. 5. 2024] § 312g Rn 56). § 312g Abs 2 Nr 3 BGB erfasst grundsätzlich auch die notarielle Beurkundung einer **Bevollmächtigung** (BGH NJW 2000, 2268; Grüneberg/Grüneberg § 312g Rn 16).

85 Nach § 312 Abs 2 Nr 1 BGB gilt für notariell beurkundete Verträge ohnehin nur der Minimalanwendungsbereich des § 312a Abs 1, 3, 4 und 6 BGB, soweit es sich um Verträge über Finanzdienstleistungen, die außerhalb von Geschäftsräumen geschlossen werden (§ 312 Abs 2 Nr 1a) BGB) handelt oder um Verträge, die keine Verträge über Finanzdienstleistungen sind (§ 312 Abs 2 Nr 1b) BGB), vgl auch die Kommentierung zu § 312 Rn 15 ff. Für Verträge, für die das Gesetz die notarielle Beurkundung des Vertrags oder einer Vertragserklärung nicht vorschreibt – jedoch eine freiwillige Beurkundung in Betracht kommt –, gilt dies allerdings nur, wenn der Notar den Verbraucher darüber belehrt, dass die Informationspflichten nach § 312d Abs 1 BGB und das Widerrufsrecht nach § 312g Abs 1 BGB entfallen. Der Anwendungsbereich des § 312g Abs 2 Nr 13 BGB ist in diesen Fällen erst dann eröffnet, wenn die entsprechende Belehrung durch den Notar unterblieben ist. Aus der Sicht des Verbraucherschutzes ist das Ergebnis, nämlich der Entfall des Widerrufsrechts, durchaus fragwürdig (vgl dazu kritisch MünchKommBGB/Wendehorst § 312g Rn 56; zustimmend BeckOK-BGB/Martens [1. 5. 2024] § 312g Rn 57).

86 Bei sog **Bauherrn- und Erwerbsmodellen** ist der Ausnahmetatbestand nicht anwendbar (Gallois BB 1990, 2062; so auch noch Palandt/Heinrichs [64. Aufl 2005] § 312 aF Rn 31, inzwischen anders Grüneberg/Grüneberg § 312g Rn 16; **aA** Staudinger/Werner [2001] HWiG (außer Kraft) § 1 Rn 150 unter Berufung auf den Gesetzeswortlaut). Die Ausschlussvorschrift ist richtlinienkonform einschränkend auszulegen, da der Notar üblicherweise nur mit einem Ausschnitt des Vertragsabschlusses befasst ist und daher seine Belehrung den Verbraucher nicht umfassend aufzuklären und zu warnen vermag; die Überrumplungssituation besteht daher fort (OLG Stuttgart OLGR 1999, 231; OLG Karlsruhe OLGR 2002, 272; **aA** OLG Stuttgart ZIP 2004, 946, 950).

V. Einzelfragen

87 Ob ein Ausnahmetatbestand nach § 312g Abs 2 BGB besteht, ist entscheidendes Kriterium für die Frage danach, ob ein Widerrufsrecht besteht oder nicht. Darüber hinaus stellen sich im Zusammenhang mit dem Bestehen des Widerrufsrechts und seiner Ausübungsmodalitäten weitere Einzelfragen, auf die nachfolgend einzugehen ist.

1. Möglichkeit des Teilwiderrufs

88 Liegt keiner der oben erläuterten Ausnahmetatbestände vor, so kann der Verbraucher grundsätzlich den ganzen Vertrag widerrufen. Unklar ist damit aber, ob es ihm genau so offen steht nur einen Teil des Vertrages zu widerrufen. Die Möglichkeit eines **Teilwiderrufs** wird in der Literatur weitestgehend unter Bezugnahme auf die Möglichkeit des **Teilrücktritts** bejaht: Danach soll der teilweise Widerruf dann möglich sein, wenn es sich um eine teilbare Leistung handelt (MünchKommBGB/Wendehorst § 312g Rn 4; BeckOK-BGB/Martens [1. 5. 2024] § 312g Rn 7). Auch in der Rechtsprechung wird diese Möglichkeit aus einer analogen Anwendung des § 323 Abs 5 S 1

BGB gezogen (OLG Hamm 10. 2. 2017 – I-19 U 96/16, 19 U 96/16, WM 2017, 1301). Im Ergebnis ist die Einräumung eines Teilwiderrufsrechts grundsätzlich interessengerecht. Solange es sich um eine an sich teilbare Leistung handelt und auch zwischen den Parteien nicht wirksam eine einheitliche Leistung vereinbart ist, darf es keinen Unterschied machen, ob der Verbraucher mit dem Unternehmer mehrere Verträge geschlossen hat und nur einen davon widerruft oder, ob ein Vertrag geschlossen wurde, von dem sich der Verbraucher nur teilweise lösen möchte. Die Herleitung aus dem Rücktrittsrecht erscheint demgegenüber nicht ganz zweifelsfrei. Mit der Umsetzung der VerbrRRL ist der zuvor in § 357 Abs 1 S 1 aF (bis 12. 6. 2014) enthaltene Verweis ins Rücktrittsrecht weggefallen. In den §§ 312 ff, 355 ff BGB ist das Verbraucherwiderrufsrecht nunmehr umfassend und abschließend geregelt – eine ergänzende Anwendung des Rücktrittsrecht ist insofern nicht angezeigt (vgl auch BeckOK-BGB/Müller-Christmann [1. 2. 2024] § 355 Rn 33; Jauernig/Stadler § 355 Rn 1; Kotowski VuR 2016, 291, 294). Dennoch ist eine weiterhin bestehende systematische Ähnlichkeit zwischen Widerrufs- und Rücktrittsrecht nicht von der Hand zu weisen (MünchKommBGB/Fritsche § 355 Rn 50). Schließlich wird man ebenso interessengerechte Ergebnisse auch durch eine teleologische Auslegung des Widerrufsrechts erzielen können. In der Literatur findet sich darüber hinaus auch die Forderung einen solchen Teilwiderruf zuzulassen, soweit die Möglichkeit eines solchen zumindest konkludent vereinbart wurde – etwa durch die Beifügung eines Retourenscheines auf dem die verschiedenen Artikel einzeln angekreuzt werden können (Kotowski VuR 2016, 291, 294).

2. Gemischte Verträge

Aufgrund der Möglichkeit, den Inhalt eines Vertrages durch privatautonome Gestaltung frei zu bestimmen, sind Fälle denkbar, in denen sich innerhalb eines einheitlichen Vertrages ein Teil der vertraglich bestimmten Leistungen unter den Ausnahmekatalog des § 312g Abs 2 BGB subsumieren lässt, ein anderer aber nicht. Ebenfalls besteht die Möglichkeit, dass die einzelnen Leistungsbestandteile von unterschiedlichen Ausnahmetatbeständen erfasst werden. Im letzteren Fall muss wohl das Gleiche gelten, was auch im Hinblick auf das Eingreifen mehrerer Ausschlusstatbestände für eine Leistung gelten muss: Insgesamt ist jedenfalls ein Ausschlusstatbestand gegeben. Die Frage, was gilt, falls nur für einen Teil überhaupt ein Ausschlusstatbestand greift, ist sowohl in der Rechtsprechung als auch in der Literatur bisher nur wenig behandelt worden. Das LG Halle (Saale) konnte dies zuletzt offen lassen (LG Halle 3.1.17 – 4 O 110/16). Auch aus Regelung des § 312g Abs 2 Nr 11 BGB, die einen Spezialfall des Zusammentreffens mehrerer Leistungen regelt, kann nicht ohne weiteres verallgemeinert werden (vgl auch BeckOK-BGB/Martens [1.5 .2024] § 312g Rn 12). **89**

Wendehorst nennt als wesentliche Kriterien, die bei der Einordnung dieser Rechtsfrage zu klären sind, die **rechtliche Teilbarkeit** der Leistungen und das Nichtvorliegen eines Falles von **§ 360 Abs 2 BGB** (MünchKommBGB/Wendehorst § 312g Rn 8; zustimmend BeckOK-BGB/Martens [1. 5. 2024] § 312g Rn 12). Kann beides bejaht werden, so besteht für den einen Teil ein Widerrufsrecht, für den anderen nicht. Sobald jedoch eine Verbindung dergestalt vorliegt, dass der nicht widerrufliche Teil auf den widerruflichen Teil entsprechend den Voraussetzungen des § 360 Abs 2 BGB bezogen ist, so kommt nur ein einheitlicher Widerruf in Betracht (MünchKommBGB/Wendehorst § 312g Rn 9). Muss die Teilbarkeit gänzlich verneint werden, so will Wendehorst in Anlehnung an die Behandlung sog dual use Fälle iRv § 13 BGB auf den **Schwerpunkt** der Leistung abstellen und verweist dabei auf den Umsetzungsleitfaden der GD Justiz (MünchKommBGB/Wendehorst § 312g Rn 10; Umsetzungsleitfaden GD Justiz S 8, verfügbar unter https://www.cr-online.de/29574.htm# materialien [letzter Abruf: 24. 7. 2024]; ähnlich auch Becker/Föhlisch NJW 2005, 3377, 3379, die auf die Hauptleistung abstellen wollen; zust Grüneberg/Grüneberg § 312g Rn 3). Ein anderes Verständnis, wonach schon das Bestehen eines Widerrufsrechts für einen nicht überwiegenden Teil genügen soll, würde den Zweck des Verbraucherschutzes wohl überspannen (so aber BeckOK-BGB/Martens [1. 5. 2024] § 312g Rn 12). Vieles spricht auch dafür, dass das Bestehen eines Ausschlusstatbestandes für einen Teil der Leistung bei der Rückabwicklung im Sinne einer anteiligen Vergütungspflicht zu berücksichtigen ist (vgl MünchKommBGB/Wendehorst § 312g Rn 8).

3. Einräumung eines vertraglichen Widerrufsrechts

90 Nach dem Einschub „soweit die Parteien nichts anderes vereinbart haben" in § 312g Abs 2 BGB, bleibt es den Parteien unbenommen, trotz Bestehen eines Ausschlusstatbestandes zu vereinbaren, dass dennoch ein Widerrufsrecht bestehen soll (Grüneberg/Grüneberg § 312g Rn 3; Erman/Koch § 312g Rn 6). Dabei würde es sich um eine für den Verbraucher günstige Vereinbarung handeln, die nach § 312m Abs 1 S 1 BGB zulässig ist (so aber BeckOK-BGB/Martens [1. 5. 2024] § 312g Rn 14). Diskutiert wird die Einräumung eines vertraglichen Widerrufsrechts insbesondere, wenn der Unternehmer in seinen AGB versehentlich auf das Bestehen eines Widerrufsrechts hinweist, obwohl tatsächlich ein Katalogtatbestand vorliegt. Unter Beachtung von § 305c Abs 2 BGB wird man hierin regelmäßig ein Angebot auf Vereinbarung eines entsprechenden Widerrufsrechts sehen können (BeckOK-BGB/Martens [1. 5. 2024] § 312g Rn 14; MünchKommBGB/Wendehorst § 312g Rn 13; **aA** Tegel/Schiek VuR 2024, 252, 255 ff, die allein auf den objektiven Empfängerhorizont nach §§ 133, 157 abstellen). Andererseits kann in eine bloß unterlassene Information über das Nichtbestehen des Widerrufsrechts kein solches Angebot hineingelesen werden (BeckOK-BGB/Martens [1. 5. 2024] § 312g Rn 14; MünchKommBGB/Wendehorst § 312g Rn 14).

VI. Verhältnis zu anderen Widerrufsrechten (Abs 3)

91 In § 312g Abs 3 BGB wird das Verhältnis des Widerrufsrechts nach Abs 1 zu anderen Widerrufsrechten geregelt. Danach besteht dann kein Widerrufsrecht, wenn dem Verbraucher bereits auf Grund der §§ 495, 506 bis 513 BGB ein Widerrufsrecht nach § 355 BGB zusteht, und nicht bei außerhalb von Geschäftsräumen geschlossenen Verträgen, bei denen dem Verbraucher bereits nach § 305 Abs 1 bis 6 BGB des Kapitalanlagegesetzbuchs ein Widerrufsrecht zusteht. Im Hinblick auf den Darlehensvermittlungsvertrag hat der Gesetzgeber jedoch dem Verbraucher kein eigenständiges Widerrufsrecht eingeräumt, sodass ein Widerruf als Geschäft außerhalb von Geschäftsräumen oder als Fernabsatzvertrag nach allgemeinen Regeln in Betracht kommt (AG Dresden 11. 11. 2016 – 101 C 3079/16, BeckRS 2016, 111589).

92 Für den Verbraucher ist § 312g BGB regelmäßig die günstigere Regelung. Abweichend von § 355 Abs 2 S 2 BGB beginnt die Widerrufsfrist nicht schon mit Vertragsschluss, sondern erst, wenn der Unternehmer seinen Informationspflichten aus § 312d Abs 1 BGB nachgekommen ist (vgl auch unter § 312d Rn 150 ff). Zugleich kommen dem Verbraucher auch die besonderen Wertersatzvorschriften nach § 312e BGB zugute.

Die Vorrangwirkung bezieht sich aber nur auf tatsächlich bestehende Widerrufsrechte, also solche hinsichtlich derer alle Tatbestandsmerkmale erfüllt sind und auch keine Ausschlussgründe greifen (Erman/Koch § 312g Rn 26; BeckOK-BGB/Martens [1. 5. 2024] § 312g Rn 55). Dem steht es aber nicht entgegen, wenn der Verbraucher das Widerrufsrecht im Ergebnis nicht ausüben kann, etwa, weil er die Widerrufsfrist hat verstreichen lassen (Erman/Koch § 312g Rn 27; Jauernig/Stadler § 312g Rn 13).

VII. Missbrauch des Widerrufsrechts

Die Ausübung des Widerrufsrechts und die damit einhergehende Rückabwicklung 93
des Vertragsverhältnisses verursachen beim Unternehmer regelmäßig erhebliche Kosten. Aus diesem Grund stellt sich die Frage, ob das Recht zur Ausübung des Widerrufs unter Umständen rechtsmissbräuchlich sein kann und somit nach § 242 BGB ausgeschlossen ist. Dabei ist jedoch zu berücksichtigen, dass es dem freien Willen des Verbrauchers überlassen ist, ob und aus welchen Gründen er von seinem Widerrufsrecht Gebrauch macht. Es bedarf gerade keines berechtigten Interesses, sodass auch dann ein Widerruf möglich ist, wenn der Verbraucher grundsätzlich mit der Sache zufrieden ist und die Ausübung allein der Durchsetzung einer „Tiefpreisgarantie" dient (BGH 16. 3. 2016 – VIII ZR 146/15, NJW 2016, 1591). Der BGH stellt insoweit klar, dass ein Ausschluss wegen Rechtsmissbrauchs oder unzulässiger Rechtsausübung nur ausnahmsweise bei arglistiger Täuschung oder schikanösem Verhalten des Verbrauchers in Betracht kommt (BGH 16. 3. 2016 – VIII ZR 146/15). So etwa, wenn der Verbraucher einen Vertrag von vorneherein allein in der Absicht abschließt, ihn später zu widerrufen, um so hohe Kosten für den Unternehmer zu verursachen (MünchKommBGB/Wendehorst § 312g Rn 67).

Das OLG Hamburg entschied im Jahr 2004, dass es aufgrund fehlenden Kontrahie- 94
rungszwangs grundsätzlich zulässig sei, wenn Unternehmen sog „Hochretounierern" drohen, sie in Zukunft nicht mehr zu beliefern, wenn sie ihr Bestellverhalten nicht änderten (OLG Hamburg 25. 11. 2004 – 5 U 22/04, MMR 2005, 617). Hierin könnte jedoch ein Verstoß gegen das Umgehungsverbot aus § 312m Abs 1 BGB gesehen werden (MünchKommBGB/Wendehorst § 312g Rn 62). So entsteht, gerade bei großen marktbeherrschenden Unternehmen, ein erheblicher psychologischer Druck, vom Widerrufsrecht keinen Gebrauch zu machen, um nicht auf die „schwarze Liste" zu gelangen. Andererseits kann das Verbraucherwiderrufsrecht keinen Kontrahierungszwang begründen (Spindler/Schuster/Schirmbacher Rn 5). Jedenfalls sind die Anforderungen für die Unternehmen hoch. So bedarf es zunächst einer Beobachtung des Retourenverhaltens über hinreichend viele Bestellvorgänge hinweg, sodass keinesfalls bereits beim zweiten Wiederruf ein Warnschreiben formuliert werden darf (so MünchKommBGB/Wendehorst § 312g Rn 63; Spindler/Schuster/Schirmbacher Rn 5). Weiterhin spricht viel dafür, vor einer Verweigerung weiterer Vertragsschlüsse zunächst eine Warnung auszusprechen und das Retourenverhalten im Betracht der konkreten Umstände zu bewerten (MünchKommBGB/Wendehorst § 312g Rn 63, die beispielsweise bei Schuhen und Bekleidung einen Widerruf aufgrund der Alltäglichkeit für weniger problematisch hält).

Weiterhin kann das Widerrufsrecht unter dem Gesichtspunkt der Verwirkung ausge- 95
schlossen sein. Besonders diskutiert wird dies im Rahmen von Finanzdienstleistungen in Fällen des nicht ordnungsgemäß belehrten Darlehensnehmers dem potentiell ein „ewiges Widerrufsrecht" zukommt (Rieländer AcP 216, 2016, 763 770). Insbesondere ein

Urteil des EuGH (EuGH 9. 9. 2021 – C-33/20, C-155/20, C-187/20) hat die Debatte befeuert und die Frage der Vereinbarkeit mit dem Europarecht aufgeworfen (s hierzu BeckOGK/Kähler § 312g Rn 1805 ff). Während das OLG Karlsruhe (9. 2. 2022 – 12 U 80/21, BeckRS 2022, 2094) davon ausgeht, dass die bisherige Rechtsprechung unverändert fort gilt (so auch OLG Sachsen-Anhalt 6. 10. 2021 – 5 U 66/21; BeckOGK/Kähler § 312g Rn 1806), vertritt das OLG Rostock (9. 11. 2021, BeckRS 2021, 41766) die Gegenauffassung (so auch Artz NJW 2022, 49). Der BGH selbst hält daran fest, dass unter besonderen Umständen die Ausübung des Widerrufsrechts ausgeschlossen sein kann (BGH 19. 7. 2023 – IV ZR 268/21).

§ 312h
Kündigung und Vollmacht zur Kündigung

Wird zwischen einem Unternehmer und einem Verbraucher nach diesem Untertitel ein Dauerschuldverhältnis begründet, das ein zwischen dem Verbraucher und einem anderen Unternehmer bestehendes Dauerschuldverhältnis ersetzen soll, und wird anlässlich der Begründung des Dauerschuldverhältnisses von dem Verbraucher

1. die Kündigung des bestehenden Dauerschuldverhältnisses erklärt und der Unternehmer oder ein von ihm beauftragter Dritter zur Übermittlung der Kündigung an den bisherigen Vertragspartner des Verbrauchers beauftragt oder

2. der Unternehmer oder ein von ihm beauftragter Dritter zur Erklärung der Kündigung gegenüber dem bisherigen Vertragspartner des Verbrauchers bevollmächtigt,

bedarf die Kündigung des Verbrauchers oder die Vollmacht zur Kündigung der Textform.

Materialien: Entwurf der Bundesregierung eines Gesetzes zur Bekämpfung unerlaubter Telefonwerbung und zur Verbesserung des Verbraucherschutzes bei besonderen Vertriebsformen, BR-Drucks 553/08; Entwurf der Bundesregierung eines Gesetzes zur Bekämpfung unerlaubter Telefonwerbung und zur Verbesserung des Verbraucherschutzes bei besonderen Vertriebsformen, BT-Drucks 16/10734; Beschlussempfehlung und Bericht des Rechtsausschusses, BT-Drucks 16/12406; Gesetz zur Bekämpfung unerlaubter Telefonwerbung und zur Verbesserung des Verbraucherschutzes bei besonderen Vertriebsformen vom 29. 7. 2009 (BGBl I Nr 49, S 2413); Gesetzentwurf der Bundesregierung BT-Drucks 17/12637; Beschlussempfehlung und Bericht des Rechtsausschusses BT-Drucks 17/13951; Gesetz zur Umsetzung der Verbraucherrechterichtlinie und zur Änderung des Gesetzes zur Regelung der Wohnungsvermittlung vom 20. 9. 2013 (BGBl I Nr 58, S 3642).

Systematische Übersicht

Alphabetische Übersicht

I. Allgemeines

1. Genese

§ 312h BGB wurde durch das „Gesetz zur Bekämpfung unerlaubter Telefonwerbung und zur Verbesserung des Verbraucherschutzes bei besonderen Vertriebsformen (TelVertrÄndG)" vom 29. 7. 2009 (BGBl I 2413) als damaliger § 312f BGB in das Bürgerliche Gesetzbuch eingefügt und trat am 4. 8. 2009 in Kraft. § 312f aF (bis 3. 8. 2011) hatte kein Vorbild im Gesetz und **beruht nicht auf europäischen Vorgaben**. Auf Grund der Einfügung weiterer Paragraphen durch das „Gesetz zur Anpassung der Vorschriften über den Wertersatz bei Widerruf von Fernabsatzverträgen und über verbundene Verträge" vom 27. 7. 2011 (BGBl I 1600) wurde § 312f aF mit Wirkung zum 4. 8. 2011 ohne inhaltliche Änderung zum Paragraphen § 312h BGB. 1

Im Zuge der Novellierung des Verbraucherwiderrufsrechts zur Umsetzung der VRRL hat § 312h BGB keine Änderung erfahren (Grüneberg/Grüneberg § 312h Rn 1; Erman/Koch § 312h Rn 1). Es handelt sich um eine Norm, die den Verbraucherschutz zusätzlich stärkt. Nach Art 4 VerbrRRL dürfen die Mitgliedstaaten jedoch weder von den Bestimmungen der Richtlinie abweichende innerstaatliche Rechtsvorschriften aufrechterhalten noch neu einführen und zwar auch dann, wenn dadurch strengere Anforderungen zur Gewährleistung eines anderen Verbraucherschutzniveaus gestellt werden. Dies ist im Hinblick auf § 312h BGB jedoch unproblematisch, denn für den dort geregelten Sachverhalt – Kündigung von Dauerschuldverhältnissen – trifft die VerbrRRL gar keine Regelungen (Erman/Koch § 312h Rn 7; BeckOK-BGB/Martens [1. 5. 2024] § 312h Rn 2). 2

Hauptanliegen des TelVertÄndG war der Wunsch des Gesetzgebers, insbesondere unerwünschte Telefonanrufe, durch welche Verbraucher zum Abschluss eines Vertrages aufgefordert werden sollten, zu begrenzen. Gleichzeitig ergriff der Gesetzgeber 3 die Gelegenheit, auch eine Reihe anderer Vorschriften des Fernabsatzrechts zu reformieren bzw zu ergänzen. § 312h BGB war als damaliger § 312f BGB von Anfang an Teil des Gesetzesentwurfs und in seiner Substanz unstrittig. Vom Bundesrat wurde lediglich vorgeschlagen, in Nr 1 und 2 jeweils die Worte „von ihm beauftragter" zu streichen (vgl BT-Drucks 16/10734 Anlage 3, 19), was jedoch von der Bundesregierung zurückgewiesen wurde (BT-Drucks 16/10734 Anlage 4, 23) und sich letztlich nicht durchsetzen konnte.

2. Zweck

4 Bei der Schaffung des § 312h BGB hatte der Gesetzgeber folgenden Fall vor Augen (vgl BT-Drucks 16/10734, 10): Der Verbraucher schließt in einer besonderen Vertriebsform einen Vertrag ab, der seiner Versorgung mit faktisch unverzichtbaren Leistungen wie Strom, Wasser oder Telekommunikationsdienstleistungen betrifft. Üblicherweise hat der Verbraucher bereits einen solchen Vertrag und kein Interesse an einer doppelten Bindung, sodass der Unternehmer ihm gleichzeitig anbietet, die Kündigung dieses Vertrages entweder als Bote (Nr 1) oder Stellvertreter des Verbrauchers (Nr 2) zu übernehmen. Nach Ausspruch der Kündigung ist der Verbraucher an sie gebunden. Dies führt dazu, dass er zwar den Neuvertrag durch sein Widerrufsrecht ohne Schwierigkeiten lösen kann, aber den Altvertrag nicht automatisch zurückerhält. Die daraus herrührende Sorge, gänzlich ohne die benötigte Dienstleistung dazustehen, kann ihn dazu bewegen, sein Widerrufsrecht nicht auszuüben (BT-Drucks 16/10734, 10; vgl auch MünchKommBGB/Wendehorst § 312h Rn 2; BeckOK-BGB/Martens [1. 5. 2024] § 312h Rn 1; Erman/Koch § 312h Rn 1).

5 Hier greift § 312h BGB ein und verlangt, dass der Verbraucher entweder die Kündigung selbst oder die Bevollmächtigung zu derselben in Textform erklärt. Damit soll dem Verbraucher deutlicher als bisher vor Augen geführt werden, dass er bei Widerruf des neu abgeschlossenen Vertrages an die Kündigung des bestehenden Dauerschuldverhältnisses gebunden bleibt, er also weder den alten noch den neuen Vertrag hat. Das Formerfordernis erfüllt damit in erster Linie eine **Warnfunktion** (BT-Drucks 16/10734, 10). Es soll dabei den Verbraucher insbesondere vor **unseriösen Geschäftspraktiken**, die versuchen, dem Verbraucher einen Vertrag „unterzuschieben" (BT-Drucks 16/10734, 12; MünchKommBGB/Wendehorst § 312h Rn 1), schützen. Dabei ist insbesondere an die Situation gedacht, dass beim Telefonmarketing kein Vertragsschluss stattgefunden hat, der Unternehmer aber dennoch beginnt, den Vertrag durchzuführen. Dann hat zwar der Verbraucher den neuen Vertrag nicht rechtswirksam abgeschlossen, kann aber dennoch zur Durchführung desselben gezwungen sein, weil er auf die Leistungen des alten Vertrages, der wirksam gekündigt wurde, nicht mehr zurückgreifen kann.

II. Tatbestand

1. Verbrauchervertrag

6 Anwendbar ist § 312h BGB nur auf **Verträge zwischen einem Verbraucher (§ 13 BGB) und einem Unternehmer (§ 14 BGB)** (zu den Begrifflichkeiten s Kommentierung Vorbem 4 ff zu §§ 312, 312a). Entsprechend seiner systematischen Stellung setzt § 312h BGB ferner voraus, dass es sich um einen Vertrag nach dem zweiten Untertitel handelt, also

einen Vertrag, der in einer der in **§§ 312 ff BGB genannten Vertriebsformen** geschlossen wird. Hierbei dachte der Gesetzgeber ursprünglich in erster Linie an Fernabsatzverträge nach § 312b aF (bis 12. 6. 2014 – heute § 312c) (vgl BT-Drucks 16/10734, 12), aber auch Haustürgeschäfte (§ 312 aF bis 12. 6. 2014 – heute § 312b). Aufgrund der Neuordnung der §§ 312 ff BGB erfasst der zweite Untertitel nunmehr sämtliche Verbraucherverträge nach § 312 BGB (MünchKommBGB/Wendehorst § 312h Rn 3, 4; Erman/Koch § 312h Rn 1; BeckOK-BGB/Martens [1. 5. 2024] § 312h Rn 4). Zum Teil wird im Schrifttum angesichts der Tatsache, dass die Norm im ursprünglichen Gesetzesentwurf scheinbar zunächst vergessen wurde (vgl BT-Drucks 17/13951, 64), in Frage gestellt, ob diese Ausweitung vom Gesetzgeber intendiert war. Teilweise wird die Norm sogar entgegen dem Wortlaut weiterhin nur als auf Verträge, die im Fernabsatz oder außerhalb von Geschäftsräumen geschlossen wurden, anwendbar erklärt (Spindler/Schuster/Schirmbacher Rn 7).

2. Ersetzen eines Dauerschuldverhältnisses durch ein anderes

a) Begriff des Dauerschuldverhältnisses

Ferner muss der neue Vertrag ein Dauerschuldverhältnis begründen und ein solches 7
ersetzen sollen. Der **Begriff des Dauerschuldverhältnisses** ist genauso zu verstehen wie in Art 229 § 5 S 2 EGBGB, im AGB-Recht oder in § 314 BGB (BeckOK-BGB/Martens [1. 5. 2024] § 312h Rn 5). Gemeint sind Verträge, die den Unternehmer zur ständigen oder wiederkehrenden Erbringung von Dienstleistungen oder Warenlieferungen verpflichten. Die Art der versprochenen Leistung ist unerheblich (BeckOK-BGB/Martens [1. 5. 2024] § 312h Rn 5). Hierunter fallen etwa Energielieferverträge, Verträge mit Netzbetreibern und Zeitungsbezugsverträge (vgl auch MünchKommBGB/Wendehorst § 312h Rn 5; BeckOK-BGB/Martens [1. 5. 2024] § 312h Rn 5).

b) Ersetzung

Voraussetzung ist weiterhin, dass der Neuvertrag den Altvertrag ersetzen soll. Dies 8
bedeutet zunächst, dass es zu einem Anbieterwechsel kommt (BT-Drucks 16/10734, 12): Der Vertragspartner muss also ein anderer sein als der des alten Vertrages. Die Vorschrift gilt deshalb nicht, wenn der Anbieter den Verbraucher dazu überredet, einen schlechteren neuen Vertrag mit ihm abzuschließen (MünchKommBGB/Wendehorst § 312h Rn 6). Der Wortlaut, der von einem „mit einem anderen Unternehmer" bestehenden Schuldverhältnis spricht, ist hier eindeutig. Weniger klar ist allerdings, wie der Fall zu behandeln ist, wenn es wegen **Umstrukturierungen im Konzern** des alten Anbieters zu einem Wechsel des Vertragspartners kommt, weil etwa die Verträge bei einer anderen Konzerntochter angesiedelt werden sollen. Nach dem Wortlaut ist auch dies als Anbieterwechsel einzuordnen. Bei diesem Ergebnis wird man letztlich bleiben müssen (ebenso MünchKommBGB/Wendehorst § 312h Rn 6; BeckOK-BGB/Martens [1. 5. 2024] § 312h Rn 6; **aA** Erman/Koch § 312h Rn 2; Hk-BGB/Schulte-Nölke § 312h Rn 2). Zwar spricht für eine teleologische Reduktion in diesen Fällen, dass ein Anbieterwechsel zumeist keinerlei Nachteile für den Verbraucher mit sich bringt, sondern lediglich eine rechtstechnische Änderung darstellt. Es ist jedoch nicht auszuschließen, dass Nachteile – man denke etwa an eine geringere Solvenz der neugeschaffenen Konzerntochter oder die Möglichkeit ihrer Veräußerung – bestehen können. Da hier keine trennscharfe generelle Unterscheidung vorgenommen werden kann, muss eine teleologische Reduktion insgesamt unterbleiben.

9 Ferner muss das mit dem neuen Vertragspartner abgeschlossene Dauerschuldverhältnis das alte ersetzen. Wann eine Ersetzung vorliegt, ist in einer Gesamtwürdigung aller Umstände im Einzelfall zu ermitteln, wobei angesichts des Wortlauts „soll" auf den vom **objektiven Empfängerhorizont erkennbaren Willen des Verbrauchers** abzustellen ist. Es geht darum, ob das neue Dauerschuldverhältnis einen **funktionalen Ersatz** des alten darstellt. Deshalb ist es unschädlich, wenn das Leistungsspektrum des Neuvertrags von dem des Altvertrags abweicht, sofern für den Verbraucher zumindest auch Funktionen des Altvertrags ganz oder teilweise übernommen werden (MünchKommBGB/Wendehorst § 312h Rn 6). Nicht erforderlich ist auch, dass die gleiche Technik eingesetzt wird. Deshalb liegt ein Anbieterwechsel etwa auch dann vor, wenn der neue Anbieter Telefondienste nicht über die Telefonleitung, sondern über das Fernsehkabel anbietet. Es ist auch unerheblich, dass der neue Vertrag mehr Leistungen umfasst als der alte, also beispielsweise neben den Telefondiensten auch einen Internetzugang (BeckOK-BGB/Martens [1. 5. 2024] § 312h Rn 6).

10 Keine Ersetzung soll nach Martens, der seinem Vorgänger Schmidt-Räntsch folgt, jedoch vorliegen, wenn sich der „thematische" Gegenstand des Vertrags ändert. Er nennt den Wechsel der Tageszeitung oder die Aufgabe des bisherigen Telefonvertrags zugunsten eines reinen Internetanschlusses, bei dem der Anbieter keine Telefonie mehr anbieten soll (BeckOK-BGB/Martens [1. 5. 2024] § 312h Rn 6). Dies mag im Einzelfall zutreffen – aber eben nur im Einzelfall. Möchte der Verbraucher lediglich eine Tageszeitung haben und kommt es ihm auf die redaktionelle Ausrichtung des Blattes nicht an, kann man durchaus von funktionalem Ersatz sprechen (ähnlich auch Spindler/Schuster/Schirmbacher Rn 7 ff). Möchte der Verbraucher das Internet für Internettelefonie nutzen, ist auch diese ein funktionaler Ersatz für das herkömmliche Festnetztelefon. Gerade in diesem Falle ist er möglicherweise sogar besonders darauf angewiesen, für den Fall des Widerrufs des neuen reinen Internetvertrages den alten Telefonanschluss als Rückfallposition zu haben. Es bleibt also dabei, dass jeweils der Einzelfall zu betrachten ist.

11 Es ist selbstverständlich auch möglich, dass **mehrere Schuldverhältnisse** durch das neue ersetzt werden, auch wenn dann die vom Gesetzgeber ins Auge gefasste Zwangssituation, im Falle des Widerrufs des neuen Schuldverhältnisses gänzlich ohne Vertrag dazustehen, sich scheinbar nicht realisieren mag. Hat jemand bisher zwei analoge Telefonanschlüsse und möchte beide durch einen neuen ISDN-Anschluss ersetzen, so gilt die Textform des § 312h BGB für die Kündigung beider Altverträge.

c) Übermittelung oder Abgabe einer Kündigungserklärung durch neuen Anbieter

12 Schließlich setzt § 312h BGB voraus, dass der neue Anbieter oder ein von ihm beauftragter Dritter entweder als **Bote** des Verbrauchers dessen Kündigungserklärung übermittelt (Nr 1) oder aber im Namen des Verbrauchers als **Stellvertreter** gem § 164 Abs 1 BGB die Kündigung gegenüber dem alten Anbieter erklärt (Nr 2). Nicht anwendbar ist daher § 312h BGB, wenn der Verbraucher selbst ein vom neuen Anbieter bereitgestelltes Formular verwendet, um selbst die Kündigung gegenüber dem alten Anbieter zu erklären.

13 Dem Wortlaut nach nicht anwendbar ist § 312h BGB außerdem auf die Vollmacht zum Abschluss eines **Aufhebungsvertrages**. Eine solche wird freilich ohnehin nur sel-

ten Sinn machen, denn meist wird sich der alte Anbieter nicht auf den Abschluss eines Aufhebungsvertrages einlassen. Theoretisch denkbar ist dies dennoch – etwa wenn der alte Anbieter hofft, dass der neue Vertrag doch widerrufen und der Verbraucher reumütig zu ihm zurückkommen werde (so jedenfalls BeckOK-BGB/Martens [1. 5. 2024] § 312h Rn 11). Aus dem **Umgehungsverbot** des § 312k S 2 BGB folgt dann, dass § 312h BGB auch auf die Vollmacht zum Abschluss eines Aufhebungsvertrages anzuwenden ist.

III. Rechtsfolgen

Kündigungen oder Bevollmächtigung im Sinne des § 312h BGB bedürfen der Textform. Gemeint ist damit die **Textform nach § 126b BGB**. Praktisch wird sich entweder das Telefax (BeckOK-BGB/Martens [1. 5. 2024] § 312h Rn 10) oder E-Mail (Erman/Koch § 312h Rn 4) anbieten. Selbstverständlich erfüllt auch die Wahl einer strengeren Form die Textform. Nicht erforderlich ist freilich, dass der Verbraucher die Kündigungserklärung oder Vollmacht selbst formuliert hat (LG München I 9. 11. 2021 – 33 O 480/21, GRUR-RS 2021, 35995 Rn 67; so bereits MünchKommBGB/Wendehorst Rn 8). Nicht ausreichend ist das bloße Ausfüllen eines elektronischen Formulars auf einer Internetseite oder das Anklicken eines Links, da die Erklärung hinsichtlich des Zugangs als auch hinsichtlich der Abgabe auf einem zur dauerhaften Wiedergabe geeigneten Weise erfolgen muss (LG München I 9. 11. 2021 – 33 O 480/21, GRUR-RS 2021, 35995 Rn 68 mwNw). 14

Wird die Form nicht eingehalten, ist die Kündigung oder die Vollmacht zur Kündigung nach **§ 125 S 1 BGB nichtig**. Hinsichtlich der Folgen der Unwirksamkeit ist dann zu unterscheiden: Geht es um die Kündigungserklärung selbst, so hat die Kündigung wegen ihrer Formnichtigkeit keine Wirkung. Man könnte allerdings erwägen sie gem § 140 BGB als Angebot zum Abschluss eines Aufhebungsvertrages umzudeuten (BeckOK-BGB/Martens [1. 5. 2024] § 312h Rn 11). Als Umgehung unterläge aber auch diese Erklärung nach § 312k S 2 BGB dem Textformzwang (BeckOK-BGB/Martens [1. 5. 2024] § 312h Rn 11) und wäre damit ihrerseits nichtig. Auch die mögliche Bestätigung der Kündigung ist nach § 141 Abs 1 BGB als Neuvornahme zu werten, mit der Folge, dass auch für sie § 312h BGB beachtet werden müsste, wenn sie über den neuen Anbieter oder einem von ihm beauftragten Dritten erfolgt. Erklärt der Verbraucher dagegen die **Bestätigung** unmittelbar gegenüber dem alten Anbieter, kann er dies selbstverständlich formlos tun. 15

Im Falle, dass der Verbraucher eine Kündigungsvollmacht erteilt, die nach § 125 S 1 BGB nichtig ist, handelt der neue Anbieter bei der Erklärung der Kündigung als Vertreter ohne Vertretungsmacht. Diese ist nach § 180 S 1 BGB grundsätzlich unzulässig. Häufig wird das Fehlen der Vollmacht jedoch vom alten Anbieter nicht beanstandet werden, womit nach § 180 S 2 BGB die für Verträge geltenden Vorschriften entsprechende Anwendung finden. Nach § 177 Abs 1 BGB kann dann die Erklärung vom Verbraucher genehmigt werden. Entgegen einer teilweise vertretenen Ansicht kann dies aber nicht nach § 182 Abs 2 BGB formlos geschehen (so aber Spindler/Schuster/Schirmbacher Rn 19; Erman/Koch § 312h Rn 6). Auch diese **Genehmigung** ist als Umgehung des § 312h BGB einzuordnen und damit gem § 312k S 2 BGB dessen Formerfordernissen zu unterwerfen (BeckOK-BGB/Martens [1. 5. 2024] § 312h Rn 12; MünchKommBGB/Wendehorst § 312h Rn 10). 16

17 Zur Bedeutung von Verstößen gegen § 312h BGB im wettbewerbsrechtlichen Bereich besteht bisher eine uneinheitliche Instanzenrechtsprechung (siehe ausführliche Darstellung der Rechtsprechung: Pommerening GRUR-PRAX 2019, 371). Diese Uneinigkeit beginnt bereits bei der Frage, ob es sich bei § 312h BGB um eine Marktverhaltensregelung gem § 3a UWG handelt, also um eine Norm, die auch dazu bestimmt ist, im Interesse der Marktteilnehmer das Marktverhalten zu regeln und der Verstoß geeignet ist, die Interessen von Verbrauchern, sonstigen Marktteilnehmern oder Mitbewerbern spürbar zu beeinträchtigen (offen gelassen von LG Kassel 22. 10. 2018 – 11 O 1385/18, BeckRS 2018, 44602 Rn 24). Das LG Landau in der Pfalz (28. 3. 2018 – HKO 2/17, BeckRS 2018, 44605 Rn 16) und das LG Berlin (13. 4. 2017 – 103 O 35/17, BeckRS 2017, 156897 Rn 3) haben dies bejaht, da der Zweck des Schriftformerfordernis der Vollmacht im Verbraucherschutz vor übereilten Entscheidungen und vor unzulässigen Kündigungen im Rahmen von Versorgungswechseln durch den neuen Versorger liege und der Vorschrift insoweit eine Warnfunktion zukomme. Das OLG Köln (15. 3. 2019 – 6 U 216/18, BeckRS 2019, 8944 Rn 17) lehnt eine Einordnung als Marktverhaltensregelung jedoch ab, weil der Zweck ausschließlich darin liege, dass eine Kündigung des Altvertrages ohne Wahrung der Textform gem § 125 BGB nichtig ist. Einen darüberhinausgehenden Regelungsgehalt, dass den Verbrauchern oder den Anbietern ein bestimmtes Marktverhalten vorgegeben wird, bestehe nicht. Dennoch werden vereinzelnd wettbewerbsrechtliche Ansprüche bei einem Verstoß gegen § 312h BGB aus § 5a Abs 1 UWG (so OLG Köln 15. 3. 2019 – 6 U 216/18, BeckRS 2019, 8944 Rn 19 – unter dem Aspekt des Verschweigens wesentlicher Umstände) oder aus § 4 Nr 4 UWG (OLG München 28. 2. 2019 – 6 U 914/18 Rn 36 ff – unter dem Aspekt der gezielten Behinderung von Mitbewerbern; **aA** LG Kassel 22. 10. 2018 – 11 O 1385/18, BeckRS 2018, 44602 Rn 28) bejaht.

Kapitel 3
Verträge im elektronischen Geschäftsverkehr; Online-Marktplätze

Vorbem zu §§ 312i, 312j

Schrifttum zur Umsetzung der Verbraucherrechterichtlinie

Alexander, Neuregelungen zum Schutz vor Kostenfallen im Internet, NJW 2012, 1985

Bartsch/Boos/Volkamer, Rechtliche und technische Nutzerunterstützung bei der Button-Lösung, CR 2014, 119

Dassbach, Vorvertragliche Informationspflichten, JA 2016, 325

Dettmers/Dimter, Die EU-Verbraucherrechterichtlinie, DRiZ 2012, 24

Föhlisch/Löwer, Die Entwicklung des E-Commerce-Rechts seit Mitte 2016, VuR 2018, 11

Gofferjé, Vertragsschluss und Vertragsbindung bei Verbraucherverträgen (Diss Augsburg 2016)

Heinig, Verbraucherschutz – Schwerpunkte der EU-Verbraucherrechte-Richtlinie, MDR 2012, 323

Hoffmann, Die Buttonlösung bei grenzüberschreitenden Vertragsschlüssen, IPRax 2015, 193

Hossenfelder/Schilde, Praxisprobleme bei der Nutzung der Muster-Widerrufsbelehrung im E-Commerce, CR 2014, 456

Janal/Jung, Spezialregelungen für Verträge über digitale Inhalte in Theorie und Praxis, VuR 2017, 332

Kahlert/Dovas, E-Commerce im B2B-Verhältnis, ITRB 2014, 285

Leeb, Rechtskonformer Vertragsabschluss mittels Dash-Button?, MMR 2018, 89.

Oelschlägel, Neues Verbraucherrecht mit Auswirkungen auf den Fernabsatz/E-Commerce, MDR 2013, 1317

Rauschenbach, Onlinebestellungen per Knopfdruck – Offene Rechtsfragen zur Verwendung eines Dash Buttons, K&R 2017, 221

Schirmbacher/Grasmück, Neues Verbraucherrecht: Kostenpflichtige Zusatzleistungen im E-Commerce, ITRB 2014, 66

ders/Schmidt, Verbraucherrecht 2014 – Handlungsbedarf für den E-Commerce, CR 2014, 107

ders/Schreiber, Neues Verbraucherrecht im E-Commerce – Auswirkungen für die Anwaltschaft, AnwBl BE 2014, 265

Schwab/Giesemann, Die Verbraucherrechte-Richtlinie: Ein wichtiger Schritt zur Vollharmonisierung im Binnenmarkt, EuZW 2012, 253

Spindler/Thorun/Blom, Die Evaluation der Button-Lösung, MMR 2015, 3

Weiss, Die Untiefen der „Button"-Lösung, JuS 2013, 590.

Älteres Schrifttum

Ahrens, Das Herkunftslandprinzip in der E-Commerce-Richtlinie, CR 2000, 835

Bergt, Schutz personenbezogener Daten bei der E-Mail-Bestätigung von Online-Bestellungen, NJW 2011, 3752

Bierekoven, Der rechtssichere Webshop, ITRB 2011, 236

Blasek, Kostenfallen im Internet – ein Dauerbrenner, GRUR 2010, 396

Bodenstedt, „Alles für einen Euro?" – Zur Abgrenzung zwischen Zugangsbestätigungen und Annahmeerklärungen, MMR 2004, 719

Boente/Riehm, Besondere Vertriebsformen im BGB, JURA 2002, 222

Brisch, EU-Richtlinienvorschlag im elektronischen Geschäftsverkehr, CR 1999, 235

Buchmann/Majer, Eine „Button-Lösung" für den elektronischen Geschäftsverkehr?, K&R 2010, 635

Fezer/Koos, Das gemeinschaftsrechtliche Herkunftslandprinzip und die E-Commerce-Richtlinie, IPRax 2000, 350

Fleischer, Vertragsabschlußbezogene Informa-

tionspflichten im Gemeinschaftsprivatrecht, ZEuP 2000, 772
Freytag, Providerhaftung im Binnenmarkt – Verantwortlichkeit für rechtswidrige Inhalte nach der E-Commerce Richtlinie, CR 2000, 600
Glatt, Vertragsschluss im Internet – die Artikel 9 bis 11 der E-Commerce Richtlinie und ihre Umsetzung im deutschen Recht, ZUM 2001, 390
Gössmann, Electronic Commerce – Die EU-Fernabsatzrichtlinie und ihre Auswirkungen auf den Handel über neue Medien, MMR 1998, 88
Graf vBernstorff, Ausgewählte Rechtsprobleme im E-Commerce, RIW 2000, 14
Grigoleit, Rechtsfolgenspezifische Analyse „besonderer“ Informationspflichten am Beispiel der Reformpläne für die E-Commerce Richtlinie, WM 2001, 597
ders, Besondere Vertriebsformen im BGB, NJW 2002, 1151
Grundmann, Das Internationale Privatrecht der E-Commerce-Richtlinie – was ist kategorial anders im Kollisionsrecht des Binnenmarkts und warum?, RabelsZ Bd 67 (2003) 246
Halfmeier, Vom Cassislikör zur E-Commerce-Richtlinie: Auf dem Weg zu einem europäischen Mediendeliktsrecht, ZEuP 2001, 837
Härting, Gesetzentwurf zur Umsetzung der E-Commerce-Richtlinie, CR 2001, 271
Hoenike/Hülsdunk, Die Gestaltung von Fernabsatzangeboten im elektronischen Geschäftsverkehr nach neuem Recht, MMR 2002, 415
dies, Rechtliche Vorgaben für Fernabsatzangebote im elektronischen Geschäftsverkehr bei und nach Vertragsschluß, MMR 2002, 516
Kirschbaum, Die gesetzliche Neuregelung der sog „Internetfalle“. Zur dogmatischen Einordnung des § 312g Abs 3 und 4 BGB nF, MMR 2008, 8
Lederer, Das Verbraucherleitbild im Internet, NJOZ 2011, 1833
Mankowski, Das Herkunftslandprinzip als Internationales Privatrecht der e-commerce-Richtlinie, ZvglRWiss 100 (2001) 137
ders, Fernabsatzrecht: Information über das Widerrufsrecht und Widerrufsbelehrung bei Internetauftritten, CR 2001, 767
ders, Das Herkunftslandprinzip des E-Commerce-Rechts als Internationales Privatrecht, EWS 2002, 401
ders, Herkunftslandprinzip und deutsches Umsetzungsgesetz zur E-Commerce-Richtlinie, IPRax 2002, 258
Micklitz, Fernabsatz und E-Commerce im Schuldrechtsmodernisierungsgesetz, EuZW 2001, 133
Morlang, Kundenschutz im elektronischen Geschäftsverkehr nach § 312e BGB, 2005
Nickels, Neues Bundesrecht für den E-Commerce, CR 2002, 302
Sack, Das internationale Wettbewerbsrecht nach der E-Commerce-Richtlinie und dem EGG-/TDG-Entwurf, WRP 2001, 1408
ders, Herkunftslandprinzip und internationale elektronische Werbung nach der Novellierung des Teledienstgesetzes (TDG), WRP 2002, 271
Schneider, Zur Umsetzung der E-Commerce-Richtlinie im Regierungsentwurf zur Schuldrechtsmodernisierung, K&R 2001, 344
Schulze/Schulte-Noelke, Die Schuldrechtsreform vor dem Hintergrund des Gemeinschaftsrechts (2001)
Soergel, Das Herkunftslandprinzip im neuen Teledienstgesetz, RIW 2002, 183
ders, Das Gesetz zum elektronischen Geschäftsverkehr – Verantwortlichkeit der Diensteanbieter und Herkunftslandprinzip, NJW 2002, 921
ders, Herkunftslandprinzip und Kollisionsrecht – Binnenmarktintegration ohne Harmonisierung, RabelsZ Bd 66 (2002) 633
Spindler/Klöhn, Neue Qualifikationsprobleme im E-Commerce, CR 2003, 81
Sujecki, Internetpräsentationen und elektronischer Vertragsabschluss nach dem niederländischen Gesetzentwurf zur Umsetzung der E-Commerce Richtlinie, MMR 2003, 378
Tettenborn/Bender/Lübben/Karenfort, Rechtsrahmen für den elektronischen Geschäftsverkehr, K&R 2001, Beilage 1 zu Heft 12
ders, Die Evaluierung des IuKDG. Erfahrungen, Erkenntnisse und Schlussfolgerungen, MMR 1999, 516
Thünken, Die EG-Richtlinie über den elektronischen Geschäftsverkehr und das internationale Privatrecht des unlauteren Wettbewerbs, IPRax 2001, 15
Vander, Verhaltenskodices im elektronischen Geschäftsverkehr, K&R 2003, 339
Vehslage, Das geplante Gesetz zur Anpassung

der Formvorschriften des Privatrechts und anderer Vorschriften an den elektronischen Rechtsverkehr, DB 2000, 1801

WOITKE, Informations- und Hinweispflichten im E-Commerce, BB 2003, 2469.

Systematische Übersicht

Alphabetische Übersicht

I. Überblick

1 Die §§ 312i und 312j BGB haben ihre **gemeinschaftsrechtliche Grundlage** in 2000/31/EG (Richtlinie über den elektronischen Geschäftsverkehr, sog E-Commerce-Richtlinie, abgedruckt unter Rn 19). Mit dem durch das Schuldrechtsmodernisierungsgesetz neu eingefügten § 312e aF (3. 8. 2011), später § 312g aF (12. 6. 2014), jetzt §§ 312i und 312j BGB, wurden Teile der E-Commerce-Richtlinie ins deutsche Recht umgesetzt. Im Unterschied zur FernAbsRL wurde das Gesetzgebungsverfahren auf europäischer Ebene hier recht zügig vorangetrieben. So vergingen zwischen der ersten Initiative der Kommission über die Schaffung eines europäischen Rechtsrahmens für den elektronischen Geschäftsverkehr (Mitteilung der Kommission „Europäische Initiative für den elektronischen Geschäftsverkehr" vom 16. 4. 1997, KOM [97] 157 endg) bis zum Inkrafttreten der Richtlinie am 17. 7. 2000 nur gut drei Jahre – bis zur Veröffentlichung der FernAbsRL gingen demgegenüber nahezu zwölf Jahre ins Land, die zum Teil mit heftigen Auseinandersetzungen gefüllt waren.

1. Entwicklung

2 Schon 1999 legte die Kommission einen ersten Vorschlag für eine Richtlinie vor (KOM [1998] 586 endg – 98/0325 [COD], ABlEG Nr C 30/04), der als „Kernstück" (WALDENBERGER EuZW 1999, 296) der Initiativen der Kommission auf dem Weg zur europäischen **Informationsgesellschaft** gilt. Der Richtlinienvorschlag enthielt bereits wesentliche Regelungselemente der späteren **E-Commerce-Richtlinie**, so etwa das Herkunftslandprinzip, den Grundsatz der Zulassungsfreiheit und Regelungen über die kommerzielle Kommunikation (zum Richtlinienentwurf vgl Brisch CR 1999, 235; Hoeren MMR 1999, 192; Maennel MMR 1999, 187; Micklitz/Tonner, Vertriebsrecht § 312e Rn 1 ff; Spindler MMR 1999, 199; Tettenborn K&R 1999, 252; Waldenberger EuZW 1999, 296).

3 Die in der Stellungnahme des Wirtschafts- und Sozialausschusses (ABlEG Nr C 169/01 v 16. 6. 1999) sowie in der Stellungnahme des Europäischen Parlaments (EP-Report A4 – 0248/99 v 6. 5. 1999) geäußerte Kritik führte zu einem geänderten Richtlinienvorschlag (KOM [99] 427 endg), der vor allen Dingen die Bestimmungen über die elektronischen Verträge (Art 8 ff RL-Vorschlag) neu fasste und die hier zunächst vorgesehenen hohen Anforderungen an den elektronischen Vertragsschluss zurückschraubte. Nach dem Gemeinsamen Standpunkt des Rates vom 28. 2. 2000 (ABlEG Nr C 128/32) wurde die Richtlinie dann ohne weitere Änderungen am 17. 7. 2000 im Amtsblatt (ABlEG Nr L 178/01) veröffentlicht.

4 Die **E-Commerce-Richtlinie** war gemäß ihres Art 22 bis zum 17. 2. 2002 in innerstaatliches Recht umzusetzen. Der deutsche Gesetzgeber kam dieser Verpflichtung in erster Linie durch das Gesetz über die rechtlichen Rahmenbedingungen für den elektronischen Geschäftsverkehr vom 14. 12. 2001 (BGBl 2001 I 3721) nach. Nur die Vorschriften über Informationspflichten im elektronischen Geschäftsverkehr (Art 10 E-Commerce-Richtlinie) und über Abgabe einer Bestellung im elektronischen Geschäftsverkehr (Art 11 E-Commerce-Richtlinie) wurden durch das Schuldrechtsmodernisierungsgesetz mit dem neu gefassten § 312e aF (bis 3. 8. 2011), später § 312g aF (bis 12. 6. 2014), jetzt §§ 312i und 312j BGB, in das allgemeine Bürgerliche Recht integriert. Die speziellen, insbesondere in Art 10 Abs 1 geregelten Informationspflichten fanden sich zunächst in § 312e Abs 1 S 1 Nr 2 BGB iVm § 3 BGB-InfoV, heute § 312i Abs 1 Nr 2 BGB iVm Art 246c und § 312j Abs 2 BGB iVm Art 246a § 1 Abs 1 S 1 Nr 1, 4, 5, 11 und 12 EGBGB, wieder.

5 Im Zuge der Umsetzung der VerbrRRL wurden die bis dahin gemeinsam in § 312g aF (bis 12. 6. 2014) geregelten Pflichten im elektronischen Geschäftsverkehr neu auf zwei separate Paragrafen verteilt, um eine bessere Übersichtlichkeit zu erzielen (BT-Drucks 17/12637, 58). Während § 312i BGB nun die allgemeinen Pflichten im elektronischen Geschäftsverkehr enthält, sind in § 312j BGB die besonderen Pflichten im elektronischen Geschäftsverkehr gegenüber Verbrauchern geregelt.

2. Verhältnis zu Fernabsatzverträgen

6 Die Beziehung zwischen Fernabsatzgeschäften und Geschäften im elektronischen Geschäftsverkehr ist nicht ganz deutlich. Geschäfte im elektronischen Geschäftsverkehr sind nicht etwa als *aliud* zu Fernabsatzgeschäften zu bewerten. Der Anwendungsbereich der beiden Absatzformen überlappt sich häufig – der elektronische Geschäftsverkehr ist zumindest bei den sog **B2C***(business to consumer)*-Geschäften in der Regel eine besondere Form des Fernabsatzes und unterliegt daher regelmäßig ebenfalls den Bestimmungen der §§ 312c bis 312h BGB. Dies folgt im Übrigen bereits aus § 312i Abs 3 BGB, der im elektronischen Geschäftsverkehr weitergehende **Informationspflichten** unberührt lässt (kritisch zu den insoweit bestehenden Überschneidungen im Anwendungsbereich äußern sich Nordhausen JbJZW 2001, 297, 298; Micklitz

EuZW 2001, 133, 137; MICKLITZ VuR 2001, 71; MICKLITZ, in: SCHULZE/SCHULTE-NÖLKE, Die Schuldrechtsreform vor dem Hintergrund des Gemeinschaftsrechts 189, 190). Ein Unterschied besteht freilich im personellen Anwendungsbereich der Vorschriften. Während §§ 312c bis 312h BGB nur bei Verträgen zwischen Verbrauchern und Unternehmern angewandt werden, gilt § 312i BGB auch im **B2B** *(business to business)*-Bereich. Darüber hinaus gelten §§ 312i und 312j BGB – anders als § 312c bis 312h BGB – nicht bei jedem Geschäft, das unter ausschließlicher Verwendung von Fernkommunikationsmitteln abgeschlossen wurde, sondern nur, wenn sich der Unternehmer zum Abschluss des Vertrages eines Telemediums bedient hat. Gebraucht der Unternehmer herkömmliche nichtelektronische Fernkommunikationsmittel, wie etwa Telefon oder Brief, scheidet die Anwendung von §§ 312i, 312j BGB aus.

Die dennoch große Schnittmenge im Anwendungsbereich der Vorschriften ist schon in deren europäischen Grundlagen angelegt. So wird im 11. Erwägungsgrund der E-Commerce-Richtlinie die FernAbsRL als wichtige Errungenschaft für den Verbraucherschutz im Bereich des Vertragsrechts bezeichnet, die „voll und ganz" auch für die Dienste der Informationsgesellschaft gilt (auch der deutsche Gesetzgeber hat die Überschneidung im Anwendungsbereich der Vorschriften gewollt, vgl RegE SMG BT-Drucks 14/6040, 170; vgl hierzu auch GRIGOLEIT NJW 2002, 1151, 1152; FRINGS VuR 2002, 390, 396 spricht dagegen missverständlich von „Abgrenzungsschwierigkeiten" zwischen den Absatzformen). **7**

Geschäfte im elektronischen Geschäftsverkehr, die nicht zugleich auch Fernabsatzgeschäfte sind, dürften die Ausnahme bleiben. Jedes Geschäft zwischen Verbraucher und Unternehmer, das der Unternehmer unter ausschließlicher Verwendung von Tele- oder Mediendiensten abschließt, ist zugleich ein Fernabsatzgeschäft und unterliegt daher auch den hierfür geltenden Vorgaben. **8**

3. Zweck

Auch im Hinblick auf den Zweck der Normen ist ihr Anwendungsbereich zu beachten: § 312i BGB gilt auch bei **B2B** *(business to business)*-Geschäften zwischen Unternehmern. Neben dem Verbraucher kann sich jeder auf den Schutz der Vorschrift berufen, dem gegenüber sich der Unternehmer beim Abschluss des Vertrages eines Tele- oder Mediendienstes bedient. Die Vorschriften bezwecken einen allgemeinen **„Kundenschutz"** (BT-Drucks 14/6040, 169 f) vor den besonderen Gefahren des elektronischen Geschäftsverkehrs. **9**

Gleichwohl ist auch § 312j BGB eine spezifisch verbraucherschützende Vorschrift, denn sie gewährleistet durch Abs 2 ein erhöhtes Schutzniveau für Geschäfte, an denen ein Verbraucher beteiligt ist. Für eine Zuordnung von § 312j BGB zum Verbraucherschutzrecht spricht auch, dass § 2 Abs 2 Nr 2 UKlaG die Normen zur Umsetzung der Art 5, 10 und 11 der Richtlinie 2000/31/EG als verbraucherschützende Vorschriften bezeichnet. **10**

II. Internationaler Geltungsbereich

Gerade im Bereich des E-Commerce kommt es aufgrund der durch die technischen Möglichkeiten großen Reichweite, regelmäßig zu grenzüberschreitenden Sachverhalten. In diesen Fällen stellt sich die Frage der anwendbaren Kollisionsnormen. In **11**

Art 1 Abs 4 E-Commerce-Richtlinie ist jedoch festlegt, dass durch die Richtlinie keine zusätzlichen Regeln im Bereich des Internationalen Privatrechts geschaffen werden sollen. Dementsprechend ist auf die allgemeinen Regeln abzustellen.

1. Herkunftslandprinzip der E-Commerce-Richtlinie als Kollisionsnorm

12 Das in **Art 3 Abs 1 E-Commerce-Richtlinie** verankerte **Herkunftslandprinzip** besagt, dass ein zB in Deutschland niedergelassener Internet-Anbieter grundsätzlich auch dann nur deutsches Recht zu beachten hat, wenn er in einem anderen Mitgliedstaat entsprechende Dienste anbietet. Ein „niedergelassener Diensteanbieter" iSd Art 2 lit c E-Commerce-Richtlinie ist ein Anbieter, der mittels einer festen Einrichtung auf unbestimmte Zeit eine Wirtschaftstätigkeit tatsächlich ausübt, wobei das Vorhandensein und die Nutzung technischer Mittel und Technologien, die zum Anbieten des Dienstes erforderlich sind, allein keine Niederlassung des Anbieters begründen. Wenn also etwa per Internet von Deutschland aus Produkte oder Dienstleistungen in einem EU-Mitgliedstaat angeboten werden, so muss der Unternehmer im Grundsatz nur deutsches Recht beachten und nicht – wie nach früherer Rechtslage – auch das Recht des Mitgliedstaates. Inwiefern es sich dabei aber um eine Kollisionsnorm handelt, war lange Zeit umstritten (s dazu auch Rn 15 f).

13 Art 3 Abs 1 E-Commerce-Richtlinie wurde in Deutschland durch § 4 Teledienstgesetz (TDG) umgesetzt. Aufgrund der Zusammenführung des TDG, des MDStV und des TDDSG durch das Elektronischer-Geschäftsverkehr-Vereinheitlichungsgesetz (ElGVG), in Umsetzung der E-Commerce-Richtlinie, findet sich die Norm heute in § 3 TMG. Sie unterliegt zahlreichen Ausnahmeregelungen. Das Herkunftslandprinzip gilt ausdrücklich nicht bei Verbraucherverträgen (vgl Art 3 Abs 3 E-Commerce-Richtlinie iVm dem 6. Spiegelstrich des Anhangs sowie § 3 Abs 3 Nr 2 TMG), für die nach wie vor das **Bestimmungsprinzip** – der Verbraucher kann sich immer auf das Recht seines eigenen Staates berufen – Anwendung findet.

14 Von den in §§ 312 ff BGB enthaltenen Regelungen gilt nur § 312i BGB auch für Geschäfte, die zwischen Unternehmern geschlossen werden. Ob durch das Herkunftslandprinzip der **E-Commerce-Richtlinie** neue Kollisionsregeln geschaffen werden, kann daher nur im Zusammenhang mit dieser Norm bedeutsam werden. Die Relevanz bleibt freilich auch in diesem Bereich gering. Art 3 Abs 3 iVm dem 5. Spiegelstrich des Anhangs und die Umsetzung in § 3 Abs 3 Nr 1 TMG lassen die Freiheit der Rechtswahl vom Herkunftslandprinzips unberührt. Eine Vereinbarung über das anzuwendende Recht ist in der unternehmerischen Praxis bei internationalen Geschäften eher die Regel. Die kollisionsrechtliche Wirkung des Herkunftslandprinzips besitzt daher auch für den elektronischen Geschäftsverkehr nur in einem schmalen Korridor praktische Relevanz. Gleichwohl dürfte die Beantwortung der Frage auch hier nur geringe Auswirkungen haben. Im Bereich der schuldrechtlichen Verpflichtungen ist jedenfalls die Rom-I-VO nach ihrem Art 1 Abs I anwendbar. Ob man bei der Bestimmung der anwendbaren Rechtsordnung das Herkunftslandprinzip oder das Kriterium der Niederlassung des Anbieters (Art 4 Abs 1, 2 Rom-I-VO) bemüht, führt in aller Regel zu denselben Ergebnissen. Nur wenn die Ausweichklausel des Art 4 Abs 3 Rom-I-VO greift und der Vertrag eine engere Verbindung mit einem anderen Staat aufweist, erlangt die kollisionsrechtliche Bewertung des Herkunftslandprinzips auch praktische Bedeutung.

15 Ungeachtet der geringen praktischen Relevanz der Frage war sie gleichwohl in der Literatur höchst umstritten. Es lassen sich im Wesentlichen **zwei Auffassungen unterscheiden**: zum einen wurde ungeachtet des entgegenstehenden Wortlauts von Art 1 Abs 4 E-Commerce-Richtlinie vertreten, dass Art 3 Abs 1 und 2 E-Commerce-Richtlinie **die Mitgliedstaaten verpflichten soll, ihr Kollisionsrecht zu ändern** (so Mankowski ZvglRWiss 100 [2001] 137; Mankowski CR 2001, 630, 632; Mankowski EWS 2002, 401; Mankowski IPRax 2002, 257; Thünken IPRax 2001, 15; Nickels CR 2002, 302, 304; Spindler ZHR 165 [2001] 324, 334; Spindler NJW 2002, 921; Spindler RIW 2002, 183, 185; Spindler RabelsZ Bd 66 [2002] 633, 649; Härting CR 2001, 271, 272; Henning-Bodewig GRURInt 2002, 389, 395; Grundmann RabelsZ Bd 67 [2003] 247, 293; MünchKommBGB/Wendehorst [4. Aufl 2003] Vorb § 312b aF Rn 21). Nur bei diesem Verständnis des Prinzips werde garantiert, dass der Anbieter sich ausschließlich um die Normen des Staates zu kümmern brauche, in denen er niedergelassen ist. Andernfalls müsse zunächst nach den anerkannten Kollisionsregeln das anwendbare Sachrecht gesucht werden, bevor dieses in einem zweiten Schritt durch das Herkunftslandprinzip einzuschränken sei. Dieses Vorgehen sei unpraktisch und führe in besonderen Konstellationen auch zu falschen Ergebnissen. Des Weiteren sei die Zielsetzung der Richtlinie, nämlich die Ermittlung des anwendbaren Rechts zu vereinfachen und optimale Bedingungen für ein einheitliches Euro-Marketing zu schaffen, nur bei einem kollisionsrechtlichen Verständnis des Herkunftslandprinzips zu erreichen. Der Wortlaut des Art 1 Abs 4 E-Commerce-Richtlinie wurde entweder für unbeachtlich gehalten (zB Mankowski ZvglRWiss 100 [2001] 137, 138) oder aber es wird gemutmaßt, dass dieses wohl nur für das auf Verträge anzuwendende Recht gelten solle (Dethloff JZ 2000, 179, 181).

16 Überzeugender ist demgegenüber die unter Berücksichtigung des Wortlauts von Art 1 Abs 4 E-Commerce-Richtlinie vertretene **Auffassung, dass dem Herkunftslandprinzip keine kollisionsrechtliche Bedeutung zukomme** (so Staudinger/Fezer/Koos, Internationales Wirtschaftsrecht [2023] Rn 40; Fezer/Koos IPRax 2000, 349, 350; Ahrens CR 2000, 835, 837; Glöckner ZvglRWiss 99 [2000] 278, 305; Sack WRP 2001, 1408, 1417; Sack WRP 2002, 271, 273; Gamerith WRP 2003, 143, 149; Ohly GRURInt 2001, 899, 902; Halfmeier ZEuP 2001, 837, 863 ff; Lurger/Vallant RIW 2002, 188, 194). Der europäische Gesetzgeber hat seinen Willen, dem Herkunftslandprinzip keine kollisionsrechtlichen Wirkungen zukommen zu lassen, nicht nur in Art 1 Abs 4 E-Commerce-Richtlinie und dem 23. Erwägungsgrund der Richtlinie erkennen lassen. Die Kommission hat ua in dem Grünbuch „Urheberrecht und verwandte Schutzrechte in der Informationsgesellschaft" klargestellt, dass die der E-Commerce-Richtlinie vergleichbare Richtlinie zur Koordinierung bestimmter urheber- und leistungsschutzrechtlicher Vorschriften betreffend Satellitenrundfunk und Kabelweiterverbreitung nicht auf die Frage des anwendbaren Rechts eingehen wolle. Diese Frage sei vielmehr durch das Internationale Privatrecht der Mitgliedstaaten zu klären. Diese Position der Kommission tritt in gleicher Form im Vorschlag für die E-Commerce-Richtlinie zutage, wo im 7. Erwägungsgrund versichert wird, dass die Richtlinie nicht darauf abziele, spezifische Regeln des Internationalen Privatrechts betreffend das anwendbare Recht einzuführen, und aus diesem Grund die einschlägigen internationalen Übereinkommen unberührt lasse. Es liegt somit nahe, das **Herkunftslandprinzip als sachlich-rechtliche Rechtsanwendungsschranke** zu begreifen mit der Folge, dass die zuständigen Gerichte der Mitgliedstaaten die nach den allgemeinen Kollisionsregeln ermittelten Sachnormen anzuwenden haben, sofern sie nicht aufgrund der Wertungen des Herkunftslandprinzips als gemeinschaftsrechtswidrig anzusehen sind (so auch Ohly GRURInt 2001, 899, 903; Fezer/Koos

IPRax 2000, 349, 352, die das Herkunftslandprinzip insofern als Fortführung der Cassis-Rechtsprechung des EuGH verstehen). Diesem Verständnis hat sich auch der EuGH nach Vorlage durch den BGH angeschlossen (EuGH 25. 10. 2011 – C-509/09 und C-161/10, NJW 2012, 137, 140 f).

2. Völkerrechtliche Vorgaben

17 Während dies im Rahmen der §§ 312–312h BGB eher selten der Fall ist, können im Zusammenhang mit der Anwendung des § 312i BGB **Überschneidungen mit dem CISG-Übereinkommen** auftreten, denn dieser erfasst auch Verträge, die zwischen Unternehmern geschlossen werden. Bei einem im elektronischen Geschäftsverkehr geschlossenen Vertrag, der den Kauf von Gegenständen zum Inhalt hat, die der Käufer zu professionellen Zwecken im Gewerbe oder Beruf verwenden will, werden daher die Vorgaben des § 312i BGB und die entsprechenden Kollisionsregeln von denen des CISG-Übereinkommens verdrängt (zur Subsidiarität des nationalen Rechts s Staudinger/Magnus [2018] Art 7 CISG Rn 58 ff). Dieses enthält aber keine umfassenden Regelungen zum Vertragsschluss im elektronischen Geschäftsverkehr, sondern lediglich allgemeine Vorgaben zu Vertragsschluss und Mängelgewährleistung. Die verbleibenden Lücken werden gemäß Art 7 Abs 2 CISG-Übereinkommen durch eine subsidiäre Anwendung des nationalen Rechts gefüllt. Auch § 312i BGB kann damit im Geltungsbereich des CISG-Übereinkommens zur Lückenfüllung herangezogen werden. Soweit nämlich Verträge den Kauf von Gegenständen, die der beruflichen Tätigkeit des Käufers dienen, zum Inhalt haben und im elektronischen Geschäftsverkehr zwischen Unternehmern geschlossen werden, die ihre Niederlassung in Staaten haben, die Vertragsstaaten zu dem CISG-Übereinkommen sind, oder wenn die Regeln des Internationalen Privatrechts zur Anwendung des Rechts eines Vertragsstaates führen, findet § 312i BGB Anwendung, wenn für die jeweilige Frage das CISG-Übereinkommen keine Vorgaben enthält.

18 Ebenfalls nicht zu verachtende Bedeutung dürfte im Bereich des elektronischen Geschäftsverkehrs das **CMR-Abkommen** haben. Im **B2B**-Bereich werden häufiger Verträge geschlossen, die eine grenzüberschreitende Beförderung von Handelsgütern zum Gegenstand haben. Insbesondere die Art 4–16 des CMR-Abkommens über Abschluss und Ausführung des Beförderungsvertrages müssen dann auch bei Verträgen im elektronischen Geschäftsverkehr beachtet werden. Dagegen ist ein solcher Vertrag im **B2C**-Bereich nur schwer vorstellbar.

III. Richtlinie 2000/31/EG

19 Richtlinie 2000/31/EG des Europäischen Parlaments und des Rates vom 8. Juni 2000 über bestimmte rechtliche Aspekte der Dienste der Informationsgesellschaft, insbesondere des elektronischen Geschäftsverkehrs, im Binnenmarkt („Richtlinie über den elektronischen Geschäftsverkehr")

Das Europäische Parlament und der Rat der Europäischen Union (…) haben folgende Richtlinie erlassen:

KAPITEL I ALLGEMEINE BESTIMMUNGEN

Artikel 1 Zielsetzung und Anwendungsbereich

(1) Diese Richtlinie soll einen Beitrag zum einwandfreien Funktionieren des Binnenmarktes leisten, indem sie den freien Verkehr von Diensten der Informationsgesellschaft zwischen den Mitgliedstaaten sicherstellt.

(2) Diese Richtlinie sorgt, soweit dies für die Erreichung des in Absatz 1 genannten Ziels erforderlich ist, für eine Angleichung bestimmter für die Dienste der Informationsgesellschaft geltender innerstaatlicher Regelungen, die den Binnenmarkt, die Niederlassung der Diensteanbieter, kommerzielle Kommunikationen, elektronische Verträge, die Verantwortlichkeit von Vermittlern, Verhaltenskodizes, Systeme zur außergerichtlichen Beilegung von Streitigkeiten, Klagemöglichkeiten sowie die Zusammenarbeit zwischen den Mitgliedstaaten betreffen.

(3) Diese Richtlinie ergänzt das auf die Dienste der Informationsgesellschaft anwendbare Gemeinschaftsrecht und läßt dabei das Schutzniveau insbesondere für die öffentliche Gesundheit und den Verbraucherschutz, wie es sich aus Gemeinschaftsrechtsakten und einzelstaatlichen Rechtsvorschriften zu deren Umsetzung ergibt, unberührt, soweit die Freiheit, Dienste der Informationsgesellschaft anzubieten, dadurch nicht eingeschränkt wird.

(4) Diese Richtlinie schafft weder zusätzliche Regeln im Bereich des internationalen Privatrechts, noch befaßt sie sich mit der Zuständigkeit der Gerichte.

(5) Diese Richtlinie findet keine Anwendung auf

a) den Bereich der Besteuerung,

b) Fragen betreffend die Dienste der Informationsgesellschaft, die von den Richtlinien 95/46/EG und 97/66/EG erfaßt werden,

c) Fragen betreffend Vereinbarungen oder Verhaltensweisen, die dem Kartellrecht unterliegen,

d) die folgenden Tätigkeiten der Dienste der Informationsgesellschaft:

- Tätigkeiten von Notaren oder Angehörigen gleichwertiger Berufe, soweit diese eine unmittelbare und besondere Verbindung zur Ausübung öffentlicher Befugnisse aufweisen;

- Vertretung eines Mandanten und Verteidigung seiner Interessen vor Gericht;

- Gewinnspiele mit einem einen Geldwert darstellenden Einsatz bei Glücksspielen, einschließlich Lotterien und Wetten.

(6) Maßnahmen auf gemeinschaftlicher oder einzelstaatlicher Ebene, die unter Wahrung des Gemeinschaftsrechts der Förderung der kulturellen und sprachlichen Vielfalt und dem Schutz des Pluralismus dienen, bleiben von dieser Richtlinie unberührt.

Artikel 2 Begriffsbestimmungen

Im Sinne dieser Richtlinie bezeichnet der Ausdruck

a) „Dienste der Informationsgesellschaft" Dienste im Sinne von Artikel 1 Nummer 2 der Richtlinie 98/34/EG in der Fassung der Richtlinie 98/48/EG;

b) „Diensteanbieter" jede natürliche oder juristische Person, die einen Dienst der Informationsgesellschaft anbietet;

c) „niedergelassener Diensteanbieter" ein Anbieter, der mittels einer festen Einrichtung auf unbestimmte Zeit eine Wirtschaftstätigkeit tatsächlich ausübt; Vorhandensein und Nutzung technischer Mittel und Technologien, die zum Anbieten des Dienstes erforderlich sind, begründen allein keine Niederlassung des Anbieters;

d) „Nutzer" jede natürliche oder juristische Person, die zu beruflichen oder sonstigen Zwecken einen Dienst der Informationsgesellschaft in Anspruch nimmt, insbesondere um Informationen zu erlangen oder zugänglich zu machen;

e) „Verbraucher" jede natürliche Person, die zu Zwecken handelt, die nicht zu ihren gewerblichen, geschäftlichen oder beruflichen Tätigkeiten gehören;

f) „kommerzielle Kommunikation" alle Formen der Kommunikation, die der unmittelbaren oder mittelbaren Förderung des Absatzes von Waren und Dienstleistungen oder des Erscheinungsbilds eines Unternehmens, einer Organisation oder einer natürlichen Person dienen, die eine Tätigkeit in Handel, Gewerbe oder Handwerk oder einen reglementierten Beruf ausübt; die folgenden Angaben stellen als solche keine Form der kommerziellen Kommunikation dar:

- Angaben, die direkten Zugang zur Tätigkeit des Unternehmens bzw der Organisation oder Person ermöglichen, wie insbesondere ein Domain-Name oder eine Adresse der elektronischen Post;

- Angaben in Bezug auf Waren und Dienstleistungen oder das Erscheinungsbild eines Unternehmens, einer Organisation oder Person, die unabhängig und insbesondere ohne finanzielle Gegenleistung gemacht werden;

g) „reglementierter Beruf" alle Berufe im Sinne von Artikel 1 Buchstabe d) der Richtlinie 89/48/EWG des Rates vom 21. Dezember 1988 über eine allgemeine Regelung zur Anerkennung der Hochschuldiplome, die eine mindestens dreijährige Berufsausbildung abschließen, oder im Sinne von Artikel 1 Buchstabe f) der Richtlinie 92/51/EWG des Rates vom 18. Juni 1992 über eine zweite allgemeine Regelung zur Anerkennung beruflicher Befähigungsnachweise in Ergänzung zur Richtlinie 89/48/EWG;

h) „koordinierter Bereich" die für die Anbieter von Diensten der Informationsgesellschaft und die Dienste der Informationsgesellschaft in den Rechtssystemen der Mitgliedstaaten festgelegten Anforderungen, ungeachtet der Frage, ob sie allgemeiner Art oder speziell für sie bestimmt sind.

i) Der koordinierte Bereich betrifft vom Diensteanbieter zu erfüllende Anforderungen in Bezug auf

- die Aufnahme der Tätigkeit eines Dienstes der Informationsgesellschaft, beispielsweise Anforderungen betreffend Qualifikationen, Genehmigung oder Anmeldung;

- die Ausübung der Tätigkeit eines Dienstes der Informationsgesellschaft, beispielsweise Anforderungen betreffend das Verhalten des Diensteanbieters, Anforderungen betreffend Qualität oder Inhalt des Dienstes, einschließlich der auf Werbung und Verträge anwendbaren Anforderungen, sowie Anforderungen betreffend die Verantwortlichkeit des Diensteanbieters.

ii) Der koordinierte Bereich umfaßt keine Anforderungen wie

- Anforderungen betreffend die Waren als solche;

- Anforderungen betreffend die Lieferung von Waren;

- Anforderungen betreffend Dienste, die nicht auf elektronischem Wege erbracht werden.

Artikel 3 Binnenmarkt

(1) Jeder Mitgliedstaat trägt dafür Sorge, dass die Dienste der Informationsgesellschaft, die von einem in seinem Hoheitsgebiet niedergelassenen Diensteanbieter erbracht werden, den in diesem Mitgliedstaat geltenden innerstaatlichen Vorschriften entsprechen, die in den koordinierten Bereich fallen.

(2) Die Mitgliedstaaten dürfen den freien Verkehr von Diensten der Informationsgesellschaft aus einem anderen Mitgliedstaat nicht aus Gründen einschränken, die in den koordinierten Bereich fallen.

(3) Die Absätze 1 und 2 finden keine Anwendung auf die im Anhang genannten Bereiche.

(4) Die Mitgliedstaaten können Maßnahmen ergreifen, die im Hinblick auf einen bestimmten Dienst der Informationsgesellschaft von Absatz 2 abweichen, wenn die folgenden Bedingungen erfüllt sind:

a) Die Maßnahmen

i) sind aus einem der folgenden Gründe erforderlich:

- Schutz der öffentlichen Ordnung, insbesondere Verhütung, Ermittlung, Aufklärung und Verfolgung von Straftaten, einschließlich des Jugendschutzes und der Bekämpfung der Hetze aus Gründen der Rasse, des Geschlechts, des Glaubens oder der Nationalität, sowie von Verletzungen der Menschenwürde einzelner Personen,

- Schutz der öffentlichen Gesundheit,

- Schutz der öffentlichen Sicherheit, einschließlich der Wahrung nationaler Sicherheits- und Verteidigungsinteressen,

- Schutz der Verbraucher, einschließlich des Schutzes von Anlegern;

ii) betreffen einen bestimmten Dienst der Informationsgesellschaft, der die unter Ziffer i) genannten Schutzziele beeinträchtigt oder eine ernsthafte und schwerwiegende Gefahr einer Beeinträchtigung dieser Ziele darstellt;

iii) stehen in einem angemessenen Verhältnis zu diesen Schutzzielen.

b) Der Mitgliedstaat hat vor Ergreifen der betreffenden Maßnahmen unbeschadet etwaiger Gerichtsverfahren, einschließlich Vorverfahren und Schritten im Rahmen einer strafrechtlichen Ermittlung,

- den in Absatz 1 genannten Mitgliedstaat aufgefordert, Maßnahmen zu ergreifen, und dieser hat dem nicht Folge geleistet oder die von ihm getroffenen Maßnahmen sind unzulänglich;

- die Kommission und den in Absatz 1 genannten Mitgliedstaat über seine Absicht, derartige Maßnahmen zu ergreifen, unterrichtet.

(5) Die Mitgliedstaaten können in dringlichen Fällen von den in Absatz 4 Buchstabe b) genannten Bedingungen abweichen. In diesem Fall müssen die Maßnahmen so bald wie möglich und unter Angabe der Gründe, aus denen der Mitgliedstaat der Auffassung ist; dass es sich um einen dringlichen Fall handelt, der Kommission und dem in Absatz 1 genannten Mitgliedstaat mitgeteilt werden.

(6) Unbeschadet der Möglichkeit des Mitgliedstaates, die betreffenden Maßnahmen durchzuführen, muß die Kommission innerhalb kürzestmöglicher Zeit prüfen, ob die mitgeteilten Maßnahmen mit dem Gemeinschaftsrecht vereinbar sind; gelangt sie zu dem Schluß, dass die Maßnahme nicht mit dem Gemeinschaftsrecht vereinbar ist, so fordert sie den betreffenden Mitgliedstaat auf, davon Abstand zu nehmen, die geplanten Maßnahmen zu ergreifen, bzw bereits ergriffene Maßnahmen unverzüglich einzustellen.

KAPITEL II GRUNDSÄTZE

(…)

Artikel 9 Behandlung von Verträgen

(1) Die Mitgliedstaaten stellen sicher, dass ihr Rechtssystem den Abschluß von Verträgen auf elektronischem Wege ermöglicht. Die Mitgliedstaaten stellen insbesondere sicher, dass ihre für den Vertragsabschluß geltenden Rechtsvorschriften weder Hindernisse für die Verwendung elektronischer Verträge bilden noch dazu führen, dass diese Verträge aufgrund des Umstandes, dass sie auf elektronischem Wege zustande gekommen sind, keine rechtliche Wirksamkeit oder Gültigkeit haben.

(2) Die Mitgliedstaaten können vorsehen, dass Absatz 1 auf alle oder bestimmte Verträge einer der folgenden Kategorien keine Anwendung findet:

a) Verträge, die Rechte an Immobilien mit Ausnahme von Mietrechten begründen oder übertragen;

b) Verträge, bei denen die Mitwirkung von Gerichten, Behörden oder öffentliche Befugnisse ausübenden Berufen gesetzlich vorgeschrieben ist;

c) Bürgschaftsverträge und Verträge über Sicherheiten, die von Personen außerhalb ihrer gewerblichen, geschäftlichen oder beruflichen Tätigkeit eingegangen werden;

d) Verträge im Bereich des Familienrechts oder des Erbrechts.

(3) Die Mitgliedstaaten teilen der Kommission mit, für welche der in Absatz 2 genannten Kategorien sie Absatz 1 nicht anwenden. Die Mitgliedstaaten übermitteln der Kommission alle fünf Jahre einen Bericht über die Anwendung des Absatzes 2, aus dem hervorgeht, aus welchen Gründen es ihres Erachtens weiterhin gerechtfertigt ist, auf die unter Absatz 2 Buchstabe b) fallende Kategorie Absatz 1 nicht anzuwenden.

Artikel 10 Informationspflichten

(1) Zusätzlich zu den sonstigen Informationspflichten aufgrund des Gemeinschaftsrechts stellen die Mitgliedstaaten sicher, dass – außer im Fall abweichender Vereinbarungen zwischen Parteien, die nicht Verbraucher sind – vom Diensteanbieter zumindest folgende Informationen klar, verständlich und unzweideutig erteilt werden, bevor des Nutzer des Dienstes die Bestellung abgibt:

a) die einzelnen technischen Schritte, die zu einem Vertragsabschluß führen;

b) Angaben dazu, ob der Vertragstext nach Vertragsabschluß vom Diensteanbieter gespeichert wird und ob er zugänglich sein wird;

c) die technischen Mittel zur Erkennung und Korrektur von Eingabefehlern vor Abgabe der Bestellung;

d) die für den Vertragsabschluß zur Verfügung stehenden Sprachen.

(2) Die Mitgliedstaaten stellen sicher, dass – außer im Fall abweichender Vereinbarungen zwischen Parteien, die nicht Verbraucher sind – der Diensteanbieter alle einschlägigen Verhaltenskodizes angibt, denen er sich unterwirft, einschließlich Informationen darüber, wie diese Kodizes auf elektronischem Wege zugänglich sind.

(3) Die Vertragsbestimmungen und die allgemeinen Geschäftsbedingungen müssen dem Nutzer so zur Verfügung gestellt werden, dass er sie speichern und reproduzieren kann.

(4) Die Absätze 1 und 2 gelten nicht für Verträge, die ausschließlich durch den Austausch von elektronischer Post oder durch damit vergleichbare individuelle Kommunikation geschlossen werden.

Artikel 11 Abgabe einer Bestellung

(1) Die Mitgliedstaaten stellen sicher, dass – außer im Fall abweichender Vereinbarungen zwischen Parteien, die nicht Verbraucher sind – im Fall einer Bestellung durch einen Nutzer auf elektronischem Wege folgende Grundsätze gelten:

- Der Diensteanbieter hat den Eingang der Bestellung des Nutzers unverzüglich auf elektronischem Wege zu bestätigen;

- Bestellung und Empfangsbestätigung gelten als eingegangen, wenn die Parteien, für die sie bestimmt sind, sie abrufen können.

(2) Die Mitgliedstaaten stellen sicher, dass – außer im Fall abweichender Vereinbarungen zwischen Parteien, die nicht Verbraucher sind – der Diensteanbieter dem Nutzer angemessene, wirksame und zugängliche technische Mittel zur Verfügung stellt, mit denen er Eingabefehler vor Abgabe der Bestellung erkennen und korrigieren kann.

(3) Absatz 1 erster Gedankenstrich und Absatz 2 gelten nicht für Verträge, die ausschließlich durch den Austausch von elektronischer Post oder durch vergleichbare individuelle Kommunikation geschlossen werden.

(...)

KAPITEL III SCHLUSSBESTIMMUNGEN

Artikel 21 Überprüfung

(1) Die Kommission legt dem Europäischen Parlament, dem Rat und dem Wirtschafts- und Sozialausschuss vor dem 17. Juli 2003 und danach alle zwei Jahre einen Bericht über die Anwendung dieser Richtlinie vor und unterbreitet gegebenenfalls Vorschläge für die Anpassung dieser Richtlinie an die rechtlichen, technischen und wirtschaftlichen Entwicklungen im Bereich der Dienste der Informationsgesellschaft, insbesondere in Bezug auf die Verbrechensverhütung, den Jugendschutz, den Verbraucherschutz und das einwandfreie Funktionieren des Binnenmarktes.

(2) Im Hinblick auf das etwaige Erfordernis einer Anpassung dieser Richtlinie wird in dem Bericht insbesondere untersucht, ob Vorschläge in Bezug auf die Haftung der Anbieter von Hyperlinks und von Instrumenten zur Lokalisierung von Informationen, Verfahren zur Meldung und Entfernung rechtswidriger Inhalte („notice and take down"-Verfahren) und eine Haftbarmachung im Anschluss an die Entfernung von Inhalten erforderlich sind. In dem Bericht ist auch zu untersuchen, ob angesichts der technischen Entwicklungen zusätzliche Bedingungen für die in den Artikeln 12 und 13 vorgesehene Haftungsfreistellung erforderlich sind und ob die Grundsätze des Binnenmarkts auf nicht angeforderte kommerzielle Kommunikationen mittels elektronischer Post angewendet werden können.

Artikel 22 Umsetzung

(1) Die Mitgliedstaaten setzen die erforderlichen Rechts- und Verwaltungsvorschriften in Kraft, um dieser Richtlinie vor dem 17. Januar 2002 nachzukommen. Sie setzen die Kommission unverzüglich davon in Kenntnis.

(2) Wenn die Mitgliedstaaten die in Absatz 1 genannten Vorschriften erlassen, nehmen sie in den Vorschriften selbst oder durch einen Hinweis bei der amtlichen Veröffentlichung auf diese Richtlinie Bezug. Die Mitgliedstaaten regeln die Einzelheiten der Bezugnahme.

Artikel 23 Inkrafttreten

Diese Richtlinie tritt am Tag ihrer Veröffentlichung im Amtsblatt der Europäischen Gemeinschaften in Kraft.

Artikel 24 Adressaten

Diese Richtlinie ist an die Mitgliedstaaten gerichtet.

§ 312i
Allgemeine Pflichten im elektronischen Geschäftsverkehr

(1) Bedient sich ein Unternehmer zum Zwecke des Abschlusses eines Vertrags über die Lieferung von Waren oder über die Erbringung von Dienstleistungen der Telemedien (Vertrag im elektronischen Geschäftsverkehr), hat er dem Kunden

1. angemessene, wirksame und zugängliche technische Mittel zur Verfügung zu stellen, mit deren Hilfe der Kunde Eingabefehler vor Abgabe seiner Bestellung erkennen und berichtigen kann,

2. die in Artikel 246c des Einführungsgesetzes zum Bürgerlichen Gesetzbuche bestimmten Informationen rechtzeitig vor Abgabe von dessen Bestellung klar und verständlich mitzuteilen,

3. den Zugang von dessen Bestellung unverzüglich auf elektronischem Wege zu bestätigen und

4. die Möglichkeit zu verschaffen, die Vertragsbestimmungen einschließlich der Allgemeinen Geschäftsbedingungen bei Vertragsschluss abzurufen und in wiedergabefähiger Form zu speichern.

Bestellung und Empfangsbestätigung im Sinne von Satz 1 Nummer 3 gelten als zugegangen, wenn die Parteien, für die sie bestimmt sind, sie unter gewöhnlichen Umständen abrufen können.

(2) Absatz 1 Satz 1 Nummer 1 bis 3 ist nicht anzuwenden, wenn der Vertrag ausschließlich durch individuelle Kommunikation geschlossen wird. Absatz 1 Satz 1 Nummer 1 bis 3 und Satz 2 ist nicht anzuwenden, wenn zwischen Vertragsparteien, die nicht Verbraucher sind, etwas anderes vereinbart wird.

(3) Weitergehende Informationspflichten auf Grund anderer Vorschriften bleiben unberührt.

Art 246c EGBGB
Informationspflichten bei Verträgen im elektronischen Geschäftsverkehr

Bei Verträgen im elektronischen Geschäftsverkehr muss der Unternehmer den Kunden unterrichten

1. über die einzelnen technischen Schritte, die zu einem Vertragsschluss führen,

2. darüber, ob der Vertragstext nach dem Vertragsschluss von dem Unternehmer gespeichert wird und ob er dem Kunden zugänglich ist,

3. darüber, wie er mit den nach § 312i Absatz 1 Satz 1 Nummer 1 des Bürgerlichen Gesetzbuchs zur Verfügung gestellten technischen Mitteln Eingabefehler vor Abgabe der Vertragserklärung erkennen und berichtigen kann,

4. über die für den Vertragsschluss zur Verfügung stehenden Sprachen und

5. über sämtliche einschlägigen Verhaltenskodizes, denen sich der Unternehmer unterwirft, sowie über die Möglichkeit eines elektronischen Zugangs zu diesen Regelwerken.

Materialien: Art 10, 11 Richtlinie 2000/31/EG über bestimmte rechtliche Aspekte der Dienste der Informationsgesellschaft, insbesondere des elektronischen Geschäftsverkehrs im Binnenmarkt („Richtlinie über den elektronischen Geschäftsverkehr"/E-Commerce-Richtlinie) vom 8. 6. 2000, (ABlEG Nr L 178, 1); Gesetz zur Modernisierung des Schuldrechts Regierungsentwurf BT-Drucks 14/6040, 169 ff; Stellungnahme des Bundesrats und Gegenäußerung der Bundesregierung BT-Drucks 14/6857, 20 f, 56; Bericht des Rechtsausschusses BT-Drucks 14/7052, 192; Gesetz zur Änderung des Bürgerlichen Gesetzbuchs zum besseren Schutz der Verbraucherinnen und Verbraucher vor Kostenfallen im elektronischen Geschäftsverkehr Gesetzentwurf BT-Drucks 17/7745; Bericht des Rechtsausschusses BT-Drucks 17/8805; Richtlinie 2011/83/EU des Europäischen Parlaments und des Rates vom 25. 10. 2011 über die Rechte der Verbraucher, zur Abänderung der Richtlinie 93/13/EWG des Rates und der Richtlinie 1999/44/EG des Europäischen Parlaments und des Rates sowie zur Aufhebung der Richtlinie 85/577/EWG des Rates und der Richtlinie 97/7/EG des Europäischen Parlaments und des Rates (ABlEU Nr L 304/64); Gesetzentwurf der Bundesregierung BR-Drucks 817/12; Gesetzentwurf der Bundesregierung BT-Drucks 17/12637; Beschlussempfehlung und Bericht des Rechtsausschusses BT-Drucks 17/13951; Gesetz zur Umsetzung der Verbraucherrechterichtlinie und zur Änderung des Gesetzes zur Regelung der Wohnungsvermittlung vom 20. 9. 2013 (BGBl I Nr 58, 3642).

Systematische Übersicht

Alphabetische Übersicht

I. Allgemeines

§ 312i BGB bestimmt, welche Pflichten den Unternehmer treffen, wenn er sich „zum Zwecke des Abschlusses eines Vertrags" der Telemedien bedient. Wie die Vorschriften über Fernabsatzverträge legt auch § 312i BGB Anforderungen fest, die bei Verträgen im elektronischen Geschäftsverkehr zu beachten sind. Die Norm schweigt dagegen zum Inhalt des Vertrags. Dies wird bereits in der systematischen Stellung der Vorschrift deutlich. Sie befindet sich im Untertitel „Grundsätze bei Verbraucherverträgen und besondere Vertriebsformen" des Titels „Begründung, Inhalt und Beendigung", nicht jedoch im Abschnitt über „Einzelne Schuldverhältnisse". Der **Vertrag kann ua als Kauf-, Dienst- oder Werkvertrag ausgestaltet** sein (vgl hierzu Rn 26). **E-Commerce-Verträge und Fernabsatzverträge** bilden eine große Schnittmenge. Der wesentliche Unterschied zwischen den beiden Vertriebsformen besteht zum einen in dem weiteren personellen Anwendungsbereich von § 312i BGB, der auch Geschäfte zwischen Unternehmern erfasst. Zum anderen beschränkt sich § 312i BGB auf das Fernkommunikationsmittel „Telemedium" (vgl zum Verhältnis zwischen § 312c BGB und § 312i BGB die Ausführungen in Vorbem 6 ff zu §§ 312i, 312j). Da § 312i BGB auch bei B2B-Geschäften zu beachten ist, kann der Schutzzweck der Vorschrift nicht nur in der Form 1 fehlender **Vertragsparität** liegen, die ua Grund für die Schutzregelungen der §§ 312c bis 312h BGB ist. Die dort vorgebrachte Begründung der Privilegierung des Verbrauchers trifft zwar bei zwischen Unternehmer und Verbraucher geschlossenen E-Commerce-Verträgen gleichermaßen zu, da diese ebenfalls als Fernabsatzverträge einzuordnen sind. Dabei ist jedoch zu beachten, dass der Anwendungsbereich von § 312i BGB deutlich enger ist als der des Fernabsatzvertrages, denn für letzteren kommt es nicht auf die Verwendung eines elektronischen Kommunikationsmittels an (Grüneberg/Grüneberg § 312i Rn 2; BeckOK-BGB/Maume [1. 5. 2024] § 312i Rn 14; Spindler/Schuster/Schirmbacher Rn 11). Es muss jedoch noch andere Gründe geben, die es rechtfertigen, dass der Unternehmer auch dann die Informationspflichten des § 312i Abs 1 S 1 BGB zu erfüllen hat, wenn er den Vertrag auf Augenhöhe mit einem anderen Unternehmer schließt. Diese Gründe sind in erster Linie in den **technischen Unwägbarkeiten** zu suchen, die bei E-Commerce-Verträgen auftreten können. Der Kunde muss davor geschützt werden, dass der Unternehmer seine Einflussmöglichkeiten auf die technische Gestaltung des Telemediums dazu nutzt, die **Vertragsschlussmodalitäten** zu verdunkeln. § 312i Abs 1 S 1 Nr 1 BGB stellt deshalb sicher, dass der **Kunde Eingabefehler** leicht berichtigen kann, bevor er seine Bestellung abgibt. Daneben stellt § 312i Abs 1 S 1 Nr 4 BGB sicher, dass der Kunde die **AGB** des Unternehmers in „wiedergabefähiger Form" speichern kann. Auch diese Regelung dient dem Schutz des Kunden. Ändert der Unternehmer nach dem Vertragsschluss seine AGB, muss der Kunde beweisen können, dass seinem Vertrag die alten AGB des Unternehmers zugrunde lagen. Letztlich sollen die unternehmerischen Pflichten, die sich aus § 312i Abs 1 S 1 BGB ergeben, eine formal faire Vertragsanbahnung und einen **formal fairen Vertragsschluss** sicherstellen (MünchKommBGB/Wendehorst § 312i Rn 4). Die Vorschriften beseitigen nicht eine strukturell gestörte Vertragsparität, sondern verhindern den **Missbrauch moderner Technologien** und wenden sich damit gegen eine situationsbedingte Vertragsimparität. Gleichwohl ist § 312i BGB eine verbraucherschützende Norm und wird als solche auch von § 2 Abs 2 Nr 2 UKlaG definiert (MünchKommBGB/Wendehorst § 312i Rn 6).

2 Abs 1 bestimmt den **Anwendungsbereich der Vorschrift** und legt darüber hinaus die unternehmerischen Pflichten fest. Im Übrigen stellt Abs 1 S 2 eine unwiderlegbare Vermutung für den **Zugang von Bestellungen und Empfangsbestätigungen** auf. Abs 2 S 1 schließt die Anwendung von Abs 1 S 1 Nr 1 bis 3 aus, wenn der Vertrag ausschließlich durch individuelle Kommunikation zustande gekommen ist. Abs 2 S 2 legt fest, unter welchen Voraussetzungen weite Teile der Vorschrift abbedungen werden können. Abs 3 enthält schließlich eine **Konkurrenzregel**.

II. Entwicklung der Vorschrift

3 § 312i BGB entspricht dem Wortlaut nach § 312g Abs 1, Abs 5 und Abs 6 S 1 aF (bis 12. 6. 2014; vgl BT-Drucks 17/12637, 58; Grüneberg/Grüneberg § 312i Rn 1). Die Vorgängernorm § 312g aF (bis 12. 6. 2014) wurde als § 312e aF (bis 3. 8. 2011) zum 1. 1. 2002 durch das **Schuldrechtsmodernisierungsgesetz** neu in das BGB aufgenommen. Anders als bei §§ 312b bis f aF (bis 12. 6. 2014) gab es eine Regelung für E-Commerce-Verträge im deutschen Recht zuvor nicht. § 312e aF wurde seit dem 1. 1. 2002 viermal geändert: Die **erste Änderung** erfolgte durch das „Gesetz zur Umsetzung der Verbraucherkreditrichtlinie, des zivilrechtlichen Teils der Zahlungsdiensterichtlinie sowie zur Neuordnung der Vorschriften über das Widerrufs- und Rückgaberecht" vom 26. 7.

2009 (BGBl I 2355). Durch dieses Gesetz wurde die BGB-InfoV weitgehend aufgehoben und in das EGBGB überführt. Die ehemals in § 3 BGB-InfoV geregelten Informationspflichten im elektronischen Geschäftsverkehr finden sich jetzt wortgleich in Art 246c EGBGB. Dadurch wurde eine Anpassung des § 312e Abs 1 S 1 Nr 2 aF erforderlich. Gleichzeitig wurde die Verweisung in § 312e Abs 3 S 2 aF an den zeitgleich neu gefassten § 355 BGB angepasst. Die **zweite Änderung** erfolgte durch das „Gesetz zur Anpassung der Vorschriften über den Wertersatz bei Widerruf von Fernabsatzverträgen und über verbundene Verträge" vom 27. 7. 2011 (BGBl I 1600). Durch dieses Gesetz wurden die §§ 312e und f aF neu in das BGB eingefügt. Das machte es erforderlich, die vorherigen §§ 312e bis g aF in die §§ 312g bis i BGB aktueller Fassung umzubenennen, eine inhaltliche Änderung erfuhr § 312e aF dadurch nicht. Die **dritte Änderung** erfolgte durch das „Gesetz zur Änderung des Bürgerlichen Gesetzbuchs zum besseren Schutz der Verbraucherinnen und Verbraucher vor Kostenfallen im elektronischen Geschäftsverkehr und zur Änderung des Wohnungseigentumsgesetzes" vom 10. 5. 2012 (BGBl I 1084). Durch dieses Gesetz, dessen Änderungen zum 1. 8. 2012 in Kraft traten, wurden die Absätze 2 bis 4 aF neu eingefügt. Absatz 1 wurde dahingehend geändert, dass statt „Dienstleistungen eines Tele- oder Mediendienstes" nunmehr „Dienstleistungen der Telemedien" erfasst werden. Die vorherigen Absätze 2 und 3 aF wurden zu den Absätzen 5 und 6 aF und redaktionell angepasst. Die **vierte Änderung** erfuhr die Norm schließlich durch das „Gesetz zur Umsetzung der Verbraucherrechterichtlinie und zur Änderung des Gesetzes zur Regelung der Wohnungsvermittlung" vom 20. 9. 2013 (BGBl I 3642). Im Zuge dessen wurde der Regelungsgehalt des § 312g aF aus Gründen der Übersichtlichkeit auf zwei Paragraphen aufgeteilt (BT-Drucks 17/12637, 58; sa die Kommentierung zu § 312j Rn 1). Zudem bestimmte § 312g Abs 6 S 2 aF, dass die Widerrufsfrist nicht vor Erfüllung der in Abs 1 S 1 geregelten Pflichten zu laufen beginnen sollte. Eine solche Verknüpfung ist in Anbetracht des Gebots der Vollharmonisierung nach Art 4 VerbrRRL nicht mehr möglich und war daher zu streichen (MünchKommBGB/Wendehorst § 312i Rn 3).

Die Vorschrift setzt Art 10 und 11 der Richtlinie 2000/31/EG über bestimmte rechtliche Aspekte der Dienste der Informationsgesellschaft, insbesondere des elektronischen Geschäftsverkehrs, im Binnenmarkt um, sog **E-Commerce-Richtlinie** (vgl zur Entwicklung des Umsetzungsgegenstandes sowie zur Umsetzung dessen sonstiger Vorschriften Vorbem 33 ff zu §§ 312b ff). Die E-Commerce-Richtlinie hatte unter anderem zum Ziel, den elektronischen Geschäftsverkehr unionsweit zu stärken (vgl den 3. Erwägungsgrund der Richtlinie). **4**

Ebenso unbedenklich ist es, dass § 312i BGB dem Wortlaut nach auf Verträge über die Lieferung von Waren oder die Erbringung von Dienstleistungen beschränkt ist. Eine solche Begrenzung findet sich zwar in der E-Commerce-Richtlinie nicht. Jedoch ist wie schon bei § 312 BGB (ausführlich die dortige Kommentierung bei § 312 Rn 3) insbesondere der Begriff der Dienstleistung im europäischen Sinne, also weit, auszulegen (ebenso Hk-BGB/Schulte-Nölke § 312i Rn 4; Spindler/Schuster/Schirmbacher Rn 7). Das führt im Ergebnis dazu, dass regelmäßig dann von einem Vertrag über die Erbringung einer Dienstleistung auszugehen ist, wenn kein Vertrag über die Lieferung von Waren vorliegt. Der **Anwendungsbereich von § 312i BGB** wird daher **nicht europarechtswidrig beschränkt**, indem Abs 1 nur auf Verträge über die Lieferung von Waren oder über die Erbringung von Dienstleistungen Bezug nimmt. § 312i BGB verpflichtet nur den Unternehmer. Die E-Commerce-Richtlinie dagegen legt in Art 10 und 11 **5** dem Dienstanbieter Informationspflichten auf. Hierin liegt nur scheinbar ein Widerspruch. Zwar definiert Art 2 lit b E-Commerce-Richtlinie den Dienstanbieter als jede natürliche oder juristische Person, die einen Dienst der Informationsgesellschaft anbietet. Unter den Begriff „Dienst der Informationsgesellschaft" fallen aber nach Art 2 lit a E-Commerce-Richtlinie in Verbindung mit Art 1 Nr 2 Richtlinie 98/34/EG in der Fassung der Richtlinie 98/48/EG (in hier nicht relevanten Teilen geändert durch Richtlinie 2006/96/EG, im Folgenden: **Richtlinie 98/34/EG)** Dienstleistungen, die in der Regel gegen Entgelt erbracht werden. Auch der 18. Erwägungsgrund der E-Commerce-Richtlinie macht deutlich, dass die Pflichten der Richtlinie die gewerblich handelnde Person treffen sollen. Dienste der Informationsgesellschaft werden hier als wirtschaftliche Tätigkeiten beschrieben, die „insbesondere" im Online-Verkauf von Waren bestehen können. Der Gesetzgeber hat daher bei der Umsetzung den Vorgaben der Richtlinie entsprochen, als er zum Zwecke eines kohärenten Sprachgebrauchs auf den Unternehmerbegriff des § 14 BGB zurückgegriffen hat.

III. Anwendungsbereich

6 Der Anwendungsbereich von § 312i BGB ist eröffnet, wenn sich ein Unternehmer zum Zwecke des Abschlusses eines Vertrags über die Lieferung von Waren oder die Erbringung von Dienstleistungen der Telemedien (Vertrag im elektronischen Geschäftsverkehr) bedient.

1. Vertrag im elektronischen Geschäftsverkehr

7 Wesentliche Anwendungsvoraussetzung von § 312i BGB ist, dass es sich um einen Vertrag im elektronischen Geschäftsverkehr handelt. Kennzeichnendes Merkmal eines solchen Vertrags ist die **Verwendung von Telemedien zum Zwecke des Vertragsschlusses**. Diese Voraussetzung verdeutlicht, dass der Anwendungsbereich von § 312i BGB deutlich enger gesteckt ist als bei § 312c BGB. Wesentliche Voraussetzung eines Fernabsatzvertrags ist, dass der Vertragsschluss unter ausschließlicher Verwendung von Fernkommunikationsmitteln erfolgt. Fernkommunikationsmittel in diesem Sinne sind Telemedien, daneben aber auch Telefongespräche, Serienbriefe ua (vgl hierzu die Kommentierung zu § 312c Rn 21).

a) Dienstleistungen der Telemedien

8 Die E-Commerce-Richtlinie selbst kennt den Begriff der Telemedien nicht, sondern spricht von Diensten der Informationsgesellschaft. Der deutsche Gesetzgeber hatte zum 1. 1. 2002 bewusst noch nicht auf diesen Begriff zurückgegriffen. Vielmehr hat er zunächst den Begriff „Tele- und Mediendienst" dem damals noch geltenden **§ 2 Teledienstegesetz (TDG)** bzw **§ 2 Staatsvertrag über Medien (MDStV)** entnommen. Aus Gründen der Kohärenz übernahm er die Terminologie auch in § 312e aF (bis 3. 8. 2011; BT-Drucks 14/6040).

9 Das TDG wurde zum 28. 7. 2007 durch das **Telemediengesetz (TMG)** abgelöst. Der MDStV wurde zeitgleich aufgehoben. Seine Nachfolgeregelungen finden sich ebenfalls im TMG sowie im **Rundfunkstaatsvertrag (RStV)**. Das TMG verwendet die Begriffe Teledienst und Mediendienst zwar weiterhin, definiert sie aber nicht. § 1 Abs 1 TMG und § 2 Abs 1 S 3 RStV enthalten nur eine Definition des Begriffs **Telemedien** („Dieses Gesetz gilt für alle elektronischen Informations- und Kommunikations-

dienste, soweit sie nicht Telekommunikationsdienste nach § 3 Nr 24 des Telekommunikationsgesetzes, die ganz in der Übertragung von Signalen über Telekommunikationsnetze bestehen, telekommunikationsgestützte Dienste nach § 3 Nr 25 des Telekommunikationsgesetzes oder Rundfunk nach § 2 des Rundfunkstaatsvertrages sind"). Eine Anpassung des § 312e aF (bis 3. 8. 2011) erfolgte im Zuge dieser Änderungen zunächst nicht. Dies wurde erst durch die Änderung des § 312g aF (bis 12. 6. 2014) im Jahr 2012 nachgeholt. Diese Änderung erfolgte ausschließlich zu dem Zweck, die sprachliche Kohärenz zwischen TMG und BGB herzustellen, eine inhaltliche Änderung war damit nicht beabsichtigt (BT-Drucks 17/7745, 9 f). Deshalb ist bei der Auslegung des Tatbestandsmerkmals „Telemedien" weiterhin auf die Definitionen des § 2 TDG und § 2 MDStV zurückzugreifen. Denn der Gesetzgeber hat sich ursprünglich bewusst an diese Definitionen angelehnt und seitdem keinen entgegenstehenden Willen geäußert, sodass die Definitionen für die Auslegung des § 312i BGB weiterhin Gültigkeit besitzen (iE ebenso Erman/Koch § 312i Rn 7 f). Zu denselben Ergebnissen gelangen dürfte die Ansicht, die schon vor der Gesetzesänderung im Jahr 2012 auf den Begriff Telemedien abstellte (so jurisPK-BGB/Junker [5. Aufl 2010] § 312e aF Rn 28; Schulze/Schulte-Nölke [7. Aufl 2012] § 312g aF Rn 2; wohl auch Spindler/Schuster/Spindler/Anton [2. Aufl 2011] § 312e aF Rn 2).

Freilich können die Definitionen des TDG und des MDStV nur eine erste Annähe- 10
rung ermöglichen, müssen dies aber auch. Im zweiten Schritt ist dann eine allfällig erforderliche **richtlinienkonforme Auslegung** vorzunehmen. Hingegen überzeugt es nicht, unmittelbar auf die Begrifflichkeiten der E-Commerce-Richtlinie zurückzugreifen (MünchKommBGB/Wendehorst § 312i Rn 9 ff), weil der Gesetzgeber sich nun einmal für eine abweichende Umsetzung entschieden hat und an dem abweichenden Wortlaut des § 312i BGB kein Weg vorbei führt; bildet doch auch bei der richtlinienkonformen Auslegung der mögliche Wortsinn grundsätzlich eine äußerste Grenze (s etwa EuGH 24. 1. 2012 – C-282/10, NJW 2012, 509 Rn 25 – *Dominguez*). Erst jenseits dieser Grenze stellt sich die Frage einer richtlinienkonformen Rechtsfortbildung (BGH 26. 11. 2008 – VIII ZR 200/05, NJW 2009, 427 Rn 21) einer unmittelbaren Anwendung der Richtlinie – welche der EuGH zwischen Privaten grundsätzlich weiterhin ablehnt (EuGH 19. 1. 2010 – C-555/07, EuZW 2010, 177, 179 – *Kücükdeveci*) – bzw eines allfälligen Staatshaftungsanspruchs nach den *Francovich*-Grundsätzen (EuGH 9. 11. 1995 – C-479/93, NZA 1996, 247 f – *Francovich*).

aa) Tele- oder Mediendienste (TDG/MDStV)

§ 2 Abs 1 bis 3 TDG definierte **Teledienste** bis zum 28. 7. 2007 wie folgt: 11

§ 2 Geltungsbereich

(1) Die nachfolgenden Vorschriften gelten für alle elektronischen Informations- und Kommunikationsdienste, die für eine individuelle Nutzung von Daten wie Zeichen, Bilder oder Töne bestimmt sind und denen eine Übermittlung mittels Telekommunikation zugrunde liegt (Teledienste).

(2) Teledienste im Sinne des Absatzes 1 sind insbesondere

1. Angebote im Bereich der Individualkommunikation (zum Beispiel Telebanking, Datenaustausch),

2. Angebote zur Information oder Kommunikation, soweit nicht die redaktionelle Gestaltung zur Meinungsbildung für die Allgemeinheit im Vordergrund steht (Datendienste, zum Beispiel Verkehrs-, Wetter-, Umwelt- oder Börsendaten, Verbreitung von Informationen über Waren und Dienstleistungsangebote),

3. Angebote zur Nutzung des Internets oder weiterer Netze,

4. Angebote zur Nutzung von Telespielen

5. Angebote von Waren oder Dienstleistungen in elektronisch abrufbaren Datenbanken mit interaktivem Zugriff und unmittelbarer Bestellmöglichkeit.

(3) Absatz 1 gilt unabhängig davon, ob die Nutzung der Teledienste ganz oder teilweise unentgeltlich oder gegen Entgelt möglich ist.

12 Erforderlich war, dass die Daten mittels Telekommunikation im Sinne des TKG übertragen wurden (vgl hierzu detailliert Rossnagel/Spindler [2002] § 2 TDG Rn 17 f). Ferner musste es sich um Dienste handeln, die für die *individuelle* Nutzung bestimmt sind. Ein Teledienst lag daher nicht vor, wenn die Übertragung der Daten der **Massenkommunikation** dienen sollte. Das Kommunikationsmittel musste zur Punkt-zu-Punkt-Kommunikation (vgl zum Begriff Rossnagel/Spindler [2002] § 2TDG Rn 17 f) genutzt werden und den Austausch zwischen zwei Individuen ermöglichen. Die in Absatz 2 aufgeführte Liste von Telediensten war nicht abschließend. Sie war bewusst offengehalten („insbesondere"), um bei den zu erwartenden technischen Entwicklungen Anpassungen zu ermöglichen. Teledienste sind beispielsweise Datenbanken mit pornographischem Inhalt, auf die mittels eines sog Dialers zugegriffen werden kann (vgl LG Berlin 28. 5. 2002 – 102 O 48/02, MMR 2002, 630). Seriösere Beispiele für Teledienste sind juristische Datenbanken wie juris oder beck-online.

13 **Mediendienste** waren in § 2 Abs 1 und 2 **MDStV** bis zum 28. 7. 2007 wie folgt definiert:

§ 2 (Geltungsbereich)

(1) Dieser Staatsvertrag gilt für das Angebot und die Nutzung von an die Allgemeinheit gerichteten Informations- und Kommunikationsdiensten (Mediendienste) in Text, Ton oder Bild, die unter Benutzung elektromagnetischer Schwingungen ohne Verbindungsleitung oder längs oder mittels eines Leiters verbreitet werden. Die Bestimmungen des **Rundfunkstaatsvertrages** bleiben unberührt. Ferner bleiben die Bestimmungen des Teledienstgesetzes in der in einem Bundesgesetz erstmalig beschlossenen Fassung, die Bestimmungen des Telekommunikationsgesetzes sowie der Bereich der Besteuerung unberührt.

(2) Mediendienste im Sinne von Absatz 1 sind insbesondere

1. Verteildienste in Form von direkten Angeboten an die Öffentlichkeit für den Absatz von Waren oder Erbringung von Dienstleistungen, einschließlich unbeweglicher Sachen, Rechte und Verpflichtungen, gegen Entgelt (Teleshopping),

2. Verteildienste, in denen Messergebnisse und Datenermittlungen in Text oder Bild mit oder ohne Begleitton verbreitet werden,

3. Verteildienste in Form von Fernsehtext, Radiotext oder vergleichbaren Textdiensten,

4. Abrufdienste, bei denen Text-, Ton- oder Bilddarbietungen auf Anforderung aus elektronischen Speichern zur Nutzung übermittelt werden, mit Ausnahme von solchen Diensten, bei denen der individuelle Leistungsaustausch oder die reine Übermittlung von Daten im Vordergrund steht, ferner von Telespielen.

Auch die Liste der Mediendienste, die in Absatz 2 genannt wurden, war nicht abschließend. Vielmehr handelte es sich um eine beispielhafte Aufzählung von Mediendiensten, die die Definition des Abs 1 S 1 mit Leben füllen sollte. Gemeinsam haben die Dienste, dass sie „an die Allgemeinheit gerichtet sind". Hierbei handelte es sich dann auch dem Wortlaut nach um den wesentlichen Unterschied zwischen Tele- und Mediendiensten. Teledienste waren für die Individualkommunikation gedacht, Mediendienste für die Massenkommunikation (vgl Erman/Saenger [13. Aufl 2011] § 312g Rn 8 f). Eine Abgrenzung zwischen den Diensten ist jedoch schwieriger als es zunächst den Anschein hat. Es ist charakteristisch für die neueren Dienste, die insbesondere über das Internet angeboten werden, dass sie zunächst für eine breite Öffentlichkeit bereitgehalten werden. Genutzt werden sie dann aber als individuelles Kommunikationsmittel zwischen Nutzer und Unternehmer. Eine Abgrenzung nach dem Kriterium **Individualkommunikation/Massenkommunikation** ist daher kaum möglich. Wie man die Dienste im Einzelnen voneinander abzugrenzen hatte, war zwar umstritten (vgl hierzu Dauner-Lieb/Langen/Ring [2. Aufl 2012] § 312g aF Rn 16; Erman/Saenger [13. Aufl 2011] § 312g aF Rn 7 f), im Rahmen des Anwendungsbereichs von § 312g aF (bis 12. 6. 2014) aber ohne Belang. Die Nutzung von Telewie Mediendiensten führte gleichermaßen dazu, dass der Unternehmer die Pflichten aus § 312g aF (bis 12. 6. 2014) zu beachten hat. Eine nähere Abgrenzung kann daher in diesem Zusammenhang dahinstehen. 14

bb) Dienste der Informationsgesellschaft

Die Begriffe Tele- oder Mediendienste sind in einem zweiten Schritt **richtlinienkonform auszulegen** (Rn 10). Als Maßstab dient hierbei die von der europäischen Vorlage verwandte Formulierung „Dienste der Informationsgesellschaft". Dem Umsetzungsgegenstand selbst lässt sich keine Definition des Begriffs entnehmen. Vielmehr verweist Art 2 lit a E-Commerce-Richtlinie auf die Definition in Art 1 Nr 2 Richtlinie 98/34/EG. Dort heißt es: „Dienst: eine Dienstleistung der Informationsgesellschaft, dh jede in der Regel gegen Entgelt elektronisch im Fernabsatz und auf individuellen Abruf eines Empfängers erbrachte Dienstleistung." Die Richtlinie 98/34/EG präzisiert die Bestimmung weiter und definiert ihre Einzelbestandteile. Ausgeschlossen werden Hörfunkdienste und Fernsehdienste im Sinne der Richtlinie 89/552/EWG. 15

Auch wenn Art 1 Nr 2 der Richtlinie 98/34/EG von Dienstleistungen spricht, kann daraus nicht geschlossen werden, dass hiermit der übliche **europarechtliche Dienstleistungsbegriff** gemeint ist (ebenso MünchKommBGB/Wendehorst § 312i Rn 12). Vielmehr ergibt sich insbesondere aus dem 18. Erwägungsgrund der E-Commerce-Richtlinie, dass mit Dienst jede einzelne Tätigkeit gemeint ist, die anlässlich des Abschlusses oder der Durchführung eines anderen Geschäfts geleistet wird. Der Dienst selbst 16 muss nicht als solcher Gegenstand eines entgeltlichen Vertrags sein, auch das Unterhalten eines Online-Katalogs über Waren mit interaktiver Zugriffsmöglichkeit und unmittelbarer Bestellmöglichkeit ist ein Dienst im Sinne der Richtlinie (vgl zu weiteren Beispielen MünchKommBGB/Wendehorst § 312i Rn 13; Hk-BGB/Schulte-Nölke § 312i Rn 2). Von der Rechtsprechung zu Recht anerkannt wurde deshalb, dass auch den Warenhändler bei eBay oder Amazon-Marketplace (LG Berlin 24. 5. 2007 – 16 O 149/07, MMR 2007, 734) die Pflichten aus § 312i BGB treffen.

17 Der Dienst muss aber in der Regel **gegen Entgelt** erbracht werden (MünchKommBGB/Wendehorst § 312i Rn 13). Hiermit sind „wirtschaftliche Tätigkeiten“ (vgl 18. Erwägungsgrund der E-Commerce-Richtlinie) gemeint. Es reicht nicht aus, dass die Tätigkeit typischerweise gegen Entgelt erbracht wird. Dieses Kriterium trifft auf alle Dienste zu, die typischerweise im Internet erbracht werden und ist deshalb als Abgrenzungskriterium ungeeignet. Richtigerweise ist darauf abzustellen, ob die Tätigkeit regelmäßig nur zu wirtschaftlich eigennützigen Zwecken erbracht wird (so auch MünchKommBGB/Wendehorst § 312i Rn 13). Das kann auch dann zu bejahen sein, wenn der eigentliche Nutzer des Dienstes dem Unternehmer kein Entgelt zahlt. **Providerverträge**, bei denen Privatkunden der unentgeltliche Zugang zum Internet gewährt wird, betreffen Dienste der Informationsgesellschaft. Derartige Dienste werden für gewöhnlich nur gegen Entgelt angeboten und der Provider handelt zu wirtschaftlich eigennützigen Zwecken, da die Dienste durch einen Dritten – in der Regel durch Werbung – finanziert werden (**aA** Morlang S 31 ff, der konkrete Entgeltlichkeit fordert). „Gegen Entgelt“ heißt aber auch „gegen Entgelt von Dritten“ (s dazu auch EuGH 11. 9. 2014 – C-291/13, MMR 2016, 63).

18 Als weitere Tatbestandsmerkmale nennt Art 1 Nr 2 Richtlinie 98/34/EG **im Fernabsatz erbrachte Dienstleistungen, die individuell abrufbar sind**. Im Fernabsatz erbrachte Dienstleistungen sind Dienstleistungen, die ohne gleichzeitige physische Anwesenheit der Vertragsparteien erbracht werden, wie etwa Dienstleistungen des Telebankings oder insbesondere Online-Datendienste (vgl zu weiteren Beispielen MünchKommBGB/Wendehorst § 312i Rn 16). Nicht unter den Begriff fallen die in Anhang V der Richtlinie 98/34/EG aufgeführten Dienste. Genannt ist dort die Untersuchung in der Praxis eines Arztes mit Hilfe elektronischer Geräte in Anwesenheit des Patienten ebenso wie die Konsultation eines elektronischen Katalogs in einem Geschäft in Anwesenheit des Kunden. Ebenso ausgeschlossen sind die Buchung eines Flugtickets über ein Computernetz, wenn sie in einem Reisebüro in Anwesenheit des Kunden vorgenommen wird sowie die Bereitstellung elektronischer Spiele in einer Spielhalle in Anwesenheit des Benutzers.

19 Jede Dienstleistung ist elektronisch erbracht, wenn sie mittels Geräten für die elektronische Verarbeitung (einschließlich digitaler Kompression) und Speicherung von Daten am Ausgangspunkt gesendet und am Endpunkt empfangen wird und vollständig über Draht, über Funk, auf optischem oder anderem elektromagnetischem Wege gesendet, weitergeleitet oder empfangen wird. Anhang V der Richtlinie 98/34/EG enthält auch eine Liste von Diensten, die nicht elektronisch erbracht werden. Genannt werden hierbei Offline Dienste wie der Vertrieb von Software auf CD-Roms oder Disketten sowie Dienste, die nicht über elektronische Verarbeitungs- und Speicherungssysteme erbracht werden, wie etwa Sprachtelefondienste, anwaltliche Beratung per Telefon/Telefax uä. Ebenfalls nicht elektronisch erbracht werden Dienste, die zwar mit elektronischen Geräten, aber in materieller Form erbracht werden, bspw Geldausgabe- oder Fahrkartenautomaten, sowie der Zugang zu gebührenpflichtigen Straßennetzen, Parkplätzen usw, selbst wenn elektronische Geräte bei der Ein- oder Ausfahrt den Zugang und/oder die korrekte Gebührenentrichtung kontrollieren.

Die Dienstleistung muss schließlich auf **individuellen Abruf eines Empfängers** erbracht 20
werden. Das ist der Fall bei Dienstleistungen, die durch die Übertragung von Daten auf individuelle Anforderung erbracht werden. Nicht darunter fallen Dienste, die im Wege einer Übertragung von Daten ohne individuellen Abruf gleichzeitig für eine unbegrenzte Zahl von einzelnen Empfängern erbracht werden (sog Punkt-zu-Mehrpunkt-Übertragung).

b) Sich bedienen

§ 312i BGB verpflichtet Unternehmer, die sich der Telemedien *bedienen.* Art 10 und 21
11 der E-Commerce-Richtlinie richten sich dagegen an den Dienst*anbieter.* Die unterschiedliche Wortwahl hat jedoch rein sprachliche Gründe. Insbesondere wird der Anwendungsbereich der Vorschrift nicht eingeschränkt, wenn der **Unternehmer nur der Nutzer von Telemedien** ist (**aA** MünchKommBGB/Wendehorst [6. Aufl 2012] § 312g aF Rn 10, 13 ff). Zum einen wäre ein solches Verständnis mit dem Schutzzweck der Vorschrift nicht vereinbar. § 312i BGB soll den Kunden vor den technischen Unwägbarkeiten des elektronischen Geschäftsverkehrs schützen. Diese bestehen unabhängig davon, ob der Unternehmer selbst Dienstleistungen der Telemedien anbietet oder diese nur zur Abwicklung seiner Geschäfte nutzt. Zum anderen spricht auch der – zugegebenermaßen missglückte – restliche Wortlaut der E-Commerce-Richtlinie gegen ein solches Verständnis. Die E-Commerce-Richtlinie versteht als Dienst der Informationsgesellschaft jede Tätigkeit, die anlässlich des Abschlusses oder der Durchführung eines Geschäfts geleistet wird (vgl Rn 5). Unter diesen Voraussetzungen bietet auch derjenige Dienstleistungen der Telemedien an, der Telemedien nur nutzt. Dem deutschen Sprachgebrauch entsprechend ist es jedoch nahe liegend, in einem solchen Fall davon zu sprechen, dass der Unternehmer sich eines Dienstes bedient. Inhaltliche Unterschiede sind hiermit nicht verbunden (so auch MünchKommBGB/Wendehorst § 312i Rn 28 f). Der **Unternehmer „bedient" sich der Telemedien**, wenn er sie bewusst und zielgerichtet einsetzt. Erforderlich ist insofern, dass für den Unternehmer zumindest grundsätzlich die Möglichkeit besteht, Einfluss auf den Einsatz und die Ausgestaltung des Dienstes zu nehmen (so auch MünchKommBGB/Wendehorst § 312i Rn 29).

c) Zum Zwecke des Vertragsschlusses

Der Unternehmer muss sich der Telemedien **zum Zwecke des Abschlusses eines Vertrags** bedienen. Art 10 und 11 der E-Commerce-Richtlinie kennen dieses Tatbe- 22
standsmerkmal nicht, da die dort gemeinten Dienste der Informationsgesellschaft von vornherein auf wirtschaftlich ausgerichtete Informations- und Kommunikationsdienste beschränkt sind. Um zu verhindern, dass der Anwendungsbereich von § 312i BGB überschritten wird, hat der Gesetzgeber die Beschränkung eingefügt (RegE SMG BT-Drucks 14/6040, 170; vgl hierzu auch Rn 1). Im Einzelfall kann es schwierig sein zu beurteilen, ob die Dienste zum Zwecke des Abschlusses eines Vertrags eingesetzt werden. Unstreitig ist, dass die Nutzung der Telemedien zumindest dann den Abschluss eines Vertrags bezweckt, wenn sie die Willenserklärungen der Parteien über-

mitteln, die unmittelbar zum Abschluss des Vertrags führen. Diese Voraussetzung ist beispielsweise erfüllt, wenn der Kunde auf der Internetseite des Unternehmers ein Produkt auswählt und bestellt und der Unternehmer die Bestellung auf elektronischem Wege annimmt. Richtigerweise wird vorgeschlagen, dass § 312i BGB auch gilt, wenn der Kunde aufgrund einer unternehmerischen *invitatio ad offerendum* eine Ware auf elektronischem Wege bestellt (MünchKommBGB/Wendehorst § 312i Rn 32), die weitere Kommunikation zwischen den Parteien aber nicht mittels der Telemedien vonstattengeht (MünchKommBGB/Wendehorst § 312i Rn 32). Der Unternehmer soll sich den Pflichten des § 312i BGB nicht entziehen können, indem er das Angebot des Kunden auf anderem statt auf elektronischem Wege annimmt. Um dem Schutzzweck der Vorschrift zu entsprechen, ist darauf abzustellen, ob der Kunde die Bestellung auf elektronischem Wege abgegeben hat (so zutreffend MünchKommBGB/Wendehorst § 312i Rn 33; BeckOK-BGB/Maume [1. 5. 2024] § 312i Rn 17). Nur so ist sichergestellt, dass technische Fehler, die bei der Bestellung auftreten, nicht zu Lasten des Kunden gehen. Folglich bleibt für § 312i BGB kein Raum, wenn die Einladung zum Vertragsschluss mittels Telemedien erklärt wird, der Kunde die Bestellung jedoch durch nicht-elektronische Fernkommunikationsmittel, etwa ein Fax oder Telefonat, abgibt (vgl MünchKommBGB/Wendehorst § 312i Rn 33). In einem solchen Fall kommen dem Kunden – so er denn Verbraucher ist und die übrigen Voraussetzungen von § 312c BGB erfüllt sind – regelmäßig noch die **Schutzmechanismen des Fernabsatzrechts** zugute. Das Merkmal des Bedienens zum Zwecke des Abschlusses eines Vertrages setzt jedoch nicht voraus, dass auch die Durchführung des Vertrages auf elektronischem Wege erfolgt (BeckOK-BGB/Maume [1. 5. 2024] § 312i Rn 18; Erman/Koch § 312i Rn 13).

2. Personeller Anwendungsbereich

23 Der personelle Anwendungsbereich ist bei § 312i BGB teilweise weiter als bei Fernabsatzverträgen iSv § 312c BGB. Während das Fernabsatzrecht nur für Verträge zwischen **Unternehmer und Verbraucher** gilt, muss § 312i BGB auch dann beachtet werden, wenn sich **zwei Unternehmer** gegenüberstehen. In jedem Fall muss ein Unternehmer am **Vertragsschluss** beteiligt sein, Verträge zwischen Verbrauchern fallen nicht in den Anwendungsbereich von § 312i BGB (vgl BeckOK-BGB/Maume [1. 5. 2024] § 312i Rn 6).

a) Unternehmer und Verbraucher

24 Auf der einen Seite des Vertrags muss ein Unternehmer stehen. Es gilt die **Definition des § 14 BGB** (vgl Vorbem 6 zu §§ 312, 312a; MünchKommBGB/Wendehorst § 312i Rn 23 ff weist zu Recht darauf hin, dass der E-Commerce-Richtlinie eine Beschränkung auf berufliche oder gewerbliche Tätigkeiten nicht besonders deutlich zu entnehmen ist). Falls der spätere Vertragspartner sich von dem Betreiber der Webseite unterscheidet und hierbei keine vertragliche Zurechnung stattfindet, kommt unter Umständen eine Zurechnung nach § 830 Abs 1 BGB in Betracht (OLG Frankfurt 28. 1. 2021 – 6 U 181/19, GRUR-RS 2021, 1946; BeckOK-BGB/Maume [1. 5. 2024] § 312i Rn 5).

Soweit ein Verbraucher als andere Vertragspartei auftritt, gilt die **Definition des § 13 BGB**. Hinsichtlich der im elektronischen Geschäftsverkehr auftretenden **Besonderheiten** kann auf die Kommentierung zum Verbraucherbegriff in Vorbem 5 zu §§ 312, 312a verwiesen werden.

b) Kunde

Auf der anderen Seite des Vertrags im elektronischen Geschäftsverkehr steht ein Kunde. Hierbei kann es sich um einen **Verbraucher** oder um einen **Unternehmer** handeln. Kunde ist jede natürliche oder juristische Person oder rechtsfähige Personenvereinigung, die Telemedien nutzt. Keine Rolle spielt der Zweck, zu dem der Kunde handelt. Ist der Kunde jedoch Verbraucher, so ist zumindest zu beachten, dass ihm gegenüber die sich aus § 312i BGB ergebenden Pflichten nicht abbedungen werden können (MünchKommBGB/Wendehorst § 312i Rn 27). Der Gesetzgeber hat hierbei nicht den in der E-Commerce-Richtlinie gebrauchten Begriff des Nutzers übernommen, sondern sich nach langem Hin und Her für den Begriff des Kunden entschieden. Ursprünglich war vorgesehen, dass der Vertragspartner des Unternehmers Empfänger heißen sollte (RegE SMG BT-Drucks 14/6040). Dem Rechtsausschuss ist dann aufgefallen, dass das Bürgerliche Recht seinerzeit auch in § 676g aF (bis 31. 12. 2001) eine Richtlinie umgesetzt und hierbei den Begriff des Kunden übernommen hatte (BT-Drucks 14/7052, 192; inzwischen sprechen die §§ 675c ff BGB vom Zahlungsdienstnutzer). Im Übrigen wären Missverständnisse kaum zu vermeiden gewesen, hätte man es beim Begriff Empfänger belassen. Insbesondere wäre unklar geblieben, ob der Empfang der Telemedien gemeint ist oder ob der Begriff auf den Empfang der Willenserklärung durch den Unternehmer zurückgeht (BT-Drucks 14/7052, 192). 25

3. Vertragsgegenstand

§ 312i BGB gilt nur für Verträge über die Lieferung von Waren oder die Erbringung von Dienstleistungen. Diese Formulierung führt bei europarechtskonformer Auslegung nicht zu einer Einschränkung des Anwendungsbereichs des § 312i BGB. Ein **Vertragsgegenstand beliebiger Art** genügt, sofern er seinem Wesen nach geeignet ist, den Gegenstand von entgeltlichen Geschäften zu bilden (MünchKommBGB/Wendehorst § 312i Rn 40; Erman/Koch § 312i Rn 6; Spindler/Schuster/Schirmbacher Rn 8). Hier ist auf den **weiten Dienstleistungsbegriff des europäischen Sekundärrechts** zurückzugreifen (vgl hierzu die Kommentierung zu § 312 Rn 3), sodass im Ergebnis alle Vertragstypen in den Anwendungsbereich der Vorschrift fallen. 26

IV. Pflichten des Unternehmers

Die Pflichten des Unternehmers im elektronischen Geschäftsverkehr sind in Abs 1 S 1 Nr 1 bis 4 geregelt. Der Anwendungsbereich dieses Pflichtenkatalogs wird durch Abs 2 zT ausgeschlossen. Bei individueller Kommunikation zwischen den Parteien finden Abs 1 S 1 Nr 1 bis 3, keine Anwendung. Zwischen zwei Parteien, die nicht Verbraucher sind, kann die Anwendung von Abs 1 S 1 Nr 1 bis 3 abbedungen werden. Bevor daher auf den Inhalt der einzelnen Pflichten eingegangen werden kann, soll zunächst untersucht werden, unter welchen Voraussetzungen der Unternehmer Abs 1 S 1 Nr 1 bis 3 nicht zu beachten braucht. 27

1. Ausnahmen

Abs 2 schränkt den Anwendungsbereich von Abs 1 S 1 Nr 1 bis 3 ein und bestimmt darüber hinaus, inwieweit von den Regelungen in Abs 1 Nr 1 bis 3 durch vertragliche Vereinbarungen abgewichen werden kann. Abs 2 S 1 setzt Art 10 Abs 4 E-Com- 28 merce-Richtlinie um, durch Abs 2 S 2 wird Art 10 Abs 1 und 2 sowie Art 11 Abs 1 E-Commerce-Richtlinie Rechnung getragen.

a) Vertragsschluss durch ausschließlich individuelle Kommunikation

29 Nach Abs 2 S 1 werden Abs 1 Nr 1 bis 3 nicht angewandt, wenn der Vertrag ausschließlich durch **individuelle Kommunikation** geschlossen wird. Auf diese Weise geschlossene Verträge werden vom Schutzzweck der Vorschrift nicht umfasst. § 312i BGB soll den Kunden vor allen Dingen vor den technischen Unwägbarkeiten schützen, die beim Vertragsschluss im elektronischen Geschäftsverkehr auftreten können. Werden Verträge aber durch den Austausch individueller – elektronischer – Kommunikation (zB E-Mails, SMS) geschlossen, besteht diese Gefahr nicht. Sie ähneln eher dem Vertragsschluss am Telefon oder per Brief und weisen nicht die typischen Besonderheiten des Online-Handels auf (so zu Recht BT-Drucks 14/6040, 172). Dieser ist vielmehr dadurch gekennzeichnet, dass sich der Unternehmer mit den Telemedien an eine unbegrenzte Zahl nicht individualisierbarer potenzieller Kunden wendet (vgl auch Hk-BGB/Schulte-Nölke § 312i Rn 5; Erman/Koch § 312i Rn 22).

aa) Individuelle Kommunikation

30 Nach der Gesetzesbegründung liegt eine individuelle Kommunikation vor, wenn Nachrichten ausschließlich zielgerichtet zwischen den potenziellen Vertragspartnern ausgetauscht werden, ohne dass – abseits dieser Nachrichtenstrecke – auf weitere Informationsquellen Bezug genommen wird (BT-Drucks 17/7745, 12). Eine individuelle Kommunikation liegt demnach nicht vor, wenn über den E-Mailverkehr zB wegen vertragsrelevanter Informationen auf eine Internetseite des Anbieters verlinkt wird (BT-Drucks 17/7745, 12). Ein weiterer Ausschluss ist anzunehmen, wenn der Verbraucher keine Möglichkeit hat, auf den Inhalt der von ihm abgegebenen Willenserklärung Einfluss zu nehmen (LG Stuttgart 28. 11. 2022 – 30 O 28/22, MMR 2023, 230, 231 Rn 43).

Die Ausführungen des Gesetzgebers zu der in Abs 2 S 1 geregelten Bereichsausnahme taugen nur bedingt dazu, der **Tatbestandsvoraussetzung der „individuellen Kommunikation“** Konturen zu verleihen. Zum Teil ist die Argumentation des Gesetzgebers wohl auch von der technischen Entwicklung überholt worden. Er ging 2001 – aber auch 2012 (BT-Drucks 17/7745, 12) – noch davon aus, dass E-Mails in gleicher Weise verwendet würden wie herkömmliche Briefe. Phänomene wie das der **Spammails**, bei denen der Unternehmer massenhaft E-Mails mit Verkaufsangeboten bzw Aufforderungen, Angebote abzugeben, an potentielle Kunden versendet, sind seinerzeit noch nicht als das besondere Ärgernis angesehen worden, welches sie inzwischen darstellen. Ebenfalls nicht vorherzusehen war das Entstehen **sozialer Netzwerke** wie Facebook, bei denen der Unternehmer eine Profilseite mit Angeboten bzw Aufforderungen zur Abgabe von Angeboten unterhält, der Kontakt zum einzelnen Kunden aber erst durch eine E-Mail oder eine Netzwerknachricht zustande kommt. Bedient sich der Unternehmer derartiger Mittel, stellt sich die Frage, ob auch in einem solchen Fall Abs 2 S 1 einschlägig sein soll. Ein inhaltlicher Unterschied zu der Situation, in der der Unternehmer einen Verkaufskatalog ins Internet stellt (dieses Beispiel hat der Gesetzgeber gewählt, um die individuelle Kommunikation von den spezifischen Besonderheiten des Online-Handels abzugrenzen, BT-Drucks 14/6040, 172; ähnlich BT-Drucks 17/7745, 12), ist nicht mehr erkennbar. Es ist nicht unmittelbar einzusehen, warum der Unternehmer dann auch in diesen Fällen durch Abs 2 S 1 privilegiert werden sollte. Dagegen spricht auch der 39. Erwägungsgrund der E-Commerce-Richtlinie, der mahnt, dass die Ausnahmeregelungen nicht dazu führen sollen, dass die Pflichten der Richtlinie umgangen werden. Diese Gefahr bestünde ohne Zweifel, wenn bei der Nutzung von Spammails oder gar sozialen Netzwerken die Pflichten des § 312i BGB nicht mehr befolgt werden müssten. Allerdings legt der Wortlaut der Richtlinie zunächst nahe, dass jedenfalls E-Mails immer als individuelle Kommunikation anzusehen sind. In Art 10 Abs 4 heißt es: „Die Absätze 1 und 2 gelten nicht für Verträge, die ausschließlich durch den Austausch von elektronischer Post oder durch damit vergleichbare individuelle Kommunikation geschlossen werden.“ Indem elektronische Post als Oberbegriff genannt wird, macht die Richtlinie deutlich, dass E-Mails immer als individuelle Kommunikation anzusehen sind und dass andere Kommunikationsformen denkbar sind, die dieselben Voraussetzungen erfüllen (Tettenborn/Bendler/Lübben/Karenfort K&R 2001, Beilage 1 zu Heft 12, 1, 25, nennen als Beispiel Verträge, die im Rahmen eines Online-Chats geschlossen werden; Lütcke [2002] § 312e aF Rn 24 meint, dass auch der massenhafte Versand von E-Mails stets als individuelle Kommunikation anzusehen sei; MünchKomm-BGB/Wendehorst § 312i Rn 52 schlägt eine zweistufige Prüfung vor, bei der auf der ersten Stufe die Kommunikationsform nach einer technischformalen Betrachtungsweise auszulegen ist und auf der zweiten Stufe das hierbei gefundene Ergebnis den Umständen des Einzelfalls angepasst werden kann). Allerdings wurden die Väter der Richtlinie von der technischen Entwicklung überholt. Auch aus Sicht des Kunden stellen massenhaft versandte E-Mails nur eine individualisierte Kommunikation dar, wenn der Verteiler zumindest eine Vorstellung von der Person des Empfängers hat. Anderenfalls werden die E-Mails nicht in Ansehung der konkreten Person versandt, sondern lassen sich eher mit Postwurfsendungen vergleichen, die vom Unternehmer zu Marketingzwecken eingesetzt werden. Eine bloße Abgrenzung nach formalen Kriterien reicht nicht aus. Massenhaft versandte E-Mails sind daher grundsätzlich nicht als eine Form von individueller Kommunikation anzusehen, sodass der Unternehmer an die Pflichten aus § 312i Abs 1 Nr 1 bis 3 BGB gebunden bleibt, wenn er zu Marketingzwecken massenhaft E-Mails versendet (vgl auch Raue MMR 2012, 438, 440; BeckOK-BGB/Maume [1. 5. 2024] § 312i Rn 20). Entsprechendes gilt erst recht in sozialen Netzwerken, weil sich der Unternehmer auch hier von vornherein an ein nicht näher individualisiertes Publikum wendet, mag auch der Vertragsschluss erst durch einen individualisierten Kontakt zustande kommen. Bestätigt wird die restriktive Handhabung des § 312g Abs 2 S 1 BGB durch den Gesetzgeber insofern, als er als Beispiel individueller Kommunikation inzwischen auch **SMS** anführt (BT-Drucks 17/7745, 12), die wegen höherer Kosten üblicherweise nicht als Massennachricht versandt werden. Eine Ausnahme können insoweit aber die Netzbetreiber selbst bilden. Im Zusammenhang zu § 312j Abs 5 S 1 BGB, welcher wortgleich mit § 312i Abs 2 S 1 BGB übereinstimmt, entschied das AG Düsseldorf, dass keine individuelle Kommunikation gegeben ist, wenn die Kommunikation in einem automatisierten Verfahren ohne individuellen auf den jeweiligen Verbraucher zugeschnittenen Inhalt erfolgt ist und hierfür lediglich Textbausteine verwendet werden (AG Düsseldorf 10. 1. 2023 – 37 C 124/22, BeckRS 2023, 1437 LS und Rn 26).

bb) Vertragsschluss

Undeutlich ist allerdings, was genau das Gesetz mit der Formulierung „wenn der Vertrag […] geschlossen wird“ meint. Es bedarf der Präzisierung, ob hierunter nur der Vertragsschluss selbst fällt oder die Voraussetzungen der Ausnahmeregelung nur erfüllt sind, wenn auch die Vertragsanbahnung ausschließlich durch individuelle Kommunikation erfolgt ist. Letzteres würde den Anwendungsbereich der Vorschrift erheblich einschränken. Der Unternehmer müsste dann den Pflichtenkatalog des 31

Abs 1 S 1 Nr 1 bis 3 nicht erfüllen, wenn sowohl Vertragsanbahnung als auch Vertragsschluss selbst ausschließlich durch individuelle Kommunikation erfolgen würde. Dagegen wären die Pflichten von ihm zu beachten, wenn die Vertragsanbahnung etwa erfolgt, indem der Unternehmer auf seiner Internetseite Waren anbietet, der Vertrag selbst aber mittels E-Mails zwischen Unternehmer und Kunde geschlossen wird. Der Unternehmer wird benachteiligt, wenn neben dem Vertragsschluss auch die Vertragsanbahnung ausschließlich durch individuelle Kommunikation erfolgen muss, damit die Voraussetzungen von Abs 2 S 1 erfüllt sind. Auf der Grundlage eines solchen Verständnisses müsste er größeren Aufwand betreiben, um den Verpflichtungen aus Abs 1 S 1 Nr 1 bis 3 entgehen zu können. Er könnte zur Vertragsanbahnung nicht mehr massenkompatible Telemedien anwenden und durch technische Vorrichtungen, die dazu führen, dass der Vertrag selbst per E-Mail geschlossen wird, den lästigen Pflichten aus Abs 1 S 1 Nr 1 bis 3 entgehen. Stattdessen müsste er schon zur Vertragsanbahnung individuell mit dem Kunden kommunizieren, was zeit- und damit auch kostenintensiver wäre (es sei denn, der Unternehmer bedient sich der oben erläuterten Möglichkeit der Spammails).

32 Wie weit oder wie eng der Begriff **„Vertragsschluss"** zu verstehen ist, wird nicht einheitlich beantwortet. Zum Teil wird die Auffassung vertreten, dass die unternehmerischen Pflichten nur dann nach Abs 2 S 1 ausgeschlossen sein sollen, wenn auch in der Phase der Vertragsanbahnung, die dem Vertragsschluss zeitlich unmittelbar vorgelagert ist und unmittelbar zum Vertragsschluss überleiten soll, individuell zwischen Unternehmer und Kunden kommuniziert wird (MünchKommBGB/Wendehorst § 312i Rn 53 f; ähnlich auch BeckOK-BGB/Maume [1. 5. 2024] § 312i Rn 21). Gegen eine solche Auffassung sprechen der Wortlaut von § 312i Abs 2 S 1 BGB und dessen europarechtlicher Vorgabe. In Art 10 Abs 4 E-Commerce-Richtlinie heißt es: „Die Absätze 1 und 2 gelten nicht für Verträge, die ausschließlich durch den Austausch von elektronischer Post oder durch damit vergleichbare individuelle Kommunikation geschlossen werden." Ausnahmeregelungen des europäischen Sekundärrechts sind grundsätzlich eng zu verstehen (vgl EuGH 13. 12. 2001 – C-481/99, EuZW 2002, 84, 86; für die Parallelvorschriften im deutschen Recht bestätigt von OLG Dresden 23. 8. 2001 – 8 U 1535/01, CR 2001, 819, 820 sowie die Kommentierung zu § 312g Rn 20), eine analoge Anwendung entgegen dem Wortlaut ist daher grundsätzlich nicht zulässig. Die europäische Ausnahmeregelung sieht nicht vor, dass die unternehmerischen Pflichten nicht zu erfüllen sind, wenn im Vorfeld des Vertragsschlusses zwischen den Parteien individuell kommuniziert wird. Die Ausnahme in Abs 2 S 1 greift deswegen nicht, wenn der Unternehmer zur Bestellung zwar ein elektronisches Formular bereithält, die eingegebenen Informationen dann aber nicht an einen Webserver sondern als E-Mail an einen Mailserver übermittelt werden, denn hierbei handelt es sich ebenfalls um den Austausch elektronischer Post (so im Ergebnis auch Glatt ZUM 2001, 390, 392).

b) Anderweitige Vereinbarung

33 Abs 1 S 1 Nr 1 bis 3 sowie Abs 1 S 2 finden keine Anwendung, wenn zwischen **Vertragsparteien, die nicht Verbraucher sind, etwas anderes vereinbart** wird, Abs 2 S 2. Die Vorschrift übernimmt damit die Einschränkungen in Art 10 Abs 1 und 2 sowie Art 11 Abs 1 und 2 E-Commerce-Richtlinie, wonach die dort geregelten Verpflichtungen gelten sollen „außer im Fall abweichender Vereinbarungen zwischen Parteien, die nicht Verbraucher sind". Nach Abs 2 S 2 soll auch die Zugangsfiktion des Abs 1 S 2 durch vertragliche Vereinbarung ausgeschlossen werden können. Ursprünglich verfolgte der Gesetzgeber einen anderen Plan. Die Zugangsfiktion sollte nicht abbedungen werden können (RegE SMG BT-Drucks 14/6040, 172). Damit wäre der E-Commerce-Richtlinie entsprochen worden, die eine derartige Einschränkung ebenfalls nicht enthält. Das hätte aber einen logischen Bruch innerhalb der Vorschrift zur Folge gehabt. Denn die Zugangsfiktion bezieht sich nur auf Abs 1 S 1 Nr 3, der seinerseits auch nach der Fassung des Regierungsentwurfs abdingbar sein sollte. Wenn aber die Ausnahmeregelung durch vertragliche Vereinbarung komplett ausgeschlossen werden kann, muss sie auch teilweise abdingbar sein.

„Aus Gründen der besseren Lesbarkeit" (RegE SMG BT-Drucks 14/6040, 172) wollte der **34**
Gesetzgeber bei der Umsetzung ursprünglich eine positive Formulierung wählen und auf die Unternehmereigenschaft des § 14 BGB abstellen. Auf Stellungnahme des Bundesrates (Anlage 2 zu BT-Drucks 14/6857, Nr 64) wurde dann doch **die Formulierung der E-Commerce-Richtlinie** übernommen, da der Unternehmerbegriff kein vollumfänglicher Gegenbegriff zum Verbraucherbegriff sei und deshalb die Fassung des Regierungsentwurfs die Richtlinie nicht vollständig umsetze. Voraussetzung von Abs 2 S 2 ist also, dass die Parteien nicht Verbraucher sind. Diese Einschränkung kann sich nach der Systematik der Vorschrift nur auf den Kunden beziehen, da der Anbieter der Telemedien ohnehin Unternehmer und damit kein Verbraucher ist. Eine Partei, die nicht Verbraucher ist, muss nicht zwangsläufig Unternehmer sein. Vielmehr fallen hierunter auch Idealvereine, gemeinnützige Stiftungen und öffentliche Einrichtungen, deren Rechtsbeziehungen ausschließlich öffentlich-rechtlich ausgestaltet sind (s hierzu auch Staudinger/Fritzsche [2024] § 13 Rn 49 ff).

Die Vereinbarung über den Ausschluss von Abs 1 S 1 Nr 1 bis 3 kann nach dem aus- **35**
drücklichen Willen des Gesetzgebers für einen einzelnen Vertrag, aber auch für eine Vielzahl von Verträgen als **Rahmenvereinbarung** getroffen werden (RegE SMG, BT-Drucks 14/6040, 172). Eine entsprechende Vereinbarung muss vor dem eigentlichen Vertragsschluss erfolgen (RegE SMG, BT-Drucks 14/6040, 172; Erman/Koch § 312i Rn 24). In diesem Zusammenhang wird die Frage aufgeworfen, ob eine abweichende Vereinbarung auch mittels **AGB** getroffen werden kann. Ein gewichtiges Argument gegen die Zulässigkeit der Vereinbarung durch Allgemeine Geschäftsbedingungen liefert § 307 Abs 2 Nr 1 BGB. Durch § 312i Abs 1 S 1 Nr 1 bis 3 BGB werden die Interessen des Kunden geschützt. Wenn diese Schutzmechanismen nicht mehr vorhanden sind, wird in nicht unerheblichem Maße in seine rechtlich geschützten Interessen eingegriffen, sodass eine derartige Klausel unwirksam wäre (vgl Grüneberg/Grüneberg § 312i Rn 10; Erman/Koch § 312i Rn 25; Dauner-Lieb/Langen/Ring Rn 11; BeckOK-BGB/Maume [1. 5. 2024] § 312i Rn 32). Eine Vereinbarung, durch die Abs 1 S 1 Nr 1 bis 3 ausgeschlossen wird, kann deshalb nicht durch AGB getroffen werden (differenzierend MünchKommBGB/Wendehorst § 312i Rn 60, die bei Pflichten, die sich auf den Vertragsschluss selbst beziehen, die Einbeziehung von AGB für unzulässig, bei nachvertraglichen Pflichten jedoch für zulässig hält).

Zu beachten ist, dass eine Abbedingung der Pflicht, dem Kunden die Möglichkeit zu **36**
verschaffen, die Vertragsbestimmungen einschließlich der Allgemeinen Geschäftsbedingungen bei Vertragsschluss abzurufen und in wiedergabefähiger Form zu speichern (Abs 1 Nr 4, s dazu ausführlich Rn 56) gerade nicht durch Vereinbarung abbedungen werden kann (Grüneberg/Grüneberg § 312i Rn 10; Dauner-Lieb/Langen/Ring Rn 11). Insoweit bleibt es bei der Grundregel des § 312k BGB (BeckOK-BGB/Maume [1. 5. 2024] § 312i Rn 31).

2. Inhalt der Pflichten

37 § 312i Abs 1 S 1 Nr 1 bis 4 BGB regeln Pflichten, die der Unternehmer beim Abschluss eines Vertrags im elektronischen Geschäftsverkehr zu beachten hat. Die Pflichten sind in zeitlicher Reihenfolge aufgelistet. Sie stellen vorvertragliche Nebenpflichten dar, auf die der Kunde einen Leistungsanspruch hat (BT-Drucks 14/6040, 173) Durch Abs 1 S 1 Nr 1 bis 4 in Verbindung mit Art 246c EGBGB werden Art 10 Abs 1 bis 3 sowie Art 11 Abs 1 und 2 E-Commerce-Richtlinie in sprachlich gestraffter Form umgesetzt. Die grundsätzliche Informationspflicht des Unternehmers ist in Abs 1 S 1 Nr 2 geregelt, während sich die einzelnen Informationen, die dem Verbraucher zu erteilen sind, Art 246c EGBGB entnehmen lassen. § 312j Abs 2 und 3 BGB regeln ergänzende Pflichten zum Schutz von Verbrauchern vor sog Kostenfallen im Internet (vgl dazu die Kommentierung zu § 312j Rn 10 ff).

a) Berichtigung von Eingabefehlern

38 Nach Abs 1 S 1 Nr 1 muss der Unternehmer dem Kunden angemessene, wirksame und zugängliche technische Mittel zur Verfügung stellen, mit deren Hilfe der Kunde **Eingabefehler** vor Abgabe seiner Bestellung erkennen und berichtigen kann. Die Regelung setzt Art 11 Abs 2 E-Commerce-Richtlinie unter im Wesentlichen wörtlicher Übernahme des Richtlinientextes um. Die Pflicht wird ergänzt durch Abs 1 S 1 Nr 2 in Verbindung mit Art 246c Nr 3 EGBGB, wonach der Unternehmer den Kunden darüber zu informieren hat, wie er mit den zur Verfügung gestellten technischen Mitteln Eingabefehler vor Abgabe der Bestellung erkennen und berichtigen kann.

aa) Vor Abgabe der Bestellung

39 Der Kunde muss mögliche Eingabefehler schon **vor Abgabe seiner Bestellung** erkennen und berichtigen können. Der Unternehmer muss deshalb bereits zum Zeitpunkt, in dem er eine Bestellmöglichkeit eröffnet, die Pflicht erfüllen (vgl RegE SMG BT-Drucks 14/6040, 171). Eine Bestellmöglichkeit eröffnet der Unternehmer, wenn er auf seiner Internetseite Waren anbietet und dem Kunden dort ein elektronisch abrufbares Bestellformular zur Verfügung stellt. Die Pflicht aus Abs 1 S 1 Nr 1 ist daher nicht erfüllt, wenn der Unternehmer in der schriftlich versandten Bestellbestätigung dem Kunden das Recht einräumt, sein bereits abgegebenes Angebot zu korrigieren (vgl MünchKommBGB/Wendehorst § 312i Rn 69). Wenn das Gesetz von der Abgabe einer *Bestellung* spricht, so darf das nicht zu eng verstanden werden. Ursprünglich hatte der Gesetzgeber geplant, der Vorschrift eine Legaldefinition des Begriffs beizufügen. Der Regierungsentwurf von § 312g Abs 1 S 1 Nr 1 aF sprach von der *„auf den Vertragsschluss gerichteten Willenserklärung (Bestellung) des Kunden“*. Diese Formulierung wurde jedoch zu Recht als zu eng kritisiert (Schneider K&R 2001, 344, 345), da es gerade für den Laien nur schwerlich erkennbar sei, ob eine Erklärung, die sich äußerlich als Vertragserklärung ausnehme, auch tatsächlich eine solche sei. Diese Kritik hat den Rechtsausschuss überzeugt (BT-Drucks 14/7052, 192) und auf dessen Initiative ist es dann zu der jetzigen Fassung der Vorschrift gekommen. Mit der **Bestellung im Sinne des Abs 1 S 1 Nr 1** ist daher nicht nur die Vertragserklärung des Kunden selbst gemeint, sondern erfasst ist **jede Art der Kontaktaufnahme zwischen Kunden und Unternehmer, die dem Vertragsschluss vorgelagert** ist (Erman/Koch § 312i Rn 15; Dauner-Lieb/Langen/Ring Rn 4; BeckOK-BGB/Maume [1. 5. 2024] § 312i Rn 24). Eine Bestellung in diesem Sinne liegt auch dann vor, wenn der Kunde sich nur über die Verfügbarkeit der angebotenen Waren erkundigt. Diese Lösung steht im Einklang mit den Vorga-

ben der Richtlinie, die bei dem bezweckten Kundenschutz keine Rücksicht auf vertragsrechtliche Kategorien nimmt (vgl Dauner-Lieb/Langen/Ring Rn 4). Stellt man darauf ab, ob im Verhältnis zwischen Unternehmer und Kunde eine Datenübermittlung stattgefunden hat, fallen konsequenterweise jene Vorgänge heraus, bei denen der Kunde die Waren, für die er sich interessiert, in einem virtuellen Einkaufskorb zwischenspeichert, ohne sie an den Unternehmer zu übermitteln (MünchKommBGB/Wendehorst § 312i Rn 68; **aA** Micklitz EuZW 2001, 133, 141; Schneider K&R 2001, 344, 345).

bb) Technische Mittel, Eingabefehler zu erkennen und zu berichtigen

Der Unternehmer muss dem Kunden angemessene, wirksame und zugängliche technische Mittel zur Verfügung stellen, mit deren Hilfe der Kunde Eingabefehler erkennen und berichtigen kann. Zum Teil wurde vertreten, dass den gemeinschaftsrechtlichen Vorgaben nur Genüge getan werde, wenn neben reinen Eingabefehlern – die dadurch entstehen, dass sich der Kunde verschreibt, vertippt oder verklickt – auch **Motivirrtümer** zu erkennen und berichtigen sein sollen (so noch Hk-VertriebsR/Micklitz [2002] § 312e aF Rn 57). Eine Korrektur müsse auch in den Fällen möglich sein, in denen der Kunde sich die Warenbestellung nicht vollständig überlegt habe und sich Sekunden später anders entscheidet (Hk-VertriebsR/Micklitz [2002] § 312e aF Rn 57). Diese Begründung will nicht recht einleuchten. Zum einen ist der Wortlaut von § 312i Abs 1 S 1 Nr 1 BGB und der entsprechenden Vorschrift in Art 11 Abs 2 E-Commerce-Richtlinie klar. Von einem Eingabefehler kann dem Wortsinn nach nur die Rede sein, wenn der Kunde eine andere Taste getippt oder eine andere Funktion angeklickt hat, als er eigentlich vorgehabt hat. Bedient der Kunde dagegen die Tasten, die er auch bedienen wollte, ist sich aber über den Inhalt der damit abgegebenen Erklärung nicht sicher, so hat er bei der Eingabe keinen Fehler gemacht (so auch MünchKommBGB/Wendehorst § 312i Rn 64; Spindler/Schuster/Schirmbacher Rn 29). Ein Eingabefehler liegt deswegen schon aus diesem Grunde nicht vor. Zum Zweiten wird ein Motivirrtum nicht von dem Schutzzweck des § 312i BGB erfasst. Hauptzweck der Vorschrift ist es, den Kunden vor den technischen Unwägbarkeiten des elektronischen Geschäftsverkehrs zu schützen. Es mag sein, dass der Kunde im elektronischen Geschäftsverkehr durch die spektakuläre Internetpräsenz des Unternehmers dazu verleitet werden kann, übereilte Willenserklärungen abzugeben. Vor diesen Gefahren wird der Kunde, der zugleich Verbraucher ist, jedoch durch das fernabsatzrechtliche Widerrufsrecht geschützt, das grundsätzlich auch im elektronischen Geschäftsverkehr gilt. Die Unterscheidung zwischen Eingabefehler und Motivirrtum, die auch den Unterschied zwischen § 119 Abs 1 BGB und § 119 Abs 2 BGB prägt, muss als gesetzgeberisch gewollt anerkannt werden. **40**

Der Unternehmer erfüllt diese Pflicht, indem dem Kunden vor der endgültigen Versendung seiner Bestellung eine Zusammenfassung seiner Angaben angezeigt wird, die er dann gegebenenfalls korrigieren kann (vgl Dauner-Lieb/Langen/Ring Rn 4; Erman/Koch § 312i Rn 15). Auch während der Eingabe muss der Kunde seine Angaben jederzeit korrigieren können. Hierfür reicht es aus, dass die üblichen Funktionstasten, die dazu führen, dass eingegebene Zeichen wieder entfernt werden, auch weiterhin funktionieren. Um dem Kunden die technischen Mittel zur Verfügung zu stellen, muss der Unternehmer nicht etwa Informationen an den Kunden versenden. Es genügt, dass der Unternehmer in den von ihm verwandten Telemedien technische Mittel integriert, die eine Korrektur ermöglichen (vgl HK-VertriebsR/Micklitz [2002] § 312e aF Rn 64). Über diese Möglichkeit wiederum ist der Verbraucher jedoch zu informie- **41** ren, der Unternehmer darf sich insofern nicht auf die entsprechenden Computerkenntnisse und die Eigeninitiative des Verbrauchers verlassen, sondern er hat ihn klar und verständlich auf die technischen Mittel hinzuweisen (OLG Hamburg 14. 5. 2010 – 3 W 44/10, MMR 2010, 696). Die **technischen Mittel** müssen darüber hinaus **„angemessen, wirksam und zugänglich"** sein. Diese Begriffe sind ihrem natürlichen Sinne entsprechend zu verstehen und stehen im Zusammenhang mit der Möglichkeit, Eingabefehler zu berichtigen. Dementsprechend ist ein technisches Mittel angemessen, um die Korrektur zu ermöglichen, wenn es für den Unternehmer keine unzumutbare Belastung bedeutet, das Mittel zur Verfügung zu stellen. Das Mittel ist wirksam, wenn es dazu geeignet ist, Eingabefehler zu korrigieren. Die Zugänglichkeit des Mittels ist schließlich zu bejahen, wenn der Kunde ohne Schwierigkeiten auf das Mittel zurückgreifen kann und nicht erst größere (technische) Hindernisse überwinden muss, um an das Mittel zu gelangen. Die drei Voraussetzungen müssen kumulativ vorliegen.

b) Informationspflichten

42 Der Unternehmer muss dem **Kunden** die in Art 246c EGBGB bestimmten Informationen rechtzeitig vor Abgabe von dessen **Bestellung** klar und verständlich mitteilen, § 312i Abs 1 S 1 Nr 2 BGB. Die einzelnen Informationspflichten, die der Unternehmer zu erfüllen hat, finden sich in Art 246c EGBGB. Darin ist der Richtlinientext von Art 10 Abs 1 und 2 E-Commerce-Richtlinie im Wesentlichen wörtlich übernommen worden. Der Unternehmer muss also den Kunden informieren über die einzelnen technischen Schritte, die zu einem Vertragsschluss führen (Art 246c Nr 1 EGBGB), darüber, ob der Vertragstext nach dem Vertragsschluss vom Unternehmer gespeichert wird und ob er dem Kunden zugänglich ist (Art 246c Nr 2 EGBGB), welche Möglichkeiten der Erkennung und Korrektur von Eingabefehlern bestehen (Art 246c Nr 3 EGBGB), welche Sprachen für den Vertragsschluss zur Verfügung stehen (Art 246c Nr 4 EGBGB) sowie über die Verhaltenskodizes, denen sich der Unternehmer unterwirft und deren elektronischer Abrufbarkeit (Art 246c Nr 5 EGBGB).

43 Diese Informationen hat der Unternehmer **dem Kunden rechtzeitig zur Verfügung zu stellen**. Die Voraussetzung ist erfüllt, wenn der Kunde die Informationen zur Kenntnis nehmen kann, bevor er zum ersten Mal den Vertragsgegenstand betreffende Daten an den Unternehmer übermittelt. Bei dem Kunden darf jedenfalls nicht der Eindruck entstanden sein, dass er von der Bestellung keinen Abstand mehr nehmen kann (MünchKommBGB/Wendehorst § 312i Rn 85; Spindler/Schuster/Schirmbacher Rn 44).

44 Die **Informationen** müssen **„klar und verständlich" erteilt** werden (vgl zu den Informationspflichten im elektronischen Geschäftsverkehr auch Woitke BB 2003, 2469, 2472). Die Formulierung geht auf Art 10 Abs 1 E-Commerce-Richtlinie zurück, durch den der Diensteanbieter verpflichtet wird, die Informationen „klar, verständlich und unzweideutig" zu erteilen. Der Gesetzgeber hat aus sprachlichen Gründen darauf verzichtet die Wortdoppelung des europäischen Rechts vollständig zu übernehmen; eine inhaltliche Abweichung ist hiermit jedoch nicht verbunden: Die Adjektive klar und unzweideutig sind als Synonyme zu verstehen. Vorschriften über die Verständlichkeit der Informationen finden sich in nahezu allen gemeinschaftsrechtlichen Informationstatbeständen. Grundlegend war das **Transparenzgebot von Art 5 Abs 1 der AGB-Richtlinie**, wonach schriftlich wiedergegebene Klauseln stets „klar und verständlich" sein müssen.

Ähnliche Regelungen finden sich in der Pauschalreiserichtlinie, der Fernabsatzrichtlinie und der Überweisungsrichtlinie (vgl hierzu FLEISCHER ZEuP 2000, 772, 786 f). Das Gebot der Verständlichkeit ist bei der Umsetzung der unterschiedlichen sekundärrechtlichen Informationspflichten jeweils übernommen worden. Ob Informationen in klarer und verständlicher Weise erteilt wurden, richtet sich daher auch nach dem europäischen Verständnis dieser Begriffe. Abzustellen ist deswegen auf die **Erkenntnismöglichkeiten und Erwartungen des mündigen europäischen Durchschnittskunden** bei Verträgen der in Rede stehenden Art (vgl FLEISCHER ZEuP 2000, 772, 786 f mwNw). Wie diese Formel schon zeigt, ist anhand der Umstände des Einzelfalls zu entscheiden, ob dem Transparenzgebot des § 312i Abs 1 S 1 Nr 2 BGB Genüge getan wurde. Allgemeingültige Regelungen lassen sich kaum aufstellen. Bei der Beurteilung können jedoch das Druckbild, der Aufbau, die Formulierung und der Umfang der Information miteinbezogen werden (MünchKommBGB/WENDEHORST § 312i Rn 86). Verfehlt ist es daher, dem Verbraucher, der elektronische Medien nutzt, höhere Kenntnisse zuzusprechen als dem Nutzer von herkömmlichen Printmedien (so aber REICH EuZW 1997, 581, 584). Auch bei den Informationspflichten des elektronischen Geschäftsverkehrs ist es zweifelhaft, ob der Unternehmer den Anforderungen genügt, wenn er die Informationen durch Vorlage seiner AGB übermittelt. Dies kommt jedoch überhaupt nur dann in Betracht, wenn die Informationen innerhalb der AGB deutlich hervorgehoben werden und während des Bestellprozesses auf das Vorhandensein dieser Informationen in den AGB hingewiesen wird.

c) Bestätigung der Bestellung

Der Unternehmer muss den Zugang der **Bestellung** des **Kunden** unverzüglich auf **45**
elektronischem Wege bestätigen, § 312i Abs 1 S 1 Nr 3 BGB. Die Vorschrift setzt Art 11 Abs 1 erster Spiegelstrich E-Commerce-Richtlinie um. Um bei der Umsetzung der deutschen Rechtsterminologie gerecht zu werden, wählte der Gesetzgeber die Formulierung „Zugang der Bestellung", anstatt den Wortlaut der Richtlinie „Eingang der Bestellung" zu übernehmen (vgl RegE SMG BT-Drucks 14/5040, 172). Abs 1 S 1 Nr 3 enthält vier **Tatbestandsvoraussetzungen**, deren Inhalt es zu klären gilt: Bestätigung, Zugang der Bestellung, unverzüglich, auf elektronischem Wege.

aa) Bestätigung

Der Unternehmer muss den Zugang der Bestellung bestätigen. Bei dieser Bestäti- **46**
gung handelt es sich nicht um eine Willenserklärung. Sie ist als **reine Wissenserklärung** eine geschäftsähnliche Handlung und ähnelt insoweit der Anzeige einer verspätet eingegangenen Annahmeerklärung nach § 149 S 1 BGB oder einer Abtretungsanzeige gemäß § 409 Abs 1 S 1 BGB (vgl hierzu auch MünchKommBGB/WENDEHORST § 312i Rn 95; GRÜNEBERG/GRÜNEBERG § 312i Rn 7; ERMAN/KOCH § 312i Rn 17). Es ist aber möglich, dass der Unternehmer die Wissenserklärung mit einer Willenserklärung, der Annahme oder der Ablehnung des Angebotes, verbindet (MünchKommBGB/WENDEHORST § 312i Rn 95; BeckOK-BGB/MAUME [1. 5. 2024] § 312i Rn 27). Er begibt sich in einem solchen Fall jedoch in die Gefahr, einen Vertrag zu schließen, ohne zuvor überprüfen zu können, ob er ihn auch erfüllen kann. Das kann bei Verträgen im elektronischen Geschäftsverkehr besonders riskant werden, da denkbar ist, dass aufgrund von Softwarefehlern Waren versehentlich zu deutlich geringeren Preisen angeboten werden (wird ein solches Angebot angenommen, um die Zahlung einer Vergleichssumme zu veranlassen, handelt der Kunde uU rechtsmissbräuchlich, OLG München 15. 11. 2002 – 19 W 2631/02, MMR 2003, 274; zu den Voraussetzungen BODENSTEDT MMR 2004, 719).

Nimmt der Unternehmer die Bestellung mit der Bestätigung an, muss er sich auf das häufig dünne Eis des Anfechtungsrechts begeben, um sich von dem Vertrag lösen zu können.

47 Im Zweifelsfall wird es jedoch schwierig sein, eine **Annahmeerklärung** von einer **Zugangsbestätigung** abzugrenzen (ausführlich hierzu sowie zu den Rechtsfolgen einer nachlässig formulierten Zugangsbestätigung Bodenstedt MMR 2004, 719). Den allgemeinen Regeln entsprechend kommt es hierbei auf den objektiven Empfängerhorizont gemäß §§ 133, 157 BGB an (BGH 16. 10. 2012 – X ZR 37/12, NJW 2013, 598 Rn 19; Erman/Koch § 312i Rn 17). Die Rechtsprechung hatte einige Fälle zu entscheiden, in denen die Einordnung der Erklärungen zweifelhaft war. Zunächst hatte das AG Butzbach (14. 6. 2002 – 51 C 25/02 [71], NJW-RR 2003, 54; kritisch hierzu Kimmelmann/Winter JuS 2003, 532, 535) über einen Fall zu urteilen, bei dem der Unternehmer auf die elektronische Bestellung des Kunden binnen einer Stunde mit einer E-Mail antwortete, in der es hieß: „Vielen Dank für Ihre E-Mail. Wir werden Ihren Auftrag umgehend bearbeiten." Das Gericht war der Meinung, dass sich aus dieser Erklärung nicht die Annahme des zuvor vom Kunden unterbreiteten Angebots auf Abschluss eines Kaufvertrags ableiten lasse. Unter Berücksichtigung der besonderen Verkehrssitten des elektronischen Geschäftsverkehrs sei der E-Mail nicht zu entnehmen, dass der Unternehmer das Angebot des Kunden vorbehaltlos annehmen wolle, da der Kunde aufgrund der besonderen Umstände des Einzelfalles – der Kaufpreis war ganz besonders günstig und der Kunde hatte eine besonders große Menge geordert – nicht damit habe rechnen können, dass der Unternehmer in derart kurzer Zeit in der Lage gewesen sei, zu überprüfen, ob er die Bestellung auch ausführen könne (AG Butzbach 14. 6. 2002 – 51 C 25/02 [71], NJW-RR 2003, 54, 55). Ganz ähnlich wertete das OLG Nürnberg (10. 6. 2009 – 14 U 622/09, MMR 2010, 31) für die Formulierung „Hiermit bestätigen wir den Eingang Ihrer Bestellung. Wir werden möglichst umgehend Ihren Auftrag bearbeiten." in einem Fall, in dem ein Verbraucher 18 Plasma-Flachbildfernseher zu 1/10 des handelsüblichen Kaufpreises bestellte. Der Senat schloss sich damit der Ansicht anderer Gerichte an (vgl OLG Oldenburg 12. 6. 2008 – 5 U 92/08, BeckRS 2009, 25597; LG Kassel 1. 9. 2008 – 1 S 187/08 nv; LG Nürnberg-Fürth 24. 4. 2008 – 8 O 10404/07; AG Fürth 23. 10. 2008 – 310 C 1309/08 nv; AG Kassel 8. 5. 2008 – 423 C 631/08 nv). Das OLG Frankfurt (20. 11. 2002 – 9 U 94/02, MMR 2003, 405) hatte sich hingegen mit einem Fall zu beschäftigen, bei dem der Kunde im Onlinekaufhaus eines Unternehmers Computer und Computerzubehör bestellte, die aufgrund einer Formeländerung in der Software versehentlich mit nur einem Prozent des vom Unternehmer tatsächlich geforderten Betrages ausgezeichnet waren. Die Bestellung des Kunden beantwortete der Unternehmer binnen einer Minute per E-Mail mit dem Wortlaut „Vielen Dank für Ihren Auftrag, den wir so schnell als möglich ausführen werden". Das Gericht vertrat die Auffassung, dass es sich bei dieser E-Mail nicht nur um eine Auftragsbestätigung im Sinne von § 312g Abs 1 S 1 Nr 3 aF (bis 10. 6. 2010) handele. Vielmehr könne die Erklärung nach dem objektiven Empfängerhorizont nur als Annahme des Angebots verstanden werden. Hierfür spreche insbesondere der Hinweis auf die schnellstmögliche Ausführung des Auftrags. Wenn der Unternehmer nur den Zugang der Bestellung bestätigen wolle, sich die Annahme des Angebotes aber noch offenhalten wolle, müsse er dieses eindeutig klarstellen (OLG Frankfurt 20. 11. 2002 – 9 U 94/02, MMR 2003, 405, 406). Diese rechtliche Bewertung wurde bestätigt von einem Urteil des LG Köln (LG Köln 16. 4. 2003 – 9 S 289/02, MMR 2003, 481; hierzu Mankowski MMR 2003, 853), dem ein vergleichbarer Sachverhalt und insbesondere eine identisch formulierte E-Mail eines Unternehmers zugrunde lag. Das

Urteil des OLG Frankfurt steht im Widerspruch zu der Entscheidung des AG Butzbach. Die Unternehmer haben in beiden Fällen ähnlich formuliert. Zwischen der Zusage, einen Auftrag auszuführen und dem Versprechen, einen Auftrag zu bearbeiten, liegt kein Unterschied, der eine unterschiedliche rechtliche Bewertung rechtfertigen würde (anders OLG Nürnberg 10. 6. 2009 – 14 U 622/09, MMR 2010, 31; LG Köln 16. 4. 2003 – 9 S 289/02, MMR 2003, 481, 482). Eine Reihe von Gerichten hat die Formulierung „Hiermit bestätigen wir den Eingang Ihrer Bestellung. Wir werden möglichst umgehend Ihren Auftrag bearbeiten." deshalb als Annahmeerklärung ausgelegt (LG Nürnberg-Fürth 16. 6. 2008 und 25. 7. 2008 – 15 S 3457/08 nv; LG Oldenburg 8. 5. 2008 – 13 O 522/08 nv; AG Fürth 4. 8. 2008 – 340 C 727/08 nv; für eine ähnliche Formulierung auch AG Fürth 11. 8. 2009 – 360 C 2932/08, MMR 2009, 871; AG Westerburg 14. 3. 2003 – 21 C 26/03, MMR 2003, 609, 610). Zu Recht: Legt man die Erklärungen der Unternehmer in beiden Fällen aus der Sicht eines objektiven Empfängers aus, ist insbesondere das allgemeine Sprachverständnis zu berücksichtigen. Nach diesem Maßstab muss auch das Versprechen, alsbald mit der Bearbeitung des Auftrages zu beginnen, so verstanden werden, als nehme der Unternehmer das Angebot an. Kaum naheliegend ist es demgegenüber, die Formulierung so zu verstehen, als solle der Auftrag zunächst geprüft werden. Es besteht berechtigte Hoffnung, dass sich die Rechtsauffassung des OLG Frankfurt durchsetzen wird. Gerade im Sinne der Sicherheit im Rechtsverkehr muss es der Unternehmer ausdrücklich klarstellen, wenn er lediglich den Zugang der Bestellung bestätigen will. Hierfür reicht es nicht aus, wenn davon die Rede ist, den Auftrag des Kunden zu **„bearbeiten"**. Auf dieser Linie liegt auch eine Entscheidung des **BGH** zum Anfechtungsrecht (26. 1. 2005 – VIII ZR 79/04, NJW 2005, 976): Hier hatte der Unternehmer noch am selben Tag eine Bestellung eines Notebooks zunächst per E-Mail bestätigt und dann per Auto-Reply geschrieben: „Sehr geehrter Kunde, Ihr Auftrag wird jetzt unter der Kundennummer […] von unserer Versandabteilung bearbeitet […]. Wir bedanken uns für den Auftrag […]." Der *Achte Senat* sah schon allein in der zweiten Mail und nicht erst in dem späteren Versand des Notebooks die Annahme des Angebots. Nach dem LG Gießen stellt die von einem Online-Shop versendete E-Mail „Wir wünschen Ihnen viel Freude mit der Sie in Kürze erreichenden Bestellung" mit dem Zusatz „Keine Auftragsbestätigung" hingegen lediglich eine Empfangsbestätigung dar (LG Gießen 4. 6. 2003 – 1 S 413/02, MMR 2004, 194). In einem anderen Fall (Kauf von acht Gartenhäusern zu einem infolge eines Softwarefehlers zu niedrig angegebenen Preis von je 1 Euro) hat das LG Hamburg recht unternehmerfreundlich entschieden, die Mitteilung „Wir senden Ihre Bestellung an die bei dem jeweiligen Artikel angegebene Adresse" stelle lediglich eine Empfangsbestätigung dar (LG Hamburg 4. 6. 2004 – 306 O 440/03, EWiR 2004, 739). Dass die Abgrenzung von Annahme und Empfangsbestätigung innerhalb desselben Gerichts hinsichtlich vergleichbarer Sachverhalte unterschiedlich ausfallen kann, zeigen zwei Entscheidungen des AG Hamburg-Barmbek. Der Kunde konnte eine „Bestellbestätigung" anfordern: „Wenn Sie möchten, können Sie die Bestätigung, dass Ihre Bestellung bei uns eingegangen ist, ausdrucken und zu Ihren Unterlagen nehmen." Nach dem AG Hamburg-Barmbek (21. 11. 2003 – 820 C 111/03, NJW-RR 2004, 1284) handelt es sich bei der daraufhin versendeten Erklärung des Online-Shops lediglich um Eingangsbestätigung, nach einem anderen Urteil (AG Hamburg-Barmbek 3. 12. 2003 – 811 B C 61/03, NJW-RR 2004, 412) bereits um die Annahmeerklärung; letztere Entscheidung hat das LG Hamburg aufgehoben (9. 7. 2004 – 317 S 130/03, NJW-RR 2004, 1568). In einer jüngeren Entscheidung hat das OLG Düsseldorf bereits die Überschrift „Auftragsbestätigung" genügen lassen, um in einer automatischen E-Mail eine über eine bloße Empfangsbestätigung hinausgehende Annahmeerklärung zu sehen (OLG Düsseldorf 19. 5. 2016 – I-16 U 72/15, NJW-RR 2016, 1074).

48 In einigen Entscheidungen wurde der **Begriff der Zugangsbestätigung jedoch zu weit verstanden**. Die Gerichte bewerteten es nicht als Annahme des Angebots, wenn der Unternehmer in der Auto-Reply-E-Mail ankündigte, die Ware alsbald an eine bestimmte Adresse zu verschicken (LG Essen 13. 2. 2003 – 16 O 416/02, MMR 2004, 49, 50; LG Hamburg 4. 6. 2004 – 306 O 440/03, EWiR 2004, 739; ähnlich LG Gießen 4. 6. 2003 – 1 S 413/02, MMR 2004, 194; s auch Rn 47). Aus dem objektiven Empfängerhorizont ist es aber sachgerechter, diese Erklärung als Annahme auszulegen (so ist wohl auch die Entscheidung BGH 26. 1. 2005 – VIII ZR 79/04, NJW 2005, 976 zu verstehen, dazu Rn 47). Eine Ankündigung, die bestellte Ware an eine bestimmte Adresse zu versenden, ist nur dann sinnvoll, wenn der Unternehmer die Bestellung tatsächlich ausführen will. Andernfalls müsste er sich über den Versand der Ware keine Gedanken machen (so grundsätzlich auch AG Plettenberg 23. 10. 2017 – 1 C 219/17, NJW-RR 2018, 241, das letztlich aber im konkreten Fall eine Annahme deshalb verneinte, weil im Anschluss deutlich darauf hingewiesen wurde, dass es sich nicht um eine Annahme handelt). Auch wird es den Besonderheiten des elektronischen Geschäftsverkehrs nicht gerecht, wenn man die Erklärung nur als Zugangsbestätigung verstehen will. Die Bestellung über das Internet hat andere rechtliche Rahmenbedingungen als der herkömmliche Versandhandel, der per Telefon, Telefax oder Post betrieben wird. Für Bestellungen im elektronischen Geschäftsverkehr hat der Gesetzgeber ausdrücklich vorgesehen, dass der Unternehmer den Zugang der Bestellung bestätigt. Diese Pflicht besteht im herkömmlichen Versandhandel nicht. Der Unternehmer sollte sorgfältig bei der Erfüllung dieser Pflicht vorgehen. Nachlässigkeiten können nicht zu Lasten des Verbrauchers gehen (so auch Bodenstedt EWiR 2004, 739, 740).

49 Will der Unternehmer nur den Zugang der Bestellung bestätigen, das Angebot jedoch noch nicht annehmen, muss er das ausdrücklich erklären. Zu diesem Zweck mag folgende **Muster-Formulierung** sinnvoll sein: „Herzlichen Dank für Ihre Bestellung, die wir heute erhalten haben. In den nächsten Stunden werden wir überprüfen, ob wir Ihre Bestellung zu den von Ihnen gewünschten Konditionen ausführen können. In den nächsten Tagen werden Sie eine weitere E-Mail von uns erhalten, in der wir Ihnen mitteilen, ob wir Ihr Angebot annehmen" (vorgeschlagen von Bodenstedt MMR 2004, 719).

50 Es ist auch denkbar, dass der Unternehmer in seinen **AGB** bestimmt, zu welchem Zeitpunkt das Angebot des Kunden angenommen werden soll. Einen derartigen Fall hatte das AG Wolfenbüttel zu entscheiden (AG Wolfenbüttel 14. 3. 2003 – 17 C 477/02, MMR 2003, 492). Hier enthielten die AGB des Unternehmers eine Klausel, in der es hieß: „Der eigentliche Vertrag kommt dann so zustande, dass wir die Bestellung bestätigen, wodurch wir in ein Kaufangebot einwilligen." Das AG Wolfenbüttel stellt zu Recht fest, dass diese Klausel grundsätzlich wirksam sei. Wenn der Unternehmer aber auf die Bestellung des Kunden mit einer E-Mail antwortet, in der es heißt: „Der Preis für die Platte war natürlich ein Fehler im Katalog", dann kann das nur als Ablehnung verstanden werden. In jedem Fall stellt diese Formulierung klar, dass die Bestellung des Kunden zwar eingegangen ist, der Unternehmer einen Vertragsschluss zu diesen Bedingungen aber ablehnt.

bb) Zugang der Bestellung

51 Für den **Zugang der Bestellung und der Empfangsbestätigung** enthält § 312i Abs 1 S 2 BGB eine Sonderregelung. Bestellung und Empfangsbestätigung gelten danach als zugegangen, wenn die Parteien, für die sie bestimmt sind, sie unter gewöhnlichen Umständen abrufen können. Abs 1 S 2 setzt Art 11 Abs 1 zweiter Spiegelstrich E-Commerce-Richtlinie um. Der Gesetzgeber hat die Vorgaben der Richtlinie um das Merkmal der möglichen Kenntnisnahme „unter gewöhnlichen Umständen" ergänzt und damit die Rechtsprechung des BGH zum Zugang einer Willenserklärung (3. 11. 1976 – VIII ZR 140/75, BGHZ 67, 271; ausführlich zu den Voraussetzungen Staudinger/Singer/Benedict [2021] § 130 Rn 39 ff) übernommen (vgl RegE SMG BT-Drucks 14/6040, 172). Notwendig war dies wohl nicht: Die in § 312i BGB gemeinten Erklärungen werden ohnehin von § 130 BGB umfasst. Da in § 312i BGB keine Sonderregelungen für den elektronischen Geschäftsverkehr geschaffen werden sollten (RegE SMG BT-Drucks 14/6040, 170), hätte eine solche Regelung im Allgemeinen Teil erfolgen sollen.

52 § 312i Abs 1 S 2 BGB setzt den virtuellen Briefkasten einer realen Empfangsvorrichtung gleich. Der **Zugang einer E-Mail** kann daher angenommen werden, wenn die Nachricht auf dem Server eingegangen ist und unter gewöhnlichen Umständen abgerufen werden kann. Es ist nicht erforderlich, dass die E-Mail auch tatsächlich abgerufen wurde (zustimmend Erman/Koch § 312i Rn 18). So ergeben sich unter Beachtung der herrschenden Meinung zum Zugang einer Erklärung unter Abwesenden (vgl hierzu nur Staudinger/Singer/Benedict [2021] § 130 Rn 110 mwNw) keine Besonderheiten. Möglich ist jedoch, dass die technischen Besonderheiten des E-Mail-Verkehrs eine andere Bewertung erforderlich machen. Nahezu jedes E-Mail-Programm hat heutzutage die Möglichkeit, die Abwesenheit des Inhabers des E-Mail-Kontos durch einen **Abwesenheitsassistenten** anzuzeigen. Hierbei wird jede eingehende **E-Mail per Auto-Reply** mit einer Nachricht beantwortet, die dem Absender mitteilt, dass der Empfänger der Nachricht für eine genauer definierte Zeit nicht in der Lage sein wird, seine E-Mails abzurufen. Es ist noch nicht entschieden, ob diese technische Vorrichtung den Zugang einer E-Mail hindert. Die Rechtsprechung hat lediglich darüber entschieden, wann eine Auto-Reply-Bestellbestätigung als Annahmeerklärung anzusehen sein kann (vgl OLG Düsseldorf 19. 5. 2016 – I-16 U 72/15, NJW-RR 2016, 1074; AG Fürth 11. 8. 2009 – 360 C 2932/08, MMR 2009, 871; LG Köln 16. 4. 2003 – 9 S 289/02, MMR 2003, 481; AG Butzbach 14. 6. 2002 – 51 C 25/02 [71], MMR 2002, 765). Im Übrigen mag die Rechtsprechung und Kommentierung zu § 130 BGB einen Fingerzeig geben. Hier ist allgemein anerkannt, dass der Zugang vollendet ist, wenn die Kenntnisnahme durch den Empfänger möglich und nach der Verkehrsanschauung zu erwarten ist (BGH 3. 11. 1976 – VIII ZR 140/75, BGHZ 67, 271, 272). Ist der Empfänger aufgrund von Umständen, die in seinem Risikobereich liegen, wie Urlaub, Krankheit oder Haft, nicht in der Lage, den Inhalt der übermittelten Erklärung zur Kenntnis zu nehmen, steht das dem Zugang der Erklärung nicht entgegen (Grüneberg/Ellenberger § 130 Rn 5 mwNw). Eine andere Bewertung ist selbst dann nicht geboten, wenn der Absender der Erklärung von der Abwesenheit des Empfängers wusste und dessen Interimsadresse kannte (BAG 16. 3. 1988 – 7 AZR 587/87, NJW 1989, 606, 607). Entscheidend ist allein, dass die Erklärung in den Machtbereich des Empfängers gelangt ist und dieser die Möglichkeit hat, die Erklärung zur Kenntnis zu nehmen. Da der Gesetzgeber bei der Neufassung des Abs 1 S 2 ausdrücklich der Rechtsprechung des BGH Rechnung tragen wollte, sind deren Grundsätze auch auf den Zugang von Bestellungen und Empfangsbestätigungen im Sinne des § 312i BGB anwendbar. Für den Zugang von E-

Mails bei der Verwendung eines Abwesenheitsassistenten bedeutet das, dass die Erklärung dem Empfänger nach wie vor zugeht, wenn sie auf dem Server des von dem Empfänger verwandten E-Mail-Kontos eingegangen ist und dieser die Möglichkeit der Kenntnisnahme hatte (zustimmend ERMAN/KOCH § 312i Rn 18). Diese Möglichkeit besteht bei einem beruflichen E-Mail-Konto während der üblichen Geschäftszeiten (teilw abw AG Meldorf 29. 3. 2011 – 81 C 1601/10, NJW 2011, 2890), bei einem privaten E-Mail-Konto an dem Versand folgenden Abend. Sollten besondere Umstände eine andere Bewertung rechtfertigen, lassen sich diese Härten durch § 242 BGB ausgleichen (vgl zum Zugang von E-Mails MEHRINGS MMR 1998, 30, 33; FRINGUELLI/WALLHÄUSER CR 1999, 93, 99; vBERNSTORFF RIW 2000, 14, 15; GRÜNEBERG/ELLENBERGER § 130 Rn 7a; ULTSCH NJW 1997, 3007, 3008; MORITZ CR 2000, 61, 63; VEHSLAGE DB 2000, 1801, 1804; KAISER/VOIGT K&R 1999, 446, 447). Entsprechendes gilt für den Zugang von Nachrichten in sozialen Netzwerken.

53 Da **Abs 1 S 2 von Art 11 Abs 1 zweiter Spiegelstrich E-Commerce-Richtlinie abweicht** (dort heißt es: „Bestellung und Empfangsbestätigung gelten als eingegangen, wenn die Parteien, für die sie bestimmt sind, sie abrufen können"; ein Hinweis auf die gewöhnlichen Umstände fehlt), wurde vereinzelt die Auffassung vertreten, Abs 1 S 2 setze die europäischen Vorgaben nicht richtlinienkonform um (so wohl SCHNEIDER K&R 2001, 344, 347). Jedoch bleibt die deutsche Umsetzung gerade nicht hinter der europäischen Vorgabe zurück. Der europäische Gesetzgeber hatte zwar zunächst geplant, den Vertragsschluss im elektronischen Geschäftsverkehr gemeinschaftsweit einheitlich zu regeln und zu diesem Zweck im rechtstechnischen Sinne vom Zugang von Bestellung und Empfangsbestätigung gesprochen (so noch der Kommissionsentwurf der E-Commerce-Richtlinie v 8. 6. 2000, AblEG Nr C 30/4 v 5. 2. 1999; hierzu näher HOEREN MMR 1999, 192; MAENNEL MMR 1999, 187). Hiervon wurde jedoch im weiteren Verlauf des Verfahrens wieder abgesehen und es wurde auf den untechnischen Begriff des „Eingangs" zurückgegriffen. Der deutsche Gesetzgeber hat daher keine sekundärrechtliche Verpflichtung verletzt, indem er Art 11 Abs 1 zweiter Spiegelstrich E-Commerce-Richtlinie bei der Umsetzung erweitert hat (so auch LÜTCKE [2002] § 312e aF Rn 51; HASSEMER MMR 2001, 635, 637). **Zweifel an der Vereinbarkeit von Abs 1 S 2 mit europäischem Recht** wurden daneben noch geäußert, weil die Vorschrift den elektronischen Geschäftsverkehr gegenüber herkömmlichen Verträgen diskriminiere (HASSEMER MMR 2001, 635, 638). Der Widerruf einer per E-Mail abgegebenen Willenserklärung gemäß § 130 Abs 1 BGB sei mit einem deutlich geringeren Aufwand verbunden als der Widerruf einer Willenserklärung, die auf herkömmlichem Wege übermittelt worden sei (HASSEMER MMR 2001, 635, 637). Das ist verfehlt. Gegen diese Auffassung spricht zum einen der Wille des Europäischen Gesetzgebers, den Abschluss von Online-Verträgen nicht europaweit regeln zu wollen, sondern die Besonderheiten der unterschiedlichen Rechtsordnungen zu akzeptieren. Das deutsche Recht über den Zugang von – auf elektronischem oder herkömmlichem Wege übermittelten – Willenserklärungen ist daher zu beachten (so auch MünchKommBGB/WENDEHORST § 312i Rn 93 f). Auch in tatsächlicher Hinsicht überzeugt die Argumentation nicht. Es ist nicht mit größerem Aufwand verbunden, einen Brief abzuschicken, als die Erklärung auf elektronischem Wege abzugeben. Zwar muss zu diesem Zweck das Haus verlassen werden, jedoch ist dieser Aufwand hinnehmbar. Auch bei elektronischen Erklärungen muss schließlich zunächst der Computer gestartet werden, bevor die Erklärung abgegeben werden kann. Im Übrigen wäre die Behinderung der Warenverkehrsfreiheit durch legitime Gründe des Allgemeinwohls – den Vertrauensschutz – gerechtfertigt.

cc) Unverzüglich

54 § 121 Abs 1 S 1 BGB definiert unverzüglich als **„ohne schuldhaftes Zögern"**. Diese Definition kann bedenkenlos für § 312i Abs 1 S 1 Nr 3 BGB übernommen werden, obwohl die Vorschrift auf europarechtliche Vorgaben zurückgeht und EG-Richtlinien grundsätzlich autonom auszulegen sind (vgl MünchKommBGB/Wendehorst § 312i Rn 99; Dauner-Lieb/Langen/Ring Rn 4; Erman/Koch § 312i Rn 17). Schon das Reichsgericht wusste zwar, dass unverzüglich nicht gleichbedeutend mit sofort ist (RGZ 125, 115, 118) und dem Anfechtenden in den Fällen der §§ 119, 120 BGB eine angemessene Überlegungszeit zur Verfügung stehen müsse. Bei § 312i BGB liegt der Fall jedoch anders. Hier gibt es für den Unternehmer nichts zu überlegen, wenn er den Empfang der Bestellung bestätigt. Er gibt hierdurch keine Willenserklärung ab, durch die er rechtlich gebunden wäre, sondern erklärt nur, die Bestellung erhalten zu haben. In einem solchen Fall ist die Antwort schuldhaft verzögert, wenn der Unternehmer darauf verzichtet, Vorkehrungen zu treffen, die den Zugang der Bestellung zeitnah zu ihrem Eintreffen bestätigen. Dazu stellt die moderne Technik das auto-reply-Verfahren zur Verfügung. Hierbei wird jede auf dem Server eintreffende Nachricht mit einer Nachricht beantwortet, in der dem Kunden das Eintreffen der Nachricht bestätigt werden kann. Stellen die Telemedien des Unternehmers dieses Verfahren zur Verfügung, verzögert der Unternehmer die Bestätigung schuldhaft, wenn er nicht davon Gebrauch macht. Hierdurch wird deutlich, dass der Unternehmer gut beraten ist, die Zugangsbestätigung nicht mit der Annahme des Angebotes zu verbinden (vgl hierzu auch Rn 4).

dd) Auf elektronischem Wege

55 Der Unternehmer muss den Zugang der Bestellung auf elektronischem Wege bestätigen. Hiermit sind **E-Mails** (MünchKommBGB/Wendehorst § 312i Rn 96; Erman/Koch § 312i Rn 17) bzw **Nachrichten in sozialen Netzwerken** gemeint. Bei Verträgen über die Erbringung einer Dienstleistung kann die Empfangsbestätigung auch darin bestehen, dass der Unternehmer die Dienstleistung online erbringt (so ausdrücklich der 34. Erwägungsgrund, Satz 5 der E-Commerce-Richtlinie).

d) Abrufbarkeit der Vertragsbestimmungen

56 Der Unternehmer ist gemäß § 312i Abs 1 S 1 Nr 4 BGB verpflichtet, dem Kunden die Möglichkeit zu verschaffen, die Vertragsbestimmungen einschließlich der AGB bei Vertragsschluss abzurufen und in wiedergabefähiger Form zu speichern. Die Vorschrift setzt Art 10 Abs 3 der E-Commerce-Richtlinie um und kann gemäß Abs 2 auch bei Rechtsgeschäften, die zwischen Unternehmern geschlossen werden, nicht abbedungen werden, da sie nicht ausschließlich dem Verbraucherschutz dient, sondern daneben noch die Rechtssicherheit im Internet stärken will (vgl hierzu Rn 21 sowie Hassemer MMR 2001, 635, 636). Als **Vertragsbestimmungen** gelten sämtliche Regelungen des Vertrags. Hauptpflichten fallen hierunter ebenso wie die vertraglich geregelten Nebenpflichten. Ein Ausdrücklichkeitserfordernis ist damit jedoch nicht verbunden. Auch die allgemeinen Geschäftsbedingungen müssen dem Kunden in der von Abs 1 S 1 Nr 4 genannten Form zur Verfügung stehen (vgl Dauner-Lieb/Langen/Ring Rn 4).

57 Abs 1 S 1 Nr 4 könnte zu dem Schluss verleiten, die Vorschrift verschärfe das **AGB-Recht**, da gemäß § 310 Abs 1 S 1 BGB gegenüber Unternehmern die strengen Anforderungen für die wirksame Einbeziehung von AGB, insb § 305 Abs 2 Nr 2 BGB, nicht gelten sollen. Vor diesem Hintergrund verwundert es zunächst, dass nach § 312i Abs 1

S 1 Nr 4 BGB auch der Unternehmer vor Vertragsschluss die Möglichkeit haben muss, die Vertragsbedingungen abzurufen und sie in wiedergabefähiger Form zu speichern. Gegen die Annahme, dass Abs 1 S 1 Nr 4 die §§ 305 ff BGB bei Verträgen im elektronischen Geschäftsverkehr verschärfen will, sprechen jedoch systematischer Zusammenhang der Vorschrift sowie deren Entstehungsgeschichte (so auch MünchKommBGB/Wendehorst § 312i Rn 104 f). Die Vorschriften aus dem Untertitel „Besondere Vertriebsformen" schaffen keine neuen Vorgaben für den Vertragsschluss selbst, sondern stellen Bedingungen, die bei nach allgemeinen Regeln geschlossenen Verträgen zu beachten sind. Der Vertragsschluss selbst wird weder von § 312i BGB noch von §§ 312b ff BGB geregelt. Die Frage, ob die AGB zum Vertragsinhalt geworden sind, kann daher auch bei Verträgen im elektronischen Geschäftsverkehr nur nach der Maßgabe der §§ 305 ff BGB beantwortet werden (Meyer DB 2004, 2739, 2741). Selbst wenn der Unternehmer dann seiner Verpflichtung aus § 312i Abs 1 S 1 Nr 4 BGB nicht nachkommt, ändert das am Bestehen des Vertrages nichts. Auch die Entstehungsgeschichte der Vorschrift verdeutlicht, dass der Gesetzgeber die AGB-Regeln nicht verschärfen wollte. Der Entwurf der Vorschrift sah noch vor, dass der Unternehmer dem Kunden die Möglichkeit verschaffen müsse, die Vertragsbedingungen und die *einbezogenen* Allgemeinen Geschäftsbedingungen zur Kenntnis zu nehmen. Hiermit sollte ausdrücklich klargestellt werden, dass „die Einbeziehungsvoraussetzungen des § 2 Abs 1 AGBGB nicht berührt werden" (RegE SMG BT-Drucks 14/6040, 172). Diese Formulierung wurde dann im weiteren Gesetzgebungsverfahren geändert, da nach Hinweis des Bundesrats erkannt wurde, dass der zunächst im Regierungsentwurf vorgesehene Zeitpunkt, an dem die Pflichten aus Abs 1 S 1 Nr 4 erfüllt sein müssen, zu spät sei (Stellungnahme der Bundesregierung, BT-Drucks 14/6857, Nr 62). Vielmehr ging der Gesetzgeber davon aus, dass die Vertragsbedingungen einschließlich der Allgemeinen Geschäftsbedingungen dem Kunden bereits bei Abschluss des Vertrags vorliegen müssen. Diese Rechtsauffassung war mit der zunächst gewählten Formulierung nicht zu vereinbaren, sodass eine Änderung notwendig wurde. Das ändert jedoch nichts daran, dass Abs 1 S 1 Nr 4 keine Auswirkungen auf die wirksame Einbeziehung der AGB hat. Zu möglichen Rechtsfolgen s Rn 60 ff.

58 Der Kunde muss die Möglichkeit haben, die relevanten Informationen bei Vertragsschluss abzurufen und sie in wiedergabefähiger Form zu speichern. Da § 312i BGB die Pflichten im elektronischen Geschäftsverkehr regelt, muss die Möglichkeit bestehen, die **Informationen auf elektronischem Wege abzurufen**. Der Abruf auf andere Weise – etwa per Faxabruf – kann dagegen nicht genügen (so auch MünchKommBGB/Wendehorst § 312i Rn 104; Spindler/Schuster/Schirmbacher Rn 59). Der Unternehmer wird auf der sicheren Seite sein, wenn er dem Kunden die Vertragsbestimmungen und die AGB per E-Mail zukommen lässt. Die Formulierung „Abruf von Informationen" legt allerdings nahe, dass es auch ausreicht, wenn der Unternehmer dem Kunden einen Hyperlink zur Verfügung stellt, unter dem der Kunde für eine angemessene Zeit die Informationen beziehen kann und sie dann entweder ausdruckt oder in einer beliebigen anderen Form speichert. Wählt der Unternehmer die zweite Möglichkeit, muss er den Kunden freilich darüber informieren, wie er über den Hyperlink an die Informationen gelangt. Hierbei handelt es sich dann aber nicht um eine selbstständige Informationspflicht. Vielmehr wird sie bereits durch Art 246c Nr 2 EGBGB abgedeckt.

59 Aus dem Anwendungsbereich der Vorschrift ergibt sich auch, dass eine **elektronische Form der Speicherung** gemeint sein muss (vgl MünchKommBGB/Wendehorst § 312i

Rn 104). Das bedeutet, dass der Kunde die Möglichkeit haben muss, die Daten auf der Festplatte seines Computers oder auf einem anderen Datenträger zu speichern.

V. Rechtsfolgen der Verletzung der Pflichten

In § 312i BGB ist keine Regelung über die Rechtsfolgen, die eine Nichterfüllung der Pflichten aus Abs 1 S 1 oder der Pflichten aus Abs 2 nach sich zieht, enthalten. In § 312g Abs 6 S 2 aF (bis 12. 6. 2014) war noch angeordnet, dass die Widerrufsfrist nicht zu laufen beginnt, ehe die Pflichten aus Abs 1 S 1 erfüllt wurden. Diese Sanktion ist nunmehr im Zusammenhang mit der Vollharmonisierung weggefallen (s dazu bereits Rn 3). Aus dem Gesagten kann jedoch nicht geschlossen werden, dass weitere Sanktionen bei einem Verstoß gegen die in Abs 1 S 1 oder Abs 2 normierten Pflichten ausgeschlossen sind. Der Gesetzgeber hat vielmehr darauf verzichtet, in § 312i BGB ein und dieselbe Rechtsfolge für eine Verletzung der unterschiedlichen Pflichten festzulegen, da den in Abs 1 S 1 und Abs 2 bestimmten Pflichten unterschiedliches Gewicht zukommt (RegE SMG BT-Drucks 14/6040, 173, vgl noch zum Diskussionsentwurf Grigoleit WM 2001, 597, 600). Um dieser Absicht genügen zu können, erschien es dem Gesetzgeber aus nachvollziehbaren Gründen am interessengerechtesten, die Rechtsfolgen eines Pflichtenverstoßes nach den allgemeinen Vorschriften des Schuldrechts zu sanktionieren. Diese sehen ein differenziertes und effektives Sanktionssystem für den Fall eines Verstoßes gegen vorvertragliche Informationspflichten und sonstige vertragliche Pflichtverletzungen vor (RegE SMG BT-Drucks 14/6040, 173). Es ist folglich zu prüfen, inwieweit sich für die allgemeinen schuldrechtlichen Regeln über Nicht- oder Schlechterfüllung Besonderheiten im elektronischen Geschäftsverkehr ergeben (dafür Tamm VuR 2014, 9, 16; BeckOK-BGB/Maume [1. 5. 2024] § 312i Rn 36). 60

Der Gesetzgeber hat bewusst darauf verzichtet, weitere besondere Rechtsfolgen für die Nichterfüllung der Pflichten nach Abs 1 S 1 im unternehmerischen Geschäftsverkehr zu schaffen (RegE SMG BT-Drucks 14/6040, 173). Für Abs 2 hat er diese jedenfalls nicht ausgeschlossen. Als mögliche Sanktionen kommen insbesondere in Frage die Nichtigkeit bzw Anfechtbarkeit des Vertrages, eine Haftung aus *culpa in contrahendo,* ein Anspruch des Kunden auf nachträgliche Unterrichtung sowie eine Unterlassungsklage gemäß § 8 UWG bzw § 2 UKlaG (Alexander NJW 2012, 1985). 61

1. Nichtigkeit

Verstößt der Unternehmer gegen seine Pflichten aus § 312i Abs 1 BGB, hat das **nicht** die **Nichtigkeit** des Vertrages zur Folge (RegE SMG BT-Drucks 14/6040, 173; BGH 3. 4. 2008 – III ZR 190/07, NJW 2008, 2026 f; Grüneberg/Grüneberg § 312i Rn 11; Erman/Koch § 312i Rn 29; Jauernig/Stadler § 312i Rn 10; BeckOK-BGB/Maume [1. 5. 2024] § 312i Rn 35; Spindler/Schuster/Schirmbacher Rn 62; Alexander NJW 2012, 1985). Der Gesetzgeber hat ausdrücklich nicht gewollt, dass der Verstoß gegen eine oder mehrere Pflichten aus Abs 1 S 1 die Nichtigkeit des Vertrags nach sich zieht (vgl RegE SMG BT-Drucks 14/6040, 173). Der Kunde würde beeinträchtigt, wenn er durch den nichtigen Vertrag nicht einmal einen durchsetzbaren Anspruch auf nachträgliche Erteilung der Informationen hätte. Da § 312i BGB dem Kundenschutz dient, wollte der Gesetzgeber verhindern, dass der Kunde aufgrund des nichtigen Vertrags benachteiligt ist. 62

63 Zunächst war sogar geplant, in den Normtext einzufügen, dass der Vertrag auch wirksam ist, wenn der Unternehmer seine Pflichten nicht erfüllt. Dieser Gedanke ist dann aber verworfen worden, da „eine solche Klarstellung eine an sich klare Rechtslage ungewollt in Zweifel ziehen würde und auch Unklarheiten hinsichtlich der anderen möglichen Folgen begründen würde" (RegE SMG BT-Drucks 14/6040, 173).

2. Anfechtung

64 Die Besonderheiten des Vertragsschlusses im Internet öffnen die Tür für Irrtümer bei der Bestellung. Gerade für den technisch unerfahrenen Kunden ist der Online-Rechtsverkehr voll von Risiken. Kommt der Unternehmer der Pflicht aus Abs 1 S 1 Nr 1 nicht nach und stellt dem Kunden keine technischen Mittel zur Verfügung, mit deren Hilfe der Kunde **Eingabefehler** berichtigen kann, ist es denkbar, dass der Kunde falsche Vorstellungen über den Ablauf einer Eingabe hat und ohne es zu wollen eine Bestellung vornimmt. Zu Fehlvorstellungen des Kunden bzw Verbrauchers über die Bestellung kann es auch kommen, wenn der Unternehmer den Informationspflichten nach Abs 1 S 1 Nr 1 und Abs 2 nicht nachkommt und dem Kunden die nach Art 246c EGBGB erforderlichen Informationen vorenthält. Solche Konstellationen rufen geradezu nach dem Anfechtungsrecht. Hierbei muss zwischen Erklärungen unterschieden werden, bei denen der Kunde über den Inhalt im Irrtum war, und solchen, bei denen der Kunde gar keine Erklärung abgeben wollte und aufgrund fehlerhafter Einschätzung der technischen Mittel der Internetseite eine Bestellung abgegeben hatte.

65 Hat sich der Kunde über den Inhalt seiner Erklärung geirrt – etwa, wenn er beim Ausfüllen des Bestellformulars die Mengenangabe falsch angegeben hat –, dann kann er diese nach § 119 Abs 1 BGB anfechten. Ein solcher Irrtum kann auch dann bestehen, wenn es der Unternehmer versäumt hat, den Kunden den Vorgaben von Abs 1 S 1 Nr 2 iVm Art 246c EGBGB entsprechend – etwa wie er mit den zur Verfügung gestellten technischen Mitteln Eingabefehler berichtigen kann – zu informieren (MünchKommBGB/Wendehorst § 312i Rn 108). Die Anfechtungserklärung muss unverzüglich, also ohne schuldhaftes Zögern, erfolgen, § 121 Abs 1 S 1 BGB. Die Anfechtungsfrist beginnt mit positiver Kenntnis des Anfechtungsberechtigten von den Anfechtungsgründen, also von seinem Irrtum (so bereits RGZ 134, 25, 32). Im elektronischen Geschäftsverkehr muss die Anfechtung deswegen unverzüglich erfolgen, nachdem der Unternehmer seine Informationspflichten nachgeholt hat.

66 Erlangt der Kunde die Informationen ohne Dazutun des Unternehmers, erscheint es zunächst, als würde der Unternehmer privilegiert, wenn die Anfechtungsfrist ungeachtet dessen beginnt. Schließlich ist er seinen Pflichten nicht nachkommen und hat den Kunden über wesentliche Punkte im Dunkeln gelassen. Die in der Vorgängernorm § 312g Abs 6 S 2 aF (bis 12. 6. 2014) enthaltene Wertung, sprach dafür, dass der Unternehmer selbst die Informationspflichten erfüllen muss, damit die Anfechtungsfrist zu laufen beginnt. Danach sollte die Widerrufsfrist nicht vor Erfüllung der in Abs 1 S 1 genannten Pflichten beginnen, wenn dem Kunden im elektronischen Geschäftsverkehr ein Widerrufsrecht zusteht. Mit dieser Regelung ist jedoch auch die entsprechende Wertung entfallen. Zudem gibt es weitere Zweifel an dieser Lösung. Bedenken bestehen insbesondere hinsichtlich der Schutzwürdigkeit des Kunden. Das **Anfechtungsrecht** verfolgt ein anderes Ziel als das **Widerrufsrecht**. Ein **Gleichlauf der Fristen** ist **nicht geboten**. Der kurzen Anfechtungsfrist des § 121 BGB liegt die Überle-

gung zugrunde, dass es „die Rücksicht auf die Lage des Gegners gebiete, den Zustand der Ungewissheit über den Stand des Rechtsgeschäfts möglichst abzukürzen" (Prot I 235). Dieser Grundsatz gilt auch für Verträge, die im elektronischen Geschäftsverkehr geschlossen werden. Im Übrigen bedarf es für einen umfassenden Kundenschutz keines Rückgriffs auf das Anfechtungsrecht. Dem Kunden steht – erlangt er die Informationen ohne Dazutun des Unternehmers – auch weiterhin ein Widerrufsrecht zu, welches für ihn gegenüber dem Anfechtungsrecht der günstigere Rechtsbehelf ist. Macht er von dem Widerrufsrecht Gebrauch, muss er weder begründen, warum er nicht mehr an dem Vertrag festhalten möchte, noch hat er etwaige Schadensersatzansprüche des Unternehmers zu befürchten. Verträge können dagegen nur angefochten werden, wenn der Anfechtende einen Anfechtungsgrund geltend machen kann.

War sich der Kunde dagegen überhaupt nicht im Klaren darüber, eine rechtsverbindliche Erklärung abzugeben, liegt ein **Mangel des Erklärungsbewusstseins** vor. Die rechtliche Bewertung eines solchen Falls ist nach wie vor strittig. Mit der Entscheidung des BGH aus dem Jahre 1984 (7. 6. 1984 – IX ZR 66/83, BGHZ 91, 324, 329 mit umfangreichen Nachweisen der vertretenen Meinungen; bestätigt von BGH 2. 11. 1989 – IX ZR 197/88, BGHZ 109, 171, 177) dürfte das Problem für die Praxis jedoch geklärt sein. Die vom BGB gewährte Freiheit in der Form der Ausdruckshandlungen umschließt zugleich das Risiko, dass eine Erklärung falsch verstanden wird. Ein Verhalten, dass für den Erklärungsempfänger wie eine Willenserklärung erscheint, muss dem Erklärenden auch dann zugerechnet werden, wenn er kein Erklärungsbewusstsein hatte. Er kann dann aber seine Erklärung in entsprechender Anwendung von § 119 Abs 1 BGB anfechten. 67

In keinem Fall muss der Kunde fürchten, dass ihn der Unternehmer nach erfolgter Anfechtung aus § 122 BGB auf den Ersatz des Vertrauensschadens in Anspruch nimmt. Der Unternehmer würde sich rechtsmissbräuchlich verhalten, wenn er es zunächst unterlässt, den Kunden zu informieren und so dazu beiträgt, dass der Kunde beim Vertragsschluss benachteiligt ist, später jedoch ihn wegen eines Vertrauensschadens vor Gericht bringen will (so auch BeckOK-BGB/Maume [1. 5. 2024] § 312i Rn 36; Spindler/Schuster/Schirmbacher Rn 63; Erman/Koch § 312i Rn 30; Alexander NJW 2012, 1985). Einem derartigen Anspruch lässt sich der Einwand vom Verbot des widersprüchlichen Verhaltens aus § 242 BGB *(venire contra factum proprium)* entgegenhalten. Er wäre daher nicht durchsetzbar (das hat schon der Gesetzgeber so gesehen, vgl RegE SMG BT-Drucks 14/6040, 173). 68

3. Culpa in contrahendo (§§ 311 Abs 2, 241 Abs 2 BGB)

Erfüllt der Unternehmer seine Pflichten aus Abs 1 S 1 und Abs 2 schuldhaft nicht, so verletzt er gesetzlich geregelte vorvertragliche Schutz- und Rücksichtnahmepflichten und sieht sich uU einem Anspruch aus §§ 311 Abs 2, 241 Abs 2 BGB ausgesetzt. Hierzu muss dem Kunden ein Schaden entstanden sein. Dieser kann darin liegen, dass er ungewollt einen Vertrag geschlossen hat, wenn dieser Vertrag wirtschaftlich nachteilig für ihn ist (BGH 26. 9. 1997 – V ZR 29/96, NJW 1998, 302; bestätigt in BGH 3. 2. 1998 – X ZR 18–96, NJW-RR 1998, 904, 906; gegen die Einschränkung wirtschaftlicher Nachteiligkeit zu Recht ua Lorenz ZIP 1998, 1053; Wiedemann JZ 1998, 1176; Fleischer AcP 200 [2000] 91 ff). Im Einzelfall dürfte es schwerfallen, die **Kausalität zwischen der Pflichtverletzung des Unternehmers und dem eingetretenen Schaden** nachzuweisen. Die Beweislast liegt 69 beim Kunden entsprechend den allgemeinen Regeln. Die bloße Pflichtverletzung darzulegen reicht nicht, denn nicht jede Pflichtverletzung ist ursächlich für die Schäden des Kunden. Versäumt es der Unternehmer beispielsweise, den Kunden über die für den Vertragsschluss zur Verfügung stehenden, aber nicht genutzten Sprachen zu informieren, oder fehlt die Bekanntmachung der Verhaltenskodizes, denen sich der Unternehmer unterworfen hat, besteht regelmäßig keine kausale Beziehung zwischen der Pflichtverletzung und einem etwaigen Schaden (Erman/Koch § 312i Rn 31). Kausalität kann vielmehr nur dann angenommen werden, wenn der Unternehmer den Kunden nicht über die näheren Umstände informiert, die zum Vertragsschluss führen, oder wenn er keine technischen Mittel zur Verfügung stellt, mit deren Hilfe der Kunde Eingabefehler berichtigen kann (vgl auch MünchKommBGB/Wendehorst § 312i Rn 109). Diese Pflichten schützen die vorvertragliche Willensbildung des Kunden und ihre Verletzung lässt eine ursächliche Verbindung zu dem entstehenden Schaden vermuten. Besteht ein Anspruch aus §§ 311 Abs 2, 241 Abs 2 BGB, ist er gemäß § 249 Abs 1 BGB auf den Ersatz des Vertrauensschadens gerichtet. Ein Schadensersatzanspruch wegen Verschuldens bei Vertragsschluss kann ausnahmsweise auf Ersatz des Erfüllungsinteresses gerichtet werden, wenn feststeht, dass ohne das schädigende Verhalten ein Vertrag zu anderen, für den Geschädigten günstigeren Bedingungen zu Stande gekommen wäre (BGH 6. 4. 2001 – V ZR 394/99, NJW 2001, 2875). Möglich ist damit die Aufhebung (vgl Hassemer MMR 2001, 639, 639) und nach überwiegender Auffassung auch die Anpassung des Vertrags (stRsp, zuletzt BGH 11. 2. 1999 – IX ZR 352–97, NJW 1999, 2032; vgl auch Erman/Koch § 312i Rn 31). Ist die Aufhebung des Vertrags gewollt, ist dies jedoch nur von Bedeutung, wenn dem Kunden kein Widerrufs- oder Rückgaberecht (mehr) zusteht.

4. Nachträgliche Unterrichtung

70 Der Kunde kann den Unternehmer auch auf nachträgliche Erfüllung der Informationspflichten in Anspruch nehmen (RegE SMG BT-Drucks 14/6040, 173). Das wird jedoch nur in den seltensten Fällen sinnvoll sein (so auch MünchKommBGB/Wendehorst § 312i Rn 110). Zu denken ist etwa daran, dass der Unternehmer dem Kunden nachträglich die Verhaltenskodizes zur Verfügung stellt, denen er sich unterworfen hat oder dass er ihm nachträglich die Vertragsbedingungen in wiedergabefähiger Form überreicht. Der Kunde dürfte dagegen im Nachhinein kein Interesse mehr an Informationen über die einzelnen technischen Schritte, die zum Vertragsschluss führen, haben.

5. Unterlassungsklagen

71 Verstöße gegen die Pflichten aus Abs 1 S 1 und Abs 2 eröffnen des Weiteren die Möglichkeit einer Unterlassungsklage nach § 8 UWG bzw § 2 UKlaG. Für unseriöse Unternehmer mag es relativ leicht zu verschmerzen sein, wenn einzelne Geschäfte scheitern, da durch die bewusste Missachtung der Pflichten aus Abs 1 S 1 und Abs 2 genügend andere Geschäfte geschlossen werden, bei denen die Kunden aus Bequemlichkeit oder Unkenntnis der Rechtslage davon absehen, ihre Rechte gerichtlich geltend zu machen. Unterlassungsansprüche nach § 8 UWG bzw § 2 UKlaG, die von einem wirtschaftlich potenten und juristisch fachkundigen Mitbewerber bzw Verbraucherschutzverband durchgesetzt werden, entfalten für den Unternehmer dagegen eine stärkere abschreckende Wirkung. Die Mehrzahl der öffentlich bekannt gewordenen Verfahren zu § 312i BGB (vorher § 312g aF bzw § 312e aF) betraf daher

solche Unterlassungsklagen (s nur OLG Hamm 13. 10. 2011 – I-4 U 99/11, MMR 2012, 29; OLG Hamm 26. 5. 2011 – I-4 U 35/11, MMR 2011, 586; LG Bonn 21. 7. 2010 – 30 O 75/10; OLG Hamburg 14. 5. 2010 – 3 W 44/10, MMR 2010, 696; OLG Stuttgart 10. 12. 2009 – 2 U 51/09, MMR 2010, 284; LG Lübeck 22. 4. 2008 – 11 O 9/08, MMR 2008, 554; LG Frankenthal 14. 2. 2008 – 2 HK O 175/07; LG Berlin 24. 5. 2007 – 16 O 149/07, MMR 2007, 734). Darüber hinaus geht der Unterlassungsklage eine Abmahnung voraus, die für den Unternehmer kostenpflichtig ist (zB BGH 4. 10. 1990 – I ZR 39/89, NJW 1991, 1229, 1230). Beachtet der Unternehmer die Pflichten aus Abs 1 S 1 und Abs 2 nicht, begründet das nach § 2 Abs 1 u 2 Nr 1, 2 UKlaG einen Unterlassungsanspruch, den nach § 3 UKlaG ua ein qualifizierter Verbraucherschutzverband im Sinne von § 4 UKlaG geltend machen kann (Erman/Koch § 312i Rn 33; BeckOK-BGB/Maume [1. 5. 2018] § 312i Rn 38; Grüneberg/Grüneberg § 312i Rn 11). Ein Unterlassungsanspruch kann auch aus § 8 UWG bestehen, wenn der Unternehmer eine sittenwidrige Handlung im Wettbewerb begeht, indem er die Pflichten aus Abs 1 S 1 und Abs 2 missachtet. Als **wettbewerbswidrig** wurde angesehen: Der Verweis auf § 3 BGB-InfoV statt auf Art 246 § 3 EGaF (bis 12. 6. 2014), (OLG Hamm 13. 10. 2011 – I-4 U 99/11, MMR 2012, 29; OLG Hamm 26. 5. 2011 – I-4 U 35/11, MMR 2011, 586); unzureichende Information über die für den Vertragsschluss zur Verfügung stehenden Sprachen (OLG Hamm 26. 5. 2011 – I-4 U 35/11, MMR 2011, 586); unrichtige Information über die Möglichkeiten zum Erkennen und Beheben von Eingabefehlern (OLG Hamburg 14. 5. 2010 – 3 W 44/10, MMR 2010, 696). Als **nicht wettbewerbswidrig** wurde angesehen: fehlende Information über die zum Vertragsschluss führenden Schritte, die Speicherung des Vertragstextes und dessen Zugänglichkeit bei einem Handel über eBay (LG Frankenthal 14. 2. 2008 – 2 HK O 175/07, juris: Diese Informationen ergäben sich aus den AGB von eBay, an die der Kunde ebenfalls gebunden sei); Abrufbarkeit von AGB nur über zwei Links bei eBay (LG Lübeck 22. 4. 2008 – 11 O 9/08, MMR 2008, 554).

VI. Verhältnis zu anderen Vorschriften

Nach § 312i Abs 3 BGB bleiben weitergehende Informationspflichten aufgrund an- 72
derer Vorschriften unberührt. Die Regelung hat lediglich deklaratorische Bedeutung (RegE SMG BT-Drucks 14/6040, 172). Weitergehende Informationspflichten werden sich in erster Linie aus § 312d BGB iVm Art 246a, 246b EGBGB ergeben (vgl hierzu die Anmerkungen zu § 312d Rn 15 ff; zum Verhältnis zwischen Fernabsatz- und E-Commerce Geschäften vgl oben Vorbem 6 zu §§ 312i, 312j). Die fernabsatzrechtlichen Informationspflichten sind zT umfassender als im elektronischen Geschäftsverkehr, teilweise bleiben sie aber auch dahinter zurück. Daneben können sich Informationspflichten auch noch aus §§ 5, 6 TMG ergeben (vgl auch BGH 25. 2. 2016 – I ZR 238/14, MMR 2016, 629) oder aus Bestimmungen des Datenschutzes (Erman/Koch § 312i Rn 26).

§ 312j
Besondere Pflichten im elektronischen Geschäftsverkehr gegenüber Verbrauchern

(1) Auf Webseiten für den elektronischen Geschäftsverkehr mit Verbrauchern hat der Unternehmer zusätzlich zu den Angaben nach § 312i Absatz 1 spätestens bei Beginn des Bestellvorgangs klar und deutlich anzugeben, ob Lieferbeschränkungen bestehen und welche Zahlungsmittel akzeptiert werden.

(2) Bei einem Verbrauchervertrag im elektronischen Geschäftsverkehr, der den Verbraucher zur Zahlung verpflichtet, muss der Unternehmer dem Verbraucher die Informationen gemäß Artikel 246a § 1 Absatz 1 Satz 1 Nummer 1, 5 bis 7, 8, 14 und 15 des Einführungsgesetzes zum Bürgerlichen Gesetzbuche, unmittelbar bevor der Verbraucher seine Bestellung abgibt, klar und verständlich in hervorgehobener Weise zur Verfügung stellen.

(3) Der Unternehmer hat die Bestellsituation bei einem Vertrag nach Absatz 2 so zu gestalten, dass der Verbraucher mit seiner Bestellung ausdrücklich bestätigt, dass er sich zu einer Zahlung verpflichtet. Erfolgt die Bestellung über eine Schaltfläche, ist die Pflicht des Unternehmers aus Satz 1 nur erfüllt, wenn diese Schaltfläche gut lesbar mit nichts anderem als den Wörtern „zahlungspflichtig bestellen“ oder mit einer entsprechenden eindeutigen Formulierung beschriftet ist.

(4) Ein Vertrag nach Absatz 2 kommt nur zustande, wenn der Unternehmer seine Pflicht aus Absatz 3 erfüllt.

(5) Die Absätze 2 bis 4 sind nicht anzuwenden, wenn der Vertrag ausschließlich durch individuelle Kommunikation geschlossen wird. Die Pflichten aus den Absätzen 1 und 2 gelten weder für Webseiten, die Finanzdienstleistungen betreffen, noch für Verträge über Finanzdienstleistungen.

Text des Art 246a EGBGB siehe oben bei § 312i.

Materialien: Art 10, 11 Richtlinie 2000/31/EG über bestimmte rechtliche Aspekte der Dienste der Informationsgesellschaft, insbesondere des elektronischen Geschäftsverkehrs im Binnenmarkt („Richtlinie über den elektronischen Geschäftsverkehr“/E-Commerce-Richtlinie) vom 8. 6. 2000, ABlEG Nr L 178, 1; Gesetz zur Modernisierung des Schuldrechts Regierungsentwurf BT-Drucks 14/6040, 169 ff; Stellungnahme des Bundesrats und Gegenäußerung der Bundesregierung BT-Drucks 14/6857, 20 f, 56; Bericht des Rechtsausschusses BT-Drucks 14/7052, 192; Gesetz zur Änderung des Bürgerlichen Gesetzbuchs zum besseren Schutz der Verbraucherinnen und Verbraucher vor Kostenfallen im elektronischen Geschäftsverkehr Gesetzentwurf BT-Drucks 17/7745; Bericht des Rechtsausschusses BT-Drucks 17/8805; Richtlinie 2011/83/EU des Europäischen Parlaments und des Rates vom 25. 10. 2011 über die Rechte der Verbraucher, zur Abänderung der Richtlinie 93/13/EWG des Rates und der Richtlinie 1999/44/EG des Europäischen Parlaments und des Rates sowie zur Aufhebung der Richtlinie 85/577/EWG des Rates und der Richtlinie 97/7/EG des Europäischen Parlaments und des Rates (ABlEU Nr L 304/64); Gesetzentwurf der Bundesregierung BR-Drucks 817/12; Gesetzentwurf der Bundesregierung BT-Drucks 17/12637; Beschlussempfehlung und Bericht des Rechtsausschusses BT-Drucks 17/13951; Gesetz zur Umsetzung der Verbraucherrechterichtlinie und zur Änderung des Gesetzes zur Regelung der Wohnungsvermittlung vom 20. 9. 2013 (BGBl I Nr 58, 3642).

Systematische Übersicht

Alphabetische Übersicht

I. Allgemeines

In § 312j BGB sind die besonderen Pflichten im elektronischen Geschäftsverkehr des bisherigen § 312g aF (bis 12. 6. 2014) geregelt, die der Unternehmer zusätzlich zu § 312i BGB bei Verbraucherverträgen zu erfüllen hat (BT-Drucks 17/12637, 58). Im Zuge der Umsetzung der VerbrRRL hat der Gesetzgeber die zuvor gemeinsam in § 312g aF (bis 12. 6. 2014) enthaltenen Pflichten im elektronischen Geschäftsverkehr auf zwei Normen aufgeteilt. § 312j BGB dient dabei der Umsetzung von Art 8 Abs 2, 3 VerbrRRL. Die entsprechenden Regelungen waren jedoch bereits zuvor aufgrund des Gesetzes zur Änderung des Bürgerlichen Gesetzbuches zum besseren Schutz der Verbraucherinnen und Verbraucher vor Kostenfallen im elektronischen Geschäftsverkehr und zur Änderung des Wohnungseigentumsgesetzes (BGBl 2012 I Nr 21, 1084) in § 312g Abs 2, 3, 4, 5 S 1 aF (bis 12. 6. 2014) enthalten, weshalb es sich überwiegend um formale Änderungen handelt (vgl Erman/Koch § 312j Rn 1). Gänzlich neu war jedoch 1

§ 312j Abs 1 BGB (dazu sogleich Rn 2 ff). Für die Frage, wann es sich um elektronischen Geschäftsverkehr handelt, kann auf die Ausführungen zu § 312i BGB verwiesen werden. Die Pflichten aus § 312j BGB gelten aber gerade nicht im Verhältnis zwischen zwei Unternehmern (Grüneberg/Grüneberg § 312j Rn 2). Zum 28. 5. 2022 erfuhr § 312j Abs 2 BGB zwei Änderungen: Zum einem wurde die Formulierung „der eine entgeltliche Leistung des Unternehmers zum Gegenstand hat" durch „der den Verbraucher zur Zahlung verpflichtet" ersetzt (dazu sogleich Rn 10) und zum anderen wurden die Nummerierungen des Art 246a § 1 Abs 1 S 1 angepasst (BGBl 2021 I S 3483).

II. Angaben auf Webseiten für den elektronischen Geschäftsverkehr (Abs 1)

2 Durch Abs 1 wird Art 8 Abs 3 der VerbrRRL umgesetzt. Danach hat der Unternehmer auf Webseiten für den elektronischen Geschäftsverkehr mit Verbrauchern zusätzlich zu den Angaben nach § 312i Abs 1 BGB spätestens bei Beginn des Bestellvorgangs klar und deutlich anzugeben, ob Lieferbeschränkungen bestehen und welche Zahlungsmittel akzeptiert werden. Möchte der Unternehmer die sich aus § 312j Abs 1 BGB ergebenden Pflichten vermeiden und sein Internetangebot nur für den Vertragsschluss mit anderen Unternehmern nutzen, so ist dies durch Vereinbarung grundsätzlich möglich – dazu ist jedoch erforderlich, dass der Unternehmer seinen entsprechenden Willen erkennbar zum Ausdruck bringt, was einerseits durch deutliche Hinweise und andererseits durch den Ausschluss von Verträgen mit Verbrauchern verdeutlicht werden kann (OLG Hamm 16. 11. 2016 – I-12 U 52/16, BB 2017, 148). Nicht ausreichend sind dabei Hinweise wie „Willkommen liebe Geschäfts- und Gewerbekunden" oder „B2B – Marktplatz für Geschäftskunden" (LG Leipzig 26. 7. 2013 – 8 O 3495/12, 8 O 3495/12, VuR 2013, 472; BeckOK-BGB/Maume [1. 5. 2024] § 312j Rn 4). Der Unternehmer kann aber etwa den Zugang zu seiner Webseite durch ein vorheriges Registrierungserfordernis beschränken (BeckOK-BGB/Maume [1. 5. 2024] § 312j Rn 4).

1. Anforderungen an die Angabe

3 Die Pflicht aus Abs 1 soll verhindern, dass der Verbraucher sich durch die Eingabe persönlicher Daten an den Vertrag gebunden fühlt und erst später erfährt, dass der konkrete Vertragsschluss nicht sinnvoll ist, etwa weil der Verbraucher über keines der erforderlichen Zahlungsmittel verfügt (MünchKommBGB/Wendehorst § 312j Rn 2; vgl dazu kritisch Spindler/Schuster/Schirmbacher Rn 3). Aus diesem Grund werden an die Angabe der Beschränkungen sowohl in zeitlicher als auch in formell-inhaltlicher Hinsicht besondere Anforderungen gesetzt.

a) Zeitlich – Beginn des Bestellvorgangs

4 Die Angabe muss gem Abs 1 „spätestens bei Beginn des Bestellvorgangs" erfolgen. Dieser Zeitpunkt wird an keiner Stelle weitergehend konkretisiert (vgl auch BeckOK-BGB/Maume [1. 5. 2024] § 312j Rn 7). Allerdings lässt die unterschiedliche Formulierung in § 312i Abs 1 Nr 1 BGB („vor Abgabe der Bestellung") und § 312j Abs 1 BGB („vor Beginn des Bestellvorgangs") den Rückschluss zu, dass der in § 312j Abs 1 BGB gemeinte Zeitpunkt vor demjenigen in § 312i Abs 1 Nr 1 BGB liegen muss (Spindler/Schuster/Schirmbacher Rn 16 f; Bierekoven MMR 2014, 283 f). Im Zusammenhang mit der PAngV hat der BGH zudem bereits mehrfach entschieden, dass der Bestellvorgang im Internet durch **„das Einlegen der Ware in den virtuellen Warenkorb"** eingeleitet wird (BGH NJW 2008, 1384 Rn 33; MMR 2010, 237). Dieses Verständnis kann

auch auf § 312j Abs 1 BGB übertragen werden, woraus sich wiederum ergibt, dass die Informationen nicht erst innerhalb des Warenkorbes angegeben werden dürfen, sondern eine Mitteilung bereits bei der (Einzel-)Übersicht des Warenangebotes erforderlich ist (MünchKommBGB/Wendehorst § 312j Rn 11; Spindler/Schuster/Schirmbacher Rn 16 f; Bierekoven MMR 2014, 283).

b) Formell-inhaltlich – Klar und verständlich

Die erforderlichen Angaben müssen „klar und deutlich" gemacht werden. Die abweichende Formulierung in Abs 2, wonach die dort benannten Informationen „klar und verständlich, in hervorgehobener Weise" erteilt werden müssen, legt zunächst nahe, dass in beiden Fällen unterschiedliche Anforderungen an die Angabe gestellt werden. Beide Formulierungen zielen aber gleichermaßen auf eine **transparente Gestaltung** ab, sodass zum einen ein gesetzgeberisches Versehen angenommen werden kann (BeckOK-BGB/Maume [1. 5. 2024] § 312j Rn 9) und zum anderen jedenfalls beiden Formulierungen ein einheitliches Verständnis zugrunde zu legen ist (iE auch Grüneberg/Grüneberg § 312j Rn 3, 6; Erman/Koch § 312j Rn 3). Vgl daher Rn 13 ff. 5

2. Lieferbeschränkungen

Lieferbeschränkungen, auf die der Unternehmer rechtzeitig hinzuweisen hat, können grundsätzlich sämtliche nähere Umstände der Lieferung betreffen und sich insbesondere **in örtlicher Hinsicht** ergeben. Beliefert der Unternehmer nur eine bestimmte Stadt, Region oder nur im Inland, so hat er den Verbraucher darüber entsprechend in Kenntnis zu setzen. Dies gilt umso mehr dann, wenn die Gestaltung der Webseite dazu geeignet ist, bei dem Verbraucher berechtigterweise eine bestimmte Erwartung im Hinblick auf die Liefermöglichkeiten hervorzurufen. Ein Beispiel ist die grundsätzliche Erwartung, dass der Anbieter einer deutschsprachigen Seite neben Deutschland auch die Nachbarländer Österreich und Schweiz beliefert (MünchKommBGB/Wendehorst § 312j Rn 6). Um Probleme mit der Anwendbarkeit des Rechts anderer Länder zu vermeiden, ist aus der Sicht des Unternehmers bei einer positiven Eingrenzung seines Liefergebiets zu beachten, dass dabei die Gefahr besteht, eine Ausrichtung auf die betroffenen Länder mit zu erklären (Spindler/Schuster/Schirmbacher Rn 11). 6

Weiterhin kommen **mengenmäßige Beschränkungen** in Betracht. Dies betrifft Mindest- und Höchstbestellmengen (BeckOK-BGB/Maume [1. 5. 2024] § 312j Rn 6) ebenso wie die aktuelle Verfügbarkeit der Waren (BeckOK-BGB/Maume [1. 5. 2024] § 312j Rn 6; Grüneberg/Grüneberg § 312j Rn 3; MünchKommBGB/Wendehorst § 312j Rn 7; **aA** Spindler/Schuster/Schirmbacher Rn 10, der produktspezifische Angaben für nicht notwendig hält). Wie konkret die diesbezüglichen Angaben im Einzelfall ausfallen müssen, ist nicht abschließend geklärt. Es spricht aber vieles dafür, dass jedenfalls bloße pauschale Angaben darüber, dass das Angebot auf den vorhandenen Vorrat beschränkt ist, dem verbraucherschützenden Zweck der Vorgabe nicht gerecht werden können (MünchKommBGB/Wendehorst § 312j Rn 9). 7

3. Zahlungsmittel

Weiterhin hat der Unternehmer Angaben darüber zu machen, welche Zahlungsmittel akzeptiert werden. Ausweislich der Gesetzesbegründung muss der Unternehmer dabei angeben, welche Zahlungsmittel er nach seinem Geschäftsmodell im Allgemei- 8 nen akzeptiert, **zB Kauf auf Rechnung, vorherige Überweisung, Lastschrift, Zahlung per Kreditkarte** (BT-Drucks 17/12637, 58). Ebenso erfasst sein müssen moderne Zahlungsmittel wie **Paypal** (Hk-BGB/Schulte-Nölke § 312j Rn 1; BeckOK-BGB/Maume [1. 5. 2024] § 312j Rn 6). Eine klare und deutliche Angabe kann zudem wohl nur dann bejaht werden, wenn auch die Währung unmissverständlich angegeben wird (Erman/Koch § 312j Rn 4).

9 Hiervon zu unterscheiden ist die Frage, ob der Unternehmer bereit ist, dem Kunden im konkreten Einzelfall jedes der angegebenen Zahlungsmodelle vorbehaltlos einzuräumen. Dem Unternehmer muss es auch zukünftig möglich sein, insbesondere die Zahlung auf Rechnung, bei der er in Vorleistung tritt, von einer vorherigen **Bonitätsprüfung** abhängig zu machen. Eine solche Bonitätsprüfung kann aber nicht bereits zu Beginn des Bestellvorgangs erfolgen (BT-Drucks 17/12637, 58). Erklärt sich der Unternehmer im Allgemeinen bereit, bestimmte Zahlungsmittel zu akzeptieren, geht damit nicht ohne weiteres die Einräumung eines entsprechenden Anspruchs einher. Zur Klarstellung empfiehlt sich aber eine entsprechende sprachliche Gestaltung – etwa durch die Einschränkung, dass dieses Zahlungsmittel „grundsätzlich" verwendet werden kann (Spindler/Schuster/Schirmbacher Rn 15).

III. Informationspflicht bei Verbraucherverträgen im elektronischen Geschäftsverkehr (Abs 2)

1. Anwendungsvoraussetzungen

10 Die Informationspflichten nach § 312j Abs 2 BGB treffen nur den Unternehmer, der einen Verbrauchervertrag im elektronischen Geschäftsverkehr, der den *Verbraucher zur Zahlung verpflichtet,* abschließt. Während die ersten beiden Anwendungsvoraussetzungen „Verbrauchervertrag im elektronischen Geschäftsverkehr" bereits seit Erlass dieser Vorschrift unverändert blieben (siehe hierzu Kommentierung von § 310 Abs 3 BGB (Rn 87 ff) und von § 312i Abs 1 S 1 BGB (Rn 6 ff)), wurde die letzte Voraussetzung mit der Fassung vom 28. 5. 2022 von der Formulierung „eine entgeltliche Leistung des Unternehmers zum Gegenstand hat" in die Formulierung „Verbraucher zur Zahlung verpflichtet" geändert. Dies erfolgte zeitgleich mit der Änderung in § 312 Abs 1 BGB („Verbraucher zu Zahlung eines Preises verpflichtet"). Eine Anpassung neben § 312 Abs 1 in § 312j Abs 2 BGB war erforderlich, da Art 8 Abs 2 S 1 RL 2011/83/EU auf die Zahlungspflicht abstellt und § 312 Abs 1 nur auf die §§ 312-312h BGB verweist (BeckOK-BGB/Maume [1. 5. 2024] § 312j Rn 11). Die Bedeutung ist jedoch dieselbe, sodass ebenfalls auf die Legaldefinition in Art 2 Nr 7 RL 2019/770/EU (Digitale-Inhalte-RL) verwiesen werden kann (BeckOGK-BGB/Busch [1. 7. 2023] § 312j Rn 16; jurisPK-BGB/Herberger/Martinek/Rüssmann/Weth/Würdinger/Junker/Seiter [10. Aufl 2023] § 312j Rn 20; zur Legaldefinition BeckOGK-BGB/Busch [1. 7. 2023] § 312 Rn 11; s hierzu ausführlich die Kommentierung zu § 312 Rn 5 ff). Dadurch, dass die Zahlung in Form der Bereitstellung personenbezogener Daten ausdrücklich in § 312 Abs 1a BGB vorgesehen ist und eine solche Aufnahme aber nicht für § 312j Abs 2 BGB vorgenommen wurde, wird deutlich, dass für den Anwendungsbereich des § 312j BGB eine solche Erstreckung nicht gelten soll (BeckOK-BGB/Maume [1. 5. 2024] § 312j Rn 11; jurisPK-BGB/Herberger/Martinek/Rüssmann/Weth/Würdinger/Junker/Seiter [10. Aufl 2023] § 312j Rn 20; MünchKommBGB/Wendehorst § 312j Rn 13).

11 Uneinigkeit besteht in der deutschen Rechtsprechung hinsichtlich der Frage, ob ein Vertrag, der den Verbraucher zur Zahlung verpflichtet, auch dann gegeben ist, wenn lediglich eine bedingte Zahlungsverpflichtung, deren Bedingungseintritt nicht eindeutig und dem Einfluss des Verbrauchers entzogen ist, vorliegt. Der BGH lehnt in Fällen, in denen das Entgelt nur im Erfolgsfall geschuldete ist, die Anwendbarkeit ab. In solchen Konstellationen sei der Schutzzweck des § 312j Abs 3, 4 BGB nicht betroffen (BGH 19. 1. 2022 – VIII ZR 123/21, NJW-RR 2022, 376) und würde vielmehr zur Verwirrung beim Verbraucher führen, da die Buttonaufschrift „kostenpflichtig bestellen" die bedingte Zahlungsverpflichtung nicht zum Ausdruck bringe (BGH 30. 3. 2022 – VIII ZR 121/21, BeckRS 2022, 9856 Rn 54). Das LG Berlin sieht dies jedoch kritisch und entschied sich dem EuGH die Frage zur Vorabentscheidung vorzulegen (LG Berlin 2. 6. 2022 – 67 S 259/21, MMR 2022, 910). Eine Entscheidung des EuGH bleibt noch abzuwarten (C-400/22).

2. Inhalt der Informationspflichten

12 Nach Abs 2 S 1 muss der Unternehmer dem Verbraucher die Informationen gemäß Art 246a § 1 Abs 1 Nr 1, 5 bis 7, 8, 14 und 15 EGBGB zur Verfügung stellen. Das bedeutet zunächst, dass er über die **wesentlichen Eigenschaften** der Waren oder Dienstleistungen in dem für das Kommunikationsmittel und für die Waren und Dienstleistungen angemessenen Umfang (Art 246a § 1 Abs 1 Nr 1 EGBGB) zu informieren hat. Die Entscheidung, bei welchen Merkmalen es sich um die wesentlichen Merkmale der Ware handelt, bedarf einer wertenden Betrachtung im Einzelfall: Bei einem Sonnenschirm hat das OLG Hamburg entschieden, dass die insoweit wesentlichen Merkmale neben den Maßen, der Form und der Farbe auch das Material des Bezugsstoffs, das Material des Gestells sowie das Gewicht sind (OLG Hamburg 13. 8. 2014 – 5 W 14/14, MMR 2014, 818). Auch bei Bekleidung ist jedenfalls das Material als wesentliches Merkmal anzusehen (OLG München 31. 1. 2019 – 29 U 1582/18, GRUR-RS 2019, 265, 266 f Rn 25 [bestätigend BGH 28. 11. 2019 – I ZR 43/19, GRUR-RS 2019, 35413]; LG Berlin 7. 11. 2023 – 91 O 69/23, GRUR-RS 2023, 42512 Rn 21).

13 Weitere Informationspflichten betreffen den **Gesamtpreis** der Waren oder Dienstleistungen einschließlich aller Steuern und Abgaben, oder in den Fällen, in denen der Preis auf Grund der Beschaffenheit der Waren oder Dienstleistungen vernünftigerweise nicht im Voraus berechnet werden kann, die Art der Preisberechnung (Art 246a § 1 Abs 1 Nr 5 EGBGB) sowie gegebenenfalls den Hinweis, dass der Preis auf der Grundlage einer automatischen Entscheidungsfindung personalisiert wurde (Art 246a § 1 Abs 1 Nr 6 EGBGB). Zudem sind gegebenenfalls alle zusätzlichen Fracht-, Liefer- oder Versandkosten und alle sonstigen Kosten, oder in den Fällen, in denen diese Kosten vernünftigerweise nicht im Voraus berechnet werden können, die Tatsache, dass solche zusätzlichen Kosten anfallen können anzugeben (Art 246a § 1 Abs 1 Nr 7 EGBGB). Im Falle eines **unbefristeten Vertrags oder eines Abonnement-Vertrags** ist der Gesamtpreis zu nennen; dieser umfasst die pro Abrechnungszeitraum anfallenden Gesamtkosten und, wenn für einen solchen Vertrag Festbeträge in Rechnung gestellt werden, ebenfalls die monatlichen Gesamtkosten; wenn die Gesamtkosten vernünftigerweise nicht im Voraus berechnet werden können, ist die **Art der Preisberechnung** anzugeben (Art 246a § 1 Abs 1 Nr 8 EGBGB), sowie gegebenenfalls die **Laufzeit** des Vertrags oder die Bedingungen der Kündigung unbefristeter Verträge oder sich automatisch verlängernder Verträge (Art 246a § 1 Abs 1 Nr 14 EGBGB)

und die **Mindestdauer** der Verpflichtungen, die der Verbraucher mit dem Vertrag eingeht (Art 246a § 1 Abs 1 Nr 15 EGBGB).

3. Anforderungen an die Darstellung der Informationen

a) Unmittelbar vor Abgabe der Bestellung

14 Die Informationen müssen dem Verbraucher **„unmittelbar bevor der Verbraucher seine Bestellung abgibt"** zur Verfügung gestellt werden. Zur Bestellung s § 312i Rn 39. Die Abweichung in der Formulierung („Beginn des Bestellvorgangs") rechtfertigt sich dadurch, dass die nach Abs 2 erforderlichen Informationen die *essentialia negotii* des Vertrages – also die ganz zentralen Merkmale der Bestellung – betreffen, hinsichtlich derer dem Verbraucher eine letzte Überprüfungsmöglichkeit eingeräumt werden soll (BeckOK-BGB/Maume [1. 5. 2024] § 312j Rn 14; Erman/Koch § 312j Rn 6). Nach Ansicht der Bundesregierung hat das Tatbestandsmerkmal „unmittelbar" einen räumlichen und einen zeitlichen Aspekt. Demnach müssen die Informationen „direkt im zeitlichen Zusammenhang mit der Abgabe der Bestellung durch den Verbraucher gegeben werden, also zum Abschluss des Bestellprozesses, wenn der Verbraucher seine vertragsrelevante Willenserklärung abgibt" (BT-Drucks 17/7745, 10; LG Hildesheim 7. 3. 2023 – 6 O 156/22, MMR 2023, 790 Rn 33). Es soll nicht genügen, wenn die Informationen im Laufe des Auswahl- und Bestellprozesses erteilt werden, zB vor Eingabe der personenbezogenen Daten des Verbrauchers in eine Eingabemaske. Die Informationen müssen nach der Regierungsbegründung ferner „in einem räumlich-funktionalen Zusammenhang mit der Abgabe der Bestellung stehen" (BT-Drucks 17/7745, 10). Erforderlich sei, dass bei einer Bestellung über eine Schaltfläche die Informationen in der Nähe der Schaltfläche angezeigt würden. Die Informationen und die Schaltfläche müssten gleichzeitig auf dem Bildschirm zu sehen sein. Dem Erfordernis werde nicht entsprochen, wenn der Verbraucher erst zu den Informationen scrollen müsse (LG München 19. 6. 2023 – 4 HK O 9117/22, GRUR-RS 2023, 30596; Rn 24; BT-Drucks 17/7745, 10 f). Gleiches gilt für über einen Link erreichbare Downloads (OLG München 31. 1. 2019 – 29 U 1582/18, GRUR-RR 2019, 265, 266 f Rn 20 ff mwNw und ausführlicher Begründung [bestätigend BGH 28. 11. 2019 – I ZR 43/19, GRUR-RS 2019, 35413]; LG Berlin 7. 11. 2023 – 91 O 69/23, GRUR-RS 2023, 42512 Rn 15 f; BT-Drucks 17/7745, 10; Grüneberg/Grüneberg § 312j Rn 7; Spindler/Schuster/Schirmbacher Rn 33). Zudem fehlt es an der Unmittelbarkeit, wenn die Produktinformationen erst durch ein Anklicken des Produktbildes erscheinen, welches sich unterhalb des Bestellbuttons befindet (OLG Nürnberg 29. 5. 2020 – 3 U 3878/19, GRUR-RS 2020, 18222 Rn 36 ff).

b) Klar und verständlich

15 Die Informationen müssen **„klar und verständlich"** erteilt werden. Das zu den Informationspflichten nach § 312i Abs 1 Nr 2 BGB Gesagte gilt insoweit entsprechend (vgl § 312i Rn 42 ff). Nach der Vorstellung der Bundesregierung (BT-Drucks 17/7745, 11) müssen sie sich in unübersehbarer Weise vom übrigen Text und den sonstigen Gestaltungselementen abheben. Sie dürfen nicht im Layout des Internetauftritts bzw der Internetseite untergehen. Schriftgröße, Schriftart und Schriftfarbe müssen nach Ansicht der Bundesregierung so gewählt sein, dass die Informationen nicht versteckt, sondern klar und einfach erkennbar sind. Die Darstellung soll im Wesentlichen auf die in Abs 2 S 1 bezeichneten Informationen beschränkt bleiben müssen. Diese sollen von sonstigen Informationen zudem deutlich abgesetzt und gut erfassbar sein müssen. Aufgrund der Vielzahl der bestehenden Informationspflichten ist

dieser Anforderung nicht leicht nachzukommen. Demgegenüber genügen aneinandergereihte Informationen in „Bleiwüsten“ zum hinabscrollen den Anforderungen nicht (s auch BT-Drucks 17/7745, 11). Die Angaben müssen nach Ansicht der Bundesregierung darüber hinaus verständlich sein, dh in ihrem Aussagegehalt unmissverständlich sowie sprachlich klar und eindeutig formuliert sein, sie sollen keine verwirrenden oder ablenkenden Zusätze enthalten dürfen (BT-Drucks 17/7745, 11). Es wäre schön, würde auch die Bundesregierung dem in ihren Begründungen künftig Rechnung tragen und auf endlose Tautologien verzichten.

c) In hervorgehobener Weise

Schließlich müssen die Informationen **„in hervorgehobener Weise“** zur Verfügung **16** gestellt werden. Dieser Passus geht auf die Beschlussempfehlung des Rechtsausschusses zurück und soll den Gleichlauf mit Art 8 Abs 2 Richtlinie 2011/83/EU herstellen (BT-Drucks 17/8805, 7). Zu der Tatbestandsvoraussetzung „klar und verständlich“ grenzt sich das Erfordernis der „hervorgehebenen Weise“ dadurch ab, dass sich Ersteres auf den Inhalt und Letzteres auf die optische Darstellung bezieht (OLG Köln 7. 10. 2016 – 6 U 48/16, MMR 2017, 552, 553 Rn 17). Durch die Nennung beider Voraussetzungen wird eine vollständige Umsetzung des Wortlauts der Richtlinie erreicht, welcher in Art 8 Abs 2 RL 2011/83/EU von „klar und hervorgehoben“ spricht. Die tautologische Fassung des Gesetzes ist in diesem Fall dem EU-Gesetzgeber anzulasten. In hervorgehobener Weise“ bedeutet, dass die Informationen nach Abs 2 nicht zwischen sonstigen Informationen versteckt sein dürfen, beispielsweise Darstellungen auf einer Internetseite. Nicht erforderlich ist, dass die Informationen mit Fettdruck, bunten Rahmen oder blinkenden Hinweisschildern versehen werden (so auch BeckOK-BGB/Maume [1. 5. 2024] § 312j Rn 18; Alexander NJW 2012, 1985, 1988).

Nach einer Entscheidung des OLG Köln (OLG Köln 7. 10. 2016 – I-6 U 48/16, 6 U 48/16, **17** MMR 2017, 552) kann der Informationspflicht durchaus genügt werden, wenn der Unternehmer die Informationen räumlich unterhalb eines Bestellbuttons und als Fließtext zur Verfügung stellt. Es ist dann aber zu beachten, dass für diesen Fall erhöhte Anforderungen an die „Hervorgehobenheit“ der Informationen zu stellen sind, sodass etwa nicht durch die Gestaltung des Schriftbildes der Eindruck entstehen darf, es handele sich lediglich um eine Fußnote (OLG Köln 7. 10. 2016 – I-6 U 48/16, 6 U 48/16, MMR 2017, 552; BeckOK-BGB/Maume [1. 5. 2024] § 312j Rn 18).

IV. Gestaltung der Bestellsituation (Abs 3)

Abs 3 verpflichtet den Unternehmer, die Bestellsituation bei einem Vertrag nach **18** Abs 2 so zu gestalten, dass der Verbraucher mit seiner Bestellung ausdrücklich bestätigt, dass er sich zu einer Zahlung verpflichtet. Erfolgt die Bestellung über eine Schaltfläche, ist die Pflicht des Unternehmers aus Satz 1 nur erfüllt, wenn diese Schaltfläche gut lesbar mit nichts anderem als den Wörtern „zahlungspflichtig bestellen“ oder mit einer entsprechenden eindeutigen Formulierung beschriftet ist.

Die **„Bestellsituation“** ist im Zusammenhang mit der Bestellung nach § 312j Abs 2 **19** S 1 BGB zu sehen. Gemeint ist zeitlich der Moment vor Abgabe der Willenserklärung durch den Verbraucher, sachlich sind die Umstände des Vertragsschlusses erfasst, insbesondere die Ausgestaltung einer Website. Zu der Bestellsituation zählen insbesondere optische (Pop-Up-Fenster, Videostreams etc) oder akustische Einflussnahmen auf den Verbraucher.

20 Die Bestellsituation muss nach Abs 3 S 1 so gestaltet werden, dass der Verbraucher **„ausdrücklich"** bestätigt, dass er sich zur Zahlung verpflichtet. Dieser Passus ist mit Blick auf den Zweck des § 312i Abs 3 BGB zu sehen, „Kostenfallen" im Internet zu verhindern. Verbraucher sollen sich bei Abgabe ihrer Willenserklärung darüber bewusst sein, dass sie eine solche abgeben und dass diese eine Zahlungspflicht begründet. Gerade der Umstand der Zahlungspflichtigkeit muss Bestandteil der Willenserklärung sein (BT-Drucks 17/7745, 11). Eine konkludente Willenserklärung des Inhalts, eine Zahlungspflicht begründen zu wollen, ist somit ausgeschlossen (BeckOK-BGB/Maume [1. 5. 2024] § 312j Rn 19).

21 Abs 3 S 2 enthält als Spezialregelung zu Abs 3 S 1 die sog **Buttonlösung** (dazu Baumann/Majer K&R 2010, 635; Blasek GRUR 2010, 396; Bierekoven ITRB 2011, 236), die auf Art 8 Abs 2 S 2 Richtlinie 2011/83/EU basiert (dazu Dettmers/Dimter DRiZ 2012, 24; Heinig MDR 2012, 323; Schwab/Giesemann EuZW 2012, 253). Erfolgt eine Bestellung im Internet über eine Schaltfläche, muss der Verbraucher also eine Schaltfläche betätigen (anklicken), um seine Willenserklärung abzugeben, erfüllt der Unternehmer seine Pflicht nach Abs 3 S 1 nur dann, wenn diese Schaltfläche gut lesbar mit den Wörtern „zahlungspflichtig bestellen" oder einer entsprechend eindeutigen Formulierung versehen ist. Eine Erfüllung der Pflichten nach Abs 3 S 1 auf anderem Weg ist nicht möglich. Das bedeutet nach der derzeitigen Praxis im Fernabsatz, dass Abs 3 S 2 den Abs 3 S 1 fast vollständig verdrängt. Sollten künftig andere Technologien zum Einsatz kommen, gilt Abs 3 S 1 (BT-Drucks 17/7745, 11). Eine **Schaltfläche** ist jedes grafische Element einer Programmoberfläche, das dem Verbraucher eine Interaktion mit dem Unternehmer zu dem Zweck ermöglicht, eine auf den Abschluss eines Vertrages, der den Verbraucher zur Zahlung verpflichtet, gerichtete Willenserklärung abzugeben (abweichende, aber unzulängliche Definition in BT-Drucks 17/7745, 12). Schaltflächen können im klassischen Browserfenster, aber auch in der Programmoberfläche im Display eines Smartphones oder einer Spielekonsole enthalten sein (vgl BT-Drucks 17/7745, 11). Erfasst sind auch vergleichbare Elemente wie zB ein in einem Text oder einem Bild enthaltener Hyperlink (vgl BT-Drucks 17/7745, 12). Ob Sprachassistenten wie Alexa oder Siri Schaltflächen darstellen, erscheint äußerst fraglich, da diese keine Oberflächen aufweisen über die Verbraucher den Bestellbutton betätigen können. Vielmehr erfolgt die Bestellung mündlich mit den Worten „zahlungspflichtig bestellen", sodass nicht Abs 3 S 2, sondern Abs 3 S 1 eingreift (so auch BeckOK-BGB/Maume [1. 5. 2024] § 312j Rn 23).

22 **Entsprechend eindeutige Formulierungen** sind Formulierungen, die erstens den Rechtsbindungswillen eindeutig zum Ausdruck bringen („bestellen") und die zweitens auf die Entstehung einer Zahlungspflicht hinweisen („kostenpflichtig"). Beispiele sind: „kostenpflichtig bestellen/kaufen/abonnieren", „Zum Preis von x bestellen/kaufen/abonnieren", „kaufen/bestellen/abonnieren (zahlungs-/kostenpflichtig)", „zahlungspflichtigen Vertrag abschließen", nach Ansicht der Bundesregierung auch das bloße „kaufen" (BT-Drucks 17/7745, 12). Nicht ausreichend sind Formulierungen wie „erwerben", „bestellen" oder „abonnieren", weil hier die Zahlungspflicht nicht ausdrücklich genannt ist (vgl BT-Drucks 17/7745, 12). Die Erkennbarkeit der Zahlungspflicht fehlt auch bei Formulierungen wie: „Bußgeld jetzt abwehren" (AG Düsseldorf 10. 1. 2023 –

37 C 124/22, BeckRS 2023, 1437 Rn 23 f), „senden" (LG Stuttgart 28. 11. 2022 – 30 O 28/22 Rn 47), „Jetzt Mitglied werden" (LG München 19. 6. 2023 – 4 HK O 9117/22, MMR 2024, 276 Rn 20), „anmelden", „bestellen", „Bestellung abschicken", „weiter" (LG Hildesheim 7. 3. 2023 – 6 O 156/22). Auch die Formulierung „bezahlen" bzw „Mit [...] bezahlen" wird als keine entsprechende Formulierung angesehen, da dies den Eindruck erwecken kann, dass der Verbraucher mit dem Klick zunächst lediglich das Zahlungsmittel bestätigt und nicht eine Zahlungsverpflichtung eingeht (LG Hildesheim 7. 3. 2023 – 6 O 156/22). Bei Internetauktionshäusern wie eBay genügt aufgrund der Besonderheiten des Vertragsschlusses bei diesen Seiten die Angabe „Gebot abgeben!" oder „Gebot bestätigen!" (BT-Drucks 17/7745, 12), wohl auch „Bieten!". **Zusätze** sind nur dann unschädlich, wenn die Erklärung dadurch ihre Eindeutigkeit nicht verliert (vgl BT-Drucks 17/7745, 12). Zulässig dürfte deshalb die Formulierung „Jetzt zahlungspflichtig bestellen!" sein. Demgegenüber sind längere Texte unzulässig, da sie die Eindeutigkeit beeinträchtigen und den Verbraucher ablenken (LG Hagen 17. 6. 2019 – 6 O 150/18, BeckRS 2019, 15887 Rn 53: „Ihre Selbstauskunft kostenpflichtig absenden" – Entscheidung des OLG Hamm steht noch aus [anhängig]; **aA** LG Detmold 6. 3. 2020 – 01 O 392/18, BeckRS 2020, 40247 Rn 34; „Bestellen Sie noch heute! Sonderpreis! Zögern Sie nicht (zahlungspflichtig)!"). Im Hinblick auf die Einrichtung einer Amazon Prime-Mitgliedschaft verstößt auch die Aufschrift „Jetzt gratis testen – danach kostenpflichtig" gegen § 312j Abs 3 BGB, weil die Gefahr besteht, dass der Verbraucher glaubt, lediglich eine kostenfreie Probezeit zu buchen, und dass ihm ein solcher Gratistest nur „jetzt" möglich sei (OLG Köln 3. 2. 2016 – I-6 U 39/15, 6 U 39/15, MMR 2016, 602). Der Zusatz des Gratismonats steht auch der Eindeutigkeit entgegen, da dies den Verbraucher ablenken kann, dass er mit der Betätigung des Buttons eine Zahlungsverpflichtung eingeht (KG Berlin 20. 12. 2019 – 5 U 24/19, GRUR-RS 2020, 273 Rn 17 ff unzureichend war demnach die Formulierung: „Mitgliedschaft beginnen kostenpflichtig nach Gratismonat"). An der Eindeutigkeit fehlt es auch, wenn nach der Eingabe personenbezogener Daten des Verbrauchers dieser seine Anmeldung bestätigen und gleichzeitig seine Bestellung abgeben soll. Allein durch den Button „anmelden" oder „weiter" wird den Anforderungen des § 312j Abs 3 BGB nicht Rechnung getragen (BT-Drucks 17/7745, 12). Die Formulierung „Buchung abschließen" wurde vom AG Bottrop nicht als Entsprechung zu den Worten „zahlungspflichtig bestellen" angesehen, da der Begriff der Buchung nach allgemeinem Sprachgebrauch nicht eindeutig auf eine Zahlungsverpflichtung hinweist, sondern auch als eine unentgeltliche Vorbestellung oder Reservierung ausgelegt werden kann (AG Bottrop 24. 3. 2021 – 12 C 158/19, BeckRS 2021, 51045 Rn 20; **aA** LG Berlin 31. 1. 2019 – 16 O 284/17, BeckRS 2019, 60030 Rn 27 ff). Diese Ausführungen ergingen in einem Vorlagebeschluss des AG Bottrop, welcher dem EuGH die Vorlagefrage vorlegte, ob zur Feststellung des Vorliegens einer „entsprechend eindeutige Formulierung" allein der Wortlaut auf der Schaltfläche maßgeblich ist oder ebenfalls die Begleitumstände des Bestellvorgangs miteinzubeziehen sind. Der EuGH hält allein den Wortlaut der Schaltfläche für entscheidend (EuGH 7. 4. 2022 – C-249/21, NJW 2022, 1439 – *Fuhrmann-2-GmBH/B*). Begründet wird dies neben des Wortlautarguments und dem Verweis auf den EG 39 RL 2011/83/EU insbesondere mit dem Verbraucherschutz, welcher leerlaufen würde, wenn der Verbraucher erst durch Heranziehung von Begleitumständen erkennt, ob er mit Betätigung der Schaltfläche eine Zahlungsverpflichtung eingeht (EuGH 7. 4. 2022 – C-249/21, NJW 2022, 1439, 1440 f Rn 28-31 – *Fuhrmann-2-GmBH/B*).

Die Beantwortung der Frage, ob eine Entsprechung der Formulierung vorliegt, ist auch in einem Vorlageverfahren den nationalen Gerichten zugewiesen. Der EuGH gibt jedoch den Hinweis, dass der Prüfungsmaßstab sich darauf erstreckt, ob die Formulierung in der nationalen Sprache sowohl im allgemeinen Sprachgebrauch als auch in der Vorstellung des normal informierten, angemessen aufmerksamen und verständigen Durchschnittsverbrauchers zwangsläufig und systematisch mit der Begründung einer Zahlungsverpflichtung in Verbindung gebracht wird (EuGH 7. 4. 2022 – C-249/21, NJW 2022, 1439, 1440 f Rn 33 – *Fuhrmann-2-GmBH/B*).

23 Die Bestellmöglichkeit über sog **Dash Buttons** wurde von der Literatur bereits in Zweifel gezogen. Die Bestellung kommt dabei dergestalt zu Stande, dass der Online-Versandhandel dem Kunden einen sog Dash Button zur Verfügung stellt, den dieser an Alltagsgegenständen anbringen kann und mithilfe von WLAN durch bloßen Knopfdruck an diesem Gerät Waren bestellen – regelmäßig solche, die mit dem jeweiligen Alltagsgegenstand im Zusammenhang stehen (vgl Hergenröder VuR 2017, 174). Das Gerät ähnelt einer Türklingel und wird etwa zur Bestellung von Waschmittel (Rauschenbach K&R 2017, 221) oder Zahnhygieneprodukten angeboten (LG München 1. 3. 2018 – 12 O 730/17, VuR 2018, 230). Ein Abrufen der nach § 312j Abs 3 BGB erforderlichen Informationen ist dabei nicht ohne das Hinzuziehen der entsprechenden App möglich, sodass den Anforderungen schon nach der Gestaltung des Geschäftsmodells nicht entsprochen werden kann (Hergenröder VuR 2017, 174, 177; ebenfalls kritisch Leeb MMR 2017, 89, 91; BeckOK-BGB/Maume [1. 5. 2024] § 312j Rn 23). In der Literatur ist umstritten, ob die sog Dash Buttons überhaupt Schaltflächen iSd § 312j Abs 3 S 2 BGB darstellen. Zum Teil wird angenommen, dass bei den Dash Buttons der Schutzbereich des Abs 3 nicht betroffen sei, da der Verbraucher bei der erstmaligen Aktivierung des Bestellbuttons seine Bankverbindung angeben muss und sich somit über die Entstehung einer Zahlungspflicht bewusst ist (BeckOGK-BGB/Busch [1. 7. 2023] § 312j Rn 35; iE Hergenröder VuR 2017, 174, 177 f). Dies wird jedoch abgelehnt, da der Schutz sich auch auf versehentliches Auslösen des Bestellvorgangs bezieht und der Verbraucher hiervor gewarnt werden müsse (BeckOK-BGB/Maume [1. 5. 2024] § 312j Rn 33; iE auch Stiegler MDR 2020, 1100, 1001). In der Rechtsprechung ist dies bislang vom OLG München offengelassen worden (OLG München 10. 1. 2019 – 29 U 1091/18, VuR 2019, 429 Rn 70; zuvor LG München 1. 3. 2018 – 12 O 730/17, VuR 2018, 230, welche die Einordnung als Schaltfläche bejahte; die Nichtzulassungsbeschwerde gegen die Entscheidung des OLG München wurde als unzulässig verworfen, BGH 13. 10. 2020 – VIII ZR 161/19, BeckRS 2020, 30201). Auf eine Einordnung als Schaltfläche kam es in diesem Fall nicht an, da auch bei fehlender Eigenschaft als Schaltfläche dem Unternehmer jedenfalls die Pflicht zur Ausgestaltung des Bestellvorgangs als ausdrückliche Bestätigung einer Zahlungsverpflichtung aus § 312 Abs 3 S 1 BGB traf, die er nicht eingehalten hatte. Denn der Dash Button sei nicht so gestaltet, dass der Verbraucher die Zahlungsverpflichtung ausdrücklich bestätigt (OLG München 10. 1. 2019 – 29 U 1091/18, VuR 2019, 429 Rn 70 f).

24 **Gut lesbar** ist die Formulierung nur dann, wenn sie in einer Schriftgröße und Schriftart verfasst ist, die dem Verbraucher bei normaler Bildschirmauflösung eine Entzifferung ohne Schwierigkeiten ermöglicht. Auch muss der Kontrast zwischen Grundfarbe und Textfarbe so stark sein, dass die Buchstaben ohne Anstrengung entziffert werden können. Jegliche Gestaltung, die der Umgehung der Pflichten nach Abs 3 S 2 dient, führt zu einer Pflichtverletzung (vgl BT-Drucks 17/7745, 12) mit den Folgen nach Abs 4.

Werden gleichzeitig mehrere Verträge abgeschlossen, muss der Unternehmer seine Pflichten nach § 312j Abs 3 BGB für jedes Vertragsverhältnis gesondert erfüllen, sodass mehrere Schaltflächen eingerichtet werden müssen (OLG Nürnberg 29. 5. 2020 – 3 U 3878/19, GRUR-RS 2020, 18222 Rn 55; LG Berlin 23. 5. 2023 – 67 S 12/23, GRUR-RS 2023, 13556 Rn 13). 25

V. Ausnahmen (Abs 5)

1. Ausschließlich individuelle Kommunikation (S 1)

Nach Abs 5 S 1 sind die Abs 2 bis 4 nicht anzuwenden, wenn der Vertrag ausschließlich durch individuelle Kommunikation geschlossen wird. Dieser Ausnahmetatbestand stimmt sowohl dem Wortlaut nach als auch inhaltlich mit § 312i Abs 2 S 1 BGB überein, sodass auf die entsprechende Kommentierung verwiesen werden kann (§ 312i Rn 30). 26

2. Finanzdienstleistungen (S 2)

Die Pflichten aus den Abs 1 und 2 gelten gem § 312j Abs 5 S 2 BGB weder für Webseiten, die Finanzdienstleistungen betreffen, noch für Verträge über Finanzdienstleistungen. Diese Ausnahme entspricht der im Jahr 2012 neu eingefügten Vorschrift § 312g Abs 2 S 2 aF (bis 12. 6. 2014). Damit nimmt der Gesetzgeber Rücksicht auf die für Finanzdienstleistungen geltenden, besonderen Informationspflichten (BT-Drucks 17/7745, 11). Im Übrigen kann auf die Kommentierung zu § 312 Abs 5 BGB verwiesen werden (§ 312 Rn 67 ff). 27

Ob der Ausschluss sich nur auf Abs 1 und 2 bezieht oder auch auf Abs 3 erstreckt ist in der Literatur umstritten. Nach einer Literaturansicht wird konsequent am Wortlaut des Abs 5 festgehalten, sodass der Ausnahmetatbestand nur auf Abs 1 und Abs 2 erstreckt wird und mithin die Pflichten aus Abs 3 auch bei Finanzdienstleistungsverträgen gelten sollen (Reiff VersR 2022, 985, 1008 f) Begründet wird dies mit der Entstehungsgeschichte, wobei der Ausschluss für Finanzdienstleistungsverträge nach § 312g Abs 2 S 2 aF (bis 12. 6. 2014) nur für die Informationspflichten (§ 312g Abs 2 1 aF) und nicht für die Pflichten aus der „Buttonlösung" (§ 312g Abs 3 aF) galt. Mit der heutigen Zusammenfassung der Ausnahmetatbestände in § 312j Abs 5 BGB sei jedoch keine Änderung hinsichtlich des Anwendungsbereiches des Ausnahmetatbestandes verbunden gewesen (Reiff VersR 2022, 985, 1009). Bei bloßer Betrachtung der Entstehungsgeschichte ist zwar eine solche Deutung nicht ganz fernliegend, jedoch muss auch die gegenwärtige gesetzgeberische Lage der §§ 312 ff BGB beachtet werden: Der Gesetzgeber nimmt in mehreren Vorschriften den Anwendungsbereich der Vorschriften für Finanzdienstleistungsverträge ausdrücklich aus (§ 312a Abs 2 S 3, § 312f Abs 4, § 312g Abs 2 Nr 8 sowie § 312k Abs 1 S 2 Nr 2 BGB), sodass eine ausdrückliche Trennung von dem Finanzdienstleistungen und anderen Vertragstypen erkennbar wird (BeckOK-BGB/Maume [1. 5. 2024] § 312j Rn 37a). Insbesondere ist der Ausnahmetatbestand auch für den sog Kündigungsbutton in § 312k BGB vorgesehen. welcher ausdrücklich dem Bestellbutton nachgebildet ist (BeckOK-BGB/Maume [1. 5. 2024] § 312j Rn 37a mit Verweis auf § 312k Rn 3). Zudem wird ausweislich der Gesetzesbegründung zu § 312 k BGB der Ausnahmetatbestand des § 312j Abs 5 2 BGB als Vorbild des § 312k Abs 1 S 2 Nr 2 BGB angesehen (BT-Drucks 19/30840, 17), sodass es 28 widersprüchlich wäre Finanzdienstleistungsverträge beim Bestellbutton anzuwenden und beim Kündigungsbutten eine Ausnahme anzunehmen (BeckOK-BGB/Maume [1. 5. 2024] § 312j Rn 37a). Unionsrechtliche Bedenken gegen die Erstreckung der Ausnahme auf Abs 3 bestehen ebenfalls nicht, da Art 3 Abs 3 lit d 2011/83/EU Finanzdienstleistungsverträge ausdrücklich aus dem Anwendungsbereich der Richtlinie herausnimmt (darauf hinweisend BT-Drucks 17/12637, 58). Somit wird die Ausnahme des § 312j Abs 5 S 2 wohl auch für die Pflichten aus Abs 3 BGB greifen (so iE auch MünchKomm-BGB/Wendehorst § 312j Rn 21).

VI. Rechtsfolgen bei Verstoß

1. Verstoß gegen Pflichten aus Abs 1 und Abs 2

29 Hinsichtlich der Rechtsfolgen eines Verstoßes gegen Pflichten aus Abs 1 und Abs 2 kann auf die dementsprechenden Ausführungen zu § 312i BGB verwiesen werden (siehe § 312i Rn 61 ff). Dabei ist jedoch die Besonderheit des § 312j BGB zu beachten, der im Gegensatz zu § 312i BGB nur bei einem Verbrauchervertrag, also im Verhältnis zwischen Unternehmer und Verbraucher, Anwendung findet, sodass der Unternehmer stets nach § 312m Abs 2 BGB die Beweislast dafür trägt, dass er die ihn treffenden Informationspflichten erfüllt hat (BeckOK-BGB/Maume [1. 5. 2024] § 312j Rn 38). Mögliche Rechtsfolgen sind daher insbesondere Schadensersatz- und Unterlassungsansprüche.

2. Verstoß gegen Pflichten aus Abs 3 (Abs 4)

30 Demgegenüber kommt ein Vertrag nach Abs 4 „nur zustande“, wenn der Unternehmer seine **Pflichten nach Abs 3** erfüllt. Die angeordnete Rechtsfolge ist eindeutig: **Ein wirksamer Vertrag entsteht nicht**. Schwieriger ist die dogmatische Einordnung. Kommt ein Vertrag nicht zustande, fällt es begrifflich schwer, von einer Nichtigkeit des Vertrages (der ja nicht zustande kommt) zu sprechen. § 312j Abs 4 BGB ist also keine rechtsvernichtende Einwendung. Vielmehr handelt es sich um ein Vertragsschlusshindernis. § 312j Abs 4 BGB dient dem Schutz der Verbraucher vor „Kostenfallen“ im Internet. Es soll verhindert werden, dass die „situationstypische geringere Aufmerksamkeit des Verbrauchers bewusst ausgenutzt“ (BT-Drucks 17/7745, 12) wird, um einen für den Verbraucher kostenpflichtigen Vertrag zu schließen. Es geht dem Gesetzgeber also um die Abwehr eines Irrtums. Das wirft die Frage auf, wie sich Abs 4 zum Anfechtungsrecht verhält. Die bloße Unwirksamkeit des Vertrages stünde der Anfechtung nach der Lehre von der Doppelwirkung (Kipp, in: FS Martitz [1911] S 211 ff; vgl auch Kommentierung zu Vorbem 19 zu §§ 312, 312a) bekanntlich nicht entgegen. Wird der Irrtum durch den Unternehmer bewusst erzeugt, wäre eine Anfechtung nach § 123 BGB denkbar. Qualifiziert man den Irrtum als Erklärungsirrtum, käme eine Anfechtung gemäß § 119 Abs 1 Alt 2 BGB in Betracht. Tatsächlich haben Gerichte das „Verklicken“ im Internet nach früherer Rechtslage vereinzelt als Erklärungsirrtum gewertet (LG Berlin 15. 5. 2007 – 31 O 270/05, MMR 2007, 802, 803; offen lassend OLG Nürnberg 9. 10. 2002 – 12 U 1346/02, MMR 2003, 183, 184; s auch Staudinger/Singer [2012] § 119 Rn 35 ff). Qualifiziert man den Irrtum als Rechtsfolgenirrtum (Unterfall des Inhaltsirrtums), kommt unter bestimmten Voraussetzungen eine Anfechtung nach § 119 Abs 1 Alt 1 BGB in Betracht (ausführlich Staudinger/Singer [2012] § 119 Rn 67 ff). Abs 4 geht freilich über das Anfechtungsrecht zugunsten des Verbrauchers hinaus, indem das Nichtzustandekommen des Vertrages

weder an die Ausübung des Gestaltungsrechts (§ 143 BGB), noch an eine Frist (§ 121 BGB) geknüpft ist und auch keinesfalls eine Schadensersatzpflicht (§ 122 BGB) eintritt (s dazu Rn 28). Der Verbraucher zahlt für diese Vorteile mit einem Verlust an Selbstbestimmung, denn er kann den Vertrag selbst dann nicht gelten lassen, wenn er ihn für sich als vorteilhaft erkennt. Da Abs 4 eine Irrtumsregelung trifft, wodurch er sich von sonstigen Tatbeständen, die das Nichtzustandekommen bzw die Nichtigkeit eines Vertrages anordnen, unterscheidet, muss man ihn als abschließend gegenüber den Anfechtungsregeln ansehen. Dies entsprach wohl auch der Intention des Gesetzgebers, der die Widerrufs- und Anfechtungsregeln nicht als ausreichend zum Schutz der Verbraucher erachtet (BT-Drucks 17/7745, 6).

Oft wird der Leistungsaustausch zwischen Verbraucher und Unternehmer bereits er- 31
folgt sein, bevor die Rechtsfolge des § 312j Abs 4 BGB gerügt wird bzw rechtssicher feststeht. Dann stellt sich jedoch die Frage, ob der Unternehmer bereicherungsrechtliche Ansprüche gegen den Verbraucher geltend machen kann. Ein Anspruch des Unternehmers aus § 812 Abs 1 S 1 Alt 1 BGB steht jedoch im Widerspruch zum Schutzzweck des Verbraucherschutzes (AG Düsseldorf 10. 1. 2023 – 37 C 124/22, NZW-RR 2023, 628, 630 Rn 31; MünchKommBGB/Wendehorst § 312j Rn 36 f). Denn oft wird eine Rückgabe aufgrund von digitalen Inhalten bzw digitalen erbrachten Dienstleistungen nicht möglich sein, sodass der Verbraucher den Marktwert nach § 818 Abs 3 BGB schulden würde (MünchKommBGB/Wendehorst § 312j Rn 37). Die Grenze des Ausschlusses von bereicherungsrechtlichen Ansprüchen besteht imTreu und Glauben (§ 242; MünchKommBGB/Wendehorst § 312j Rn 37).

Neben dem Nichtzustandekommen des Vertrages nach Abs 4 ist zu dem das Lauter- 32
keitsrecht zu beachten. Denn dadurch, dass es sich bei § 312j BGB um eine Marktverhaltensregelung, dh eine gesetzliche Vorschrift, die auch dazu bestimmt ist, im Interesse der Marktteilnehmer das Marktverhalten zu regeln, handelt (OLG Köln 3. 2. 2016 – 6 U 39/15, BeckRS 2016, 4482 Rn 11 ff; LG Hildesheim 7. 3. 2023 – 6 O 156/22, MMR 2023, 790 Rn 26; LG Frankfurt 12. 1. 2021 – 3-06 O 7/20, GRUR-RS 2021, 3329 Rn 37), führt ein Verstoß gegen Abs 3 ebenfalls zu einem Lauterkeitsverstoß nach § 3 Abs 1 UWG, § 3a UWG. Dieser kann einen Unterlassungsanspruch nach § 8 UWG und/oder einen Herausgabeanspruch des Gewinns (Gewinnabschöpfung) nach § 10 UWG auslösen.

§ 312k
Kündigung von Verbraucherverträgen im elektronischen Geschäftsverkehr

(1) Wird Verbrauchern über eine Webseite ermöglicht, einen Vertrag im elektronischen Geschäftsverkehr zu schließen, der auf die Begründung eines Dauerschuldverhältnisses gerichtet ist, das einen Unternehmer zu einer entgeltlichen Leistung verpflichtet, so treffen den Unternehmer die Pflichten nach dieser Vorschrift. Dies gilt nicht

1. **für Verträge, für deren Kündigung gesetzlich ausschließlich eine strengere Form als die Textform vorgesehen ist, und**

2. **in Bezug auf Webseiten, die Finanzdienstleistungen betreffen, oder für Verträge über Finanzdienstleistungen.**

(2) Der Unternehmer hat sicherzustellen, dass der Verbraucher auf der Webseite eine Erklärung zur ordentlichen oder außerordentlichen Kündigung eines auf der Webseite abschließbaren Vertrags nach Absatz BGB § 312K Absatz 1 Satz 1 über eine Kündigungsschaltfläche abgeben kann. Die Kündigungsschaltfläche muss gut lesbar mit nichts anderem als den Wörtern „Verträge hier kündigen" oder mit einer entsprechenden eindeutigen Formulierung beschriftet sein. 3Sie muss den Verbraucher unmittelbar zu einer Bestätigungsseite führen, die

1. den Verbraucher auffordert und ihm ermöglicht Angaben zu machen

a) zur Art der Kündigung sowie im Falle der außerordentlichen Kündigung zum Kündigungsgrund,

b) zu seiner eindeutigen Identifizierbarkeit,

c) zur eindeutigen Bezeichnung des Vertrags,

d) zum Zeitpunkt, zu dem die Kündigung das Vertragsverhältnis beenden soll,

e) zur schnellen elektronischen Übermittlung der Kündigungsbestätigung an ihn und

2. eine Bestätigungsschaltfläche enthält, über deren Betätigung der Verbraucher die Kündigungserklärung abgeben kann und die gut lesbar mit nichts anderem als den Wörtern „jetzt kündigen" oder mit einer entsprechenden eindeutigen Formulierung beschriftet ist.

Die Schaltflächen und die Bestätigungsseite müssen ständig verfügbar sowie unmittelbar und leicht zugänglich sein.

(3) Der Verbraucher muss seine durch das Betätigen der Bestätigungsschaltfläche abgegebene Kündigungserklärung mit dem Datum und der Uhrzeit der Abgabe auf einem dauerhaften Datenträger so speichern können, dass erkennbar ist, dass die Kündigungserklärung durch das Betätigen der Bestätigungsschaltfläche abgegeben wurde.

(4) Der Unternehmer hat dem Verbraucher den Inhalt sowie Datum und Uhrzeit des Zugangs der Kündigungserklärung sowie den Zeitpunkt, zu dem das Vertragsverhältnis durch die Kündigung beendet werden soll, sofort auf elektronischem Wege in Textform zu bestätigen. Es wird vermutet, dass eine durch das Betätigen der Bestätigungsschaltfläche abgegebene Kündigungserklärung dem Unternehmer unmittelbar nach ihrer Abgabe zugegangen ist.

(5) Wenn der Verbraucher bei der Abgabe der Kündigungserklärung keinen Zeitpunkt angibt, zu dem die Kündigung das Vertragsverhältnis beenden soll, wirkt die Kündigung im Zweifel zum frühestmöglichen Zeitpunkt.

(6) Werden die Schaltflächen und die Bestätigungsseite nicht entsprechend den Absätzen 1 und 2 zur Verfügung gestellt, kann ein Verbraucher einen Vertrag, für des-

sen Kündigung die Schaltflächen und die Bestätigungsseite zur Verfügung zu stellen sind, jederzeit und ohne Einhaltung einer Kündigungsfrist kündigen. Die Möglichkeit des Verbrauchers zur außerordentlichen Kündigung bleibt hiervon unberührt.

Materialien: Beschlussempfehlung und Bericht des Ausschusses für Recht und Verbraucherschutzrecht zu dem Gesetzesentwurf der Bundesregierung für ein Gesetz für faire Verbraucherverträge, BT-Drucks 19/30840; Gesetzesentwurf der Bundesregierung zur Änderung des Bürgerlichen Gesetzbuches zum besseren Schutz der Verbraucherinnen und Verbraucher vor Kostenfallen im elektronischen Geschäftsverkehr, BT-Drucks 17/7745.

Systematische Übersicht

Alphabetische Übersicht

I. Allgemeines

1 Mit dem **Gesetz für faire Verbraucherverträge vom 10. 8. 2021** (BGBl 2021 I 3433) wurde der § 312k BGB mit Wirkung zum 1. 7. 2022 neu eingefügt. Inhaltlich bezieht sich die Vorschrift auf Verpflichtungen für Unternehmer, die den Kündigungsprozess von Dauerschuldverhältnissen, die im elektronischen Geschäftsverkehr geschlossenen wurden, betreffen. Die wohl praktisch bedeutendste Verpflichtung ist das Bereitstellen einer Kündigungs- und Bestätigungsschaltfläche nach § 312k Abs 2 BGB, die mit weitergehenden Vorgaben einhergeht (siehe hierzu mehr unter Rn 17 ff).

2 Von einer langwierigen **Entstehungs*geschichte*** des § 312k BGB kann freilich nicht die Rede sein, da die Vorschrift nach Fehlen im Referenten- und Regierungsentwurf (abrufbar unter https://www.bmj.de/SharedDocs/Downloads/DE/Gesetzgebung/RefE/RefE_Faire_Verbrauchervertraege.pdf?__blob=publicationFile&v=3 [letzter Abruf: 24. 7. 2024]; BT-Drucks 19/26915) erst durch die Beschlussempfehlung des Ausschusses für Recht und Verbraucherschutz (BT-Drucks 19/30840) in das Gesetzgebungsverfahren eingebracht und bereits nach einer kurzen Lesungsphase verabschiedet wurde (Brönneke/Föhlisch/Tonner/Buschmann/Panfili, Das neue Schuldrecht [2022] § 7 Rn 27).

3 Während die §§ 312 ff BGB auf die Umsetzung der Verbraucherrichtlinie 2011/83/EU zurückzuführen sind (siehe Vorbem 1 zu §§ 312, 312a), findet der § 312k BGB **keinen Ursprung im Europarecht** (Brönneke/Föhlisch/Tonner/Buschmann/Panfili, Das neue Schuldrecht [2022] § 7 Rn 29; MünchKommBGB/Wendehorst [9. Aufl 2022] § 312k Rn 2). Anlass des gesetzgeberischen Handelns war vielmehr der Umstand, dass die verbraucherseitige Kündigung von im elektronischen Geschäftsverkehr abgeschlossenen Verträgen für den Verbraucher teilweise gar nicht möglich oder häufig erschwert ist (BT-Drucks 19/30840, 15). Demnach bestand das Regelungsbedürfnis darin, Verbrauchern eine Erleichterung im Hinblick auf die Abgabe der Kündigungserklärung zu gewähren, indem diese in vergleichbar einfacher Weise, wie Erklärungen zum Abschluss entsprechender Verträge, möglich sein sollte (BT-Drucks 19/30840, 15).

II. Regelungsgegenstand

1. Sachlicher Regelungsgegenstand

4 Der **Regelungsgegenstand** der Vorschrift beschränkt sich nach § 312k Abs 1 S 1 BGB auf einen Verbrauchervertrag im elektronischen Geschäftsverkehr, dessen Abschluss über eine Webseite ermöglich wird, auf die Begründung eines Dauerschuldverhältnisses gerichtet ist und den Unternehmer zu einer entgeltlichen Leistung verpflichtet.

a) Verbrauchervertrag im elektronischen Geschäftsverkehr

5 Der **Begriff des „Verbrauchervertrages“** ist in § 310 Abs 3 BGB und der Begriff des „elektronischen Geschäftsverkehrs“ ist in § 312i Abs 1 S 1 BGB legaldefiniert, sodass auf die dortige Kommentierung verwiesen werden kann (siehe Vorbem 4 ff zu §§ 312, 312a; § 312i Rn 7 ff).

b) Ermöglichung des Vertragsabschlusses über eine Website

6 Als weitere Voraussetzung muss es sich um einen Vertrag handeln, dessen Abschluss auf einer Webseite „ermöglicht" wird.

aa) Webseite

7 Bezüglich des **Begriffsverständnisses der „Webseite"** wird in der Begründung zur Beschlussempfehlung (im Folgenden: Gesetzesbegründung) auf die Rechtsprechung zum identischen Begriff in § 312j Abs 1 BGB verwiesen (BT-Drucks 19/30840, 16). Eine aufschlussgebende Rechtsprechung fehlt jedoch bislang. In der Literatur wird jedenfalls neben der im Browser erreichbaren URL eine Erfassung von Smartphone-/TV-Apps, E-Book-Lesegeräten oder Spielkonsolen vorgeschlagen (BeckOK-BGB/Maume [1. 5. 2024] § 312j Rn 3; Raue MMR 2012, 438, 442).

8 Weiter soll es nach der Gesetzesbegründung für die Anwendbarkeit des § 312k BGB keinen Unterschied machen, ob die Webseite von dem Unternehmer selbst oder von einem Dritten (z.B. Vermittlungsplattformen) betrieben wird (BT-Drucks 19/30840, 17). Auch für den Fall der drittbetriebenen Webseite, hat der Unternehmer die Pflicht sicherzustellen, dass der Verbraucher die Kündigung nach den Vorgaben des § 312k BGB vornehmen kann, wozu er den Dritten vertraglich zu verpflichten hat (BT-Drucks 19/30840, 17).

bb) Möglichkeit zum Vertragsabschluss

9 Aus dem ausdrücklichen Wortlaut in Abs 1 **„ermöglicht"** und dem Vergleich zum Wortlaut in Abs 2 „abschließbaren" Vertrag wird deutlich, dass nicht der tatsächliche Abschluss im elektronischen Geschäftsverkehr gefordert wird, sondern dass, allein das Bestehen der Möglichkeit eines solchen Vertragsschlusses genügt (BT-Drucks 19/30840, 17; Brönneke/Föhlisch/Tonner/Buschmann/Panfili, Das neue Schuldrecht [2022] § 7 Rn 33; MünchKommBGB/Wendehorst [9. Aufl 2022] § 312k Rn 1, 7). Für das Bestehen der Möglichkeit kommt es auf den Zeitpunkt der Kündigung an (BT-Drucks 19/30840, 17), sodass das Nichtbestehen einer solchen Möglichkeit zum Zeitpunkt des Vertragsschlusses unerheblich ist (BeckOK-BGB/Maume [1. 5. 2024] § 312k Rn 11). Somit greifen die Pflichten des § 312k BGB auch dann ein, wenn zB der Verbraucher den Vertrag persönlich im Laden oder telefonisch abgeschlossen hat, obwohl – zumindest zum Zeitpunkt der Kündigung – der Vertragsschluss auch im elektronischen Geschäftsverkehr möglich ist. Diese Auslegung wird den Interessen beider Parteien gerecht: Der Unternehmer wird nicht unverhältnismäßig belastet, da die Verpflichtung nur eingreift, wenn er sich (freiwillig!) für das Anbieten eines Vertragsschlusses im elektronischen Verkehr entschließt und der Verbraucher erfährt auch für die Fälle Schutz, in denen der Vertragsschluss nicht auf elektronischem Wege zustande gekommen ist, obwohl die Möglichkeit bestanden hätte (BeckOK-BGB/Maume [1. 5. 2024] § 312k Rn 11).

10 Unklar bleibt allein, ob der zu kündigende und der online abzuschließende Vertrag identisch sein müssen. Für ein **Kongruenzerfordernis** spreche zwar der Wortlaut „dessen Abschluss", jedoch würde dies eine Befreiung der Verpflichtung allein durch kleine Vertragsabweichungen wie zB Zusatzleistungen bewirken und somit den Unternehmern die Möglichkeit der Umgehung der Verpflichtung ermöglichen. Dadurch, dass der Schutz der Verbraucher auch in diesen Fällen gewährleistet sein muss, müsse es sich nur um Dauerschuldverhältnisse der „betreffenden Art" handeln

(zum Vorstehenden MünchKommBGB/Wendehorst [9. Aufl 2022] § 312k Rn 7; Piper VuR 2022, 373, 375; Wais NJW 2021, 2833 Rn 24).

c) Dauerschuldverhältnis

11 Der Anwendungsbereich des § 312k BGB ist auf Verträge beschränkt, die auf die Begründung eines **Dauerschuldverhältnisses** gerichtet sind. Diese Beschränkung findet ihre Begründung in dem besonderen Schutzbedürfnis der Verbraucher, für die Dauerschuldverhältnisse aufgrund der langfristigen Bindung häufig mit einer „Kostenfalle" verbunden sind und somit ein Bedürfnis zur erleichterten und schnellen Kündigung besteht (BT-Drucks 19/30840, 16). Anders ist die Situation jedoch bei anderen Schuldverhältnissen, deren Kündigung aus Verbrauchersicht unerwartete Folgen nach sich zieht, sodass diese vom Anwendungsbereich nicht erfasst sind (BT-Drucks 19/30840, 16). Eine weitere Einschränkung soll nach der Literatur dahingehend vorgenommen werden, dass nur Dauerschuldverhältnisse mit dauerhaften Leistungspflichten in den Anwendungsbereich fallen. Erfasst seien danach zwar Verträge über die dauerhafte Bereitstellung digitaler Produkte oder digitaler Elemente einer Ware (§ 475c BGB), jedoch nicht die Pflicht des Unternehmers zur Aktualisierung digitaler Produkte nach § 327f BGB, da es sich um eine einmalige Bereitstellungspflicht mit einer einseitigen Sonderpflicht handelt (BeckOK-BGB/Maume [1. 5. 2024] § 312k Rn 13; MünchKommBGB/Wendehorst [9. Aufl 2022] § 312k Rn 3). Relevant dürfte § 312k BGB insbesondere für Abonnementverträge, Mobilfunkverträge, Online-Game-Verträge, Telekommunikationsverträge, und Energielieferungsverträge sein (Stiegler VuR 2021, 443, 444).

d) Entgeltlichkeit

12 Umstritten ist, wie der Begriff der „Entgeltlichkeit" auszulegen ist. Überwiegend wird in der Literatur ein enges Verständnis des Entgelts als „Gegenleistung in Geld" angenommen und somit eine Erstreckung auf jegliche Gegenleistungen, wie zB die Bereitstellung personenbezogener Daten abgelehnt (BeckOK-BGB/Maume [1. 5. 2024] § 312k Rn 14; Brönneke/Föhlisch/Tonner/Buschmann/Panfili, Das neue Schuldrecht [2022] § 7 Rn 32; MünchKommBGB/Wendehorst [9. Aufl 2022] § 312k Rn 4; Sümmermann/Ewald MMR 2022, 713, 715; **aA** Stiegler VuR 2021, 443, 445). Begründet wird dies mit dem Sinn und Zweck des § 312k BGB, der auf den Verbraucherschutz vor finanziellen Schäden gerichtet ist und somit nur den Verbraucher schützten soll, der durch eine Verpflichtung zur Zahlung eine finanzielle Einbuße erleiden könnte (Brönneke/Föhlisch/Tonner/Buschmann/Panfili, Das neue Schuldrecht [2022] § 7 Rn 32, wobei auf die „Kostenfalle" in der BT-Drucks 19/30840, 16 hingewiesen wird; so auch Sümmermann/Ewald MMR 2022, 713, 715). Des Weiteren kann für ein enges Verständnis der Vergleich zu der Änderung in § 312 Abs 1 BGB und § 312j Abs 2 BGB angeführt werden, deren Formulierung „entgeltliche Leistung" im Zuge des Gesetzes zur Änderung des BGB vom 10. 8. 2021 (BGBl 2021 I, 3483) durch die Formulierung „zur Zahlung verpflichtet" ersetzt wurde (s hierzu die Kommentierung zu § 312 Rn 5). Dadurch, dass der § 312k BGB mit der „ersten Button-Lösung" des § 312j BGB systematisch vergleichbar ist, ist **ein gesetzgeberischer Wille**, bei § 312k BGB abweichenden Maßstäben gelten zu lassen, nicht anzunehmen (BeckOK-BGB/Maume [1. 5. 2024] § 312k Rn 14; MünchKommBGB/Wendehorst [9. Aufl 2022] § 312k Rn 4). Vielmehr wird in § 312k BGB ein Redaktionsversehen angenommen, da zum Zeitpunkt der Änderung des § 312k BGB der neue Wortlaut des § 312j Abs, 2 BGB noch nicht im Gesetz versehen war (MünchKommBGB/Wendehorst [9. Aufl 2022] § 312k Rn 4). Aufgrund dieser eindeutigen unterschiedlichen Formulierungen, wäre eine Erläuterung in den Gesetzesmaterialen zu erwarten gewesen. Stattdessen fehlen jegliche

Ausführungen, sodass dies ebenfalls für ein Redaktionsversehen spricht (BeckOK-BGB/Maume [1. 5. 2024] § 312k Rn 14). Zudem spricht gegen eine Gegenleistung in Form der Bereitstellung personenbezogener Daten, dass § 312 Abs 1a S 1 BGB für Verbraucherverträge, die eine Zahlung mit personenbezogenen Daten vorsieht, auf die Vorschriften aus den Kapiteln 1 und 2 des Untertitels verweist, worunter § 312k BGB (Kapitel 3) nicht fällt (BeckOK-BGB/Maume [1. 5. 2024] § 312k Rn 14).

2. Zeitlicher Regelungsgegenstand

Auch wenn § 312k BGB erst **am 1. 7. 2022 in Kraft getreten** ist, gelten die darin enthal- 13
tenen Pflichten nach Art 229 § 60 S 3 EGBGB auch für sog. Altverträge, die vor dem 1. 7. 2022 geschlossen wurden.

3. Bereichsausnahmen

§ 312k Abs 1 BGB ist als „**Regel-Ausnahme-Prinzip**" (BeckOK-BGB/Maume [1. 5. 2024] 14
§ 312k Rn 15) aufgebaut. Während in S 1 der Regelfall genannt wird, werden in S 2 zwei Ausnahmen aufgelistet, bei denen dem Unternehmer die Pflichten aus § 312k BGB nicht treffen. Es handelt sich um eine alternative Auflistung. Ein kumulatives Verständnis – wie von dem insofern missverständlichen Wortlaut „und" nahegelegt – wäre angesichts der gänzlich unterschiedlichen Konstellationen, die in den Ausnahmetatbeständen geregelt werden, sinnwidrig (BeckOK-BGB/Maume [1. 5. 2024] § 312k Rn 15; Brönneke/Föhlisch/Tonner/Buschmann/Panfili, Das neue Schuldrecht [2022] § 7 Rn 34).

Die Ausnahme nach § 312k Abs 1 S 2 Nr 1 BGB betrifft die **Verträge, für deren Kündi-** 15
gung gesetzlich ausschließlich eine strengere Form als die Textform vorgesehen ist. Erfasst sind somit die Schriftform (§ 126 BGB), die elektronische Form (§ 126a BGB) sowie die notarielle Beurkundung (§ 128 iVm BeurkG) (BT-Drucks 19/30840, 16). Die Aufnahme dieser Ausnahme ist begrüßenswert, um den Verbraucherschutz ausreichend gerecht zu werden. Denn würde eine Kündigungsschaltfläche auch für diese Verträge erstellt werden, würde dies bei dem Verbraucher die Fehlvorstellung hervorrufen, dass er durch einen einfachen „Klick" den Vertrag wirksam kündigen könnte, obwohl, mangels Einhaltung der strengeren Formvorschrift, die Kündigung unwirksam wäre (darauf hinweisend: Brönneke/Föhlisch/Tonner/Buschmann/Panfili, Das neue Schuldrecht [2022] § 7 Rn 34). Aufgrund dieser Gefahr der Entstehung einer Fehlvorstellung, wird vereinzelnd anstelle der Ausnahme ein gesetzliches Verbot der Erstellung einer Kündigungsschaltfläche gefordert (BeckOK-BGB/Maume [1. 5. 2024] § 312k Rn 15; Brönneke/Föhlisch/Tonner/Buschmann/Panfili, Das neue Schuldrecht [2022] § 7 Rn 35). Ob ein solches Verbot jedoch zwingend erforderlich ist, ist äußerst fraglich, da Unternehmer bei Vorliegen der Ausnahme den Aufwand einer Erstellung einer Kündigungsschaltfläche dankend unterlassen werden, sodass eine Gefahr der Fehlvorstellung eher praxisfern erscheint. Der Verbraucherschutz ist mit der Ausnahmeregelung ausreichend gewahrt.

Als weitere Ausnahme werden in § 312k Abs 1 S 2 Nr 2 BGB **Webseiten, die Finanz-** 16
dienstleistungen betreffen oder Verträge über Finanzdienstleistungen. Eine gleiche Formulierung findet sich in § 312j Abs 5 S 2 BGB, die nach der Gesetzesbegründung als Vorbild des § 312k Abs 1 S 2 Nr 2 BGB angesehen wird (BT-Drucks 19/30840, 17). Damit kann auf die für § 312j Abs 5 BGB vorhandene Literatur und Rechtsprechung

verwiesen werden (mit Fundstellen der Literatur und Rechtsprechung: Brönneke/Föhlisch/Tonner/Buschmann/Panfili, Das neue Schuldrecht [2022] § 7 Rn 36).

III. Die Gestaltung der Abgabe der Kündigungserklärung

1. Ordentliche oder außerordentliche Kündigung durch den Verbraucher

17 Die in § 312k BGB enthaltene Verpflichtung des Unternehmers trifft ihn nach § 312k Abs 2 S 1 BGB nur für **ordentliche oder außerordentliche Kündigungen des Verbrauchers**. Damit sind gewährleistungsrechtliche Kündigungen sowie andere Rechte zur Beendigung von Dauerschuldverhältnissen (einschließlich des Rücktritts sowie der Vertragsbeendigung wegen einer unterbliebenen Bereitstellung, eines Mangels oder einer nachteiligen Änderung digitaler Produkte) vom Anwendungsbereich der Regelung nicht umfasst (BT-Drucks 19/30840, 17). Weiter führt die Gesetzesbegründung aus, dass die Verpflichtung des Unternehmers unabhängig von der Kündigungsberechtigung des Kündigenden besteht (BT-Drucks 19/30840, 17). Dies ist so zu verstehen, dass der Unternehmer sich bei Nichtvornahme der Gestaltungsvorgaben aus § 312k Abs 2 BGB nicht auf die fehlende Kündigungsberechtigung des Verbrauchers berufen kann, um somit das Eingreifen der Rechtsfolgen aus § 312k Abs 6 BGB zu vermeiden (BeckOK-BGB/Martens [1. 5. 2024] § 312k Rn 20; MünchKommBGB/Wendehorst [9. Aufl 2022] § 312k Rn 9).

2. Zweistufiges Verfahren

a) Allgemeines

18 Zur Abgabe der Kündigungserklärung ist nach § 312k Abs 2 BGB ein **zweistufiges Verfahren** vorgesehen, welches der Unternehmer durch Einhaltung der Gestaltungsvorgaben auf der Webseite sicherstellen muss. Dabei geht es wesentlich um drei Akteure: (1.) Die Kündigungsschaltfläche, über die auf (2.) die Bestätigungsseite weitergeleitet wird, auf welcher Daten zur Kündigung eingegeben werden können und auf der dort befindlichen (3.) Bestätigungsfläche die Kündigung bestätigt werden kann. Der Zweck dieses aufgefächerten Verfahrens besteht in dem Verbraucherschutz vor der Abgabe von voreiligen oder versehentlichen Kündigungserklärungen (Stiegler VuR 2021, 443, 447).

b) 1. Schritt: Kündigungsschaltfläche

19 Zunächst muss der Unternehmer nach § 312k Abs 2 S 1, S 2 BGB zur Abgabe der Kündigungserklärung eine Kündigungsschaltfläche zur Verfügung stellen, die den folgenden Vorgaben entsprechen muss.

aa) Beschriftung

20 Die Kündigungsschaltfläche muss nach § 312k Abs 2 S 2 BGB mit den Worten „Verträge hier kündigen" oder mit einer entsprechenden eindeutigen Formulierung beschriftet sein.

Alternativen Formulierungen müssen für den Verbraucher ebenso eindeutig erkennen lassen, dass er mit **Betätigung der Kündigungsschaltfläche noch nicht seine Kündigungserklärung abgibt**, sondern nur der Kündigungsvorgang eingeleitet wird (BT-Drucks 19/30840, 17). Ansonsten bestehe die Gefahr, dass der Verbraucher beim bloßen

Betätigen der Kündigungsschaltfläche von einer wirksamen Kündigungserklärung ausgehen und von den weiteren Schritten absehen könnte (BeckOK-BGB/Maume [1. 5. 2024] § 312k Rn 22a). Unzulässig sind demnach Formulierungen wie „jetzt kündigen" (Stiegler VuR 2021, 443, 447) oder „Kündigen vormerken" (Piper VuR 2022, 373, 376). Dagegen können abweichende Formulierungen wie „Hier weiter zur Kündigung", „Kündigung des Vertrags hier beginnen" oder „Verträge können unter diesem Link gekündigt werden" zulässig sein (MünchKommBGB/Wendehorst [9. Aufl 2022] § 312k Rn 15; **aA** bzgl Letzterem Stiegler VuR 2021, 443, 447).

bb) Gute Lesbarkeit

Für die Anforderungen an die **„gute Lesbarkeit"** kann auf die in § 312j Abs 3 S 2 BGB („Bestell-Button") entwickelten Grundsätze zurückgegriffen werden, wonach die Schaltfläche „gut lesbar" ist, wenn ein Verbraucher die Beschriftung aufgrund der Schriftgröße und aufgrund des Kontrastes zwischen der Grundfarbe der Webseite und der Textfarbe bei normaler Bildschirmauflösung gut erkennen kann (BT-Drucks 17/7745, 12). Darüber hinaus ist aufgrund der Zweckrichtung der Kündigungsschaltfläche, die in der Vereinfachung des Kündigungsprozesses für den Verbraucher besteht, zusätzlich zu fordern, dass die Kündigungsschaltfläche grafisch hervorgehoben wird, damit dieser ohne erheblichen Aufwand vom Verbraucher aufgefunden wird (Stiegler VuR 2021, 443, 446) und somit ein einfacher Kündigungsprozess gewährleistet ist. **21**

cc) Unmittelbare Führung zur Bestätigungsseite

Die Kündigungsschaltfläche muss den Verbraucher nach § 312k Abs 2 S 3 BGB **„unmittelbar"** zur Bestätigungsseite führen. Diese Unmittelbarkeit ist gewährleistet, wenn der Verbraucher allein durch Betätigen der Kündigungsschaltfläche auf die Bestätigungsseite gelangt und keine weiteren Handlungen (auch nicht das bloße Wegklicken eines Popups) erforderlich sind (Brönneke/Föhlisch/Tonner/Buschmann/Panfili, Das neue Schuldrecht [2022] § 7 Rn 41). **22**

c) 2. Schritt: Bestätigungsseite

Der zweite Teil des Kündigungsprozesses spielt sich auf der Bestätigungsseite ab, auf welcher der Verbraucher kündigungsrelevante Angaben einträgt (Nr 1) und die Kündigung final bestätigt (Nr 2). **23**

aa) Angaben (Nr 1)

Damit der Verbraucher seine **Kündigungserklärung hinreichend genau bezeichnet**, werden in § 312k Abs 2 S 3 Nr 1 lit a-e BGB Angaben aufgelistet, die vom Verbraucher zu beantworten sind. Durch die abschließende Auflistung der Angaben wird zum einem eine einfache und unkomplizierte Kündigung sichergestellt, da dadurch verhindert wird, dass der Unternehmer weitere, für den Verbraucher nicht ohne Weiteres beizubringende und für die zweifelsfreie Zuordnung auch nicht erforderliche Daten abfragt. Zum anderen wird auch die Wahrung des Grundsatzes der Datensparsamkeit nach Art 5 Abs 1 lit c DS-GVO gewährleistet (BT-Drucks 19/30840, 18). Zugleich dient dies jedoch auch dem Interesse des Unternehmers, da ihm durch die Angaben eine Identifizierung der kündigenden Person und des dazugehörigen Vertrags ohne Aufwand möglich wird (Stiegler VuR 2021, 443, 448). **24**

Nach lit a ist die Art der Kündigung, dh die ordentliche oder die außerordentliche Kündigung, und im Fall der außerordentlichen Kündigung, zusätzlich den **Kündi-** **25**

gungsgrund anzugeben. Bezüglich Letzteren können jedoch im Hinblick auf den bezweckten Verbraucherschutz berechtigterweise Bedenken geäußert werden. Zunächst wird durch das Erfordernis der Angabe des Kündigungsgrundes mehr verlangt als es eine außerordentliche Kündigung zu ihrer Wirksamkeit grundsätzlich erfordert (BeckOK-BGB/Maume [1. 5. 2024] § 312k Rn 25; Brönneke/Föhlisch/Tonner/Buschmann/Panfili, Das neue Schuldrecht [2022] § 7 Rn 46). Denn auch, wenn zur Wirksamkeit ein Kündigungsgrund vorliegen muss, ist dieser nur nach einer Nachfrage zu benennen (MünchKommBGB/Gaier [9. Aufl 2022] § 314 Rn 41 mwNw).

Zudem besteht die Befürchtung, dass ein Verbraucher aufgrund der Unsicherheiten über die juristisch richtige Einstufung des Grundes als außerordentlichen Kündigungsgrund von einer Kündigung Abstand nimmt (BeckOK-BGB/Maume [1. 5. 2024] § 312k Rn 25; Brönneke/Föhlisch/Tonner/Buschmann/Panfili, Das neue Schuldrecht [2022] § 7 Rn 46), sodass das Erfordernis dem Zweck der Erleichterung der Kündigungsmöglichkeiten für den Verbraucher entgegensteht. Somit steht das Erfordernis der Angabe des Kündigungsgrundes weder im Einklang mit den gesetzlichen Vorgaben zur Wirksamkeit einer außerordentlichen Kündigung noch mit dem Zweck des Verbraucherschutzes (BeckOK-BGB/Maume [1. 5. 2024] § 312k Rn 25 legt lit a so aus, dass die Angabe über den Kündigungsgrund nicht verpflichtend ist).

26 Zur **Identifizierung des Kündigenden** sind nach lit b Angaben zur eindeutigen Identifizierbarkeit, wie Name und Anschrift, und nach lit c zum kündigenden Vertrag, wie Kunden-, Bestell- oder Vertragsnummern zu tätigen (BT-Drucks 19/30840, 18). Des Weiteren wird dem Verbraucher nach lit d die Möglichkeit eröffnet Angaben über den Beendigungszeitpunkt des Vertragsverhältnisses zu machen. Die Gesetzesbegründung stellt ausdrücklich klar, dass es sich hierbei nicht um eine Pflichtangabe handelt (BT-Drucks 19/30840, 18), da den Verbrauchern das Risiko der richtigen Berechnung der Kündigungsfrist nicht auferlegt werden soll. Dies wird auch durch § 312k Abs 5 BGB verdeutlicht, wonach bei fehlender Angabe des Kündigungszeitpunktes die Kündigungserklärung im Zweifel zum frühestmöglichen Zeitpunkt wirksam wird. Damit die Verbraucher über ihre fehlende Pflicht zur Angabe eines genauen Zeitpunktes informiert sind, wird empfohlen, auch die Angabe „schnellstmöglich" in den Fragekatalog mit aufzunehmen (BT-Drucks 19/30840, 17). Letzteres ist jedoch nicht für den Unternehmer verpflichtend, sodass der Verbraucher im Zweifel von der Unwirksamkeit seiner Kündigungserklärung bei der Nichtausfüllung des genauen Zeitpunktes ausgeht. Hier besteht somit aus Verbraucherschutz ein gesetzlicher Korrekturbedarf (Brönneke/Föhlisch/Tonner/Buschmann/Panfili, Das neue Schuldrecht [2022] § 7 Rn 48).

27 Zuletzt werden nach lit e Angaben gefordert, die dem Unternehmer eine schnelle elektronische Übermittlung der Kündigungsbestätigung an den Kündigenden nach § 312k Abs 4 S 1 BGB ermöglichen, wobei die E-Mailadresse als Beispiel genannt wird (BT-Drucks 19/30840, 18).

28 Das **Risiko der falschen oder unvollständigen Angaben**, die dazu führen, dass der Unternehmer den Kündigenden nicht identifizieren kann, trägt der Verbraucher (BeckOK-BGB/Maume [1. 5. 2024] § 312k Rn 35). Dies ergibt sich zum einem aus der Struktur des § 312k Abs 2 BGB, wonach der Unternehmer lediglich zur Aufforderung der Eintragung der Angaben in einem von ihm zur Verfügung gestellten Format verpflichtet ist, ohne eigene Nachforschungen der Identifizierbarkeit zu tätigen (Beck-

OK-BGB/Maume [1. 5. 2024] § 312k Rn 35). Zudem entspricht diese Risikoverteilung den allgemeinen zivilrechtlichen Regelungen, da eine empfangsbedürftige Willenserklärung – unabhängig, ob sie mit elektronischen Kommunikationsmitteln erteilt wird – nach dem Empfängerhorizont gem § 133, 157 BGB ausgelegt wird (BGH 16. 10. 2012 – X ZR 37/12, NJW 2013, 598 Rn 19). Danach wurde eine elektronisch abgegebene Buchungserklärung mit dem Namen „noch unbekannt" aus Sicht des Empfängers nicht als Annahme des Vertragsangebots angenommen (BGH 16. 10. 2012 – X ZR 37/12, NJW 2013, 598 Rn 20 f), sodass die fehlende Identifizierbarkeit zu Lasten des Erklärenden ging.

bb) Bestätigungsschaltfläche (Nr 2)

Auf der Bestätigungsseite muss neben der Auflistung der Angaben nach § 312k Abs 2 Nr 2 BGB auch die Bestätigungsschaltfläche (zT „**Kündigungsbutton**" genannt) enthalten sein, über deren Betätigung der Verbraucher die Kündigungserklärung abschließend abgeben kann. Diese muss gut lesbar und mit nichts anderem als den Wörtern „jetzt kündigen" oder mit einer entsprechenden eindeutigen Formulierung beschriftet sein. 29

Bezüglich der Anforderungen an die „gute Lesbarkeit", kann auf die Ausführungen der Kündigungsschaltfläche verwiesen werden (siehe Rn 21).

Die Bestätigungsschaltfläche unterscheidet sich von der Kündigungsschaltfläche dahingehend, dass die „**Rechtsklarheit**" und weniger die „Auffindbarkeit" im Vordergrund steht, sodass im ersten Blick eine hohe Vergleichbarkeit zum „Bestellbutton" nach § 312j Abs 3 BGB zu erkennen ist (BeckOK-BGB/Maume [1. 5. 2024] § 312k Rn 30). Somit könnte zwar aufgrund der Vergleichbarkeit und des gleich lautenden Wortlauts zum „Bestellbutton" in § 312j Abs 3 S 2 BGB auf die dort vorhandene Literatur und Rechtsprechung zurückgegriffen werden (so BeckOK-BGB/Maume [1. 5. 2024] § 312k Rn 30), jedoch sind wegen der unterschiedlichen Zweckrichtungen der beiden Schaltflächen für die Kündigungsschaltfläche weniger hohe Anforderungen zu fordern (LG Koblenz 7. 3. 2023 – 11 O 21/22, GRUR-RS 2023, 9803; Stiegler VuR 2021, 443, 449): Während § 312j Abs 3 BGB den Verbraucher vor der Abgabe einer unbeabsichtigten rechtserheblichen Erklärungen mit der Folge eines Vertragsschlusses schützt (MünchKommBGB/Wendehorst [9. Aufl 2022] § 312j Rn 1), stellt § 312k Abs 2 BGB eine einfache und unkomplizierte Kündigungsmöglichkeit für den Verbraucher sicher (MünchKommBGB/Wendehorst [9. Aufl 2022] § 312k Rn 1). Der Unterschied liegt somit maßgeblich darin, dass der Verbraucher im Falle der Kündigung die Webseite bewusst aufruft, um eine rechtserhebliche Erklärung abzugeben, sodass er nicht vor einer versehentlichen oder voreiligen Erklärungsabgabe mit der Folge einer Zahlungsverpflichtung, dem sog „Überrumplungsschutz" (Stiegler VuR 2021, 443, 449), geschützt werden muss. Auch wenn nicht die gleich hohen Anforderungen wie bei § 312j BGB zu stellen sind, ist für die Einhaltung der „entsprechend eindeutigen Formulierung" zwingend erforderlich, dass eine solche gewählt wird, die gegenüber dem Verbraucher eindeutig zum Ausdruck bringt, dass mit Betätigung der Bestätigungsschaltfläche die Kündigungserklärung abschließend abgegeben wird (MünchKommBGB/Wendehorst [9. Aufl 2022] § 312k Rn 22; Stiegler VuR 2021, 443, 449). Hierfür kann jedoch nicht zwingend das Wort „jetzt" verlangt werden, denn neben den weniger hohen Anforderungen für die Bestätigungsschaltfläche ist dem durchschnittlichen Verbraucher auch aufgrund des zweistufigen Verfahrens, in welchem bereits die Kündigungsschaltfläche und die Angaben 30 auf der Bestätigungsseite passiert wurden, die Abgabe seiner finalen Kündigungserklärung bei einer Formulierung „Vertrag kündigen“ bewusst (so auch Stiegler VuR 2021, 443, 449).

d) Anforderungen an beide Schaltflächen

31 Für beide Schaltflächen und die Bestätigungsseite gelten nach § 312k Abs 2 S 4 BGB die Vorgaben der ständigen Verfügbarkeit, der Unmittelbarkeit sowie der leichten Zugänglichkeit.

aa) Ständige Verfügbarkeit

32 Die Anforderung der **„ständigen Verfügbarkeit“** ist erfüllt, wenn die Verbraucher jederzeit und ohne sich hierfür zunächst auf der Webseite anmelden zu müssen auf die beiden Schaltflächen und die Bestätigungsseite zugreifen können (BT-Drucks 19/30840, 18). Dadurch, dass sich die Vorgabe ausweislich der Gesetzesbegründung an den wortlautgleichen Begriff in § 5 Abs 1 Telemediengesetz anlehnt (BT-Drucks 19/30840, 18), kann auf die dort entwickelten Grundsätze zurückgegriffen werden (Lommatzsch/Albrecht GWR 2021, 363, 365). In diesem Zusammenhang hat bereits das OLG Düsseldorf entschieden, dass eine nur vorübergehende technisch bedingte Unerreichbarkeit wegen Wartungsarbeiten der ständigen Verfügbarkeit nicht entgegensteht (OLG Düsseldorf 4. 11. 2008 – 20 U 125/08, BeckRS 2008, 24458; BT-Drucks 19/30840, 18 verweist ausdr auf die OLG-Rechtsprechung).

bb) Unmittelbare und leichte Zugänglichkeit

33 Für das Begriffsverständnis der unmittelbaren und leichten Zugänglichkeit verweist die Gesetzesbegründung auf die Ausführungen des Art 246d § 2 Abs 2 EGBGB (BT-Drucks 19/30840, 18). Deren Gesetzesbegründung enthält jedoch lediglich den Hinweis, dass der Verbraucher durch den unmittelbaren und leichten Zugang **„auf möglichst einfacher Weise“** von der Information Kenntnis erlangen soll (BT-Drucks 19/27655, 38). Wie das Erfordernis „auf möglichst einfacher Weise“ zu verstehen ist, bleibt jedoch ungewiss, sodass der Verweis wenig zur Klarheit beiträgt (so auch Brönneke/Föhlisch/Tonner/Buschmann/Panfili, Das neue Schuldrecht [2022] § 7 Fn 42).

Präzisere Worte findet das LG Koblenz zum Erfordernis der **„leichten Zugänglichkeit“**, indem es fordert, dass der Verbraucher mit den ihm zur Verfügung stehenden (technischen) Mitteln die Informationen erreichen kann, diese also ohne Schwierigkeiten auffindbar und wahrnehmbar sind (LG Koblenz 7. 3. 2023 – 11 O 21/22, GRUR-RS 2023, 9803; bereits zuvor Stiegler VuR 2021, 443, 449).

34 Bezüglich der Unmittelbarkeit wird zunächst eine Erreichbarkeit **„ohne wesentliche Zwischenschritte“** gefordert (Halm/Neumann VuR 2023 83, 86). Dies bedeutet für eine Webseite mit mehreren Unterseiten, dass die Kündigungsschaltfläche von jeder Unterseite einer Webseite zugänglich sein muss (Brönneke/Föhlisch/Tonner/Buschmann/Panfili, Das neue Schuldrecht [2022] § 7 Rn 40). Des Weiteren erfordert die Unmittelbarkeit unter Beachtung des Schutzzwecks des § 312k BGB auch, dass die Schaltflächen derart platziert sind, dass sie ohne erheblichen Aufwand für den Verbraucher auffindbar sind (Halm/Neumann VuR 2023 83, 86; Stiegler VuR 2021, 443, 449). Eine unmittelbare Zugänglichkeit wird nicht durch ein Erfordernis des „runter scrollens“ zum Erreichen der Bestätigungsfläche behindert, da von einem durchschnittlichen Verbraucher die Durchsicht der Bestätigungsseite erwartet werden kann

(LG Koblenz 7. 3. 2023 – 11 O 21/22, GRUR-RS 2023, 9803; hierzu noch kritisch HALM/NEUMANN VuR 2023 83, 86).

Gegenstand der Rechtsprechung war in diesem Zusammenhang die Bewertung des Erfordernisses des **Einloggens eines Kundenkontos**, um die Schaltflächen und die Bestätigungsseite zu erreichen. Das LG Köln und Teile der Literatur verneinen die unmittelbare und leichte Zugänglichkeit, da dies zu einer Erschwernis der Kündigung führt und mithin der Verbraucher von einer Kündigung abgehalten werden könnte (LG Köln 29. 7. 2022 – 33 O 355/22, GRUR-RS 2022, 29690; MünchKommBGB/WENDEHORST [9. Aufl 2022] § 312k Rn 14; STIEGLER VuR 2021, 443, 450). Dies entspricht auch dem gesetzgeberischen Willen, denn die Gesetzesbegründung weist ausdrücklich darauf hin, dass ein Anmelden auf der Webseite nicht erforderlich sein soll (BT-Drucks 19/30840, 18). Ebenfalls lassen sich auch kritische Stimmen hören, die in dem Einloggen des Kundenkontos mit den dort gespeicherten Daten für den Verbraucher eine einfachere Kündigungsmöglichkeit sehen, da sie sich nicht über die Daten selbst erkundigen müssten (BeckOK-BGB/MAUME [1. 5. 2024] § 312k Rn 39). 35

An der unmittelbaren und der leichten Zugänglichkeit der Bestätigungsschaltfläche könnte es ebenfalls fehlen, wenn auf der **Bestätigungsseite weitere Schaltflächen enthalten** sind, die den Verbraucher zB durch günstigere Angebote von seiner Kündigungsentscheidung umstimmen sollen (hierzu kritisch BeckOK-BGB/MAUME [1. 5. 2024] § 312k Rn 32; BRÖNNEKE/FÖHLISCH/TONNER/BUSCHMANN/PANFILI, Das neue Schuldrecht [2022] § 7 Rn 42; MünchKommBGB/WENDEHORST [9. Aufl 2022] § 312k Rn 22). Dabei kann jedoch nicht von einer erheblichen Erschwerung des Kündigungsprozesses ausgegangen werden, da der Verbraucher bei Entschlussfassung zur Kündigung die Angebotsschaltflächen einfach übergehen kann um die Bestätigungsschalfläche sodann zu betätigen. Etwas anderes könnte jedoch dann gelten, wenn die Angebote derart in den Vordergrund gestellt werden, dass die Bestätigungsschaltfläche nur noch unter erheblichen Aufwand aufzufinden ist. 36

Von den Fällen, in denen auf der Bestätigungsseite **„Bleibeangebote“** enthalten sind, sind die Fälle zu unterscheiden, in denen zusätzliche Kündigungsmöglichkeiten angeboten werden. Hierzu hatte das LG Koblenz (LG Koblenz 7. 3. 2023 – 11 O 21/22, GRUR-RS 2023, 9803) über die Frage zu entscheiden, ob durch die Aufnahme der Schaltfläche „Kündigungs-Assistent“ neben der Bestätigungsschaltfläche der Kündigungsprozess erschwert wird. Zunächst wurde auf die generelle Zulässigkeit der Aufnahme von alternativen Kündigungsmöglichkeiten auf der Bestätigungsseite hingewiesen. Denn das in § 312k BGB vorgesehene Verfahren soll die Kündigungsmöglichkeiten des Verbrauchers erweitern und nicht die Abgabe von Kündigungserklärungen auf anderem Wege beschränken oder ausschließen (BT-Drucks 19/30840, 18). Des Weiteren werde durch die Aufnahme der Schaltfläche des „Kündigungs-Assistenten“ auch die Vorgaben der unmittelbaren und leichten Zugänglichkeit weiterhin eingehalten. Denn für einen Verbraucher lasse sich trotz Vorhandenseins der Schaltfläche „Kündigungs-Assistent“ auf dem oberen Teil der Bestätigungsseite, die Bestätigungsfläche, die sich auf dem unteren Teil befindet, ohne erheblichen Aufwand erkennen, da ein Verbraucher, der über die Kündigungsschaltfläche auf die Bestätigungsseite gelangt ist, das Formular vollständig durchsehen werde. Zudem schließe sich die Bestätigungsfläche unmittelbar an die Angabe der Daten an und werde nicht durch den „Kündigungs-Assistenten“ verdeckt. Von einer zusätzlichen Erschwerung 37 des Kündigungsprozesses sei auch nicht auszugehen, da durch die Formulierung „Assistent" deutlich wird, dass dies nur zur Hilfestellung bei der Abgabe der Kündigung und nicht zur der eigenständigen und finalen Abgabe der Kündigungserklärung führt (zum Vorstehenden LG Koblenz 7. 3. 2023 – 11 O 21/22, GRUR-RS 2023, 9803 Rn 22 ff). Durch diese Entscheidung wird mithin erkennbar, dass die Aufnahme von weiteren Kündigungsmöglichkeiten auf der Bestätigungsseite zulässig ist, soweit dadurch die Bestätigungsfläche ohne Aufwand weiterhin wahrnehmbar ist und der Kündigungsprozess dadurch nicht erschwert wird.

IV. Speicherung und Kündigungsbestätigung

38 Um die Abgabe der Kündigungserklärung beweisen zu können ist eine entsprechende **Dokumentation** erforderlich (BT-Drucks 19/30840, 18). Hierzu sieht § 312k Abs 3 BGB die vom Unternehmer sicherzustellende Speicherungsmöglichkeit vor, indem die abgegebene Kündigungserklärung mit dem Datum und der Uhrzeit der Abgabe auf einem dauerhaften Datenträger zu speichern ist. In der Gesetzesbegründung wird als Beispiel eine herunterladbare Zusammenfassung des Inhalts einschließlich Datum und Uhrzeit der Abgabe der Kündigungserklärung angegeben. Mit dem Hinweis, dass diese Dokumentation den Anforderungen des § 126b S 2 Nr 1 BGB gerecht wird (BT-Drucks 19/30840, 18) wird deutlich, dass jegliche Speicherungsmöglichkeiten an diesen Vorgaben zu messen sind. Dagegen stellen Screenshots (BeckOK-BGB/Maume [1. 5. 2024] § 312k Rn 39a; Brönneke/Föhlisch/Tonner/Buschmann/Panfili, Das neue Schuldrecht [2022] § 7 Rn 52; MünchKommBGB/Wendehorst [9. Aufl 2022] § 312k Rn 23) sowie eine automatisch generierte E-Mail des Unternehmers (BeckOK-BGB/Maume [1. 5. 2024] § 312k Rn 39a) keine Speicherungsmöglichkeiten iSd § 312k Abs 3 BGB dar.

39 Während nach § 312k Abs 3 BGB die Abgabe der Kündigungserklärung dokumentiert wird, wird nach § 312k Abs 4 S 1 BGB der Zugang der Kündigungserklärung durch den Unternehmer bestätigt (BT-Drucks 19/30840, 18). Diese Bestätigung muss sofort auf elektronischem Wege in Textform erfolgen, wobei eine automatisierte Bestätigung ausreichen kann (BT-Drucks 19/30840, 18). Hinsichtlich des Zeitpunktes **„sofort"** ist zu beachten, dass dies anders als der Begriff „unverzüglich" „keinen zeitlichen Spielraum" gewährt (BeckOK-BGB/Maume [1. 5. 2024] § 312k Rn 40), sodass der Unternehmer wohl zu einer automatisierten Bestätigungsmöglichkeit greifen muss. Zu beachten ist zudem, dass es sich lediglich, um eine Bestätigung des Zugangs der Kündigungserklärung handelt und keine Aussage über die Wirksamkeit der Kündigung trifft (BeckOK-BGB/Maume [1. 5. 2024] § 312k Rn 40; MünchKommBGB/Wendehorst [9. Aufl 2022] § 312k Rn 25). Damit darf der Verbraucher auch mit der Kündigungsbestätigung nicht auf eine wirksame Beendigung des Vertragsverhältnis vertrauen.

40 Um dem Verbraucher, der keinen Einblick in die technischen Vorgänge bei der Übermittlung der Kündigungserklärung hat, die Beweisführung hinsichtlich des Zugangs der Kündigungserklärung beim Unternehmer zu erleichtern, ist in § 312k Abs 4 S 2 BGB die widerlegbare Vermutungsregelung des Zugangs verankert, dass diese unmittelbar nach der Abgabe zugegangen ist (BT-Drucks 19/30840, 18). Dies hat zur Folge, dass der Unternehmer das Risiko der technischen Probleme bei der Übermittlung trägt (MünchKommBGB/Wendehorst [9. Aufl 2022] § 312k Rn 26). Eine von dieser Vermutungswirkung abweichende AGB-Klausel zulasten des Verbrauchers ist nach § 312m Abs 1 BGB unwirksam.

V. Vermutungswirkung des Kündigungszeitpunktes

41 Dadurch, dass der Verbraucher nach § 312k Abs 2 S 2 Nr 1 lit d BGB nicht zur Angabe eines Beendigungszeitpunktes verpflichtet ist und dennoch die Beendigung eintreten soll, wird über die Vermutungswirkung nach § 312k Abs 5 BGB sichergestellt, dass die **Kündigung zum frühestmöglichen Zeitpunkt** wirkt.

42 Zwar greift die Vermutungswirkung nach dem Wortlaut des § 312k Abs 5 BGB nur in den Fällen ein, wenn Angaben über den Beendigungszeitpunkt gänzlich fehlen, jedoch ist dies auch auf die Fälle zu erweitern, in denen der **Verbraucher einen Zeitpunkt nennt, der vor dem frühestmöglichen Kündigungszeitpunkt liegt** (Brönneke/Föhlisch/Tonner/Buschmann/Panfili, Das neue Schuldrecht [2022] § 7 Rn 56). Dies folgt aus Gründen des Verbraucherschutzes, da dem Verbraucher nicht das Risiko der richtigen Berechnung der Kündigungsfristen auferlegt werden soll.

VI. Rechtsfolgen bei Verstößen

1. Sanktion

43 Unternehmer, die ihre Pflichten aus § 312k Abs 1 und Abs 2 BGB (kumulativ!) nicht erfüllen, werden dadurch **sanktioniert**, dass die Verbraucher nach § 312k Abs 6 S 1 BGB jederzeit und ohne Einhaltung einer Kündigungsfrist kündigen können. Zweck dieser Sanktionsnorm ist die Schaffung eines Anreizes zur Bereitstellung einer Kündigungsmöglichkeit nach den Vorgaben gem § 312k Abs 1 und Abs 2 BGB. Denn während für den „Bestellbutton" nach § 312j Abs 3 BGB aufgrund dessen zwingenden Vorhandenseins zum wirksamen Vertragsschluss bereits ein Anreiz für den Unternehmer besteht, fehlt dieser im Falle der Vertragskündigung (BT-Drucks 19/30840, 19).

44 Die **Darlegungs- und Beweislastverteilung** bezüglich der Tatbestandsvoraussetzungen trägt nach der Gesetzesbegründung der Verbraucher (BT-Drucks 19/30840, 19). Dies hält sich zwar im Rahmen der allgemeinen Beweislastverteilung, da das Vorliegen der Voraussetzungen des Abs 6 BGB für den Verbraucher günstiger ist, jedoch werden mit Blick auf die Beweislastverteilung nach § 312m Abs 2 BGB zunächst Zweifel geäußert (zweifelnd Brönneke/Föhlisch/Tonner/Buschmann/Panfili, Das neue Schuldrecht [2022] § 7 Rn 58; Stiegler VuR 2021, 443, 451). Denn nach § 312m Abs 2 BGB trägt der Unternehmer die Beweislast für die Erfüllung der in dem Untertitel (§§ 312 ff BGB) geregelten Informationspflichten. Während vereinzelnd der Begriff der Informationspflichten nach § 312m Abs 2 BGB weit verstanden wird und darunter auch die Pflichten aus § 312k Abs 1 und Abs 2 BGB fallen sollen (Brönneke/Föhlisch/Tonner/Buschmann/Panfili, Das neue Schuldrecht [2022] § 7 Rn 58; Stiegler VuR 2021, 443, 451), wird richtigerweise angenommen, dass es zum Nachweis der Erfüllung der Pflichten aus § 312k Abs 1 und Abs 2 BGB nicht nur um die Einhaltung der Informationspflichten geht, sondern darüber hinaus insbesondere auch um die Bereitstellung einer Webseite, die einen Vertragsschluss im elektronischen Geschäftsverkehr ermöglicht (MünchKommBGB/Wendehorst [9. Aufl 2022] § 312k Rn 34). Somit steht die Beweislastverteilung nicht im Widerspruch zu § 312m Abs 2 BGB. Unionsrechtlich bestehen ebenfalls keine Bedenken gegen die Beweislast zulasten des Verbrauchers, da § 312m Abs 2 BGB den Art 6 Abs 9 der Verbraucher-RL umsetzt und dieser sich nur auf die in

Art 6 Verbraucher-RL genannten Informationspflichten bezieht, wobei die Pflichten aus § 312k BGB nicht enthalten sind (zur mangelnden unionsrechtlichen Grundlage des § 312k BGB s Rn 3). Zudem wird der Verbraucher aufgrund seiner Darlegungs- und Beweislast nicht unverhältnismäßig belastet, da für den Nachweis die Anfertigung eines Screenshots der Webseite ausreichen wird und dies für den durchschnittlichen Verbraucher einfach zu bewältigen ist (BeckOK-BGB/Maume [1. 5. 2024] § 312k Rn 42; MünchKommBGB/Wendehorst § 312k Rn 34; **aA** Lommatzsch/Brecht GWR 2021, 363, 365).

45 Um zu verhindern, dass insbesondere **kleinere und mittlere Unternehmen**, die nach Kenntnis der Neuerung mehr Zeit für die strukturelle Änderung ihrer Webseiten benötigen, unzumutbar belastet werden, ist es richtig, dass die zeitlich unbegrenzte und unbefristete Kündigungsmöglichkeit nach Abs 6 nur so lange geltend gemacht werden kann, wie der Unternehmer seinen Pflichten nicht nachkommt (BeckOK-BGB/Maume [1. 5. 2024] § 312k Rn 44; MünchKommBGB/Wendehorst [9. Aufl 2022] § 312k Rn 33). Erfüllt der Unternehmer im Nachhinein seine Pflichten, kann die Kündigungserklärung mithin nicht auf den vorherigen rechtswidrigen Zustand gestützt werden. Dies wird durch die Systematik der Vorschrift bestätigt, da dem Unternehmer die Pflichten nur dann auferlegt werden, wenn die Voraussetzungen aus Abs 1 zum Zeitpunkt der Kündigungserklärung vorliegen (BeckOK-BGB/Maume [1. 5. 2024] § 312k Rn 44).

2. Außerordentliche Kündigung und weitere Rechte und Ansprüche

46 Obwohl § 312k Abs 6 S 2 BGB nur den Fall regelt, dass die außerordentliche Kündigung unberührt bleibt, ist davon auszugehen, dass andere Rechte und Ansprüche, wie zB der Schadenersatzanspruch wegen **Verletzung vertraglicher Nebenpflichten**, weiterhin bestehen bleiben (BeckOK-BGB/Maume [1. 5. 2024] § 312k Rn 46; MünchKommBGB/Wendehorst [9. Aufl 2022] § 312k Rn 35).

47 Dadurch, dass es sich bei § 312k BGB auch um Verbrauchschutzvorschriften handelt, finden die **Ansprüche aus UWG und UKlaG** ebenfalls Anwendung (BeckOK-BGB/Maume [1. 5. 2024] § 312k Rn 46; MünchKommBGB/Wendehorst [9. Aufl 2022] § 312k Rn 35; Stiegler VuR 2021, 443, 451). Hierzu hat das LG Berlin ausdrücklich entschieden, dass ein Verstoß gegen § 312k Abs 2 BGB ein Verstoß gegen Verbraucherschutzgesetze bedeutet und mithin ein Unterlassungsanspruch aus § 2 Abs 1 S 1 UKlaG besteht (LG Berlin 16. 3. 2023 – 52 O 333/22, juris Ls 1; so auch LG Köln 29. 7. 2022 – 33 O 355/22, GRUR-RS 2022, 29690). Dabei sei es (anders als bei S 1) unerheblich, ob der Unternehmer zwischenzeitlich seinen Erfüllungen aus § 312k BGB nachgekommen ist (LG Berlin 16. 3. 2023 – 52 O 333/22, juris Rn 15). Ein Verstoß gegen § 312k BGB ist bislang noch nicht in den Katalog der bußgeldbewehrten Ordnungswidrigkeiten nach Art 246e § 1 Abs 2 Nr 9 lit c EGBGB aufgenommen. Da es jedoch nicht nachvollziehbar ist, weshalb ein Verstoß gegen die „Bestellbutton-Vorschrift" gem § 312j BGB, aber ein Verstoß gegen die „Kündigungsbutton-Vorschrift" gem § 312k BGB keine Ordnungswidrigkeit darstellen soll, ist hier auf gesetzgeberisches Handeln zu hoffen (kritisch hierzu Stiegler VuR 2021, 443, 451).

§ 312l
Allgemeine Informationspflichten für Betreiber von Online-Marktplätzen

(1) Der Betreiber eines Online-Marktplatzes ist verpflichtet, den Verbraucher nach Maßgabe des Artikels EGBGB Artikel 246d des Einführungsgesetzes zum Bürgerlichen Gesetzbuche zu informieren.

(2) Absatz 1 gilt nicht, soweit auf dem Online-Marktplatz Verträge über Finanzdienstleistungen angeboten werden.

(3) Online-Marktplatz ist ein Dienst, der es Verbrauchern ermöglicht, durch die Verwendung von Software, die vom Unternehmer oder im Namen des Unternehmers betrieben wird, einschließlich einer Webseite, eines Teils einer Webseite oder einer Anwendung, Fernabsatzverträge mit anderen Unternehmern oder Verbrauchern abzuschließen.

(4) Betreiber eines Online-Marktplatzes ist der Unternehmer, der einen Online-Marktplatz für Verbraucher zur Verfügung stellt.

Materialien: Zum Entwurf eines Gesetzes zur Änderung des Bürgerlichen Gesetzbuchs und des Einführungsgesetzes zum Bürgerlichen Gesetzbuche in Umsetzung der EU-Richtlinie zur besseren Durchsetzung und Modernisierung der Verbraucherschutzvorschriften der Union und zur Aufhebung der Verordnung zur Übertragung der Zuständigkeit für die Durchführung der Verordnung (EG) Nr 2006/2004 auf das Bundesministerium der Justiz und für Verbraucherschutz, BT-Drucks 19/27655.

Systematische Übersicht

Alphabetische Übersicht

I. Allgemeines

1 **In Umsetzung des Art 6a RL 2011/83/EU** (geändert durch RL 2019/2161/EU) wurde der neue § 312l BGB (zunächst als § 312k BGB [BGBl I, 3483] und später in § 312l BGB verschoben [BGBl I, 3433]) eingefügt und trat am 25. 5. 2022 in Kraft. Dieser sieht besondere Informationspflichten nach Maßgabe des neuen Art 264d EGBGB für Betreiber eines Online-Marktplatzes vor, wobei die Begriffe legaldefiniert werden.

II. Tatbestandsvoraussetzungen

2 Die in Art 246d EGBGB normierten Informationspflichten gelten nach § 312k Abs 1 BGB nur für die Bertreiber eines Online-Marktes, wobei nach § 312k Abs 2 BGB solche Online-Marktplätze ausgenommen werden, auf denen Finanzdienstleistungen angeboten werden.

1. Online-Marktplatz

a) Allgemeines

3 Der **Begriff des „Online-Marktplatzes“** wird in § 312l Abs 3 BGB legaldefiniert und ist der Begriffsbestimmung aus Art 2 Abs 1 Nr 17 RL 2011/83/EU entnommen. Danach ist ein Online-Marktplatz ein Dienst, der es Verbrauchern ermöglicht, durch die Verwendung von Software, die vom Unternehmer oder im Namen des Unternehmers betrieben wird, einschließlich einer Webseite, eines Teils einer Webseite oder einer Anwendung, Fernabsatzverträge mit anderen Unternehmern oder Verbrauchern abzuschließen.

Zur **Zielerreichung**, die in der Erhöhung der Transparenz für Verbraucher auf Online-Marktplätze besteht, und damit neuere Technologien erfasst werden, soll der Begriff laut der Gesetzesbegründung weit und technologisch offen formuliert sein (BT-Drucks 19/27655, 28). Als Beispiele für Online-Markplätze können App-Stores, Amazon oder eBay genannt werden (Schmidt VuR 2022, 131, 132).

b) Dreipersonenverhältnis

4 Voraussetzung für das Vorliegen eines Online-Markplatzes ist zunächst das Bestehen eines **Dreipersonenverhältnisses**, welches aus Verbrauchern, dem Anbieter und dem Marktplatzbetreiber (s hierzu Rn 7 f) besteht (Schmidt VuR 2022, 131, 132). Demnach findet § 312l BGB keine Anwendung, wenn der Betreiber der Plattform ausschließlich eigene Waren/Dienstleistungen anbietet und damit nur er mit den Verbrauchern Verträge schließt (BeckOK-BGB/Maume [1. 5. 2024] § 312l Rn 3; Hk-BGB/Schulte-Nölke [12. Aufl 2024] § 312l Rn 1). Dies gilt auch dann, wenn zwar Anbieter existieren, jedoch als Erfüllungsgehilfen des Betreibers auftreten (MünchKommBGB/Wendehorst [9. Aufl 2022] § 312l

Rn 13). Unerheblich ist es jedoch, wenn der Betreiber neben der Ermöglichung des Vertragsschlusses zwischen Verbrauchern und anderen Unternehmern auch eigene Waren/Dienstleistungen anbietet (BT-Drucks 19/27655, 29; BeckOK-BGB/Maume [1. 5. 2024] § 312l Rn 3; MünchKommBGB/Wendehorst [9. Aufl 2022] § 312l Rn 12).

c) Ermöglichung des Abschlusses von Fernabsatzverträgen

Damit es sich um einen Online-Marktplatz iSd § 312l Abs 3 BGB handelt, muss über die Verwendung der Software der Abschluss eines Fernabsatzvertrages ermöglicht werden. Bezüglich des **Begriffs des Fernabsatzvertrages** ist auf die Definition in § 312c Abs 1 BGB zu verweisen (s hierzu ausführlich die Kommentierung zu § 312c Rn 15 ff). Da der Fernabsatzvertrag nach § 312c Abs 1 BGB ein Vertrag zwischen einem Unternehmer und einem Verbraucher ist, sind die Plattformen ausgeschlossen, auf denen ein Handeln des Verbrauchers nicht vorgesehen ist, wie etwa bei B2B-Plattformen (BeckOK-BGB/Maume [1. 5. 2024] § 312l Rn 4; Brönneke/Föhlisch/Tonner/Schmidt, Das neue Schuldrecht [2022] §1 Rn 4; Schmidt VuR 2022, 131, 132). Ausgeschlossen sind ebenfalls Plattformen, auf denen Verträge über den Verkauf beweglicher Sachen aufgrund von Zwangsvollstreckungsmaßnahmen oder anderen gerichtlichen Maßnahmen angeboten werden, da der Anbieter in diesen Fällen nicht als Unternehmer, sondern im Rahmen seiner hoheitlichen Befugnisse handelt (BT-Drucks 19/27655, 29). Daraus folgt jedoch nicht, dass die Plattform sich ausschließlich an Verbraucher richten muss (BeckOK-BGB/Maume [1. 5. 2024] § 312l Rn 4; MünchKommBGB/Wendehorst [9. Aufl 2022] § 312l Rn 6), sondern es genügt, wenn sich aus der Sicht des objektiven Empfängerhorizonts ergibt, dass die Plattform auch an Verbraucher gerichtet ist (MünchKommBGB/Wendehorst [9. Aufl 2022] § 312l Rn 6). Maßgeblich ist allein, dass der Vertragsschluss von Fernabsatzverträgen erlaubt ist, wobei die Art des Fernabsatzvertrages (BT-Drucks 19/27655, 29 mit Ausnahme des Finanzdienstleistungsvertrages nach Abs 2) sowie die Verfolgung anderer Zwecke neben dem Fernabsatzvertragsschluss unerheblich sind (BeckOK-BGB/Maume [1. 5. 2024] § 312l Rn 4). 5

d) Vermittlungs- und Vergleichsportale

Die Gesetzesbegründung nennt ausdrücklich die **Vermittlungs- und Vergleichsportale** und erläutert, dass diese Online-Marktplätze sind, wenn der Fernabsatzvertrag durch die Verwendung von Software des Betreibers des Online-Marktplatzes geschlossen wird, also zum Beispiel auf einem Teil der Webseite des Marktplatz-Betreibers (BT-Drucks 19/27655, 29). Klarer formuliert bedeutet dies, dass zum Vorliegen eines Online-Markplatzes erforderlich ist, dass der Vertragsschluss „direkt“ auf der Webseite des Betreibers erfolgt und nicht nur zB durch eine Verlinkung eine Weiterleitung auf eine Seite eines Dritten zum dortigen Vertragsabschluss ermöglicht wird (BeckOK-BGB/Maume [1. 5. 2024] § 312l Rn 6; Schmidt VuR 2022, 131, 132; so bereits EG 15 der RL 2016/1148/EU). Typische Beispiele, die diesen Anforderungen erfüllen sind Check24 oder Booking.com (BeckOK-BGB/Maume [1. 5. 2024] § 312l Rn 6; Schmidt VuR 2022, 131, 132). 6

2. Betreiber

Der Betreiber ist nach § 312l Abs 4 BGB ein **Unternehmer, der einen Online-Markplatz für Verbraucher zur Verfügung stellt**. Dies entspricht der Begriffsbestimmung in Art 2 Nr 18 RL 2011/83/EU nF (BT-Drucks 19/27655, 29), wobei jedoch nicht von Betreiber, sondern „Anbieter eines Online-Markplatzes“ gesprochen wird. Um Verwechslungen zwischen dem Anbieter nach deutschem Verständnis (Vertragspartei 7 des Fernabsatzvertrages) und dem Betreiber des Online-Marktplatzes zu vermeiden, wurde vermutlich die Legaldefinition des Betreibers in Abs 4 ausdrücklich vorgesehen und somit eine sprachliche Abgrenzbarkeit verdeutlicht (Brönneke/Föhlisch/Tonner/Schmidt, Das neue Schuldrecht [2022] §1 Rn 3 Fn 7).

8 Für das Begriffsverständnis des **Unternehmers gilt § 14 BGB**, sodass in Ausübung der gewerblichen oder selbständigen beruflichen Tätigkeit gehandelt werden muss (BeckOK-BGB/Maume [1. 5. 2024] § 312l Rn 8; MünchKommBGB/Wendehorst [9. Aufl 2022] § 312l Rn 14). Rein privat betriebene Plattformen sind somit nicht vom Anwendungsbereich des § 312l BGB erfasst (BeckOK-BGB/Maume [1. 5. 2024] § 312l Rn 8).

3. Bereichsausnahme

9 Die Pflicht aus § 312l Abs 1 BGB trifft den Betreiber nach § 312l Abs 2 BGB nicht, soweit auf dem Online-Markplatz Verträge über Finanzdienstleistungen angeboten werden. Hinsichtlich der **Definition von Finanzdienstleistungsverträgen** kann auf die Legaldefinition in § 312 Abs 5 BGB verwiesen werden (s hierzu ausführlich die Kommentierung zu § 312 Rn 67 ff). Unionsrechtliche Bedenken gegen diese Ausnahme bestehen nicht, da Art 3 Abs 3 lit d 2011/83/EU Finanzdienstleistungsverträge ausdrücklich aus dem Anwendungsbereich der Richtlinie herausnimmt (BT-Drucks 19/27655, 28). Ebenfalls ist eine Schutzlücke ausgeschlossen, weil für spezifische Finanzdienstleistungsverträge eigene, von denen des Art 246d EGBGB abweichende, Informationspflichten bestehen (BT-Drucks 19/27655, 28).

10 Der Umstand, dass auf einer Plattform neben dem Abschluss von gewöhnlichen Arten von Fernabsatzverträgen auch ein Vertragsschluss in Form eines Finanzdienstleistungsvertrags ermöglicht wird, entlastet den Betreiber nicht vollständig von seiner Informationspflicht. Dies folgt aus dem Wortlaut des § 312k Abs 2 BGB, der die Pflicht nur ausschließt **„soweit"** ein Finanzdienstleistungsvertrag vorliegt (BeckOK-BGB/Maume [1. 5. 2024] § 312l Rn 11). Somit wird sichergestellt, dass auch Betreiber einer gemischten Plattform den Informationspflichten unterliegen und zwischen den Verträgen unterscheiden müssen (BeckOK-BGB/Maume [1. 5. 2024] § 312l Rn 11).

III. Informationspflichten

11 Liegen die Tatbestandsvoraussetzungen des § 312l BGB vor, treffen den Betreiber **Informationspflichten** gegenüber dem Verbraucher. Die Informationspflichten sind jedoch nicht im BGB, sondern im neu eingefügten Art 246d EGBGB (BGBl I, 3483) aufgelistet. Dabei setzt Art 246d § 1 EGBGB in den Nummern 1, 4, 5 und 6 den Art 6a Abs 1 RL 2011/83/EU nF um und macht in den Nummern 2, 3 und 7 von der in Art 6a Abs 2 RL 2011/83/EU vorgesehene Öffnungsklausel zur Schaffung von zusätzlichen Informationspflichten Gebrauch (BT-Drucks 19/27655, 35). In Art 246d § 2 EGBGB sind formale Anforderungen an die Informationspflicht geregelt.

1. Informationspflichten

a) Ranking (Nr 1)

12 Das **Ranking** von Angeboten in den Ergebnissen einer Online-Suchanfrage nimmt erheblichen Einfluss auf die Auswahlentscheidung des Verbrauchers (BT-Drucks 19/

27655, 35) und hat damit erhebliches Manipulationspotential, indem der Betreiber durch bewusste Platzierung bestimmter Waren die Entscheidung des Verbrauchers in eine bestimmte Richtung lenken kann (BeckOK-BGB/Maume [1. 5. 2024] Art 246d § 1 Rn 3). Um dieser Manipulationsmöglichkeit durch Transparenz entgegenzuwirken, ist der Betreiber verpflichtet über die Hauptparameter des Rankings und deren Gewichtung im Vergleich zu anderen Parametern zu informieren.

13 Dadurch, dass der EG 21 RL 2019/2161 auf die P2B-VO 2019/1150 und damit ebenfalls auf den dort enthaltenen Art 5 verweist, können auch für die Auslegung der Verbraucher-RL die nach Art 5 Abs 7 entwickelten Leitlinien der Kommission über die Transparenzanforderungen bei Rankings herangezogen werden (MünchKommBGB/Wendehorst [9. Aufl 2022] § 312l Rn 21 f mit Verweis auf Leitlinien zur Transparenz des Rankings gemäß der VO (EU) 2019/1150 des Europäischen Parlaments und des Rates (2020/C 424/01), ABl EU 2020 C 424, 1). Diese sollen den Betreibern bei der Bewältigung seiner Informationspflichten unterstützen und eine Hilfestellung geben.

14 Für das **Begriffsverständnis des Rankings** verweist Art 6a Abs 1 lit a RL 2011/83/EU nF auf Art 2 lit m RL 2005/29/EG. Danach handelt es sich bei einem Ranking um die relative Hervorhebung von Produkten, wie sie vom Gewerbetreibenden dargestellt, organisiert oder kommuniziert wird, unabhängig von den technischen Mitteln, die für die Darstellung, Organisation oder Kommunikation verwendet werden.

15 Die **Informationspflichten hinsichtlich des Rankings** sind in zweierlei Hinsichten zu erfüllen: Zunächst muss der Betreiber über die Hauptparameter zur Festlegung des Rankings informieren. Parameter des Rankings sind allgemeine Kriterien, Prozesse und spezifische Signale, die in Algorithmen eingebunden sind, oder sonstige Anpassungs- oder Rückstufungsmechanismen, die im Zusammenhang mit dem Ranking eingesetzt werden (BT-Drucks 19/27655, 35). Zur Einstufung als „Hauptparameter" müssen die Kriterien wesentlich sein und das Ranking maßgeblich beeinflussen (BT-Drucks 19/27655, 36). Als Beispiele nennt die Gesetzesbegründung die Anzahl der Aufrufe des Angebots, das Datum der Einstellung des Angebots, die Bewertung des Angebots oder des Anbieters, die Anzahl der Verkäufe des Produkts oder die Nutzung der Dienstleistung („Beliebtheit"), Provisionen oder Entgelte, die Verwendung von Editorprogrammen und ihre Fähigkeit, das Ranking dieser Waren oder Dienstleistungen zu beeinflussen sowie Elemente, die die Ware oder die Dienstleistung selbst nicht oder nur entfernt betreffen, etwa Darstellungsmerkmale des Online-Angebots (BT-Drucks 19/27655, 35). Neben der Nennung der Hauptparameter muss der Betreiber die relative Gewichtung der Hauptparameter zur Festlegung des Rankings im Vergleich zu anderen Parametern darlegen.

Von der Informationspflicht nicht erfasst ist die Offenlegung der technischen Funktionsweise sowie der verwendeten Algorithmen (EG 23 RL 2019/2161).

b) Anbieterinformationen bei Vergleichen (Nr 2)

16 Nach Nr 2 ist der Betreiber, der auf dem Online-Markplatz das Ergebnis eines Vergleichs von Waren, Dienstleistungen oder digitalen Inhalten präsentiert verpflichtet, Angaben über die Anbieter zu geben, deren Angebote bei der Erstellung des Vergleichs einbezogen werden (**„Positivliste der Anbieter"**). Dadurch, soll den Verbrauchern wesentliche Informationen über die Marktabdeckung gegeben werden, um

eine informierte geschäftliche Entscheidung treffen zu können (BT-Drucks 19/27655, 36). Inhaltlich sollen sich die Angaben des Anbieters auf den Namen oder Handelsnamen beziehen, wobei eine ladungsfähige Anschrift nicht erforderlich sein soll (BT-Drucks 19/27655, 36). Dabei kann ebenfalls der Betreiber als Anbieter zu nennen sein, wenn er auf dem Online-Markplatz neben den Vertragsabschlüssen mit anderen Anbietern auch eigene Waren oder Dienstleistungen anbietet (BT-Drucks 19/27655, 36; s hierzu Rn 4).

17 Voraussetzung ist, die Präsentation des Ergebnisses eines *Vergleichs* von Waren oder Dienstleistungen, sodass eine **Gegenüberstellung** und nicht nur eine reine Auflistung vorgenommen werden muss (BT-Drucks 19/27655, 36 spricht von „zusätzlich neben der Auflistung von Angeboten"; BeckOK-BGB/Maume [1. 5. 2024] Art 246d § 1 Rn 6; Schmidt VuR 2022, 131, 134). Nicht erforderlich ist jedoch, dass der Vergleich ein Ergebnis einer *Suchanfrage* durch den Verbraucher ist (BeckOK-BGB/Maume [1. 5. 2024] Art 246d § 1 Rn 6; Brönneke/Föhlisch/Tonner/Schmidt, Das neue Schuldrecht §1 Transparenzpflichten für Online-Marktplätze Rn 20 Fn 21). Dies wird durch einen Vergleich zu Nr 1 deutlich, welcher ausdrücklich die Voraussetzung des „Ergebnisses einer Suchanfrage" nennt. Folge des Fehlenden Erfordernisses einer Suchanfrage ist mithin, dass „Zufallsfunde", dh Vergleichsergebnisse, die dem Verbraucher auch ohne eine Suchanfrage präsentiert werden, auch von der Informationspflicht in Nr 2 umfasst sind (BeckOK-BGB/Maume [1. 5. 2024] Art 246d § 1 Rn 6; Brönneke/Föhlisch/Tonner/Schmidt, Das neue Schuldrecht, § 1 Transparenzpflichten für Online-Marktplätze Rn 20 Fn 21). Dies entspricht auch dem Sinn und Zweck der Informationspflicht, die in der Sicherstellung einer informierten geschäftlichen Entscheidung liegt. Denn dafür könne es keinen Unterschied machen, „ob der Vergleich willentlich herbeiführt [wird] oder ihn vorausgewählt präsentiert bekommt" (Brönneke/Föhlisch/Tonner/Schmidt, Das neue Schuldrecht §1 Transparenzpflichten für Online-Marktplätze Rn 20 Fn 21). Zudem betont die Gesetzesbegründung, dass nur die Vergleichsportale erfasst werden, auf denen zugleich mit den Anbietern ein Vertragsabschluss ermöglicht wird und somit nicht nur informative Vergleichsportale erfasst werden (BT-Drucks 19/27655, 36). Dies ist jedoch eine bloße Klarstellung, da andernfalls bereits kein Online-Marktplatz iSd § 312l Abs 3 BGB vorliegen würde (s hierzu Rn 5, 6; so auch MünchKommBGB/Wendehorst [9. Aufl 2022] § 312l Rn 31).

c) Verbundene Unternehmen (Nr 3)

18 Handelt es sich bei dem Betreiber und dem Anbieter um **verbundene Unternehmen iSd § 15 AktG**, muss der Betreiber dies nach Nr 3 offenlegen. In diesen Fällen bestehe aufgrund der wirtschaftlichen Verflechtung das Risiko, dass das Ranking bzw der Vergleich nicht neutral erfolgen und somit die Kaufentscheidung des Verbrauchers nicht sachlich beeinflusst wird (BT-Drucks 19/27655, 36). Voraussetzung ist das Vorliegen eines verbundenen (rechtsformneutralen) (BGH 13. 10. 1977 – II ZR 123/76; BAG 13. 10. 2004 – 7 ABR 56/03) Unternehmens, sodass bloße vertragliche Beziehungen nicht ausreichend sind (BeckOK-BGB/Maume [1. 5. 2024] Art 246d § 1 Rn 7; Schmidt VuR 2022, 131, 134).

d) Unternehmereigenschaft (Nr 4)

19 Zudem muss dem Verbraucher nach Nr 4 erkennbar gemacht werden, ob es sich bei dem Anbieter um einen Unternehmer iSd § 14 BGB handelt. Die **Information über die Unternehmereigenschaft** ist von entscheidender Bedeutung, da dem Verbraucher in diesen Fällen die Schutzbestimmungen des Verbrauchervertragsrecht zustehen (MünchKommBGB/Wendehorst [9. Aufl 2022] § 312l Rn 34).

20 Während der Betreiber zwar verpflichtet ist den Anbieter nach seiner Unternehmereigenschaft zu fragen und dies auch auf dem Online-Markplatz kenntlich zu machen, erstreckt sich die Informationspflicht nicht auf eine **Überprüfungspflicht**, ob die Angaben auch wahrheitsgemäß getätigt worden sind (BT-Drucks 19/27655, 36; kritisch und einschränkend hierzu MünchKommBGB/Wendehorst [9. Aufl 2022] § 312l Rn 35).

e) Fehlende Unternehmereigenschaft mit der Folge des Wegfalls der Schutzbestimmungen (Nr 5)

21 Während die Information über die Unternehmereigenschaft (Nr 4) aufgrund der Kenntniserlangung über das Eingreifen der Verbraucherschutzbestimmungen, dh über die dem Verbraucher zustehenden Rechte für den Verbraucher zwar hilfreich ist, ist die Information, dass der Anbieter kein Unternehmer ist und somit die besonderen Vorschriften für Verbrauchsverträge nicht eingreifen (Nr 5) für den Verbraucher von entscheidender Bedeutung. Demnach kommt dieser Informationspflicht auch eine **Warnfunktion** zu (BT-Drucks 19/27655, 37).

Der Wortlaut beschränkt sich nur auf die Mitteilung, dass die „besonderen Vorschriften für Verbraucherverträge" keine Anwendung finden ohne eine Auflistung der nicht eingreifenden Verbraucherrechte vorzunehmen. Dies wird als Schmälerung des Verbraucherschutzrechtes bezeichnet (Schmidt VuR 2022, 131, 134), da dem Verbraucher als Laie ggf nicht erkennbar ist, ob zB der Widerruf unter die „besonderen Vorschrift für Verbraucherverträge" fällt oder nicht (so auch BeckOK-BGB/Maume [1. 5. 2024] Art 246d § 1 Rn 9). Siehe zur Problematik der Niederlassung eines Unternehmens in einem Staat außerhalb des Europäischen Wirtschaftsraums: MünchKommBGB/Wendehorst (9. Aufl 2022) § 312l Rn 39.

f) Dreipersonenverhältnis (Nr 6)

22 Aufgrund des **Dreipersonenverhältnisses** auf Online-Marktplätzen, ist für die Verbraucher häufig nicht erkennbar, wer die sich aus dem Vertrag ergebenden Verpflichtungen zu erfüllen hat und welche Rolle dabei der Betreiber spielt (BT-Drucks 19/27655, 37). Denn nicht selten tritt der Betreiber als Erfüllungsgehilfe des Anbieters auf (zB beim Versand der Ware) (BT-Drucks 19/27655, 37). Die Eigenschaft als Erfüllungsgehilfe wird jedoch für den Verbraucher nicht erkennbar, sodass die Gefahr des Irrtums über seinen Vertragspartner besteht. Um eine solche Intransparenz zu vermeiden(Schmidt VuR 2022, 131, 135), müssen Betreiber nach Nr 6 für den Fall, dass sie Pflichten des Anbieters übernehmen, die Verbraucher über den Umfang der Verpflichtungsübernahme sowie über den Umstand, dass der Verbraucher dadurch keine eigenen vertraglichen Ansprüche gegen den Betreiber entstehen, informieren. Hinsichtlich der Information über den Umfang der Verpflichtungen wird angenommen, dass sich dies nicht nur auf die übernommenen, sondern auch auf die nicht übernommenen Pflichten erstreckt (BeckOK-BGB/Maume [1. 5. 2024] Art 246d § 1 Rn 10; Schmidt VuR 2022, 131, 135). Begründet wird dies zum einem mit dem Wortlaut der deutschen Norm, dass maßgeblich auf den „Umfang" abgestellt wird und zum anderen mit der unionsrechtlichen umzusetzenden Norm in Art 6a lit. d RL 2011/83/EU, wonach die Information sich auf die „Aufteilung" der Verpflichtungen zwischen dem Betreiber und dem Anbieter bezieht und somit keine Einschränkung auf die Pflichten des Betreibers vorgenommen wird (BeckOK-BGB/Maume [1. 5. 2024] Art 246d § 1 Rn 10; Schmidt VuR 2022, 131, 135).

g) Weiterverkauf von Eintrittsberechtigungen für Veranstaltungen (Nr 7)

23 Häufig werden **Eintrittsberechtigungen** für Veranstaltungen (dh Tickets/Eintrittskarten) nicht direkt vom Veranstalter, sondern auf dem Sekundärmarkt von Anbietern verkauft. Um diesen Sekundärmarkt transparenter für den Verbraucher zu gestalten (Schmidt VuR 2022, 131, 135), soll der Betreiber dies kenntlich machen und über den vom Veranstalter konkret festgelegten Preis informieren. Nur so könne der Verbraucher eine informierte Kaufentscheidung treffen (BT-Drucks 19/27655, 37).

24 Fehlt aufgrund einer Freikarte oder einer Eintrittsberechtigung aus einem Abonnement ein Preis, ist dies ebenfalls anzugeben (BT-Drucks 19/27655, 37). Zudem ist auch dann der konkret festgelegte Preis anzugeben, wenn sich der Preis für vergleichbare Eintrittsberechtigungen aufgrund dynamischer Preisgestaltungen verändert (BT-Drucks 19/27655, 37).

25 Zur Erfüllung dieser Informationspflicht, wird in der **Gesetzesbegründung** vorgeschlagen, dass der Betreiber technisch vorsieht, dass das Hochladen des Angebots nur dann möglich ist, wenn ein Preis des Veranstalters bzw der Hinweis auf dessen Fehlen vermerkt ist (BT-Drucks 19/27655, 37). Die Pflicht erstreckt sich dabei nicht auf die Überprüfung der Richtigkeit der Angaben des Anbieters (BT-Drucks 19/27655, 37). Dass dies vom Gesetz auch nicht gefordert wird, ergibt sich aus dem Wortlaut der Vorschrift, wonach der Betreiber die Information über die Höhe des Preises „nach Angaben des Anbieters" vorzunehmen hat.

2. Formale Anforderungen

26 In Art 246d § 2 EGBGB sind die **formalen Anforderungen** an die Informationspflichten geregelt. Diese unterteilen sich in allgemeine Transparenzerfordernisse (Abs 1) und in besondere Anforderungen (Abs 2).

27 Art 246d § 2 Abs 1 EGBGB setzte den Art 6a Abs 1 RL 2011/83/EU nF um und verlangt, dass die Informationen dem Verbraucher vor Abgabe seiner Vertragserklärung in klarer verständlicher und in einer den benutzten Fernkommunikationsmitteln angepassten Weise zur Verfügung gestellt werden. Ausweislich der Gesetzesbegründung wird zum Verständnis der Begriffe auf die gleich lautenden Begriffe in Art 246a EGBGB verwiesen, sodass auf die dortige Kommentierung verwiesen werden kann (s hierzu § 312d Rn 78 ff).

28 Neben den allgemeinen Anforderungen sind in Art 246d § 2 Abs 2 EGBGB besondere Anforderungen für die Informationspflichten in Art 246d § 1 Nr 1 und 2 EGBGB vorgesehen. Erforderlich ist, dass die dort geregelten Informationen dem Verbraucher in einem bestimmten Bereich der Online-Benutzeroberfläche zur Verfügung gestellt werden, der von der Webseite, auf der die Angebote angezeigt werden, unmittelbar und leicht zugänglich ist.

Kapitel 4
Abweichende Vereinbarungen und Beweislast

§ 312m
Abweichende Vereinbarungen und Beweislast

(1) Von den Vorschriften dieses Untertitels darf, soweit nichts anderes bestimmt ist, nicht zum Nachteil des Verbrauchers oder Kunden abgewichen werden. Die Vorschriften dieses Untertitels finden, soweit nichts anderes bestimmt ist, auch Anwendung, wenn sie durch anderweitige Gestaltungen umgangen werden.

(2) Der Unternehmer trägt gegenüber dem Verbraucher die Beweislast für die Erfüllung der in diesem Untertitel geregelten Informationspflichten.

Materialien: Art 12 Abs 1 Richtlinie 2002/65/EG des Europäischen Parlaments und des Rates vom 23. September 2002 über den Fernabsatz von Finanzdienstleistungen an Verbraucher und zur Änderung der Richtlinie 90/619/EWG des Rates und der Richtlinien 97/7/EG und 98/27/EG (ABlEG Nr L 271/16); Art 25 der Richtlinie 2011/83/EU über die Rechte der Verbraucher, zur Änderung der Richtlinie 93/13/EWG des Rates und der Richtlinie 1999/44/EG des Europäischen Parlaments und des Rates sowie zur Aufhebung der Richtlinie 85/577/EWG des Rates und der Richtlinie 97/7/EG des Europäischen Parlaments und des Rates (ABlEU Nr L 304/64); Art 10 Abs 1 und 2, 11 Abs 1 und 2 der Richtlinie 2000/31/EG des Europäischen Parlaments und des Rates vom 8. Juni 2000 über bestimmte rechtliche Aspekte der Dienste der Informationsgesellschaft, insbesondere des elektronischen Geschäftsverkehrs, im Binnenmarkt („Richtlinie über den elektronischen Geschäftsverkehr") (ABlEG Nr L 178/1); Regierungsentwurf Gesetz über Fernabsatzverträge und andere Fragen des Verbraucherrechts sowie zur Umstellung von Vorschriften auf Euro BT-Drucks 14/2658, 45.

Systematische Übersicht

Alphabetische Übersicht

I. Allgemeines

1 § 312m BGB regelt Dreierlei: § 312m Abs 1 S 1 BGB regelt die **Unabdingbarkeit** der in §§ 312–312l BGB eingeräumten Verbraucherrechte und setzt damit Art 25 VerbrRRL und Art 12 Abs 1 FernAbsFinanzDienstRL um. Diese Richtlinienbestimmungen geben vor, dass der Verbraucher auf die Rechte des Verbraucherrechts und des Fernabsatzrechts bei Finanzdienstleistungen nicht verzichten kann. Zwar enthält die E-Commerce-RL, die den §§ 312i, 312j BGB zugrunde liegt, keine entsprechende ausdrückliche Bestimmung. Die Unabdingbarkeit der Rechte aus der E-Commerce-RL ergibt sich jedoch aus deren Systematik. Art 10 Abs 1 und 2 sowie Art 11 Abs 1 und 2 E-Commerce-RL regeln abschließend die Abdingbarkeit der Rechte, sodass sich im Umkehrschluss die grds Unabdingbarkeit ergibt (MünchKommBGB/Wendehorst § 312m Rn 1). Die Regelung will einen **Mindeststandard** für den Verbraucherschutz schaffen und damit verhindern, dass die Regelungen ausgehöhlt werden. Die Rechte des Verbrauchers dürfen vertraglich nicht eingeschränkt werden. Andernfalls bestünde die Gefahr, dass der Unternehmer als stärkere Vertragspartei den Verbraucher vor Vertragsschluss auf einen Verzicht drängen würde; die Schutzvorschriften würden leerlaufen.

2 In diesem Sinne hielt es der Gesetzgeber bei der Umsetzung der FernAbsRL für sinnvoll, ein ausdrückliches (wenngleich deklaratorisches) **Umgehungsverbot** zu normieren (RegE FernAbsG BT-Drucks 14/2658, 45). Da mit der Einhaltung der §§ 312 ff BGB für den Unternehmer ein nicht unerheblicher Aufwand verbunden ist, könnte er in Versuchung geraten, die Vorschriften zu umgehen. Dem soll das Umgehungsverbot des § 312m Abs 1 S 2 BGB entgegenwirken (vgl BT-Drucks 14/2658, 45). Zwar besteht kein ausdrückliches Umgehungsverbot in den zugrunde liegenden Richtlinien, jedoch dient das Umgehungsverbot letztlich dem Sinn und Zweck der Richtlinie und dem Gebot des gemeinschaftsfreundlichen Verhaltens aus Art 4 Abs 3 EUV (MünchKommBGB/Wendehorst § 312m Rn 2).

3 § 312m Abs 1 S 1 und 2 BGB beruhen ursprünglich auf § 5 Abs 1 HWiG und § 5 Abs 1 FernAbsG und wurden in § 312i aF (bis 12. 6. 2014) zusammengefasst, der § 312m Abs 1 BGB entspricht. Mit Wirkung zum 13. 6. 2014 wurde § 312m Abs 2 BGB eingefügt, wonach der Unternehmer gegenüber dem Verbraucher die **Beweislast** für die Erfüllung der Informationspflichten trägt. Nachdem der heutige § 312m seit dem 1. 7. 2022 seinen Platz in lit m gefunden hat (BGBl 2021 I 3433), war er zuvor in § 312k (bis 27. 5. 2022, BGBl 2013 I 3642) und in § 312l (bis 30. 6. 2022, BGBl 2021 I 3483) verordnet. Eine inhaltliche Veränderung erfuhr die Vorschrift jedoch nicht.

II. Unabdingbarkeit (Abs 1 S 1)

4 Abs 1 S 1 bestimmt, dass von den Vorschriften des zweiten Untertitels **nicht zum Nachteil des Verbrauchers oder des Kunden abgewichen werden** kann.

1. Verzichtbarkeit

Das Unabdingbarkeitsgebot aus § 312m Abs 1 S 1 BGB erfasst entgegen dem Wortlaut nicht nur die Vorschriften der §§ 312–312l BGB. Art 12 Abs 1 FernAbsFinanzDienstRL und Art 25 VerbrRRL erfassen sämtliche Rechte, die dem Verbraucher aufgrund der Umsetzung der jeweiligen Richtlinie zustehen. Um eine **richtlinienkonforme Umsetzung** zu gewährleisten, wird die Vorschrift vielmehr analog auf alle Vorschriften angewandt, die der Umsetzung der VerbrRRL oder der FernAbsFinanzDienstRL dienen. Hierbei handelt es sich insbesondere um die Regelung über unbestellte Leistungen in § 241a BGB. Auch die Vorschriften über das Widerrufsrecht bei Verbraucherverträgen in §§ 355 ff BGB sind in Umsetzung der VerbrRRL neu gefasst worden. Für diese besteht eine entsprechende Regelung in § 361 Abs 2 BGB. 5

Die **Vorschriften der §§ 312 ff BGB sind halbzwingend** (vgl Dauner-Lieb/Langen/Krebs/Jung Rn 3; MünchKommBGB/Wendehorst § 312m Rn 7; BeckOK-BGB/Maume [1. 5. 2024] § 312m Rn 3). Unzulässig sind nur Abweichungen, die zum Nachteil des Verbrauchers oder Kunden wirken. Wann eine Abweichung für den Verbraucher oder Kunden nachteilig ist, beurteilt sich nicht nach einer Gesamtwürdigung, die den Ausgleich nachteiliger Klauseln durch verbraucherfreundliche Abreden erlaubt, sondern anhand einer wertenden Betrachtung der jeweiligen Einzelnorm (vgl LG Fulda 26. 2. 1987 – 4 O 394/869, NJW-RR 1987, 1460; BeckOK-BGB/Maume [1. 5. 2024] § 312m Rn 4; MünchKommBGB/Wendehorst § 312m Rn 7; Bülow ZIP 1998, 945). Entscheidend sind die Umstände des Einzelfalls, sodass sich der Verbraucher entsprechend seiner jeweiligen Situation auf die günstigere Regelung – Gesetz oder Vertrag – berufen kann. Daneben gibt es Vereinbarungen, die stets ungünstiger sind: Eine unzulässige **Abweichung** läge etwa vor, wenn das **Widerrufsrecht** des Verbrauchers an Gründe geknüpft würde, die auch den Gewährleistungsvorschriften des Kaufrechts die Tür öffnen. Dagegen ist eine Abweichung, die zugunsten des Verbrauchers oder Kunden von den Vorgaben des Verbraucherrechts abweicht, zulässig. Insbesondere können die Parteien ein **Widerrufsrecht** auch bei den Verträgen vereinbaren, für die ein solches nach § 312g Abs 2 BGB als gesetzliches Recht ausgeschlossen ist. 6

Die **Bestätigung des Kunden**, dass die Auftragserteilung nach vorangegangenem Angebot erfolgt sei, stellt eine zum Nachteil des Kunden getroffene unwirksame Vereinbarung dar, wenn dadurch das an sich bestehende Widerrufsrecht vertraglich ausgeschlossen werden soll (AG Ettenheim 20. 4. 2004 – 1 C 270/03, NJW-RR 2004, 1429). 7

Von Abs 1 S 1 werden auch **einseitige Verzichtserklärungen** des Verbrauchers oder Kunden erfasst (vgl LG Fulda 26. 2. 1987 – 4 O 394/869, NJW-RR 1987, 1460; MünchKommBGB/Wendehorst § 312m Rn 3; Bülow ZIP 1998, 945, 948), obwohl die Vorschrift ihrem Wortlaut nach nur für Vereinbarungen gilt. Eine Erweiterung auf einseitige Verzichtserklärungen ist aber wiederum erforderlich, um eine richtlinienkonforme Auslegung zu gewährleisten. Sowohl in der VerbrRRL als auch in der FernAbsFinDienstRL heißt es, dass „der Verbraucher auf die Rechte nicht verzichten“ kann. In der Regel wird die einseitige Verzichtserklärung nur schwer von einer Vereinbarung abzugrenzen sein und es ist auch zweifelhaft, ob es in der Praxis hierzu kommen wird. Üblicher wird es sein, dass der Verbraucher eine vom Unternehmer vorformulierte Verzichtserklärung unterzeichnet. Hierin liegt aber eine Vereinbarung (LG Fulda 26. 2. 8

1987 – 4 O 394/869, NJW-RR 1987, 1460, 1461). In der Vorlage der vorgefertigten Verzichtserklärung durch den Unternehmer ist ein Angebot auf den Abschluss eines Verzichtsvertrages zu sehen, welches der Verbraucher durch Unterzeichnung der Erklärung annimmt.

9 Die Vorschrift erfasst dagegen nicht die Situationen, in denen der Unternehmer den Verbraucher ordnungsgemäß über sein Widerrufsrecht belehrt hat und der **Verbraucher nach Vertragsschluss auf sein Widerrufsrecht verzichtet** (**aA** Dauner-Lieb/Langen/Krebs/Jung Rn 3). Hierzu müssen aber die Vorgaben über die Widerrufsbelehrung vollständig erfüllt worden sein (so auch Lütcke [2002] § 312c Rn 3; **aA** Krämer ZIP 1997, 93 ff; der davon ausgeht, dass der Verbraucher auch [wirksam] auf sein Widerrufsrecht verzichten kann, wenn er nicht zuvor darüber aufgeklärt worden ist). Ohne umfassende Informationen ist der Verbraucher nicht in der Lage, die Reichweite seines Verzichts realistisch einzuschätzen. Der Unternehmer könnte sich einen wettbewerbswidrigen Vorteil erschleichen, wenn er den Verbraucher zunächst nicht über das Widerrufsrecht informiert und im Anschluss einen Verzichtsvertrag anbietet. Ist der Verbraucher aber ordnungsgemäß informiert worden, kann er auch auf sein Widerrufsrecht verzichten. Es steht ihm frei, das Widerrufsrecht auszuüben. Im Umkehrschluss muss er auch darauf verzichten können, von seinem Widerrufsrecht Gebrauch zu machen.

10 Ebenso wenig schließt es § 312m Abs 1 S 1 BGB aus, dass der Verbraucher oder Kunde **auf den vollständigen Erhalt der Informationen verzichtet**, wenn er zuvor ausdrücklich darauf hingewiesen wurde, um welche Informationen es sich handelt und der Unternehmer ihm die Möglichkeit gegeben hat, in zumutbarer Weise von den Informationen Kenntnis zu nehmen (MünchKommBGB/Wendehorst § 312m Rn 4; **aA** Härting [2000] § 5 FernAbsG Rn 5). Es würde auf eine den Verbraucherinteressen zuwiderlaufende Entmündigung des Verbrauchers oder Kunden hinauslaufen, wenn dieser gezwungen würde, sich bereits bekannte Informationen wiederholt anhören zu müssen.

11 Schließen Unternehmer und Verbraucher oder Kunde nach Vertragsschluss einen **Vergleich im Sinne von § 779 BGB**, in dem sie im Wege des gegenseitigen Nachgebens ua vereinbaren, dass der Verbraucher oder Kunde auf einen Teil seiner Rechte verzichtet, ist diese Vereinbarung nicht wegen § 312m Abs 1 S 1 BGB unwirksam (so auch für den Fall, dass der Unternehmer seine Informationspflichten bereits erfüllt hat, der Vergleich von gegenseitigem Nachgeben geprägt ist und der Verbraucher keine ihm besonders günstige Verfahrensposition aufgibt BeckOK-BGB/Maume [1. 5. 2024] § 312m Rn 5; einschränkend auch MünchKommBGB/Wendehorst § 312m Rn 6). Diese Bewertung ist aus verbraucherschutzrechtlichen Gesichtspunkten geboten. Andernfalls würde der Verbraucher oder Kunde in einen gerichtlichen Prozess gezwungen, dessen Ausgang offen ist und den er verlieren könnte (im Arbeitsrecht wird eine ähnliche Diskussion darüber geführt, ob es gegen § 12 EFZG verstößt, wenn Arbeitnehmer und Arbeitgeber einen Vergleich schließen, in dem der Arbeitnehmer seinem [früheren] Arbeitgeber einen fälligen Lohnfortzahlungsanspruch erlässt, verneinend: BAG 11. 6. 1976 – 5 AZR 506/75, NJW 1977, 1213, 124 [zu § 9 LFZG]; vgl zur Diskussion HWK/Schliemann/Vogelsang § 12 EFZG Rn 6 ff). Auch bei einer günstigen Verfahrenssituation und unabhängig davon, ob der Unternehmer seinen Informationspflichten nachgekommen ist, sollte es dem Verbraucher möglich sein, dem Prozessrisiko zu entgehen.

§ 312m Abs 1 S 1 BGB gilt nur, soweit nichts anderes bestimmt ist. Das bedeutet, dass dann, wenn **Regelungen eine Abweichung** zu Lasten des Verbrauchers oder Kunden – ggf unter bestimmten Voraussetzungen – **ausdrücklich zulassen**, § 312m Abs 1 S 1 BGB nicht gilt. Dieser Zusatz in § 312m Abs 1 S 1 BGB ist deklaratorischer Natur, denn schon nach allgemeinen Regeln würde die Norm, die ausdrücklich eine Abweichung zulässt, als speziellere Regelung vorgehen. Abweichungen werden zugelassen in § 312d Abs 1 S 2 BGB und § 312i Abs 2 S 2 BGB. Auch erlischt das Widerrufsrecht nach § 356 Abs 4 BGB, wobei jedoch die Voraussetzungen des Erlöschens sich danach unterscheiden, ob der Verbraucher zur Zahlung eines Preises verpflichtet ist oder nicht. Relevant ist diese Norm in der Praxis ua bei Partnervermittlungen (LG Nürnberg-Fürth 29. 9. 2015 – 5 S 3348/15) und Wohnungsmaklerverträgen (MESCH VuR 2015, 251, 254). 12

2. Rechtsfolgen

Weichen die Parteien zum **Nachteil** des Verbrauchers oder Kunden von den Vorschriften der §§ 312 ff BGB sowie von den sonstigen Vorschriften ab, die der **Umsetzung** der VerbrRRL oder FernAbsFinanzDienstRL dienen, führt dies dazu, dass die vom Gesetz abweichende Vereinbarung nach § 306 BGB unwirksam ist. Der Vertrag im Übrigen bleibt jedoch wirksam (vgl MünchKommBGB/WENDEHORST § 312m Rn 9). Alles andere würde den Verbraucher unangemessen **benachteiligen**. § 312m Abs 1 BGB bezweckt einen einseitigen Schutz des Verbrauchers oder des Kunden. Dieser Schutz würde ihm entzogen, wenn nicht nur die **nachteiligen** Vereinbarungen unwirksam wären, sondern er daneben auch die **Vorteile** des Vertrags verlieren würde. § 306 BGB gilt, wenn eine abweichende Vereinbarung ausnahmsweise nicht durch AGB, sondern individuell getroffen wurde, analog (MünchKommBGB/WENDEHORST § 312m Rn 9). Es gelten folglich diejenigen Regelungen, von denen in unzulässiger Weise abgewichen werden sollte. § 139 Abs 2 BGB findet keine Anwendung (BeckOK-BGB/MAUME [1. 5. 2024] § 312m Rn 7). 13

III. Umgehungsverbot (Abs 1 S 2)

§ 312m Abs 1 S 2 BGB enthält ein ausdrückliches **Umgehungsverbot** für die Verbraucherschutzvorschriften. Die §§ 312 bis 312l BGB finden daher auch Anwendung, wenn sie durch vom Wortlaut des Gesetzes nicht erfasste, jedoch funktionell vergleichbare Gestaltungen umgangen werden. In den Verbraucherschutzgesetzen sind Umgehungsverbote Ausdruck eines besonderen Schutzanliegens des Gesetzgebers (vgl im Fernabsatzrecht RegE FernAbsG BT-Drucks 14/2658, 45: „Da mit den Schutzvorschriften des Fernabsatzgesetzes für den Unternehmer ein gewisser Aufwand verbunden ist, der unseriöse Anbieter zu Umgehungsversuchen veranlassen könnte, ist ein Umgehungsverbot notwendig"). In der rechtswissenschaftlichen Literatur ist die Notwendigkeit solcher Regelungen zu Recht bestritten worden (vgl SIEKER [2001] Umgehungsverbote S 8 ff, 37; SOERGEL/HEFERMEHL [13. Aufl 1999] § 134 Rn 37; FLUME [4. Aufl 1992] AT II § 17 Rn 4; MEDICUS/PETERSEN, BGB AT Rn 661; TEICHMANN JZ 1985, 314, 316; **aA** LÖWE AGBG § 7 Rn 4; GRAMLICH/ZERRES ZIP 1998, 1299, 1303). Die Aussage von S 2 erschöpft sich letztlich darin, dass die Vorschriften der §§ 312 ff BGB für anwendbar erklärt werden auch für die Fälle, an die der Gesetzgeber nicht gedacht hat, aber hätte mitregeln wollen, hätte er an sie gedacht. Hierbei handelt es sich um eine deklaratorische Aussage, die die Übersichtlichkeit des Gesetzes beeinträchtigt. Die Bedeutung von S 2 reduziert sich auf eine Appell- 14 und Klarstellungsfunktion (vgl SIEKER [2001], Umgehungsgeschäfte 39). Insbesondere bestimmt die Vorschrift nicht selbst, inwieweit die einschlägigen Normen auf den Umgehungssachverhalt anwendbar sind, sondern verweist den Rechtsanwender darauf, den Geltungsanspruch des jeweiligen Gesetzes auch gegenüber Umgehungsversuchen durchzusetzen.

1. Tatbestand

15 S 2 greift ein, wenn die Parteien ihre vertraglichen Beziehungen so gestalten, dass die §§ 312 ff BGB nicht anwendbar sind, obwohl sie ihrem Schutzzweck nach eingreifen müssten (OLG Frankfurt 28. 1. 2021 – 6 U 181/19, GRUR-RS 2021, 1946 Rn 34). Der Unternehmer muss die vertraglichen Beziehungen nicht absichtlich so gestalten, dass die Verbraucherschutzvorschriften umgangen werden. Es reicht aus, wenn die objektiven Voraussetzungen eines **Umgehungsgeschäfts** gegeben sind (vgl MünchKommBGB/WENDEHORST § 312m Rn 10; WASSERMANN JuS 1990, 723; allgemein zu Umgehungsgeschäften BENECKE, Gesetzesumgehung im Zivilrecht [2004]; grundlegend TEICHMANN, Die Gesetzesumgehung [1962]). Der Verbraucher ist auch dann schutzwürdig, wenn der Unternehmer nicht in böser Absicht handelt (OLG Frankfurt 28. 1. 2021 – 6 U 181/19, GRUR-RS 2021, 1946 Rn 34: „der Verbraucherschutz dürfe nicht von der guten oder bösen Gesinnung des Vertragspartners abhängen"; so auch LG Berlin 2. 6. 2022 – 67 S 259/21, juris Rn 65). Bei Umgehungsgeschäften wird zwischen Tatbestandsvermeidung und Tatbestandserschleichung unterschieden (vgl zu den Begrifflichkeiten grundlegend TEICHMANN, Die Gesetzesumgehung [1962] 50; eine solche Unterscheidung nimmt auch MünchKommBGB/WENDEHORST § 312m Rn 11 ff vor).

a) Tatbestandsvermeidung

16 Hier führen formale Voraussetzungen dazu, dass die §§ 312 ff BGB nicht anwendbar sind, obwohl der Lebenssachverhalt unter den Schutzzweck des Gesetzes fällt (LG Berlin 2. 6. 2022 – 67 S 259/21, juris Rn 62). Ein geläufiges Beispiel im Bereich des Fernabsatzrechts ist der Unternehmer, der den Antrag eines Verbrauchers dadurch annimmt, dass er ihn bei der Auslieferung der Ware einen Vertrag unterschreiben lässt (OLG Schleswig 2. 7. 2003 – 7 U 240/01, NJW 2004, 231). Damit wird der Vertrag nicht unter ausschließlicher Verwendung von Fernkommunikationsmitteln geschlossen, sodass §§ 312d, 312e und 312g BGB nicht anwendbar wären (vgl aber bereits § 312c Rn 28 ff). **Kein Umgehungsgeschäft** liegt dagegen vor, wenn der Unternehmer sich dazu entscheidet, seine Waren und Dienstleistungen nicht in einem ausschließlich auf die Verwendung von Fernkommunikationsmitteln ausgerichteten System zu vertreiben (vgl RegE FernAbsG BT-Drucks 14/2658, 45). So muss ein Unternehmer nicht fürchten, gegen § 312m Abs 1 S 2 BGB zu verstoßen, wenn er objektiv nicht über ein für den Fernabsatz organisiertes Vertriebs- und Dienstleistungssystem verfügt und in Anzeigen und ähnlichem darauf verzichtet, seine Telefon- bzw Faxnummer anzugeben. In der Rechtsprechung zu der Vorgängervorschrift von § 5 Abs 1 HWiG lassen sich einige Beispiele finden, die illustrieren, wodurch Unternehmer versucht haben, den Schutzvorschriften des HWiG zu entfliehen. Ein **Umgehungsgeschäft** wurde angenommen bei dem Verkauf von Waren in einer Hotelhalle während eines Hotelaufenthaltes des Verbrauchers (OLG Frankfurt 12. 12. 1993 – 21 U 196/92, NJW 1994, 1805, 1806). Es wurde als Umgehungsgeschäft bewertet, wenn die Parteien den Vertrag an einem neutralen Ort geschlossen haben und anschließend zur Klärung weiterer Details in die Wohnung des Verbrauchers gegangen sind (OLG Dresden 14. 12. 1994 – 8 U 1123/94, NJW 1995, 1164). Gleiches galt, wenn dem Verbraucher auf dessen privater Baustelle angeboten

wird, Baustoffe zu kaufen (OLG Zweibrücken 4. 7. 1994 – 7 U 164/93, NJW 1995, 140) oder ein Vertrag über eine entgeltliche Leistung in die Form eines Beitritts zu einer Genossenschaft oder einem Verein gefasst wurde (BGH 20. 1. 1997 – II ZR 105/96, NJW 1997, 1069; OLG München 18. 5. 1995 – 29 U 6014/94, NJW 1996, 263; LG Bonn 27. 11. 1997 – 8 S 115/97, MDR 1998, 337; **aA** OLG Karlsruhe 27. 6. 1990 – 6 U 2/90, NJW 1991, 433; s auch Krohn/Schäfer WM 2000, 112; Wassermann JuS 1990, 723; richtigerweise wird man hier § 312 bereits unmittelbar anwenden können vgl § 312 Rn 4). Hier kommt es freilich darauf an, dass durch die besondere Vertragsgestaltung lediglich verdeckt wird, dass die Erbringung entgeltlicher Leistungen vereinbart wird: nicht die Mitgliedschaft in der Genossenschaft oder dem Verein, sondern der Erwerb einer Sache oder eines Nutzungsrechts muss im Vordergrund stehen. Auch in der aktuellen Rechtsprechung zu § 312m BGB (damals noch § 312k BGB) wurde ein Umgehungsgeschäft bei der Aufspaltung eines Vertragsschlusses in einen fernkommunikativen und in einen „stationären" Teil angenommen (OLG Frankfurt 28. 1. 2021 – 6 U 181/19, juris Rn 36; OLG Frankfurt 15. 11. 2018 – 6 U 103/18, juris Rn 14; LG Berlin 2. 6. 2022 – 67 S 259/21, juris Rn 63 f). Konkret ging es um Konstellationen, in denen der Verbraucher auf der Internetseite zwar ein verbindliches Angebot abgeben konnte, jedoch zum Zustandekommen eines Vertragsschlusses ein im Anschluss erfolgendes persönliches Gespräch bzw die Entgegennahme der Annahmeerklärung auf nicht elektronischem Wege erforderlich war.

b) Tatbestandserschleichung

Bei der Tatbestandserschleichung dagegen bemüht sich der Unternehmer darum, einen für ihn günstigen Tatbestand zu verwirklichen, auch wenn bei am Gesetzeswort orientierter Betrachtung der Tatbestand nicht erfüllt ist. Als Beispiel bietet sich die Ausnahmevorschrift § 312g Abs 2 BGB an. Als **Umgehungsgeschäft** mag man es etwa bewerten, wenn der Unternehmer eine standardisierte Ware als „Ihr ganz persönliches, extra für Sie angefertigtes Exemplar" bezeichnet und dadurch versucht, einen Ausschluss des Widerrufs nach § 312g Abs 2 Nr 1 BGB zu erreichen (so auch MünchKommBGB/Wendehorst § 312m Rn 13). Dieses Beispiel zeigt aber auch, wie entbehrlich letztlich die Kodifizierung des Umgehungsverbots ist (vgl hierzu schon Rn 14). Bei verständiger Auslegung von § 312g Abs 2 Nr 1 BGB kann bereits kein Zweifel daran bestehen, dass die Ware eben nicht nach Kundenspezifikation angefertigt wurde bzw eindeutig auf die persönlichen Bedürfnisse des Kunden zugeschnitten ist. Um zu erkennen, dass die fernabsatzrechtlichen Vorschriften anwendbar bleiben, hätte es § 312m Abs 1 S 2 BGB nicht bedurft. Die Frage, ob ein Umgehungsgeschäft vorliegt, wenn der Unternehmer Online-Auktionshäuser systematisch nutzt, um wiederholt gleiche oder ähnliche Ware abzusetzen (hierzu noch Lütcke [2002] § 312f aF Rn 10; **aA** Heiderhoff MMR 2001, 640, 643), hat sich seit der eBay-BGH-Entscheidung 2004 erübrigt (BGH 3. 11. 2004 – VIII ZR 375/03, ZIP 2004, 2334). Denn eine Umgehung der fernabsatzrechtlichen Vorschriften kann in einem solchen Fall schon deshalb nicht angenommen werden, weil es sich nach herrschender Meinung bei Rechtsgeschäften, die unter Nutzung von Auktionsplattformen abgewickelt werden, um besondere Kaufverträge (Zustandekommen durch Angebot und Annahme §§ 145 ff BGB) und nicht etwa um Versteigerungen im Sinne des § 156 BGB handelt (BGH 3. 11. 2004 – VIII ZR 375/03, ZIP 2004, 2334; vgl hierzu ausführlich die Kommentierung zu § 312g Rn 68). Im Übrigen hat der Gesetzgeber „echte" Versteigerungen bewusst vom Anwendungsbereich des Widerrufsrechts ausgeschlossen. Diese Entscheidung darf dem Unternehmer nicht zum Nachteil gereichen, wenn er sich in seinem Geschäftsbetrieb auf diese Art des Vertragsschlusses beschränkt. Ebenso liegt noch kein Umgehungs- 17 geschäft allein deshalb vor, weil ein nicht beurkundungspflichtiges Geschäft vom Notar beurkundet wurde. Bei dieser Form ist ein hinreichender Übereilungsschutz gewahrt, insbesondere da § 312 Abs 2 Nr 1b HS 2 BGB eine entsprechende Belehrung des Notars vorsieht; § 312 Abs 2 Nr 1 BGB spricht nur von Beurkundung, nicht von Beurkundungspflicht (**aA** in einem besonders gelagerten Fall OLG Karlsruhe ZBB 2002, 341; s auch § 312 Rn 15 ff). Ebenfalls keine Umgehung stellt es dar, den Verbraucher von dessen Wohnhaus in die nebenan liegenden Geschäftsräume zu rufen, um dort den Vertrag abzuschließen. Dann besteht auch nicht die für außerhalb von Geschäftsräumen typische Überrumpelungsgefahr, da mit dem Gang in die Geschäftsräume vorhersehbar ist, dass geschäftliche Angelegenheiten erörtert werden (BGH NJW 2006, 847). Dagegen kann ein Umgehungstatbestand angenommen werden, wenn der Verbraucher durch eine Menüführung, die fälschlicherweise den Eindruck erweckt, die Vereinbarung eines zusätzlichen Entgelts für eine Nebenleistung sei notwendig für den Vertragsschluss, zu der Vereinbarung eines zusätzlichen Entgelts verleitet wird (siehe § 312a Rn 52). Ebenso stellt es eine Tatbestandserschleichung dar, wenn zwar vor Abschluss des Wohnraummietvertrags eine Besichtigung erfolgt ist aber aus Gründen, die der Sphäre des Vermieters zuzuordnen sind, Teile der Wohnung nicht eingesehen werden können (vgl § 312 Rn 59).

Die Entscheidung des OLG Hamburg, die die Vorgehensweise von Unternehmern, sog „Hochretounierern" mit der zukünftigen Nichtbelieferung zu drohen, aufgrund der Vertragsfreiheit als wettbewerbsrechtlich zulässig einstufte (OLG Hamburg 25. 11. 2004 – 5 U 22/04, MMR 2005, 617; siehe hierzu ausführlich § 312g Rn 94) löste die Diskussion aus, ob dies jedenfalls ein Umgehungsgeschäft darstellen könnte. Überwiegend wird dies verneint, soweit der Unternehmer die Drohung nicht bereits beim ersten oder zweiten Widerruf ausspricht (Spindler/Schuster/Schirmbacher Rn 5) sowie Art Abmahnung vornimmt und das Retourenverhalten auch nicht als objektiv vernünftig eingestuft werden kann (MünchKommBGB/Wendehorst § 312m Rn 63).

2. Rechtsfolgen

18 Wird ein **Umgehungsgeschäft** bejaht, finden die §§ 312 ff BGB Anwendung. Dies ergibt sich grds aber bereits anhand einer teleologischen Auslegung, ggf einer teleologischen Reduktion bzw Extension des Tatbestands (MünchKommBGB/Wendehorst § 312m Rn 14). Durch den deklaratorischen Charakter von § 312m Abs 1 S 2 BGB ändert sich auch nichts an der **Beweislast** (vgl MünchKommBGB/Wendehorst § 312m Rn 15). Die Beweislast trägt daher nach den allgemeinen Regeln der Normbegünstigung grundsätzlich derjenige, der sich darauf beruft, dass die Voraussetzungen einer für ihn günstigen Norm gegeben oder nicht gegeben sind. Soweit davon ausgegangen wird, dass im Einzelfall die Beweislast aber auch auf die andere Partei übergehen kann, wenn die Rechtslage eindeutig ist und der behauptete Umgehungstatbestand Ausnahmecharakter trägt (MünchKommBGB/Wendehorst § 312m Rn 15), muss sich dies nach den allgemeinen Regeln richten.

IV. Beweislast (Abs 2)

19 Abs 2 enthält eine auf Art 6 Abs 9 VerbrRRL beruhende Regelung der **Beweislast**. Demnach trägt der Unternehmer gegenüber dem Verbraucher die Beweislast für die Erfüllung der in Untertitel 2, dh den §§ 312–312l BGB, geregelten Informations-

pflichten. Erfasst sind also die Offenlegungspflicht bei Telefonanrufen aus § 312a Abs 1 BGB, die allgemeinen Informationspflichten bei Verbraucherverträgen nach § 312a Abs 2 BGB sowie die speziellen Informationspflichten gemäß § 312d Abs 1 und 2 BGB. Die Beweislastregelung des § 312m Abs 2 BGB ist zudem anwendbar auf die Pflicht zur Erteilung von Abschriften und Bestätigungen nach § 312f BGB und die Informationspflichten im elektronischen Geschäftsverkehr gemäß § 312i Abs 1 BGB und § 312j Abs 1 und 2 BGB. Abs 2 gilt ausdrücklich nur für **Verbraucherverträge**, nicht wie Abs 1 auch im Verhältnis zu sonstigen Kunden. Für die Informationspflichten nach § 312i Abs 1 BGB im Verhältnis zu einem Unternehmer als Kunden gelten die allgemeinen Vorschriften (MünchKommBGB/Wendehorst § 312m Rn 17; BeckOK-BGB/Maume [1. 5. 2024] § 312m Rn 15).

Die Regelung soll es dem Verbraucher erleichtern, seine Ansprüche wegen einer Informationspflichtverletzung geltend zu machen. Denn die Tatsache, nicht informiert worden zu sein, wird für den Verbraucher kaum zu beweisen sein. Dem Unternehmer erscheint es dagegen zumutbar, die Erteilung der Informationen zu dokumentieren, sodass er den Beweis erbringen kann (vgl MünchKommBGB/Wendehorst § 312m Rn 16). So muss der Verbraucher etwa bei einer Klage auf Schadensersatz wegen Verletzung der Informationspflicht nach §§ 280 Abs 1, 241 Abs 2 BGB (§ 311 Abs 2 BGB) diese Pflichtverletzung nicht beweisen, sondern der Unternehmer die Erfüllung der Informationspflicht. Ebenso kann der Verbraucher die Kosten für Fracht-, Liefer-, Versand-, oder sonstige Kosten zurückverlangen, wenn der Unternehmer nicht den Beweis erbringt, dass er den Verbraucher über diese Kosten informiert hat. Vor allem relevant ist die Beweislastverteilung in Bezug auf die Widerrufsfrist. Erklärt der Verbraucher den Widerruf nach Ablauf der regulären Widerrufsfrist, so kann sich der Unternehmer nur auf den Ablauf der Widerrufsfrist berufen, wenn er beweist, dass eine ordnungsgemäße Widerrufsbelehrung stattgefunden hat. Ansonsten gilt die Belehrungsfrist als verletzt mit der Folge der verlängerten Widerrufsfrist gemäß § 356 Abs 3 BGB (MünchKommBGB/Wendehorst § 312m Rn 19). **20**

Sachregister

Die fetten Zahlen beziehen sich auf die Paragraphen, die mageren Zahlen auf die Randnummern.

J. von Staudingers Kommentar zum Bürgerlichen Gesetzbuch mit Einführungsgesetz und Nebengesetzen

Übersicht vom 1. 11. 2024

Die Übersicht informiert über die Erscheinungsjahre der Kommentierungen in der 13. Bearbeitung und deren Neubearbeitungen (= Gesamtwerk STAUDINGER).

Die Übersicht ist für die 13. Bearbeitung und für deren Neubearbeitungen zugleich ein Vorschlag für das Aufstellen des „Gesamtwerk STAUDINGER“ (insbesondere für solche Bände, die nur eine Sachbezeichnung haben). Es wird empfohlen, die Austauschbände chronologisch neben den überholten Bänden einzusortieren, um bei Querverweisungen auf diese schnell Zugriff zu haben. Bei Platzmangel sollten die ausgetauschten Bände an anderem Ort in gleicher Reihenfolge verwahrt werden.

	Neubearbeitungen				
Buch 1. Allgemeiner Teil					
Einl BGB; §§ 1–14; VerschG	2004	2013	2018	2024	
§§ 21–79a	2005	2019	2023		
§§ 80–89	2017				
§§ 90–124; 130–133	2012	2016	2021		
§§ 125–129; BeurkG	2012	2017	2022		
§§ 134–138	2003	2011	2017	2021	
§§ 139–163	2003	2010	2015	2020	
§§ 164–240	2004	2009	2014	2019	
Buch 2. Recht der Schuldverhältnisse					
§§ 241–243	2005	2009	2014	2019	2024
§§ 244–248	2016	2021	2024		
§§ 249–254	2005	2016	2021		
§§ 255–304	2004	2009	2014	2019	
§§ 305–310; UKlaG	2006	2013	2019	2022	
Anh zu §§ 305–310			2019	2022	
§§ 311, 311a–c	2013	2018	2023		
§§ 312–312m	2013	2019	2024		
§§ 313, 314	*2025*				
§§ 315–326	2001	2004	2009	2015	2020
§§ 327–327u	2023				
§§ 328–345	2009	2015	2020		
§§ 346–354	2012	2022			
§§ 358–360	2016	2021			
§§ 362–396	2000	2006	2011	2016	2022
§§ 397–432	2005	2012	2017	2022	
§§ 433–480	2004	2013			
§§ 433–448			2023		
§§ 449–473; 480–487			2024		
Wiener UN-Kaufrecht (CISG)	1999	2005	2013	2017	
§§ 488–490; 607–609	2011	2015			
§§ 491–512	2004	2012			
§§ 516–534	2005	2013	2021		
§§ 535–556g (Mietrecht 1)	2011	2014	2017	2021	
§§ 557–580a; Anh AGG (Mietrecht 2)	2011	2014	2017	2021	
Leasing	2004	2014	2018	2023	
§§ 581–606	2005	2013	2018		
§§ 607–610 (siehe §§ 488–490; 607–609)	./.				
§§ 611–613	2005	2011	2015	2020	2022
§§ 613a–619a	2011	2016	2019	2022	
§§ 620–630	2012	2016	2019	2022	
§§ 630a–630h	2021				
§§ 631–651	2003	2008	2013		
§§ 631–650v				2019	
§§ 651a–651m	2003	2011	2015		
§§ 652–655; 656a–656d	2021				
§§ 655a–656; 657–661a	2020				
§§ 662–675b	2017				
§§ 675c–676c	2012	2020			
§§ 677–704	2015	2020			
§§ 705–740	2003				
§§ 741–764	2002	2008	2015	2021	
§§ 765–778	2013			2020	
§§ 779–811	2002	2009	2015		
§§ 779–782				2020	
§§ 809–811				2023	
§§ 812–822	1999	2007			
§§ 823 A–D	2016				
§§ 823 E–I, 824, 825	2009	2021			
§§ 826–829; ProdHaftG	2003	2009	2013	2018	2021
§§ 830–838	2002	2008	2012	2017	2022
§§ 839, 839a	2007	2013	2020		
§§ 840–853	2007	2015	2023		
AGG	2017	2020			
UmweltHR	2002	2010	2017		
Buch 3. Sachenrecht					
§§ 854–882	2000	2007	2012	2018	
§§ 883–888	2002	2008	2013	2020	
§§ 889–902	2019				

§§ 903–924	2002	2009	2015	2020	
§§ 925–984; Anh §§ 929 ff	2004	2011	2016	2020	
§§ 985–1011	1999	2006	2013	2019	2023
ErbbauRG; §§ 1018–1112	2002	2009	2016		
§§ 1030–1112				2021	
ErbbauRG				2021	
§§ 1113–1203	2002	2009	2014	2019	
§§ 1204–1296; §§ 1–84 SchiffsRG	2002	2009	2018		
§§ 1–17 WEG	2017	2023			
§§ 18–49 WEG	2017	2023			
Buch 4. Familienrecht					
§§ 1297–1352	2007	2012	2015	2018	2023
LPartG	2010				
§§ 1353–1362	2007	2012	2018	2024	
§§ 1363–1407	2017				
§§ 1408–1563	2018	2023			
§§ 1564–1568b	2004	2010	2018	2024	
§§ 1569–1586b	2014				
§§ 1587–1588; VAHRG	2004				
§§ 1589–1600d	2000	2004	2011		
§§ 1601–1615n	2000	2018	2022		
§§ 1616–1625	2007	2014	2020		
§§ 1626–1633; §§ 1–11 RKEG	2007	2015	2020		
§§ 1638–1683	2004	2009	2015	2020	
§§ 1684–1717	2006	2013	2018	2023	
§§ 1741–1772	2007	2019	2023		
§§ 1773–1895	2004	2013	2020		
§§ 1896–1921	2006	2013	2017		
Buch 5. Erbrecht					
§§ 1922–1966	2000	2008	2016		
§§ 1967–2063	2002	2010	2016	2020	
§§ 2064–2196	2003	2013	2019		
§§ 2197–2228	2003	2012	2016	2021	
§§ 2229–2302	2022				
§§ 2303–2345	2014	2021			
§§ 2346–2385	2010	2016			
§§ 2346–2352			2022		
§§ 2353–2370			2023		
EGBGB					
Einl EGBGB; Art 1, 2, 50–218	2005	2013	2018		
Art 219–232	2015				
Art 233–248	2015				
EGBGB/Internationales Privatrecht					
Einl IPR	2012	2018	2024		
Art 3–6	2013				
Art 3–4		2019			
Art 7–12, 47, 48	2007	2013	2018	2024	
IntGesR	1998				
Art 13–17b	2003	2011			
Art 18; Vorbem A + B zu Art 19	2003				
Haager Unterhaltsprotokoll (HUP)		2016	2021		
Vorbem C–H zu Art 19	2009				
EU-VO u Übk z Schutz v Kindern		2018			
IntVerfREhe 2	2016				
IntVerfREhe (Brüssel IIb-VO)	2014	2023			
Art 19–24	2008	2014	2018	2022	
Art 25, 26	2000	2007			
Art 1–10 Rom I-VO	2011	2016	2021		
Art 11–29 Rom I-VO; Art 46b, c; IntVertrVerfR	2011	2016	2021		
Art 1–3; 10–14 Rom II-VO	2023				
Art 38–42	2001				
IntWirtschR	2006	2010	2015	2019	2023
Art 43–46	2014				
Eckpfeiler des Zivilrechts	2014	2018	2020	2022	2024
Demnächst erscheinen					
§§ 134–138; ProstG				2024	
§§ 164–240a				2024	
§§ 631–650h; §§ 650p–650t				2024	
§§ 651a–651y				2024	

Otto Schmidt Verlagskontor / Walter de Gruyter Verlag OHG
Genthiner Str. 13, 10785 Berlin, Telefon (030) 2 60 05-0, Fax (030) 2 60 05-222

www.ingramcontent.com/pod-product-compliance
Lightning Source LLC
LaVergne TN
LVHW081358011026
849161LV00013BA/2843